バンコク
Bangkok
0
2km
ラートプラオ71
Lat Phrao 71
ラートプラオ83
Lat Phrao 83
マハータイ
Mahat Thai
ラートプラオ101
Lat Phrao 101
Soi Mahat Thai (Soi 65)
チャン運河
Klong Chan
Talat Happy Land
P.222
ロータス
Lotus's
N Mark Plaza
バーンカピ Bang Kapi
The Mall Bang Kapi
バーンカピ
Bang Kapi
ザ・モール・バーンカピ
The Mall Bang Kapi
Mall Inn
ワット・シーブンルアン船着場
Wat Sriboonreuen
高速道路
ソイ39
ソイ15
ワット・テープリーラー
Wat Thepleela
マハート・タイ
Mahat Thai
ワット・クラン
Wat Klang
モー・ラームカムヘーン
Ramkhamhaeng University
Ramkhamhaeng Rd.
イェーク・ラムサーリー
Yeak Lam Sali
ラームカムヘーン29
Ramkhamhaeng 29
The Mall 3
フアマーク・インドア・スタジアム
ラームカムヘーン大学
ラームカムヘーン通り
The Mall 2
ワット・ノーイ
Wat Noi
Rama IX Rd.
シー・クリーター
Si Kritha
Sinakarin Rd.
シーナカリン通り
Ramkamhaeng
Nasa Vegas Hotel
パッタナーカーン通り
Phatthanakan Rd.
イーサーン・タワンデーン
Esan Tawandang
▶P.259
Khlong Phra Khanong
02 オンヌット周辺
Soi 77
On Nut
スワンナプーム国際空港行きロットゥー(ミニバス)乗り場
パタヤー
シーコン・スクエア、パラダイス・パーク
エアポートレイルリンク
シティーライン
ドーン・ムアン国際空港と市街を結ぶエアポートバス
A1：北バスターミナル行き
A2：戦勝記念塔行き
A3：ルムピニー公園行き
A4：カオサン通り行き
BTS(スカイトレイン)
スクムウィットライン
シーロムライン
ゴールドライン
チャオプラヤー・エクスプレス・ボート
MRT
ブルーライン
パープルライン
イエローライン
SRT(国鉄の高架鉄道)
ダークレッドライン
ライトレッドライン
BRT(高速バス)
JN048186

パトゥムターニー県
ノンタブリー県
Nonthaburi - Bang Bua Thong Rd.
ノンタブリー・バンブアトン通り
アユタヤー
Lak Hok、Rangsit
アユタヤー、チェンマイ、ナコーン・ラーチャシーマー（コラート）
ノンタブリー橋
チャオプラヤー川
Khlong Lam Pho
Khlong Hok
Khlong Hok Wa
Lam Lukka Rd.
Khu Khot
ワット・ドーン・ムアン
Wat Don Muang
▶P.294
アマリ・ドーン・ムアン・エアポート・バンコク
Amari Don Muang Airport Bangkok
Yaek Kor Por Aor
Sukkaphiban 5 Rd.
Hat Hairat Rd.
ドーン・ムアン空港
Don Muang
Kan Khena Km.19
IT Square
Royal Thai Airforce Museum
国立タイ王国空軍航空博物館 ▶P.169
National Aviation Museum of the Royal Thai Air Force
旅客ターミナル
（旧国内線ターミナル）
ブーミポン病院
Bhumibol Adulyadej Hospital
貨物ターミナル
エクスプレス・ボート始発点
（一部路線）
ラーマ4世橋
N33 パーククレット Pakkred
パーククレット町役場
▶P.173
クレット島
Ko Kred
Yaek Pak Kret
スコータイ大学
インパクト・アリーナ
インパクト・ムアントンターニー
National Telecom
Chaeng Wattana Rd.
Pak Kret Bypass
Tiwanon Rd.
Khlong Ban Bua Thong
Khlong Bang Phai
ロイヤル・イリゲーション・ゴルフコース
Royal Irrigation Department
Si Rat
Muang Thong Thani
ソムデット公園
▶P.327
イミグレーション オフィス
Chaeng Wattana-Pak Kret 28
Chaeng Wattana 14
Lak Si
Saphan Mai
Sai Yud
Khlong Bang Bua
Phahon Yothin 59
Km 11 Rd.
Khlong Phraya Suren
Talat Bang Yai
Central Plaza Westgate
Bang Phlu
Bang Rak Noi Tha It
Rattana Thibet Rd.
Sai Ma
Samakkhi
Government Complex
Miracle Grand
Rajabhat Phranakhon
Phahonyothin Rd.
ラクシー絶対王制復活反乱記念塔
Ram Intra 3
Wat Phra Sri Mahathat
▶P.45
ルムピニー・ボクシング・スタジアム
Lumpinee Boxing Stadium
Sam Yaek Bang Yai
Khlong Bangkok Noi
Bang Rak Yai
Phra Nang Klao Bridge
プラ・ナンクラオ橋
Sanambin Nam
Nonthaburi Civic Centre
Rattana Thibet Rd.
Khae Rai
Yaek Nonthaburi 1
Bang Krasor
Tung Song Hong
Vibhavadi Rangsit Rd.
▶P.294
ラマ・ガーデンス
Rama Gardens
11th Infantry Regiment
Rat Phra Khao
アーミー17 ゴルフコース
Bang Bua
Royal Forest Department
Ram Inthra Kor Mor 4
Maiyalap
ラーム・イントラ通り
Ram Intra Rd.
Nimit Mai Rd.
Bang Bua Thong-Taling Chan Rd.
カンチャナブリー、スラー
チャン通り
エクスプレス・ボート始発点
ノンタブリー県庁
N30 ノンタブリー
Nonthaburi
Ministry of Public Health
Pracha Rat Rd.
Ngam Wongwan Rd.
Bang Khen
Kasetsart University
Khlong Lumphai
Vacharaphol
Ram Inthra Kor Mor 6
Khu Bon
Bang Rak Noi Tha It
Yaek Tiwanon
ラーマ5世橋
Khlong Bangkok Noi
Wong
Wat Samian Nari
Senanikhom
Ratchayothin
Ram Inthra Kor Mor 9
Outer Ring Road Ram Intra
Khlong Samwa

地球の歩き方 D18 ● 2024 ～2025 年版

バンコク
Bangkok

COVER STORY

一度見たら忘れられないインパクトがある、巨大なピンクのガネーシャ。バンコクの東郊外、チャチューンサオ県にあるワット・サマーン・ラタナーラームのシンボルです（→P.46）。願いがよくかなうと評判で、多くの人が訪れます。境内にはさまざまな仏像や神像が祀られ、食べ物の屋台や近郊の名産品を売る露店も並び、まるで毎日が縁日のよう。聖俗混交の楽しさがあふれるこの場所は、バンコクの魅力を象徴的に体現しているかのようです。

キングパワー・マハーナコーン（MAP P.86-B4）

地球の歩き方 編集室

BANGKOK  CONTENTS

207 ショッピングガイド

239 リラクセーションガイド

255 エンターテインメントガイド

265 ホテルガイド

■外務省 海外安全ホームページ■

渡航前に必ず外務省のウェブサイトで最新情報をご確認ください。

◎外務省 海外安全ホームページ・タイ危険情報

URL www.anzen.mofa.go.jp/info/pcinfectionspothazardinfo_007.html#ad-image-0

305 近郊エリアガイド

323 旅の準備と技術

Column

本書で用いられる記号・略号

本文中および地図中に出てくる記号で、❶はツーリストインフォメーション（観光案内所）を表します。その他のマークは、以下のとおりです。

MAP 地図上の位置

アクセス
各エリアへの交通手段とおもな行き方を掲載しています。

おさんぽプラン
各エリアの見どころを回るおすすめコース。定番スポットには「必見マーク」を付けました。移動の時間は目安です。

歩き方
各エリアの特徴と歩き方のヒントをまとめています。

見どころのおすすめ度

★★★	必見
★★	おすすめ
★	時間があれば

物件情報
データ欄の記号はP.7をご参照ください。

物件名称
日本語、英語、タイ語の3ヵ国語で表記。タイ語は指さすなどしてご活用ください。

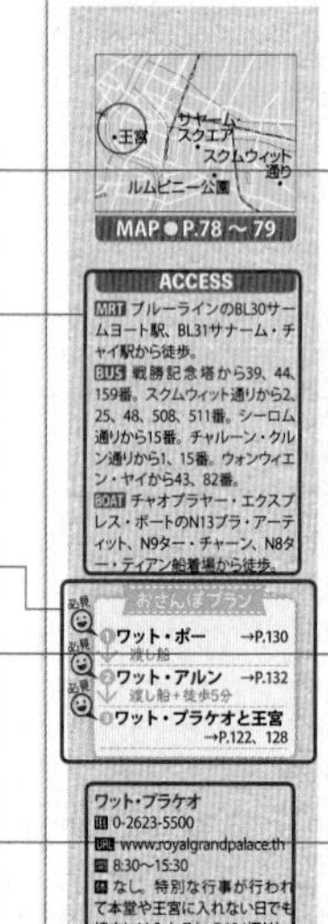

MAP●P.78～79
ACCESS
MRT ブルーラインのBL30サームヨート駅、BL31サナーム・チャイ駅から徒歩。
BUS 戦勝記念塔から39、44、159番。スクムウィット通りから2、25、48、508、511番。シーロム通りから15番。チャルーン・クルン通りから1、15番。ウォンウィエン・ヤイから43、82番。
BOAT チャオプラヤー・エクスプレス・ボートのN13プラ・アーティット、N9ター・チャーン、N8ター・ティアン船着場から徒歩。
おさんぽプラン
ワット・ポー →P.130
渡し船
ワット・アルン →P.132
渡し船＋徒歩5分
ワット・プラケオと王宮 →P.122、128

Area Guide Royal Palace
王宮周辺
バンコク最大の見どころワット・プラケオ
運河に囲まれたラタナーコーシン島は、現王朝の開祖ラーマ１世が、対岸のトンブリー側から遷都して開いたバンコク発祥の地。ワット・プラケオ（→P.122）や王宮（→P.128）をはじめとする数々の寺院が並び、周囲には古い町並みも広がる、歴史のあるエリア。
歩き方
３大寺院を中心に回ろう
バンコクのほとんどの見どころが集まるエリア。徒歩での移動が中心になるので、ワット・プラケオと王宮、ワット・ポー、ワット・アルンの必見スポットをまず見学し、残りは興味や時間の都合に合わせて訪れよう。
おもな見どころ Sightseeing
タイで最も格式が高い王室寺院
★★★ MAP P.78-B4
ワット・プラケオ（ワット・プラケーオ）
Wat Phra Kaeo
1782年、ラーマ１世がトンブリーからバンコクに遷都すると同時に王朝の守護寺、護国寺として建設が始められ、1784年に完成したワット・プラケオ。本堂にエメラルド色の仏像を祀っていることから「エメラルド寺院」とも呼ばれ、タイ人の参拝者や外国人旅行者が毎日途切れることなく訪れる。
本堂周辺の建造物
まずは仙人とご対面
境内で最初に対面するのが仙人の像
入口のゲートをくぐり本堂の裏側に出ると、真正面に霊験あらたかな薬物を調合するとされている仙人（ルーシー）の像❶が右膝を立てて座っている。像の両側に立つ２棟の小堂は、向かって右が歴代トンブリー、チャクリー王朝にささげられた仏像を祀ったホー・ラートボンサヌソーン堂❷、左が歴代アユタヤー国王にささげられた仏像を祀ったホー・ラートコーンマヌソーン堂❸。ホー・ラートボンサヌソーン堂の内部にはチャクリー王朝４代までの年代記が、ホー・ラートコーンマヌソーン堂内にはアユタヤー王朝年代記が、ラーマ４世時代の画家クルー・インコーンによって描かれている。
ワット・プラケオ
0-2623-5500
www.royalgrandpalace.th
8:30～15:30
なし。特別な行事が行われて本堂や王宮に入れない日でも境内には入れる（→P.124欄外）。
500B
122
バンコク プチ情報 ター・チャーン船着場からワット・プラケオへ行く際は交通量の多いマハーラート通りは横断せず、2021年に開通した地下道を利用しよう。エスカレーター設置で楽ちん。

グルメ

ショッピング

リラクセーション

エンターテインメント

ホテル

ティップサマイ Thipsamai 王宮周辺 MAP P.79-D4
ロフティー・バンブー Lofty Bamboo プロムポン駅周辺 MAP P.93-E4
ペニンシュラ・スパ The Peninsula Spa チャルーン・クルン通り周辺 MAP P.85-E4
エカマイ・ビア・ハウス Ekamai Beer House トンロー、エカマイ周辺 MAP P.89-F4
コンラッド・バンコク Conrad Bangkok プルンチット駅周辺 MAP P.91-E5
空中庭園のようなプールは気分よし
客室はウッドを多用したなかにタイのファブリックをあしらい安らげる空間。スタンダードクラスの客室にもソファとテーブルが置かれ、シースルーのバスルームでゆったりと深いバスタブにつかりながら部屋を通して窓の外を眺められる。中層階にある大型の変形プールはリゾート気分。
All Seasons Place, 87 Witthayu Rd.
0-2690-9999
www.conradhotels.com
391室
ホテルガイド

F ファン付きの部屋
AC エアコン付きの部屋
Ⓓ ドミトリー（大部屋利用の１人料金）
Ⓢ シングルルーム（１人利用の１部屋の料金）
Ⓣ ツイン、ダブルルーム（２人利用の１部屋の料金）

本文と地図共通の記号

ℹ ツーリストインフォメーション
TAT タイ国政府観光庁

地図の記号

● 掲載の見どころ
H ホテル、サービスアパートメント
G ゲストハウス、ホステル
R レストラン
C カフェ
S ショップ
T 旅行会社
E スパ&エステ、ネイルサロン
M マッサージ
N ナイトスポット
ワット（タイ仏教寺院）
中国寺院、廟
モスク（イスラーム礼拝堂）
ヒンドゥー寺院
キリスト教会
博物館、美術館
船着場
バス停
銀行
郵便局
警察署、交番、ツーリストポリス
大使館、領事館
病院
学校
映画館
ガソリンスタンド
コンビニエンスストア
★ 市場、露店街
飲食屋台街

行き方

最寄り（徒歩30分以内）のBTSやMRT、ARL、BRTの駅、船着場もしくはランドマークからの所要時間の目安です。

データ欄の記号

住 住所
TEL 電話番号
FAX ファクス番号
URL URL（http://、https://は省略）
FB フェイスブック内検索ワード
IG インスタグラム内検索ワード
e e-mailアドレス
営 営業時間（LOはラストオーダー）
休 定休日（タイ正月、年末年始などの休みは除く）
料 入場料、料金、宿泊料金
CC 利用できるクレジットカード
A アメリカン・エキスプレス
D ダイナース
J JCB
M マスターカード
V ビザカード
室 客室数
予 日本での予約、問い合わせ先
FREE 日本国内からの無料ダイヤル

■発行後の情報の更新と訂正情報について

発行後に変更された掲載情報や訂正箇所は、『地球の歩き方』ホームページ「更新・訂正情報」で、可能なかぎり案内しています（ホテル、レストラン料金の変更などは除く）。

URL **www.arukikata.co.jp/travel-support/**

■掲載情報のご利用に当たって

編集部ではできるだけ最新で正確な情報を掲載するように努めていますが、現地の規則や手続きなどがしばしば変更されたり、またその解釈に見解の相違が生じることもあります。このような理由に基づく場合、または弊社に重大な過失がない場合は、本書を利用して生じた損失や不都合などについて、弊社は責任を負いかねますのでご了承ください。また、本書をお使いいただく際は、掲載されている情報やアドバイスがご自身の状況や立場に適しているか、すべてご自身の責任でご判断のうえご利用ください。

■現地取材および調査時期

本書は前年度版をもとに、2023年10～11月に現地取材を行って得られたデータを使って制作されています。特に注記のないかぎり、データは上記の取材時のものです。各種料金は変更されることもありますのでご注意ください。

トランスフォーマーが見守る交差点

■タイ語および英語表記について

本書では、おもな見どころなどにタイ語を併記しました。指さすなどしてご活用ください。タイ語の読みを日本語や英語で表記する際の法則は一定ではありません。したがって同じ物件や名称でも、本書の表記とほかの出版物、もしくは現地の日本語や英語表記とでは、若干異なることがあります。

■ URL とメールアドレスについて

ホテルなどのウェブサイトからメールが送れる場合、メールアドレスは省略してあります。ご使用のブラウザによっては、URL を入力すると自動的に「https://」が付されページが開かないことがあります。その場合は「http://」と修正してください。

■ホテルやゲストハウスの料金について

掲載している料金は、特に注記がなければバス（もしくはシャワー）、トイレ付きの1室の料金です。ドミトリー（大部屋）は1人（ベッド1台）の料金です。ホテルによっては料金に税金（7%）とサービス料（10%）が加算されますので、予約やチェックインの際にご確認ください。料金はホテルへ直接確認していますが、利用時期や予約方法（予約事務所や旅行会社、インターネット経由など）によって異なることがありますのでご注意ください。

ジェネラルインフォメーション

タイの基本情報

▶知っておきたいタイ事情→P.354

▶タイ文化の基礎知識→P.356

▶簡単タイ語会話→P.366

2023年に開通したMRTイエローラインはモノレール

国　旗
中央の紺は国王、その両側の白は宗教、外側の赤は国民を象徴している。

正式国名
タイ王国　Kingdom of Thailand
ประเทศไทย
(プラテート・タイ Prathet Thai)

国　歌
「プレーン・チャート・タイ（タイ王国国歌)」。鉄道駅やバスターミナル、空港などでは、毎日8:00と18:00の2回、国歌が流される。曲が流れている間は起立し、動かないこと。映画館や劇場では本編上映、上演前に国歌か国王賛歌が流される。その際も起立すること。

面　積
約51万4000km²(日本の約1.4倍)

人　口
約6609万人(2022年タイ内務省)

首　都
通称はバンコク Bangkok。タイ語での正式名称はクルンテープ・マハーナコーン・ボーウォーン・ラタナーコーシン・マヒンタラアユタヤー・マハーディロッカポップ・ノッパラッタナー・ラーチャターニー・ブリーロム・ウドム・ラーチャニウェート・マハーサターン・アモーンピマーン・アワターンサティット・サッカティッティヤ・ウィサヌカムプラシット。行政上の公称はクルンテープ・マハーナコーン。一般にはクルンテープと呼ばれる。

元　首
ワチラーロンコーン国王(ラーマ10世)
Vajiralongkorn

政　体
立憲君主制

民族構成
タイ族75%、華人14%、そのほかマレー族、クメール族、カレン族、ミャオ族、モン族、ヤオ族、ラフ族、リス族、アカ族など11%。

宗　教
仏教徒94%、ムスリム（イスラーム教徒)5%、キリスト教徒0.5%、ヒンドゥー教徒0.1%、ほか0.4%。

言　語
公用語はタイ語。英語は外国人向けの高級ホテルや高級レストランなどではある程度通じるが、一般の通用度は低い。

通貨と為替レート

B

▶旅の予算と両替→P.330

スワンナプーム国際空港到着エリアにある銀行の両替所

タイの通貨はバーツ（バートとも）Baht。本書ではBと表記。補助通貨はサタン(Satang)で、100サタンが1バーツ。

2024年2月15日現在の為替レート
1B ≒ 4.1円

1000B

500B

100B

50B

20B

10B　**5B**

2B

1B

50サタン

25サタン

＊前国王の肖像が入った旧紙幣など、複数のデザインの硬貨や紙幣が流通しています。

電話のかけ方

▶通信事情→P.344

日本からタイへかける場合　タイの国番号は66、番号の最初の0は不要。よって以下のようにダイヤルする。

事業者識別番号		国際電話識別番号		タイの国番号		0を取った8桁か9桁の番号
0033 (NTTコミュニケーションズ) **0061** (ソフトバンク) **携帯電話の場合は不要**	＋	**010**	＋	**66**	＋	**1234-5678**

＊携帯電話の場合は010の代わりに「0」を長押しして「+」を表示させると、国番号からかけられる
＊NTTドコモ（携帯電話）は事前にWORLD CALLの登録が必要

祝祭日（おもな祝祭日）

旧暦にのっとっている祝日（★印）は毎年変わる。祝祭日が土・日曜と重なった場合、月曜が振替休日になる。●印は禁酒日*。

2024～2025年（仏暦2567～2568年）の祝祭日

月	日	祝祭日
4月	6日	チャクリー王朝記念日
	8日	振替休日
	13～15日	ソンクラーン（タイ正月）
	16日	振替休日
5月	1日	レイバーデイ
	4日	戴冠記念日
	5日	振替休日
	6日	プートモンコン（農耕祭。官公庁のみ休み）
	22日★●	ウィサーカブーチャー（仏誕節）
6月	3日	王妃誕生日
7月	20日★●	アーサーンハブーチャー（三宝節）
	21日★●	カオ・パンサー（入安居。官公庁のみ休み）
	22日	振替休日
	28日	国王誕生日
	29日	振替休日
8月	12日	皇太后誕生日
10月	13日	ラーマ9世記念日（前国王の誕生日）
	14日	振替休日
	17日★●	オーク・パンサー（出安居。祝日ではないが禁酒日）
	23日	チュラーロンコン大王記念日
12月	5日	国家の日（父の日。前国王誕生日）
	10日	憲法記念日
	31日	大晦日
1月	1日	新年
2月	12日★●	マーカブーチャー（万仏節）

▶旅の季節 →P.332

タイには仏教関連の祝日が多い

＊禁酒日について
仏教上の祝日で、酒類の販売、飲食店での提供が自粛される。ホテルの客室など他人の目につかない場所での飲酒まで禁止されているわけではないが、便宜的に「禁酒日」と表記する。

ビジネスアワー

銀　行（支店によって多少異なる）
月～金曜　8:30～15:30
土・日曜、祝日　休み

デパートやショップ
毎日　10:00頃～22:00頃

レストラン
高級店では午後一度閉めたり、夜のみ営業の店もある。

コンビニエンスストア
たいてい24時間営業。

電圧とプラグ 放送&映像方式

電圧とプラグ
タイの電気は220V、50Hz。日本仕様の電気製品を利用する場合は変圧器が必要。プラグは日本と同じ2穴のA型やBF、Cなどが使われている。数種類のプラグが共用できる差し込み口も多く、その場合変換プラグは不要。

A型とBF型、C型とUSBも使える差し込み口

放送＆映像方式
タイの放送方式（PAL）は、日本の方式（NTSC）とは異なる。タイで市販されているDVDなどの映像ソフトは、日本国内仕様のデッキでは再生できないことがある。視聴したい場合はリージョンフリーのマルチプレーヤーを利用しよう。DVDのリージョンコードは3（日本は2）。BDは日本と同じA。

タイから日本へかける場合　国際電話会社の番号は001など数種類、日本の国番号は81。市外局番の最初の0は不要。

国際電話会社の番号（どれかひとつ）
001（最初の1分　18B）
007（最初の1分　9B）
008（最初の1分　5B）
009（最初の1分 5～6B）
＋ 日本の国番号 **81** ＋ 市外局番と携帯電話の最初の0は取る **××** ＋ 相手先の電話番号 **1234-5678**

▶タイ国内通話
タイ国内の電話番号に市外局番はなく、一般の固定電話は0から始まる9桁、携帯電話は08や09などから始まる10桁の番号。どこからどこへかけるにも、0から始まるすべての番号をダイヤルする。

チップ

日本の心づけ同様、高級な場所ではいくらか渡したほうがスマート。

ホテル

荷物を運んでくれたホテルスタッフやルームサービスに 40 ～ 50B 程度。ピローチップ（枕銭）は不要。

レストラン

サービス料が含まれているようなレストランではおつりの小銭を、サービス料が含まれていなかったら支払い額の10%程度（多くても 100B 程度）。いずれにしろ明細はしっかり確認すること。

タクシー

不要。

タイ式マッサージ、スパ

一般的な店なら満足度に応じて 1 時間なら 50B 程度～、2 時間で 100B 程度～が目安。「チップ、センエン(1000 円)」などと言われても相手にしないこと。スパは店のグレードに応じて 100B 程度～。

飲料水

水道水は飲まないこと。中級以上のホテルなら、毎日無料の飲料水がサービスされる。コンビニエンスストアやスーパーマーケットでは、飲料水の 300 mℓ入りペットボトルが 1 本 10B 程度で売られている。

ホテルの客室にはたいてい無料の飲料水が用意されている

気　候

▶旅の季節
→P.332

▶旅の道具と服装
→P.334

タイは熱帯に位置しており、年間を通じて気温は高いが、南部のマレー半島、北部の山岳地帯、東北部の高原地帯では気候が多少異なる。季節は雨季、乾季、暑季（タイ気象局の分類では雨季、寒季、夏季）の 3 つに分けられる。

バンコクと東京の気温と降水量

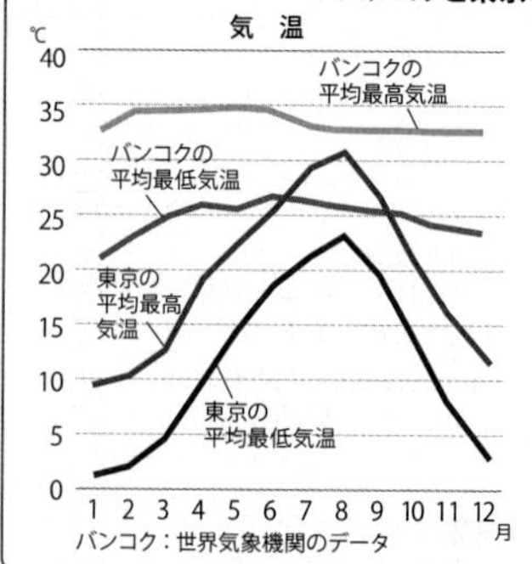

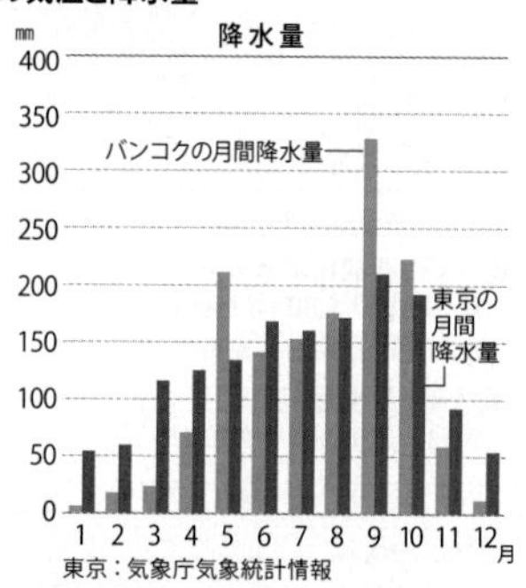

日本からのフライト時間

東京からバンコクまで直行便で約 6 時間。福岡からなら約 5 時間 20 分（季節により異なる）。

▶バンコクへの道
→P.324

近代的なスワンナプーム国際空港

時差とサマータイム

日本との時差は－2 時間。日本の正午がタイの 10:00。サマータイムはない。

郵　便

▶通信事情→ P.346

郵便局の営業時間は、局により多少異なるがだいたい下記のとおり。

月～金曜　8:30 ～ 16:30
土曜　9:00 ～ 12:00
日曜、祝日　休み

スワンナプーム国際空港内の局は郵便業務のみの取り扱いで 24 時間営業。

郵便料金：日本へのエアメールは、はがき 25 ～ 30B。封書は 20g まで 34B、超過 10g ごとに 5B 加算される。

ビザ

観光目的で、入国後30日以内に出国する予約済みチケットおよび1人1万B（家族で2万B）相当の現金があれば、ビザなしで30日（29泊30日）滞在できる（隣接国から陸路や海路での入国は1暦年に2回まで可能）。それ以上滞在する場合は、原則としてビザが必要（→P.326）。

パスポートの残存有効期間

入国時に6ヵ月以上あれば入国可能。

入出国時に必要な書類

空路入国の場合、入出国カードの記入は不要。税関申告書は必要な人のみ。

▶旅の手続きと準備→P.326

▶出入国手続き→P.336

税　金

TAX

タイではほとんどの商品に7%のVAT（付加価値税）がかけられている。条件が揃っていればVATが払い戻されるので、忘れずに手続きしよう。手続き可能なショップ以外での買い物や、ホテル宿泊料やレストランの支払いなどタイ国内で消費されるサービスにかかる税金は、還付の対象外。

▶買い物をしたらVAT（付加価値税）の還付を受けよう→P.72

安全とトラブル

概して安全だが、外国人旅行者の多いエリアや乗り物内（夜行長距離バスなど）で盗難事件が多発している。貴重品は肌身離さずが鉄則。観光地ではあの手この手で外国人から金品を巻き上げようとする詐欺まがいの犯罪があとを絶たないので、トラブル対策ページを事前によく読んでおくこと。何か事件に巻き込まれたらツーリストポリスへ連絡を。外国語ができる担当者が対応してくれることになっている。

ツーリストポリス　℡1155（英語可）
警察　℡191
救急車　℡1669（英語可）

▶トラブル対策→P.114、348

▶外務省海外安全ホームページ→P.348

▶現地の日本大使館→P.351

年齢制限

20歳未満はたばこ、アルコール類の購入、使用は不可。

度量衡

日本と同じくメートル法が一般的。重さの単位はグラム。

その他

禁煙令

タイではおもに下記の公共スペースと、その入口から半径5m以内における喫煙が禁止されている。

営業時間内は禁煙

- 公共交通機関（バス、タクシー、旅客用鉄道車両、船、航空機、スクールバス）
- エアコン付き建物内（乗り物などの待合室、インターネットカフェ、スポーツ施設、レストラン、エレベーター、売り場、ホテルのロビー、バーなどのナイトスポット）
- 建物内（劇場、図書館、床屋、仕立屋、美容院・エステ・スパ施設、薬局、百貨店、入院施設のない医療機関、宗教儀式を行う場所、トイレ）
- そのほか（公共の船着場、電話ボックス）学校や役所、スポーツ施設、医療機関、博物館・美術館、交通機関、飲食店、おもなビーチなど。

違反者の処分

違反者は罰金5000B。

免税たばこの持ち込み、所持について

海外からタイ国内へ免税で持ち込めるのは、紙巻きたばこ200本（1カートン）、または葉巻、刻みたばこ、嗅ぎたばこなど250gまで。これ以上は原則として許可されない。これを超えると1カートン当たり4785Bの罰金が科されたばこは没収。スワンナプーム国際空港到着ロビー内では抜き打ちチェックもある。国内での免税たばこ所持にも制限があり、紙巻きたばこおおむね2カートン以内、もしくは葉巻、刻みたばこ、嗅ぎたばこ等500g以内。電子たばこ（加熱式たばこ）は持ち込み禁止。国内での所持も違法。

たばこ、アルコール類の販売制限

- **たばこ**：展示販売が禁止されているので、店頭には陳列されていない。
- **アルコール類**：11:00～14:00と17:00～24:00のみ販売可。飲食店によっては、販売不可の時間帯に酒類を出さないところもある。ただし小さな個人商店では時間外でも販売してくれるところが多い。仏教関係の祝日、選挙の前日18:00以降と当日24:00までは酒類の販売および飲食店での提供は不可。

ごみのポイ捨て禁止

バンコクをはじめタイ国内の都市部では、条例により、ごみやたばこのポイ捨てに最高2000Bの罰金を科している。

▶旅の情報収集→P.328

▶便利なアプリを活用しよう→P.347

ほぼすべてのコンビニやスーパー、ショッピングセンターなどでレジ袋は廃止されている。マイバッグを持参しよう。

上の写真は町でよく見かけるTAOBIN（タオビン→飛ぶカメ）の飲み物自販機。コーヒー、紅茶、ソーダからプロテインドリンクまで多彩な飲み物が買える。タッチパネル式でまず言語（タイ語か英語）を選択。そして飲み物の種類、ホットかアイス、砂糖の量、ストローもしくは蓋の有無などを順に指定していくだけ。支払い方法の選択肢でCASHを選べば現金で支払える。ホットアメリカーノ30B（アイスは35B）と安い。

以前はマスク姿だったスワンナプーム国際空港出発ロビーのヤック

2023年11月現在ノーマスク姿

＼旅行者の姿が戻りにぎわいを取り戻した天人の町の最新情報をお届け／

バンコク最新トピックス

着用義務はなし
マスクは携帯していると安心

　バンコクでは2022年6月末にマスク着用義務が撤廃され、マスク着用は任意となった。ただし公共交通機関の中、換気の悪い場所や人が集まる屋内などでの着用は推奨されている。実際、乗り物内の乗客や、飲食店やショップなどの接客スタッフは、多くがマスクをしている。マスク着用を求められる場所もあるので、常時1枚は携帯しておきたい。

公共の乗り物内ではマスク姿の人が多い

広がるタッチ決済
対応クレジットカードを持参しよう

　端末へのカード挿入や暗証番号入力の必要がなく、カードで端末に触れるだけで手続きが完了するタッチ決済式クレジットカードの利用が、バンコクで広がっている。クレジットカードで支払い可能な場所ならほぼどこでも使えるほか、MRTの改札やチャオプラヤー川のタイ・スマイル・ボートでも利用できるのは便利。

クレジットカードを改札機にかざすだけで利用できるMRT

都市鉄道の新規開通
MRTイエローラインとピンクライン登場

　2023年に、バンコク郊外を走る2路線の高架モノレールが新たに開通。MRTイエローラインはバンコク市街の東部を南北にラートプラオ駅（MRTブルーラインのBL15ラートプラオ駅と連絡）とサムローン駅（BTSスクムウィットラインのE15サムローン駅と連絡）を結ぶ。MRTピンクラインはバンコク市街の北部を東西にノンタブリー・シビック・センター駅（MRTパープルラインのPP11ノンタブリー・シビック・センター駅と連絡）とミンブリー駅を結ぶ。タッチ決済式のクレジットカードで利用可。

路線図→P.96

上／MRTイエローライン南の終点サムローン駅に到着する車両
下／フアマーク駅は地上を走る国鉄、中段のMRTイエローライン、最上段のエアポートレイルリンクと、珍しい鉄道3層構造

アプリで呼べるトゥクトゥク
近場の移動に便利なMuvMi

トゥクトゥクに乗ってみたい、でも料金交渉が煩わしい、そんな悩みを解消するのが、トゥクトゥク配車アプリのMuvMi。専用のEVトゥクトゥクを使用し、配車されるのは登録運転手と車両なので安心。利用エリアは「ラッタナーコーシン（王宮周辺）」「スクムウィット」などいくつかに分割されており、エリア内の移動のみ可能。エリアをまたいだ移動はできないので注意。近距離の移動なら、タクシーの初乗り料金35B以下で利用できることも。

QRコードを撮影したらレッツ・ゴー！

利用方法

❶料金のチャージ
利用前にある程度の金額をアプリ内の「My Wallet」にチャージ（トップアップ）する。利用の都度そこから運賃が差し引かれる。クレジットカード利用可。残額は払い戻せないので、気になる人は細かくチャージを。

注：アプリの登録認証にSMSが受け取れるタイの携帯電話番号が必要。SIMカードを購入しておこう。（→P.344）

❷乗降地の指定
アプリの地図上に表示される登録スポットから最寄りの乗車地点と希望降車地点を選ぶ。

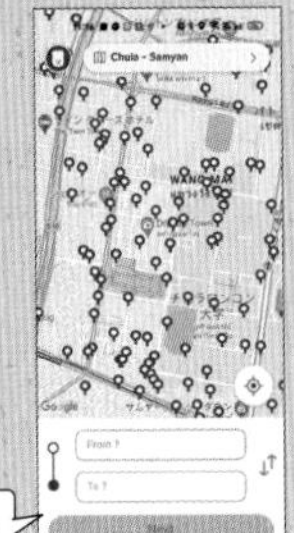

目的地最寄りの乗降スポットを地図から探す

❸乗車人数と支払い方法を選択
1台に6名まで乗車可。基本的に相乗りなので、人数が多いと待たされることも。割高になるが貸し切りも可能。料金が表示されるので「Request a car」をタップ。

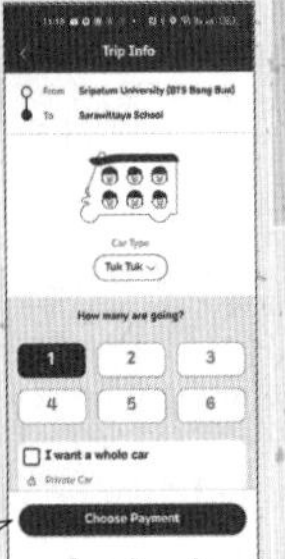

人数をタップして指定。貸し切りにしたい場合は「I want a whole car」のチェックボックスをタップ

❹予約完了
配車されるトゥクトゥクの情報（運転手、車両番号、現在位置と経由地点、到着までの所要時間、乗車時間）が表示される。場所を変更したい、待ち時間が長いなどキャンセルしたい場合は、この際の画面を上にスライドすると出てくる「Cancel Booking」をタップ。

❺乗車
予約のトゥクトゥクが来たら、車体に掲示されているQRコードをアプリの「Scan」ボタンをタップしてから撮影すると支払い完了。乗り込んで、いざ出発！

タイ沼にハマったら
タイドラマの聖地巡りや音楽イベントに行こう！

ドラマや音楽などタイのエンタメにハマったら、タイのアーティストが多数所属するGMM Grammyのビル（MAP P.92-C1）にあるショップでグッズを購入しよう。場所はアソークのオフィス街。タイドラマのロケ地は郊外にあることが多いが、市街地や観光地に近いスポットもあるので観光と一緒に訪れてみよう。

上／アソークにそびえるGMM Grammyの高層ビル。ショップは30階で、入館時セキュリティーにパスポートを預ける
右／ドラマのロケ地としても知られるフアラムポーン駅（MAP P.85-F1）とラーマ8世橋（MAP P.78-C1）

イベント会場として使われる大ホール
インパクトアリーナのアクセス

インパクトアリーナは、バンコク市街北部のムアントンターニーにある展示貿易センターのインパクト・ムアントンターニーに併設された巨大アリーナで、芸能関係のイベントもよく行われる。陸の孤島のような場所で大イベント時にはタクシーもなかなか捕まらず、自前の車がないと行き来がたいへんだった。2023年末にMRTピンクラインが開通し、徒歩約25分の所にムアントンターニー駅が開業。がんばって歩けば公共交通機関が利用できるようになった。

グルメにショッピング、
ナイトライフも！

バンコク3泊5日 鉄板モデルプラン

day 1 ついに バンコク到着

日本を朝出発する便を利用すれば、夕方にはバンコク着。マッサージでフライトの疲れを癒やし、さっそくグルメやナイトスポットに挑戦。

15:30 スワンナプーム国際空港到着

到着して入国手続きを

30分

17:30 ホテルにチェックイン

or

18:00 アジアハーブアソシエイションのタイ式マッサージ

移動の疲れを癒やす（→ P.250）

15分

19:30 ローンロットで夕食

チャオプラヤー川べりのレストランでタイ料理を堪能（→ P.184）

14分

21:00 アモロサで夜景にカンパイ

ザ・デック（→P.201）のルーフトップ・バーで、ライトアップされたワット・アルンを眺めながらバンコクに乾杯！

23:00 ホテル着

day 2 定番エリアを1日で制覇

午前はバンコクの3大寺院を見学してタイの文化を堪能、午後は繁華街へ。寺院見学は現地ツアーを利用するのも楽。

8:00 まずはワット・ポーへ

早起きしてルーシー・ダットン体験と巨大寝釈迦仏見学（→ P.130）

5分

9:30 ワット・アルン見学

憧れの大仏塔を見よう（→ P.132）

5分

11:00 メイク・ミー・マンゴーでマンゴー尽くし

大人気マンゴースイーツで休憩（→ P.62）

13分

11:30 ワット・プラケオと王宮観光

ここだけはハズせないバンコク最大の見どころ（→ P.122）

20分

13:00 ナーイ・ンガムでランチ

人気の麺類食堂でクイックランチ（MAP P.95-F3）

6分

14:00 バーンラムプー博物館を見学

タイの歴史や民俗文化にも触れてみたい（→ P.139）

8分

15:30 カオサン通り散策

バックパッカーの町をぶらぶら（→ P.141）

旅行者の姿は戻ったかな？

30〜40分

18:00 チョート・フェー探訪

2021年にオープンしたナイトマーケットのチョート・フェー（ジョッド・フェアズ）でディナー&ショッピング（→ P.22）

22:00 ホテル着

曜日別！ アレンジのヒント！

◎週末限定のマーケット

ウイークエンド・マーケット（→ P.236）は週末だけオープン。アムパワー（→ P.44）、バーン・マイ市場（→ P.170）やクワン・リアム水上市場（→ P.171）もにぎやかなのは週末のみなので注意。

◎美術館、博物館は月曜休み

公営の美術館や博物館はほとんどが月曜休館。寺院や観光施設、デパートなどはだいたい毎日オープン。

定番観光地から最新スポットまで、限られた日程でバンコクを楽しみ尽くす完璧プランはコレ！　モデルプランを参考に、自分の行きたいところを制覇しよう。

タクシー　BTSやMRT　渡し船、シャトルボート　徒歩

ひと足延ばして郊外へ

現地ツアーで世界遺産アユタヤーへ足を延ばそう。日本語ガイド付きで安心。バンコクへ戻ったらマッサージにグルメ三昧。

6:30（オプショナルツアーに参加）
アユタヤー観光
世界遺産のアユタヤー遺跡（→ P.306）をツアーで見学。象にも乗れる

↓

14:00
ジム・トンプソンの家見学&買い物
バンコクに戻ったら、タイシルク王の豪華なタイ風住宅を見よう（→ P.158）

↓ 徒歩 10分

15:30
マンゴー・タンゴでひと休み
タイ人にも大人気のマンゴースイーツ（→ P.62）

甘ーい スイーツ

↓ 徒歩 すぐ

16:00
サヤーム・スクエアでショッピング
インディーズのブティックやカフェが集まる（→ P.156）

↓ BTS 10分 ＋ 徒歩 10分

17:00
木先生で疲労回復
イタ気持ちいい足裏マッサージで即元気に（→ P.253）

痛いけど 効くよ！

↓ タクシー 10分

18:30
サボイ・シーフード・コーでグルメなディナー
高級シーフードレストランで贅沢ディナー（→ P.190）

↓ タクシー 15分

20:00
ティチュカ・ルーフトップ・バーで夜景を堪能
バンコクで人気のルーフトップ・バーで夜景を楽しむ（→ P.257）

↓ タクシー

22:00
ホテル着

話題のスポットと買い物を満喫

最終日はショッピングエリアを賢く回っておみやげゲット。タイ雑貨からスパグッズまで、いろいろあって目移りしそう。自分へのご褒美も忘れずに。

9:00
ホテルをチェックアウトして荷物を預ける

↓ BTS or タクシー

10:00
セントラルワールドでおみやげハント
巨大ショッピングビルは宝探し気分で楽しめる（→ P.228）

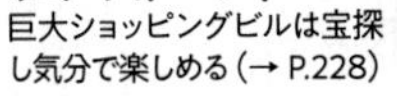

↓ 徒歩 5分

11:00
プラティナム・ファッションモールでプチプラアクセ探し
ビル内にぎっしり詰まったショップでプチプラアイテムをゲット（→ P.229）

↓ 徒歩 2分

12:30
クワンヘーンでカオ・マン・カイランチ
本場のカオ・マン・カイで至福のランチ（→ P.194）

↓ 徒歩 15分

14:00
サヤーム・センターで最新のタイファッションをチェック
おしゃれショッピングセンターでタイのファッションブランドをチェック（→ P.227）

↓ BTS 10分 ＋ 徒歩

15:00
スクムウィット通りのタイ雑貨ショップへ
東へ向かって移動すると、タクシーの利用が楽

かわいいお宝がたくさん

↓ BTS ＋ 徒歩

17:00
エンポリアム&エムクオーティエでとっておきのおみやげを
タイ雑貨コーナーにはスパグッズのショップも（→ P.228）

↓ BTS 27分

18:00
ルドゥーで最後のディナー
グルメに人気の高級店でラストディナーを（→ P.183）

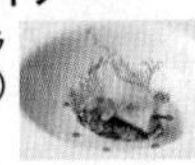

↓ BTS or タクシー

21:00
ホテルで荷物をピックアップし空港へ

↓ タクシー 30分

深夜
スワンナプーム国際空港発
日本へ向けて出発

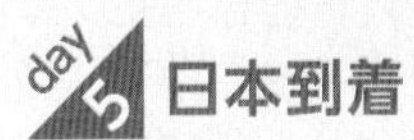

日本到着

バンコク人気エリア散歩 1

進化が止まらないショッピングエリア サヤーム・スクエア周辺

Siam Square

人気のショッピング・エリアへゴー!

バンコクでも先駆的なショッピングエリアのサヤーム・スクエア。駐車場を兼ねた広い通路の周囲に、小さなショップが集まる古い区画と巨大ビルが並び、毎日多くの人々が訪れる。BTS サヤーム駅を中心に周辺のショッピングモールが歩道橋で連絡しているので、雨が降っても気にせず移動できるのも散策に便利。

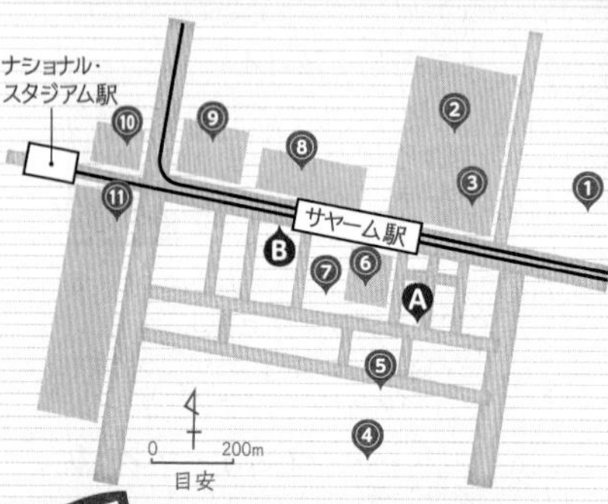

START

① Temple 都心の寺院 ワット・パトゥム・ワナーラーム

繁華街にある名刹

1857 年創建の歴史がある寺院で、このエリアの行政区名 (パトゥムワン区) はこの寺院名にちなんでいる。 MAP P.90-B3 ～ C4

② Shopping サヤーム・パラゴンの巨大さにびっくり ➡ P.227

BTS サヤーム駅のホームに立つと、目の前にそびえる巨大な壁のようなビルがサヤーム・パラゴン。館内にカーショップもあり、フェラーリやロールスロイスが並んでいるのもすごい。

地下には水族館まであるサヤーム・パラゴン

③ Gourmet 有名店が集まるパラゴン・フードホールでランチ ➡ P.193

有名店の味が気軽に楽しめる

サヤーム・パラゴン 1 階にあるフードコートのパラゴン・フードホール。パッ・タイのティップサマイ（→ P.189）、コーアーン・カオマンカイ・プラトゥーナーム（→ P.195）など有名店が出店している。

④ University ドラマ出演の芸能人も多く通う チュラーロンコーン大学

タイ最難関とされるチュラーロンコーン大学。都心の広大なキャンパスに学部ごとの校舎が点在。キャンパスは自由に散策でき、学食は学生でなくても利用できる。 MAP P.86-B2 ～ C2

タイ風の外観に造られた建物が多い

⑤ Shopping 大学グッズが買える チュラーロンコーン大学のショップ

ブリティッシュ・カウンシルの入るビル 1 階に、チュラーロンコーン大学のブックショップ CU Book Center がある。書店内の文房具などを扱うコーナーで、大学ロゴ入りの手帳などが売られている。 MAP P.86-B2 ～ C2

大学ならではの大きな書店。文房具コーナーは入って右奥

⑥ Shopping エコでコンシャスな サヤーム・スクエア・ワン ➡ P.229

軒が深いので雨が降り込まず風は通るエコな造り

サヤーム・スクエアの核となる大型ビル。各フロアの回廊に壁がない開放的な造り。エステサロンやタイ式マッサージ店のほか、飲食店も多数。

サヤーム・スクエアの注目スポット

MAP A
タイ風スナックをおやつに
サヤーム・パンダン Siam Pandan

上／常に客が途切れない人気店　下／ほんのり甘く何個でも食べられそう

バイトゥーイと呼ばれる植物で香りづけした、丸い花のような形のカステラ風お菓子カノムクロック・バイトゥーイの人気店。9個40Bで、かわいらしい厚紙の箱に入れてくれる。

MAP P.157-D2　住 Soi 6, Siam Square　TEL 08-4458-8798　営 11:00～18:00　休 なし　CC なし

MAP B
最新カルチャースポット
リド・コネクト Lido Connect

映画館時代の面影を残すエントランス

1968年オープンの映画館が2018年に閉館後、2019年にカルチャースポットのリド・コネクトとして生まれ変わった。アート系のショップ、ミニシアター、イベントスペースがある。

MAP P.157-B1　住 256 Rama 1 Rd.　TEL 09-6921-7679　URL lidoconnect.com　営 10:00～22:00　休 なし

若い人が集まるエリアだよ！

⑦ Shopping
サヤーム・スクエアでバンコクっ子気分を味わう ➡P.156

もともとは雑多なショップが並んでいたサヤーム・スクエア。1990年代には日本の某ファッションビルのニセモノが営業するなど混沌も見られた。現在は高級ブランドやファッション系のショップが集まるおしゃれタウンとして人気を集めている。区画をまるごと再開発して、大きなビルに建て替える再開発が進行中。

小さなブティックが多く、手頃な値段でオリジナルのファッショングッズが手に入る

⑧ Shopping
タイファッションのブランドが集まるサヤーム・センター ➡P.227

1973年開業と、実はバンコクでも歴史の古いショッピングモール。2013年に終了した大改装で現在見られるような外観となった。タイのファッションブランドショップが多数入っているほか、東南アジア初のガンダムベースがある。

マニアなら気になるガンダムベース

⑨ Shopping
LOFTもあるサヤーム・ディスカバリー ➡P.227

1997年開業のショッピングモール。大改装で日本人デザイナーが主宰するデザインオフィス「nendo」が手がけた外観と内装は、それを見るためだけでも訪れる価値があるほど。

3階のアイコン・クラフトではタイ各地の名産品が手に入る

⑩ Culture
バンコク・アート・アンド・カルチャー・センターでアート三昧 ➡P.156

最新のアートに触れられるバンコク・アート・アンド・カルチャー・センター。アート系のショップやライブラリーもあるのでのぞいてみよう。

大きな吹き抜けの周囲を取り巻く回廊もギャラリーとして使われる

GOAL
⑪ Gourmet
バーン・クン・メーでディナー ➡P.182

長くサヤーム・スクエアで営業していた名店バーン・クン・メー。再開発のためMBKセンター内に移転し、元気に営業中。おしゃれに振った店が多いこのエリアで、本格的なタイ料理が食べられる貴重な店。

古くからの人気店

バンコクの見どころが集まる ワット・プラケオ周辺 Wat Phra Kaeo

バンコクを代表する見どころのワット・プラケオと王宮、ワット・ポー、ワット・アルンがあるのは、チャオプラヤー川とロート運河に囲まれたラタナーコーシン島と呼ばれるエリア。リベラルな校風で知られるタマサート大学や芸術系のシラパコーン大学、宗教系グッズが売られるター・プラ・チャン市場、川沿いのレストランなどを歩いて巡ろう。

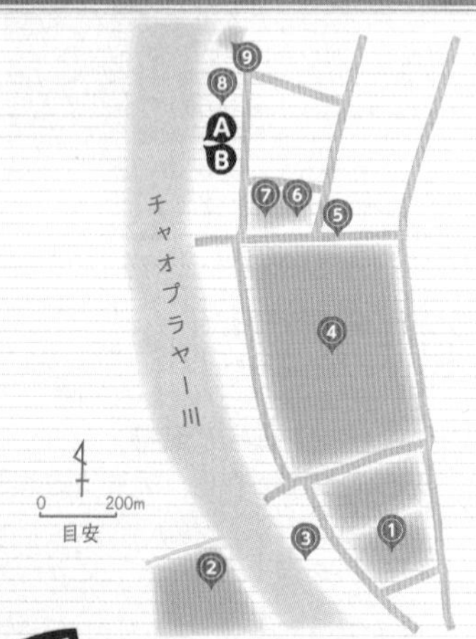

① Temple 巨大な寝釈迦に圧倒される ワット・ポー ➡P.130

ゆったりと横たわる巨大な寝釈迦

境内にあるお堂に収められた高さ15m、全長46mの寝釈迦仏で名高いワット・ポー。タイ式マッサージの本山ともされており、境内にある東屋でマッサージが受けられる。境内に何ヵ所も設けられた築山にはヨガの行者像があり、それぞれ異なるポーズが興味深い。

② Temple ワット・アルンの大仏塔に上がろう ➡P.132

明るい灰色の仏塔は日光を反射してまぶしく輝く

チャオプラヤー川の岸にそびえる大仏塔がワット・アルンのシンボル。朝日を受けて空に鮮やかに浮かび上がる仏塔を対岸や渡し船から眺めると、バンコクに来ているという実感が湧き上がる。仏塔には途中まで上がれ、陶器の破片で施された装飾がじっくり観察できる。

③ Gourmet ローンロットでタイ料理ランチ ➡P.184

伝統的なヤム・ウンセンは辛さ控えめで食べやすい

古い倉庫街の奥、チャオプラヤー川岸にある人気タイ料理レストランのローンロット。伝統的な古いレシピを掘り起こした料理の数々がメニューに並ぶ。料理に使う素材は、ライギョならシンブリーなど、それぞれの名産地とされる土地のものを使用。

④ Temple ここだけは見逃せない ワット・プラケオと王宮 ➡P.122

境内に並ぶきらびやかな仏塔やお堂の数々、そして国の守り本尊でもあるエメラルド仏があるワット・プラケオ。堂々たるタイ洋折衷の様式で建てられた豪壮な王宮の宮殿。旅行者を魅了する多数の見どころがあるので、じっくり時間をかけて見学したい。

世界各国からの旅行者だけでなくタイ人も多く訪れるワット・プラケオ

ワット・プラケオ周辺の注目スポット

MAP A テラス席でタイ料理を満喫

サボイ・タイ・レストラン Savoey Thai Restaurant

屋外のテラス席とエアコンの効いた室内席がある

チャオプラヤー川岸のプチモール、ター・マハーラートにあるタイ料理の名店。厳選された素材を使ったシーフードが楽しめる。テラス席で夕日を眺めながらのディナーもおすすめ。

MAP P.78-A4 〜 B4 住 2nd Fl., Building G, Tha Maharaj, Trok Mahathat, Maharat Rd. TEL 0-2024-1317 URL www.savoey.co.th 営 10:30 〜 22:00 休 なし CC JMV

MAP B 貸衣装でタイ人になりきる

センス・オブ・タイ Sense of Thai → P.215

ワット・プラケオや周辺の寺院でよく見かける、タイの伝統的な衣装に身を包んで撮影をする人々は、ほとんどがここで衣装を借りている。バンコク滞在中の1日タイ人になりきって、寺院や見どころを回って写真をたくさん撮ろう。

当日返却できさえすればどこへ行ってもオーケー

5 Underground エアコンが効いた地下広場でひと休み

ワット・プラケオと王宮をじっくり見学したら、ワット・プラケオ入口前のナー・プラ・ラーン通りにある地下広場で休憩しよう。エアコンが効いて涼しく、無料のトイレもある。 MAP P.78-B4

地下広場の壁はギャラリー風

受付棟は王宮だった建物

6 Culture シラパコーン大学のアート・センターで展示を見学

タイ風建築の受付棟奥に大きな建物があり展示スペースも広々

ワット・プラケオの向かいにある芸術大学。ナー・プラ・ラーン通りに面した入口から入って目の前にある建物はアート・センターで、タイ最新のアートに触れられる。

MAP P.78-B4
art-centre silapakorn university
URL www.art-centre.su.ac.th

7 University 広場でひと息つけるシラパコーン大学キャンパス

アート・センター脇にある公園風の屋外美術館を通り抜けると広場がある。周囲には校舎だけでなくカフェなどもあり、気軽に利用できる。マハーラート通りに面した門の手前には、巨大な樹木が建物の隙間を埋めるように立っており印象的。 MAP P.78-B4

芸術大学のキャンパスにそびえる巨木

8 Market 宗教系グッズを扱うター・プラ・チャン市場 ➡ P.234

マハーラート通りとチャオプラヤー川に挟まれた区画に、小さな仏像や各種仏具など宗教系のグッズを扱うショップが集まっている。ポスターやお守りなど、比較的気軽に買えそうな品物もあるのでのぞいてみよう。市場前のマハーラート通りにも、同じようなグッズを扱う露店がずらりと並んでいる。

大量に売られるお守り

GOAL 9 University ゆったりした空気が流れるタマサート大学

チュラーロンコーン大学と並ぶタイの難関大学がタマサート大学。キャンパスはチャオプラヤー川岸にある。リベラルな校風で、かつてはタイ民主化を求める学生運動の拠点ともなった。大学創立の1934年に建てられ校舎として使われていた建物の中央にそびえる時計塔は、タマサート大学のシンボル。 MAP P.78-B3

2024年の創立90周年に向けて改修工事中

バンコクの歴史が息づく
タラート・ノーイ周辺
Talat Noi

タラート・ノーイはバンコクのなかでも古い歴史のあるエリア。中国から移住してきた華人だけでなく、マレー半島から来たムスリム、バンコクで最初の日本料理レストランで現在でも営業する「花屋」を開いた日本人など、さまざまな文化が混交するタイらしい懐の深さが感じられる。古い町並みにストリートアートが点在し、町歩きを楽しむ人々の間で人気が高まっている。

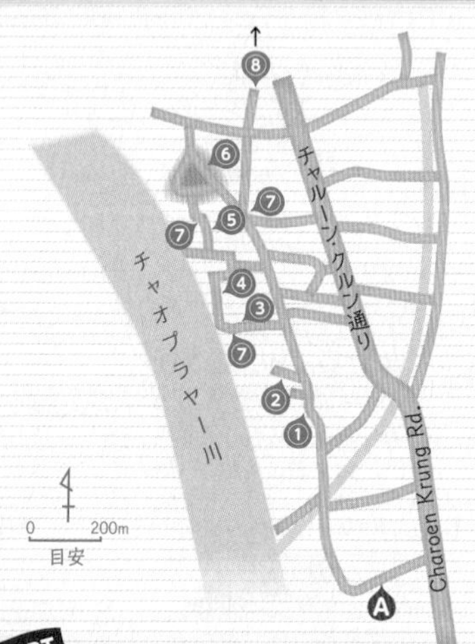

① Church 聖ロザリー教会で厳かな気分に

アユタヤーに住んでいたポルトガル人が、18世紀のバンコク遷都後移住して建てたカトリックの教会。当初は1787年に木造で建てられ、火事で焼失するなどしたあと、1897年に現在見られるようなゴシック・リバイバル様式で建て直された。ポルトガル人はチャオプラヤー川の対岸にも居を構え、そちらには聖クルーズ教会（MAP P.84-B2）を建てた。MAP P.85-E3

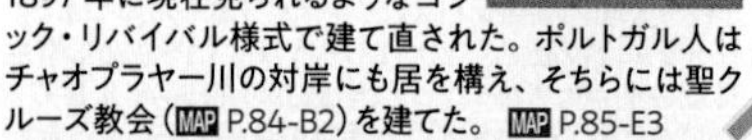

上／正面はチャオプラヤー川に向いている。細い尖塔が印象的　下／ホール上部にあるステンドグラスも必見

② Bank 大きな洋館はSCBタラート・ノーイ支店

SCB（サヤーム・コマーシャル・バンク）はタイで最初に設立された商業銀行。タラート・ノーイ支店は1908年に建設された洋風建築で、当初は本店だったもの。現在でも一般向けに営業している。設計は、アナンタ・サマーコム宮殿（MAP P.79-E1）にも関わったイタリア人建築家アンニーバレ・リゴッティ。MAP P.85-E2

普通に営業しており近所の人たちが出入りしているのがおもしろい

③ Cafe マザー・ロースターでひと休み

廃屋のような機械工場の2階にあり、ガラクタが山積みになった1階に入って左隅にある階段を上がる。バリスタは御年70歳を超えるお母さん。おいしいコーヒーを飲んでもらうために、豆選びから焙煎、接客まですべてに目を光らせており、プロの仕事を目の当たりにできる。ハンドドリップのホットはタイ産の豆100B、輸入豆120B。好みを伝えてオススメを聞こう。

左／カフェは2階。中にある階段で上がる　右／苦味や香りなど好みも相談できる

マザー・ロースター　Mother Roaster

MAP P.85-E3 住 1172 San Chao Rong Kueak
TEL 06-1216-2277 FB motherroaster 営 火～日 10:00～18:00 休 月 CC なし

タラート・ノーイの
人気撮影スポット、
フィアット500の廃車

町歩きの途中でスパ体験

MAP A アーブ・スパ Erb Spa

人気スパブランド、アーブのスパ。トリートメントルームが少ないので要予約。 → P.246

左／レセプション周辺ではアーブのスパグッズも販売
右／トリートメントルームは4室すべて異なる内装

Old Chinese House

④ 中国風の索恒泰住宅を見学

築200年以上の中国建築は、石畳の中庭をもつ「口」形の四合院と呼ばれる様式。入口は立派な門、左右が居住スペースで、奥は居住と先祖を祀るためのスペース。中庭にはプールが設けられダイビング教室が行われるほか、カフェ営業も。見学する場合はカフェで何か注文すること。 MAP P.85-E3

上／コーヒー（80B～）のお供に自家製タイ風スイーツもある　下／今やタラート・ノーイの象徴的存在

Gourmet

⑤ 屋上レストランのリバー・バイブでランチ

リバー・ビュー・レジデンス（→ P.290）の8階にあり、チャオプラヤー川を眼下に眺められるレストラン。タイ料理とパスタなど洋食が食べられる。夜訪れてバーとして使うのもアリ。

リバー・バイブ River Vibe

MAP P.85-E2　住 768 Soi Wanit 2, Songwat Rd.　TEL 0-2234-5429　URL www.riverviewbkk.com　営 7:30～23:00　休 なし　CC AMV

川を渡って吹く風が涼しい

Auto Parts Shop

⑥ まるでガラクタ？自動車パーツ店エリア

そこかしこに見られるストリートアート

バンコクっ子がタラート・ノーイと聞いて思い浮かべるのは、まずこの眺め（下）。自動車の中古パーツを扱う店が集まっており、解体、分解、清掃、組み立てなどを通りからまる見えの店内で行っている。第2次世界大戦中は日本軍の依頼で船舶エンジンの整備も行ったとか。

積み上げられた部品の山

Chinese Temple

⑦ 点在する中国廟を拝観

タラート・ノーイ住人の先祖は中国から移住してきた華人が多く、中国廟が点在している。特に漢王廟と清水祖師廟は規模が大きく、チャオプラヤー川にも面している。

タラート・ノーイ心臓部への入口にある漢王廟

GOAL

Gourmet

⑧ オーディアンでカニたっぷりディナー

タラート・ノーイからヤオワラート（中華街）へ向かう途中にあるカニ入り麺の店。大きなカニ爪の入ったバミーは、カニ爪のサイズにより150～550Bの9段階。カニのむき身入りバミー（バミー・ヌア・プー）は85Bで、汁あり（ナーム）と汁なし（ヘーン）が選べる。ヘーンに5B追加でスープを添えられる。

カニのうま味がよくわかるヘーンがおすすめ

オーディアン（興来飯店）Odean

MAP P.85-E2　住 724 Charoen Krung Rd.　TEL 08-6888-2341　営 8:30～19:30　休 第2・4火曜　CC なし

眠らない南国の夜を満喫 ナイトマーケットを楽しもう BANGKOK NIGHT MARKET

チョート・フェー全景。白一色のテントがキレイ

転生したタラート・ロットファイ・ラチャダー

チョート・フェー（ジョッド・フェアズ） Jodd Fairs

カラフルなテントで人気だったタラート・ロットファイ・ラチャダーがコロナ禍で閉鎖後、移転し規模を縮小して再出発。にぎわいを取り戻し大幅拡張して盛業中。雑貨を扱うショップとフード屋台のエリア、レストランが並ぶエリア、ライブなども行われるパブエリアに分かれている。2024 年中に移転の可能性があるので注意。

1 オリジナルの小物やファッション雑貨を扱うショップ　2 フードエリアで人気のレン・セープ（火山排骨）はM150B、L220B、XL290B。ゆでた豚の骨にパクチーとトウガラシたっぷりのトムヤムスープをかけて仕上げる。ひと口食べれば汗だくになる辛さ　3 通路にはテーブルも用意されている　4 アクセサリー類は思わずまとめ買いしたくなる安さ　5 気軽につまめるスナック類の店も多い

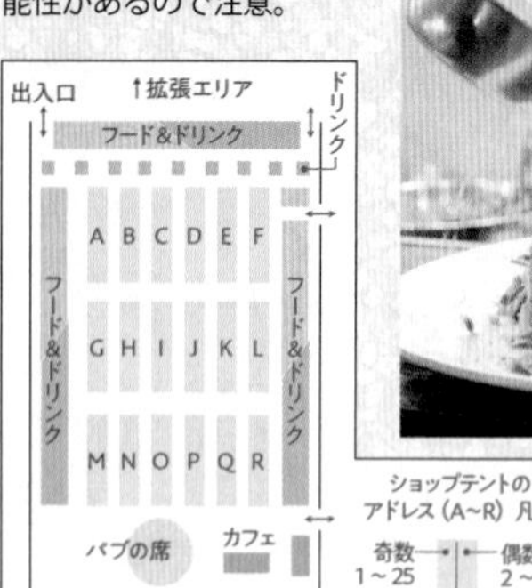

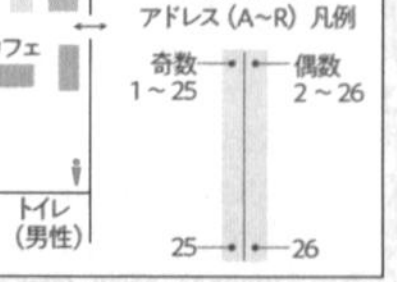

ラチャダーピセーク通り周辺
MAP P.82-C3
住 Rama 9 Rd.　TEL 09-2713-5599
FB JoddFairs　営 16:00 ～ 24:00
休 なし　行き方 MRT ブルーラインの BL20 プラ・ラーム・ナイン駅 2 番出口からセントラル・プラザ・ラーマ 9 店内経由で徒歩 4 分

MRTのプラ・ラーム・ナイン駅2番出口からはこの案内に従って行こう

エンターテインメントも楽しめる
アジアティーク・ザ・リバーフロント・ディスティネーション
Asiatique The Riverfront Destination

ASIATIQUE
THE RIVERFRONT
チャオプラヤー
川沿いの
巨大縁日よ！

2012 年のオープン以来、地元の人や旅行者の人気を集めてきたアジアティーク・ザ・リバーフロント・ディスティネーション。古い倉庫街を再開発したナイトマーケットは、広大な敷地に多数のショップとレストランが詰め込まれている。コロナ禍を耐え抜き、ショップの数は減らしたものの、にぎわいを取り戻しつつある。2023 年末にはスーパーマーケットの Big-C もオープンし、ショッピングも便利に。

案内板をチェック！

敷地内の建物と通路には、それぞれ番号がある。「Trok 4、Warehouse 7」なら、7 号棟 4 番通路のこと。

Warehouse
โกดัง（コーダン）
建物（倉庫）1 から 10 号棟まで。

Trok ตรอก
（トローク）
路地（通路）Warehouse 内の通路を指す。

チャルーン・クルン通り周辺　MAP P.76-B5
住 2194 Charoen Krung Rd.　TEL 0-2108-4488(オフィス月～金 10:00 ～ 18:00)　URL www.asiatiquethailand.com
営 11:00 ～ 24:00　休 なし　行き方 **船：**CEN サートーン船着場からシャトルボート (16:00 ～ 23:30、30 分おき、料 無料) かチャオプラヤー・エクスプレス・ボートのブルー旗船 (16:00 ～ 19:00、料 30B) で所要 10 分。**バス：**BTS シーロムラインの S6 サパーン・タークシン駅前を通るチャルーン・クルン通りから駅を背に右方向へ行く 1 番のバス (料 8B) かミニバス (料 10B) で所要約 10 分。週末は渋滞に注意。**タクシー：**BTS シーロムラインの S6 サパーン・タークシン駅前から所要約 10 分。週末は渋滞に注意。**徒歩：**BTS シーロムラインの S6 サパーン・タークシン駅 4 番出口から徒歩 25 分

チャルーン・クルン通り側の入口に立つゲート

下町の夜景を眺める
アジアティーク・スカイ（観覧車）
Asiatique Sky

アジアティーク・ザ・リバーフロントを見下ろす大観覧車。観覧車はタイではまだ珍しいためか、地元のカップルやファミリーに大人気。直径は50mで、最高点は地上60mに達する。回転のスピードが速く、1 回で 3 ～ 4 周するのもおもしろい。日本との違いを体験してみて！

営 17:00 ～ 24:00　休 なし
料 500B（外国人料金。身長 120cm 以下は 200B）

エアコン付きで快適な観覧車

アジアティーク・ザ・リバーフロント・ディスティネーションの最新アトラクションは帆船シリマハンノップ号Sirimahannop。タイ海軍の軍艦として活躍し、1923年まで使われたトゥーンクラモン号をモデルに建造された3本マストの船は、レストランとして使われている

大人気ナイトマーケットの支店

チョート・フェー・デーンネラミット
Jodd Fairs DanNeramit

2023年4月、バンコクで最も人気のあるナイトマーケットのチョート・フェー（ジョッド・フェアズ→P.22）が、もとテーマパークだった遊休地を利用して新規マーケットをオープン。マーケットのシンボルはテーマパーク時代に建てられた西洋のお城。中にも入れるこのお城が撮影スポットとして人気。チョート・フェー同様白いテントが整然と並び、中にはクラシックカーが展示されたテントも。レストランや屋台風の飲食店と雑貨などのショップが程よく入り混じり、オリジナルのフードを出す店も多く、食べ歩きが楽しい。

1敷地に入ってすぐの所にあるお城が目印。高架のBTSや表の通りからも見える　2整然と並ぶ白いテントは本家チョート・フェーと同じ　3輸入ビールやクラフトビールの専門店　4各地のナイトマーケットで食べられる人気フードのレン・セープもある

パホンヨーティン通り周辺　MAP 折込裏-C3

住 Phahonyothin Rd., Chom Phon　TEL 09-8709-8779
FB JODD FAIRS DanNeramit　営 16:00～24:00　休 なし
行き方 BTSスクムウィットラインのN10パホンヨーティン24駅2番出口かN9ハーイェーク・ラートプラオ駅4番出口から徒歩6分、MRTブルーラインのBL14パホンヨーティン駅4番出口から徒歩11分

タラート・ロットファイ・ラチャダー跡地に登場

ザ・ワン・ラチャダー
The One Ratchada

チョート・フェー（ジョッド・フェアズ）に移転したタラート・ロットファイ・ラチャダーの跡地に2022年9月にオープンしたナイトマーケット。まだテナントが埋まっておらずテントは以前の敷地の半分程度。タラート・ロットファイ・ラチャダー時代にはショップエリアのテントを取り巻いていたパブエリアもまだ静かで、広大な敷地をやや持て余し気味。MRT駅から徒歩すぐとアクセスは便利なので、今後は期待大。

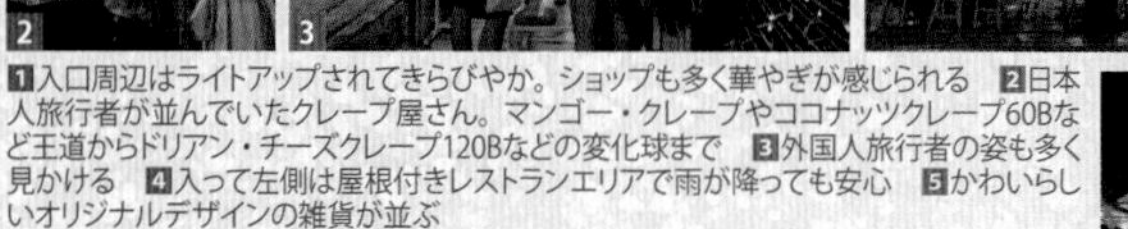

1入口周辺はライトアップされてきらびやか。ショップも多く華やぎが感じられる　2日本人旅行者が並んでいたクレープ屋さん。マンゴー・クレープやココナッツクレープ60Bなど王道からドリアン・チーズクレープ120Bなどの変化球まで　3外国人旅行者の姿も多く見かける　4入って左側は屋根付きレストランエリアで雨が降っても安心　5かわいらしいオリジナルデザインの雑貨が並ぶ

ラチャダーピセーク通り周辺　MAP P.82-C1

住 55/10 Ratchadaphisek Rd.　URL www.theoneratchada.com　営 16:00～24:00　休 なし　行き方 MRTブルーラインのBL19タイランド・カルチュラル・センター駅3番出口から徒歩2分

Night Market 5

アートに囲まれたおしゃれフード屋台村

Wマーケット W Market

アート鑑賞もできる!

ギャラリーやホテルなどが集まる商業施設「W District」の一角にあるWマーケットには、タイ、イタリアンなどの料理屋台が約50軒揃う。ニュー・クリエイティブをテーマに、壁画やオブジェが点在する、おしゃれな空間だ。

上／屋台を囲んでテーブル席が点在　下／食事をしながらアートも楽しめる

スクムウィット通り周辺　MAP P.77-F5

住 69-71, Sukhumvit Rd.　TEL 0-2381-2277　URL w-district.com/wmarket　営16:00～24:00　休 なし　行き方 BTSスクムウィットラインのE8プラカノン駅3番出口から徒歩5分

Night Market 6

昼からオープンのアートスポット

チャーンチュイ Chang Chui

タイの人気ファッションブランド「フライナウ」のオーナーが手がけた、アーティスティックなコミュニティスポット。敷地内に本物の旅客機がどーんと鎮座していて話題に。点在するアート作品の間にアンティークショップやレストラン、カフェなどが並んでいる。夕方頃から雑貨やアクセサリーの露店も出る。

謎のオブジェがあるよ

上／おしゃれ志向でクラフトビールの店もある
下／ロッキード・トライスターの実機がシンボル

バンコク郊外　MAP 折込表-A2

住 460/8 Sirindhorn Rd.　TEL 08-1817-2888　URL www.changchuibangkok.com　営11:00～23:00　休 なし　行き方 SRTライトレッドラインのLR3バーンバムルー駅から徒歩11分

Night Market 7

運河沿いのおしゃれ遊歩道

オンアーン・ウオーキング・ストリート Ong Ang Walking Street

以前は運河の上に建てられていたサパーン・レックと呼ばれるマーケットで、ゲーム機や電化製品、コピー商品などあやしい品物ばかりが売られていた。70年も続いたというこのマーケットが2015年に撤去され、景観改善プロジェクトの一環として2020年にオープンしたのが運河沿いのウオーキング・ストリート。インド人街が近いのでインドやネパール料理の食堂が並んでいるのもおもしろい。

運河沿いのお散歩コース

上／タイで人気のグラフィティ・アーティスト、アレックス・フェイスの作品がお出迎え
下／インド人街側（写真内右）にはインド系レストランが、ヤオワラート側（写真内左）にはスナック屋台やタイ料理の食堂が並ぶ

チャイナタウン周辺　MAP P.85-D1

住 Khlong Ong Ang　FB Ong Ang Walking Street
営 金～日 16:00～22:00　休 月～木　行き方 MRTブルーラインのBL30サームヨート駅1番出口から徒歩5分

Night Market 8

庶民派屋台フードのマーケット

トンサイ・マーケット Tonsai Market

カラフルなテント

スクムウィット通り沿いの駐車場のような空き地のような曖昧な敷地にオープンした、飲食系中心のナイトマーケット。大ざっぱにエリア分けされているが、内容で分かれているわけではなく適当。上空を通るBTSのベーリン駅から見下ろすとカラフルなテントが並んでおり、規模は小さいながらまるでタラート・ロットファイ・ラチャダーの再来。テントエリアの隣にドーム型の屋根とステージの設置されたビアガーデンのようなエリアがあり、テントエリアで買った食べ物を持ち込んで、飲み物はこちらで注文するシステム。

上／カラフルなテントがズラリと並ぶ　下／ステージで大音量のライブが行われるのがタイらしさ満点

スクムウィット通り周辺　MAP 折込裏-D6

住 3774 Sukhumvit Rd.　TEL 08-5841-4246　FB Tonsaimarket456
営 14:00～23:00　休 なし　行き方 BTSスクムウィットラインのE14ベーリン駅2番出口から徒歩すぐ

最強グルメ体験
Bangkok Gourmet

20年以上の取材経験を持つ編集者がオススメする、
新旧とりどりのグルメスポットを大紹介！

GAAN MASSAMAN GAI ケーン・マッサマン・カイ360B（写真下）は大ぶりのチキンやジャガイモ、ニンジンが入ったマッサマンカレー。GOONG AYUDHAYA PUD SONG KRUANG クン・アユタヤー・パット・ソン・クルアン1490B（写真中）はアユタヤー産テナガエビの香り高いスパイス炒め。ソフトシェルクラブを卵とカレー粉で炒めたPUU NIM PUD PONG CURRY プー・ニム・パッ・ポン・カリー 650Bも人気

これぞ老舗の底力
名店の魅力を再発見

新しい店が次々に登場するバンコクで、
創業以来人気を続ける老舗レストラン。
納得の実力を体験しよう。

フレッシュなハーブやフルーツを使ったドリンクも試してみて！

1993年創業！

バーン・カニター・ギャラリー at サートーン
Baan Khanitha Gallery at Sathorn

上質を体現した料理の数々

タイシルクのファッションデザイナーで食にも造詣の深かったカニター氏が、スクムウィット通りのソイ23にオープンした「バーン・カニター」（カニターの家）が歴史の始まり。タイ東北部の高原地帯にあるカオヤイ国立公園に自家オーガニック農園のバーン・パナライ Baan Panalai を所有し、店で使われる野菜やスパイスのほとんどはそこから直送したもの。おいしさだけでなく食べる人の健康も追求した味わいが、バンコクのグルメ界で長く支持されてきた。美しいインテリア、重厚なカトラリー類などの演出で、“タイ料理らしいタイ料理”が落ち着いて楽しめる名店のひとつ。

左／統一感のあるインテリアはさすが「ギャラリー」。壁画の帽子をかぶった女性のモデルは前国王の王妃
右／従業員の洗練された物腰からも伝統を感じる

大きな2階建ての洋館

サートーン通り周辺 MAP P.86-C4

住 67, 69 Sathorn Tai Rd.
TEL 06-3474-6857 URL www.baan-khanitha.com 営 11:00～23:00
休 なし CC A J M V
行き方 BTSシーロムラインのS2サーラーデーン駅2番出口から徒歩12分
B B B 日 PHOTO 英

1957年創業!

メーターワライ・ソーンデーン
Methavalai Sorndaeng

創業66年の歴史は伊達ではない

クラシックな空気漂う外観。カーペット敷きの店内に並ぶテーブルには真っ白なクロスがかかり、窓からは民主記念塔が見える。肩章の付いた制服を着たウエイターがキビキビと働き、客席にはタイ式の正装や盛装に身を包んだ男女の姿も多く、場所柄と格式が感じられる。店の中央にはグランドピアノがあって毎晩18:30からはバンドが入り、80年代のタイ音楽が流れムードも高まる。何事にもゆとりがあった古きよき時代を想起させる、好ましい空間だ。サーブされるのは、正統タイ料理。スパイスの香り高さとシャープな味わい、美しい盛り付けで、伝統のよさを再確認させてくれる。

上左／時代を感じさせる入口周辺の造りも魅力的　上右／ていねいにセッティングされたテーブルが高級感をかもし出す　左下／ウエイターが着る制服はミリタリー調

王宮周辺 MAP P.79-D3

住 78/2 Ratchadamnoen Klang Rd.　TEL 0-2224-3088
FB Methavalai Sorndaeng　営 10:30～22:00（LO 21:30）　休 なし　CC D J M V　行き方 MRTブルーラインのBL30サームヨート駅3番出口から徒歩15分
B B B　日 PHOTO 英

パイナップルの容器にカレー味のライスを入れて具と蒸したBaked pineapple curry rice with shrimps カオ・オプ・サッパロット（パイナップル蒸しカレーご飯）320B（写真中）はタイならではの料理。写真手前のアヒルのレッドカレー Roasted duck red curry ケーン・ペット・ペット・ヤーン 280/420/560Bや、ソムオーの粒の大きさが素材のよさを感じさせるSpicy pomelo salad with shrimps ヤム・ソムオー・クンソット（エビ入りタイ風ポメロサラダ）250/375Bも試してみたい

楽しいメニューが続々登場 バンコク お気軽 グルメ最前線

「これはスゴイ」と唸らされる、巷で評判、究極のひと皿をご紹介。

究極メニュー 発展型ガパオライス

サヤームカプラオ・カフェ・グランド・バンタートトーン
SiamKaPrao Cafe Grand Bantadthong

パット・カプラオにビーフステーキをのせた豪華版。目玉焼きとアヒル卵のタレ漬けが添えられる。パラパラのバスマティライスで食べやすい

庶民のひと皿ご飯が豪華に進化

パット・カプラオ（いわゆるガパオ炒め）にアレンジを加えたオリジナル料理がメニューに並ぶ。ほかでは食べられない唯一無二の味を体験しよう。肉の焼き加減や辛さは好みに応じて注文できる。

上／清潔感のある店内。夜はビールを飲みに来る客の姿も　右上／ラムヤイの実がたっぷり入ったラムヤイドリンクは30B　右下／入口はカフェ風でモダン

サヤーム・スクエア周辺 MAP P.80-A5

住 71274 Banthatthong Rd.
TEL 09-9648-0009　営 11:00～22:00
休 なし　行き方 BTSシーロムラインのW1ナショナル・スタジアム駅2番出口から徒歩11分　B B 日 PHOTO 英

究極メニュー プー・パッ・ポン・カリー

チュラー 50 キッチン
Chula 50 Kitchen

安くてうまい町の学食

プー・パッ・ポン・カリー（→P.54）をご飯に添えたひと皿で大ブレイク。量が控えめなのでパット・カプラオ（ガパオライス、50B）も同時にいこう。常に客でごった返しているが、回転は早い。デザートも人気。

料理は手際よく作られてまたたく間に完成

上左／カニの身もしっかり入ったプー・パッ・ポン・カリーご飯は70B　上右／注文を受けてから作るデザート1個30B　下／店内は常に若者がぎっしり

スリウォン通り周辺 MAP P.86-B2～B3

住 262 Soi Chulalongkorn 50, Wang Mai
TEL 08-3001-7205　営 月～土　7:00～19:00
休 日　CC なし　行き方 MRTブルーラインのBL27サムヤーン駅2番出口からサームヤーン・ミットタウン経由で徒歩6分　B 日 PHOTO 英

チュラーロンコーン大学近くのショップハウス街にある

シグネチャーのクラブ・バーガー。手前は自信の新メニュー、ムー・クローブ（皮付き豚バラ肉のカリカリ揚げ）

クラブ・バーガー
Crab Burger

ドラム缶に座って食べるグルメなバーガー

自家製バンズにこぼれんばかりのカニが挟まったクラブ・バーガーが人気。とにかくボリューム満点。車道のすぐ脇にある歩道で食べるゴージャスなハンバーガーは、旅の気分を盛り上げる。ビール大瓶100B程度なのも良心的。

上左／「バンズもパティもみな自家製です！」 上右／通りに面したカウンターで注文し、歩道に並べられたテーブル代わりのドラム缶で食べる。椅子も小型ドラム缶　左／ビーフやポークのハンバーガーもおすすめ

サヤーム・スクエア周辺 MAP P.86-A2

住 1708 Banthatthong Rd.　TEL 09-6220-1425
FB CRAB Burger　営 18:00～翌1:00　休 なし　CC なし
行き方 MRTブルーラインのBL28フアラムポーン駅3番出口から徒歩13分

リライスの間に見え隠るカニ肉の量に顔もほぶカオ・パット・プー0B。ふたりでちょうどぐらいのボリューム

ノーン・リム・クローン
Nong Rim Khlong

飾りなしに実質を追求

手頃なシーフードが人気の食堂。カニの身がぎっしり詰まったタイ風オムレツなど、とにかく具も量も多いので、最低でも数人のグループで足を運びたい。あまりの人気に店舗を隣に拡張し、客席が広くなった。

上左／クラブ・オムレツ620Bを開くと中にはカニの身がぎっしり　上右／「大勢で来てくださいね！」　左／右奥がキッチンで、以前はその2階と3階が客席。1階に移転し入りやすい雰囲気になった

トンロー、エカマイ周辺 MAP P.89-F1

住 51 Soi 23、Soi Ekkamai、Sukhumvit Rd.
TEL 08-6044-9478　FB Nong Rim Khlong　営 月～土　8:30～16:00（LO 15:30）　休 日　CC なし
行き方 BTSスクムウィットのF7エカマイ駅1番出口からモーターサイで約10分、40B

ハズレのない鉄板メニュー オススメ ローカル食堂&屋台

手ごろなひと皿ものが、気軽な料金でおいしく食べられる、常に客足の絶えない人気店はココ！

さわやかな3代目が調理担当。現オーナーは奥の厨房でスープ作りに余念なし

ルン・ルアン
Rung Rueang Pork Noodle

タイ版ミシュラン掲載の食堂

地元タイ人だけでなく外国人にも人気の麺の店。4種類のスープ、6種類の麺、5種類の具、3種類のサイズからそれぞれ好みのものを選んで注文。トムヤムスープは本格的に辛いので、苦手な人は注意。

右上／スクムウィット通りソイ26と路地の角にある。隣の広い同名店は親戚経営で別店舗。斜め向いにある同名店は本当の支店　右下／プリプリのバミー（中華麺）とたっぷりの具材

プロムポン駅周辺 MAP P.93-E5

住 10/3 Soi 26, Sukhumvit Rd.　TEL 0-2258-6746　FB Rung Rueang Pork Noodle　営 8:00～17:00　休 なし　CC なし　行き方 BTSスクムウィットラインのE5プロムポン駅4番出口から徒歩3分

チョク・プリンス・バーンラック
Chok Prince Bangrak

家族経営で70年、3代目が調理担当

軽い食事にも夜食にもいいお粥

チャルーン・クルン通りからプリンス映画館（現在はホテル）へ入る路地の入口にあったからこの名前。粒がなくなるまで煮込まれたチョク（お粥）に、ピータンや揚げパンを入れて食べよう。ミンチやモツを入れると、ボリューム感が出て食べ応えがある。

左／飾り気のない店内。入って右側がキッチン　中／チャルーン・クルン通りに面している　右／具はピータンとモツ系がおすすめ。刻みショウガでさっぱりと食べられる

チャルーン・クルン通り周辺 MAP P.85-F5

住 1391 Charoen Krung Rd.　TEL 08-1916-4390　営 6:00～14:00、15:00～23:00　休 なし　CC なし　行き方 BTSシーロムラインのS6サパーン・タークシン駅3番出口から徒歩5分

ナーイモン・ホーイトート
Nai Mong Hoi Thod

細かい火力調整はまさに職人技

かりかりのカキ入りオムレツ

鉄板の上で手際よく焼き上げられるカキの入ったタイ風オムレツ、オースワンが人気の食堂。ポクポクのカキとふんわりした卵の組み合わせが絶妙。カリカリに炒めた小麦の生地にカキをのせたオールワ100～200Bが食べられるのも珍しい。ぜひお試しを。

上／カキたっぷりのオースワンはご飯が欲しくなる味。奥がオールワ　下／熱いうちに召し上がれ

チャイナタウン周辺 MAP P.85-E1

住 539 Phlap Phla Chai Rd.　TEL 0-2623-1890、08-9773-3133　FB Nai Mong Hoi Thod　営 水～日　10:00～19:00　休 月・火　CC なし　行き方 MRTブルーラインのBL29ワット・マンコーン駅1番出口から徒歩すぐ

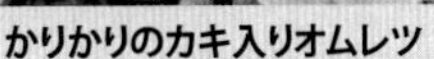

クァイティアオ・トローク・ローン・ムー
Kuaitiao Trok Rong Mu

地域密着型麺料理店

麺料理と副菜的なメニューが豊富に揃う。麺は8種類（麺抜き野菜入り含む）、スープは5種類から選べ、揚げワンタンや魚のつみれなどを追加できる。バミー（中華麺）は平麺使用。

チャイナタウン周辺
MAP P.85-F2
住 23-10 Soi Sukorn 1
TEL 08-2826-6639　営 8:30～20:00　休 なし　CC なし
行き方 MRTブルーラインのBL28フアラムポーン駅1番出口から徒歩6分
日 PHOTO 英

上／テイクアウトが多いのか席数はそれほど多くない　下／平麺を使ったバミーはスープによくからむ

ヘンヨートパック Hen Yot Phak

タイ風あんかけ麺でほっこり

麺に具と煮込んだあんをかけて食べるラートナーは、優しい味わいで老若問わず人気。太めの米麺を鶏肉や卵、スルメと炒めたクア・カイ60Bは、外国人にはあまりなじみがないが素朴な味わいがいい。

上／具材を煮込んだあんを麺にかけるラートナー。麺はいろいろ選べて、バミー・クローブ（揚げ麺）が人気
中／モチモチの食感が楽しいクア・カイはスルメの歯応えがいい
左／ソイ・ナーナー入口脇にある

チャイナタウン周辺 MAP P.85-E2
住 99-101 Rama 4 Rd.　TEL 0-2222-2648　営 9:30～18:30　休 なし　CC なし　行き方 MRTブルーラインのBL29ワット・マンコーン駅1番出口から徒歩7分　日 PHOTO 英

クワイチャップ・ナーイエック
Nai Ek Roll Noodle

ロール状になった米の麺

ヤオワラート通りに面した1960年創業の老舗。くるくると巻いた米麺がモツを煮込んだスープに入ったクワイチャップの名店。麺抜きはカオラオで、これはご飯と一緒にわしわしと食べたい。

左／具だくさんのカオラオ70～150Bはライス10Bと食べよう　右上／朝8時の開店から店の前は常に人だかり　右下／巻いた米の麺が入ったクワイチャップ

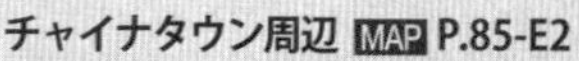
チャイナタウン周辺 MAP P.85-E2
住 442 Soi 9, Samphanthawong, Yaowarat Rd.　TEL 0-2226-4651
FB Nai Ek Roll Noodles　営 8:00～24:00　休 なし　CC なし
行き方 MRTブルーラインのBL29ワット・マンコーン駅1番出口から徒歩3分　日 PHOTO 英

人気の屋台で路上グルメにトライ

バンコクの食で、外せないのが屋台。
人出がある場所には必ず屋台が出て、
何かしら食べ物を売っている。
早い、安い、ウマいの三拍子揃った
屋台の味に一度はチャレンジ!

屋台利用の心得5カ条

1. **繁盛店を選ぶ**　おいしい店は客であふれている。回転も早いのでそれほど待たない。
2. **生水、氷は避ける**　おなかの弱い人は屋台で出される水は避け、市販の飲料水を持参しよう。
3. **生ものも避ける**　できるだけ火の通った料理を選ぶこと。
4. **注文は指さしで**　英語や日本語など、外国語はあまり通じない。注文は指さしかタイ語で。
5. **小銭の用意を**　500Bや1000B札などでの支払いはおつりが煩雑。20Bや50B札などの用意を。

バンコクの屋台はどこにある?

オフィス街や、繁華街でも路地の裏や入口、ちょっとした空き地などに屋台は出る。屋台風の店を集めたミニフードコートのような屋台街もあり、昼食時などは周辺のオフィスで働く人々でごった返す。同じ場所で、昼と夜で違う屋台が営業していることもある。

屋台グルメを楽しむヒント

●テイクアウトOK
ほとんどの店で持ち帰り用の容器や袋が用意されている。麺類も、スープはビニール袋に入れて持ち帰り可能。テーブルがない店はテイクアウトのみ。

●大盛りにする?
屋台料理の量は少なめ。物足りない人はふたつ(あるいは2種類)食べるか、大盛りを注文しよう(大盛り: พิเศษ ピセー)。

●ウエットティッシュが便利
食事前に手を拭くだけでなく、スプーンやフォーク、箸、レンゲなども拭ける。タイでもコンビニなどで除菌ウエットティッシュが販売されている。

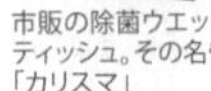
市販の除菌ウエットティッシュ。その名も「カリスマ」

どんな屋台があるの?

ひとめでどんな料理か想像できるのが屋台のいいところ。切ったり湯がいたりするだけで完成するスピードもすばらしい。並んでいる食材を指させば注文できるのも、タイ語ができない外国人にはありがたい。前菜風のスナックからご飯ものにフルーツまで、屋台だけでフルコースを楽しめる。

ご飯もの
ゆでた鶏やチャーシュー、煮込んだアヒルの切り身などをご飯にのせるひと皿もの。安くて早くてウマイ。

ぶら下がったゆで鶏がカオ・マン・カイ屋台の目印

おかずのせご飯
バットに入ったいろいろなおかずから好みのものを選んでご飯にのせてもらう。1～2種類程度が一般的。

具や材料が自分の目で確認でき安心

麺
ガラスケースの中に並ぶ白い米麺と黄色の中華麺が目印。米の麺は太さも数種類ある(→P.61)。店によってスープや具に違いがある。

大きな寸胴でひたすら麺を湯がく重労働

スナック
気軽につまめるスナック類。串に刺して焼いたつみれや揚げた春巻などのおかず風からイモやとうもろこしなどの野菜、伝統お菓子など種類豊富。

人出の多いところにスナック屋台あり

フルーツ
氷を敷いたガラスケースの中にカットされたフルーツ各種が並んでいる。好みのものを選ぶと、ひと口大にカットして袋に入れてくれる。ひと袋20B程度(→P.65)。

町歩き中の水分やビタミン補給に

ドリンク
コンデンスミルクのたっぷり入ったタイ風コーヒーや紅茶、オーリアンと呼ばれるコーヒー風飲み物からコーコー(ココア)やマイロー(ミロ)まで。ホットもアイスも可。

持ち帰りはビニール袋に入れることも

小腹がすいたら食べ歩き 屋台スナックカタログ

町歩き中に目にするいろいろなスナック屋台。どれも気軽に買える値段で量も手頃。
気になるものを見つけたら、どんどんトライしてみよう

スナック

焼売●カノムチープ ขนมจีบ

小ぶりの焼売が、セイロで蒸しながら売られている。アツアツでおいしい。5個30B～。

エビ、ブタ、カニなど具はいろいろ。ノリ巻きもある

セイロのフタを開けると色とりどりの焼売が

焼き卵●カイピン ไข่ปิ้ง

生卵を遠火の炭火であぶった焼き卵。水分の少ないゆで卵のような食感。串に刺して売られていることも。3個20B～。

左／ゆで卵と思って買うと驚く。シーズニングソースで食べる　上／天秤の籠には炭火の入った七輪が

落花生●トゥアトム ถั่วต้ม

殻ごとゆでた落花生はしっとりとしていて、固めの甘納豆のような食感。2カップで25B～。

左／ざるに盛って売られている　右／殻は簡単に割れるので食べやすい

寿司●スーシ ซูชิ

日本食ブームから派生して寿司の屋台も登場。できれば刺身など生ものは避け、カニカマやゆでエビなど無難そうなネタを。そしてよく売れている店を選ぶのが、おなかを壊さないコツ。1個10B～。

左／その場で作っていることも　右／旅の思い出にチャレンジ!

アイスキャンディ

アイティム・ボーラーン ไอติมโบราณ

ジュースを氷で冷やすだけの単純製法。暑いバンコクでこれが意外においしい。1本5B～。

左／大きな桶の中には氷水が。筒にジュースを入れてゆするとそのうち凍る　右／味はジュースそのまま

スイーツ

ほんのり甘いよ

イモ団子●マンティップ มันทิพย์

すりつぶしたイモにココナッツミルクを混ぜた種を丸めて焼いたもの。ホクホクの食感。5個20B～。

左／イモの香りもココナッツミルクの甘味も上品　右／クセがなく、いくつでも食べられそう

焼きバナナ●クルアイピン กล้วยปิ้ง

バナナを焼くとイモのような食感になりおもしろい。蜂蜜などの甘いたれを付けて食べる。1袋10B～。

左／淡白なので甘味を加えて食べる　右／見た目もイモのよう

ドリンク

リフレッシュしてね！

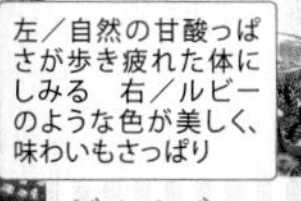

左／自然の甘酸っぱさが歩き疲れた体にしみる　右／ルビーのような色が美しく、味わいもさっぱり

ざくろジュース●ナム・タプティム น้ำทับทิม

3月頃から出回り始めるのがざくろのジュース。甘酸っぱくてさわやか。1本40B～。

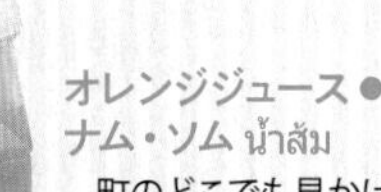

オレンジジュース●ナム・ソム น้ำส้ม

町のどこでも見かける人気のドリンク。その場で搾っている屋台で飲もう。1本20B～。

左／よく冷えているのをもらおう　右／以前は塩を添加する所も多かったが最近では無添加が主流

注：値段は目安です。

バンコクのおすすめ屋台街

バンコクのあちらこちらにある屋台の集合体。おいしい路上グルメが気軽に体験できる。

タラート・ルワムサップ (ルワムサップ市場) Talat Ruamsap

ペッブリー通りとスクムウィット通りを結ぶアソーク・モントリー通りは、古くからのオフィス街。近くには大学もあるため、ランチ需要を満たすための巨大な屋台街がある。50軒近い屋台がお昼前から開店し14:00前には店じまいする、文字どおりのランチ屋台街だ。

上／多数のテーブルが並ぶ驚きの巨大屋台街　下／スプーンやフォーク、箸、レンゲなどのカトラリーは、場内数ヵ所にまとめて置かれている。脇にある炊飯器にはお湯がはってあり、気になる人は使う前にカトラリーをそこでゆすぐ。ただしぬるま湯なので殺菌消毒的な意味はほとんどなく、おそらく紙で拭いたほうがマシ

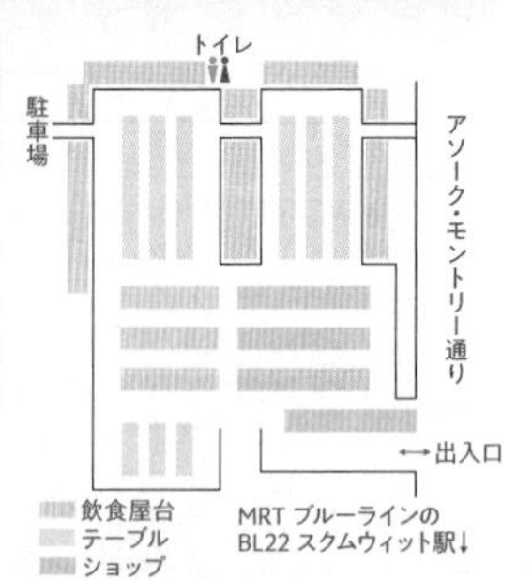

アソーク駅周辺 MAP **P.92-C1**

営月～金　飲食店は11:00頃～14:00頃、ショップは10:00頃～16:00頃　休土・日・祝　行き方 MRTブルーラインのBL22スクムウィット駅1番出口から徒歩7分

タラート・シーロム (シーロム市場) Talat Silom

シーロム通りとスリウォン通り、ナラーティワート通りに囲まれたオフィス街の中にある、規模の大きな屋台街。ご飯ものから麺類、デザートにドリンクまで、50軒ほどの屋台が朝7:00頃から営業。入口横にドリンクの屋台があるので、まずそこで飲み物を購入でき便利。

左／持ち帰りのスナック屋台が並ぶ中央通路は比較的広くて歩きやすい。食事の屋台は左右両端　右／通りに面して開放的な造り

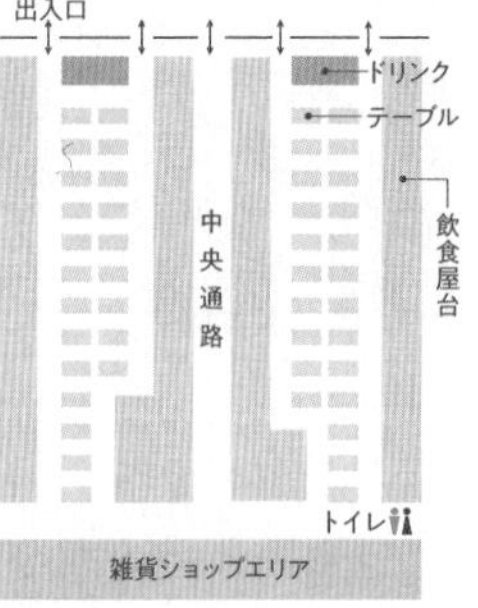

シーロム通り周辺 MAP **P.86-B4**

住Soi Narathiwat　営月～金　6:00～14:00(店により異なる)　休土・日・祝　行き方 BTSシーロムラインのS3チョンノンシー駅3番出口から徒歩7分

ヤオワラート通り屋台街 Yaowarat Rd.

バンコク中華街の中心を通るヤオワラート通りは、夜になると1車線分規制して屋台街となる。一般的なタイの屋台料理だけでなく、本格的なシーフード、各種スナック類や串焼き類、フレッシュフルーツ、ドリンク、スイーツなど数も種類も多種多様。細い通路はおもに外国人旅行者で大混雑になる。

左／車道が歩行者専用になるので歩道が客席になる　右／屋台で隠れて見えないが通り沿いの店も営業している

チャイナタウン周辺 MAP **P.85-E1～E2**

営火～日　18:00頃～24:00頃　休月　行き方 MRTブルーラインのBL29ワット・マンコーン駅1番出口から徒歩3分

タニヤ通り屋台街
Taniya Rd.

夜は日本人向け歓楽街となるタニヤ通りも、昼はオフィス街。周辺で働く勤め人に手頃な食事を提供する屋台街が、タニヤ通りの路地裏にある。お昼どきは大混雑になるので、時間をはずして行こう。

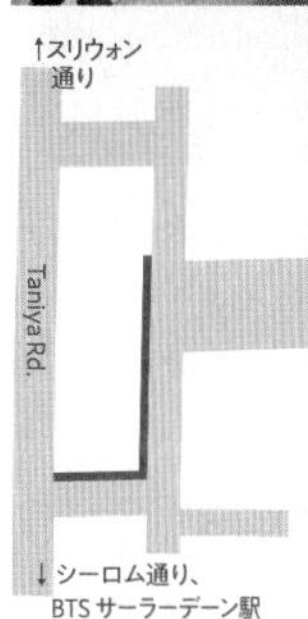

目移りしそうな数々のおかず

シーロム通り周辺
MAP P.263-D2～E2
行き方 BTSシーロムラインのS2サーラーデーン駅1番出口から徒歩すぐ

並木が美しいサーラーデーン通りにある屋台街

タラート・サーラーデーン
Talat Sala Daneg

シーロム通りからサーラーデーン通りをサートーン通りに向かって進むと、右側にタイスキの人気店MKゴールドの建物が見えてくる。その向かいが屋台街のタラート・サーラーデーン。

左／おかず2種類のせご飯や麺類40B程度～など手頃なお値段　右／社員証で場所取りをするのがオフィス街っぽい

シーロム通り周辺　MAP P.87-D4
住 5/17 Sala Daeng Rd.　TEL 08-7715-8940　営 月～金5:50～15:30（店により異なる）　休 土・日・祝　行き方 BTSシーロムラインのS2サーラーデーン駅4番出口かMRTブルーラインのBL26シーロム駅2番出口から徒歩5分

プラ・チャン屋台街
Phra Chan

ワット・プラケオそば、タイの名門タマサート大学前にあるプラ・チャン船着場隣の屋台街。細い路地の両側に店が並んでおり、チャオプラヤー川側の店はバラック風の造りながら、川面を眺めながら食事ができる。陸側はちゃんとした建物で、エアコンが効いている店もある。

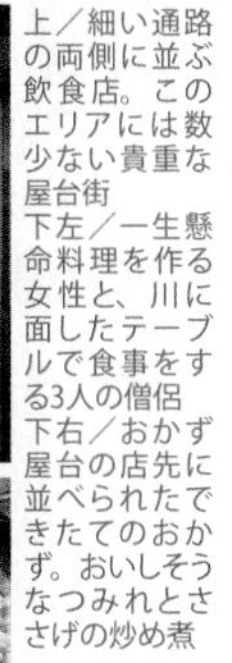

上／細い通路の両側に並ぶ飲食店。このエリアには数少ない貴重な屋台街
下左／一生懸命料理を作る女性と、川に面したテーブルで食事をする3人の僧侶
下右／おかず屋台の店先に並べられたできたてのおかず。おいしそうなつみれとささげの炒め煮

王宮周辺　MAP P.78-A3～B3
住 Tha Phra Chan　営 5:00～20:00（店により異なる）
休 なし　行き方 プラ・チャン船着場から徒歩すぐ

スクムウィット通りソイ38屋台街
Soi 38, Sukhumvit Rd.

BTSトンロー駅前のソイ38入口角にあるスッチ・マンションの1階は、気軽な屋台が集まる食堂街。以前は路上で営業していたが、再開発にともなって現在の場所に移転した。アクセスが便利なので外国人旅行者の姿も多い。

マンションの1階にあるフードコート風屋台街

カオ・マン・カイも食べられる

トンロー、エカマイ周辺
MAP P.89-E4
行き方 BTSスクムウィットラインのE6トンロー駅4番出口から徒歩すぐ

スーパーマーケットやコンビニも活用
結構イケる！レンチングルメ

タイはインフレによる物価の上昇が続き、屋台の食事も値段が上昇中。さらには2022年に入ってからの急激な円安で、日本人にとってタイの物価は、インフレ率以上の値上がり感がある。スーパーマーケットやコンビニなども活用して、無理なく楽しく節約し、メリハリのある旅をしたい。

1.トップスの弁当コーナー。ひとつ39Bは節約派にうれしい　2.セブン-イレブンのやたら充実した冷蔵弁当コーナー。冷凍食品と違い中が見えるのもいい　3.トップスの路面店　4.セブン-イレブン

レンチングルメにトライ！

バンコクの町中いたるところにあるセブン-イレブンなどのコンビニや、ショッピングモールの中などにもあるトップスなどのスーパーマーケットでは、日本のスーパーやコンビニのように弁当や総菜が売られている。セブン-イレブンは真空パックの冷蔵食品と冷凍食品があり、ご飯ものや麺類、ケーンなどのおかず類など種類が豊富で値段も40～70B程度。冷凍食品にはカツカレーや親子丼、たこ焼きなど日本料理もある。精算するとレジで温めるかどうか聞いてくれる（冷凍食品は温めるのに6～7分かかるので注意）。スーパーマーケットには弁当コーナーの近くにデリカテッセンやサラダバーを設置しているところもある。野菜不足をここで解消しよう。

コンビニ弁当侮るなかれ

タイのコンビニ弁当は味のレベルが高い。下手な屋台の料理よりもおいしいと評判だ。屋台の衛生状態に不安がある人にとっても、救世主のような存在となる。料金面から見れば、そもそも屋台が安いので大きな節約になるわけではないが、タイのコンビニ弁当を食べる一連の体験を、旅のひとつのエンターテインメントとして楽しんでみては。

5.イートインスペースを設けたセブン-イレブンもある　6.サラダバーで食べたい野菜を好きなだけ補給。ドレッシングは小袋入りもあり　7.カットフルーツはおやつや朝食代わりにも

食べてみましたコンビニ弁当

セブン-イレブンの棚に並ぶ充実したラインアップから、ご飯ものと麺類をチョイス。レジで精算すると温めるかどうか聞かれ、お願いするとカバーに穴を開けてからレンジでチン。箸、スプーンやフォークなどのプラスチック製カトラリーも添えてくれる。小袋入り調味料は、トウガラシや砂糖の量が多く、タイっぽさを感じる。

センヤイ・パット・シーイウ・ムー（太麺のタイ醤油炒めポーク入り）45B。もちもちの麺とパキパキしたカナー（カイラン菜）の茎のバランスが絶妙。小袋は粉末トウガラシと砂糖

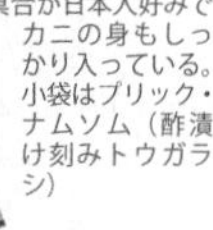

カオ・パット・プー（カニチャーハン）45B。ご飯のパラパラ具合が日本人好みでカニの身もしっかり入っている。小袋はプリック・ナムソム（酢漬け刻みトウガラシ）

コンビニで役に立つタイ語

店名（全部セーウェンで通じる）
- セブン-イレブン……เซเว่น（セーウェン）
- ローソン……ลอว์สัน（ローサン）

会話
- 温める……อุ่น（ウン）
- 温めてください……ขออุ่นหน่อย（コーウンノイ）
- 温めますか？……อุ่นไหม（ウンマイ?）
- はい……女性はค่ะ（カ）、男性はครับ（クラップ）
- 温め不要なら……ไม่เป็นไร（マイペンライ）
- 袋……ถุง（トゥン）
- 袋に入れてください……ขอใส่ถุงหน่อย（コーサイトゥンノイ）
- 袋が不要な場合……ถุงไม่เป็นไร（トゥンマイペンライ）

会話は最後にていねい語尾を添えること。女性……ค่ะ（カ）
男性……ครับ（クラップ）

夜のグルメストリート

バンタットトーン通りに注目

チュラーロンコーン大学の西側を走るバンタットトーン通りの、プラ・ラーム・ヌン(ラーマ1世)通りとプラ・ラーム・シー(ラーマ4世)通りを結ぶ約1.3kmは、古い下町に老舗の食堂が点在していたエリア(MAP P.80-A5～P86-A2)。そこに近年新しい店が続々とオープンし、特に夜になるとグルメを求める人たちで大にぎわい。大学に近い場所柄か手頃な料金で楽しめる店が多いのも特徴。タイの若い人たちと一緒に、食べ歩きを楽しもう。

カラフルな明かりを灯した店が並ぶバンタットトーン通り

人気店の前には常に行列

バンタットトーン通りはどこ?

チュラーロンコーン大学キャンパスの西側を南北に伸びるバンタットトーン通り。キャンパスと通りに挟まれたエリアは古い下町で、昔ながらの食堂やショップが静かに営業していた。大学周辺が再開発されるにともないバンタットトーン通りに飲食店が増え、いつの間にかにぎやかなグルメストリートに変貌していた。BTSナショナル・スタジアム駅やMRTのフアラムポーン駅、サムヤーン駅などから徒歩だと15分ほどかかるので、アプリで呼べるトゥクトゥク(→P.13)などを利用しよう。

どんなお店があるの?

ミシュラン掲載店から屋台のような気軽な食堂までさまざま。種類はそれこそ千差万別でバミー、タイスキ、ご飯もの、お粥、スイーツ、シーフード、パスタ、ハンバーガー、カオ・ソーイなどなんでもアリ。多彩な店が通りに沿って並んでいるので、その多様性に驚くはず。

Pick up! バンタットトーン通りのレストラン

通りの中ほどにある路地を少し入った運河沿いにある**「ジェー・オー」**は、インスタント麺のママーをトムヤムスープで煮込んだ「ママー・トムヤム」の人気店。トムヤムスープにエビ、イカ、つみれ、揚げポーク、生卵、ママーが入ったボリュームもある一品でサイズにより150～300B。店の前には常に順番待ちの人だかり。1時間待ちは当たり前なので覚悟して臨むこと。

プラ・ラーム・ヌン(ラーマ1世)通りに近い所にある**「カオソーイ・ラムドゥアン・ファーハーム」**は、チェンマイにあるカオ・ソーイの名店の支店。チェンマイから直送されたスパイスや具材を使っており、本場そのままのカオ・ソーイがバンコクで食べられる。チキン入りの「カオソーイ・カイ」とチェンマイ風の辛いそうめん「カノムチーン・ナムギアオ」どちらも69B。

プラ・ラーム・シー通り寄りにある**「アイ・ラブ・パスタ&リゾット」**は、その名のとおりイタリアンの店。スペシャルメニューの「リゾット・ウィズ・クラブ・ソース」は濃厚なカニのソースがたまらない逸品で320B。タイ南部料理レストランを併設しており、店内ではどちらの料理も食べられるのがおもしろい。

これらのほかモダンに進化したパット・カプラオ(ガパオライス)の「サヤームカプラオ・カフェ・グランド・バンタートトーン」(→P.28)やカニ肉たっぷりのバーガーが食べられる「クラブ・バーガー」(→P.29)など、食べてみたいメニューや店がめじろ押し。

Ⓡ ジェー・オー Jeh O
MAP P.86-A1 住 113 Soi Charat Mueang, Ban That Thong Rd. TEL 06-4118-5888 営 16:30～24:00 休 なし CC なし

行列必至なので時間に余裕をもって行こう

Ⓡ カオソーイ・ラムドゥアン・ファーハーム Khaosoi Lamduang Faham
MAP P.80-A5 住 1226 Ban That Thong Rd. TEL 08-2479-4929 営 10:00～20:30 休 なし CC MV

本場チェンマイそのままの味を忠実に再現

Ⓡ アイ・ラブ・パスタ&リゾット I Love Pasta & Risotto
MAP P.86-A2 住 1988 Ban That Thong Rd. TEL 06-5665-1628 営 11:30～22:00 休 なし CC MV

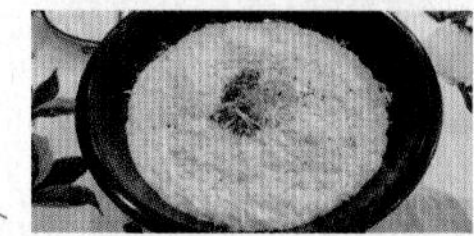
濃厚なソースでアルデンテに仕上げるリゾット

天人の都を200%楽しみ尽くす

Enjoy Bangkok!

バンコクでしたいこと10!

今、バンコクで**絶対体験したい**テーマを大紹介。**神秘の仏塔**から**驚異の折りたたみ市場**、**天空のルーフトップバー**に**最強パワースポット**まで盛りだくさん。アレもコレも**体験**しよう!

ワット・パクナーム
大仏塔内
最上階の空間

ワット・パクナームへの行き方

MRTブルーラインのBL33バーンパイ駅1番出口から出る

通りを進み最初の路地を右折し道なりに進む。ここからモーターサイを利用すると10B

突き当たり（左角は中国廟）の駐車場を右へ

運河に架かる橋をふたつ渡る

突き当たりの左がワット・パクナーム入口

**ワット・パクナーム
仏塔の中は
こうなっている**

1階

仏像やタイの伝統的な民芸品などの博物館

2階

メディテーションや集会用のスペース

3階

仏像や仏教関連の博物館的な展示がある

4階

ワット・パクナームゆかりの高僧の仏像を安置

5階

小仏塔と天井の仏画が神秘的な空間

Theme No.1

大仏登場でさらに話題
幻想的な仏塔へ

ワット・パクナーム Wat Paknam วัดปากน้ำ

神秘の仏塔でベストショットを

タイで人気の名僧、故モンコン・テムニー師ゆかりの名刹ワット・パクナーム。境内にそびえる高さ80mの大仏塔内部、5階（最上階）に納められたエメラルドグリーンの小仏塔と、仏画が描かれたドーム状の天井が、神秘的な美しさ。→P.145

大仏塔の隣に大仏登場

2021年、純白の大仏塔の隣に黄金の大仏が完成。高さ69mでタイでは2番め、バンコクでは最も高い仏像だ。

大仏塔の隣にそびえる金ピカの大仏

ラーマ3世時代の
1832年に造られた
ワット・ポーの
巨大寝釈迦仏

Theme No.2

じっくり回りたい 三大寺院を制覇しよう

バンコクを代表する３つの寺院、ワット・プラケオ、ワット・ポー、ワット・アルン。
ここだけは訪れておきたい必見寺院を、ゆっくりと見て回ろう。

ワット・プラケオ

Wat Phra Kaeo วัดพระแก้ว → P.122

タイで最も位が高い寺院を見学

広い境内には黄金の仏塔やきらびやかに装飾された何棟ものお堂が建ち並び、天上界が地上に出現したかのよう。国の守護仏たるエメラルドブッダを収めた本堂など、見どころも多い。

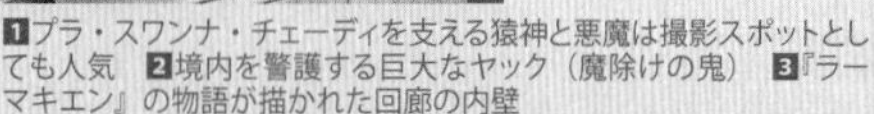

1プラ・スワンナ・チェーディを支える猿神と悪魔は撮影スポットとしても人気　2境内を警護する巨大なヤック（魔除けの鬼）　3『ラーマキエン』の物語が描かれた回廊の内壁

ワット・アルン

Wat Arun วัดอรุณ → P.132

チャオプラヤー川岸にそびえる大仏塔

対岸から眺める姿も印象的な、高さ75mの大仏塔が屹立するワット・アルン。強い日差しに照らされた姿だけでなく、ライトアップされて夜空に浮かぶ様子も印象的だ。

4大仏塔の隣にある本堂の本尊にもお参りしていこう　5大仏塔も大勢の猿神や悪魔に支えられている。無理やりポーズをまねようとすると筋を違えるかもしれないので気をつけて　6境内にあるみやげ物屋はいかにもおみやげ的な品物が各種売られており、買い物にも便利

ワット・プラケオの中心となる3つの塔

全体を細かな装飾に覆われたワット・アルンの巨大仏塔

ワット・ポー

Wat Pho วัดโพธิ์ → P.130

巨大な寝釈迦仏は足の裏にも注目

タイ式マッサージの総本山としても名高いワット・ポー。最大の見どころは、大きなお堂に納められたこれも大きな寝釈迦仏。大きさに驚くとともに、端正な姿にも魅了される。

7 タイマッサージの総本山だけに境内には修行する行者の像が何体もある　8 境内にある仏塔は歴代国王を象徴している　9 寝釈迦仏の足裏に施された螺鈿細工の装飾は仏教の宇宙観などを表す108のシンボルを描いている

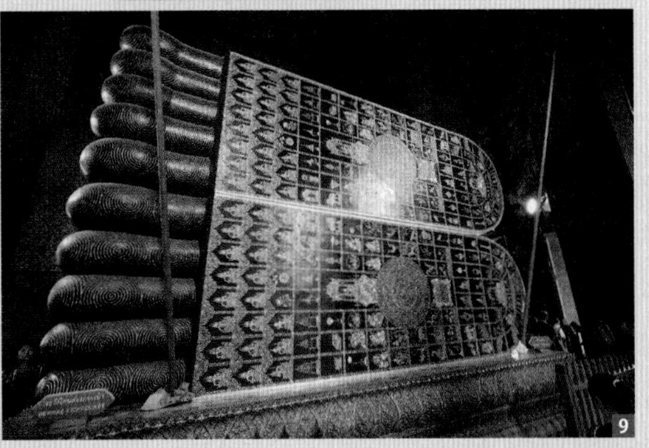

Theme No.3 驚異の折りたたみ市場に大興奮

折りたたまれた屋根や
日よけギリギリを通り抜ける
ディーゼルカー
SRT
1227

メークローン・マーケット Maeklong Market ตลาดแม่กลอง

市場の上を列車が通過

世にも珍しい「折りたたみ市場」として、外国人旅行者に大人気のメークローン・マーケット。普段は線路の上まではみ出して市場が盛大に営業しており、列車が通るたびに屋根や棚が引っ込められる。列車は1日4往復で、市場は毎日8回折りたたまれる。

駅に近いエリアは昔ながらの生鮮食品市場

行き方

MAP P.75-A1、A4

鉄道

国鉄ウォンウィエン・ヤイ駅（→P.146）から終点マハーチャイ駅まで行き（所要約1時間、10B。エアコン席25B）、渡し船で運河を渡り対岸にあるバーンレーム駅から終点メークローン駅行き（所要約1時間40分、10B）に乗り継ぐ。

●マハーチャイ駅〜バーンレーム駅の移動方法

マハーチャイ駅に着いたら駅前の通りを駅を背に右へ行き、公園に突き当たって左折すると渡し船乗り場（随時運行。料 3B）。対岸で渡し船を降りたらそのまま細い道を進み、最初の十字路を右へ行くとタイ寺院がある。その裏がバーンレーム駅（MAP P.75右上参照）。

ロットゥー（ミニバス）

東バスターミナル（MAP P.89-E5）からメークローン行きロットゥーで所要約1時間30分、100B。7:10〜20:30の間1時間に1本弱（12番切符売り場）。サーイ・タイ・ピンクラオ（旧南バスターミナル　MAP 折込表-A2）からも便があるので、ロットゥーで戻る際はどちらのバスターミナル行きか確認すること。

●アクセス例

往復とも鉄道を利用する場合、P.43の時刻表のプラン1とプラン2の列車を利用できる。プラン2が最終便となる。片道（もしくは往復とも）をロットゥーにすると便利。

列車到着時間が近くなるといっせいに屋根や日よけをたたむ

空いたスペースに進入してくる列車。見物客は自分と列車をフレームに入れて撮影するのに必死

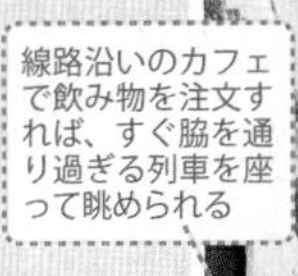

線路沿いのカフェで飲み物を注文すれば、すぐ脇を通り過ぎる列車を座って眺められる

車外からも車内からも撮影される列車

本当にすぐ近くを通り過ぎる。考えてみたらかなり危険

駅から離れたエリアはカフェだけでなくみやげ物のショップもオープンしてすっかり観光地の装い

スター・カーフェー
Sutha Cafe

メークローン駅からメークローン川に向かって延びる線路の終端脇にある、築120年の木造高床式建物を使ったカフェ。キッチンは隣にある平屋のバラックで、食事を注文すると店の人が窓からキッチンに向かってオーダーを叫ぶのがおもしろい。コーヒー各種55B～(アイスは65B～)、カーオ・パット各種50B～、スパゲティ各種70B～。

2階にエアコンの効いた席がある

MAP P.75-A1　住 Maeklong Station
TEL 09-5106-2496
URL cafe-32611.business.site　営 木～火 9:00～20:00　休 水　CC なし

メークローン駅に列車が発着する時間

メークローン駅 着	8:30	11:10	14:30	17:40
メークローン駅 発	6:20	9:00	11:30	15:30

メークローン線の時刻表

メークローン発	6:20	9:00	11:30	15:30
バーンレーム着	7:20	10:00	12:30	16:30
バーンレーム発	7:30	10:10	13:30	16:40
メークローン着	8:30	11:10	14:30	17:40

往復ともに鉄道を利用する場合の時刻表

		プラン1	プラン2
	ウォンウィエン・ヤイ発	5:30	8:35
渡し船＋徒歩	マハーチャイ着	6:23	9:28
	バーンレーム発	7:30	10:10
	メークローン着	8:30	11:10
	メークローン発	11:30	15:30
渡し船＋徒歩	バーンレーム着	12:30	16:30
	マハーチャイ発	13:15	17:35
	ウォンウィエン・ヤイ着	14:13	18:25

(時刻表はすべて2023年11月現在)

午後まだ早い
時間なら人も少なく
のんびり散策できる

Theme No.4

水上マーケットで水の都の風情を楽しむ

アムパワー

Amphawa อัมพวา

古きよき時代を体験

運河沿いのショップと運河に浮かぶ水上マーケットが織りなす風情が、古きよき時代の趣を伝えるアムパワー。2008年に「ユネスコ文化遺産保全のためのアジア太平洋遺産賞」も受賞し、人気の観光地となっている。ショップを冷やかし、小船から料理を買って食事をしよう。暗くなったら周辺の運河を巡るボートツアーに参加し、ホタルを観察することもできる。

アムパワー MAP P.75-A4

営 土・日　10:00〜20:00頃
休 月〜金
行き方 東バスターミナル(MAP P.89-E5)からメークローン行きロットゥーで所要約1時間30分、100B。7:10〜20:30の間1時間に1本弱(12番切符売り場)。サーイ・タイ・ピンクラオ(旧南バスターミナル MAP 折込表-A2)からも便があるので、ロットゥーで戻る際はどちらのバスターミナル行きか確認すること。

あるいはまずメークローンまで行き(→P.42)、アムパワー行きのソンテオに乗り換える(MAP P.75左上)。運河に架かる橋を渡ったら最初の小さな交差点で下車し、そこから路地へ入るとその先にアムパワーの運河がある。

バンコクへ戻るバスの最終は20:00頃。ホタルを見るならボートツアーが含まれたバンコク発のツアーを利用しよう。

1 数は少ないが食堂船も浮かんでいる。運河沿いの通路から下る階段に座って注文した料理を食べよう　2 行き交う船が古きよき時代を彷彿させる　3 少し離れた所にあるワット・バーンクンには、大きな菩提樹に取り込まれてしまったような本堂がある

Theme No.5

バンコクの夜を遊び尽くす

豪華なステージで
華麗に舞われる
タイダンス

タイダンス

レストランで鑑賞できるタイダンス

きらびやかな衣装に身を包んで優雅に舞うタイダンス。タイダンスを鑑賞できるレストランが、マンダリン・オリエンタル(→P.270)にある。

サラ・リム・ナーム Sala Rim Naam
チャルーン・クルン通り周辺 MAP P.85-E4
住 48 Oriental Ave., Charoen Krung Rd. TEL 0-2659- 9000 営 ディナー19:30〜、ショー20:15〜(約1時間) 休 なし CC ADJMV 料 2884B(セットメニューで。デザートも含めて7〜8種類) 行き方 BTSシーロムラインのS6サパーン・タークシン駅3番出口から徒歩11分

キャバレーショー

随一の人気エンターテインメント

大きなステージを華やかに彩るタイ名物のキャバレーショー。アジアティーク・ザ・リバーフロント・ディスティネーション(→P.23)で鑑賞できる。

カリプソ・キャバレー Calipso Cabaret
チャルーン・クルン通り周辺 MAP P.76-B5
住 Warerhouse 3, ASIATIQUE The Riverfront Destination
TEL 0-2688-1415 URL www.calypsocabaret.com
営 19:45、21:30 休 なし CC JMV 料 900B、ディナー付き1400B 行き方 チャオプラヤー・エクスプレス・ボートのCENサートーン船着場からシャトルボート

ムエタイ

リング上の熱い戦い

世界最強の格闘技ともいわれるムエタイ。バンコクでは2ヵ所のスタジアムどちらかで毎晩試合がある。

ルムピニー・ボクシング・スタジアム
Lumpinee Boxing Stadium
1956年創立、もとは陸軍系のスタジアム。
バンコク北部 MAP 折込裏-D2
住 6 Ram Intra Rd. TEL 0-2282-3141
URL www.lumpineemuaythai.com 営 火・金 18:30〜 土16:00〜、21:00〜 休 日・月・水・木 CC JMV 料 3階席 1000B、2階席1500B、リングサイド2000B(すべて外国人料金) 行き方 MRTピンクラインのラームイントラ3駅から徒歩12分

ラーチャダムヌーン・ボクシング・スタジアム
Ratchadamnoen Boxing Stadium
1945年創立、もとは王室系のスタジアム。
ドゥシット地区周辺 MAP P.79-E3
住 1 Ratchadamnoen Nok Rd. TEL 0-2281-4205
URL rajadamnern.com 営 月・水・木18:30〜 日17:00〜、20:00〜 休 火・金・土 CC JMV 料 3階席1000B、2階席1500B、リングサイド2000B(すべて外国人料金)
行き方 最寄り駅はないのでタクシーで

Theme No.6

郊外の最強パワースポットを

ワット・サマーン・ラタナーラーム

Wat Saman Rattanaram วัดสมานรัตนาราม

願いがかなうピンクのガネーシャ

カラフルでキンキラキン、いかにもタイ的に色彩豊かな寺院でひときわ目を引くのが、幅22m、高さ16m、タイで最大とされるピンクのガネーシャ像。タイ人の間でも「願いをよくかなえてくれる」と人気があり、毎日大勢の人たちが参拝に訪れている。ガネーシャ像の周囲にお使いのネズミの像が何体も並び、このネズミの耳に願い事を話すとガネーシャ像に取り次いでくれるとのこと。そのほかにも巨大な仏像や神像などが並び、迫力に圧倒される。

台座の中は拝殿になっておりこちらでも願掛けできる。用意されているネズミの置物を2回持ち上げると願いがかなうとか。

1隣を流れる川には須弥山を表した浮島が　2ガネーシャ前は、人気の撮影スポット　3境内に並ぶ高僧の像。あまりのリアルさに、思わずお賽銭を入れてしまう　4寺院の前は露店がずらりと並びちょっとした門前町

ワット・サマーン・ラタナーラーム MAP P.75-C3

TEL 08-1983-0400　開 8:00～20:00
休 なし　料 無料
行き方 東バスターミナル（MAP P.89-E5）からロットゥーでチャチューンサオまで行き（6:00～18:30の間20～30分おき、所要約1時間30分、105B）、バスターミナルから6265番のソンテオで約40分、40B。ワット・サマーン・ラタナーラームからバスターミナル行きのソンテオは8:15～18:00の間30分～1時間おき。

ワット・サマーン・ラタナーラームへの行き方

from Bangkok

東バスターミナルのチャチューンサオ行き切符売り場で、ロットゥーの乗車券購入。「ピンクガネーシャ」のカタカナ看板あり。

チャチューンサオのバスターミナルで、待機するワット・サマーン・ラタナーラーム行きソンテオに乗り継ぐ。

to Bangkok

帰りはワット・サマーン・ラタナーラーム駐車場のソンテオ乗り場から。最終便は16:50（土・日曜、祝日は18:00）。

目指せ

あなたの願いをかなえます
あなたの願い取り次ぎます

ピンク・ガネーシャの周囲には使者のネズミが14匹いるので、耳に願い事をささやこう。お願い事が逃げないように、反対側の耳の穴をふさぎながら話すこと。台に上がる際は靴も脱ぐこと。ささやくのは左右どちらの耳でも可。

生まれた曜日を調べておこう

ネズミの色には意味があり、生まれた曜日を象徴している。自分が生まれた曜日の色をしたネズミの耳に願いをささやくこと。金色のネズミは金運担当

日曜=赤　月曜=黄　火曜=桃　水曜=緑
木曜=橙　金曜=青　土曜=紫

境内にはピンク・ガネーシャだけでなくさまざまな神像が立ち並ぶ

神像の台座は中に入れる。仏像が納められた台座もある

Theme No.7

バンコクのショッピングエリアで パワースポット巡り

ラーチャプラソン周辺（→ P.160）は、バンコク最大のショッピングエリアであるだけでなくパワースポットも多いエリア。地元タイの人も、足しげく訪れる。ショッピングの合間にお参りして、幸運や成功もゲットしちゃおう。

恋がかなう

ビジネスが成功する

左／一度に2ヵ所お参りできるだけでもありがたい
右／福々しいガネーシャを祀るプラ・ピッカネート

巨大なビルの前に並ぶふたつの祠！
プラ・トリームールティとプラ・ピッカネート
Phra Trimruti, Phra Phikkhanet พระตรีมูรติ, พระพิฆเนศ

巨大な規模を誇るショッピングビル、セントラルワールド（→ P.228）の前にふたつ並んで立つ祠。向かって左が恋の神様プラ・トリームールティ、右がビジネスや学業の神様プラ・ピッカネート。

MAP **P.90-C3**
TEL なし 開 24時間 休 なし 料 無料
行き方 BTSスクムウィットラインのE1チットロム駅連絡通路から徒歩7分
お供え▶プラ・トリームールティは赤い線香、赤いろうそく、赤いバラ。プラ・ピッカネートは線香、ろうそく、マリーゴールド　ご本尊▶プラ・トリームールティはブラフマー、ビシュヌ、シヴァの三位一体像。プラ・ピッカネートはガネーシャ

ラッキー
恋のラッキータイムは木曜の21:30！

プラ・トリームールティは、毎週木曜の21:30に参拝すると恋がかなうといううわさ。毎週その時間になると、男女を問わず多くの人が集まる。お供えのバラは９本がいいとされる。

左／木曜の21:30に続々と集まる神頼みの人々でいっぱいに
右／お供えのバラは祠のそばで売られており便利

注意！
ぼったくりに注意しよう

ターオ・マハー・プラマの祠北側や、祠入口で参拝者に声をかけて花や線香などのお供えセットを手渡そうとする人は、必ずあとから高額の支払いを要求してくるぼったくり。うっかり受け取るとトラブルのもとなので、絶対に相手にしないように。お供えは境内にある売店（タイ舞踊が行われている東屋の向かって右端）で買おう。

ターオ・マハー・プラマの前で待つお供えの押し売り

チャレンジ
タイ式にお参りしてみよう！

バンコクで寺院や祠を訪れたら、地元の人にならってお参りをしてみよう。お参りの流れはだいたいどこも同じ。

❶お供え物を買う
線香、ろうそく、花輪のお供え基本セット（20B～）を購入。境内に置かれている木彫りの象などは、願いがかなった人の奉納用。

❷線香に火をつける
境内数ヵ所に用意されている種火で線香に火をつける。

❸願いを込めてお参り
履物は脱いで裸足になり、正座して線香を手に持ったまま拝む。

❹お供えをする
拝み終わったら線香を立て、ろうそくはすでに立てられているものから火をもらって立てる。好みの場所に花輪をお供えしたら終了。

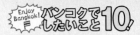

1日中絶えない参拝者

願い事がかなう

バンコクで最も人気の祠がココ！

ターオ・マハー・プラマ（エーラーワンの祠）

Thao Maha Brahma ท้าวมหาพรหม

エラワン・ホテル（現在のグランド・ハイアット・エラワン・バンコク）建設時にトラブル続きで工事が進まなかったことから、占星術師のすすめで 1953 年に建てられた祠。祠の設置以降工事は順調に進んだため、願いがかなう祠としてうわさになった。今ではバンコク最強のパワースポットとして大人気。

MAP P.90-C4
行き方 BTSスクムウィットラインのE1チットロム駅6番出口から徒歩2分 → P.155
お供え▶線香、ろうそく、花輪　ご本尊▶ブラフマー（梵天）

上／お参りに来た人や願いがかなった人が奉納するタイダンス。踊る人数によって料金が異なる
下／熱心に祈る人々

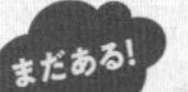

4つのパワースポット

タイで最も御利益があるとされるターオ・マハー・プラマやセントラルワールド前のプラ・トリームールティ、プラ・ピッカネートのほかにもこのエリアには4ヵ所の祠があり、それぞれ人々の信仰を集めている。

幸運に恵まれる

プラ・イン（インドラ神） Phra Indra พระอินทรา

アマリン・プラザ前にあるプラ・イン

破壊の神転じてあらゆる障害を取り除いてくれる御利益があるとされる帝釈天。

MAP P.91-D4　開 24時間
休 なし　料 無料
行き方 BTSスクムウィットラインのE1チットロム駅2番出口から徒歩すぐ

仕事の成功

プラ・ナーラーイ（ヴィシュヌ神） Phra Narai พระนารายณ์

インターコンチネンタル・バンコク前にあるプラ・ナーラーイ

ガルーダの肩に乗るヒンドゥー3大神のひとり。開運やビジネスの繁栄に御利益が。

MAP P.91-D4　開 24時間
休 なし　料 無料　行き方 BTSスクムウィットラインのE1チットロム駅6番出口から徒歩すぐ

幸福が訪れる

プラ・メー・ラクサミー（ラクシュミー神） Phra Me Lakshmi พระแม่ลักษมี

ゲイソーン4階屋外テラスにあるプラ・メー・ラクサミー

ヒンドゥー教の代表的な女神で、美と幸運と豊穣をつかさどる。仏教では吉祥天。

MAP P.90-C4　開 10:00～20:00（ゲイソーンの4階へエレベーターで上がるとオフィスの脇に中庭があり、その先）　休 なし　料 無料　行き方 BTSスクムウィットラインのE1チットロム駅6番出口連絡通路から徒歩すぐ

美と幸運と権力が手に入る

プラ・マハー・ウマー・テーウィー Phra Maha Uma Devi พระทหาอุมาเทวี

ビッグC前にあるプラ・マハー・ウマー・テーウィー

シヴァ神の妻でガネーシャの母。美と幸運、慈愛をつかさどる。美容系も御利益ありとか。

MAP P.91-D3　開 24時間
休 なし　料 無料　行き方 BTSスクムウィットラインのE1チットロム駅6番出口から徒歩5分

Theme No.8

美景寺院や巨大モニュメントで 旅のベストショットを撮ろう!

見目麗しい寺院や驚きの巨大造形から受けるインパクトを、記憶とともに記録にとどめよう。

エーラーワン像の胴体部分内に祀られている仏像

エーラーワン博物館
The Erawan Museum
พิพิธภัณฑ์ช้างเอราวัณ

→ P.166

円筒形の台座に乗った巨大なエーラーワン象の像が見るものを驚かすエーラーワン博物館。台座内部のめくるめく幻想的な内装も必見。

高さ43.6mの巨大モニュメント

斬新なデザインのタイ寺院

ワット・ラーチャボピット

Wat Ratchabophit วัดราชบพิธ →P.133

本堂の建物を円形の回廊が結ぶ独特のスタイル。5色の細かなタイルでモザイク装飾が施されている。本堂内にはシャンデリアが吊るされヨーロッパの影響も。

1美しい外壁の装飾が映えるワット・ラーチャ　ボピット　2きらびやかな本堂入口　3寺院入口の扉には洋装の軍人が浮き彫りになっている

ローハ・プラーサート

Loha Prasat โลหะปราสาท

→P.135

ワット・ラーチャナッダーラーム・ウォラウィハーンの境内にある仏塔。建物を37の仏塔が覆うようなデザインになっている。

林立する尖塔で独特の雰囲気

4最上階まで上がれる。途中のフロアも廊下の先に窓があったり仏像が置かれていたりと絵的におもしろい　5金属製の塔が並ぶ独特の外観

タイ伝統衣装を着て記念撮影

最近バンコクの観光地でよく見かける、タイの伝統衣装に身を包んで記念撮影に興じる人々が着ているのは、ショップで借りた貸衣装。好みの衣装やアクセサリーを選んで着付けをしてもらったら、当日営業時間中に戻りさえすればどこへ行くのも自由。1日タイ人になりきって、いろいろな場所を訪れてみよう。

身のこなしまで優雅になりそう

人気の貸衣装店

センス・オブ・タイ

Sense of Thai →P.215

色やスタイルなど衣装の種類が多い。

SENSE OF THAI

女性だけでなく男性用、子供用もある

タイ・テイル Thai Tale

ワット・スラケート(→P.134)境内にあり、ローハ・プラーサートに近い。

王宮周辺 MAP **P.79-D4**

住 Wat Sraket　営 木～火 9:00～18:00　休 水　CC J M V　料 1日499B～、アクセサリー類50B～

細かいアクセサリー類が充実

Theme No.9

天空のダイニングで味も景色も堪能

バンコクではビルの屋上や最上階にレストランが次々にオープンし、人気のスポットとなっている。雄大な絶景が広がる高層ビル、地上を行き交う人々が手に取るように眺められる気軽な低層ビル、それぞれに楽しめる。

空の色が
刻々と変わる
夕暮れ時もおすすめ
（ヴァーティゴ）

ヴァーティゴ
Vertigo

モノリスの頂上はレストラン＆バー

サートーン通りで異彩を放つ高層ビルは、高級ホテルのバンヤンツリー・バンコク（→P.272）。高さ197mのビル屋上にあるのが、船のデッキをイメージしたグリルレストランのヴァーティゴ。都心の繁華街に近いため、ビル群がよく見え迫力がある。林立する高層ビルを見下ろしながらの食事は、忘れ難い体験になるはずだ。

60階にあるバーのヴァーティゴ・トゥーは、窓際にあぐらをかいて座れるソファの席があり、雨の日でもくつろぎながら下界を眺めつつお酒が楽しめる。

1 ソファ席でくつろげるヴァーティゴ・トゥー　2 バーで軽く飲むだけなら気軽に利用できる。オリジナルカクテルにトライ　3 トムヤムの味がまったりと舌でとろけるトムヤム・ロールTom Yum Rolls 510B

シーロム通り周辺　MAP P.87-D4

住 60th～61st Fl., Banyan Tree Bangkok, 21/100 Sathorn Tai Rd.　TEL 0-2679-1200　URL www.banyantree.com　営 18:00～22:30（併設のムーン・バー、ヴァーティゴ・トゥーは17:00～翌1:00）。雨天時は要問い合わせ　休 なし　CC A D J M V　行き方 MRTブルーラインのBL25ルムピニー駅2番出口から徒歩8分　B B B　日 PHOTO 英 ●

ベルガ
Belga

ベルギービールにベルギー料理

バンコクにはまだ珍しいベルギー料理とベルギービールのブラッセリーが、ソフィテル・バンコク・スクンビット（→P.272）最上階にある。オープンエアのテラス席でドリンクを楽しんだら、落ち着いた屋内のテーブル席で料理に舌鼓。ムール貝からフレンチフライ用のジャガイモにチョコレートまで、主要な食材はベルギーから輸入された本場の味。ベルギービールの品揃えはボトル30種、ドラフト9種。なかでもデュヴェル Duvel は世界に5台、アジア・パシフィック地域ではここにしかない専用サーバーを使用。フレンチフライを注文するとマヨネーズ師が登場し、好みの配合で作ってくれるのも楽しい。夜景を楽しむだけではもったいない、グルメ垂涎のスポット。

超ロマンティック!
バンコクの
夜景にうっとり
(シロッコ&スカイバー)

絶景度★★★ グルメ度★★★

1いろいろ飲むならビール5種類のお試しセット590Bを 2テラス席ではドリンクと軽食が楽しめる。夕日が眺められる時間帯もおすすめ 3ムール貝は500g690B、1kg1250B。ワイン蒸し、ヒューガルデン・ホワイト蒸しのほかにトムヤム味、ココナッツミルクテイストのトム・カー味も。ホクホクのフレンチフライ250Bも必食。ビールはシメイ・ブルーのドラフト350B

ナーナー駅周辺 MAP P.92-B2

住 32nd Fl., Sofitel Bangkok Sukhumvit, 189 Sukhumvit Rd. TEL 0-2126-9999
URL belgarestaurantbangkok.com
営 17:00〜翌1:00 休 なし
CC A D J M V 行き方 BTSスクムウィットラインのE3ナーナー駅3番出口から徒歩2分

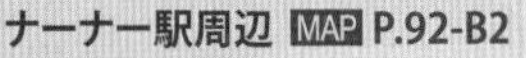

1シロッコの奥にあるスカイバーでは、空中浮遊感覚も味わえる 2シャンパンバーのフルート横のテラスから眺められるバンコクの雄大な景色

ドーム・アット・ルブア
The Dome at lebua

絶景度★★★ グルメ度★★★

天上のダイニング

チャルーン・クルン通りにそびえる純白の高層ホテル、ルブア(→P.273)の最上部を占めるドームと呼ばれる複合施設内に、地中海料理のシロッコ、創作中華のブリーズ、ミシュラン2つ星を連続受賞しているフレンチのメッツァルーナ、シェフズ・テーブルの4軒のレストランとスカイバー、ピンクバーなど雰囲気の異なる6軒のバーがあり、目的や気分で選べる。

チャルーン・クルン通り周辺
MAP P.85-F5

住 52nd-65th Fl., State Tower Bangkok, 1055 Silom Rd. TEL 0-2624-9555 FAX 0-2624-9554 URL lebua.com/restaurants/ CC A J M V **ドレスコード**:半ズボン、サンダル、バックパックなどでの入店不可 行き方 BTSシーロムラインのS6サパーン・タークシン駅3番出口から徒歩8分

日 PHOTO 英

▶地中海料理
シロッコ Sirocco
営 18:00〜24:00(LO23:00)
休 なし
新鮮なシーフードや上質なステーキなどを、夜景とライブバンドと共に満喫できるオープンエアのレストラン。5コースのメニューは5900B〜、アラカルトはメイン2700B〜。

▶創作フレンチ
メッツァルーナ Mezzaluna
営 月〜土 18:00〜24:00(LO22:00)
休 日
ルブアの65階にある屋内ファインダイニング。タイのミシュラン初版から唯一2つ星を7年連続で獲得している新潟出身の川崎シェフによる7コースメニュー8000B〜。

▶バー
ディスティル Distil
営 17:00〜24:00(LO23:45) 休 なし
屋内外のソファー席、カクテル(1300B〜)作りを間近に楽しめるカウンター席のあるコニャック・ラム酒バー。館内にはほかにシャンパンやジン&ウォッカ、ウイスキーのバーもある。

Theme No.10

タイの5大グルメを味わう

タイに来たら必ず食べたい本場のタイ料理。 なかでも人気の5大料理は、 忘れずに体験して帰ろう

1 トムヤム・クン Tom Yam Kung

トムヤム・クン
Tom Yum Koong:
Shrimps in sour and spicy soup
230B

辛さとうま味の絶妙なバランス

レモングラス、ナンキョウ、コブミカンの葉などハーブをたっぷり使ったスープにエビのうま味が溶け込んだ、南国ならではの贅沢スープ。トウガラシの鋭い辛さが、熱帯の暑さも忘れさせてくれる。ココナッツミルク入りのナム・コン、透明なすまし汁風のナム・サイが選べる店も。

この料理を食べるならココ!

バーン・クン・メー Baan Khun Mae

→P.182

1998年に創業した老舗の人気店は、2022年にサヤーム・スクエアからMBKセンター内に移転し、インテリアなど以前と変わらない古民家風で営業中。由緒正しいレシピで作られたトムヤム・クンが、手頃な値段で食べられる。火鍋入りは460B。ほかの料理もハズレなし。

左／Stir Fried Crab Meat with Curry Powder プー・パッ・ポン・カリー・ヌア・プー（カニのむき身入りプー・パッ・ポン・カリー）450Bは必食　中／デザートやソムタムは店先で作っている　右／MBKセンター内に移転しても雰囲気は以前のまま古民家風のインテリア

2 ケーン・マッサマン Kaen Massaman

ケーン・マッサマン・カイ
GAAN MASSAMAN GAI
360B

世界で最もおいしい料理(?)

某ニュースサイトがインターネット上で開催したアンケートで、あらゆる有名料理を抑えて「世界で最もおいしい料理」に選ばれ、後に集計に誤りがあったとして取り消されたものの評価はすでにひとり歩き。アユタヤー時代に中東から貿易商人によってスパイスとともにもたらされたとされる、エキゾチックなタイ料理を試してみよう。

この料理を食べるならココ!

バーン・カニター・ギャラリー at サートーン Baan Khanitha Gallery at Sathorn

→P.26

1993年創業の名店。本店はスクムウィットにあり、こちらサートーン支店は大きな洋館。大ぶりにカットされたチキン、ジャガイモ、ニンジンが入り食べ応えあり。

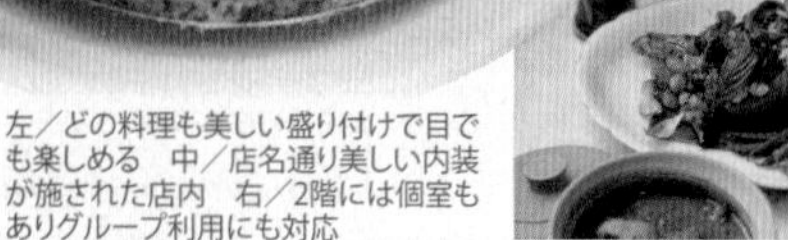

左／どの料理も美しい盛り付けで目でも楽しめる　中／店名通り美しい内装が施された店内　右／2階には個室もありグループ利用にも対応

3 プー・パッ・ポン・カリー Pu Phat Phong Curry

大きなカニが見た目も豪華

カニ（プー）をカレー粉（ポン・カリー）で炒め（パッ）、溶き卵でふわふわにとじて仕上げる日本人好みの料理。一緒に炒めるネギの風味とカレーの香りが渾然一体となり、カニがなくてもカレー味のふわふわ卵でご飯がどんどん進む魅惑の味。

サボイ・シーフード・コー Savoey Seafood Co.

→P.190

50年近い歴史がある老舗の高級シーフード＆タイ料理レストラン。店頭の生けすは区画ごとに水質や温度が調整され、ロブスターやカニ、エビなどが産地に限りなく近い状態で管理されている。新鮮な素材のうま味を存分に楽しもう。

豪華なシーフードディナーをどうぞ

左／シーフードは時価。カレー炒め、バター蒸し、ミルク蒸しなどお好みの調理法で　右／長い歴史のなかで独自に培ったルートで仕入れる新鮮シーフードが食べられる

4 カオ・ソーイ Khao Soi

カオ・ソーイ・カイ
Egg Noodle Red Curry Northern Style: Kao Soi Kai
120B

タイ風カレーラーメン？

タイ北部でよく食べられているカオ・ソーイは、タイ風カレーラーメンとも呼ばれて日本人にも人気。ココナッツミルクをたっぷり使ったピリ辛のカレー風スープに中華麺が入り、さらに揚げ麺をトッピング。具はチキン（カイ）が一般的。マナーオ（タイのライム）をたっぷり搾って召し上がれ。

薬味にマナーオ、高菜風の漬物、赤玉ねぎのスライス、パクチーが添えられるので好みで入れる

ケッタワー Gedhawa

→P.185

オーナーが毎月チェンマイまで足を運んで仕入れるスパイスを使う、本格的なタイ北部料理が人気。どの料理も家庭的な優しい味わい。2019年に移転して広くなり、入りやすくなった。

左／ナスのタイ風サラダ140Bも日本人に人気　中／オーナーが趣味で集めたタイのレトロ雑貨が飾られた店内　右／民族衣装風の愛らしい装飾が施された手書きのメニュー

5 パッ・タイ Phat Thai

タイの気軽な麺料理

コメの麺を炒めたパッ・タイ（直訳すると「タイ炒め」）は屋台の人気料理。ナムプラー、タマリンドソース、カピ（魚介類を発酵させた調味料。素材はエビやアミなど各種ある）のソースで甘辛く味つけし、仕上げに粉末のピーナッツをふりかける。

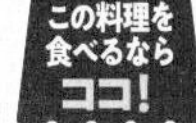

バーン・パッタイ Baan Phadthai

→P.183

気軽に食べるパッ・タイのイメージをくつがえす、下町の高級パッ・タイ店。屋台なら50B程度のパッ・タイも、厳選された調味料を使い、自家製の具をふんだんに入れ、昔風なこってりの味つけをすれば高級料理に大変身。

古い家具を並べた店内はおしゃれかつレトロ

タイ料理カタログ

☑ カンタン指さしオーダー
☑ タイ語付き

Thai Gourmet

本場バンコクでぜひ食べたいタイ料理。新鮮なハーブの香りとスパイスの味わいを堪能しよう。絶品タイグルメをたっぷりと召し上がれ。

凡例

🔥🔥🔥	大辛	辛いものが好きな人向け
🔥🔥	中辛	普通に辛いものが大丈夫ならOK
🔥	小辛	辛いものが苦手でもどうにか食べられる
なし		まったく辛くないので誰でも安心
🌿		パクチー入り

地方の料理もCheck!

東北 東北部　南 南部　北 北部

一度は食べたい タイカレー Thai Style Curry

多様なスパイスをふんだんに使って具を煮込む、南国ならではのカレー風の料理。汁気の多いものはケーン、煮詰めてこってり仕上げるものはパネーンと呼ばれる。

おすすめ タイカレー Best 3

多彩な種類があるタイカレー。世界一おいしい料理とされるケーン・マッサマン、グリーンカレーとして外国人にも人気のケーン・キアオ・ワーン、こってり仕上げるパネーンをまずはお試しあれ。

ケーン・マッサマン แกงมัสมั่น 🔥

「世界で最も美味な料理ランキング50」で1位に選ばれたことがあり(後に集計に誤りがあったとして取り消し)、バンコクでも食べられる店が増えた。アユタヤー時代にペルシアやアラブの貿易商が伝えたとされ、カルダモンやシナモン、ターメリックなどのスパイスが入りエキゾチック。イスラームの戒律に従って作られることが多いので、具はカイ(チキン)が基本。しかし最近では肉類なら何でも使う。

ケーン・キアオ・ワーン แกงเขียวหวาน 🔥🔥

グリーンカレーとしておなじみ。青トウガラシの辛味をココナッツミルクの甘味がまろやかに包み込み、さらにハーブのさわやかさが香り立つ、南国ならではの贅沢な料理。緑の丸いタイの小ナス(マクア・プーン)のプチプチとした歯触りと苦味がよいアクセントに。具はカイ(チキン)が一般的。店によってはムー(ポーク)やヌア(ビーフ)、クン(エビ)、ルークチン(つみれ団子)なども用意されている。

ケーン・キアオ・ワーンにローティーを添えるレストランもある

パネーン แพนง 🔥

汁っぽいケーンとは異なり、ココナッツミルクを多めに入れてから煮詰め、水分を少なめに仕上げるのがパネーン。こってりと濃厚な味わいになり、ライチーなど甘味のある副菜を添えることもある。具はペット(アヒル)、カイ(チキン)などが多い。

カラーで選ぶ
タイカレー

ケーン・キアオ・ワーンに代表されるグリーン系カレーのほか、 イエローやレッドのカレーもある。

ケーン・カリー แกงกะหรี่

ターメリックやシナモン、ナツメグなどのスパイス類とカレーパウダーも使った、日本人にはなじみやすい味わいのカレー。カイ(チキン)やジャガイモを入れるとますます日本人好みの仕上がりに。

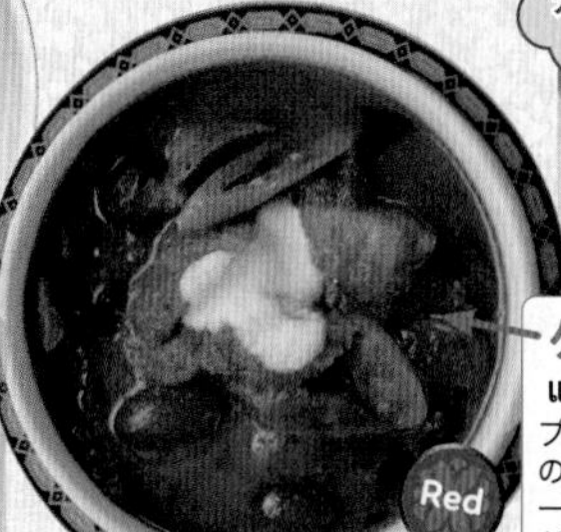

ケーン・ペット・ペット・ヤーン แกงเผ็ดเป็ดย่าง

プリック・パーンチャンと呼ばれる大ぶりの赤トウガラシを乾燥させ、その粉末をペーストにしてふんだんに使うので辛いことが多いケーン・ペット。具に焼いたアヒル(ペット・ヤーン)を使うものが人気。

タイカレーを使った
おすすめ料理

タイカレーをアレンジした料理もいろいろ楽しめる。

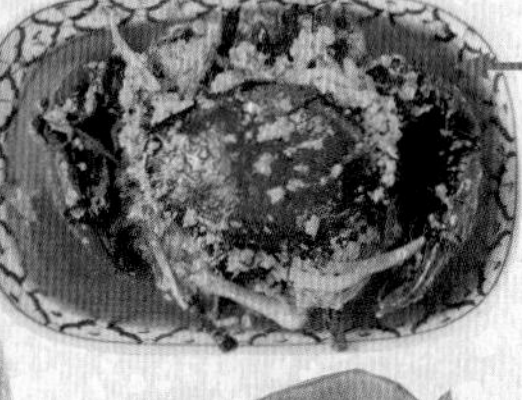

プー・パッ・ポン・カリー ปูผัดผงกะหรี่

タイ料理店やシーフード料理店の人気メニュー。カニをカレーソースで炒め、溶き卵で仕上げた一品。「ヌア・プー・パッ・ポン・カリー」はカニの殻を取り除いて身だけを使ったもの。「プー・ニム・パッ・ポン・カリー」はソフトシェルクラブ使用。

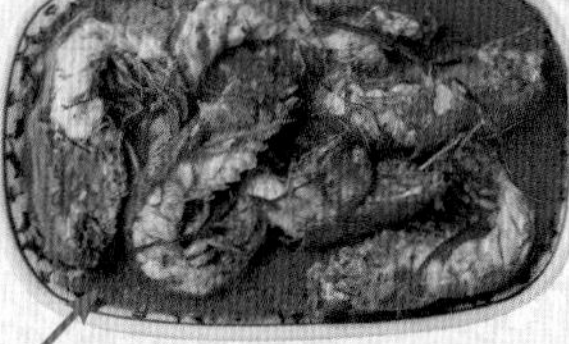

チューチー・クン ฉู่ฉี่กุ้ง

大ぶりのエビをココナッツミルクをたっぷり使ったレッドカレーで炒め煮にした料理。店によってはエビが揚げてあることも。

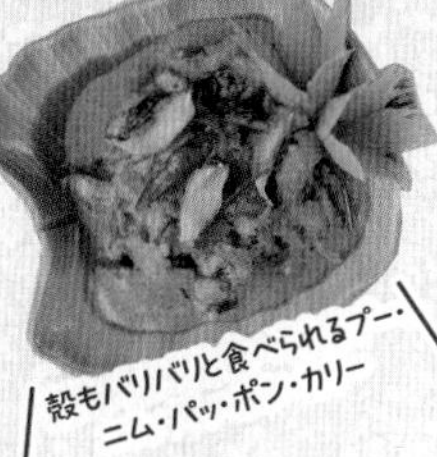

殻もバリバリと食べられるプー・ニム・パッ・ポン・カリー

食べやすいヌア・プー・パッ・ポン・カリー

まだある!
カレー5選

日本で知られた種類以外にも、 タイにはさまざまなカレーがある。 いろいろなメニューにチャレンジしてみよう。

ケーン・リアン แกงเลียง

東北

野菜をたっぷりと使ったケーン。見た目は優しいが、コショウを大量に使うので辛い。

ケーン・ソム แกงส้ม

タマリンドの実を使い、酸っぱさを強調したケーン。煮込み料理のスープにも使われる。

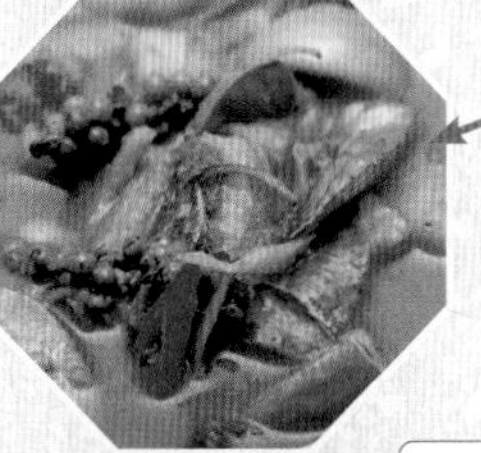

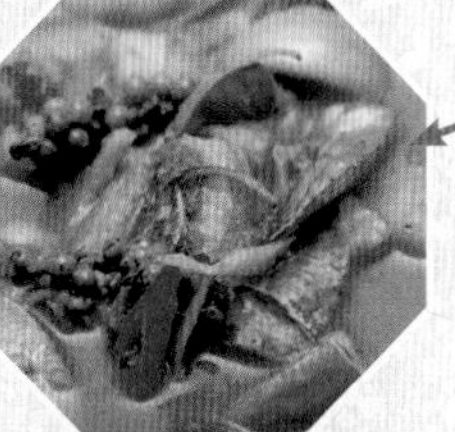

ケーン・パー・クン แกงป่ากุ้ง

ケーン・パーとは「森のカレー」という意味。ココナッツミルクは使わないので、さっぱりと辛い。「クン」はエビ。

スップ・プー・ピーク・カイ ซุปเปอร์ปีกไก่

薄い塩味がついたすまし汁仕立てのスープに鶏の手羽先と野菜。トウガラシがたっぷりで激辛。

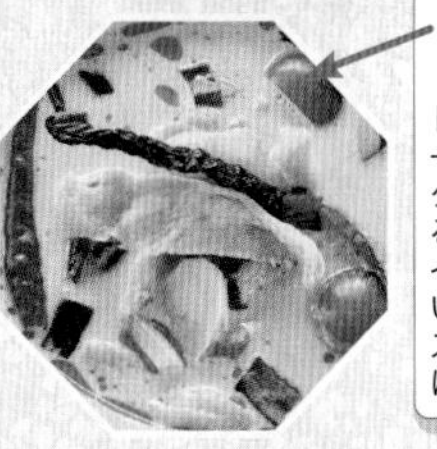

トム・カー・カイ ต้มข่าไก่

トムヤムのスープをベースにココナッツミルクでこってりと仕上げるのがトム・カー。カイ(チキン)と相性がいい。ジャンルとしてはスープだが、ご飯にかけても。

CHECK!

ご飯が選べることも

お店によっては普通の白米以外に、赤米を用意しているところもある。

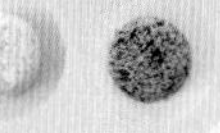

＼海の幸を満喫／
シーフード
Seafood

エビやカニなどの新鮮な魚介類が手頃な値段で食べられるのがタイのいいところ。

＼刺激的な辛さがクセになりそう／

トムヤム・クン ต้มยำกุ้ง
ハーブの香り豊かで酸味と辛味が渾然一体となったスープに大きなエビがゴロゴロ入った、タイ料理を代表する贅沢スープ。

クン・オプ・ウンセン
กุ้งอบวุ้นเส้น

エビをハルサメと鍋に入れ蒸したもの。ネギとショウガの香りが食欲をそそる。たれのしみたハルサメもたまらない。カニを入れるとプー・オプ・ウンセン。

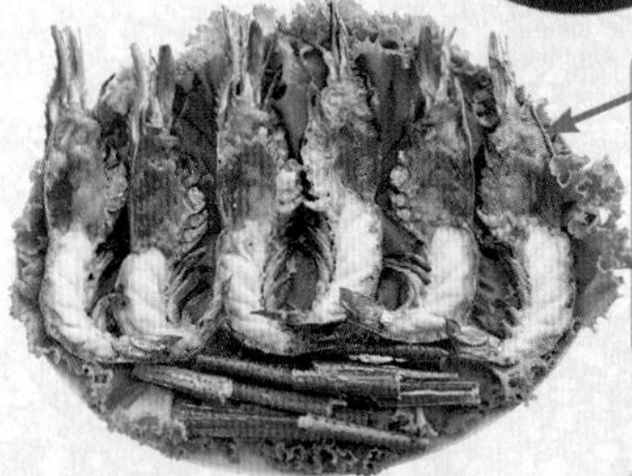

クン・パオ
กุ้งเผา

エビを縦割りにして炭火などで焼いた、タイならではの豪快な料理。 手づかみで大胆に食べよう。

トート・マン・クン ทอดมันกุ้ง
エビを細かくたたいて丸めてから油で揚げる。トート・マン・プラーに似ているが、こちらは外側をクリスピーに仕上げることが多い。

トート・マン・プラー ทอดมันปลา
魚のすり身を丸めて油で揚げる、日本のさつま揚げにそっくりな料理。インゲンなどを混ぜて歯応えも楽しむ。

クン・チェー・ナムプラー
กุ้งแช่น้ำปลา

タイ風エビの刺身。ニガウリや生ニンニクなどの付け合わせと一緒に、辛いたれで食べる。

ポテーク
โป๊ะแตก

トムヤムとは違いレモングラスなどが入らないすまし汁風スープ。シーフードがどっさり入った贅沢な料理。だしも効いておいしい。

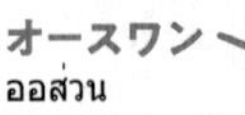

オースワン
ออส่วน

カキ、モヤシ、卵を炒めた料理。小ぶりのカキのポクポクした食感が、カキ好きにはたまらない。モヤシをシャキシャキに仕上げる店がおいしい。

ホーモック・プラー ห่อหมกปลา
魚のすり身をレッドカレーやココナッツミルクで味つけしてから蒸し上げる。けっこう辛い。

ホーモック・プー ห่อหมกปู
カニの身が入ったホーモックがホーモック・プー。写真はバナナの葉で包んだもの

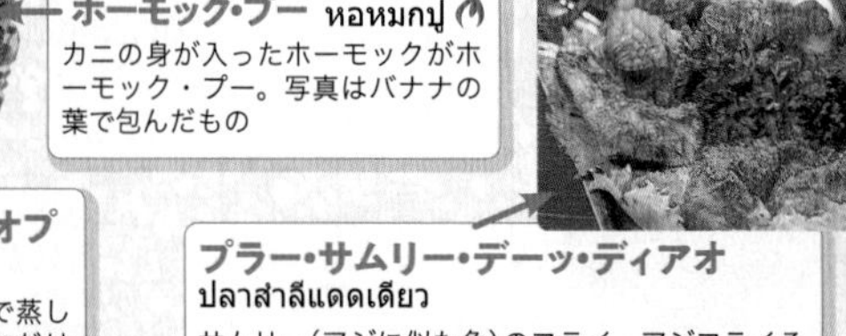

ホーイ・マレーンプー・オプ
หอยแมลงภู่อบ

ミドリイガイを土鍋や鉄鍋で蒸し上げる。調理法がシンプルなだけに素材の新鮮さで勝負。

プラー・サムリー・デーッ・ディアオ
ปลาสำลีแดดเดียว

サムリー（アジに似た魚）のフライ。アジフライそっくりだが、付け合わせの青パパイヤがタイ風。

\風味さわやか/ タイ風サラダ
Thai Style Salad

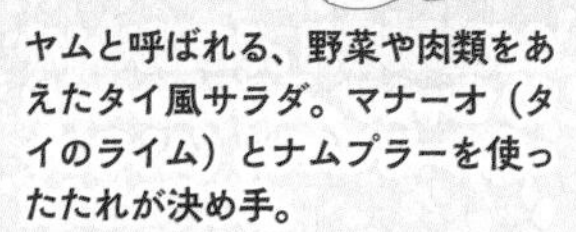

ヤムと呼ばれる、野菜や肉類をあえたタイ風サラダ。マナーオ（タイのライム）とナムプラーを使ったたれが決め手。

ヤム・ソムオー
ยำส้มโอ
ソムオー（タイのザボン）の身をほぐして使ったヤム。柑橘類の甘酸っぱさがさわやか。写真はエビ入りのヤム・ソムオー・クン。

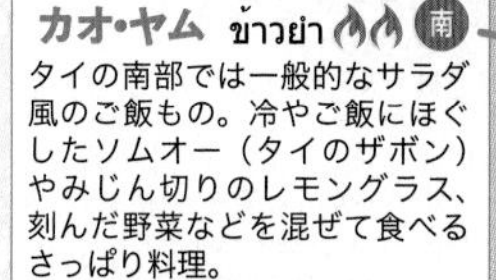

カオ・ヤム ข้าวยำ 南
タイの南部では一般的なサラダ風のご飯もの。冷やご飯にほぐしたソムオー（タイのザボン）やみじん切りのレモングラス、刻んだ野菜などを混ぜて食べるさっぱり料理。

ヤム・ヌア
ยำเนื้อ
スライスして焼いた牛肉をスパイスとあえたヤム。生ニンニクも大量に使うのでとても辛い。

ヤム・マクア・ヤーオ ยำมะเขือยาว
焼きナスを使ったヤム。焼くことで生まれるナスの微妙な苦味が風味を醸し出している。

ヤム・コー・ムー・ヤーン
ยำคอหมูย่าง
焼いた豚ののど肉をスライスして、スパイスとあえる。肉と野菜を同時に取れてヘルシー。

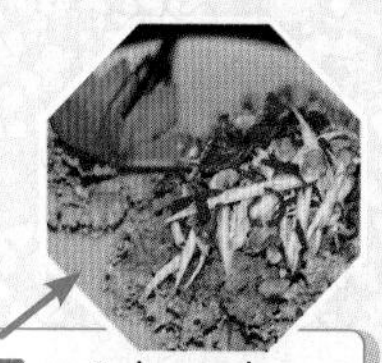

ヤム・ウンセン ยำวุ้นเส้น
ハルサメをナムプラーやマナーオ（タイのライム）汁であえたもの。イカやエビが入り豪華。とてつもなく辛く作ることが多いので注意。できたての温かいうちに食べたい。

ヤム・プラードゥック・フー ยำปลาดุกฟู
ナマズの身をほぐしてから油で揚げ、ささがきにした未熟のマンゴーとあえたヤム。カリカリ、サクサク。

\故郷の味/ イーサーン料理
North East Food

タイの東北地方は独特な食文化がある。バンコクで働く東北地方出身者も多く、出稼ぎ者の郷土の味がタイを代表する料理となっている。

カイ・ヤーン
ไก่ย่าง 東北
タイ料理の代表も、もとは東北地方の料理。たれに漬け込んだ丸鶏を遠火であぶり焼きにしたもの。カリカリの皮とジューシーな肉がたまらない。

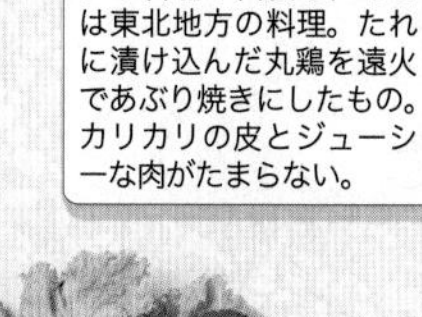

ソムタム・タイ ส้มตำไทย 東北
未熟のパパイヤをささがきにして、臼を使って小ぶりのトマトやインゲン、干しエビなどとナムプラーのたれやスパイスとあえる。ソムタムは具や素材でさまざまな種類があり、ソムタム・タイ以外は辛く作ることが多い。

ラープ・ムー
ลาบหมู 東北
肉をミンチにしてナムプラーやスパイスとあえる料理がラープ。ムー（ポーク）を使うとラープ・ムー。牛を使うとラープ・ヌア。

コー・ムー・ヤーン
คอหมูย่าง 東北
豚ののど肉をスパイスに漬けて焼いたもの。歯応えがあって、いかにも肉を食べている感じ。

\ 組み合わせ無限 /
その他の料理
Various Dishes

野菜と肉類や魚介類、調味料に各種調理法を組み合わせれば、無限のバリエーションが広がるのがタイ料理。

カイ・マナーオ
ไก่มะนาว
鶏のから揚げにマナーオソースをたっぷり。ムー・マナーオと異なり、あまり辛くしないので安心して食べられる。

シークローン・ムー・クロープ
ซี่โครงหมูกรอบ
豚の骨付きスペアリブをひと口大にカットして揚げたもの。カリカリの外側にソースが染み込みジューシー。

ナムプリック น้ำพริก (辛さ3) 北
トウガラシ、ニンニク、マナーオ果汁などで作ったタイ風のディップ。配合は店や家庭によってさまざま。生やゆで野菜などと食べる。写真右がナムプリック。

ムー・マナーオ
หมูมะนาว (辛さ3)
薄切りのゆで豚をマナーオ(タイのライム)汁ベースのソースで食べる。トウガラシとニンニク多用でとても辛い。

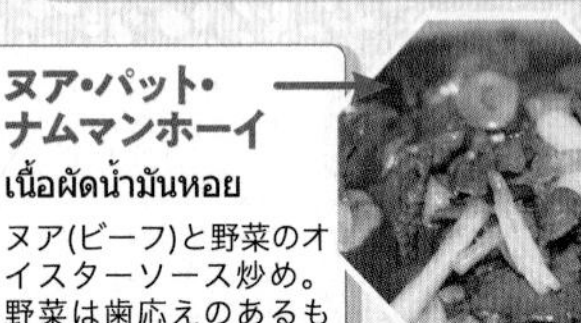

ヌア・パット・ナムマンホーイ
เนื้อผัดน้ำมันหอย
ヌア(ビーフ)と野菜のオイスターソース炒め。野菜は歯応えのあるものを使うことが多い。

カイ・ホー・バイトゥーイ
ไก่ห่อใบเตย
よい香りのするバイトゥーイの葉に鶏肉を包んで揚げたもの。上品な移り香も楽しめる。

プラー・カポン・パット・キーマオ
ปลากะพงผัดขี้เมา (辛さ2)
キーマオとは「酔っぱらい」という意味だが、「パット・キーマオ」はなぜか辛い炒めものになる。

カラムプリー・パット・ナムプラー
กะหล่ำปลีผัดน้ำปลา
小玉キャベツのナムプラー炒め。シンプルな味つけで、何かひと品足りないときに最適。

ムー・サテ หมูสะเต๊ะ
豚の串焼きにピーナッツソースがたっぷりで濃厚な味わい。パンで挟んで食べると通っぽい。

プラー・ヘーン・テーンモー
ปลาแห้งแตงโม
干し魚のほぐし身をスイカにふりかけて食べる、昔ながらの暑気払いメニュー。さっぱりとおいしい。

パット・パック・ブン・ファイデーン
ผัดผักบุ้งไฟแดง
空芯菜の中国味噌炒め。強火でさっと炒めるため、シャキシャキとした歯応えが楽しめる。

パット・サトー・クン
ผัดสะตอกุ้ง (辛さ1) 南
タイの南部で取れる、独特の香りをもつサトー豆の炒めもの。エビのペーストなどを味つけに使う。

\ タイ人も大好き /
タイスキ
Suki

みんなでワイワイ食べたいタイの鍋料理。

スキー(タイスキ) สุกี้
肉や魚介、つみれ類など好きな具を何でも入れて食べられるタイスキは、タイ人の間でも大人気。野菜がたくさん食べられるのもグー。

＼タイ版ファストフード／
ご飯もの
Rice Dishes

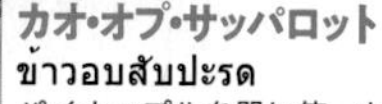

パラパラに炊き上がるタイ米はチャーハンやおかずのせご飯と相性がいい。

カオ・オプ・サッパロット
ข้าวอบสับปะรด
パイナップルを器に使った蒸しご飯。ご飯にはカレー味がつけられていることが多い。カシューナッツの歯応えがいい。エビなどが入ると豪華。

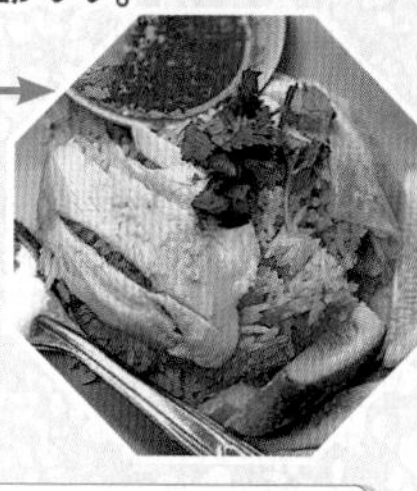

カオ・マン・カイ
ข้าวมันไก่
屋台ご飯の定番、蒸し鶏のせご飯。下のご飯は鶏のスープで炊いてあるのでハイカロリー。具を揚げ鶏にするとカオ・マン・カイ・トート。(→P.194)

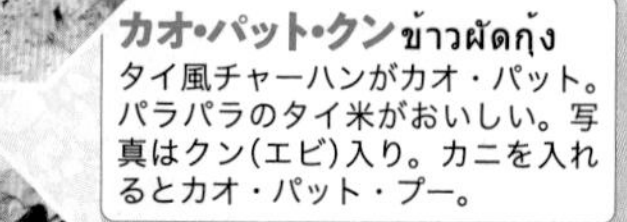

カオ・パット・クン ข้าวผัดกุ้ง
タイ風チャーハンがカオ・パット。パラパラのタイ米がおいしい。写真はクン(エビ)入り。カニを入れるとカオ・パット・プー。

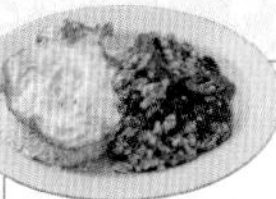

パット・カプラオ ผัดกะเพรา
ホーリーバジルをミンチと炒めてトウガラシとナムプラーで味付けした具をそえた、タイ人にも人気のご飯もの。日本ではガパオライスと呼ばれる。揚げるように作るタイ風の目玉焼き(カイダーオ)を添えて食べたい。

カオ・クルッ・カピ ข้าวคลุกกะปิ
カピ(エビを発酵させた調味料)で炒めたチャーハン。華やかな具は、ご飯とよく混ぜてから食べる。

＼軽い食事に１杯／
麺類
Noodles

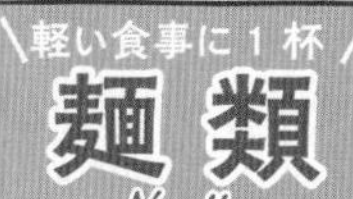

クア・カイ（クァイティアオ・クア・カイ）
คั่วไก่(ก๋วยเตี๋ยวคั่วไก่)
幅広米麺（センヤイ）を強火で炒めて具にチキンと卵、スルメなどを加えたシンプルな麺料理。甘めの味付けで誰にでも食べやすい。

麺の種類やスープなどを選び、自分好みの味つけで仕上げる。

細めの米麺を使います

パッ・タイ・クン・ソット
ผัดไทยกุ้งสด
パッ・タイも、具に大きめのエビを使えば豪華なひと皿に。

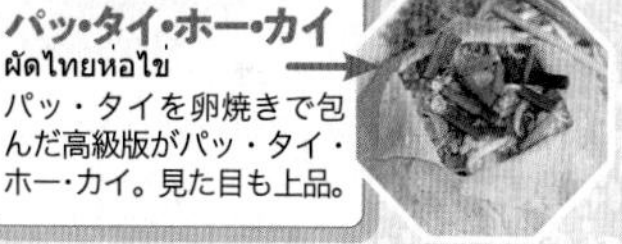

パッ・タイ・ホー・カイ
ผัดไทยห่อไข่
パッ・タイを卵焼きで包んだ高級版がパッ・タイ・ホー・カイ。見た目も上品。

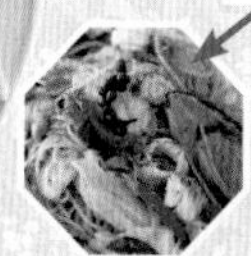

サパーケティー・パット・キーマオ
สปาเก็ตตี้ผัดขี้เมา 🌶🌶🌶
スパゲティを辛く炒めて仕上げるタイ風洋食。生コショウが決め手。

カノムチーン ขนมจีน 🌶🌶🌶
屋台でよく食べられるカノムチーンは、米から作るひやむぎ風のコシがない生麺。カレーソースが数種類用意されているので、好みのものをかけてもらう。どれも激辛で、テーブルに用意されている生野菜などの薬味と一緒に食べる。

CHECK! おいしい麺の注文方法はコレ！
タイ人にも人気の麺は、注文に少しコツが必要。キホンをおさえて、おいしい麺を食べよう。

❶ 麺の種類を選ぶ

バミー บะหมี่
黄色い小麦麺。
日本の中華麺よりやや細い

クァイティアオ ก๋วยเตี๋ยว
米から作る麺。太さによって呼び方が異なる

①センミー	②センレック	③センヤイ
เส้นหมี่	เส้นเล็ก	เส้นใหญ่
ビーフン風の細麺	うどん風の太麺	きしめん風の幅広麺

❷ スープの有無を選ぶ

ナーム น้ำ
スープありの汁麺

ヘーン แห้ง
スープなしのあえ麺

❸ できあがり例

センヤイ・ナーム
スープあり幅広麺

❹ 仕上げ

4種類の調味料で好みの味つけにすればさらにおいしい！

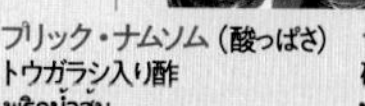

ナムプラー（塩辛さ）
ナムプラー
น้ำปลา

プリック・ポン（辛さ）
粉末トウガラシ
พริกผง

プリック・ナムソム（酸っぱさ）
トウガラシ入り酢
พริกน้ำส้ม

ナムターン（甘さ）
砂糖
น้ำตาล

憧れの タイスイーツカタログ

Thai Sweets

南国フルーツをたっぷり使ったスイーツから、和菓子のようなタイ伝統菓子まで、魅惑のスイーツがズラリ。おなかいっぱい？　いえいえスイーツは別腹です。

99B

マンゴー・ココ
Mango Coco
ココナッツの果肉入りマンゴースムージー。暑いバンコクで町歩きのお供にぴったり。Ⓒ

245B

メイク・ミー・マンゴー
Make Me Mango
フレッシュマンゴーにもち米、マンゴーアイス、マンゴープリンにタイのカスタードプリン付きで盛りだくさん。Ⓐ

230B

マンゴー・タンゴ
Mango Tango
店名と同じいち押しメニュー。フレッシュマンゴーとマンゴーアイスクリーム、マンゴープリンが一度に楽しめる。Ⓑ

160B

マンゴースムージー
Mango Smoothie
マンゴーを贅沢に使った濃厚なスムージー。スイカとメロンのトッピング付き。Ⓑ

70B

フライド・バナナ
Fried Banana
タイのゴールデンバナナに衣をつけてサクッと揚げ、チョコレートとシュガーをたっぷりと!Ⓔ

149B

スーパー・マンゴー・マニア
Super Mango Mania
もち米にココナッツミルクをかけてカオ・ニアオ・マムアンを自作できる。ホイップクリームがプリンにもフレッシュマンゴーにもマッチ。Ⓒ

285B

マンゴー・ビンス
Mango Bingsu
ひんやりミルクアイスのかき氷を覆い尽くすフレッシュマンゴー。てっぺんにマンゴーアイス。Ⓐ

89B

バナナ・ワッフル&アイスクリーム
Banana Waffle & Ice Cream
バナナ・ワッフルはトッピングがいろいろ選べる。人気は写真のチョコレートⒺ

60B

バナナ・ミルク・シェイク
Banana Milk Shake
暑い日にぴったりの、バナナとミルクの冷たくて甘～いシェイク。蜂蜜入りもある。Ⓓ

85B

ココナッツ・カスタード&トースト・セット
Coconut Custard and Toast Set
おなかがすいていたらこれ。トースト3枚とココナッツ・カスタードのディップ添え。Ⓓ

35B

トーストとココナッツ・カスタード
Toast with Coconut Custard
アツアツのトーストにパンダンの葉で香りをつけたココナッツ・カスタードがたっぷり。Ⓓ

60B

バター・ミルク・バナナ
Butter Milk Banana
バターで軽くソテーしたバナナにたっぷりミルク。Ⓔ

ここで食べられる! 買える!

CAFE LIST

Ⓐメイク・ミー・マンゴー
make me mango

ワット・ポーそばに2016年6月オープン。高品質のマンゴーをふんだんに使用。

王宮周辺 MAP P.78-B5
住 67 Maharat Rd.　TEL 0-2622-2089
FB makememango　営 10:30～20:30　休 なし　CC なし
行き方 MRTブルーラインのBL31サナーム・チャイ駅1番出口から徒歩6分

Ⓑマンゴー・タンゴ
Mango Tango

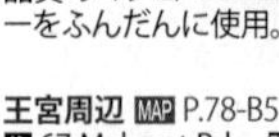

マンゴーのスイーツ専門店で、連日行列ができる超人気店。メニューは20種類以上。

サヤーム・スクエア周辺 MAP P.157-B1
住 Soi 3, Siam Square　TEL 08-1619-5504　URL www.mymangotango.com
営 12:00～22:00　休 なし　CC なし
行き方 BTSシーロムライン、スクムウィットラインのCENサヤーム駅4番出口から徒歩2分

魅惑のスイーツ

レストランのデザートメニューや屋台にも
さまざまなスイーツがある。見つけたら試してみて!

タプティム・クローブ
ทับทิมกรอบ

さっくりクワイの実をタピオカで覆い紅色をつけてザクロ（タプティム）に似せたもの。ココナッツミルクをかけて食べる。

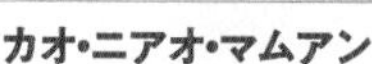

カオ・ニアオ・マムアン
ข้าวเหนียวมะม่วง

カットした完熟マンゴーと、もち米のココナッツミルクがけが絶妙なハーモニー。

ブアローイ บัวลอย

ココナッツミルクベースの汁に白玉団子を入れた温かいデザート。

ブアローイ・ナーム・キン
บัวลอยน้ำขิง

ゴマあんの入った団子をショウガシロップに浮かべた、中国風のデザート。温かいのが基本。

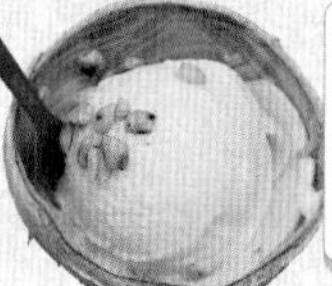

アイサクリーム・カティ
ไอศกรีมกะทิ

ココナッツミルクのアイスクリームは南国ならではの味わい。意外にさっぱり。

モーケーン ขนมหม้อแกง

ココナッツミルクと卵にタロイモなどで作った種を容器に入れて焼いたタイ風プリン。揚げ玉ねぎをトッピングすることが多い。

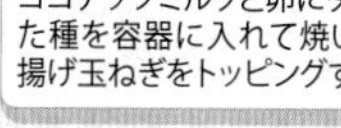

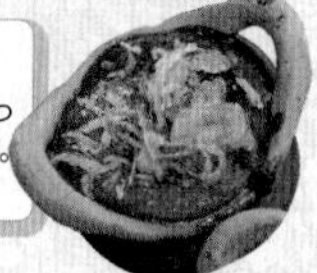

サンカヤー สังขยา

ココナッツミルクと卵、ヤシ砂糖で作った種を蒸したタイ風プリン。同じ名前でカスタード状のものもある。

カノム・チャン ขนมชั้น

米粉から作るゼリー風の伝統的なお菓子。ぷるぷるした食感とほのかな甘さが上品。

チャー・モンクット จ่ามงกุฎ

卵と米粉の種を王冠の形にした手間のかかるお菓子。おめでたい席のおみやげなどに使う。

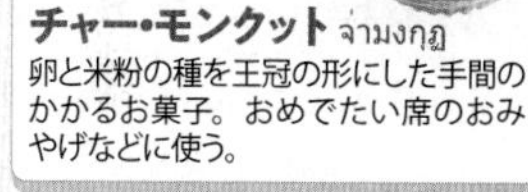

ルーク・チュップ ลูกชุบ

ココナッツ風味のあんを豆から作った皮でくるむ。果物や野菜の形でかわいらしい。

カノム・トゥアイ ขนมถ้วย

ココナッツの蒸しプディング。たいてい2層になっていて、下にバイトゥーイで色づけされた緑色のカスタードが入っていることが多い。

タコー・ヘーオ
ตะโก้แห้ว

タピオカの上にココナッツミルクのゼリーをのせて2種類の味と食感が楽しめる。

Ⓒマンゴー・マニア
Mango Mania

マンゴースイーツとスムージーのチェーン店。高級品種ナム・ドークマイを使いながらお手頃価格の各種スイーツが人気。

トンロー、エカマイ周辺 MAP P.89-F5
住 Ground Fl., Gateway Ekkamai, 982/22 Sukhumvit Rd. TEL なし
URL www.mangomania.in.th 営 10:00～22:00 休 なし CC なし
行き方 BTSスクムウィットラインのE7エカマイ駅連絡歩道橋から徒歩すぐ

Ⓓモン・ノム・ソット
Mont Nom Sod

1964年創業、ミルクドリンクの老舗。カスタード付きトーストに人気が集まる。

王宮周辺 MAP P.78-C4
住 160/1-3, Dinso Rd. TEL 0-2224-1147 URL www.mymangotango.com 営 14:00～23:00 休 なし CC なし
行き方 MRTブルーラインのBL30サームヨート駅3番出口から徒歩11分

Ⓔクルアイ・クルアイ（バナナ・バナナ）
Kuluai Kuluai (Banana Banana)

その名のとおりバナナスイーツ専門店。テイクアウトも可。

サヤーム・スクエア周辺 MAP P.157-B1
住 2nd Fl., Lido Theatre, Siam Square TEL 0-2658-1934 営 10:30～20:30 休 なし CC なし
行き方 BTSシーロムライン、スクムウィットラインのCENサヤーム駅2番出口から徒歩2分

これぞ南国の恵み

タイのフルーツカタログ

年間を通じて多彩なフルーツが楽しめる常夏の国タイ。
よりどりみどりで値段も安いヘルシーなフルーツでリフレッシュしよう。
ジュースやスムージーなど、フレッシュフルーツを使った飲み物もおいしい。

食べ方チェック　スライスしたものを屋台で売っている　カットして食べる　手で皮がむける　割って中身を取り出す

カヌン(ジャックフルーツ)
ขนุน

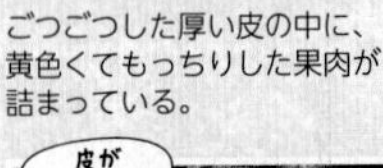

ごつごつした厚い皮の中に、黄色くてもっちりした果肉が詰まっている。

焼いても おいしいよ

クルアイ(バナナ)
กล้วย

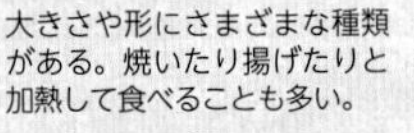

大きさや形にさまざまな種類がある。焼いたり揚げたりと加熱して食べることも多い。

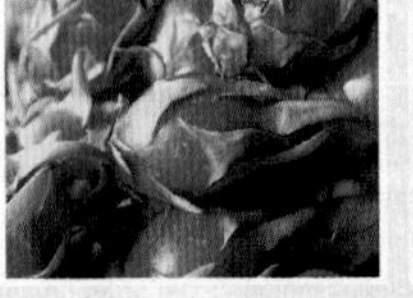

ケーオ・マンコーン(ドラゴンフルーツ)
แก้วมังกร

サボテンの実。皮をむくと灰色や赤黒い果肉が詰まっている。味はキウイ風。

サッパロット(パイナップル)
สับปะรด

むいたものを屋台で売っている。水分が多くておいしい。

サラ(サラクヤシ)
สละ

蛇のような不思議な皮をむくと、白くて甘酸っぱい果肉が入っている。

ソム(ミカン)
ส้ม

そのまま食べるよりも、搾ってジュース(ナム・ソム)にすることが多い。

ソムオー(ザボン)
ส้มโอ

そのまま食べたり、果肉をほぐしてタイ風サラダ(ヤム・ソムオー)に使う。

チョムプー(ジャワフトモモ)
ชมพู่

赤やピンクのものもある。水気が多く淡泊な甘味がある。

タイのフルーツ 旬早見表

旬の季節

タイ語の名称	日本語の名称	1	2	3	4	5	6	7	8	9	10	11	12(月)
カヌン	ジャックフルーツ				●	●	●						
クルアイ	バナナ	●	●	●	●	●	●	●	●	●	●	●	●
ケーオ・マンコーン	ドラゴンフルーツ					●	●	●	●	●	●		
サッパロット	パイナップル	●	●	●	●	●	●	●	●	●	●	●	●
サラ	サラクヤシ						●	●	●	●			
ソム	ミカン	●	●	●	●	●	●	●	●	●	●	●	●
ソムオー	ザボン								●	●	●	●	
チョムプー	ジャワフトモモ		●	●	●	●	●						
テーンモー	スイカ	●	●	●	●	●	●	●	●	●	●	●	●
トゥリアン	ドリアン				●	●	●	●	●				
ノーイナー	シャカトウ							●	●	●			
ファラン	グァバ	●	●	●									●
マフアン	スターフルーツ	●	●	●	●	●	●	●	●	●	●	●	●
マプラーオ	ココナッツ	●	●	●	●	●	●	●	●	●	●	●	●
マプラーン	マプラーン				●	●	●						
マムアン	マンゴー			●	●	●	●						
マラコー	パパイヤ	●	●	●	●	●	●	●	●	●	●	●	●
マンクッ	マンゴスチン				●	●	●	●	●	●			
ラムヤイ	リュウガン					●	●	●	●				
リンチー	ライチー				●	●	●	●					
ローンコーン	ローンコーン			●	●			●	●	●	●		
ンゴ	ランブータン				●	●	●	●	●				

テーンモー（スイカ）
แตงโม

サイズは日本のものより小さめ。そのまま食べたりジュースにする。

トゥリアン（ドリアン）
ทุเรียน

「臭い果物」のイメージがあるが、改良されて臭わない品種もある。

ノーイナー（シャカトウ）
น้อยหน่า

野球ボールより少し小ぶりサイズ。熟したものはとても甘い。

ジュースも
人気

ファラン（グァバ）
ฝรั่ง

リンゴとナシを掛け合わせたような味。水分が多くさっぱりしている。

マフアン（スターフルーツ）
มะเฟือง

切り口が星の形になる変わった形の果物。甘酸っぱくてみずみずしい。

冷やして
飲みたい

マプラーオ（ココナッツ）
มะพร้าว

たたき割って中の果汁を飲む。内側の白い果肉もこそげて食べられる。

マプラーン（マプラーン）
มะปราง

小ぶりのビワぐらいの大きさで、甘味と水気の多い柿のような味。

マムアン（マンゴー）
มะม่วง

日本でもおなじみ。オレンジがかった黄色の果肉が甘〜い。

マラコー（パパイヤ）
มะละกอ

よーく冷やしてスライスしたものにマナーオ（ライム）を搾って食べよう。

フルーツの
女王！

マンクッ（マンゴスチン）
มังคุด

ころころしたかわいらしい外見。中の白い果肉は上品でさわやかな甘味。

ラムヤイ（リュウガン）
ลำไย

薄い皮をむくと透明で甘酸っぱい果肉が詰まっている。

楊貴妃も
好んだ

リンチー（ライチー）
ลิ้นจี่

雨季が旬。淡いルビー色の実で、粒は日本で見るものより大きめ。

ローンコーン（ローンコーン）
ลองกอง

ラムヤイ風の皮の中にマンゴスチンのような果肉。

ンゴ（ランブータン）
เงาะ

ごわごわした毛が生えた変わった外見。果肉は白くて透明なラムヤイ風。

フルーツ屋台で果物を食べよう

バンコクでは路上の屋台でフルーツを売っている。お散歩途中の水分&ビタミン補給にちょうどいいおやつになる。ひと口大にカットして袋に入れてくれる。ひと袋20B〜。

町歩きのおやつ&
水分補給に
おすすめ
カットした果物
はビニール袋に
入れてくれる
見事な早ワザで果物をカットする
屋台のおじさん
スイカの種を除いている
（見えるところだけ）
屋台で売られている
一般的なフルーツ
パイナップル
グアバ
パパイヤ
未熟のマンゴー
辛いスパイスをまぶして食べる
スイカ
カンタロープ（メロン）

タイ発！ キレイになる！ 人気スパグッズ＆

Spa Goods

スパグッズ

1200B

ライス・エクストラクト・モイスチュアライジング・クリーム
ライスを使った人気シリーズの1品。米ぬかオイル、シアバター、ココナッツオイルを使ったフェイス&ボディクリームは保湿効果が高い。Ⓔ

ミニ・オーナメント・アンダマン・セイルズ
ハンドクリームとボディ&ハンドクレンザーのミニセット。四角錐のパッケージがかわいらしい。Ⓒ

ボディ・ローション
香りに鎮静効果があるラベンダーとセンテラ、蜂蜜入りのボディ・ローション。Ⓑ

シャワークリーム
トロピカルウッドの香り高いシャワークリーム。シャワー後も残る香りでリラックスできる。Ⓐ

ボディ・ポリッシュ
粉末のライスシードを配合して肌を優しく洗うサイアミーズ・ウオーターのボディポリッシュ。保湿効果もあり。Ⓒ

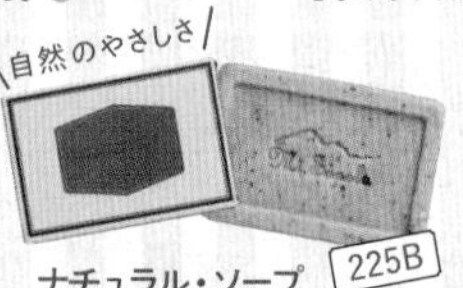

エイジ・インヴァージョン・アイ・セラム
シソ葉を使った人気のラインアップ。極楽鳥花由来エキスとシソ葉がお肌に潤いを。目元のハリや乾燥、くすみが気になる人におすすめ。朝晩使用できる。Ⓔ

オートミール・フェイス・スクラブ
オートミールとアプリコットの種、米ぬかオイル配合で古い角質を取り除き、お肌をなめらかに。Ⓔ

ボディミスト
気軽に使える香り付きの化粧水ボディミスト。ラベンダーの上品な香りがほのかに漂う。Ⓓ

700B

プロテクティブ・ヘア・セラム
髪のための美容液。オーガニックのアルガンオイルやオリーブオイル、シソ葉成分が髪にハリとツヤを与え、サラサラの美髪へ。Ⓔ

ナチュラル・ソープ
ローズマリーなど5種類の香りがある天然素材の石鹸。Ⓓ

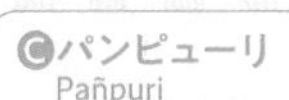

ハーバル・ソープ
タイでは知らない人のないほど有名な老舗ブランド「マダム・ヘン」。肌に優しく清涼感があり、暑い季節にぴったり。ローズやミントなど香り付きもある。スーパーマーケットなどで買える。

ハンドサニタイザー
コロナウイルス感染症流行が生んだ新商品、ハンドサニタイザースプレー。オリエンタルハーブ、シンボポゴン、ユズ&ベチバーなど5種類。Ⓐ

ここで買える！ SHOP LIST

Ⓐハーン
HARNN
→P.216

Ⓑアーブ
erb
→P.216

Ⓒパンピューリ
Pañpuri
→P.216

Ⓓマウント・サポラ
Mt. Sapola
→P.216

Ⓔターン・ネイティブ
THANN Native
→P.217

Ⓕカルマカメット
KARMAKAMET
→P.217

プチプラコスメ

自然素材から作られるナチュラルコスメやスパグッズ、アロマグッズが大充実。日本にもショップがあるあのブランドや人気アイテムもチェック！

Aroma Goods アロマグッズ

パフュームサシェ
クローゼットやタンス、寝室などに心地よい香りを広げるサシェ。香りは約3ヵ月持続。Ⓒ

アロマテラピー・ファイネスト・ピロー・ミスト
枕やベッドカバーにひと吹き。ほのかなアロマの香りが良質な眠りへと導いてくれる。イランイラン、ジャスミン配合。Ⓕ

1150B
アロマティック・グラス・キャンドル
グラスに入ったアロマキャンドルの香りは60種類以上。アロマオイル7%配合。Ⓕ

香りは6種類あり
1180B～
アロマ・ディフューザー
木の枝をボトルに挿すと香りが蒸散。小さなボトルでも2～3ヵ月ほど楽しめる。香りによって値段は異なる。Ⓓ

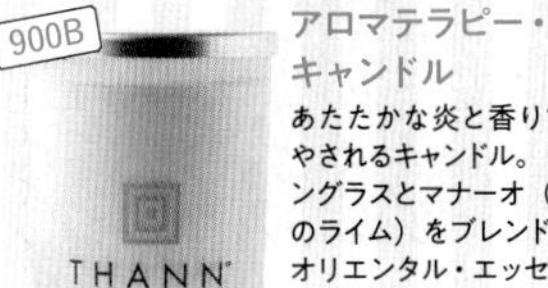

アロマテラピー・キャンドル
あたたかな炎と香りで癒やされるキャンドル。レモングラスとマナーオ（タイのライム）をブレンドしたオリエンタル・エッセンスが一番人気。Ⓔ

プチプラコスメ Petit Price Cosmetics

韓国コスメの次はタイコスメが来る！
プチプラコスメの人気ブランドはコレだ！

キュートプレス cute press
1976年創業の老舗。幅広い年代向けの商品展開。
アイ&チーク・ミニパレット
持ち歩きにも便利なアイカラーとチークのパレット。

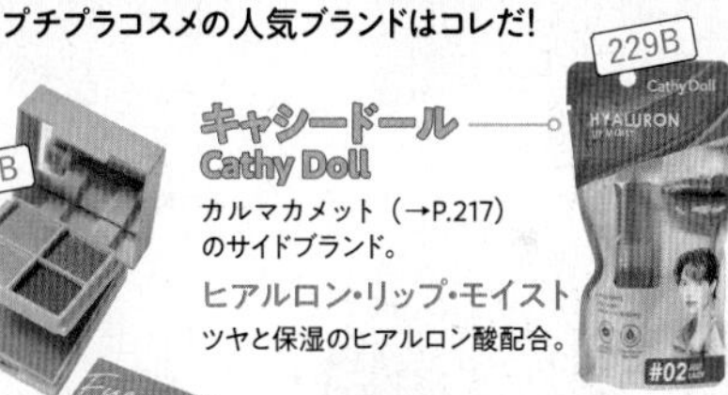

キャシードール Cathy Doll
カルマカメット（→P.217）のサイドブランド。
ヒアルロン・リップ・モイスト
ツヤと保湿のヒアルロン酸配合。

フォーユーツー 4U2
10～20代から絶大な支持を集めるブランド。
ジェリー・ティント
今っぽいマットな仕上がりで人気。
159B

シーチャン SRICHAND
1948年に漢方薬局として創業。
ベア・パーフェクト・トランスルーセント・パウダー
日本との共同開発商品。ツヤ感がアップ。

ソーグラム SO GLAM
名前の由来は「So Glamorous」。
プチ・ポケット・アイシャドウ・パレット
今どきの目元がこれひとつで作れる人気商品。

サシ sasi
シーチャンのヤングライン。質はそのままでプチプラ。
ガールズ・キャン・シャイン・ブラッシュオン
マットからツヤツヤまで全10色が揃うチーク。

イントゥーイット IN2IT
香港発、タイで人気が出たブランド。
エクスパート・プロテクション・セラム
CICAやヒアルロン酸配合のベースクリーム。

ここで買える！
イブアンドボーイ EVEANDBOY
タイだけでなく世界の有名ブランドを扱うコスメショップ。人気商品には必ずテスターがある。
サヤーム・スクエア周辺 MAP P.90-A4
住 1st Fl., MBK Center　TEL 0-2080-9188　URL www.eveandboy.com　営 10:00～21:00　休 なし　CC A J M V　行き方 BTSシーロムラインのW1ナショナルスタジアム駅連絡通路から徒歩すぐ

注：掲載の値段は2023年11月の取材時のもの

キュートで使える！

タイ雑貨にひとめぼれ♥

少数民族のデザインを取り入れたバッグやポーチから、
自然素材を生かした工芸品、タイで人気の象をモチーフにしたキュートなグッズまで、
思わず欲しくなる、あの人にあげたくなる、かわいいタイ雑貨大集合。

Fashion Goods

620B

トートバッグ
インドネシアのバティック布を使ってタイ人女性がデザインしたリバーシブルのバッグ。大きな口が使いやすい。Ⓔ

タイ人にも大ウケ

330B

タイ文字ミニトート
ありそうでなかった、タイ文字をスタイリッシュにあしらったトートバッグ。口が大きく普段の買い物にも便利。ただ文字を羅列したのではなく、ちゃんと料理名になっているのもおもしろい。Ⓕ

260B

リス族のポーチ
モノトーンのストライプ柄がスタイリッシュな、リス族の伝統的な柄をモチーフにしたポーチ。サイズは各種あり。Ⓔ

230B

ヘンプのポーチ
ざっくりした肌触りのポーチ。ポケットティッシュケースにも。アクセントのポンポンがかわいらしい。Ⓒ

530B

ウオーターヒヤシンスのサンダル
水草の繊維で編んだサンダルは、毎年少しずつデザインが変わる人気商品。サイズはSMLの3種類。Ⓒ

480B

ペンケース
コットン製ペンケースは少数民族の布に使われる意匠がデザインされている。Ⓒ

590B

コットンのハット
チェンマイ産のキャップとハット。軽くてソフトな肌触り、かぶり心地もいい。普段使いにもおしゃれ。Ⓐ

250B

キーリング
ターク県の女性グループが作る、象のムエタイ戦士。やわらかなニットで、どこに下げても邪魔にならない。Ⓕ

69B

ミニチュアタイ料理
驚くほど精巧に再現されたタイ料理。トムヤム・クン、バミー・ナーム、カオ・マン・カイ、カオ・ニアオ・マムアンなど、日本人にも人気のタイ料理が揃う。Ⓐ

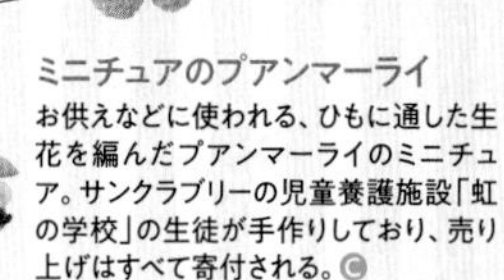

320B

ミニチュアのプアンマーライ
お供えなどに使われる、ひもに通した生花を編んだプアンマーライのミニチュア。サンクラブリーの児童養護施設「虹の学校」の生徒が手作りしており、売り上げはすべて寄付される。Ⓒ

180B

木彫りのタイ数字
デザイン的にも面白い、チーク材から削り出したタイ数字。インテリアのアクセントに。Ⓒ

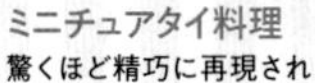

300B

ビーズのピアス
バンコク北部のノンタブリーに住む女性グループが手作りするビーズのピアス。ウクライナ国旗カラーもあり。Ⓕ

ここで買える！ SHOP LIST

Ⓐ アーモン →P.211
Ⓑ ザ・レジェンド →P.222
Ⓒ チコ →P.210
Ⓓ チムリム →P.211
Ⓔ ピース・ストア →P.211
Ⓕ ロフティー・バンブー →P.210

Living Goods

生活雑貨

370B

鍋つかみ

タイ北部メーホーンソーンのリス族が作った布をあしらった、ナチュラルコットン製の鍋つかみ。Ⓕ

380B

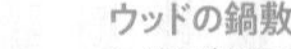

ウッドの鍋敷き

おがくずを再生した板から切り出した鍋敷き。壁に飾りたくなるほどの美しさ。Ⓔ

1300B

トレイ

円形の板に貝を埋め込んで柄を施しラタンで縁取ったトレイ。使いみちいろいろ。Ⓔ

針山

200B

水かけなどに使われるアルミの容器に収まったかわいらしい針山。チェンマイ製。Ⓕ

90B

キャンドルホルダー

マンゴーウッドに手彫りされた象が素朴でかわいらしいキャンドルホルダー。Ⓓ

430B

小物入れ

ソンクラー産の水草の繊維で編んだカゴにモン族の古布をかぶせた小物入れ。Ⓕ

80B

マスクストラップ

ウィズコロナ時代の外出に必携のマスクストラップも、せっかくならおしゃれなものを使いたい。ウイークエンド・マーケットで。

使ったらもう手放せない

300B

ボディスクラブ・シルクネット

使った誰もが絶賛する、シルクのボディネット。肌触りが柔らかで石鹸の泡立ちもよく、バスタイムの必需品。Ⓓ

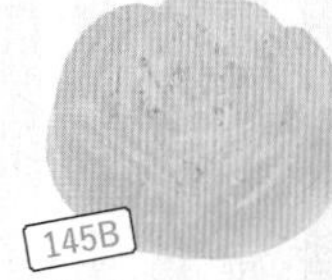

145B

ゴールドハニーソープ

コールドプロセス製法でていねいに仕上げた贅沢なハニーソープ。低刺激性で敏感肌の人や赤ちゃんにも使える安心製品。Ⓓ

170B

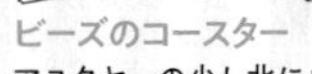

ビーズのコースター

アユタヤーの少し北にあるチャイナート県の女性が手作りしている、カラフルなビーズのコースター。色使いと柄がどことなくエキゾチックで、テーブルも華やぐ。Ⓕ

ノニソープ

日本でも女性に大人気のノニソープ。素材選びから製造過程まで、ショップのオーナーがしっかりチェックしている安心のプロダクト。Ⓓ

145B

Elephant Goods

象グッズ

かわいい象グッズも
タイらしいおみやげに Good！

120B

灰になってもかわいい

象のお香

タイらしくかわいくて値段も手頃な人気のロングセラー。燃えるとそのままの形で灰になる。4個入り。Ⓔ

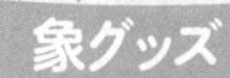

34B

セラドン焼きの箸置き

象の形に作られたセラドン焼きの箸置き。和風の食卓にもなじむ。Ⓑ

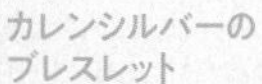

カレンシルバーのブレスレット

ラムプーンのカレン族が作る、精巧な細工が施されたゾウのブレスレット。カレンシルバーは純度99%で柔らかいため、細かい細工が可能。Ⓕ

580B

330B

象のブレスレット

ゴールドメタリックがゴージャスな象のブレスレット。Ⓒ

150B

キーリング

ドライフラワーをレジンで固めて象の形にしたキーリング。色鮮やか。Ⓒ

注：掲載の値段は2023年11月の取材時のもの

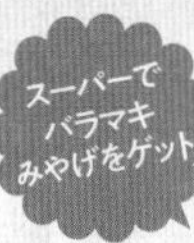

タイの味をお持ち帰り

スーパーマーケットには、タイならではの味がずらりと並んでいる。
気軽につまめるスナック類、タイの味が再現できるレトルトカレーや料理の素など、
値段も手頃でバラマキみやげにもおすすめ。

Snack

スナック

各10B

プリッツ

タイグリコ謹製、プリッツのタイオリジナル・フレーバー、ラープ味とトム・ヤム・クン味。ノンフライ製法でヘルシー。

各12B

ポッキー

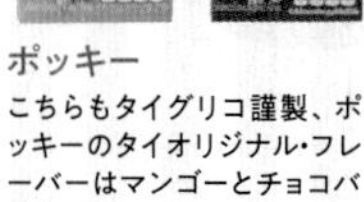

こちらもタイグリコ謹製、ポッキーのタイオリジナル・フレーバーはマンゴーとチョコバナナ。

各20B

コアラのマーチ

おなじみコアラのマーチは、タイではチョコレート、ストロベリー、ブラックのビターチョコレート、ホワイトミルクと4種類。

35B

35B

フルーツゼリー

マンゴーやパッションフルーツの味を生かしたフルーツゼリー。南国ならではのフレッシュな味わい。

各15B

ソルトキャンディ

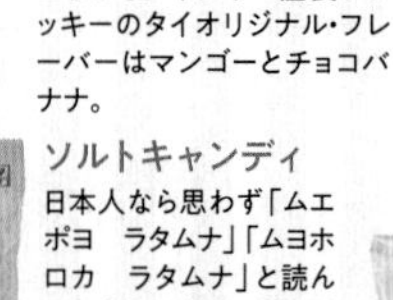

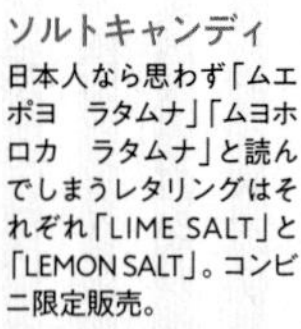

日本人なら思わず「ムエポヨ　ラタムナ」「ムヨホロカ　ラタムナ」と読んでしまうレタリングはそれぞれ「LIME SALT」と「LEMON SALT」。コンビニ限定販売。

345B

マンゴーゼリー

ひと口サイズが個包装になったマンゴーゼリーが6袋入ったお買い得タイプ。バラマキみやげに。

＼タイならではの味もあるよ！／

各180B

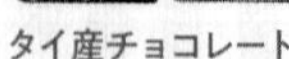

タイ産チョコレート

タイで生産されたカカオ豆から作られたタイ産のチョコレート。タイティー・ミルクチョコレート、トム・カー・ココナッツカレー、ドリアン・ミルクチョコレート、ヒル・コーヒー&ポメロなど、タイならではの味が各種揃いおもしろい。アイコンクラフト(P.212)などで買える。URL siamayachocolate.com

49B

サキイカ

タイ人も大好きなサキイカ。「本物のイカ」という商品名が異彩を放つ。見えている部分にしか中身が入っていないのもすごい。

229B

乾燥マンゴー

しっとり感が残ったセミドライのマンゴー。肉厚で食べ応えがあり、凝縮された味わいはフレッシュマンゴーを上回る甘さ。

20B

カラムーチョ

辛いもの好きのタイ人にウケているカラムーチョ。タイ文字表記「การามูโจ้」がカタカナに寄せてあるように見えおもしろい。「チョ」のあたりが惜しい。

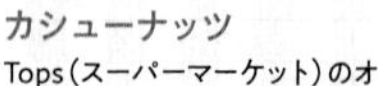

カシューナッツ

Tops(スーパーマーケット)のオリジナルブランド「My Choice」で売られている、トム・ヤム味のカシューナッツ。刺激的な辛さがお酒のつまみになかなかいい。

109B

Gourmet

グルメ

80B

80B

フルーツスプレッド

タイ王室による地域開発プロジェクトの製品を販売するドーイ・カムの、フルーツスプレッド。低農薬や有機栽培で生産された素材を使用。マンゴー&パッションフルーツ、マルベリー(クワの実)などタイらしいものをおみやげに。

＼いわゆる「ガパオ」の素／

35B

パット・カプラオの素

乾燥バジルやチリ、ガーリックがたっぷり入ったパット・カプラオの素。肉や魚介類と野菜をこれで炒めれば、あっという間にタイ料理のできあがり。パッケージのレシピどおりの量で作ると日本人には辛過ぎるかも。

Drinks
ドリンク

545B

ドーイ・トゥン・コーヒー（コーヒー豆）
タイ北部の山岳地帯で暮らす少数民族の生活向上プロジェクトで作られているコーヒー豆。ドーイ・トゥン・ライフスタイル（→P.214）で販売。スワンナプーム国際空港出発ロビーにもショップがある。

各260B（200g）

フレーバーいろいろ

カラバオデーン 10B

リポビタン-D 12B

レッドブル 10B

エナジードリンク
ガテン系でなくてもタイ人は、カジュアルにエナジードリンクを飲む。ここぞの際にこれで元気をつけよう。

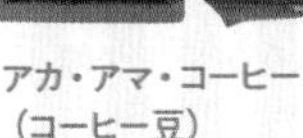

アカ・アマ・コーヒー（コーヒー豆）
チェンマイ発の人気コーヒーブランド、AKHA AMAの豆がアイコンクラフト（P.212）で買える。手軽なドリップパックも発売。
URL www.akhaamacoffee.com

55B　55B

タイ・ティー・ミックス
オレンジ色をした甘いタイの紅茶が懐かしくなったら、親指印のこれ。

Beer
ビール

330mℓ缶は40B程度。500mℓ缶は50〜60B程度

クラフトビール
タイにも多くのクラフトビール醸造家がいる。2大寡占メーカー（シンとチャーン）の力が強いため法律上タイ国内での生産が難しく、近隣諸国で生産して輸入するという手間をかけさせられ、結果値段も一般のビールの3倍以上と高くなる。それでも人気はじわじわと広がっている。

ビア・シン
タイを代表するビールといえばこれ。独特の風味と苦味で、ひと口含めばすぐそれとわかる特徴のあるビール。

象さん印

チャーン・クラシック
高アルコール度数と廉価販売で売り上げを伸ばしたのも昔話。味も向上し市民権を得て、ビア・シンと人気を二分する。

シン・ライト
ビア・シンのライト版。度数は3.5％と、タイで市販されているビールのなかでもかなり軽い。

チャーン・コールドブリュー
麦芽感のあるもったりした味わいで、甘さと苦味が絶妙に混じり合った風味。黒ビールのような後味もある。

ブラックドラゴン・セルティック・アンバー
ローステッド・カラメル・モルトを贅沢に使用。強い苦味と香り高いアンバービール。これが50Bは安い？

チアーズ・サヤーム・ヴァイツェン
ヴァイツェン独特のさわやかな香りが鼻に抜ける。サイダー風清涼飲料水のような飲み心地ですいすいいける。

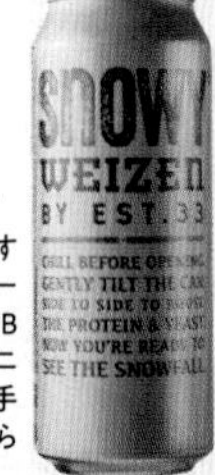

スノウ・ヴァイツェン
軽くて飲みやすいホワイトビール。これが60B程度でコンビニやスーパーで手に入るタイがうらやましい。

本当にエスプレッソ味

チャーン・エスプレッソ・ラガー
何かと思えばエスプレッソ味のビール。タイ、ラオス、ベトナム産のコーヒー豆使用。キワモノ感はなく意外にイケる。

シン・リザーブ
何となくエビスビールを連想させるラベルデザイン。位置づけはプレミアムビール。味は濃い。

チアーズ・ライスベリー
ヨーロッパ風ダークラガーに赤米を使用。飲むと確かに米の香りがしておもしろい。味は薄めのダークラガー。

注：掲載の値段は2023年11月の取材時のもの

COLUMN

買い物をしたらVAT(付加価値税)の還付を受けよう

タイでの買い物には、7%のVAT(付加価値税、日本では消費税と呼んでいる。実際には7%は暫定的に下げられた税率で、本来の税率は10%)が課されている。1999年の夏からタイ政府は、タイを訪れる外国人旅行者にさらにお金を落としてもらうきっかけを作ろうと、一定の条件を満たした外国人に、この付加価値税の払い戻しを始めた。買い物を満喫した人は、買い物時と出国の際に還付の手続きを忘れずに。

VATの還付を受けられる人と商品の条件

1) タイ国籍でないこと。
2) タイ国内に永住、定住、もしくは年間180日以上滞在していないこと。
3) バンコク(スワンナプーム国際空港とドーン・ムアン国際空港)、チェンマイ、プーケット、ハート・ヤイ(ハジャイ)、ウタパオ、クラビー、サムイの国際空港から出国すること。
4) タイ発の国際航空便乗務員でないこと。
5) 銃や爆発物および類似の品、宝石の原石類、仏像などの禁制品でないこと。ホテルの宿泊料などタイ国内で消費されるサービスにかけられるVATは対象にならない。
6) 商品は、購入日より60日以内に、出国にともなって国外へ持ち出すこと。別送は不可。

還付の条件

「VAT REFUND FOR TOURISTS」の表示のある店で買い物し、同じ日に同じ店で購入した総額が2000B以上になれば還付の権利が発生する。「おみやげ買わなきゃ」というときは、まとめ買いがお得かも。

現在「VAT REFUND FOR TOURISTS」を行っているのは、セントラルやロビンソンなど主要なデパートのほか、ジム・トンプソン・タイシルクやスパグッズなどのブランド店、ブーツやワトソンズなどのドラッグストアなど。表示がなくても取り扱っている場合があるので、買い物の際は尋ねてみよう。

VAT還付の手続き

1) 商品購入時にパスポートを提示して「VAT 還付申請用紙」(P.P.10と呼ばれる書式の用紙)を作成してもらう。レシートは用紙に貼付される。
2) 出国時、チェックイン手続き前に空港の税関(Custom)で、購入した商品の現物、VAT還付申請用紙(P.P.10)を提示して検印を受ける。貴金属類や金製品、または時計、めがね、万年筆など1点1万B以上の商品を購入した場合は上記手続きをし、チェックイン後にもVAT還付窓口(VAT REFUND OFFICE)で商品とVAT還付申請用紙を提示し、再度検印を受けること。
3) 以上の手続きが終了したら、出発ロビーにあるVAT還付窓口(VAT REFUND OFFICE)で、VAT還付申請用紙を提示して還付金を受け取る。時間がないなどの理由で窓口で受け取れなくても、還付金の受け取り方法を用紙に記入後、税務局の指定の箱に投函するか、下記の宛先へ郵送し、後日受け取ることもできる。

スワンナプーム国際空港出発ロビーのVAT還付窓口に並ぶ外国人旅行者

還付金の受け取り方法

1) 還付総額が3万B未満の場合は、現金(バーツ)か銀行小切手、指定のクレジットカード口座への振り込みのいずれか。
2) 還付総額が3万B以上の場合は、銀行小切手、あるいは指定のクレジットカード口座への振り込みのいずれか。

現金で受け取る場合は100Bの手数料、銀行小切手で受け取る場合は100Bの手数料に250B程度の経費(計約350B)、クレジットカード口座への振り込みの場合は100Bの手数料に650B程度の振り込み手数料(計約750B)が必要。

問い合わせ先

銀行小切手の送付またはクレジットカード口座への振り込みでの還付金受け取りを選択したのに、還付金の到着が遅い場合は、以下へ問い合わせを。

VAT REFUND OFFICE Revenue Department
住 90 Soi Phahonyothin 7 Rd., Phaya Thai, Bangkok 10400, Thailand
TEL 0-2272-8195
FAX 0-2617-3559
URL www.rd.go.th/vrt

注意点:手続きは時間に余裕を持って

空港での検印受領や還付金の受け取りなどの各種手続きは、場合によってはかなりの混雑も予想されるので、時間には十分に余裕をみておこう。チェックインに要する時間以外に、最低でも30分が目安。

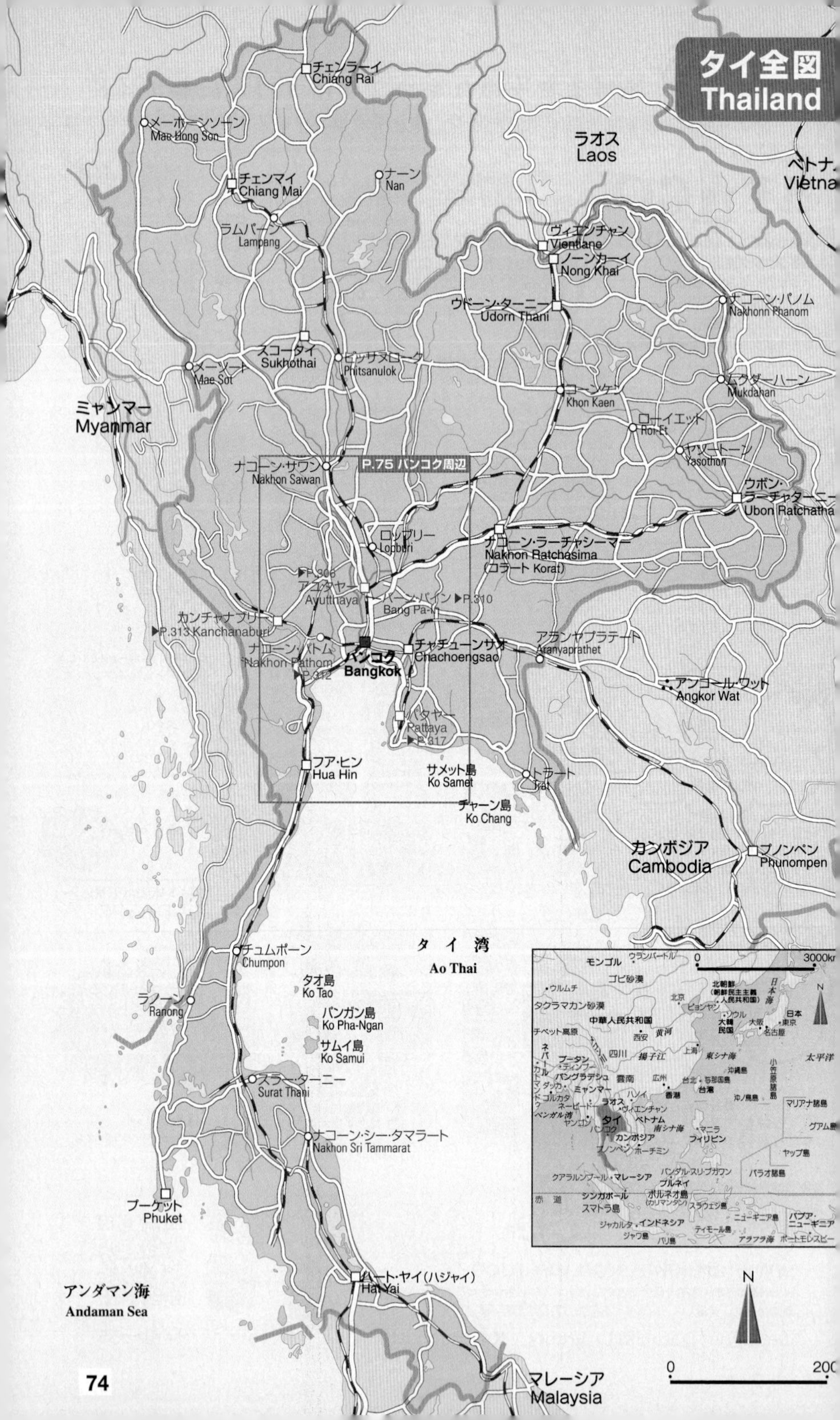

タイ全図
Thailand
チェンラーイ
Chiang Rai
メーホーンソーン
Mae Hong Son
チェンマイ
Chiang Mai
ナーン
Nan
ラムパーン
Lampang
ラオス
Laos
ベトナ
Vietna
ヴィエンチャン
Vientiane
ノーンカーイ
Nong Khai
ウドーン・ターニー
Udorn Thani
ナコーン・パノム
Nakhonn Phanom
スコータイ
Sukhothai
ピッサヌローク
Phitsanulok
メーソート
Mae Sot
コーンケン
Khon Kaen
ムクダーハーン
Mukdahan
ミャンマー
Myanmar
ローイエット
Roi-Et
ヤソートーン
Yasothon
ナコーン・サワン
Nakhon Sawan
P.75 バンコク周辺
ウボン・ラーチャターニー
Ubon Ratchatha
ロッブリー
Lopburi
ナコーン・ラーチャシーマー
Nakhon Ratchasima
(コラート Korat)
▶P.306
アユタヤー
Ayutthaya
バーン・パイン ▶P.310
Bang Pa-in
カンチャナブリー
▶P.313 Kanchanaburi
ナコーン・パトム
Nakhon Pathom
▶P.312
バンコク
Bangkok
チャチューンサオ
Chachoengsao
アランヤプラテート
Aranyaprathet
アンコール・ワット
Angkor Wat
パタヤー
Pattaya
▶P.317
フア・ヒン
Hua Hin
サメット島
Ko Samet
トラート
Trat
チャーン島
Ko Chang
カンボジア
Cambodia
プノンペン
Phunompen
タイ湾
Ao Thai
チュムポーン
Chumpon
タオ島
Ko Tao
ラノーン
Ranong
パンガン島
Ko Pha-Ngan
サムイ島
Ko Samui
スラー・ターニー
Surat Thani
ナコーン・シー・タマラート
Nakhon Sri Tammarat
プーケット
Phuket
ハート・ヤイ(ハジャイ)
Hat Yai
アンダマン海
Andaman Sea
マレーシア
Malaysia
N
0
200
モンゴル
ウランバートル
0
3000km
ゴビ砂漠
ウルムチ
北朝鮮
(朝鮮民主主義人民共和国)
日本海
北京
ピョンヤン
タクラマカン砂漠
ソウル
日本
中華人民共和国
大韓民国
大阪
東京
チベット高原
黄河
名古屋
西安
ネパール
四川
揚子江
上海
ブータン
ティンプー
東シナ海
太平洋
カトマンズ
バングラデシュ
雲南
広州
台北
沖縄島
小笠原諸島
ダッカ
ミャンマー
台湾
与那国島
コルカタ
ネーピードー
ハノイ
香港
沖ノ鳥島
ラオス
ヴィエンチャン
マリアナ諸島
ベンガル湾
タイ
ベトナム
マニラ
グアム島
ヤンゴン
バンコク
カンボジア
南シナ海
フィリピン
プノンペン
ホーチミン
ヤップ島
クアラルンプール
マレーシア
バンダル・スリ・ブガワン
パラオ諸島
ブルネイ
赤道
シンガポール
ボルネオ島
(カリマンタン)
スマトラ島
スラウェシ島
ニューギニア島
パプア・ニューギニア
ジャカルタ
インドネシア
ティモール島
ジャワ島
バリ島
アラフラ海
ポートモレスビー

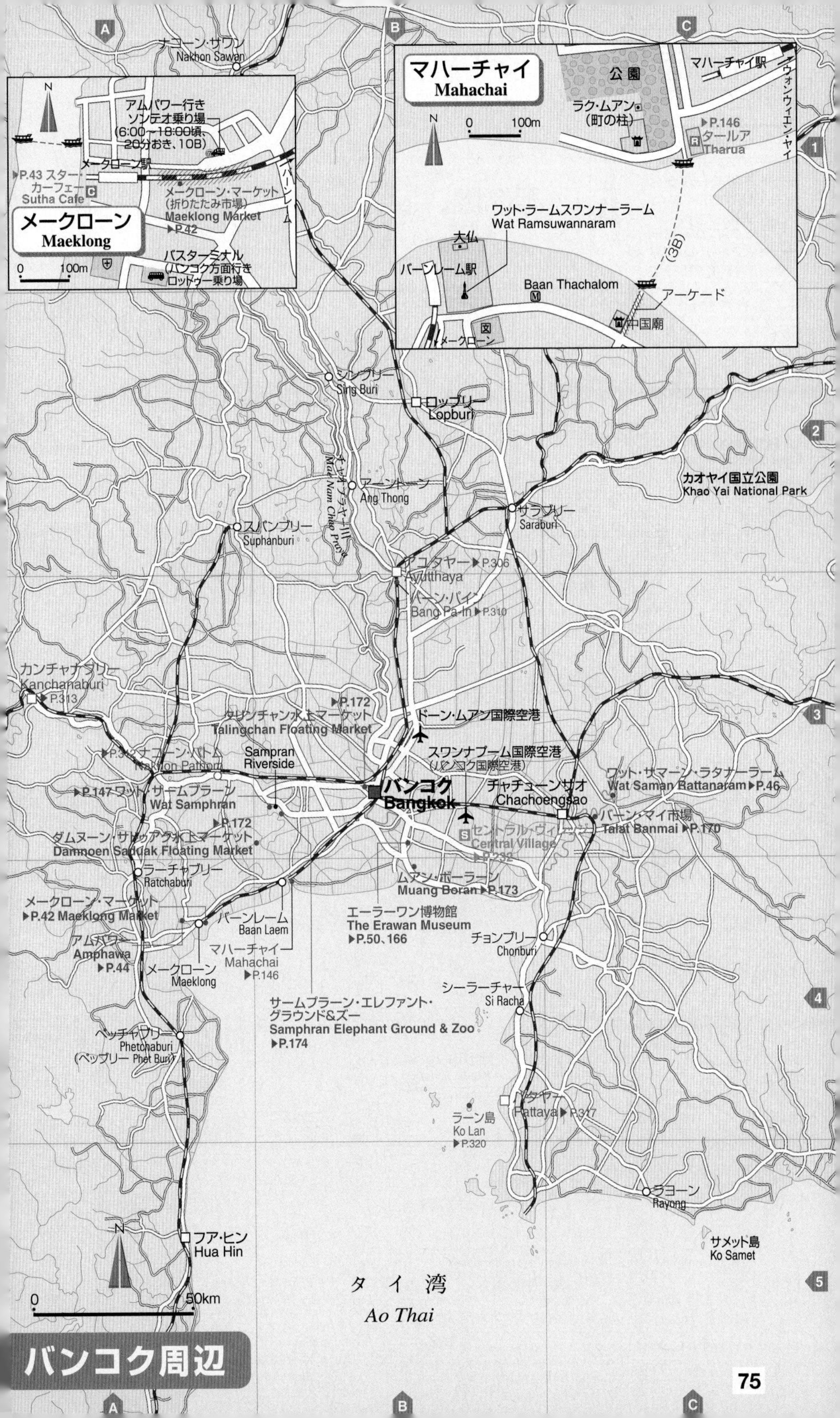
マハーチャイ
Mahachai
公園
マハーチャイ駅
ウォンウィエン・ヤイ
ラク・ムアン（町の柱）
▶P.146 タールア
Tharua
ワット・ラームスワンナーラーム
Wat Ramsuwannaram
大仏
バーンレーム駅
Baan Thachalom
アーケード
中国廟
メークローン
(3B)
メークローン
Maeklong
アムパワー行き
ソンテオ乗り場
(6:00～18:00頃、20分おき、10B)
メークローン駅
▶P.43 スター・カーフェー
Sutha Cafe
メークローン・マーケット
(折りたたみ市場)
Maeklong Market
▶P.42
バスターミナル
(バンコク方面行き
ロットゥー乗り場
バーンレーム
ナコーン・サワン
Nakhon Sawan
シンブリー
Sing Buri
ロッブリー
Lopburi
メーナーム・チャオプラヤー川
Mae Nam Chao Praya
アーントーン
Ang Thong
カオヤイ国立公園
Khao Yai National Park
サラブリー
Saraburi
スパンブリー
Suphanburi
アユタヤー ▶P.306
Ayutthaya
バーン・パイン
Bang Pa-In ▶P.310
カンチャナブリー
Kanchanaburi ▶P.313
▶P.172
タリンチャン水上マーケット
Talingchan Floating Market
ドーン・ムアン国際空港
スワンナプーム国際空港
(バンコク国際空港)
▶P.312 ナコーン・パトム
Nakhon Pathom
Sampran
Riverside
バンコク
Bangkok
チャチューンサオ
Chachoengsao
ワット・サマーン・ラタナーラーム
Wat Saman Rattanaram ▶P.46
▶P.147 ワット・サームプラーン
Wat Samphran
▶P.172
ダムヌーン・サドゥアク水上マーケット
Damnoen Saduak Floating Market
セントラル・ヴィレッジ
Central Village
▶P.232
バーン・マイ市場
Talat Banmai ▶P.170
ラーチャブリー
Ratchaburi
ムアン・ボーラーン
Muang Boran ▶P.173
メークローン・マーケット
▶P.42 Maeklong Market
バーンレーム
Baan Laem
エーラーワン博物館
The Erawan Museum
▶P.50、166
アムパワー
Amphawa
▶P.44
マハーチャイ
Mahachai
▶P.146
メークローン
Maeklong
チョンブリー
Chonburi
シーラーチャー
Si Racha
サームプラーン・エレファント・グラウンド＆ズー
Samphran Elephant Ground & Zoo
▶P.174
ペッチャブリー
Phetchaburi
(ペッブリー Phet Buri)
パタヤー
Pattaya ▶P.317
ラーン島
Ko Lan
▶P.320
ラヨーン
Rayong
サメット島
Ko Samet
フア・ヒン
Hua Hin
0
50km
タイ湾
Ao Thai

バンコク周辺

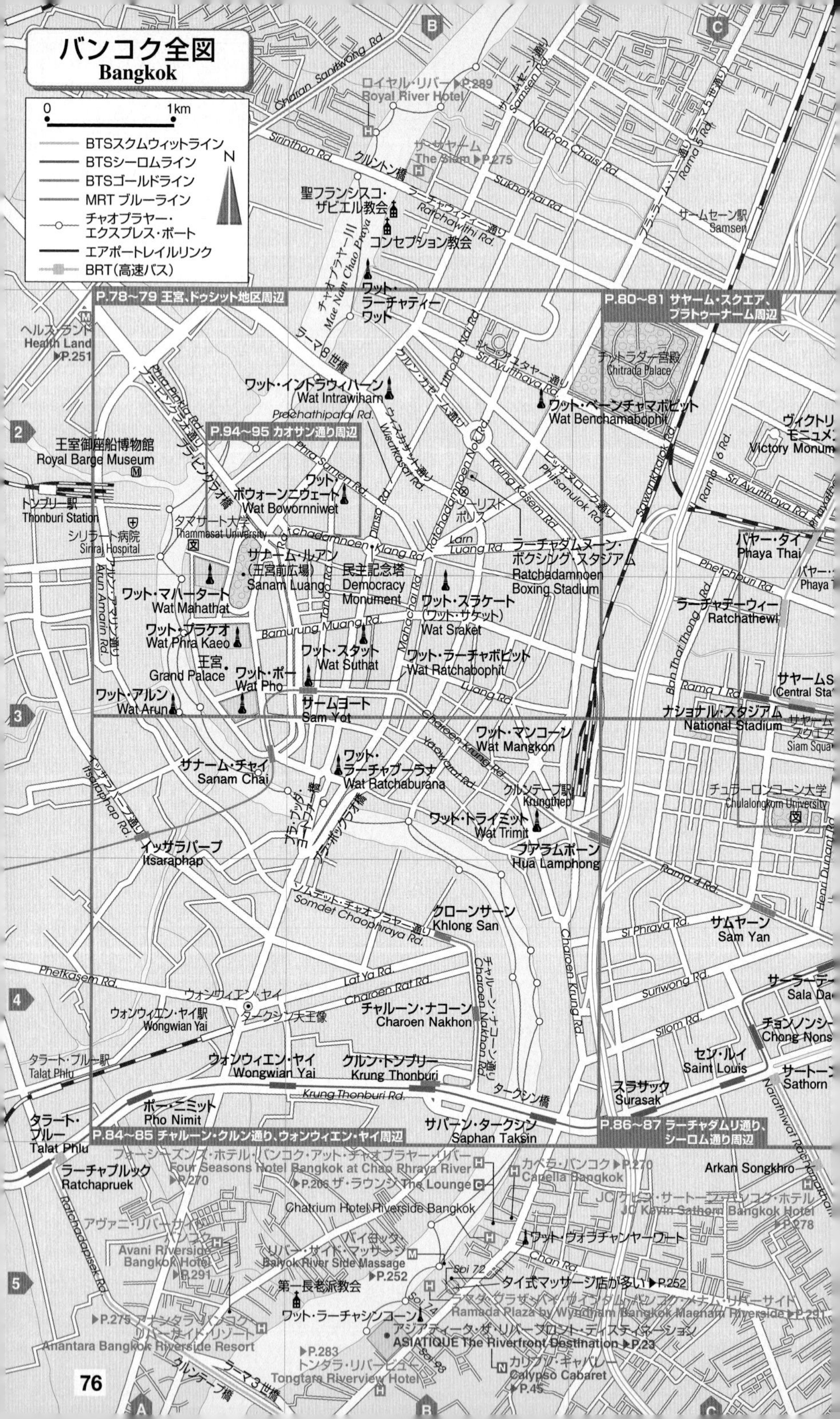

バンコク全図
Bangkok
0
1km
BTSスクムウィットライン
BTSシーロムライン
BTSゴールドライン
MRT ブルーライン
チャオプラヤー・
エクスプレス・ボート
エアポートレイルリンク
BRT(高速バス)
N
B
C
Charan Sanitwong Rd.
ロイヤル・リバー ▶P.289
Royal River Hotel
サームセーン通り
Samsen Rd.
Nakhon Chaisi Rd.
ラーマ5世通り
Rama 5 Rd.
Sirinthon Rd.
クルントン橋
ザ・サヤーム
The Siam ▶P.275
Sukhothai Rd.
聖フランシスコ・
ザビエル教会
ラーチャウィティー通り
Ratchawithi Rd.
サームセーン駅
Samsen
コンセプション教会
チャオプラヤー川
Mae Nam Chao Praya
ワット・
ラーチャティー
ワット
P.78～79 王宮、ドゥシット地区周辺
P.80～81 サヤーム・スクエア、
プラトゥーナーム周辺
ヘルス・ランド
Health Land
▶P.251
ラーマ8世橋
チットラダー宮殿
Chitrada Palace
Sri Ayutthaya Rd.
Uthong Nai Rd.
ワット・インドラウィハーン
Wat Intrawiharn
ワット・ベーンチャマボピット
Wat Benchamabophit
Phra Pinklao Rd.
プラ・ピンクラオ通り
Prachathipatai Rd.
ヴィクトリ
モニュメ
Victory Monum
2
王室御座船博物館
Royal Barge Museum
P.94～95 カオサン通り周辺
Phra Sumen Rd.
Wisutkasat Rd.
Ratchadamnoen Nok Rd.
Krung Kasem Rd.
Phitsanulok Rd.
Rama 6 Rd.
Sri Ayutthaya Rd.
ワット・
ボウォーンニウェート
Wat Bowornniwet
トンブリー駅
Thonburi Station
ツーリスト
ポリス
Sawankhalok Rd.
シリラート病院
Siriraj Hospital
タマサート大学
Thammasat University
Ratchadamnoen Klang Rd.
Larn Luang Rd.
ラーチャダムヌーン・
ボクシング・スタジアム
Ratchadamnoen
Boxing Stadium
パヤー・タイ
Phaya Thai
Phetchburi Rd.
サナーム・ルアン
(王宮前広場)
Sanam Luang
民主記念塔
Democracy
Monument
Arun Amarin Rd.
ワット・マハータート
Wat Mahathat
ワット・スラケート
(ワット・サケット)
Wat Sraket
ラーチャテーウィー
Ratchathewi
Tanao Rd.
Mahachai Rd.
Bamurung Muang Rd.
ワット・プラケオ
Wat Phra Kaeo
ワット・スタット
Wat Suthat
ワット・ラーチャボピット
Wat Ratchabophit
Ban That Thong Rd.
王宮
Grand Palace
ワット・ポー
Wat Pho
Luang Rd.
ワット・アルン
Wat Arun
サームヨート
Sam Yot
Rama 1 Rd.
サヤームS
(Central Sta
ナショナル・スタジアム
National Stadium
3
Charoen Krung Rd.
Yaowarat Rd.
ワット・マンコーン
Wat Mangkon
サヤーム
スクエア
Siam Squa
Itsaraphap Rd.
サナーム・チャイ
Sanam Chai
ワット・
ラーチャブーラナ
Wat Ratchaburana
クルンテープ駅
Krungthep
チュラーロンコーン大学
Chulalongkorn University
プラ・ポックラオ橋
ワット・トライミット
Wat Trimit
イッサラパープ
Itsaraphap
フアラムポーン
Hua Lamphong
Rama 4 Rd.
Henri Dunant Rd.
ソムデット・チャオプラヤー通り
Somdet Chaophraya Rd.
クローンサーン
Khlong San
Si Phraya Rd.
サムヤーン
Sam Yan
Phetkasem Rd.
Lat Ya Rd.
チャルーン・ナコーン通り
Charoen Nakhon Rd.
Charoen Krung Rd.
4
ウォンウィエン・ヤイ
Charoen Rat Rd.
Suriwong Rd.
サーラーデ
Sala Da
ウォンウィエン・ヤイ駅
Wongwian Yai
タークシン大王像
チャルーン・ナコーン
Charoen Nakhon
Silom Rd.
チョンノンシー
Chong Nons
タラート・プルー駅
Talat Phlu
ウォンウィエン・ヤイ
Wongwian Yai
クルン・トンブリー
Krung Thonburi
セン・ルイ
Saint Louis
サートーン
Sathorn
Krung Thonburi Rd.
タークシン橋
スラサック
Surasak
ポー・ニミット
Pho Nimit
タラート・
プルー
Talat Phlu
サパーン・タークシン
Saphan Taksin
P.84～85 チャルーン・クルン通り、ウォンウィエン・ヤイ周辺
P.86～87 ラーチャダムリ通り、
シーロム通り周辺
フォーシーズンズ・ホテル・バンコク・アット・チャオプラヤー・リバー
Four Seasons Hotel Bangkok at Chao Phraya River
▶P.270
カペラ・バンコク ▶P.270
Capella Bangkok
Arkan Songkhro
ラーチャプルック
Ratchapruek
▶P.206 ザ・ラウンジ The Lounge
Narathiwat Ratchanakharin Rd.
JC ケビン・サートーン・バンコク・ホテル
JC Kevin Sathorn Bangkok Hotel
▶P.278
Chatrium Hotel Riverside Bangkok
アヴァニ・リバーサイド・
バンコク
Avani Riverside
Bangkok Hotel
▶P.291
バイヨック・
リバー・サイド・マッサージ
Baiyok River Side Massage
▶P.252
ワット・ウォラチャンヤーワート
Ratchadapisek Rd.
Chan Rd.
Soi 72
5
第一長老派教会
タイ式マッサージ店が多い ▶P.252
ラマダ・プラザ・バイ・ウィンダム・バンコク・メナム・リバーサイド
Ramada Plaza by Wyndham Bangkok Maenam Riverside ▶P.291
Soi 74
ワット・ラーチャシンコーン
▶P.275 アナンタラ・バンコク・
リバーサイド・リゾート
Anantara Bangkok Riverside Resort
アジアティーク・ザ・リバーフロント・ディスティネーション
ASIATIQUE The Riverfront Destination ▶P.23
▶P.283
トンタラ・リバービュー
Tongtara Riverview Hotel
Soi 98
カリプソ・キャバレー
Calypso Cabaret
▶P.45
ラーマ3世橋
クルンテープ橋
A
B
C

スティサーン
Sutthisan
スティサーン・ウィニチャイ通り Suthisan Winitchai Rd.
The Sukhothai Palace ▶P.294
Craftsman Bangkok
ジョシュ Josh Hotel ▶P.283
Lhao Lhao Restaurant
バーン・プン・チョム ▶P.186
Baan Pueng Chom
A-One Ari
アーリー Ari
ジュブジュブ・カオマンカイ
Jub Jub Khaomankai
▶P.195
パホンヨーティン通り Phahonyothin Rd.
フアイクワーン
Huai Khwang
▶P.190
ソンブーン（支店）
SOMBOON SEAFOOD
スイスホテル・バンコク・ラチャダー ▶P.281
Swissôtel Bangkok Ratchada
▶P.294 パラッツォ
The Palazzo Bangkok
エメラルド The Emerald Hotel Bangkok ▶P.293
Hip Hotel
バンコク・チャダ Bangkok Cha-Da Hotel ▶P.294
P.82～83 ラチャダーピセーク通り、ラーマ9世通り周辺
サナーム・パオ
Sanam Pao
タイランド・カルチュラル・センター
Thailand Cultural Centre
Tiam Ruammit Rd.
Thailand Cultural Centre
Ratchadapisek Rd.
ラオス大使館
カンボジア大使館
戦勝記念塔
Victory Monument
Ratchaprarop Rd.
Din Daeng Rd.
日本人学校
Soi Japanese School
プラ・ラーム・ナイン
Phra Ram 9
P.90～91 サヤーム・スクエア、プラトゥーナーム周辺拡大図
Rama 9 Rd.
プラ・ラーム・ナイン（ラーマ９世）病院
Rama 9 Hospital
マッカサン駅
Makkasan
マッカサン
Makkasan
エアポートレイルリンク
Royal City Avenue
バンコク病院
Bangkok Hospital
▶P.186
カムキンスック
Kamkinsuk
ペッチャブリー
Phetchaburi
New Phetchburi Rd.
Asok Montri Rd. (Soi 21)
Soi 3 (Soi Nana Nua)
チットロム
Chit Lom
バムルンラード病院
Bamrungrad Hospital
セーンセーブ運河
Khlong Saen Saeb
クローンタン駅
Klong Tan
Royal Bangkok Sports Club
プルンチット
Phloen Chit
ナーナー
Nana
ラーチャダムリ
Ratchadamri
スクムウィット
Sukhumvit
Soi 55 (Soi Thong Lo)
Soi 63 (Soi Ekkamai)
Langsuan Rd.
Witthayu (Wireless) Rd.
Soi Ruamrudee
Soi 4
アソーク
Asok
サミティベート病院スクムビット
Samitivej Skuhumvit Hospital
Soi Sarasin
ルムピニー公園
Lumphinee Park
ベーンチャキティ公園
Bencakiti Park
ベーンチャシリ公園
Queen Sirikit Park
プロムポン
Phrom Phong
Ratchadapisek Rd.
Soi 16
Soi 22
Soi 24
Sukhumvit Rd.
Si Lom
ルムピニー
Lumphini
シリキット国際会議場
The Queen Sirikit National Convention Center
P.92～93 スクムウィット通り周辺拡大図
トンロー
Thong Lo
Sathorn Nua Rd.
Sathorn Tai Rd.
クロントゥーイ
Khlong Toei
クイーン・シリキット・センター
Queen Sirikit National Convention Centre
ジャスミン・リゾート
Jasmine Resort
▶P.286 Hotel
Soi 36
Soi 71
クロントゥーイ市場
Talat Khlongtoey
Rama 4 Rd.
エカマイ
Ekkamai
P.88～89 スクムウィット通り周辺
Yen Akart Rd.
Nang Linchi Rd.
プラカノン
Phra Khanong
Wマーケット
W Market
▶P.25
Technic Krungthep
Thanon Chan
チャオプラヤー川
Mae Nam Chao Praya
Rama 3 Rd.
D
E
F
1
2
3
4
5

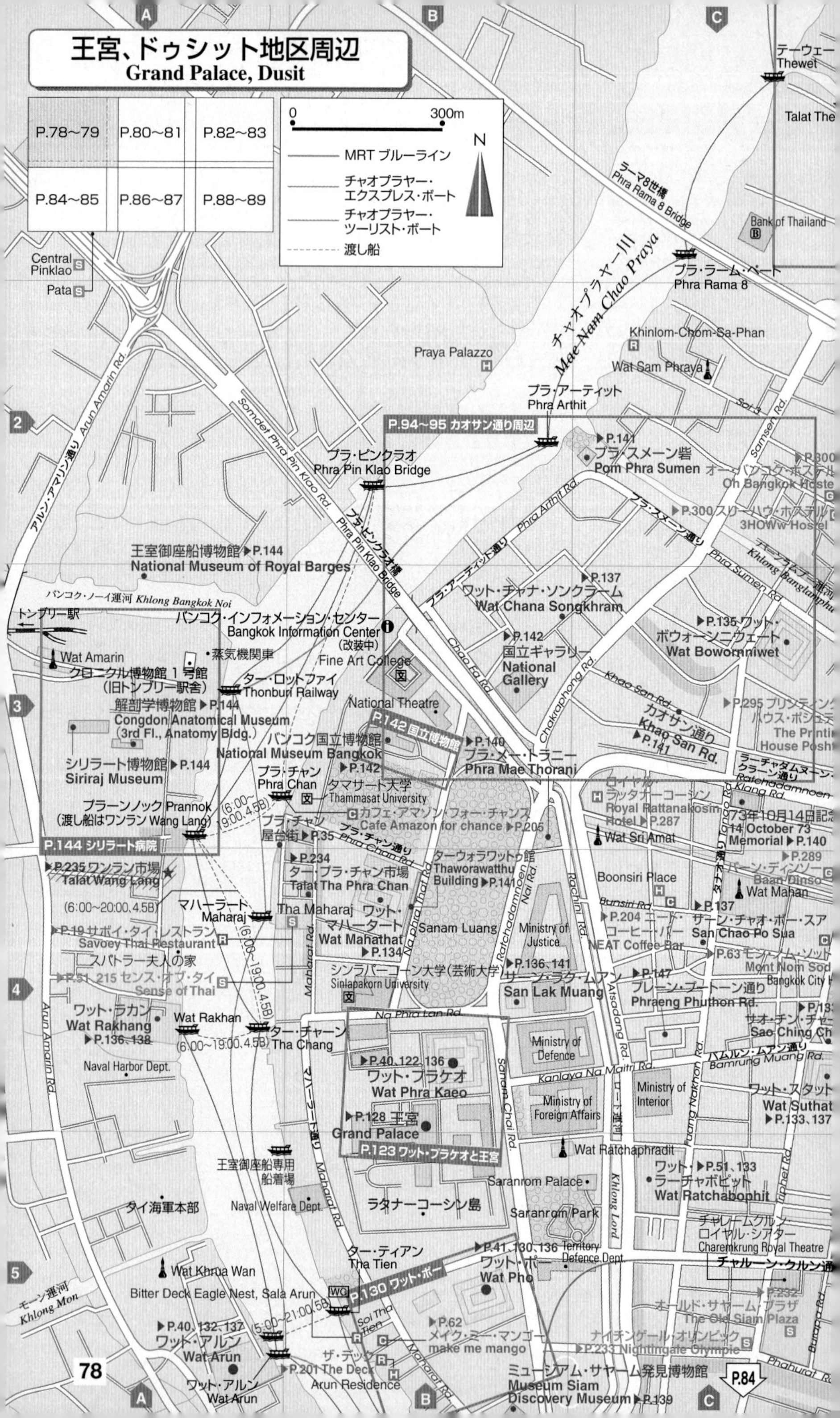
王宮、ドゥシット地区周辺
Grand Palace, Dusit
P.78～79
P.80～81
P.82～83
P.84～85
P.86～87
P.88～89
0
300m
MRT ブルーライン
チャオプラヤー・エクスプレス・ボート
チャオプラヤー・ツーリスト・ボート
渡し船
N
A
B
C
2
3
4
5
テーウェー
Thewet
Talat The
ラーマ8世橋
Phra Rama 8 Bridge
Bank of Thailand
プラ・ラーム・ペート
Phra Rama 8
チャオプラヤー川
Mae Nam Chao Praya
Khinlom-Chom-Sa-Phan
Wat Sam Phraya
Praya Palazzo
Central Pinklao
Pata
Arun Amarin Rd.
アルン・アマリン通り
Somdet Phra Pin Klao Rd.
Sol 3
Samsen Rd.
プラ・アーティット
Phra Arthit
P.94～95 カオサン通り周辺
P.141
プラ・スメーン砦
Pom Phra Sumen
P.300
オー・バンコク・ホステル
Oh Bangkok Hostel
P.300 スリー・ハウ・ホステル
3HOWw Hostel
プラ・ピンクラオ
Phra Pin Klao Bridge
Phra Arthit Rd.
プラ・アーティット通り
プラ・スメーン通り
Phra Sumen Rd.
Khlong Banglamphu
プラ・ピンクラオ橋
Phra Pin Klao Bridge
王室御座船博物館 P.144
National Museum of Royal Barges
バンコク・ノーイ運河 Khlong Bangkok Noi
P.137
ワット・チャナ・ソンクラーム
Wat Chana Songkhram
P.135 ワット・ボウォーンニウェート
Wat Bowornniwet
トンブリー駅
バンコク・インフォメーション・センター
Bangkok Information Center
（改装中）
Wat Amarin
蒸気機関車
クロニクル博物館1号館
（旧トンブリー駅舎）
Fine Art College
P.142
国立ギャラリー
National Gallery
Chao Fa Rd.
Chakraphong Rd.
Khao San Rd.
カオサン通り
Khao San Rd.
P.141
ター・ロットファイ
Thonburi Railway
解剖学博物館 P.144
Congdon Anatomical Museum
（3rd Fl., Anatomy Bldg.）
National Theatre
P.295 プリンティング・ハウス・ポシュテル
The Printing House Poshtel
P.142 国立博物館
P.140
プラ・メー・トラニー
Phra Mae Thorani
シリラート博物館 P.144
Siriraj Museum
バンコク国立博物館
National Museum Bangkok
P.142
ラーチャダムヌーン・クラーン通り
Ratchadamnoen Klang Rd.
プラ・チャン
Phra Chan
タマサート大学
Thammasat University
ロイヤル・ラッタナーコーシン
Royal Rattanakosin Hotel P.287
プラーンノック Prannok
（渡し船はワンラン Wang Lang）
(6:00～19:00, 4.5B)
カフェ・アマゾン・フォー・チャンス
Cafe Amazon for chance P.205
73年10月14日記念碑
14 October 73 Memorial P.140
P.144 シリラート病院
プラ・チャン屋台街 P.35
プラ・チャン通り
Phra Chan Rd.
Wat Sri Amat
P.289
バーン・ディンソー
Baan Dinso
P.235 ワンラン市場
Talat Wang Lang
P.234
ター・プラ・チャン市場
Talat Tha Phra Chan
ターウォラワットゥ館
Thaworawatthu Building P.141
Boonsiri Place
Wat Mahan
(6:00～20:00, 4.5B)
マハーラート
Maharaj
Tha Maharaj
ワット・マハータート
Wat Mahathat
P.134
Na Phra That Rd.
Ratchadamnoen Nai Rd.
Rachini Rd.
Bunsiri Rd.
P.137
P.204 ニート・コーヒー・バー
NEAT Coffee Bar
サーン・チャオ・ポー・スア
San Chao Po Sua
P.19 サボイ・タイ・レストラン
Savoey Thai Restaurant
Sanam Luang
Ministry of Justice
P.63 モンノム・ソット
Mont Nom Sod
Bangkok City
スパトラー夫人の家
P.51、215 センス・オブ・タイ
Sense of Thai
(6:00～19:00, 4.5B)
Maharat Rd.
シンラパコーン大学（芸術大学）
Silpakorn University
P.136、141
サーン・ラク・ムアン
San Lak Muang
P.147
プレーン・プートーン通り
Phraeng Phuthon Rd.
Atsadang Rd.
ワット・ラカン
Wat Rakhang
P.136、138
Wat Rakhan
(6:00～19:00, 4.5B)
ター・チャーン
Tha Chang
Na Phra Lan Rd.
Ministry of Defence
サオ・チン・チャー
Sao Ching Cha
バムルン・ムアン通り
Bamrung Muang Rd.
Naval Harbor Dept.
P.40、122、136
ワット・プラケオ
Wat Phra Kaeo
Kanlaya Na Maitri Rd.
Ministry of Interior
Ministry of Foreign Affairs
ワット・スタット
Wat Suthat
P.133、137
P.128 王宮
Grand Palace
P.123 ワット・プラケオと王宮
Sanam Chai Rd.
マハーラート通り
Wat Ratchaphradit
ロード運河
Fuang Nakhon Rd.
王室御座船専用船着場
ワット・ラーチャボピット P.51、133
Wat Ratchabophit
Saranrom Palace
タイ海軍本部
Naval Welfare Dept.
ラタナーコーシン島
Saranrom Park
Khlong Lord
Tanao Rd.
タナオ通り
Tiphet Rd.
チャレームクルン・ロイヤル・シアター
Charemkrung Royal Theatre
ター・ティアン
Tha Tien
P.41、130、136
ワット・ポー
Wat Pho
Territory Defence Dept.
チャルーン・クルン通り
Wat Khrua Wan
モーン運河
Khlong Mon
Bitter Deck Eagle Nest, Sala Arun
P.130 ワット・ポー
(5:00～21:00, 5B)
Sol Tha Tien
P.232
オールド・サヤーム・プラザ
The Old Siam Plaza
P.40、132、137
ワット・アルン
Wat Arun
P.62
メイク・ミー・マンゴー
make me mango
ナイチンゲール・オリンピック
P.233 Nightingale Olympic
Buphaphan Rd.
Phahurat Rd.
ザ・デッキ
P.201 The Deck
Arun Residence
ワット・アルン
Wat Arun
Maharat Rd.
ミュージアム・サヤーム発見博物館
Museum Siam Discovery Museum P.139
P.84

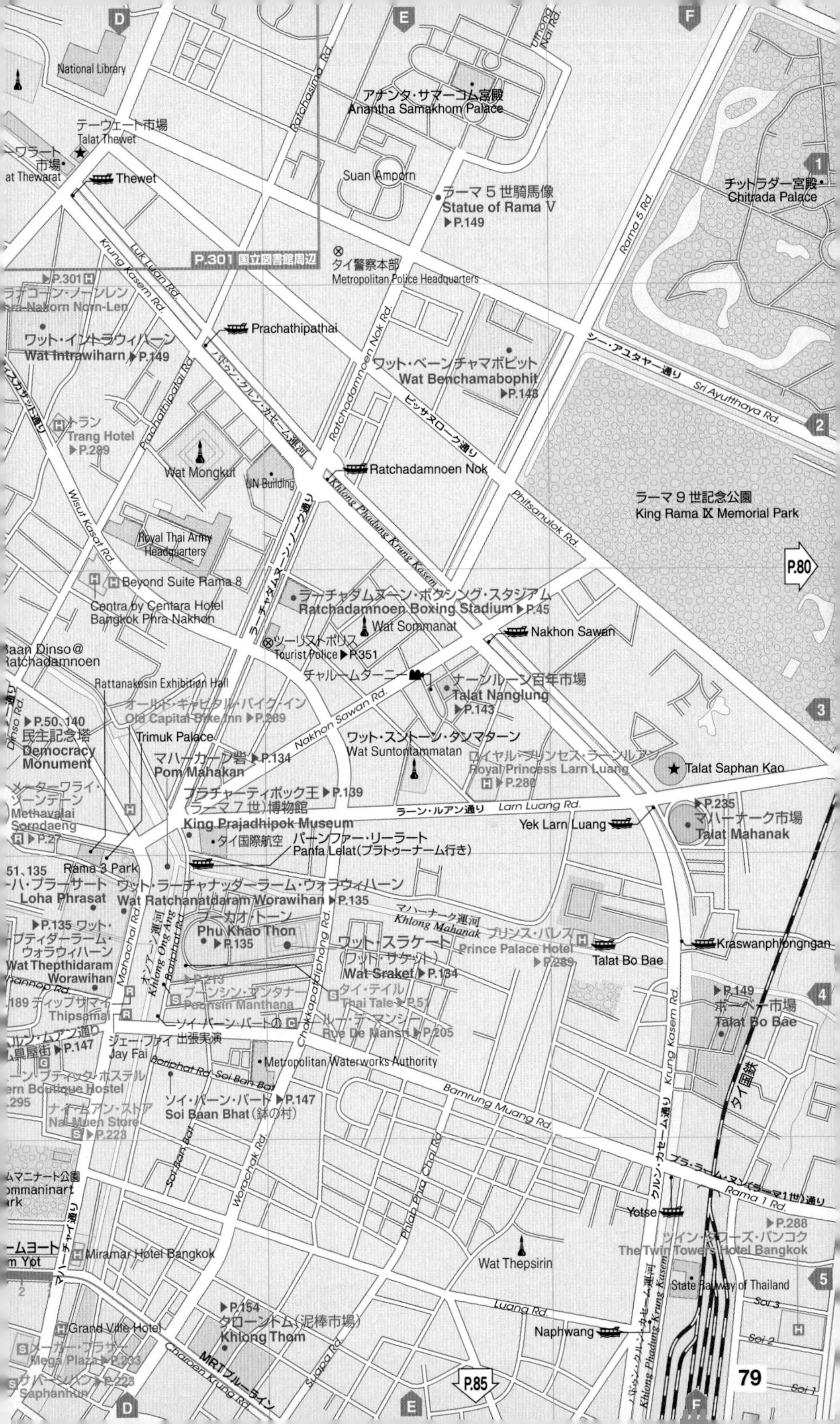

D
E
F
National Library
アナンタ・サマーコム宮殿
Anantha Samakhom Palace
テーウェート市場
Talat Thewet
Thewet
Suan Amporn
ラーマ５世騎馬像
Statue of Rama V
▶P.149
チットラダー宮殿
Chitrada Palace
P.301 国立図書館周辺
タイ警察本部
Metropolitan Police Headquarters
▶P.301
Prachathipathai
ワット・イントラウィハーン
Wat Intrawiharn ▶P.149
ワット・ベーンチャマボピット
Wat Benchamabophit
▶P.148
シー・アユタヤー通り
Sri Ayutthaya Rd.
Rama 5 Rd.
Krung Kasem Rd.
Luk Luan Rd.
Ratchasima Rd.
Ratchadamnoen Nok Rd.
Prachathipatai Rd.
Wisut Kasat Rd.
Phitsanulok Rd.
ピッサヌローク通り
トラン
Trang Hotel
▶P.289
Wat Mongkut
UN Building
Ratchadamnoen Nok
Khlong Phadung Krung Kasem
ラーマ９世記念公園
King Rama IX Memorial Park
P.80
Royal Thai Army Headquarters
Beyond Suite Rama 8
Centra by Centara Hotel Bangkok Phra Nakhon
ラーチャダムヌーン・ボクシング・スタジアム
Ratchadamnoen Boxing Stadium ▶P.45
Wat Sommanat
Nakhon Sawan
Baan Dinso@ Ratchadamnoen
ツーリストポリス
Tourist Police ▶P.351
チャルームターニー
ナーンルーン百年市場
Talat Nanglung
▶P.143
Rattanakosin Exhibition Hall
オールド・キャピタル・バイク・イン
Old Capital Bike Inn ▶P.289
Nakhon Sawan Rd.
▶P.50、140
民主記念塔
Democracy Monument
Trimuk Palace
マハーカーン砦 ▶P.134
Pom Mahakan
ワット・スントーン・タンマターン
Wat Suntontammatan
ロイヤル・プリンセス・ラーンルアン
Royal Princess Larn Luang
▶P.280
Talat Saphan Kao
プラチャーティポック王 ▶P.139
（ラーマ７世）博物館
King Prajadhipok Museum
ラーン・ルアン通り Larn Luang Rd.
▶P.235
マハーナーク市場
Talat Mahanak
Yek Larn Luang
Methavalai Sorndaeng
タイ国際航空
パーンファー・リーラート
Panfa Lelat（プラトゥーナーム行き）
Rama 3 Park
ワット・ラーチャナッダーラーム・ウォラウィハーン
Loha Phrasat
Wat Ratchanatdaram Worawihan ▶P.135
プーカオ・トーン
Phu Khao Thon ▶P.135
マハーナーク運河
Khlong Mahanak
プリンス・パレス
Prince Palace Hotel
▶P.289
Talat Bo Bae
Kraswanphlongngan
ワット・スラケート
（ワット・サケット）
Wat Sraket ▶P.134
▶P.135 ワット・テープティダーラーム・ウォラウィハーン
Wat Thepthidaram Worawihan
Mahachai Rd.
Khlong Ong Ang
Boriphat Rd.
Chakkapatdiphong Rd.
▶P.213
プーンシン・マンタナー
Poonsin Manthana
タイ・テイル
Thai Tale ▶P.51
▶P.149
ボーベー市場
Talat Bo Bae
Thipsamai
ソイ・バーン・バートの出張実演
ルー・デ・マンシー
Rue De Mansri ▶P.205
ジェー・ファイ
Jay Fai
▶P.147
Metropolitan Waterworks Authority
Boriphat Rd. Soi Ban Bat
Krung Kasem Rd.
ソイ・バーン・バート ▶P.147
Soi Baan Bhat（鉢の村）
ナイ・ムアン・ストア
Nai-Muen Store
▶P.223
Bamrung Muang Rd.
タイ国鉄
クルン・カセーム通り
Soi Ban Bat
Woracha Rd.
Phlab Phla Chai Rd.
プラ・ラーム・ヌン（ラーマ１世）通り
Rama 1 Rd.
Yotse
マハーチャイ通り
Miramar Hotel Bangkok
Wat Thepsirin
▶P.288
ツイン・タワーズ・バンコク
The Twin Towers Hotel Bangkok
State Railway of Thailand
Luang Rd.
▶P.154
クローントム（泥棒市場）
Khlong Thom
Grand Ville Hotel
メーガー・プラザ
Mega Plaza ▶P.223
サパーンハン ▶P.223
Saphanhun
MRTブルーライン
Charoen Krung Rd.
Suapa Rd.
P.85
Naphwang
Soi 3
Soi 2
Soi 1
1
2
3
4
5

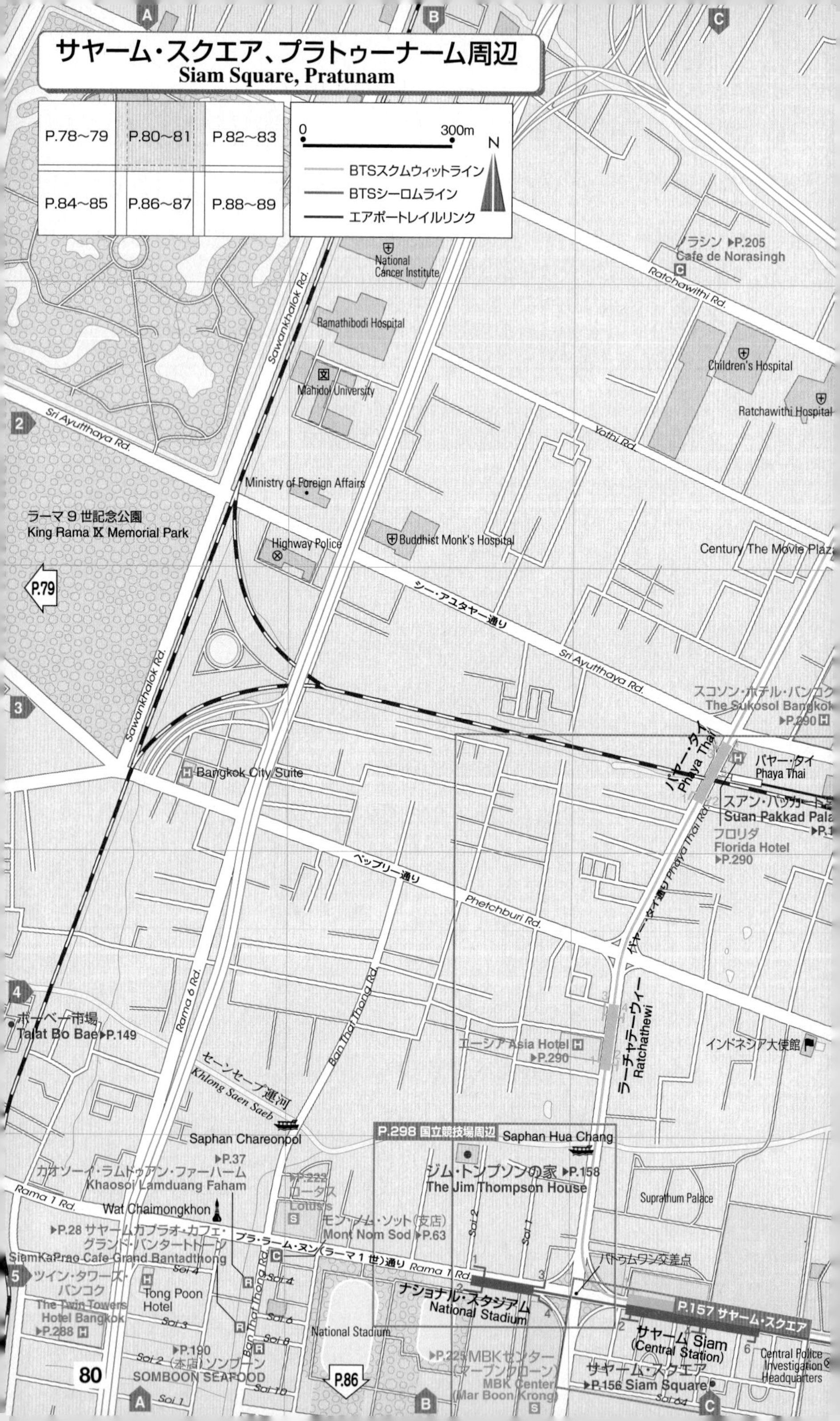
サヤーム・スクエア、プラトゥーナーム周辺
Siam Square, Pratunam
P.78~79
P.80~81
P.82~83
P.84~85
P.86~87
P.88~89
0
300m
N
BTSスクムウィットライン
BTSシーロムライン
エアポートレイルリンク
National Cancer Institute
ノラシン ▶P.205
Cafe de Norasingh
Ratchawithi Rd.
Ramathibodi Hospital
Sawankhalok Rd.
Children's Hospital
Mahidol University
Ratchawithi Hospital
Sri Ayutthaya Rd.
Yothi Rd.
Ministry of Foreign Affairs
ラーマ９世記念公園
King Rama Ⅸ Memorial Park
Highway Police
Buddhist Monk's Hospital
Century The Movie Plaz
P.79
シー・アユタヤー通り
Sri Ayutthaya Rd.
スコソン・ホテル・バンコク
The Sukosol Bangkok
▶P.290
パヤー・タイ
Phaya Thai
Bangkok City Suite
スアン・パッカード
Suan Pakkad Pala
フロリダ
Florida Hotel
▶P.290
ペッブリー通り
Phetchburi Rd.
パヤー・タイ通り Phaya Thai Rd.
ラーチャテーウィー
Ratchathewi
Rama 6 Rd.
Ban That Thong Rd.
ボーベー市場
Talat Bo Bae ▶P.149
エーシア Asia Hotel
▶P.290
インドネシア大使館
センセープ運河
Khlong Saen Saeb
Saphan Chareonpol
P.298 国立競技場周辺
Saphan Hua Chang
▶P.37
カオソーイ・ラムドゥアン・ファーハーム
Khaosoi Lamduang Faham
ジム・トンプソンの家 ▶P.158
The Jim Thompson House
Rama 1 Rd.
▶P.223
ロータス
Lotus's
Suprathum Palace
Wat Chaimongkhon
モン・ノム・ソット（支店）
Mont Nom Sod ▶P.63
▶P.28 サヤームカプラオ・カフェ・グランド・バンタートーン
SiamKaPrao Cafe Grand Bantadthong
プラ・ラーム・ヌン（ラーマ１世）通り
Rama 1 Rd.
Soi 2
Soi 1
パトゥムワン交差点
ツイン・タワーズ・バンコク
The Twin Towers Hotel Bangkok
▶P.288
Tong Poon Hotel
ナショナル・スタジアム
National Stadium
P.157 サヤーム・スクエア
National Stadium
サヤーム Siam
(Central Station)
▶P.190
（本店）ソンブーン
SOMBOON SEAFOOD
▶P.225 MBKセンター
（マーブンクローン）
MBK Center
(Mar Boon Krong)
サヤーム・スクエア
▶P.156 Siam Square
Central Police Investigation Headquarters
P.86
Sol 4
Sol 3
Sol 2
Sol 1
Sol 4
Sol 6
Sol 8
Sol 10
Soi 64

サナーム・パオ
Sanam Pao
パホンヨーティン通り
Phaholyothin Rd.
BTSスクムウィットライン
ドーン・ムアン国際空港行きA2バス乗り場
ラーン・ルア・トーン
Raan Rua Thong ▶P.192
戦勝記念塔 ▶P.169
Victory Monument
Victory Mall
Center One
サクソフォーン
Saxophone ▶P.258
ヴィクトリー・モニュメント
Victory Monument
サンティパープ公園
Santiphap Park
センチュリー・パーク
Century Park Hotel
▶P.288
▶P.223
キングパワー・
デューティーフリー・ショップ
King Power Duty Free Shop
シーズンズ・サヤーム
Seasons Siam Hotel
▶P.290
ングパワー・
ンプレックス
g Power Complex
Rangnam Rd.
ピクニック・ホテル・バンコク
Picnic Hotel Bangkok
▶P.287
ルマン・バンコク・キングパワー
llman Bangkok King Power ▶P.278
ラーチャプラーロップ通り
Ratchaprarop Rd.
Soi Santisuk
Soi Atthawimon
ディンデーン通り
Din Daeng Rd.
Din Daeng Rd.
Thai-Japan Youth
Center, Stadium
P.82
P.90～91 サヤーム・スクエア、プラトゥーナーム周辺拡大図
Phayathai Hospital
ラーチャプラーロップ
Ratchaprarop
マッカサン駅
Makkasan
バイヨック・スカイ
（バイヨック2）
Baiyoke Sky Hotel
▶P.281
▶P.286
インドラ・リージェント
Indra Regent Hotel
Eastin Hotel Makkasan
Soi Watthanawong
Soi Watthanasin
エアポートレイルリンク
Nikhom Makkasan Rd.
タイ国鉄
バンコク・パレス ▶P.282
Bangkok Palace Hotel
ラマダ・バイ・ウインダム・D'ma・バンコク
Ramada by Wyndham D'ma Bangkok
▶P.281
▶P.281
アマリ・ウォーターゲート・バンコク
Amari Watergate Bangkok
Soi 15
Soi 17
Soi 19
Soi 21
Soi 31
プラトゥーナーム交差点
パラディウム・ワールド・ショッピング
The Palladium World Shopping ▶P.280
EC Trade
enter
プラティナム・ファッションモール
The Platinum Fashionmall ▶P.229
New Phetchburi Rd.
ペッブリー・タットマイ通り
Platunam
Chit Lom
Wireless(Witthayu)
Nana Nua
▶P.48
プラ・ピッカネート
Phra Phikkhanet
バンコク・シティー・イン
Bangkok City Inn ▶P.290
プラ・マハー・ウマー・テーウィー
Phra Maha Uma Devi ▶P.49
プラ・トリームールティ
Phra Trimruti ▶P.48
▶P.228
ントラルワールド
CentralWorld
▶P.279
アノーマー・グランド Arnoma Grand Hotel
ラーチャダムリ通り
Ratchadamri Rd.
Soi 34
ウィッタユ（ワイヤレス）通り
Witthayu (Wireless) Rd.
▶P.352
バムルンラード病院
Bamrungrad Hospital
Soi 3 (Soi Nana Nua)
Soi 1
ntral@CentralWorld
InterContinental Bangkok
プラ・ナーラーイ ▶P.49
Phra Narai
▶P.228
ゲイソーン Gaysorn
ホリデイ・イン・バンコク
Holiday Inn Bangkok ▶P.277
スイス
大使館
ラ・メー・ラクサミー
hra Me Lakshmi
▶P.49
チットロム
Chit Lom
セントラル
Central ▶P.229
▶P.49
プラ・イン Phra Indra
P.87

ラチャダーピセーク通り、ラーマ9世通り周辺
Ratchadapisek Rd., Rama 9 Rd.
P.78～79
P.80～81
P.82～83
P.84～85
P.86～87
P.88～89
0
300m
N
MRTブルーライン
エアポートレイルリンク
Chanmuang Rd.
タイランド・カルチュラル・センター
Thailand Cultural Cent
ザ・ワン・ラチャダー
The One Ratchada
▶P.24
エスプラナード
Esplanade
▶P.230
ラチャダーピセーク通り
Ratchadapisek Rd.
Soi 6
中華人民共和国大使館
Soi China Embassy
P.81
▶P.294
セントリック・プレイス
The Centric Place
アソーク・ディンデーン通り
Sol 2
Soi Phopun
Soi U-Charoen
Soi Talad
Lotus's
フォーチューン・タウン
▶P.232 Fortune Town
プラ・ラーム・ナイン
Phra Ram 9
グランド・フォーチュン・バンコク
Grand Fortune Hotel Bangkok
▶P.293
Asok Din Daeng Rd.
チョート・フェー（ジョッド・フェアズ）
Jodd Fairs ▶P.22、168
プラ・ラーム・カーオ（ラーマ9世）通り
Central Plaza Rama 9
Soi Thawimit
Phra Rama 9 Hospital
エアポートレイルリンク
マッカサン
Makkasan
Don Bosco Technical Schook
Phetchburi Rd.
FX ホテル・メトロリンク・マッカサン
FX Hotel Metrolink Makkasan
▶P.294
タイ国政府観光庁本部
TAT
St. Dominic School
ペッチャブリー
Phetchaburi
ペップリー・タットマイ通り
Nana Nua
Nana Chard
Asok
Singha Complex
Wat Uthaitharan
Prasan Mit
バムルンラード病院 ▶P.352
Bamrungrad Hospital
グランド・メルキュール・バンコク・アトリウム
Grand Mercure Bangkok Atrium
▶P.294
Soi 3 (Soi Nana Nua)
Soi 13
Soi 15
アソーク・モントリー通り
Asok Montri Rd. (Soi 21)
シーナカリン・ウィロート大学
▶P.34
タラート・ルワムサップ
Talat Ruamsap
P.88
A
B
C
2
3
4
5

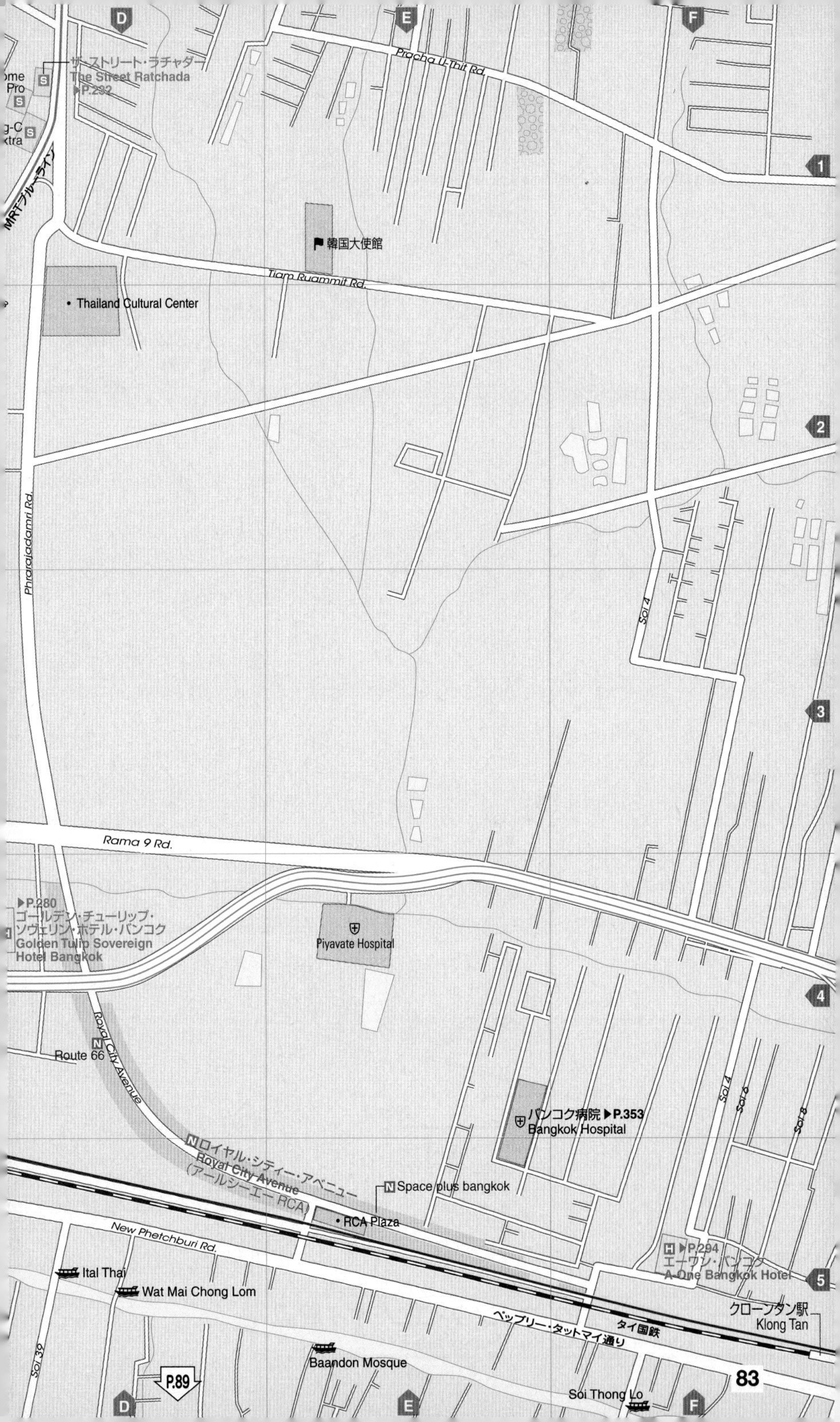

ザ・ストリート・ラチャダー
The Street Ratchada
▶P.232
MRTブルーライン
Pracha U-Thit Rd.
韓国大使館
Tiam Ruammit Rd.
Thailand Cultural Center
Phrarajadamri Rd.
Soi 4
Rama 9 Rd.
▶P.280
ゴールデン・チューリップ・ソヴェリン・ホテル・バンコク
Golden Tulip Sovereign Hotel Bangkok
Piyavate Hospital
Route 66
Royal City Avenue
バンコク病院 ▶P.353
Bangkok Hospital
Soi 6
Soi 8
ロイヤル・シティー・アベニュー
Royal City Avenue
(アールシーエー RCA)
Space plus bangkok
RCA Plaza
New Phetchburi Rd.
▶P.294
エーワン・バンコク
A-One Bangkok Hotel
Ital Thai
Wat Mai Chong Lom
ペッブリー・タットマイ通り
タイ国鉄
クローンタン駅
Klong Tan
Soi 39
Baandon Mosque
P.89
Soi Thong Lo

チャルーン・クルン通り、ウォンウィエン・ヤイ周辺
Charoen Krung Rd.,Wongwian Yai

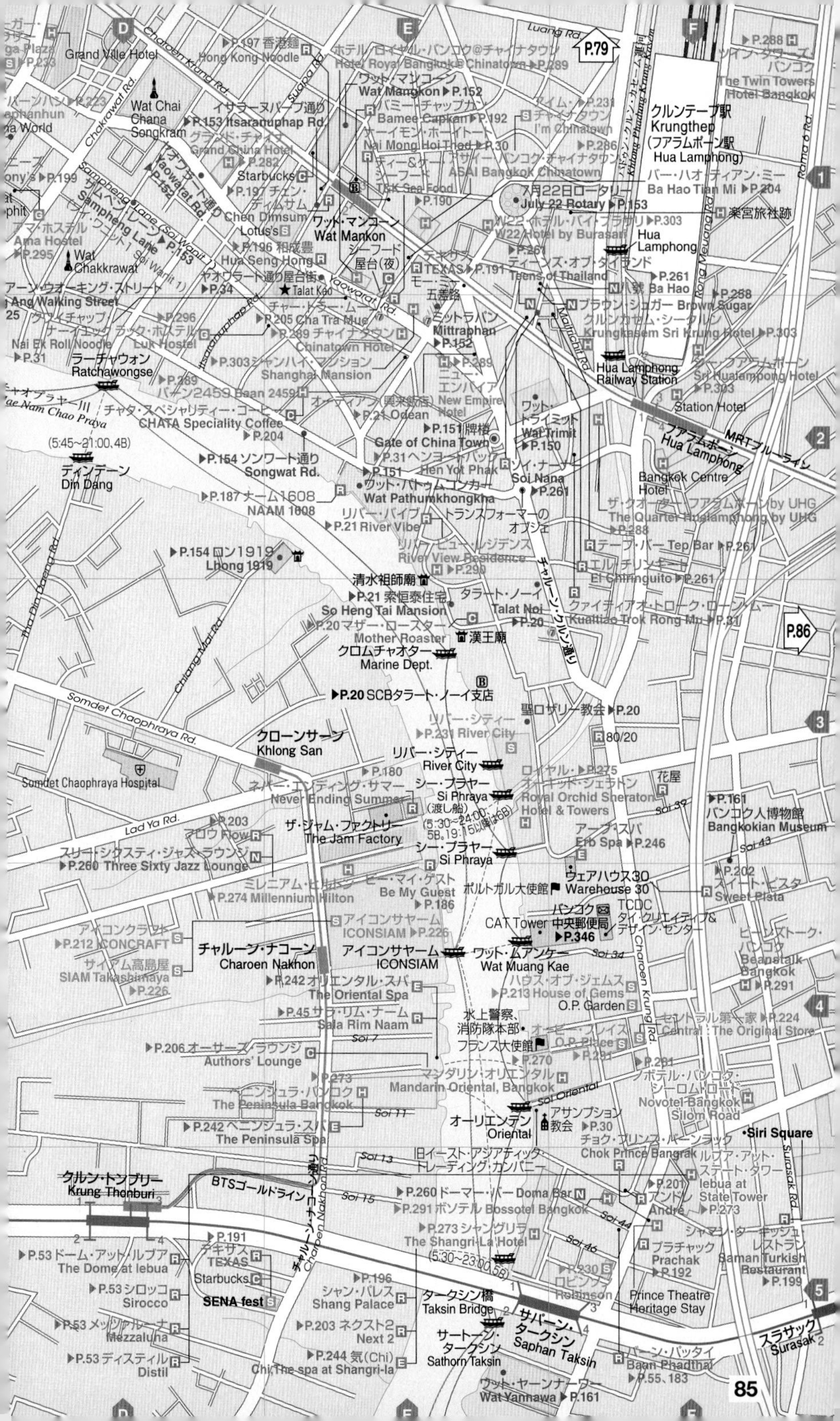

Grand Ville Hotel
▶P.197 香港麺
Hong Kong Noodle
ホテル・ロイヤル・バンコク@チャイナタウン
Hotel Royal Bangkok@Chinatown ▶P.289
P.79
Luang Rd.
▶P.288
ツイン・タワーズ・バンコク
The Twin Towers Hotel Bangkok
Charoen Krung Rd.
Chakrawat Rd.
Wat Chai Chana Songkram
Suapa Rd.
ワット・マンコーン
Wat Mangkon ▶P.152
バミー・チャップカン
Bamee Capkan ▶P.192
イサラーヌパープ通り
▶P.153 Itsaranuphap Rd.
グランド・チャイナ
Grand China Hotel
ナイモン・ホーイトート
Nai Mong Hoi Thod ▶P.30
タイム・イン・チャイナタウン
I'm Chinatown
▶P.231
▶P.286
クルンテープ駅
Krungthep
(ファラムポーン駅
Hua Lamphong)
Khlong Phadung Krung Kasem
Rama 6 Rd.
アサイ・バンコク・チャイナタウン
ASAI Bangkok Chinatown
ティー&ケー・シーフード
T&K Sea Food
ヤオワラート通り
Yaowarat Rd.
▶P.282
Starbucks
▶P.152
▶P.199
サムペン・レーン
Sampheng Lane (Soi Wanit 1)
▶P.197 チェン・ディムサム
Chen Dimsum
Lotus's
▶P.190
7月22日ロータリー
July 22 Rotary ▶P.153
バー・ハオ・ティアン・ミー
Ba Hao Tian Mi ▶P.204
楽宮旅社跡
▶P.303
W22・ホテル・バイ・ブラサリ
W22 Hotel by Burasari
Hua Lamphong
アマ・ホステル
Ama Hostel
▶P.295
Wat Chakkrawat
▶P.153
▶P.196 和成豊
Hua Seng Hong
ワット・マンコーン
Wat Mankon
シーフード屋台(夜)
テキサス
TEXAS ▶P.191
▶P.261
ティーンズ・オブ・タイランド
Teens of Thailand
ヤオワラート通り屋台街
▶P.34
Talat Kao
モー・ミア五差路
▶P.261
八號 Ba Hao
▶P.258
ブラウン・シュガー Brown Sugar
クルンカセム・シークルン
Krungkasem Sri Krung Hotel ▶P.303
ソーン・ウォーキング・ストリート
Ang Walking Street
クワイチャップ・ナーイエック
Nai Ek Roll Noodle
▶P.31
▶P.296
ラック・ホステル
Luk Hostel
チャー・トラー・ムー
▶P.205 Cha Tra Mue
▶P.289 チャイナタウン
Chinatown Hotel
ミットラパン
Mittraphan
▶P.152
Maitrichit Rd.
Hua Lamphong Railway Station
▶P.289
ニュー・エンパイア
New Empire Hotel
シー・ファラムポーン
Sri Hualampong Hotel
▶P.303
Station Hotel
ラーチャウォン
Ratchawongse
Itsaranuphap Rd.
▶P.303 シャンハイ・マンション
Shanghai Mansion
▶P.289
バーン2459 Baan 2459
チャオプラヤー川
Mae Nam Chao Praya
チャタ・スペシャリティー・コーヒー
CHATA Speciality Coffee
▶P.204
オーディアン(奥迪安)
▶P.21 Odean
▶P.151 牌楼
Gate of China Town
ワット・トライミット
Wat Trimit
▶P.150
ファラムポーン
Hua Lamphong
MRTブルーライン
(5:45~21:00、4B)
ディンデーン
Din Dang
▶P.154 ソンワート通り
Songwat Rd.
▶P.31 ヘンヨート・パック
Hen Yot Phak
ソイ・ナーナー
Soi Nana ▶P.261
Bangkok Centre Hotel
▶P.151
ワット・パトゥムコンカー
Wat Pathumkhongkha
▶P.187 ナーム1608
NAAM 1608
リバー・バイブ
▶P.21 River Vibe
トランスフォーマーのオブジェ
ザ・クオーター・ファラムポーン by UHG
The Quarter Hualamphong by UHG
▶P.288
Tha Din Daeng Rd.
▶P.154 ロン1919
Lhong 1919
リバー・ビュー・レジデンス
River View Residence
▶P.290
テープ・バー Tep Bar ▶P.261
エル・チリンギート
El Chiringuito ▶P.261
清水祖師廟
▶P.21 索恒泰住宅
So Heng Tai Mansion
タラート・ノーイ
Talat Noi
▶P.20
クァイティアオ・トローク・ローン・ムー
Kualtiao Trok Rong Mu ▶P.31
P.86
▶P.20 マザー・ロースター
Mother Roaster
漢王廟
クロムチャオター
Marine Dept.
チャルーン・クルン通り
Chiang Mai Rd.
▶P.20 SCBタラート・ノーイ支店
聖ロザリー教会 ▶P.20
Somdet Chaophraya Rd.
リバー・シティー
▶P.231 River City
80/20
クローンサーン
Khlong San
リバー・シティー
River City
Somdet Chaophraya Hospital
▶P.180
ネバー・エンディング・サマー
Never Ending Summer
シー・プラヤー
Si Phraya
(渡し船)
(5:30~24:00、5B、19:15以降は6B)
ロイヤル・オーキッド・シェラトン
Royal Orchid Sheraton Hotel & Towers
▶P.275
花屋
▶P.161
バンコク人博物館
Bangkokian Museum
Lad Ya Rd.
▶P.203
フロウ Flow
ザ・ジャム・ファクトリー
The Jam Factory
アーブ・スパ
Erb Spa ▶P.246
スリー・シクスティ・ジャズ・ラウンジ
▶P.260 Three Sixty Jazz Lounge
シー・プラヤー
Si Phraya
ウェアハウス30
Warehouse 30
▶P.202
スイート・ピスタ
Sweet Pista
ミレニアム・ヒルトン
▶P.274 Millennium Hilton
ビー・マイ・ゲスト
Be My Guest
▶P.186
ポルトガル大使館
TCDC
タイ・クリエイティブ&デザイン・センター
アイコンサヤーム
ICONSIAM ▶P.226
バンコク中央郵便局
CAT Tower
▶P.346
アイコンクラフト
▶P.212 ICONCRAFT
チャルーン・ナコーン
Charoen Nakhon
アイコンサヤーム
ICONSIAM
ワット・ムアンケー
Wat Muang Kae
ビーンズトーク・バンコク
Beanstalk Bangkok
▶P.291
サイアム高島屋
SIAM Takashimaya
▶P.226
▶P.242 オリエンタル・スパ
The Oriental Spa
ハウス・オブ・ジェムス
▶P.213 House of Gems
O.P. Garden
Charoen Krung Rd.
▶P.45 サラ・リム・ナーム
Sala Rim Naam
水上警察、消防隊本部
フランス大使館
オー・ピー・プレイス
O.P. Place
セントラル第一家
Central : The Original Store
▶P.224
▶P.206 オーサーズ・ラウンジ
Authors' Lounge
▶P.270
▶P.291
▶P.291
▶P.273
マンダリン・オリエンタル
Mandarin Oriental, Bangkok
ノボテル・バンコク・シーロムロード
Novotel Bangkok Silom Road
ペニンシュラ・バンコク
The Peninsula Bangkok
Soi Oriental
アサンプション教会
▶P.30
オーリエンテン
Oriental
▶P.242 ペニンシュラ・スパ
The Peninsula Spa
チョク・プリンス・バーンラック
Chok Prince Bangrak
•Siri Square
旧イースト・アジアティック・トレーディング・カンパニー
ルブア・アット・ステート・タワー
lebua at State Tower
▶P.273
クルン・トンブリー
Krung Thonburi
BTSゴールドライン
▶P.260 ドーマー・バー Doma Bar
▶P.201
アンドレ
Andre
▶P.291 ボンテル Bossotel Bangkok
Surasak Rd.
チャルーン・ナコーン通り
Charoen Nakhon Rd.
▶P.273 シャングリラ
The Shangri-La Hotel
シャマン・ターキッシュ・レストラン
Saman Turkish Restaurant
▶P.199
▶P.53 ドーム・アット・ルブア
The Dome at lebua
▶P.191
テキサス
TEXAS
(5:30~23:00、5B)
プラチャック
Prachak
▶P.192
Starbucks
▶P.230
ロビンソン
Robinson
▶P.53 シロッコ
Sirocco
SENA fest
▶P.196
シャン・パレス
Shang Palace
タークシン橋
Taksin Bridge
Prince Theatre Heritage Stay
▶P.53 メッツァルーナ
Mezzaluna
▶P.203 ネクスト2
Next 2
サートーン・タークシン
Sathorn Taksin
サパーン・タークシン
Saphan Taksin
スラサック
Surasak
▶P.53 ディスティル
Distil
▶P.244 気(Chi)
Chi,The spa at Shangri-la
バーン・パッタイ
Baan Phadthai
▶P.55、183
ワット・ヤーンナーワー
Wat Yannawa ▶P.161

P.78～79
P.80～81
P.82～83
P.84～85
P.86～87
P.88～89
National Stadium
P.80
ソンブーン（本店）▶P.190
SOMBOON SEAFOOD
MBKセンター（マーブンクローン）
MBK Center
▶P.225
サヤーム・スクエア
Siam Square
▶P.156
ハトムワン・プリンセス▶P.280
Pathumwan Princess Hotel
Soi 6
Soi 8
Soi 10
Soi 12
Soi 64
Soi 62
Charoen Muang Rd.
Charat Muang Rd.
▶P.37
ジェー・オー
Jeh O
Im Park
クラブ・バーガー
Crab Burger
▶P.29
Chulalongkorn University Centenary Park
チュラーロンコーン大学
Chulalongkorn University
P.90～91 サヤーム・スクエア、プラトゥーナーム周辺拡大図
Ban That Thong Rd.
アイ・ラブ・パスタ&リゾット
I Love Pasta & Risotto ▶P.37
▶P.204
ラビリンス・カフェ
Labyrinth Cafe
0
300m
N
BTSスクムウィットライン
BTSシーロムライン
MRTブルーライン
BRT（高速バス）
▶P.200
ゴン・ラム
Ngon-Lam
Soi 42
▶P.226
サームヤーン・ミットタウン
Samyan Mitrtown
▶P.215
ソムチャイ
Somchai
チュラー50キッチン▶P.28
Chula 50 Kitchen
ソンブーン（支店）▶P.190
SOMBOON SEAFOOD
Phaya Thai Rd.
パヤー・タイ通り
Henri Dunant Rd.
ラーマ4世通り
Rama 4 Rd.
Soi Chom Somburi
▶P.292 マンダリン
Mandarin Hotel
チャムチュリー・スクエア
Chamchuri Square
▶P.163
スネーク・ファーム
Snake Farm
▶P.218
ジム・トンプソン・タイシルク
Jim Thompson Thai Silk
P.85
▶P.271 ル・メリディアン・バンコク
Le Méridien Bangkok
ワット・フアラムポーン
Wat Hualamphong
▶P.162
サムヤーン
Sam Yan
The Rose Hotel
▶P.292
クラウンプラザ・バンコク・ルンピニパーク
Crowne Plaza Bangkok Lumpini Park
スパ・バイ・ル・メリディアン
SPA by Le Méridien
▶P.243
シー・プラヤー通り Si Phraya Rd.
▶P.291 モンティエン・バンコク
Montien Hotel Surawong Bangkok
▶P.182 ルエン・ウライ Ruen Urai
P.263 パッポン通り周辺
Naret Rd.
▶P.291 ターンタワン・プレイス
The Tarntawan Place Surawong Bangkok
De Arni
The Tawana Bangkok
パッポン通り
Phatphong Rd.
▶P.262
タニヤ通り
Thaniya Rd.
▶P.262
▶P.161
バンコク人博物館
Bangkokian Museum
▶P.202 シャック・バンコク The Shack Bangkok
▶P.292 レッド・プラネット・バンコク・スラウォン
Red Planet Bangkok,Surawong
サヤーム・ヘリテージ
The Siam Heritage Hotel
▶P.292
▶P.292 アット・ナレー
@Nares Hotel
Soi 43
▶P.190 ソンブーン（支店）
SOMBOON SEAFOOD
アマラ・バンコク
Amara Bangkok
▶P.282
サーラーデーン
Sala Daeng
Silom Complex
バンコク・マリオット・ホテル・ザ・スリウォン
Bangkok Marriott Hotel the Surawongse
▶P.291
▶P.288
ココテル・バンコク・スラウォン
Kokotel Bangkok Surawong
タラート・シーロム
Talat Silom ▶P.34
▶P.284 ル・サヤーム
Le Siam Hôtel
スリウォン通り Suriwong Rd.
▶P.162
ワット・マハー・ウマー・テーウィー
Wat Maha Uma Devi
Narai Hotel
プルマン・バンコク・ホテルG
Pullman Bangkok Hotel G ▶P.276
バンコク銀行本店
▶P.235
ラライサップ市場
Talat Lalaisap
シーロム・セリーン
Silom Serene a boutique hotel
▶P.291
バンコク・クリスチャン・ゲストハウス
The Bangkok Christian Guest House
▶P.291
▶P.220 シーン
Sheen
Silom Avenue Inn
Silom Village
シーロム通り Silom Rd.
フラマ・シーロム・バンコク
Furama Silom Bangkok
▶P.282
▶P.285
ヘリテージ・バンコク
The Heritage Bangkok
Kessara Boutique Historical Hotel
コーンウェント通り
Convent Rd.
BNH病院
BNH Hospital
▶P.35
ルドゥー Le Du
▶P.183
チョンノンシー
Chong Nonsi
▶P.291
トリニティ・シーロム
Trinity Silom Hotel
ソムタム・ダー
Somtum Der
▶P.189
Tops
for you Residence
キングパワー・マハーナコーン
King Power Mahanakhon
Baan Silom
Mahesak Rd.
Soi 22
Soi 1
Soi 2
Soi 3
Soi Suksa Withaya
Holiday Inn Silom Bangkok
タリン・プリン Taling Pling ▶P.182
サラヴァナー・バウァン▶P.199
Saravanaa Bhavan
フン Hoong
▶P.194
エバーグリーン・ローレル
Evergreen Laurel Hotel
▶P.279
バーン・カニタ・ギャラリー at サートーン
Baan Khanita Gallery at Sathorn
ヘルス・ランド
Health Land
▶P.251
セン・ルイ
Saint Louis
パーセプション・ブラインド・マッサージ
Perception Blind Massage
▶P.251
ノボテル・バンコク・シーロム・ロード
Novotel Bangkok Silom Road
▶P.281
Pramuan Rd.
Pan Rd.
Si Wiang Rd.
ビザセクション入口
ミャンマー大使館
サートーン・タイ通り
サートーン
Sathorn
アイ・レジデンス・ホテル・シーロム
I Residence Hotel Silom ▶P.291
Surasak Rd.
サートーン・ヌア通り
BTSシーロムライン
▶P.163
マハーナコーン・スカイウオーク
Mahanakhon Skywalk
スラサック
Surasak
Chef Man
イースティン・グランド・ホテル・サートーン
Eastin Grand Hotel Sathorn
▶P.279
Sathorn Square Office Tower（みずほ銀行）
ナラーティワート・ラーチャナカリン通り
Narathiwat-Ratchanakarin Rd.
BRT
Blue Elephant
ビストロ・サートーン・フレンチ・クイジーン
Bistro Sathorn French Cuisine ▶P.201
ザ・スタンダード・バンコク
The Standard Bangkok
▶P.269
Thai CC Tower
アパイプーベート
Aphaibhubej ▶P.214
Ascott Sathorn Bangkok
Wバンコク W Bangkok
▶P.272
永和豆漿（ヨンフー）
Yong He Dou Jiang
▶P.197
アーカーン・ソンクロ
Arkan Songkhro
86

ラーチャダムリ通り、シーロム通り周辺
Ratchadamri Rd.,Silom Rd.

P.82
P.87
▶P.292 ホリディ・イン・エクスプレス・バンコク・スクムウィット11 Holiday Inn Express Bangkok Sukhumvit 11
▶P.279 フォーポイント・バイ・シェラトン・バンコク Four Points by Sheraton Bangkok
Boulevard Hotel Bangkok
▶P.279 ナイト・ホテル・バンコク Night Hotel Bangkok
▶P.272 ソフィテル・バンコク・スクンビット Sofitel Bangkok Sukhumvit
▶P.278 ザ・ランドマーク The Landmark Bangkok
▶P.274 ハイアット・リージェンシー・バンコク・スクムウィット Hyatt Regency Bangkok Sukhumvit
S15 スクムウィット S15 Sukhumvit ▶P.284
Times Square
シェラトン・グランデ・スクンビット Sheraton Grande Sukhumvit ▶P.272
ホープランドホテル・スクンビット8 HOPE LAND Hotel Sukhumvit 8 ▶P.283
レッド・プラネット・バンコク・アソーク Red Planet Bangkok Asoke ▶P.293
▶P.34 タラート・ルワムサップ Talat Ruamsap
GMM Grammy
ウエスティン・グランデ・スクンビット The Westin Grande Sukhumvit ▶P.272
サチャズ・ホテル・ウノ Sacha's Hotel Uno ▶P.284
グランド センターポイントホテル・ターミナル21 Grande Centre Point Hotel Terminal 21 ▶P.277
ヒルトン・バンコク・グランデ・アソーク Hilton Bangkok Grande Asoke ▶P.278
カムティエン・ハウス博物館 Kamthieng House Museum（サイアム・ソサエティ）▶P.164
ターミナル21 Terminal 21 ▶P.225
Talat Asok
スクムウィット Sukhumvit
アソーク Asok
ナーナー Nana
Interchange 21
Exchange Tower
アソーク・モントリ通り Asok Montri Rd. (Soi 21)
スクムウィット通り Sukhumvit Rd.
サイクリングロード兼遊歩道
ホリディ・イン・バンコク・スクンビット Holiday Inn Bangkok Sukhumvit ▶P.293
▶P.228 エムスフィア EmSphere
エムクオーティエ EmQuartier
プロムポン Phrom Phong
ベーンチャシリ公園 Queen Sirikit Park ▶P.165
▶P.276 バンコク・マリオット・マーキス・クイーンズ・パーク Bangkok Marriott Marquis Queen's Park
エンポリアム Emporium ▶P.228
▶P.286
エンポリアムスイート・バイ・チャトリウム Emporium Suites by Chatrium
▶P.275 ヒルトン・スクンビット・バンコク Hilton Sukhumvit Bangkok
▶P.286 アリストン Ariston Hotel Bangkok
St. James Hotel
▶P.277 ダブルツリー・バイ・ヒルトン・スクンビット・バンコク DoubleTree by Hilton Sukhumvit Bangkok
ベーンチャキティ公園 Bencakiti Park ▶P.165
ラチャダーピセーク通り Ratchadapisek Rd.
The Queen Sirikit National Convention Center
クイーン・シリキット・センター Queen Sirikit National Convention Centre
アジアハーブアソシエイション Asia Herb Association ▶P.250
フォーウイングス・ホテル・バンコク The Four Wings Hotel Bangkok ▶P.293
クロントゥーイ Khlong Toei
MRTブルーライン
The Davis Bangkok
▶P.55、190 サボイ・シーフード・コー Savoey Seafood CO.
K Square
Big-C
Lotus's
Rama 4 Rd.
プラ・ラーム・シー（ラーマ4世）通り
Thangrotai Kao Sai Paknam Rd.
クロントゥーイ市場 Talat Khlongtoey ▶P.235
ペナン市場 Talat Penang
Soi Prasarnmit
Soi Phromchit

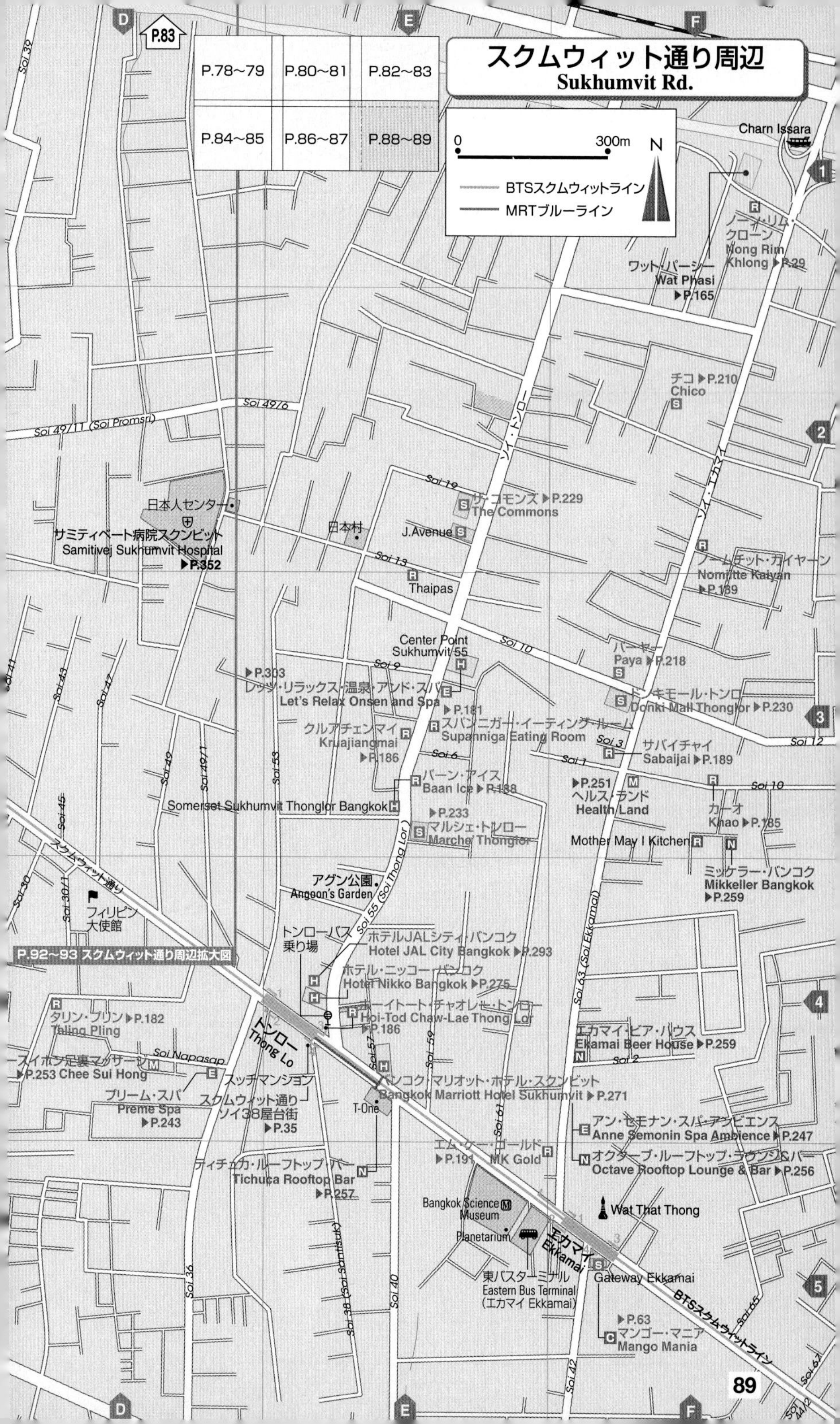

スクムウィット通り周辺
Sukhumvit Rd.
P.78～79
P.80～81
P.82～83
P.84～85
P.86～87
P.88～89
P.83
0
300m
N
BTSスクムウィットライン
MRTブルーライン
Charn Issara
ノーン・リム・クローン
Nong Rim Khlong ▶P.29
ワット・パーシー
Wat Phasi
▶P.165
チコ ▶P.210
Chico
Soi 49/6
Soi 49/11 (Soi Promsri)
ソイ・トンロー
ソイ・エカマイ
日本人センター
サミティベート病院スクンビット
Samitivej Sukhumvit Hospital
▶P.352
Soi 19
ザ・コモンズ ▶P.229
The Commons
日本村
J.Avenue
Soi 13
Thaipas
ノームチット・カイヤーン
Nomitte Kaiyan
▶P.189
Center Point Sukhumvit 55
Soi 10
パーヤー
Paya ▶P.218
Soi 9
▶P.303
レッツ・リラックス・温泉・アンド・スパ
Let's Relax Onsen and Spa
ドンキモール・トンロー
Donki Mall Thonglor ▶P.230
▶P.181
スパンニガー・イーティング・ルーム
Supanniga Eating Room
クルアチェンマイ
Kruajiangmai
▶P.186
Soi 3
サバイチャイ
Sabaijai ▶P.189
Soi 12
Soi 6
Soi 1
Soi 10
バーン・アイス
Baan Ice ▶P.188
▶P.251
ヘルス・ランド
Health Land
カーオ
Khao ▶P.185
Somerset Sukhumvit Thonglor Bangkok
▶P.233
マルシェ・トンロー
Marche Thonglor
Mother May I Kitchen
ミッケラー・バンコク
Mikkeller Bangkok
▶P.259
Soi 39
Soi 41
Soi 43
Soi 47
Soi 49
Soi 49/1
Soi 53
Soi 45
Soi 30
Soi 30/1
スクムウィット通り
フィリピン大使館
アグン公園
Angoon's Garden
Soi 55 (Soi Thong Lor)
Soi 63 (Soi Ekkamai)
トンローバス乗り場
ホテルJALシティ・バンコク
Hotel JAL City Bangkok ▶P.293
ホテル・ニッコー・バンコク
Hotel Nikko Bangkok ▶P.275
P.92～93 スクムウィット通り周辺拡大図
タリン・プリン ▶P.182
Taling Pling
ホーイトート・チャオレー・トンロー
Hoi-Tod Chaw-Lae Thong Lor
▶P.186
エカマイ・ビア・ハウス
Ekamai Beer House ▶P.259
トンロー
Thong Lo
Soi Napasap
Soi 2
▶P.253 Chee Sui Hong
プリーム・スパ
Preme Spa
▶P.243
スッチマンション
スクムウィット通りソイ38屋台街
▶P.35
Soi 57
Soi 59
Soi 61
バンコク・マリオット・ホテル・スクンビット
Bangkok Marriott Hotel Sukhumvit ▶P.271
T-One
アン・セモナン・スパ・アンビエンス
Anne Semonin Spa Ambience ▶P.247
エム・ケー・ゴールド
▶P.191 MK Gold
オクターブ・ルーフトップ・ラウンジ＆バー
Octave Rooftop Lounge & Bar ▶P.256
ティチュカ・ルーフトップ・バー
Tichuca Rooftop Bar
▶P.257
Bangkok Science Museum
Planetarium
Wat That Thong
エカマイ
Ekkamai
東バスターミナル
Eastern Bus Terminal
(エカマイ Ekkamai)
Gateway Ekkamai
▶P.63
マンゴー・マニア
Mango Mania
BTSスクムウィットライン
Soi 36
Soi 38 (Soi Santisuk)
Soi 40
Soi 42
Soi 65
Soi 67
Soi 44/2

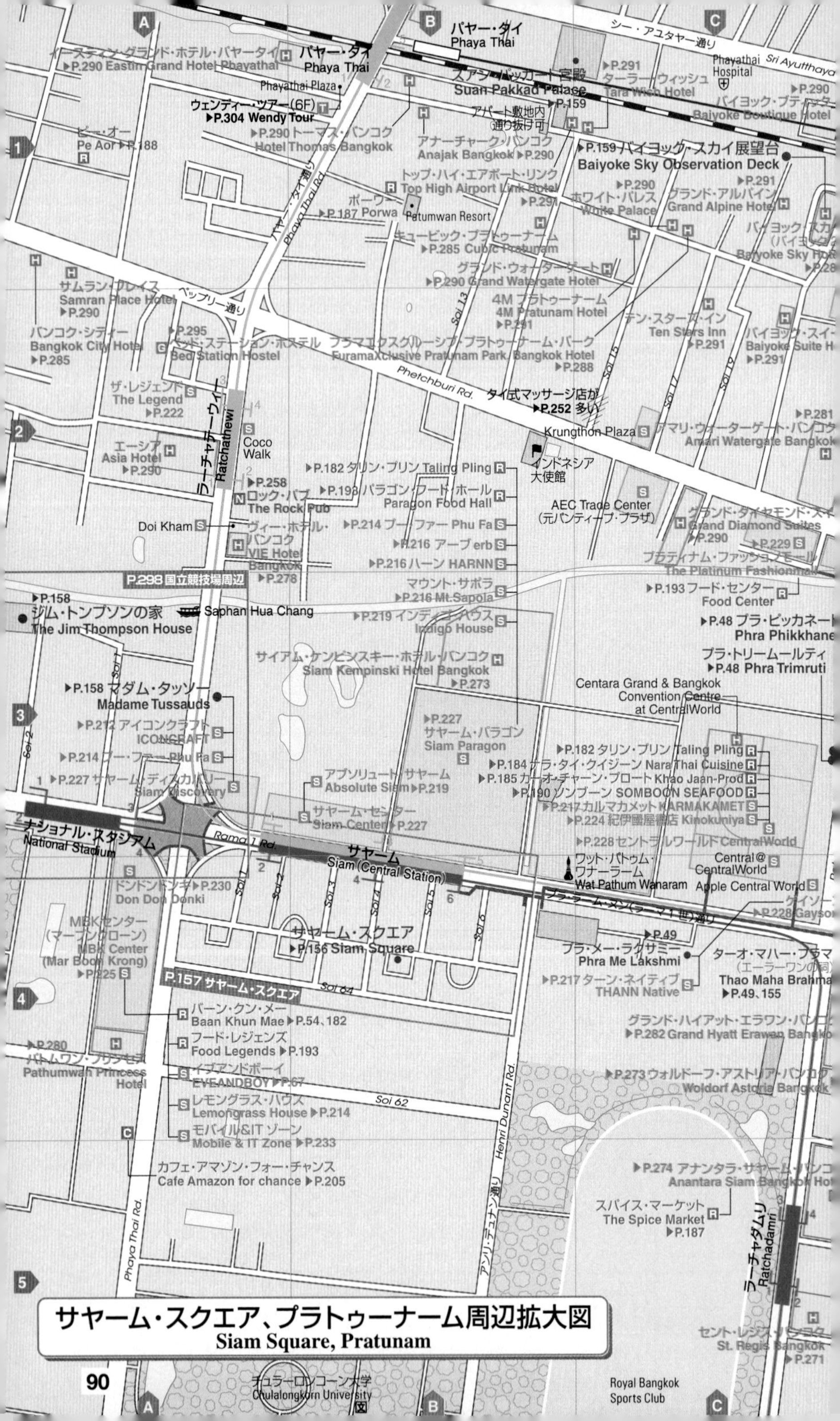

サヤーム・スクエア、プラトゥーナーム周辺拡大図
Siam Square, Pratunam

P.78〜79
P.80〜81
P.82〜83
P.84〜85
P.86〜87
P.88〜89
0
200m
N
BTS スクムウィットライン
BTS シーロムライン
エアポートレイルリンク
ラーチャプラーロップ
Ratchaprarop
Makkasan Railway Yard & Workshop
マッカサン駅
Makkasan
エアポートレイルリンク
タイ国鉄
リヤ・バイ・インドラ・ジュエリー
LIYA by Indra Jewelry ▶P.220
Soi Watthanawong
Eastin Hotel Makkasan
タイ労働博物館
Thai Labour Museum
▶P.159
Nikhom Makkasan Rd.
インドラ・リージェント
Indra Regent Hotel
▶P.280
ラマダ・バイ・ウインダム・D'ma・バンコク
Ramada by Wyndham D'ma Bangkok
▶P.281
バンコク・パレス
Bangkok Palace Hotel
▶P.282
Soi Watthanasin
Ratchaprarop Rd.
マネル・ランカ
Manel Lanka ▶P.200
Soi 31
Centara Watergate Pavillion Hotel Bangkok
パラディウム・ワールド・ショッピング
The Palladium World Shopping ▶P.230
クワンヘーン・プラトゥーナーム・チキンライス
Kuang Heng Pratunam Chicken Rice ▶P.194
バークレイ ▶P.290
The Berkeley Hotel Pratunam
ゴーアーン・カーオマンカイ・プラトゥーナーム
Go-Ang Kaomunkai Pratunam ▶P.195（本店）
ペッブリー通り
Phetchburi Rd.
Platunam
ゴーアーン・カーオマンカイ・プラトゥーナーム
Go-Ang Kaomunkai Pratunam ▶P.195（支店）
バンコク・シティー・イン
Bangkok City Inn ▶P.290
Chit Lom
Witthayu (Wireless) Rd.
スーパー・リッチ
Super Rich ▶P.331
パーパープー PaPaPu
▶P.221
ザ・マーケット・バンコク
The Market Bangkok ▶P.230
Wireless(Witthayu)
マハー・ウマー・デーウィー
Maha Uma Devi ▶P.49
Soi 34
▶P.222
ビッグC Big-C
ウィッタユ（ワイヤレス）通り
▶P.352
バムルンラード病院
Bamrungrad Hospital
▶P.216
パンピューリ Panpuri
▶P.292
フラマエクスクルーシブ・スクムウィット
FuramaXclusive Sukhumvit
InterContinental Bangkok
スイス大使館
プラ・ナーラーイ Phra Narai ▶P.49
パークハイアット・バンコク
Park Hyatt Bangkok ▶P.276
Soi Som Khit
▶P.284
▶P.292
ゼニス・スクムウィット
Zenith Sukhumvit Hotel
ホリデイ・イン・バンコク ▶P.277
Holiday Inn Bangkok
ノボテル・バンコク・プルンチット・スクムウィット
Novotel Bangkok Ploenchit Sukhumvit
Asia Inn
チットロム
Chit Lom
セントラル
Central
▶P.229
▶P.260 レノンズ Lennon's
P.92
セントラル・エンバシー
Central Embassy
▶P.229
ローズウッド・バンコク
Rosewood Bangkok
▶P.269
プラ・イン Phra Indra
▶P.49
Wave Place
プルンチット
Phloen Chit
Legacy express
▶P.190
バンコク・シーフード
Bangkok Seafood
アマリン・プラザ
Amarin Plaza（改装中）
Maneeya Bldg.
プルンチット通り Phloen Chit Rd.
ザ・クック
the COOK ▶P.193
Hard Rock Cafe
▶P.275
オークラ・プレステージ・バンコク
The Okura Prestige Bangkok
Soi 1
Soi 3
Nana Square
JCB プラザ ラウンジ
Mahatun Plaza
Renaissance Bangkok Ratchaprasong Hotel
▶P.198 山里
Yamazato
プルンチット・ハッタサート
Ploenchit Hatthasart
▶P.253
Phloenchit Center
Grande Centre Point Hotel Ratchadamri
▶P.274
JW マリオット・ホテル・バンコク
JW Marriott Hotel Bangkok
ザ・アテネー
The Athénée Hotel, a Luxury Collection Hotel,Bangkok
▶P.274
ナーナー
Nana Hotel
▶P.293
Mahadlekloung 1
コートヤード・バイ・マリオット・バンコク
Courtyard by Marriott Bangkok
▶P.278
▶P.282
インディゴ・バンコク・ワイヤレス・ロード
Hotel Indigo Bangkok Wireless Road
Witthayu (Wireless) Rd.
ベトナム大使館
Soi Ruam Rudee
トラットリア・デリーナ
Trattoria Delina
▶P.202
Ruam Rudee Village
ダブルツリー・バイ・ヒルトン・バンコク・プルンチット
Double Tree by Hilton
▶P.280 Bangkok Ploenchit
Soi 2
Mahadlekloung 2
Chef Man
Muse
Soi Tonson
▶P.250 ルアムルディー・ヘルス・マッサージ
RuamRudee Health Massage
柳（リウ）
Liu ▶P.197
ナーナー・エンターテインメント・プラザ
▶P.262 Nana Entertainment Plaza
きさら ▶P.198
KiSara
Soi 4
ランスアン通り
Langsuan Rd.
オランダ大使館
▶P.271 コンラッド・バンコク
Conrad Bangkok

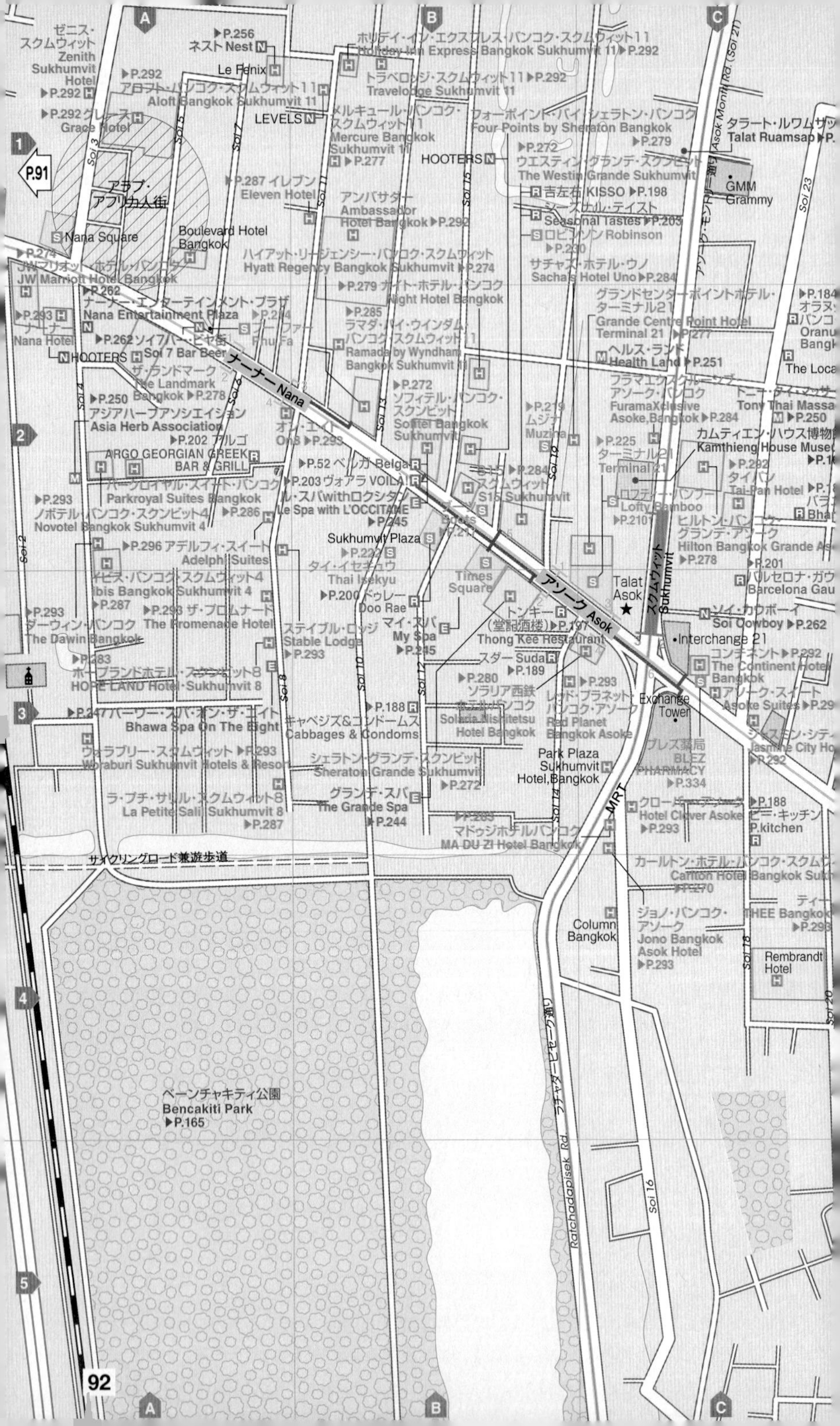

ゼニス・スクムウィット
Zenith Sukhumvit Hotel
▶P.292
▶P.292 グレース
Grace Hotel
▶P.256
ネスト Nest
Le Fenix
▶P.292
アロフト・バンコク・スクムウィット11
Aloft Bangkok Sukhumvit 11
LEVELS
ホリデイ・イン・エクスプレス・バンコク・スクムウィット11
Holiday Inn Express Bangkok Sukhumvit 11 ▶P.292
トラベロッジ・スクムウィット11 ▶P.292
Travelodge Sukhumvit 11
メルキュール・バンコク・スクムウィット11
Mercure Bangkok Sukhumvit 11
▶P.277
フォーポインツ・バイ・シェラトン・バンコク
Four Points by Sheraton Bangkok
▶P.279
タラート・ルワムサップ
Talat Ruamsap
HOOTERS
▶P.272
ウエスティン・グランデ・スクンビット
The Westin Grande Sukhumvit
GMM Grammy
P.91
アラブ・アフリカ人街
▶P.287 イレブン
Eleven Hotel
アンバサダー
Ambassador Hotel Bangkok ▶P.292
吉左右 KISSO ▶P.198
シーズナル・テイスト
Seasonal Tastes ▶P.203
ロビンソン Robinson
▶P.230
Nana Square
Boulevard Hotel Bangkok
▶P.274
JWマリオット・ホテル・バンコク
JW Marriott Hotel Bangkok
ハイアット・リージェンシー・バンコク・スクムウィット
Hyatt Regency Bangkok Sukhumvit ▶P.274
▶P.279 ナイト・ホテル・バンコク
Night Hotel Bangkok
サチャズ・ホテル・ウノ
Sacha's Hotel Uno ▶P.284
▶P.262
ナーナー・エンターテインメント・プラザ
Nana Entertainment Plaza
▶P.293
ナーナー
Nana Hotel
▶P.262 ソイ7バービヤ街
Soi 7 Bar Beer
HOOTERS
▶P.244
プーファー
Phu Fa
▶P.285
ラマダ・バイ・ウインダム・バンコク・スクムウィット11
Ramada by Wyndham Bangkok Sukhumvit 11
グランドセンターポイントホテル・ターミナル21
Grande Centre Point Hotel Terminal 21 ▶P.277
ヘルス・ランド
Health Land ▶P.251
▶P.184
The Local
ザ・ランドマーク
The Landmark Bangkok ▶P.278
ナーナー Nana
▶P.250
アジアハーブアソシエイション
Asia Herb Association
▶P.272
ソフィテル・バンコク・スクンビット
Sofitel Bangkok Sukhumvit
オン・エイト
On8 ▶P.293
フラマエクスクルーシブ・アソーク・バンコク
FuramaXclusive Asoke,Bangkok ▶P.284
トニー・タイ・マッサージ
Tony Thai Massage
▶P.250
▶P.202 アルゴ
ARGO GEORGIAN GREEK BAR & GRILL
▶P.219
ムジナ
Muzina
▶P.225
ターミナル21
Terminal 21
カムティエン・ハウス博物館
Kamthieng House Museum
▶P.52 ベルガ Belga
▶P.203 ヴォアラ VOILA!
ル・スパwithロクシタン
Le Spa with L'OCCITANE
▶P.245
S15 ▶P.284
スクムウィット
S15 Sukhumvit
▶P.292
タイパン
Tai-Pan Hotel
パークロイヤル・スイート・バンコク
Parkroyal Suites Bangkok
▶P.286
▶P.293
ノボテル・バンコク・スクンビット4
Novotel Bangkok Sukhumvit 4
ブーツ
Boots ▶P.217
ロフティー・バンブー
Lofty Bamboo
▶P.210
ヒルトン・バンコク・グランデ・アソーク
Hilton Bangkok Grande Asoke
▶P.278
Sukhumvit Plaza
▶P.222
タイ・イセキュウ
Thai Isekyu
▶P.296 アデルフィ・スイート
Adelphi Suites
イビス・バンコク・スクムウィット4
Ibis Bangkok Sukhumvit 4
▶P.287
Times Square
アソーク Asok
Talat Asok
スクムウィット Sukhumvit
▶P.201
バルセロナ・ガウディ
Barcelona Gaudi
▶P.200 ドゥレー
Doo Rae
トンキー（堂記酒楼）▶P.197
Thong Kee Restaurant
▶P.293
ダーウィン・バンコク
The Dawin Bangkok
▶P.293 ザ・プロムナード
The Promenade Hotel
ステイブル・ロッジ
Stable Lodge
▶P.293
マイ・スパ
My Spa
▶P.245
ソイ・カウボーイ
Soi Cowboy ▶P.262
Interchange 21
コンチネント ▶P.292
The Continent Hotel Bangkok
▶P.283
ホープランドホテル・スクンビット8
HOPE LAND Hotel Sukhumvit 8
スダー Suda
▶P.189
▶P.280
ソラリア西鉄ホテルバンコク
Solaria Nishitetsu Hotel Bangkok
▶P.293
レッド・プラネット・バンコク・アソーク
Red Planet Bangkok Asoke
Exchange Tower
アソーク・スイート
Asoke Suites ▶P.29
▶P.247 バーワー・スパ・オン・ザ・エイト
Bhawa Spa On The Eight
▶P.188
キャベジズ&コンドームス
Cabbages & Condoms
ウォラブリー・スクムウィット ▶P.293
Woraburi Sukhumvit Hotels & Resort
シェラトン・グランデ・スクンビット
Sheraton Grande Sukhumvit
▶P.272
Park Plaza Sukhumvit Hotel,Bangkok
ブレズ薬局
BLEZ PHARMACY
▶P.334
ジャスミン・シティ
Jasmine City Hotel
▶P.292
ラ・プチ・サリル・スクムウィット8
La Petite Salil Sukhumvit 8
▶P.287
グランデ・スパ
The Grande Spa
▶P.244
▶P.285
マドゥジホテルバンコク
MA DU ZI Hotel Bangkok
MRT
クローバー・アソーク
Hotel Clover Asoke
▶P.293
▶P.188
ピー・キッチン
P.kitchen
サイクリングロード兼遊歩道
カールトン・ホテル・バンコク・スクムウィット
Carlton Hotel Bangkok Sukhumvit
▶P.270
Column Bangkok
ジョノ・バンコク・アソーク
Jono Bangkok Asok Hotel
▶P.293
ティー
THEE Bangkok
▶P.293
Rembrandt Hotel
ベーンチャキティ公園
Bencakiti Park
▶P.165
Ratchadapisek Rd
ラチャダーピセーク通り
アソーク・モントリー通り
Asok Montri Rd. (Soi 21)
Soi 2
Soi 3
Soi 4
Soi 5
Soi 6
Soi 7
Soi 8
Soi 10
Soi 11
Soi 12
Soi 13
Soi 14
Soi 15
Soi 16
Soi 18
Soi 19
Soi 20
Soi 23
A
B
C
1
2
3
4
5

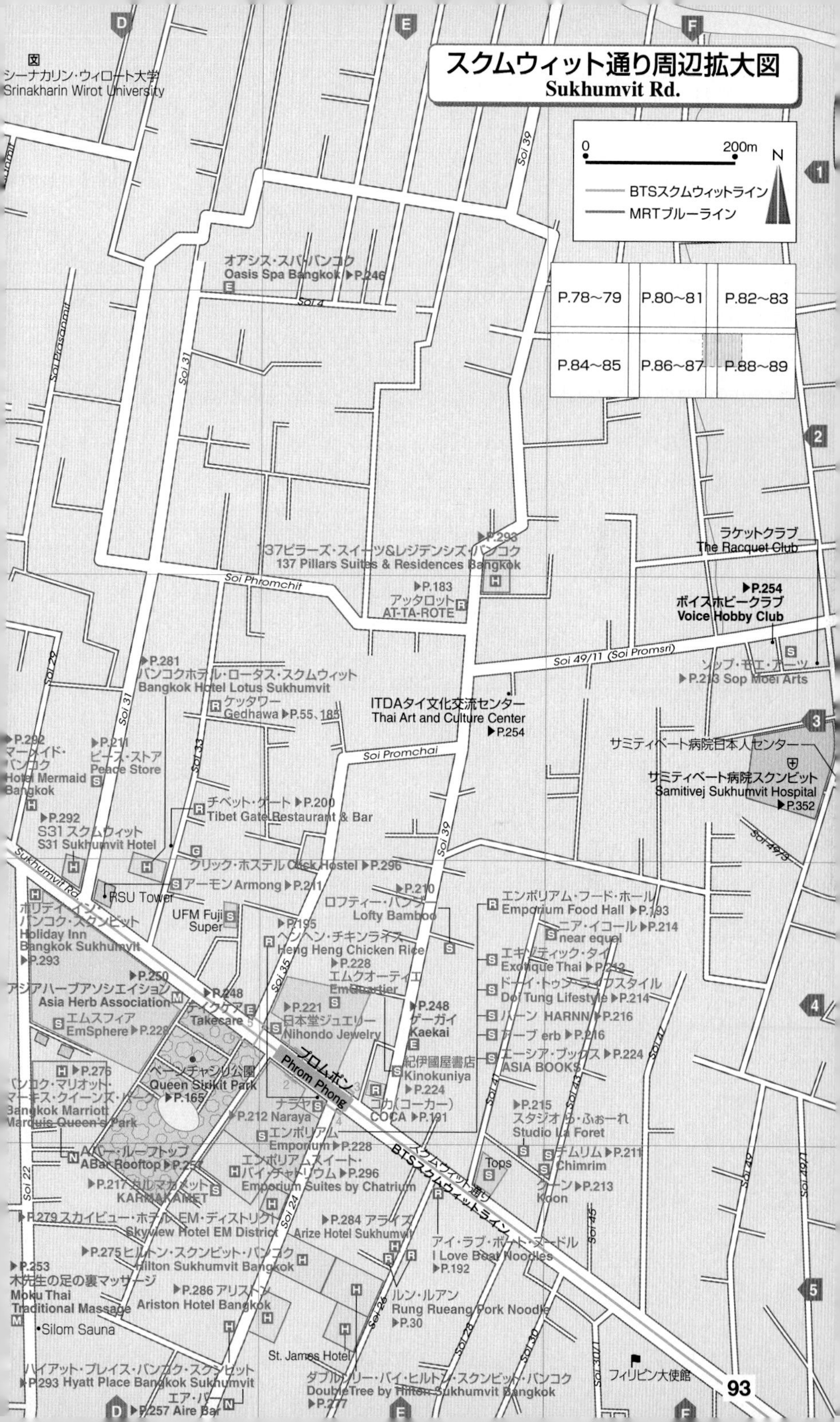
スクムウィット通り周辺拡大図
Sukhumvit Rd.
0
200m
N
BTSスクムウィットライン
MRTブルーライン
P.78～79
P.80～81
P.82～83
P.84～85
P.86～87
P.88～89
図
シーナカリン・ウィロート大学
Srinakharin Wirot University
オアシス・スパ・バンコク
Oasis Spa Bangkok ▶P.246
Soi 4
Soi 31
Soi Prasanmit
Soi 39
▶P.293
137ピラーズ・スイーツ&レジデンシズ・バンコク
137 Pillars Suites & Residences Bangkok
Soi Phromchit
▶P.183
アッタロット
AT-TA-ROTE
ラケットクラブ
The Racquet Club
▶P.254
ボイスホビークラブ
Voice Hobby Club
Soi 49/11 (Soi Promsri)
ソップ・モエ・アーツ
▶P.213 Sop Moei Arts
▶P.281
バンコクホテル・ロータス・スクムウィット
Bangkok Hotel Lotus Sukhumvit
ケッタワー
Gedhawa ▶P.55、185
ITDAタイ文化交流センター
Thai Art and Culture Center
▶P.254
Soi 29
Soi 33
Soi Promchai
サミティベート病院日本人センター
サミティベート病院スクンビット
Samitivej Sukhumvit Hospital
▶P.352
▶P.292
マーメイド・バンコク
Hotel Mermaid Bangkok
▶P.211
ピース・ストア
Peace Store
チベット・ゲート ▶P.200
Tibet Gate Restaurant & Bar
▶P.292
S31 スクムウィット
S31 Sukhumvit Hotel
Soi 49/3
Sukhumvit Rd.
クリック・ホステル Click Hostel ▶P.296
アーモン Armong ▶P.211
RSU Tower
UFM Fuji Super
▶P.210
ロフティー・バンブー
Lofty Bamboo
エンポリアム・フード・ホール
Emporium Food Hall ▶P.193
ニア・イコール ▶P.214
near equal
ホリデイ・イン・バンコク・スクンビット
Holiday Inn Bangkok Sukhumvit
▶P.293
▶P.195
ヘンヘン・チキンライス
Heng Heng Chicken Rice
▶P.228
エムクオーティエ
Emquartier
エキゾティック・タイ
Exotique Thai ▶P.212
ドーイ・トゥン・ライフスタイル
Doi Tung Lifestyle ▶P.214
ハーン HARNN ▶P.216
アーブ erb ▶P.216
エーシア・ブックス ▶P.224
ASIA BOOKS
▶P.250
アジアハーブアソシエイション
Asia Herb Association
▶P.248
テイクケア
Takecare
エムスフィア
EmSphere ▶P.228
▶P.221
日本堂ジュエリー
Nihondo Jewelry
▶P.248
ケーガイ
Kaekai
紀伊國屋書店
Kinokuniya
▶P.224
Soi 35
Soi 41
Soi 43
Soi 47
プロムポン
Phrom Phong
▶P.276
バンコク・マリオット・マーキス・クイーンズ・パーク
Bangkok Marriott Marquis Queen's Park
ベーンチャシリ公園
Queen Sirikit Park
▶P.165
ナラヤ
▶P.212 Naraya
コカ（コーカー）
COCA ▶P.191
▶P.215
スタジオ・ら・ふぉーれ
Studio La Foret
エンポリアム
Emporium ▶P.228
チムリム ▶P.211
Chimrim
クーン ▶P.213
Koon
Tops
スクムウィット通り
BTSスクムウィットライン
エーバー・ルーフトップ
ABar Rooftop ▶P.257
▶P.217 カルマカメット
KARMAKAMET
エンポリアム・スイート・バイ・チャトリウム ▶P.296
Emporium Suites by Chatrium
Soi 22
Soi 24
Soi 49
Soi 49/1
Soi 45
▶P.279 スカイビュー・ホテル・EM・ディストリクト
Skyview Hotel EM District
▶P.284 アライズ
Arize Hotel Sukhumvit
アイ・ラブ・ボート・ヌードル
I Love Boat Noodles
▶P.192
▶P.275 ヒルトン・スクンビット・バンコク
Hilton Sukhumvit Bangkok
▶P.253
木先生の足の裏マッサージ
Moku Thai Traditional Massage
▶P.286 アリストン
Ariston Hotel Bangkok
ルン・ルアン
Rung Rueang Pork Noodle
▶P.30
Soi 26
Soi 28
Soi 30
Soi 30/1
Silom Sauna
St. James Hotel
フィリピン大使館
ハイアット・プレイス・バンコク・スクンビット
▶P.293 Hyatt Place Bangkok Sukhumvit
ダブルツリー・バイ・ヒルトン・スクンビット・バンコク
DoubleTree by Hilton Sukhumvit Bangkok
▶P.277
エア・バー
▶P.257 Aire Bar
D
E
F
1
2
3
4
5

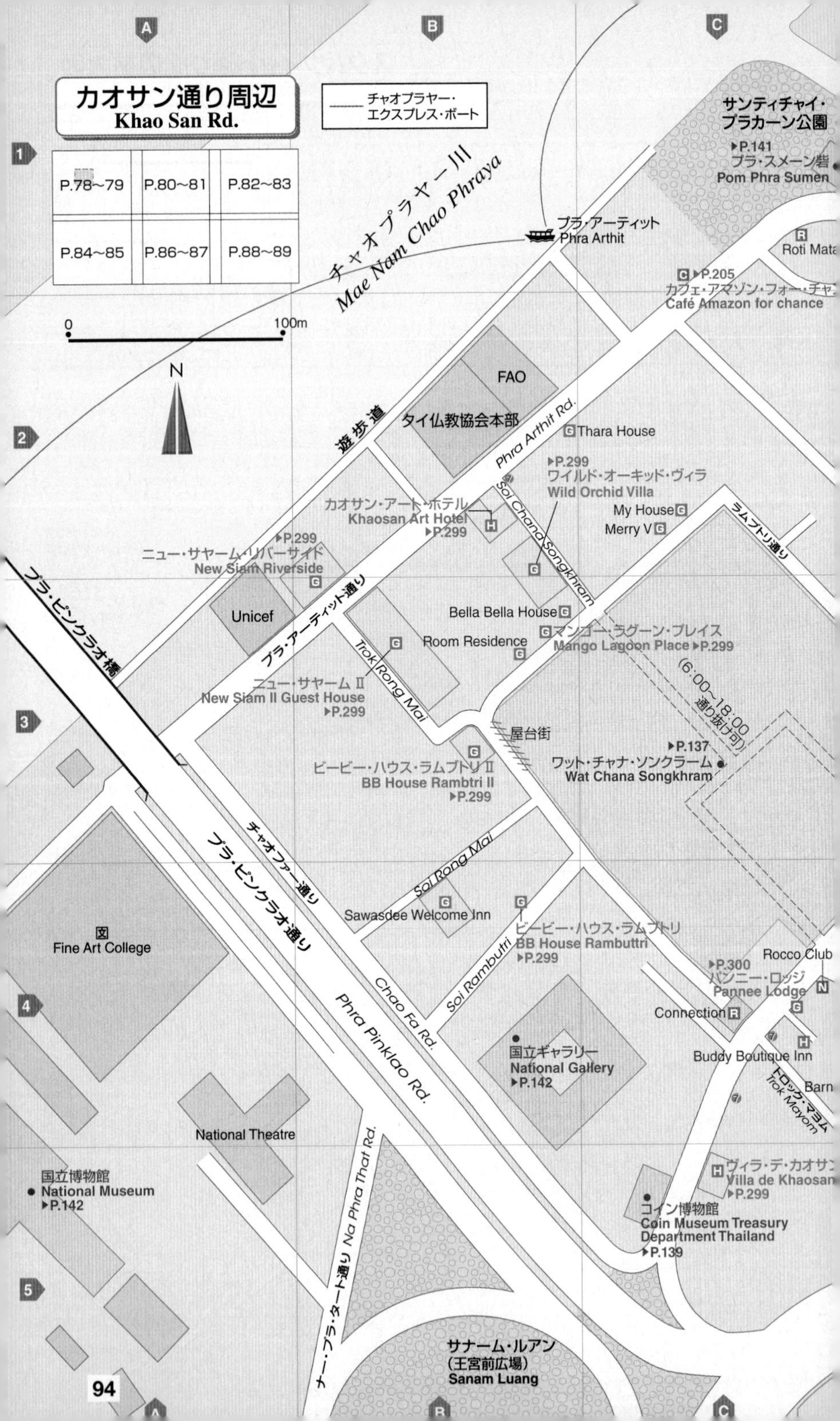

カオサン通り周辺
Khao San Rd.
チャオプラヤー・エクスプレス・ボート
P.78～79
P.80～81
P.82～83
P.84～85
P.86～87
P.88～89
0
100m
N
チャオプラヤー川
Mae Nam Chao Phraya
プラ・アーティット
Phra Arthit
サンティチャイ・プラカーン公園
▶P.141
プラ・スメーン砦
Pom Phra Sumen
Roti Mata
▶P.205
カフェ・アマゾン・フォー・チャ
Café Amazon for chance
FAO
タイ仏教協会本部
遊歩道
Phra Arthit Rd.
Thara House
▶P.299
ワイルド・オーキッド・ヴィラ
Wild Orchid Villa
My House
Merry V
ラムブトリ通り
カオサン・アート・ホテル
Khaosan Art Hotel
▶P.299
Soi Chana Songkhram
▶P.299
ニュー・サヤーム・リバーサイド
New Siam Riverside
プラ・ピンクラオ橋
Unicef
プラ・アーティット通り
Bella Bella House
マンゴー・ラグーン・プレイス
Mango Lagoon Place ▶P.299
Room Residence
Trok Rong Mai
(6:00～18:00 通り抜け可)
ニュー・サヤーム II
New Siam II Guest House
▶P.299
屋台街
▶P.137
ワット・チャナ・ソンクラーム
Wat Chana Songkhram
ビービー・ハウス・ラムブトリ II
BB House Rambtri II
▶P.299
チャオファー通り
プラ・ピンクラオ通り
Soi Rong Mai
Sawasdee Welcome Inn
ビービー・ハウス・ラムブトリ
BB House Rambuttri
▶P.299
Fine Art College
Chao Fa Rd.
Soi Rambutri
▶P.300
パンニー・ロッジ
Pannee Lodge
Rocco Club
Connection
Buddy Boutique Inn
Phra Pinklao Rd.
国立ギャラリー
National Gallery
▶P.142
Barn
トロック・マヨム
Trok Mayom
National Theatre
Na Phra That Rd.
ナー・プラ・タート通り
国立博物館
National Museum
▶P.142
ヴィラ・デ・カオサン
Villa de Khaosan
▶P.299
コイン博物館
Coin Museum Treasury Department Thailand
▶P.139
サナーム・ルアン
(王宮前広場)
Sanam Luang

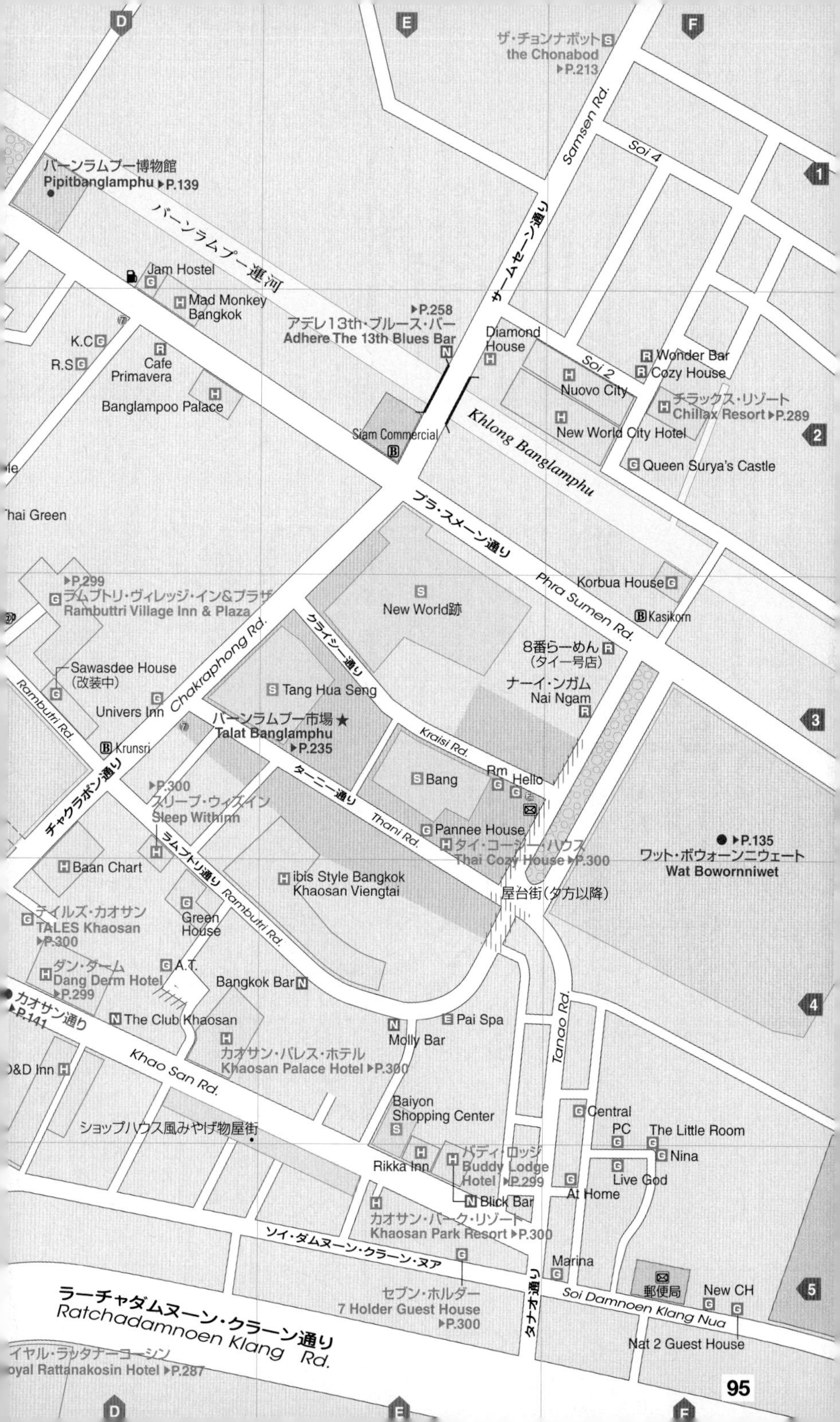
D
E
F
ザ・チョンナボット
the Chonabod
▶P.213
Samsen Rd.
Soi 4
1
バーンラムプー博物館
Pipitbanglamphu ▶P.139
バーンラムプー運河
サームセーン通り
Jam Hostel
Mad Monkey Bangkok
▶P.258
アデレ13th・ブルース・バー
Adhere The 13th Blues Bar
K.C
R.S
Cafe Primavera
Banglampoo Palace
Diamond House
Soi 2
Wonder Bar
Cozy House
Nuovo City
チラックス・リゾート
Chillax Resort ▶P.289
New World City Hotel
2
Siam Commercial
Khlong Banglamphu
Queen Surya's Castle
Thai Green
プラ・スメーン通り
▶P.299
ラムブトリ・ヴィレッジ・イン&プラザ
Rambuttri Village Inn & Plaza
New World跡
Phra Sumen Rd.
Korbua House
Kasikorn
Chakraphong Rd.
クライシー通り
8番らーめん
(タイ一号店)
ナーイ・ンガム
Nai Ngam
Sawasdee House
(改装中)
Rambutri Rd.
Tang Hua Seng
Univers Inn
3
バーンラムプー市場
Talat Banglamphu
▶P.235
Kraisi Rd.
Krunsri
ターニー通り
Bang
Rm
Hello
チャクラポン通り
▶P.300
スリープ・ウィズイン
Sleep Withinn
Thani Rd.
Pannee House
タイ・コージー・ハウス
Thai Cozy House ▶P.300
▶P.135
ワット・ボウォーンニウェート
Wat Bowornniwet
ラムブトリ通り
Baan Chart
ibis Style Bangkok Khaosan Viengtai
屋台街(夕方以降)
Rambutri Rd.
テイルズ・カオサン
TALES Khaosan
▶P.300
Green House
ダン・ダーム
Dang Derm Hotel
▶P.299
A.T.
Bangkok Bar
カオサン通り
▶P.141
Tanao Rd.
4
The Club Khaosan
Pai Spa
Molly Bar
カオサン・パレス・ホテル
Khaosan Palace Hotel ▶P.300
Khao San Rd.
D&D Inn
Baiyon Shopping Center
Central
ショップハウス風みやげ物屋街
PC
The Little Room
Nina
バディ・ロッジ
Buddy Lodge Hotel ▶P.299
Rikka Inn
Live God
At Home
Blick Bar
カオサン・パーク・リゾート
Khaosan Park Resort ▶P.300
ソイ・ダムヌーン・クラーン・ヌア
Marina
タナオ通り
郵便局
New CH
Soi Damnoen Klang Nua
5
ラーチャダムヌーン・クラーン通り
Ratchadamnoen Klang Rd.
セブン・ホルダー
7 Holder Guest House
▶P.300
Nat 2 Guest House
イヤル・ラッタナーコーシン
oyal Rattanakosin Hotel ▶P.287

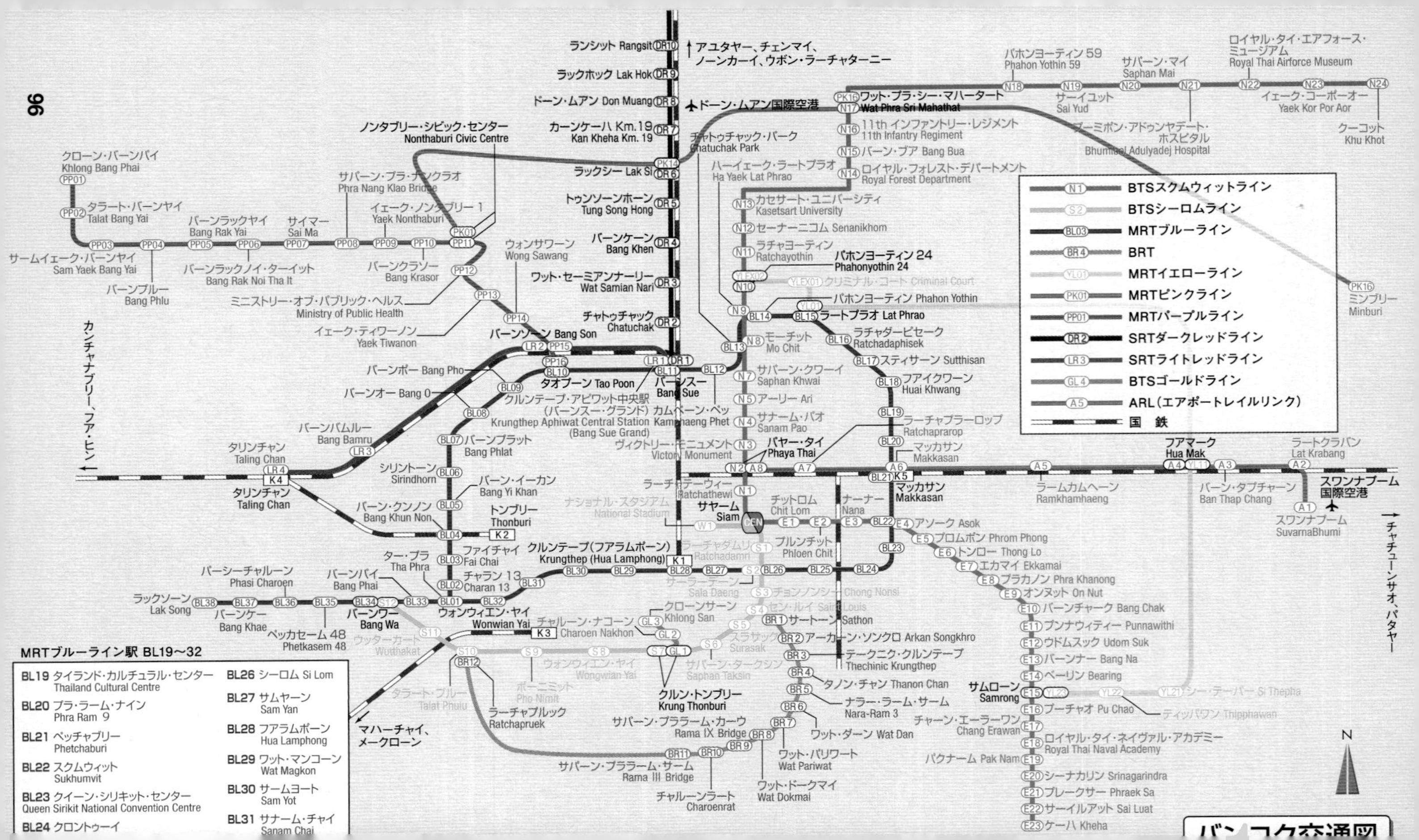
バンコク交通図
N
BTSスクムウィットライン
BTSシーロムライン
MRTブルーライン
BRT
MRTイエローライン
MRTピンクライン
MRTパープルライン
SRTダークレッドライン
SRTライトレッドライン
BTSゴールドライン
ARL（エアポートレイルリンク）
国　鉄
MRTブルーライン駅 BL19〜32
BL19 タイランド・カルチュラル・センター Thailand Cultural Centre
BL20 プラ・ラーム・ナイン Phra Ram 9
BL21 ペッチャブリー Phetchaburi
BL22 スクムウィット Sukhumvit
BL23 クイーン・シリキット・センター Queen Sirikit National Convention Centre
BL24 クロントゥーイ
BL26 シーロム Si Lom
BL27 サムヤーン Sam Yan
BL28 フアラムポーン Hua Lamphong
BL29 ワット・マンコーン Wat Magkon
BL30 サームヨート Sam Yot
BL31 サナーム・チャイ Sanam Chai
ランシット Rangsit
ラックホック Lak Hok
ドーン・ムアン Don Muang
カーンケーハ Km.19 Kan Kheha Km. 19
ラックシー Lak Si
トゥンソーンホーン Tung Song Hong
バーンケーン Bang Khen
ワット・セーミアンナーリー Wat Samian Nari
チャトゥチャック Chatuchak
アユタヤー、チェンマイ、ノーンカーイ、ウボン・ラーチャターニー
ドーン・ムアン国際空港
ワット・プラ・シー・マハータート Wat Phra Sri Mahathat
パホンヨーティン 59 Phahon Yothin 59
サイユット Sai Yud
サパーン・マイ Saphan Mai
プーミポン・アドゥンヤデート・ホスピタル Bhumibol Adulyadej Hospital
ロイヤル・タイ・エアフォース・ミュージアム Royal Thai Airforce Museum
イェーク・コーポーオー Yaek Kor Por Aor
クーコット Khu Khot
11th インファントリー・レジメント 11th Infantry Regiment
バーン・ブア Bang Bua
ロイヤル・フォレスト・デパートメント Royal Forest Department
ハーイェーク・ラートプラオ Ha Yaek Lat Phrao
チャトゥチャック・パーク Chatuchak Park
カセサート・ユニバーシティ Kasetsart University
セーナーニコム Senanikhom
ラチャヨーティン Ratchayothin
パホンヨーティン 24 Phahonyothin 24
クリミナル・コート Criminal Court
パホンヨーティン Phahon Yothin
ラートプラオ Lat Phrao
ミンブリー Minburi
モーチット Mo Chit
ラチャダーピセーク Ratchadaphisek
スティサーン Sutthisan
フアイクワーン Huai Khwang
サパーン・クワーイ Saphan Khwai
アーリー Ari
サナーム・パオ Sanam Pao
ラーチャプラーロップ Ratchaprarop
マッカサン Makkasan
ヴィクトリー・モニュメント Victory Monument
パヤー・タイ Phaya Thai
ラーチャテーウィー Ratchathewi
ナショナル・スタジアム National Stadium
サヤーム Siam
チットロム Chit Lom
プルンチット Phloen Chit
ナーナー Nana
アソーク Asok
プロムポン Phrom Phong
トンロー Thong Lo
エカマイ Ekkamai
プラカノン Phra Khanong
オンヌット On Nut
バーンチャーク Bang Chak
プンナウィティー Punnawithi
ウドムスック Udom Suk
バーンナー Bang Na
ベーリン Bearing
サムローン Samrong
プーチャオ Pu Chao
チャーン・エーラーワン Chang Erawan
ロイヤル・タイ・ネイヴァル・アカデミー Royal Thai Naval Academy
パクナーム Pak Nam
シーナカリン Srinagarindra
プレークサー Phraek Sa
サーイルアット Sai Luat
ケーハ Kheha
シー・テーパー Si Thepha
ティッパワン Thipphawan
フアマーク Hua Mak
ラームカムヘーン Ramkhamhaeng
バーン・タブチャーン Ban Thap Chang
ラートクラバン Lat Krabang
スワンナプーム国際空港
スワンナプーム SuvarnaBhumi
チャチューンサオ、パタヤー
ラーチャダムリ Ratchadamri
サーラーデーン Sala Daeng
チョンノンシー Chong Nonsi
セン・ルイ Saint Louis
サートーン Sathon
スラサック Surasak
サパーン・タークシン Saphan Taksin
アーカーン・ソンクロ Arkan Songkhro
テークニク・クルンテープ Thechinic Krungthep
タノン・チャン Thanon Chan
ナラー・ラーム・サーム Nara-Ram 3
ワット・ダーン Wat Dan
ワット・パリワート Wat Pariwat
ワット・ドークマイ Wat Dokmai
サパーン・プララーム・カーウ Rama IX Bridge
サパーン・プララーム・サーム Rama III Bridge
チャルーンラート Charoenrat
ラーチャプルック Ratchapruek
タラート・プルー Talat Phulu
ポーニミット Pho Nimit
ウォンウィエン・ヤイ Wongwian Yai
クルン・トンブリー Krung Thonburi
クローンサーン Khlong San
チャルーン・ナコーン Charoen Nakhon
ウッターカート Wutthakat
マハーチャイ、メークローン
クルンテープ（フアラムポーン） Krungthep (Hua Lamphong)
ウォンウィエン・ヤイ Wonwian Yai
ファイチャイ Fai Chai
チャラン 13 Charan 13
ター・プラ Tha Phra
バーンパイ Bang Phai
バーンワー Bang Wa
ペッカセーム 48 Phetkasem 48
バーンケー Bang Khae
バーシーチャルーン Phasi Charoen
ラックソーン Lak Song
トンブリー Thonburi
バーン・クンノン Bang Khun Non
バーン・イーカン Bang Yi Khan
シリントーン Sirindhorn
バーンプラット Bang Phlat
クルンテープ・アピワット中央駅（バーンスー・グランド） Krungthep Aphiwat Central Station (Bang Sue Grand)
カムペーン・ペッ Kamphaeng Phet
バーンスー Bang Sue
タオプーン Tao Poon
バーンポー Bang Pho
バーンオー Bang O
バーンバムルー Bang Bamru
タリンチャン Taling Chan
カンチャナブリー、ファ・ヒン
バーンソーン Bang Son
イェーク・ティワーノン Yaek Tiwanon
ミニストリー・オブ・パブリック・ヘルス Ministry of Public Health
ウォンサワーン Wong Sawang
バーンクラソー Bang Krasor
ノンタブリー・シビック・センター Nonthaburi Civic Centre
イェーク・ノンタブリー 1 Yaek Nonthaburi
サパーン・プラ・ナンクラオ Phra Nang Klao Bridge
サイマー Sai Ma
バーンラックヤイ Bang Rak Yai
バーンラックノイ・ターイット Bang Rak Noi Tha It
タラート・バーンヤイ Talat Bang Yai
サームイェーク・バーンヤイ Sam Yaek Bang Yai
バーンプルー Bang Phlu
クローン・バーンパイ Khlong Bang Phai

バンコクを歩く

How to walk around Bangkok.

ローハ・プラーサート →P.135

空港と市内のアクセス情報

バンコクに国際空港は2ヵ所ある

バンコクには国際空港がふたつあり、航空会社によって利用する空港が異なるので注意。スワンナプーム国際空港（バンコク国際空港→P.340）とドーン・ムアン国際空港（→P.343）のどちらに到着するのか、事前に確認しておこう。

スワンナプーム国際空港（バンコク国際空港）

2006年に開港したタイの空の玄関。バンコク市街の東にあり、おもな国際線や国内線が発着する。

MAP 折込裏-F6、A7～C9

TEL 0-2132-1888

URL suvarnabhumi.airportthai.co.th/ja

●利用する航空会社：タイ国際航空／全日空／日本航空／ピーチ／タイベトジェットエア／エアアジア

スワンナプーム国際空港出発階

ドーン・ムアン国際空港

バンコク市街の北にあり、エアアジアなど近隣諸国を結ぶおもにLCC（ローコストキャリア）の国際線と国内線が発着する。スワンナプーム国際空港開港前は、バンコク唯一の空の玄関だった。

MAP 折込裏-D1～D2

TEL 0-2535-1722 URL donmueang.airportthai.co.th/ja

●利用する航空会社：エアアジア／スクート／タイ・ライオン・エアなど

ドーン・ムアン国際空港国際線ターミナル到着ロビー

空港の3レターコード 航空券などに表示される空港のコード。

スワンナプーム国際空港	BKK
ドーン・ムアン国際空港	DMK
成田国際空港	NRT
東京国際空港（羽田）	HND
中部国際空港	NGO
関西国際空港	KIX
福岡国際空港	FUK
新千歳空港	CTS
仙台空港	SDJ
那覇空港	OKA

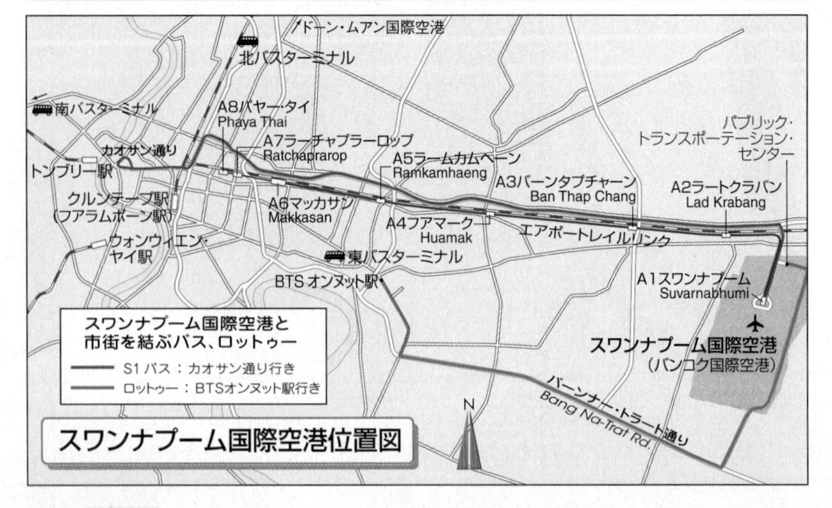

スワンナプーム国際空港位置図

バンコクプチ情報 2023年9月28日、スワンナプーム国際空港にサテライトターミナルSAT-1が開業。これまでのターミナルビルの南に新設された乗降用ターミナル。チェックインなどは旧来のターミナルで行う。

スワンナプーム国際空港から市内へのアクセス

スワンナプーム国際空港は24時間オープン。深夜や早朝に到着しても、バンコク市内へはタクシーやエアポートリムジンで移動できる。空港と市内を結ぶおもな公共の交通機関には、以下の5種類がある。料金や利用法などそれぞれの特徴はP.100参照。なお、空港内で声をかけてくる白タクは絶対に利用しないこと。

❶エアポートリムジン
❷メータータクシー/配車アプリ
❸エアポートレイルリンク(空港鉄道)
❹エアポートバスS1
❺ロットゥー(ミニバス)

▶市内への移動のヒント

バンコクでの公共交通機関相互の乗り換え(バスから鉄道、鉄道からタクシーなど)は、不便なことが多い。大きめのスーツケースなどを持ち、かつ数人のグループなら、目的地へ直行できるエアポートリムジンかメータータクシー、配車アプリの利用が現実的。

▶両空港間の移動

スワンナプーム国際空港とドーン・ムアン国際空港は、直線距離でも約30km離れている。移動は大変なので、くれぐれも間違えないこと。乗り継ぎなどで両空港間を移動する場合は、無料のシャトルバス(航空券か搭乗券の提示が必要)で所要約1時間。

スワンナプーム国際空港と市内を結ぶ交通機関利用のヒント

	エアポートリムジン	メータータクシー、配車アプリ	エアポートレイルリンク	エアポートバスS1	ロットゥー
早く行きたい	○	○	△	×	△
安く行きたい	×	△	○	○	○
楽に行きたい	○	○	△	△	△
荷物が大きい	○	○	△	△	×

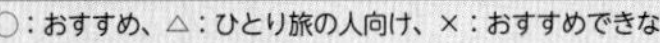
○:おすすめ、△:ひとり旅の人向け、×:おすすめできない

スワンナプーム国際空港とドーン・ムアン国際空港を結ぶ無料のシャトルバス

市内からスワンナプーム国際空港へのアクセス

ホテルなどから各空港へ向かうには、以下の方法が便利。朝夕や週末は渋滞することがあるので、早めの出発を心がけよう。

▶流しのメータータクシー

ホテルのスタッフに頼んでタクシーをひろってもらい、メーターで行くよう言ってもらおう。メーターを使おうとせずに料金を提示してくる運転手もいるので、その場合は別の車を利用すること。流さずにホテルの前で客待ちしているようなタクシーの運転手は、メーターを使わないことが多い。そのような車が呼ばれた場合は相手にせず、遠慮せずに流しの車を呼んでもらうこと。運転手がメーターを使わずに走り出したら、とにかく文句を言って降りること。荷物をトランクに入れ、いざ乗車してから運転手がメーターを使わないと言い出すケースもある。その場合途中で降りにくいので、大きな荷物がある場合は乗車する前にメーターで行くように念押しすること。

ホテル前で客待ちしている車は相手にしない

▶配車アプリ

アプリで車が呼べるGrabやBoltも便利。バンコク市街からなら400～500B程度で利用できる。予約も可能。

▶エアポートレイルリンク(空港鉄道)

ホテルからエアポートレイルリンクの最寄り駅までタクシーで移動し乗り換える。BTSはパヤー・タイ駅、MRTはペッチャブリー駅でエアポートレイルリンクに乗り換えられる。BTSパヤー・タイ駅はエアポートレイルリンクのパヤー・タイ駅と陸橋で連絡。MRTペッチャブリー駅は1番出口からエアポートレイルリンクのマッカサン駅まで連絡歩道橋がある。エアポートレイルリンクは、旅行者だけでなく沿線住民の通勤や通学の足になっているため、朝夕は混雑が激しい。途中駅からの乗車が難しいこともあるので、始発のパヤー・タイ駅から利用するのがおすすめ。

▶ホテルのリムジンサービス

ホテルのフロントやコンシェルジュ、ツアーデスクで申し込める。高級ホテルならホテルが所有するリムジンを使用するが料金は高い。安いホテルだとホテルのスタッフと組んだメータータクシーがホテル前に待機しており、空港行きの客と見るとホテルスタッフがその車を呼ぶ。その場合料金は定額または交渉となり、メーターは使わないことが多い。客がメーターの使用を主張すると、流しの車が来るまで待たされる。

高級ホテルの専用リムジンはそれなりのお値段

▶エアポートリムジン

空港からだけでなく、空港行きでも利用可能。事前の予約が必要。

URL www.aot-limousine.com/booking.html

▶ロットゥー(ミニバス)

最も安く行く方法。朝や夕方は通勤通学や帰宅ラッシュと重なり道が渋滞することも。また、大きな荷物を持っての利用は難しい。終点がターミナルビル前ではなく空港敷地内のパブリック・トランスポーテーション・センターなので、そこからの移動も面倒。

バンコクプチ情報 エアポートレイルリンクのスワンナプーム駅は、ターミナルビル地下1階にある。切符売り場横の通路を進むと約5分でノボテル・スワンナプーム・エアポートホテル(→P.276)に着く。

スワンナプーム国際空港から市内へのアクセス

❶エアポートリムジン Airport Limousine

安心 確実

空港ターミナルビル2階（到着階）の荷物受け取りエリアと到着ロビーにカウンターがあり、どちらでも申し込める。定員は車種によって異なり最低3人から。もちろんひとりでも利用可。メータータクシーに比べると新車が多く乗り心地がいい。運転手は英語が多少通じ、トラブルも少ない。ウェブサイトから予約できる。

便利で安心なエアポートリムジン

URL www.aot-limousine.com/booking.html

注意：混雑していると待たされることもある。カウンターで最初に提示されるのは高い車種なので、言いなりにならずに車種と料金を確認すること。

料金	行き先までの距離や車種により異なり、申し込み時にカウンターで先払い。普通乗用車でバンコク市内まで1300B程度～（空港周辺など近距離は800B～）で有料道路の料金込み。クレジットカード利用可（CC AJMV）。
所要時間	渋滞状況や有料道路の出入口からの遠近によって異なり、最短で20分程度、通常30分～1時間程度。
運行時間	24時間、随時出発。

❷メータータクシー Meter Taxi

楽

空港ターミナルビル1階外に乗り場がある。4番出口と7番出口の間にあるタッチパネル式のキオスク（自動配車機）を操作すると、ゲート番号（停車しているタクシーの上に掲示されている数字）が印字された紙が発行される。その数字が表示された場所に停車しているタクシーを利用すること。定員は4人。

電気自動車を使ったタクシー「EV TAXI VIP」もある。配車アプリのGrabやBoltも利用可。

注意：乗車時運転手に、必ずメーターで行くように確認すること。出発時にはメーターの数字が初乗りの「35」になっているか、メーターを作動させたかも確認すること（→P.108）。悪質な運転手が多く、メーターが早く上がるよう細工されていたり、遠回りされるなどのトラブルが多発している。キオスクから出力される紙には、運転手の氏名やタクシー番号も印字されており、運転手に問題があった場合にクレーム用として使える。何かと口実をつけてこの紙を取り上げようとする運転手がいるが、渡さないこと。

料金	バンコク市内ならメーターで250～300B程度。メーターに表示された料金に、配車手数料50Bを足して支払う。EV TAXI VIPは初乗り150B、配車手数料100B。バンコク市内中心部まで800～900B程度。有料道路を利用する場合は乗客の負担で、経路によりバンコク市内まで25～75B。
荷物料金	タテ、ヨコ、高さいずれかが26インチ（66.04cm）を超える荷物1個につき20B。荷物が3個以上ある場合は、サイズを問わず3個目から1個につき20B。ゴルフバッグやサーフボードなど長さが50インチ（127cm）を超える荷物は1個100B。空港行きにも適用される。
所要時間	渋滞状況や有料道路の出入口からの遠近によって異なり、最短で20分程度、通常30分～1時間程度。
運行時間	24時間、随時出発。

❸エアポートレイルリンク Airport Rail Link

安 早 確実

スワンナプーム国際空港ターミナルビル地下1階のスワンナプーム駅から終点パヤー・タイ駅まで全8駅の各駅停車。パヤー・タイ駅でBTSパヤー・タイ駅に連絡。マッカサン駅でMRTペッチャブリー駅に連絡。

注意：朝夕は混雑するので、スワンナプーム国際空港へ向かう際に途中駅からの利用は難しい。スーツケースなど大きな荷物がある場合は、始発のパヤー・タイ駅からの利用がおすすめ。

料金	距離により15～45B。終点のパヤー・タイ駅までは45B。
所要時間	パヤー・タイ駅まで26分。
運行時間	5:30～24:00の間、1時間に2～5本。

❹エアポートバスS1 Airport Bus S1

安 楽

カオサン通り直行。空港ターミナルビル1階7番出口から出て道路を渡った先にバス停がある。車内は比較的広いので大きな荷物があっても安心。

料金	60B。
所要時間	1時間～1時間30分。
運行時間	毎日6:00～20:00の間、20～30分おきに出発。

❺ロットゥー（ミニバス） Rot Tu (Mini Bus)

最安

空港敷地内にあるパブリック・トランスポーテーション・センター Public Transportation CenterとBTSオンヌット駅を結ぶ小型バス。基本的には空港従業員などの足だが、最安の移動手段。空港ターミナルビルとパブリック・トランスポーテーション・センターとの間はエアポートシャトルと呼ばれる無料のバスが結んでいる。

注意：車内は狭いので大きな荷物を持っての利用は難しい。

料金	BTSオンヌット駅まで30B。降車時運転手に手渡す。
所要時間	BTSオンヌット駅まで約1時間。途中バーンナー・トラート通り、BTSウドムスク、プンナウィティー、バーンチャークの各駅でも降車可。
運行時間	毎日6:00～21:30の間15～30分おき、あるいは満員になったら出発。

バンコク プチ情報　スワンナプーム国際空港と市街を結ぶ「LimoBus」。料金が180Bなのでふたり以上で利用するならタクシーのほうが安くて楽。ひとりでも荷物が少なければロットゥーとBTS乗り継ぎが安上がりで早い。

ドーン・ムアン国際空港から市内へのアクセス

❶メータータクシー Meter Taxi

楽

1階到着ロビー8番出口近くに配車カウンターがある。係員に行き先を告げ、指定された車を利用する。下車する際、メーター料金のほかに手数料として50B加算して支払う。

ドーン・ムアン国際空港の配車カウンター

注意：乗車時運転手に料金を提示されても相手にせず、必ずメーターで行くように確認すること。出発時にはメーターの数字が初乗りの「35」になっているか、メーターを作動させたかも確認すること（→P.108）。

料　金	バンコク市内まで170～220B程度＋配車手数料50B。有料道路を利用する場合は乗客の負担。
荷物料金	タテ、ヨコ、高さいずれかが26インチ（66.04cm）を超える荷物1個につき20B。荷物が3個以上ある場合は、サイズを問わず3個目から1個につき20B。ゴルフバッグやサーフボードなど長さが50インチ（127cm）を超える荷物は1個100B。空港行きにも適用される。
所要時間	渋滞状況や有料道路の出入口からの遠近によって異なり、最短で45分程度、通常1時間～1時間30分程度。
運行時間	24時間。

❷空港バス Airport Bus

安

1階到着ロビー5番出口と6番出口の間に乗り場がある。A1～A4の4路線あり、モーチット（北バスターミナル）行きはBTSモーチット駅を経由するので便利。

- A1：BTSモーチット駅経由北バスターミナル行き。
- A2：BTSモーチット駅経由戦勝記念塔行き。
- A3：プラトゥーナーム経由ルムピニー公園行き。
- A4：ラーン・ルアン通り、民主記念塔、カオサン通り経由サナーム・ルアン行き。

注意：A1はBTSモーチット駅止まりのバスもあるので、北バスターミナルへ行く場合は注意。フロントガラス内側に赤い看板が出ていたらBTSモーチット駅止まり。黄色い看板は通常運行。

料　金	A1、A2は30B。A3、A4は50B。
所要時間	A1：BTSモーチット駅まで所要約30分。 A2：所要約40分。 A3：所要約1時間30分。 A4：カオサン通りまで所要約1時間30分。
運行時間	A1：7:00～24:00の間5分おき。 A2：7:00～24:00の間30分おき。 A3：7:00～23:00の間30分おき。 A4：7:00～23:00の間30分おき。

❸SRTダークレッドライン SRT Darkred Line

楽

2020年に開通した高架鉄道。空港前のDR8ドーン・ムアン駅から終点バーンスー・グランド駅まで行くとMRTブルーラインに乗り換えられ、スムーズにバンコク市街まで出ることができる。駅にはエレベーターやエスカレーターも設置されている。

料　金	バーンスー・グランド駅まで33B。
所要時間	バーンスー・グランド駅まで16分。
運行時間	ドーン・ムアン駅発バーンスー・グランド駅行きは毎日5:37～翌0:07。7:00～9:30と17:00～19:30は12分、それ以外の時間帯は20分おき。

❹リモバス LimoBus

楽

空港バスより高級感のある車体を利用しており、無料Wi-Fiも利用できる。カオサン線（カオサン通り直行）とシーロム線（シーロム通り、BTSシーロムラインのラーチャダムリ駅行き）の2路線。

URL limobus.co.th

料　金	150B。ふたり以上ならタクシーのほうが安い。
所要時間	カオサン通り、シーロム通りまで約1時間30分。
運行時間	カオサン線：9:30～翌0:30 の間30分～1時間おき。シーロム線：11:00～ 翌1:00の 間30分 ～1時間おき。

❺路線バス Public Bus

格安

- 29番：BTSモーチット駅、戦勝記念塔、サヤーム・スクエア経由国鉄クルンテープ駅行き。
- 59番：戦勝記念塔経由サナーム・ルアン（カオサン通り近く）行き。
- 504番：プラトゥーナーム、シーロム通り行き。

注意：最安で移動できるが時間がかかる。

料　金	距離や車種により異なり、バンコク市内まで8～25B。
所要時間	国鉄クルンテープ駅まで1時間30分～2時間。
運行時間	29、59番は24時間。

❻鉄 道 Railway

楽

国鉄ドーン・ムアン駅はSRTダークレッドラインのドーン・ムアン駅階上にホームがある（3階）。チケット売り場はドーン・ムアン国際空港からの連絡歩道橋と直結した1階にある。

注意：列車は普通列車のみで本数は1日11本と少ないため、タイミングが悪いと1時間以上待つことになる。

料　金	3等のみで5B。
所要時間	国鉄クルンテープ駅まで所要40分～1時間。
運行時間	毎日6:02～19:52の間。

バンコクプチ情報 路線バスのバス停はドーン・ムアン空港内ではなく、空港の外を走る通りにある。路線バスを利用する際は1階到着ロビーからビルを背に右へ行くと、通りへの出口がある。

これでカンペキ バンコク交通ガイド

旅行者に便利なBTS

バンコクにはスカイトレインと呼ばれる高架鉄道(BTS)、MRTやSRTなどの都市鉄道、チャオプラヤー川を行き来するエクスプレス・ボートや渡し船、市内を網の目のように結ぶ路線バスなどの公共交通機関のほか、タクシーやモーターサイ(オートバイタクシー)、トゥクトゥクなどの乗り物がある。それぞれの特徴を把握して、うまく使いこなそう。

タイ国内で唯一の地下路線がある MRTブルーライン

MRTブルーラインの車両は外観がBTSとほぼ同じ

MRTブルーラインは、バンコク中心部と郊外を結ぶ「P」字形の路線。国鉄クルンテープ駅(フアラムポーン駅)、ウイークエンド・マーケット、ワット・パクナームなどへ行くのに便利。BL11バーン・スー駅でSRTダークレッドラインに乗り換えればドーン・ムアン国際空港へも行ける。

洪水対策で少し高く造られている地下駅への入口

▶路線図→P.96

- ●運行時間：6:00～24:00(終電の始発駅発車時間)
- ●運転間隔：4～7分。
- ●料金：初乗り17B、1駅ごとに2～3B加算され最高42B。パープルラインも含めると最高70B。

URL www.bemplc.co.th

▶チケットの種類

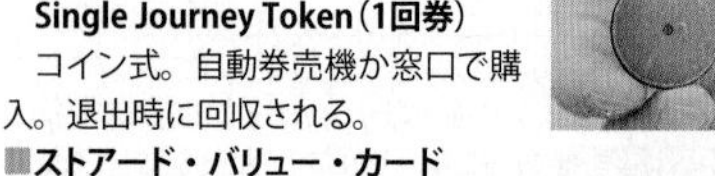

■シングル・ジャーニー・トークン Single Journey Token(1回券)

コイン式。自動券売機か窓口で購入。退出時に回収される。

■ストアード・バリュー・カード Stored Value Card(プリペイドカード)

カード式。事前にチャージした金額から利用のつど料金が引かれる。窓口で購入でき、料金は180B(カードのデポジット50B、手数料30B、運賃分100B)。2000Bまでチャージ可能(300B以上のチャージはクレジットカード利用可。CC AMV)。発行日から5年間有効。

ストアード・バリュー・カード

■タッチ決済可能なクレジットカード(CC JMV)がそのまま利用できる。

▶MRTの乗り方

1. トークンまたはストアード・バリュー・カードで改札機のセンサー部分❶をタップすると赤いバリアが開く。タッチ決済可能なクレジットカードは❷をタップ。
2. 退出の際はトークンを改札機のスロット❶に投入するとバリアが開く。ストアード・バリュー・カードは❷をタップすると❹に残高が表示される。タッチ決済可能なクレジットカードは❸をタップ。

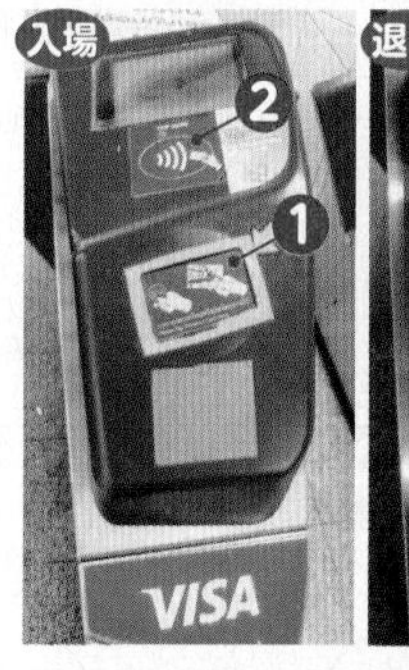

▶MRTチケットの買い方

1. 自動券売機のディスプレイに表示されている路線図❶で行き先の駅名と利用人数をタップすると料金が表示される(表示はタイ語か英語が選択できる)。
2. 料金投入口❷に硬貨もしくは紙幣を投入すると、取り出し口❸にまず釣り銭、しばらくしてからトークンが出る。

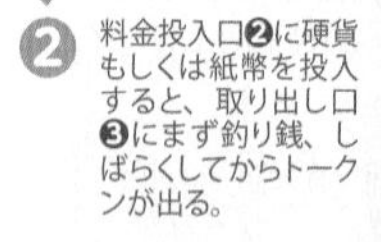

BTSやMRTはトイレのない駅が多い

BTSの駅に一般利用者用のトイレはない(警備員に頼めば職員用トイレを使わせてくれる)。MRTブルーラインで一般用トイレがあるのは以下の各駅。

BL12カムペーン・ペッ駅
BL13チャトゥチャック・パーク駅
BL14パホンヨーティン駅
BL15ラートプラオ駅
BL20プラ・ラーム・ナイン駅
BL21ペッチャブリー駅
BL22スクムウィット駅
BL24クロントゥーイ駅
BL26シーロム駅(この駅のみ改札内にある)

バンコクプチ情報 MRTブルーラインのスクムウィット駅は、夕方のラッシュ時は大変な混雑になり、チケット購入だけでもひと苦労。タッチ決済可能なクレジットカードがあれば利用したい。

渋滞を見下ろしながら快適移動

BTSシーロムライン、スクムウィットライン

全線高架のBTS

- 運行時間：5:15～翌0:51
- 運転間隔：2分30秒～8分、駅間はだいたい1～3分。
- 料金：距離により17～62B。

スクムウィットラインのE10バーンチャーク～E23ケーハ駅間、シーロムラインのS8ウォンウィエン・ヤイ～S12バーンワー駅間は運営会社が異なり料金体系も別で、一律15B加算される。
URL www.bts.co.th

バンコク中心部と郊外を結んで走る高架鉄道で、渋滞知らずの便利な乗り物。シーロムラインとスクムウィットラインの2路線あり、CENサヤーム駅（セントラル・ステーション Central Station）で連絡している。スクムウィットラインのN2パヤー・タイ駅でエアポートレイルリンクのA8パヤー・タイ駅に連絡。
▶路線図→P.96

▶チケットの種類

■シングル・ジャーニー・カード Single Journey Card（1回券）
自動券売機で購入し、出札時に回収されるICチップ入りのカード式チケット。購入当日のみ有効。

■ワンデイ・パス One-Day Pass
窓口で購入し、購入当日乗り放題（購入時から24時間ではないので注意）のチケット。150B。

■ラビット・カード Rabbit Card
プリペイド式のカード。窓口で購入でき、料金は200B(手数料100B、運賃分100B)。発行日から7年間有効(運賃は最終利用日から2年間有効)。料金は100B単位で最大4000Bまでチャージできる。BTSゴールドライン(→P.104)、BRT(→P.109)でも利用できるほか、MBKやサヤーム・パラゴン、エンポリアムなどのフードコート、マクドナルドなど提携店での支払いにも利用できる。

ラビット・カード

▶BTSチケットの買い方

1. 券売機横の路線図兼運賃表で行き先駅までの運賃を確認。
2. 券売機❶のディスプレイに表示された路線図から目的の駅名をタップ ➡❷に硬貨を入れる ➡❸にシングル・ジャーニー・カードとおつりが出る

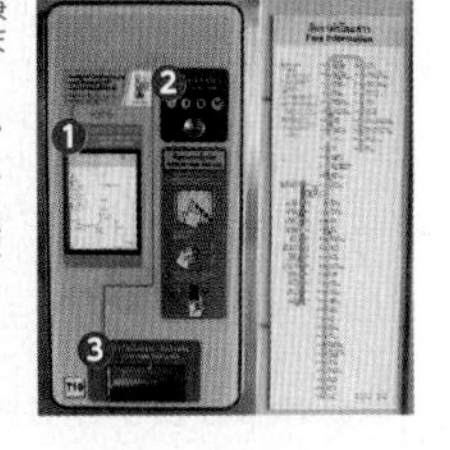

▶BTSの乗り方

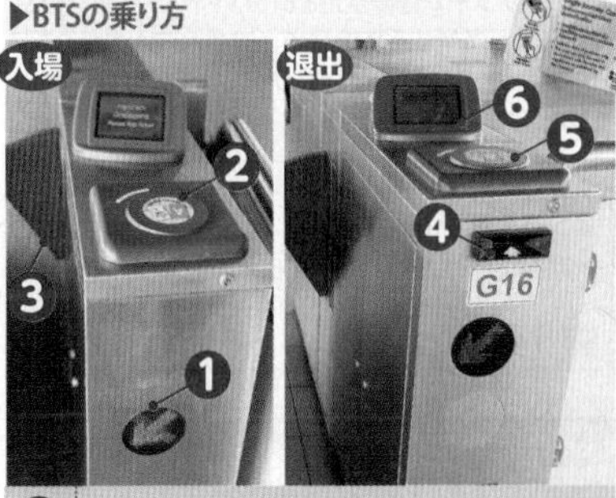

❶	表示が緑矢印の改札左側が利用可
❷	チケットをここにタップするとバリアが開く
❸	赤いバリアが開いたら素早く通過する。閉まるタイミングが早いので注意
❹	シングル・ジャーニー・カードはこのスリットへ入れるとバリアが開く。カードは回収される
❺	ラビット・カードはここにタップする
❻	ラビット・カードの残額はここに表示される

注：BTSのことを「モノレール」と呼ぶ人もいるが、二条の軌道を使う鉄道。

▶BTS利用時の注意

■改札バリアの閉まるタイミングが早い：改札機の銀の箱左右両側から飛び出している赤い出っ張りは、チケットを投入すると開き、人が通るのを感知すると閉まる。閉まるタイミングが早いので、素早く通り抜けること。

■大きな荷物がある場合：改札口にいる警備員にアピールすると、脇のゲートを通してくれる。妊婦や老人、小さな子供連れも、この方法を利用している。

■ホームの黄色い線よりも外側へ出ない：ホームの端には黄色い線が引いてある。この線よりも外側へ出ると警備員に警笛で注意される。

ホームドアが設置された駅もある

■ラビット・カードを入場券代わりに：プリペイド式のラビット・カードを使うと17Bで駅の通り抜けが可能。

▶BTSとMRT共通の注意点

■車内や駅構内での飲食は禁止
BTSやMRTの車内や駅構内では、飲食が禁止されている。持ち帰り用の飲み物を手に持っていると、改札前のゴミ箱に捨てさせられる。

■荷物チェックがある
BTSは改札内に、MRTは駅入口に警備員がおり、スーツケースやバックパックなどの大きな荷物はランダムで検査を受ける。

バンコクプチ情報 ラビット・カードが使えるフードコートは、精算が不要でとても便利。キャンペーンで割引になることもあり、バンコク旅のリピーターなら1枚ゲットしておきたい。

スワンナプーム国際空港へアクセス

エアポートレイルリンク(ARL)

スワンナプーム国際空港とBTSパヤー・タイ駅を結ぶ、タイ国鉄が運営する高架鉄道。途中A6マッカサン駅でMRTブルーラインのBL21ペッチャブリー駅とも接続。

▶路線図→P.96

- 運行時間：5:30～22:36
- 運転間隔：10～15分。
- 料金：距離により15～45B。スワンナプーム駅からパヤー・タイ駅まで45B。

URL www.srtet.co.th

▶チケットの種類

MRTと同じトークン式。

▶ARLチケットの買い方

MRT同様、券売機の画面に表示された行き先駅名と利用人数をタップ後、表示された料金を投入。窓口でも購入できる。

▶ARLの乗り方

MRTと同様、入場時はトークンを改札機のパッドにタップ。退出時はトークンを改札機のスロットに投入する。

国鉄運営の都市鉄道

SRTレッドライン

バンコク北部、タイ国鉄の新たなターミナル駅として建設されたクルンテープ・アピワット中央駅(バーンスー・グランド駅)から延びる2路線の高架鉄道。それぞれダークレッドラインとライトレッドラインと呼ばれ、ダークレッドラインは北のDR10ランシット駅、ライトレッドラインは西のLR4タリンチャン駅までを結ぶ。ダークレッドラインでドーン・ムアン国際空港、ライトレッドラインでチャーンチュイ(→P.25)へ行ける。

- 運行時間：5:30～24:00
- 運転間隔：7:00～9:30と17:00～19:30は12分、それ以外の時間帯は20分。
- 料金：12～42B
  バーンスー・グランド駅からドーン・ムアン駅まで33B。

URL www.srtet.co.th/en

▶チケットの種類

MRTやエアポートレイルリンクと同じトークン式。

▶SRTチケットの買い方

MRT同様、自動券売機画面の路線図で行き先の駅名をタップすると料金が表示されるので、硬貨や紙幣を投入すると取り出し口にトークンが出る。

▶SRTの乗り方

MRTやARLと同様、入場時はトークンを改札機のパッドにタップ。退出時はトークンを改札機のスロットに投入する。

BTSの新路線はモノレール

BTSゴールドライン

2020年12月に開通した新交通システム。BTSシーロムラインのS7クルン・トンブリー駅から終点GL3クローンサーン駅までを結ぶ。3駅だけの短い路線ながら、アイコンサヤーム(→P.226)へ行けるのは便利。軌道中央のガイドレールをまたいでタイヤで走行する2両編成の列車で、完全自動運転のため運転手がおらず運転席もない。そのため前面の展望も楽しめる。

- 運行時間：6:00～23:42
- 運転間隔：時間帯により6～12分
- 料金：16B

▶チケットの種類

■シングル・ジャーニー・カード Single Journey Card(1回券)

BTSシーロムラインやスクムウィットライン同様、自動券売機で購入。入場の際改札機のパッドにタップし、退出時はスリットに挿入する。

■ラビット・カード利用可

■ワンデイ・パスでの利用不可

バンコク都市鉄道利用時の注意点

■行き先案内に注意

BTSやMRT、SRT共通の注意点は、駅構内にある行き先案内の看板が、その路線の終着駅名で表示されていること。自分が行きたい駅がどちら方面にあるのか、事前に路線図で確認しておかないと、戸惑うことになる。

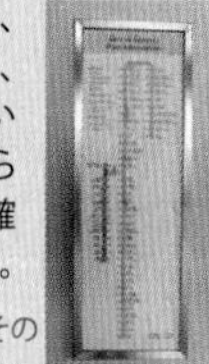

路線図で自分が行きたい駅を探し、その路線の終着駅名をチェック

■優先席に注意

タイの優先席で優先されるのは、老人、けが人、妊婦、赤ちゃん連れの女性、子供、そして僧侶。子供や僧侶が優先されるのはタイならでは。

BTSの優先席は対象者のイラスト入り

新規路線の開通が続くバンコクの都市交通

BTSのスクムウィットラインやMRTブルーラインは、開通時からかなり延伸されて郊外への行き来が便利になった。さらに2020年にはBTSゴールドラインとSRTダークレッドライン、SRTライトレッドラインが開通した。2023年にはMRTパープルラインのPP11ノンタブリー・シビック・センターからバンコク北部を横断してミンブリーまで延びるMRTピンクラインと、BTSスクムウィットラインのN10パホンヨーティン24からエアポートレイルリンクのA4フアマークを経由してE15サムローン駅までバンコクの西郊外を南北に延びるMRTイエローラインの、2路線のモノレールが開通した。

バンコクプチ情報 計画路線図だけを見ると誇大妄想のようにも思われたバンコクの都市鉄道も、いつの間にか完成した路線が増え、電車に乗り慣れた日本人には行動しやすくなりうれしい限り。

とにかく安く移動できる

路線バス

200近い路線があり、各路線は番号で区別される。自分が行きたい場所を通るバスを探すにはアプリ（→P.347）を利用しよう。車体の種類も各種あり、料金は路線ではなく車体の種類によって異なる。

●おもなバスの種類

（2023年11月現在）

エアコンバス

オレンジや濃いブルーの塗装が施されたバス。エアコンの効きもよく快適。窓は断熱仕様になっており、また車体全面に広告が入っていることが多いため、車内は薄暗い。運賃は最初の4kmまで13B、以降4kmごとに2B追加、最高25B。濃紺の車体を使うタイ・スマイル・バスは距離により、15、20、25B。

上／乗り心地もいいオレンジバス　下／タイ・スマイル・バスは電気自動車

ピンクバス（エアコンなし）

こちらも白バス同様、古い車体を塗り替えただけのバス。赤バスと同じ程度に古いのに、色が違うだけで料金が少し高いという不条理感が味わえる。運賃は10B。

色合いが強烈なピンクバス

白バス（エアコンなし）

白い車体が涼しげな、エアコンなしのバス。塗装が新しいだけで、車体はかなり古いことが多い。運賃はピンクバスと同じ10B。

古いバスを塗り替えただけの白バス

赤バス（エアコンなし）

クリーム色と赤に塗装されており、車体はどれもかなり古びている。バス停でなくても、例えば交差点で停車中にブザーを鳴らすとドアを開けてくれることもある。運賃は8B。有料道路を通る場合2B追加。

乗り降りほぼ自由の赤バス

NGVバス（黄バス）

2006年頃登場した、液化天然ガスを燃料に使う中国製のバス。エアコン付きなのにドアに大きな隙間があったりする。運賃は最初の4kmまで14B、以降4kmごとに2B追加、最高26B。14Bの均一料金もある。

バンコクの大気汚染を改善できるか

旧型エアコンバス

青地にクリーム色の帯のツートンカラーで、側面には全面に広告が入っていることが多い。車体はかなり年季が入っている。運賃は最初の8kmまで12B、以降4kmごとに2B追加、最高20B。

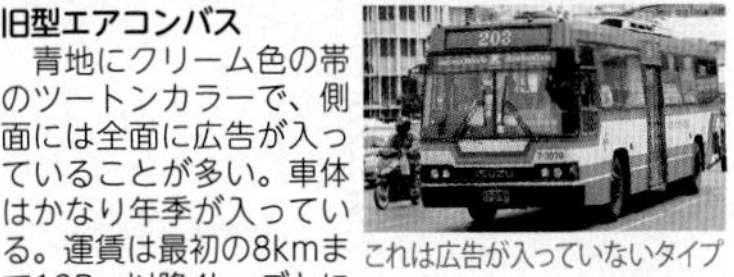

これは広告が入っていないタイプ

オレンジミニバス（エアコンなし）

特定の路線（1番や40番など）に、補助的な役割で運行している民間のバス。運転は荒いことが多いので注意。運賃は10B。

車体は一般のバスより小さめ

●バスの乗り方

① バス停で待つ

通りにバス停が設置されており、そこを通る路線の案内看板もある（更新されていないことも）。

② 合図をする

目的のバスが見えたら、腕を斜めやや下に伸ばして合図をする。これはバスに限らずタクシーやトゥクトゥクを停める場合にも使われる。バス停に人がいても誰も合図をしないとバスは通過してしまうので注意。

③ 料金を払う

乗車後カシャカシャと金属のぶつかりあう音が聞こえたら、集金の合図。水色や紺色の制服を着た車掌にお金を渡す。車掌は筒状になった料金箱からチケット（厳密には領収書）を切り取り、手渡してくれる。エアコンバスの料金は距離制なので、行き先の地名を告げる。できるだけ小銭を用意しておこう。

●バスの降り方

車内のブザーを押せば、次のバス停で停車する。目的地がわからなければ車掌や周囲の人に尋ねよう。バス停の間隔は短いので、少々乗り越しても歩いて戻れる。

▶バスの看板に注意

路線バスには正面フロントガラス内や側面に長方形の看板が掲げられていることがあり、その看板にも注意が必要。

■青い文字か青い板

通常運行のバス。料金は通常料金。青の看板なのにルートの一部しか走らないバスもあり、これは見分けがつかないので、途中で停まってしまったら諦めて後続のバスを待とう。

■黄色い文字か黄色の板

有料道路に入るバス。有料道路以外の部分を利用する場合は通常料金なので、車掌に行き先を聞かれる。有料道路に入るエアコンバスは白プレートに赤字の看板が出ている。

■赤文字か赤の板

一部区間のみ運行のバス。看板にはタイ語で行き先が書かれている。

■オレンジ文字かオレンジの板

ラッシュ時に運行され、特定のバス停にのみ停車する急行バス。

バンコクプチ情報　歩道が広いなど余裕がある場所にあるバス停には、ベンチ、屋根、到着情報を表示するモニターが設置されていることも。Wi-Fi、充電用USBスロットまで用意されている。

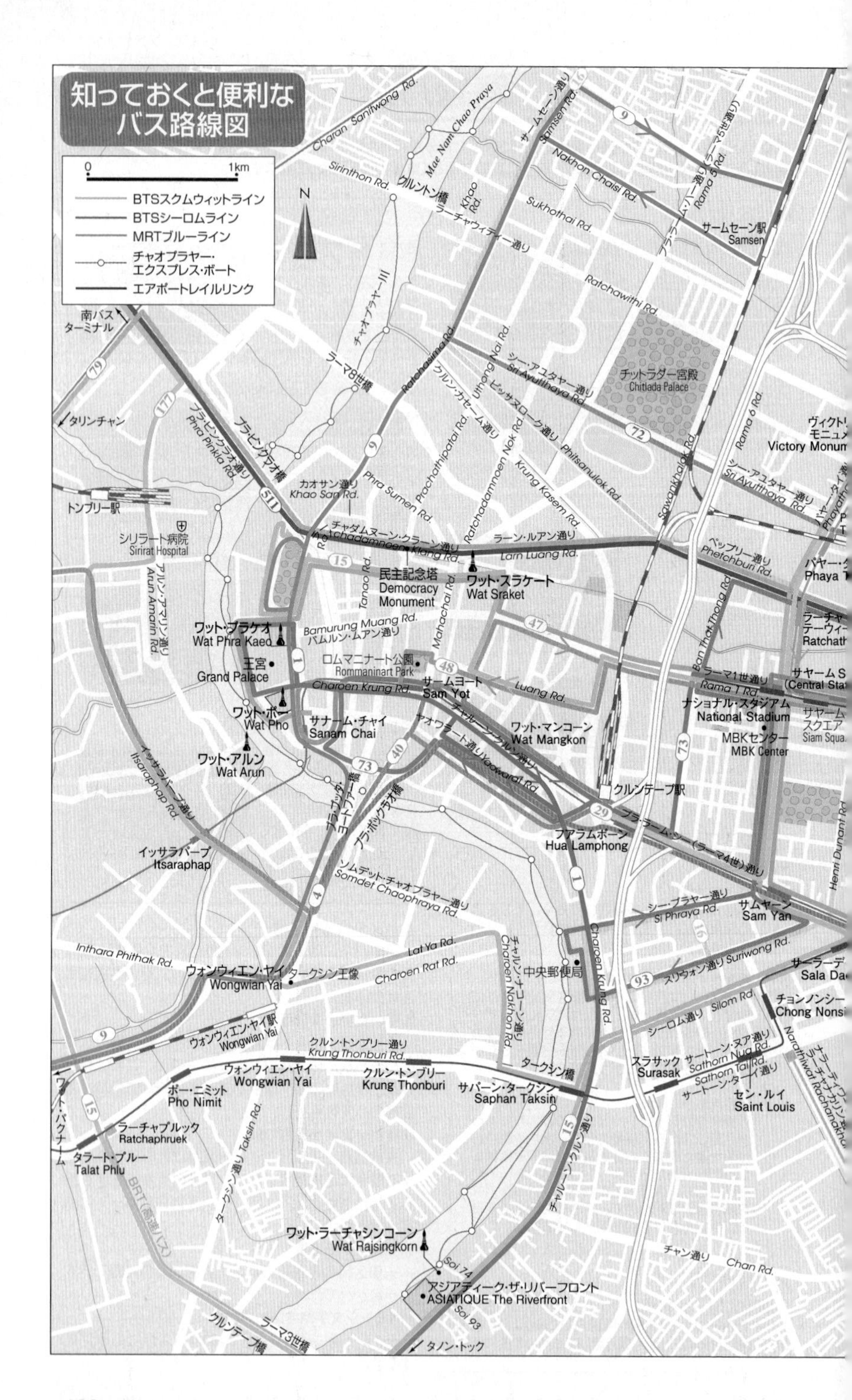
知っておくと便利な
バス路線図
BTSスクムウィットライン
BTSシーロムライン
MRTブルーライン
チャオプラヤー・
エクスプレス・ボート
エアポートレイルリンク
南バス
ターミナル
トンブリー駅
シリラート病院
Sirirat Hospital
民主記念塔
Democracy
Monument
ワット・スラケート
Wat Sraket
ワット・プラケオ
Wat Phra Kaeo
王宮
Grand Palace
ワット・ポー
Wat Pho
ワット・アルン
Wat Arun
サナーム・チャイ
Sanam Chai
サームヨート
Sam Yot
ワット・マンコーン
Wat Mangkon
クルンテープ駅
フアラムポーン
Hua Lamphong
チットラダー宮殿
Chitlada Palace
サームセーン駅
Samsen
ナショナル・スタジアム
National Stadium
MBKセンター
MBK Center
サムヤーン
Sam Yan
イッサラパープ
Itsaraphap
ウォンウィエン・ヤイ
Wongwian Yai
タークシン王像
中央郵便局
ウォンウィエン・ヤイ駅
Wongwian Yai
クルン・トンブリー
Krung Thonburi
サパーン・タークシン
Saphan Taksin
ポー・ニミット
Pho Nimit
ラーチャプルック
Ratchaphruek
タラート・プルー
Talat Phlu
スラサック
Surasak
セン・ルイ
Saint Louis
チョンノンシー
Chong Nonsi
ワット・ラーチャシンコーン
Wat Rajsingkorn
アジアティーク・ザ・リバーフロント
ASIATIQUE The Riverfront
タノン・トック
タリンチャン
ロムマニナート公園
Rommaninart Park
Charan Sanitwong Rd.
Sirinthon Rd.
Samsen Rd.
Nakhon Chaisi Rd.
Sukhothai Rd.
Ratchawithi Rd.
Sri Ayutthaya Rd.
Phitsanulok Rd.
Krung Kasem Rd.
Khao San Rd.
Phra Sumen Rd.
Larn Luang Rd.
Bamurung Muang Rd.
Charoen Krung Rd.
Luang Rd.
Yaowarat Rd.
Rama 1 Rd.
Si Phraya Rd.
Suriwong Rd.
Silom Rd.
Sathorn Nua Rd.
Sathorn Tai Rd.
Charoen Rat Rd.
Lat Ya Rd.
Inthara Phithak Rd.
Krung Thonburi Rd.
Somdet Chaophraya Rd.
Itsaraphap Rd.
Arun Amarin Rd.
Phra Pinklao Rd.
Taksin Rd.
Chan Rd.
Soi 74
Soi 93

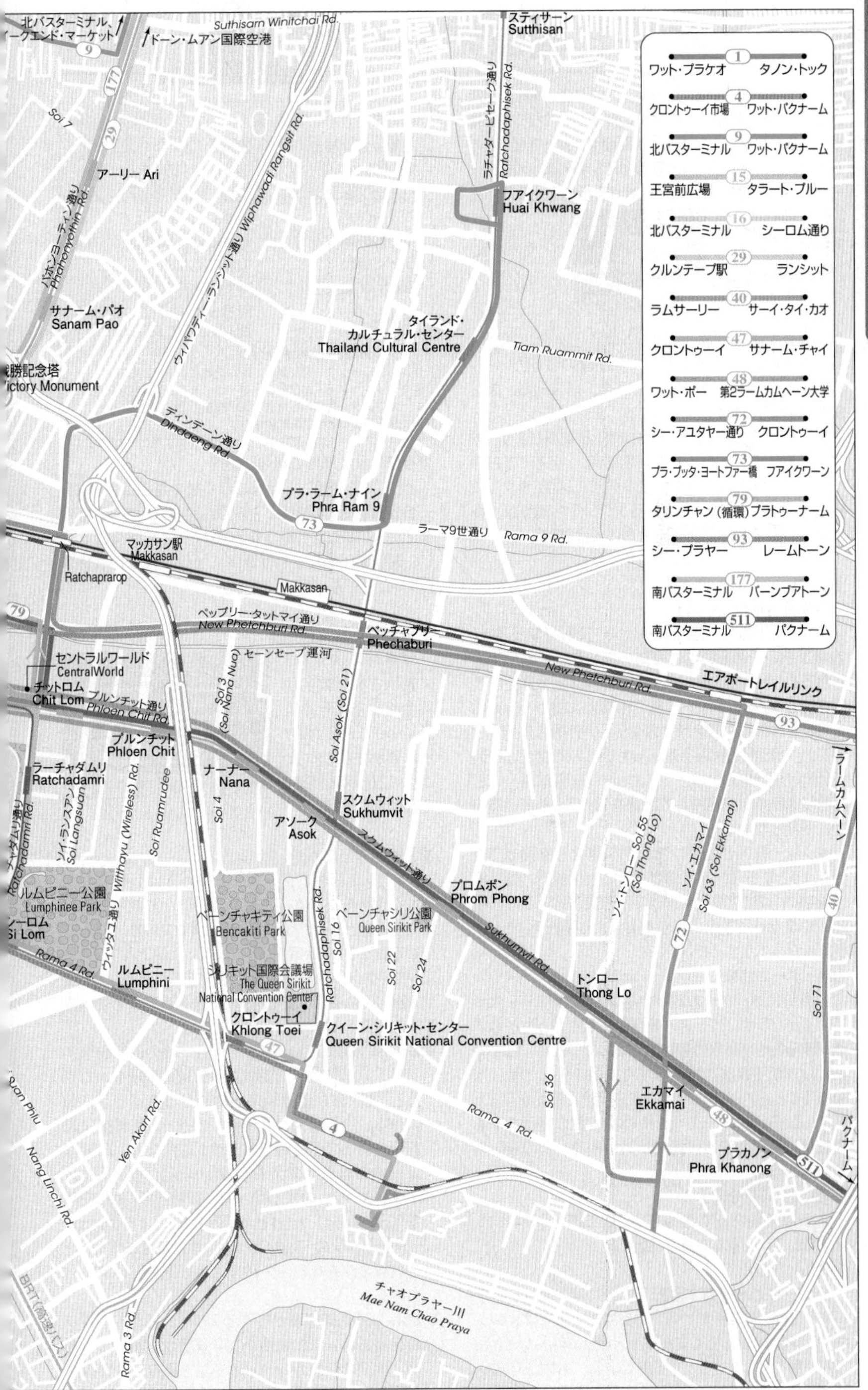
北バスターミナル、ウィークエンド・マーケット
ドーン・ムアン国際空港
Suthisarn Winitchai Rd.
スティサーン
Sutthisan
ワット・プラケオ 1 タノン・トック
クロントゥーイ市場 4 ワット・パクナーム
北バスターミナル 9 ワット・パクナーム
王宮前広場 15 タラート・プルー
北バスターミナル 16 シーロム通り
クルンテープ駅 29 ランシット
ラムサーリー 40 サーイ・タイ・カオ
クロントゥーイ 47 サナーム・チャイ
ワット・ポー 48 第2ラームカムヘーン大学
シー・アユタヤー通り 72 クロントゥーイ
プラ・プッタ・ヨートファー橋 73 フアイクワーン
タリンチャン（循環）79 プラトゥーナーム
シー・プラヤー 93 レームトーン
南バスターミナル 177 バーンブアトーン
南バスターミナル 511 パクナーム
Soi 7
アーリー Ari
パホンヨーティン通り
Phahonyothin Rd.
ウィパワディー・ランシット通り Wiphawadi Rangsit Rd.
ラチャダーピセーク通り
Ratchadaphisek Rd.
フアイクワーン
Huai Khwang
サナーム・パオ
Sanam Pao
タイランド・カルチュラル・センター
Thailand Cultural Centre
Tiam Ruammit Rd.
戦勝記念塔
Victory Monument
ディンデーン通り
Dindaeng Rd.
プラ・ラーム・ナイン
Phra Ram 9
ラーマ9世通り
Rama 9 Rd.
マッカサン駅
Makkasan
Ratchaprarop
Makkasan
ペッブリー・タットマイ通り
New Phetchburi Rd.
ペッチャブリー
Phechaburi
セーンセーブ運河
セントラルワールド
CentralWorld
チットロム
Chit Lom
プルンチット通り
Phloen Chit Rd.
New Phetchburi Rd.
エアポートレイルリンク
プルンチット
Phloen Chit
Soi 3 (Soi Nana Nua)
Soi Asok (Soi 21)
ラーマ・カムヘーン
ラーチャダムリ
Ratchadamri
ナーナー
Nana
スクムウィット
Sukhumvit
ソイ・ランスアン
Soi Langsuan
Witthayu (Wireless) Rd.
Soi Ruamrudee
Soi 4
アソーク
Asok
スクムウィット通り
ラーチャダムリ通り
Ratchadamri Rd.
ソイ・トンロー Soi 55 (Soi Thong Lo)
ソイ・エカマイ
Soi 63 (Soi Ekkamai)
ルムピニー公園
Lumphinee Park
シーロム
Si Lom
ウィッタユ通り
ベーンチャキティ公園
Bencakiti Park
ベーンチャシリ公園
Queen Sirikit Park
プロムポン
Phrom Phong
Sukhumvit Rd.
Soi 16
Soi 22
Soi 24
Ratchadaphisek Rd.
Rama 4 Rd.
ルムピニー
Lumphini
シリキット国際会議場
The Queen Sirikit National Convention Center
クロントゥーイ
Khlong Toei
クイーン・シリキット・センター
Queen Sirikit National Convention Centre
トンロー
Thong Lo
Soi 71
Suan Phlu
Yen Akart Rd.
Nang Linchi Rd.
Rama 4 Rd.
Soi 36
エカマイ
Ekkamai
プラカノン
Phra Khanong
パクナーム
BRT（高速バス）
Rama 3 Rd.
チャオプラヤー川
Mae Nam Chao Praya

ドアからドアへの便利さ

タクシー、配車アプリ

乗車前にまず乗ってもいいか交渉

小型乗用車を使用していて、ピンクや赤、緑といった派手な塗装と屋根の上に横長のサイン(アンドン)を載せているのが目印。ほとんどが距離メーターを使うもの(「タクシー・メーター」と呼ばれている)で、メーターのない運賃交渉制のタクシーはほぼ消滅。

左/メータータクシーのサイン 右/交渉式タクシーのサイン

●料金 (2023年11月現在)

初乗り1kmまで	35B
1~10km	1kmごとに6.5B
10~20km	1kmごとに7B
20~40km	1kmごとに8B
40~60km	1kmごとに8.5B
60~80km	1kmごとに9B
80km以上	1kmごとに10.5B
渋滞時	時速6km以下での走行時間1分ごとに3B加算

注:メーターは2B刻みで上がる
注:コールセンターを利用して呼んだ場合迎車料20B追加
注:スワンナプーム国際空港、ドーン・ムアン国際空港の配車カウンターを利用した場合50B追加
注:深夜料金などの割増料金はない

▶タクシーの乗り方

フロントガラスの助手席側に赤か緑の「ว่าง」(ワーン)というタイ文字が光っていたら空車。バス同様、腕を斜めやや下に伸ばして合図する。車が停まったらドアを開けて行き先を告げ、OKされたら乗車しよう。ドアは手動。シートベルトは全席着用。歩道に赤白のペイントが施されていたら駐停車禁止区間(タクシー乗降も禁止)。停まってくれるタクシーもあるが、警察に見つかると運転手は罰金(もしくは賄賂)。

▶タクシー利用時の注意

■乗車拒否は珍しくない

言葉が通じない、道を知らない、交替時間が近い、機嫌が悪い、あるいは遠距離の場合などは乗車拒否されることもある。またバンコク市内は一方通行が多いので、地図上では一直線でも複雑に曲がりながら走ることがある。相手が地理にうとい外国人旅行者とみると、遠回りを試みる運転手もいるので注意しよう。近距離の移動なのに「トールウェー(有料道路)」などと言う運転手は遠回りして距離を稼ごうとしているので、利用しないこと。

タクシーを呼び止めた際、助手席の窓を開けて交渉しようとする運転手は質が悪いことが多い。助手席や後部のドアをこちらが開けてから交渉に入る運転手は、いきなり助手席の窓を開けてくる運転手よりはトラブルが少ないようだ。

■メーターに注意

出発時にメーターの数字が基本料金の「35」になっているかどうか、メーターを作動させたかどうか必ず確認すること。35以外の数字を示していたり、数字の上がり方が不自然な場合はすぐに車を停めさせ、下車すること。「ノープロブレム」を連発する運転手ほどトラブルが多い。メーターを使わず料金の提示をする運転手は問題がある可能性が高いので、別の車を利用すること。

■流している車を使う

ホテルの前などで客待ちしている車は利用せず、必ず流している車をひろうこと。

■支払いについて

きっちりおつりを渡す運転手もいれば、端数を勝手に切り上げる運転手もいる。悪質なケースでは、40~50Bの料金に100B札で支払うと「小銭がない」などと言って差額をせしめようとする者もいる。不愉快な思いをせずに済むよう、あらかじめ小銭を用意しておこう。

■夜間に女性単独で利用しない

どうしても利用しなければならない場合は、タクシーの登録番号を記録し、携帯電話などで「この番号のタクシーにここから乗った」(地名や数字を英語で言い、運転手に聞かせれば牽制になる)と誰かに連絡するフリだけでもしておくこと。

▶メーターの見かた

停車時のメーターに表示された数字が料金を表す。料金以外に小さな数字が2ヵ所に表示されており、これは左が走行時間で右が走行距離。

いちばん大きな表示が料金

▶配車アプリの利用

「すぐ乗車拒否」「メーターを使わない」「料金をボられる」「勝手に怒る」「英語が通じない(これは仕方ない)」などなど、何かと評判の悪いバンコクのタクシー。少しでも安心して利用するには、GrabやBoltなどのアプリでタクシーや一般の車を呼ぶ方法がある。流しよりは割高になるが、安心を買うと思えば安いもの。(詳細→P.347)

■**Grab**:登録しているタクシーや一般の車を配車するアプリ。アプリ上で目的地と希望の車種を入力すると、近くにいる登録済みの車から希望者が迎えに来る。所要時間が利用前にわかり、到着後に運転手を評価できるのでトラブルも少ない。車種には一般の自家用車が来る「GrabCar」、登録したメータータクシーの「GrabTaxi」、荷物が多くても安心な「GrabVan」、大型SUVの「GrabSuv」、ラグジュアリーなセダンの「GrabCar Plus」など各種あり、それぞれ料金が異なる。モーターサイが来る「GrabBike」もある。

■**Bolt**:Grab同様車が呼べるアプリ。特徴やアプリの使用感はほぼGrabと同じで運賃はGrabよりも安め。地図の精度がGrabよりも落ちるので、乗車地や降車地の指定で手間がかかることも。

バンコクプチ情報 バンコクのタクシー料金は長い間安価なままで、運転手が気の毒になるぐらい。律儀におつりを渡す運転手も多いが、小銭ぐらいはチップにしてもいいかも。

一度は乗りたいタイ名物の3輪車
トゥクトゥク

かわいらしいトゥクトゥク。座席横のネットはひったくり防止

派手なカラーリングの車体からもうもうと排気ガスを吹き出し、甲高い音をばらまきながら通りを突っ走るトゥクトゥク。定員は3名のようだが、運転手が了解すれば何人乗ってもかまわない。電動トゥクトゥクが呼べるアプリのMuvMi(→P.13)が便利。

▶トゥクトゥクの利用法

料金は乗車前に運転手と交渉して決め、到着後に払う。タクシーを何度か利用するなどして料金の感覚をつかんでおくと交渉しやすい。繁華街や見どころ周辺で客待ちしているトゥクトゥクは驚くような高い値段を提示してくるので、最初から相手にしないこと。

●料金の目安

徒歩約10分の距離	30～50B
徒歩約20分の距離	50～80B
徒歩約30分の距離	80～100B
それ以上の距離	100B～

外国人は距離にかかわらず最低でも100B程度請求されるため、タクシーよりも割高。旅の記念と割り切って、ちょっとした距離を50Bや100Bなどで利用してみるのがいいかも。バンコク市内の移動で100B以上の料金は高過ぎ。

路地の入口で客を待つ

路地の中を行ったり来たり
モーターサイ、シーロー

ソイ(路地)の入口などにオートバイが並び、お揃いのベストを着た運転手が木陰で休んでいる。彼らはオートバイタクシーで、後部座席に客を乗せてソイの中を走る。短距離専門だが交渉次第では長距離を走ることも可能。転倒して骨折したり、車と車の間をすり抜ける際にひざをぶつけてけがをする人も多い。利用時はヘルメットをかぶり(貸してくれる)、ひざを開かないよう注意し、急ブレーキや突然の進路変更に備えてしっかりつかまって体を支えること。同じく路地内専門の乗り物が、小型自動車を改装して車体後部に座席を設置したシーロー。BTSプロムポン、トンロー駅周辺のソイに多い。

●料金の目安

モーターサイ	同じソイ（路地）内なら10B～
シーロー	1回40B～

トラックの荷台が客席
ソンテオ

小型や中型トラックの荷台にベンチを付けた「ソンテオ」という乗合トラックが、大きな路地や郊外の住宅地を走行しており、路線バスのように利用されている。

路線上なら好きな場所で乗り降り可能

●料金：8～10B

郊外を走る新交通システム
BRT(高速バス)

BTSチョンノンシー駅からバンコク市街南部経由でトンブリー側のラーチャプルック駅(BTSシーロム線タラート・プルー駅と連絡)まで、専用の車線(一部優先車線)を走るバス(路線図→P.96)。

地元の人の利用が多い

●料金：10～24B(2023年11月現在、全線暫定料金15B)。BTSのラビット・カードも利用可。

バンコクと郊外を結ぶミニバス
ロットゥー

安くて速い便利な乗り物

●料金：1時間程度の距離で70B程度～。

ハイエースなどの小型バンを改造したロットゥーと呼ばれるミニバスが、バンコク市街と郊外の町を結んで走っている。メークローンやアムパワー、カンチャナブリー、パタヤーなどバンコクから数時間圏内の町ならたいてい路線があり、発着場所は北(MAP 折込表-E1)、東(MAP P.89-E5)の各バスターミナルと、西方面行きはサーイ・タイ・ピンクラオ(MAP 折込表-A2)。

バンコクプチ情報 繁華街やホテルの前などで客待ちしているタクシーやトゥクトゥクは、びっくりするような高い値段を言う。流しはいくらでもいるので、相手にしないほうが無難。

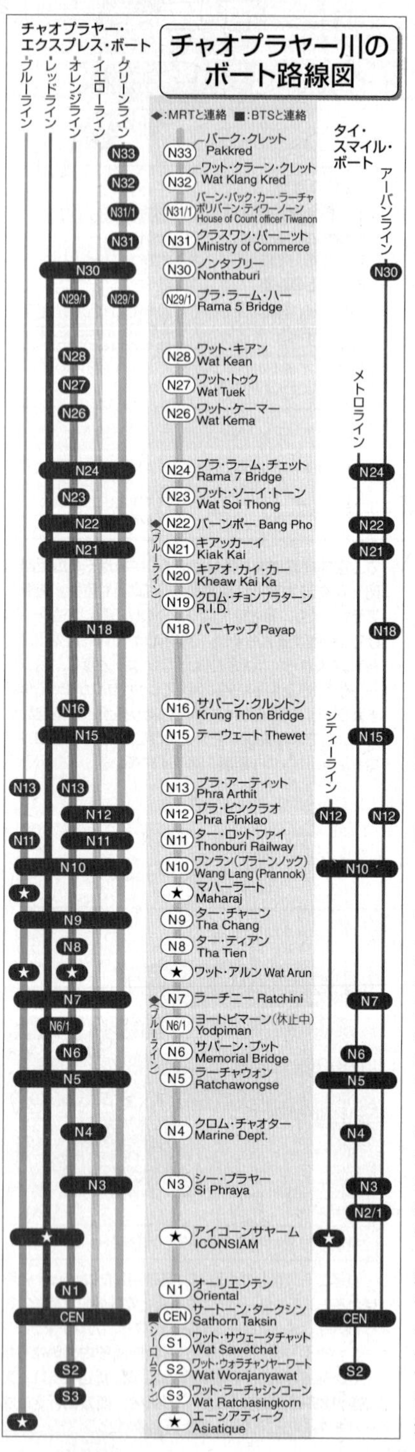

旅行者にも人気の水上バス

エクスプレス・ボート

(ルア・ドゥアン)

チャオプラヤー川を行き来する水上バスのようなエクスプレス・ボート。現在チャオプラヤー・エクスプレス・ボートとタイ・スマイル・ボートの2社が運航している。渋滞がなく、移動のついでに川の上から名所旧跡も見物できて一石二鳥(→P.112)。全行程を乗り通すと所要約1時間30分のプチトリップだ。

▶エクスプレス・ボートの利用法

会社によって船体や料金の支払い方法が異なるので注意。船着場は同じ。

■チャオプラヤー・エクスプレス・ボート

細長いエンジン付きのスマートな船を使用。船着場に接岸する船体後部から乗り降りする。船員が吹く特徴のある笛の音が、出発の合図。料金は乗船後に船員が、バスと同じ要領で集金に来る。船着場のカウンターで払えるところもある。ときどき検札があるので、下船するまで切符は捨てないこと。下船の際の合図は特にないので、心配な場合は船員にひと言告げておこう。

■タイ・スマイル・ボート

電動モーターで駆動する双胴船を使用。船体側面のドアから乗り降りする。支払いは船内に2基設置された端末で、非接触型クレジットカード、デビットカード、銀行アプリの2次元バーコード決済のいずれか。どれも持っていない外国人旅行者の利用は難しい。船員によっては現金を受け取って乗船させてくれることもある。料金は一律20B。

▶船の種類と運航時間

■チャオプラヤー・エクスプレス・ボート

色付きの旗を掲げた急行船が5種あり、運航時間帯と料金が異なる(→P.111)。

ブルー・ラインは旅行者向けの観光路線で、150Bのワンデイ・リバー・パスを購入すればエーシアティーク～プラ・アーティット(カオサン通り最寄り)間を購入当日乗り放題。一般のエクスプレス・ボートとは異なり屋根のない2階席があり、川風に吹かれながらのボートトリップが楽しめる。

■タイ・スマイル・ボート

エンジンの音高らかに行き来するチャオプラヤー・エクスプレス・ボートとは異なり静かで、しかもエアコン付き。窓は断熱ガラスで座席も進行方向と並行に設置されているため、外を眺めるのには適さないが、とにかく涼しく移動できる。船内に路線や船着場を表示するデジタルサイネージがあるのもわかりやすくていい。

運航路線と船着場によってシティー・ライン、メトロ・ライン、アーバン・ラインの3路線あり、すべて毎日6:00～19:00の間運行、料金は一律20B。

電動の双胴船を使ったタイ・スマイル・ボート

バンコク プチ情報 タイ・スマイル・ボートは運航状況が不安定で、料金の徴収方法も現場の裁量で臨機応変。いずれ現金を徴収する船員が乗船するか、その前に運行自体がなくなるかもしれない。

●チャオプラヤー・エクスプレス・ボートの運航時間と料金　（料金は原油価格の変動により改訂されることがある）

船の種類	運航区間	運航時間	料金（2023年11月現在）
ブルーライン	エーシアティーク～CENサートーン～N13プラ・アーティット	CENサートーン発毎日9:00～19:15、N13プラ・アーティット発9:30～18:30の間30分おき。エーシアティークまで行くのは15:30以降N13プラ・アーティット発の便。	ワンデイ・リバー・パス（乗り放題チケット）150B（区間利用は30B）
レッドライン	CENサートーン～N30ノンタブリー	月～金曜ノンタブリー発6:50、7:10、7:25、7:40。サートーン発16:00、16:25、17:00、17:30。土日運休。	30B
オレンジライン	N30ノンタブリー～CENサートーン～S3ワット・ラーチャシンコーン	月～金曜ノンタブリー発とワット・ラーチャシンコーン発どちらも6:00～18:10の間15～30分おき。土曜ノンタブリー発7:30～17:00の間、ワット・ラーチャシンコーン発8:30～17:45の間25～30分おき。日曜ノンタブリー発9:00～17:00の間、ワット・ラーチャシンコーン発10:30～17:45の間20～30分おき。	16B
イエローライン	N30ノンタブリー～CENサートーン～S4ラートブーラナ	月～金曜ノンタブリー6:00、6:15、6:30、6:40、7:00、7:15、7:30、7:45、8:10発。サートーン17:10、17:35、18:05、18:30、18:45、19:05発。土日運休。	21B
グリーンライン	N33パーククレット～CENサートーン	月～金パーククレット発6:00、6:20、6:45、7:00、7:20、7:50発。サートーン15:45、16:05、16:25、16:45、17:20、17:45発。土日運休。	距離により14、21、33B

橋の代わりの気軽な乗り物

渡し船
（ルア・カーム・ファーク）

バンコクと対岸のトンブリー間を往復する渡し船が何ヵ所もある。料金は船着場で払ってから乗り込むか、渡ってから対岸で払う。

気軽に利用できる渡し船

●運航時間：路線によりまちまちで、長いところで5:00～23:00、短いと6:00～20:00。
●料金：場所により4.5～10B。

スピードが速くスリル満点

水上タクシー
（ルア・ハーン・ヤーオ）

船着場にある業者を通してトンブリー側の運河を回ってもらえる。コースはお好みで、料金は1時間ひとり1000B程度（タイ語ができたり、タイ人と同行すると400B程度になる）。場所や時間帯によってかなり変動があり、悪質な業者も多いので、デスクを設けている業者を通すのがトラブル回避のコツ。

エンジンむき出しで轟音をばらまきながら水面を進む

●カウンターのあるおもな船着場

CEN サートーン・タークシン	MAP P.85-E5
N3 シー・プラヤー	MAP P.85-E3
N9 ター・チャーン	MAP P.78-A4
N30 ノンタブリー	MAP 折込裏-B3

バンコク市内を船で移動

運河ボート

バンコク市内には数路線の運河ボートが運航している。料金は距離制で、乗船後に回ってくる車掌に降りる場所を告げて支払う。雨季に増水して水位が上昇すると橋がくぐれなくなるため、運航中止になることもある。

通勤通学での利用者も多い

▶セーンセープ運河ボート

西路線:パーンファー・リーラート（プラチャーティポック王博物館横）～プラトゥーナーム。所要約15分。
東路線:プラトゥーナーム～サパーン・クローン・タン（運河分岐点）～ミンブリー。所要約40分。

●運航時間：月～金曜5:30～20:30、土曜6:00～19:30、日曜6:00～19:00、15～20分おき。
●料金：12～22B（パーンファー・リーラート～プラトゥーナーム間で14B）。

▶パーシー・チャルーン運河ボート

トンブリー側のパーシー・チャルーン運河を運航するボート。おもに通勤通学用なので平日は朝夕のみ。ワット・パクナーム（→P.145）近くに船着場があり、BTSバーンワー駅まで行ける。週末たまたまタイミングが合い、時間があったら運河の旅を楽しんでみよう。

●運航時間：月～金曜6:00～9:00、16:00～19:30。15分おき。土・日曜、祝日6:00～19:00、1時間おき。
●料金：15B（2023年11月現在運休中）。

▶パドゥン・クルン・カセーム運河ボート

フアラムポーン・レイルウエイ・ステーション（クルンテープ駅横）とタラート・テーウェート（テーウェート市場）の間を結び試験運航中。

●運航時間：月～金曜6:00～18:00、土・日曜8:00～18:00、15分おき。
●料金：15B（2023年11月現在運休中）。

バンコクプチ情報 渡し船の料金は、右岸か左岸のどちらかで払う。乗船時に払うか、対岸に到着して下船してから払うかは場所によって違う。

エクスプレス・ボートの旅

バンコクはもともとチャオプラヤー川から発展した町なので、歴史のある建物は川沿いに多い。チャオプラヤー・エクスプレス・ボート(→P.110)に乗って、バンコクの歴史を体感しよう。

キーテナントは高島屋

9 アイコンサヤーム

MAP P.85-E4

ホテル、ショッピングセンター、コンドミニアムなどの巨大複合施設。→ P.226

独特の細長いシルエット

8 聖ロザリー教会

MAP P.85-E3

1787年にポルトガル人が建てたカトリックの教会。1897年に改築され、現在の姿になった。→ P.20

全室リバービューで人気

7 ロイヤル・オーキッド・シェラトン

MAP P.85-E3

シー・プラヤー船着場にそびえる大型ホテル。→ P.275

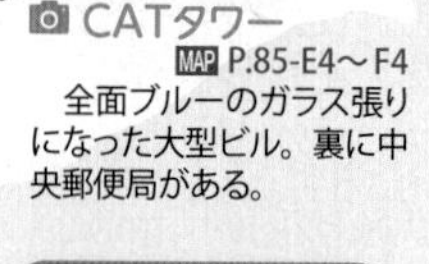

内部はオフィス。日本人向けコールセンターなどが入居

6 CATタワー

MAP P.85-E4～F4

全面ブルーのガラス張りになった大型ビル。裏に中央郵便局がある。

相当老朽化している

5 水上警察、消防隊本部

MAP P.85-E4

19世紀末に建てられた旧税関の建物を利用。

バンコク最高峰の誉れ高いマンダリン・オリエンタル

4 マンダリン・オリエンタル

MAP P.85-E4～F4

歴史と伝統のホテル。川に面した庭にある旧館には、このホテルを愛した著名な作家の名前を冠したヘリテージ・オーサーズ・スイートと、アフタヌーンティーが楽しめるオーサーズ・ラウンジがある。→ P.206、270

3 旧イースト・アジアティック・トレーディング・カンパニー

MAP P.85-E4

1884年にデンマークで設立された貿易会社の本社として使われた、ネオ・ルネッサンス様式の美しい建物。

川に面して建てられている

2 ペニンシュラ・バンコク

MAP P.85-E4

トンブリー側にそびえる高級ホテル。W形の特徴あるスタイルが目立つ。→ P.273

ロビーのハイティーが人気

1 ワット・ラーチャシンコーン

Start!

MAP P.76-B5

境内の船着場がチャオプラヤー・エクスプレス・ボートのオレンジ旗船始発点。

並んで出発を待つエクスプレス・ボート

クルントン橋

N16 サパーン・クルントン

N15 テーウェート

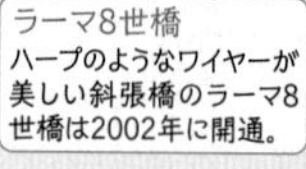

ラーマ8世橋

ハープのようなワイヤーが美しい斜張橋のラーマ8世橋は2002年に開通。

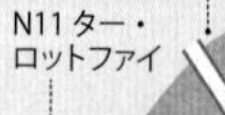

N12 プラ・ピンクラオ

N14 プラ・ラーム・ペート

N11 ター・ロットファイ

N13 プラ・アーティット

プラ・ピンクラオ橋

チャオプラヤー川に架かるバンコクで5番目の橋がプラ・ピンクラオ橋。1973年の建設。

N10 ワンラン（プラーンノック）

プラ・プッタ・ヨートファー（メモリアル）橋

チャオプラヤー川に架かる2番目の橋として、1932年に建設されたプラ・プッタ・ヨートファー橋。橋の中央部が跳ね上がる可動橋として造られた。

N9 ター・チャーン

N8 ター・ティアン

N6 サパーン・プット

N7 ラーチニー

N6/1 ヨートピマーン

プラ・ポックラオ橋

N5 ラーチャウォン

チャオプラヤー川

周囲の建物に紛れているのでよく探そう

22

聖フランシスコ・ザビエル教会

MAP P.76-B1

屋根の上に立てられたキリスト像が見える。

プラ・スメーン砦

MAP P.94-C1

木立の間に立つ純白の砦と、周囲の公園で思いおもいに憩う人々の様子が見える。砦はオリジナルではなく、1982年のチャクリー王朝200周年を記念して再建されたもの。→ P.141

コンセプション教会

MAP P.76-B1

バンコクで最初のカトリック教会。ここのパルゴア神父がモンクット王子(後のラーマ4世)と親交をもち、ラテン語とパーリ語を互いに教え合った。

中央の白い塔が教会

タイ風祠の奥にあるのが旧駅舎

19

トンブリー駅跡

MAP P.78-A3

1899年に建設された、カンチャナブリー方面行き列車の始発駅跡地。大規模な再開発が終了し、建物は博物館に。駅は500mほど西へ移転。

タイ有数の規模がある大病院

18

シリラート病院

MAP P.78-A3

タイを代表する設備と規模をもつ大病院。前国王ラーマ9世が入院していたことでも知られている。→ P.144

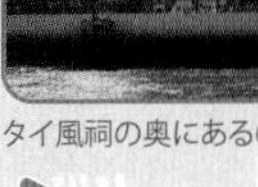

17

スパトラー夫人の家

MAP P.78-A4

チャオプラヤー・エクスプレス・ボート社を創設したスパトラー夫人の家。現在はレストラン。

生き物を逃がして徳を積む参拝者が多い寺院

16

ワット・ラカン

MAP P.78-A4

即位前のラーマ1世が住んでいた美しい建物が、経蔵として残っている。→ P.136、138

船の上から見るだけでなく実際に訪れたい

14

ワット・アルン

MAP P.78-A5

言わずと知れた暁の寺院。そびえ立つ大仏塔が美しい。→P.132、137

15

タイ海軍本部

MAP P.78-A5

ビルマを撃退したタークシン王の王宮だった場所。川沿いにタークシン王の記念碑がある。

専用の船着場もある

13

チャクラボン・ヴィラ

MAP P.84-B1

もともとはラーマ5世のチャクラボン王子が参内の際に着替えたり、休憩をするために建てられた。現在はホテル。→ P.285

船の上からでもよく目立つ大寺院

12

ワット・カンラヤーナミット

MAP P.84-B1～B2

立派な寺院が多いタイのなかでもかなり巨大な礼拝堂がある。→ P.137、138

N4 クロム・チャオター
N3 シー・プラヤー
N2 ワット・ムアンケー
N1 オーリエンテン
CEN サートーン・タークシン
S3 ワット・ラーチャシンコーン

タークシン橋
交通の大動脈となっているタークシン橋は、1982年開通と比較的新しい。

川に面したテラスの奥にレストランやカフェが並ぶ（2023年11月現在改装中）

11

ヨートピマーン・リバー・ウオーク

MAP P.84-B1～C1

古くからある花市場の、川に面した部分が改装されてショッピングモールに。裏には24時間の花市とパーク・クローン市場があり、毎日多くの人でにぎわう。→ P.154

教会周辺はかつてポルトガル人居住区だった

10

聖クルーズ教会

MAP P.84-B2

川から見える聖堂は1913年に建てられたもの。

手口を知って未然に防ぐ
バンコクのトラブル対策

世界各地からの旅行者が訪れるバンコクでは、外国人から金を巻き上げてやろうと、虎視眈々と狙っている人達がいる。古典的な手口から新技まで、さまざまな手法を編み出して荒稼ぎしているのだ。それらのトラブルのほとんどは、相手のほうからアプローチしてくることから始まる。多発しているトラブルの内容を頭に入れておけば、巻き込まれかけても途中で気がつくはず。最低限の注意は怠らず、安心安全に旅を楽しもう。

よくあるトラブル 1 日本円見せて!

デパートの中などで声をかけてくる人物。「今度日本へ行くんだ。いま日本円のレートはどれぐらい？」など無難な話題から始まり、やがて「日本円を見せてくれないか」などと言い出す。日本円を見せると「どれどれ」などと言いながら受け取って、数枚巧妙に抜く or そのままダッシュ。

話しかけられても無視するぐらいの塩対応でOK

手品師並みの巧妙な手わざで紙幣を抜くので、よほど注意していないと気がつかない

日本人狙いなので犯人は日本人が多いエリアに出没する。プロムポン周辺は多発地帯なので要注意

よくあるトラブル 2 お金貸して!

サヤーム周辺の大型ショッピングセンター内や、スクムウィット通りのプロムポン周辺など外国人が多いエリアで、外国人旅行者を狙い自分も旅行者を装って「クレジットカードが使えない」「財布を落として困っている」などと助けを求める詐欺師がいる。返金用の口座などを尋ねられ、信用し金を渡すとそれっきりの、親切心につけ込んで金をだまし取る寸借詐欺。逮捕→投獄→出所→再犯を繰り返す有名詐欺師もいる。

そもそも外国人に助けを求めるのがおかしい。関わり合いにならないこと

お金を渡したら最後、二度と戻ってこない。旅先で仏心は無用

ATMまで連れて行かれて現金を引き出すまで諦めないことも。少しでもあやしいと思ったらその時点できっぱり無視しよう

トラブル防止の大原則

知らない人に声をかけられても相手にしない!

よくあるトラブル 3

声かけ詐欺

外国人に人気のある見どころやショッピングエリア、おもにワット・ポーやワット・プラケオ周辺、サヤーム・スクエア、プラトゥーナームなどの路上で、外国人旅行者に「○○へ行くのか？　そこは今日は休みだ」などと声をかけ、「その代わりにいいところがある」と宝石店やテーラーを紹介する。格安で見どころを回ってくれるトゥクトゥクを紹介するふりをして、一応お寺などを数ヵ所回り最終的にニセ物を扱うショップへ送り込むケースも。

ヤオワラートの詐欺師と思われる男性。左胸に下げたわざとらしいIDがポイント

ワット・チャナ・ソンクラーム近くにいたトゥクトゥクの運転手兼詐欺師と思われる人物

バンコク・アート・アンド・カルチャー・センター（→P.156）前の詐欺師と思われる人物

よくあるトラブル 4

スリ、ひったくり 抱きつきスリ

繁華街にも死角はあるので気が抜けない

人混みではスリが多発している。尻ポケットに入れた財布や、背中に回したボディバッグやバックパックは、スってくださいと頼んでいるようなもの。幅が広めで行き止まりになっていないソイ(路地)は、オートバイのスピードが出せてそのまま走り抜けられるため、ひったくりの発生率が高い。2人乗りのバイクで追い抜きざまにかばんを奪うので、ひと気のないソイを歩く際は、かばんや荷物は車道側にしないこと。

バンコクならではの手法として、抱きつきスリがある。狙われるのは男性で、物陰で待ち構えている人物に「一緒に行きましょう」などとタッチや抱擁をともなうアプローチを受け、慌てているうちに財布などをスられる。

スクムウィット通りソイ10のパクソイ（ソイの入口）。歩道橋の階段があるため歩道が極端に狭くなっており、夜は階段の下に明かりも届かず暗くなるので要注意

暗い時間帯の幅があるソイを歩く際は荷物は必ず車道とは反対側に持つこと

幅が広くて行き止まりになっていないソイ

よくあるトラブル 5

睡眠薬強盗

バーなどで知り合った外国人旅行者に飲み物をごちそうになり、その後記憶を失う。気がついたら病院ならいいほうで、道端に放置されるケースも。当然財布やスマホなどの貴重品はすべて失っている。

楽しい旅も夢マボロシ

ハイ！ バンコク着いたら一緒にメシでも行かない？

BAR

ごはんもお酒もおいしくってサイコー!!

ウシシシ…!

ロクなものないけど全部いただいていくよ〜ン!

バイバーイ!!

OUT!

旅先で浮かれる気持ちに付け込まれる。初対面の相手に心を許し過ぎないこと

仲よくなったような気がしてもだまされているだけかもしれない。自分の飲み物から目を離さないように

ターオ・マハー・プラマ（エーラーワンの祠→P.155）周辺の歩道に、お供えの花や線香を売る屋台が出ていることがある。ここで売られているお供えセットはぼったくり。通りかかったお参り人に、さも無料のように手渡して、それを使って参拝したお参り人が帰るところをつかまえて高額の支払いを要求するケースも。購入するなら境内で。

お供えはタダじゃない!

お参りするならこのお花持ってきなさい!

え?そうなの?

みんな信心深いいい人たちなんだなあ!

ちょっとあんた!! お供え代1,000Bだよ!

えっ!! あれって売りつけられてたの?!

OUT!

歩道上に開いたパラソルの下で営業するお供え屋に何を言われても基本的に無視すること

祠内のお供え販売所で適正価格で購入しよう

気をつけよう!

大麻には手を出さない

バンコクの町なかではさも合法のように大麻が売られている。特にカオサン通りは、夜になると大麻の屋台が多数出現しまるで大麻通り。しかし実際には、合法化されたのは幻覚などの向精神作用をもたらすテトラヒドロカンナビノール（THC）含有率が0.2%以下の大麻入り飲食品の提供や医療目的での大麻草利用などで、娯楽目的の利用は依然として違法。公共の場での大麻吸引など違反の罰金は3ヵ月以下の懲役か2万5000B以下の罰金、またはその両方が科せられる。そして日本の大麻取締法では、海外での栽培や所持、譲渡も処罰対象になることがある。絶対に手を出さないこと。

LEGAL

「リーガル」にも条件がある。娯楽目的は違法なので手を出しちゃダメ、ゼッタイ

主要地名、通り名などのタイ語表記

タイ語の発音は日本語と異なり、日本語にない音もある。さらに声調（イントネーション）もあるので、カタカナで表記したタイ語をそのまま読んで発音しても通じないケースが多い。バンコクのおもな地名のタイ語表記を掲載するので、指さすなどして活用しよう。

主要地名、目印物件

アソーク
อโศก (สุขุมวิท 21)

ウイークエンド・マーケット
ตลาดนัดสวนจตุจักร

ウォンウィエン・ヤイ
วงเวียนใหญ่

エカマイ
เอกมัย (สุขุมวิท 63)

サヤーム
สยาม

サラデーン（サーラーデーン）
ศาลาแดง

スワンナプーム国際空港
สนามบินสุวรรณภูมิ

ドーン・ムアン国際空港
สนามบินดอนเมือง

戦勝記念塔
อนุสาวรีย์ชัยสมรภูมิ

セントラルワールド
เซ็นทรัล เวิล์ด

中央郵便局
ไปรษณีย์กลาง

トンロー
ทองหล่อ (สุขุมวิท 55)

ナーナー
นานา

バーンラック
บางรัก

パトゥムワン
ปทุมวัน

フアイクワーン
ห้วยขวาง

フアラムポーン駅
（クルンテープ駅）
สถานีรถไฟหัวลำโพง

プラトゥーナーム
ประตูน้ำ

民主記念塔
อนุสาวรีย์ประชาธิปไตย

ヤオワラート
เยาวราช

ラーチャダムヌーン・ボクシング・スタジアム
สนามมวยราชดำเนิน

ラームカムヘーン
รามคำแหง

ルムピニー
ลุมพินี

ルムピニー・ボクシング・スタジアム
สนามมวยลุมพินี

ワット・プラケオ
วัดพระแก้ว

主要通り名

カオサン（カーオサーン）通り
ถนน ข้าวสาร

サートーン通り
ถนน สาทร

シー・プラヤー通り
ถนน สี่พระยา

シーロム通り
ถนน สีลม

スクムウィット通り
ถนน สุขุมวิท

スリウォン（スラウォン）通り
ถนน สุรวงศ์

チャルーン・クルン通り
ถนน เจริญกรุง

ペッブリー（ペッチャブリー）通り
ถนน เพชรบุรี

ラーチャダムリ通り
ถนน ราชดำริ

ラーマ1世通り
ถนน พระราม 1

ラーマ4世通り
ถนน พระราม 4

ラーマ9世通り
ถนน พระราม 9

その他

鉄道駅
สถานีรถไฟ

バスターミナル
สถานีขนส่ง(บ.ข.ส.)

空港
สนามบิน

COLUMN

タイの通りは「タノン」と「ソイ」

タイの通りはおもに「タノン」と「ソイ（ソーイ）」の組み合わせで成り立っている。「タノン」とは大きな通りを意味し、スクムウィット通りはタイ語だと「タノン・スクムウィット」となる。対して「ソイ」は、タノンから延びる路地のこと。起点側から順に数字が付けられていて識別できるようになっている。大きな通りの両側にあるソイは、片側は奇数、向かい側が偶数と分けられていることが多い。

ソイは数字で呼ばれるほかに、目印になるような特徴のある物件や地名があればその名で呼ばれることもある。例えばスクムウィット通りのソイ55はソイ・トンロー、ソイ63はソイ・エカマイといった具合。

エリアガイド
Area Guide

ワット・ラーチャボピット →P.133

Bangkok Area Navi
バンコク早わかりエリアナビ

1 王宮周辺 P.122

3大寺院がある見どころの中心

現王朝の初代王ラーマ1世が、ビルマに滅ぼされた旧都アユタヤーを再現すべく建設した、新王都バンコク発祥の地。ワット・プラケオと王宮、ワット・ポー、ワット・マハータートなど重要な寺院が集中しており、旅行者なら一度は足を運ぶエリア。世界中からバックパッカーが集まるカオサン通りもこのエリアにある。MAP P.78～79

壮麗さに圧倒される王宮の建物

2 ドゥシット地区周辺 P.148

タイの国政を司る

タイ王国の行政を司る政府機関が集まるエリア。前国王の家族などが住むチットラダー宮殿や大理石寺院として名高いワット・ベーンチャマボピットがある。バンコク市民憩いの場だったドゥシット動物園や、チーク材造りの豪壮な建築ウィマーンメーク宮殿は現国王の意向で取り壊され、跡地の今後は不明。MAP P.79

ワット・ベーンチャマボピット

3 チャイナタウン周辺 P.150

タイの中の中国

国鉄クルンテープ駅の西から王宮にかけて、東西に延びるヤオワラート通りとチャルーン・クルン通りを中心に広がるチャイナタウンは、雑然とした下町的エリア。中国系の人が多いこの国でも特に中国色が濃く、漢字の看板が並び人々で常にごった返す。昼も夜も活気に満ちている。MAP P.84～85

漢字の看板が独特の景観をつくるチャイナタウン

4 サヤーム・スクエア周辺 P.155

最先端ファッションタウン

バンコクでも先駆的なショッピングエリアのサヤーム・スクエアにはインディーズのブティックなどが多く、バンコクの原宿的存在。大型のショッピングセンターが集まり、一大ショッピングエリアとなっている。少し北へ行くと庶民的な下町エリア。MAP P.90～91

手頃な値段で最新ファッションが買える

5 プラトゥーナーム交差点周辺 P.155

庶民派から高級店までショッピング天国

エリアの核となっていた巨大衣料品卸売市場のプラトゥーナーム市場は取り壊されてしまったものの、周辺のファッションビル群は健在。ラーチャダムリ通り周辺には高級デパートや大型ショッピングモール、庶民的なスーパーマーケットもあり、あらゆるニーズに応えられるショッピング街となっている。MAP P.90～91

古びた町並みが残る旧プラトゥーナーム市場周辺

バンコクプチ情報 2019年にMRTブルーラインが延伸してワット・ポーやワット・プラケオまで公共交通機関で行けるようになり、タクシーやトゥクトゥクなどを利用するよりも時間が読みやすくなった。

バンコクの中心はチャオプラヤー川の東側。
寺院などの見どころや古くからの高級ホテルはチャオプラヤー川沿いに集まる。
ショッピングセンターやレストラン、ホテルなどは町の中心に多い。

8 在住外国人が多い
スクムウィット通り周辺 P.164

高級住宅街として発展しているのがスクムウィット通り周辺。プルンチット通りからスクムウィット通りへと進むと、中～高級ホテルが並び、外国人の姿も目立つ。さらに東のソイ・トンローとソイ・エカマイ周辺は、おしゃれなショップやレストラン、ナイトスポットが増加中の注目エリア。 MAP P.88～89

ベーンチャシリ公園はスクムウィット通りの大公園

通り沿いに巨大なホテルやショッピングセンターが多い

6 にぎやかな下町エリア
チャルーン・クルン通り周辺 P.161

チャオプラヤー川沿いに古い建物や高級ホテルが並ぶチャルーン・クルン通り(ニュー・ロード)周辺は、古くからのビジネス街。古びたショップハウスが多く、バンコクらしい風情が感じられるエリア。通りの裏側、チャオプラヤー川に面して高級ホテルが点在し、豪華さを競い合っている。 MAP P.85

新旧の建物が豪快に同居するチャルーン・クルン通り

9 大型開発が進む
ラチャダーピセーク通り周辺 P.168

高級ホテルやオフィスビル、大型ショッピングセンターやナイトスポットが集まるエリア。カラフルなテントが人気だったタラート・ロットファイ・ラチャダーは、一度閉鎖されたものの運営母体と名称を変えて2022年に復活。通りの地下を南北にMRTブルーラインが通っており移動も便利。 MAP P.82～83

7 オフィスビルが集まる
シーロム通り周辺 P.162

チャルーン・クルン通りとプラ・ラーム・シー(ラーマ4世)通りを結ぶシーロム通りやスリウォン通り周辺はビジネスエリアで、タイを代表する大企業や外資系企業のビルが集まる。ほっとひと息つけるのが広大なルムピニー公園。大きな池と緑がうれしい都会のオアシス。 MAP P.86～87

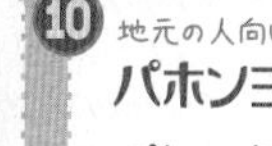

ジョギングや太極拳を楽しむ市民も多いルムピニー公園

10 地元の人向けショッピングエリア
パホンヨーティン通り周辺 P.168

パヤー・タイから戦勝記念塔、ウイークエンド・マーケットへと延びるのがパホンヨーティン通り。安ホテルと地元の人向けナイトスポットが集まるスティサーン・ウィニチャイ通りもこのエリア。戦勝記念塔周辺はローカルなショッピングエリア。屋台目当ての人出でごった返す。 MAP 折込表-D3～E1

戦勝記念塔のモチーフは銃剣

バンコクプチ情報 BTSスクムウィットラインは南北へ延伸され、特に南のパクナーム方面は見どころも多いのでとても便利になった。本書でも紹介しているので(→P.166～)、ぜひ足を運んでみよう。

Area Guide Royal Palace

王宮周辺

バンコク最大の見どころワット・プラケオ

運河に囲まれたラタナーコーシン島は、現王朝の開祖ラーマ1世が、対岸のトンブリー側から遷都して開いたバンコク発祥の地。ワット・プラケオ（→ P.122）や王宮（→ P.128）をはじめとする数々の寺院が並び、周囲には古い町並みも広がる、歴史のあるエリア。

歩き方

3 大寺院を中心に回ろう

バンコクのほとんどの見どころが集まるエリア。徒歩での移動が中心になるので、ワット・プラケオと王宮、ワット・ポー、ワット・アルンの必見スポットをまず見学し、残りは興味や時間の都合に合わせて訪れよう。

おもな見どころ Sightseeing

タイで最も格式が高い王室寺院　★★★ MAP P.78-B4

ワット・プラケオ（ワット・プラケーオ）

Wat Phra Kaeo　วัดพระแก้ว

1782 年、ラーマ 1 世がトンブリーからバンコクに遷都すると同時に王朝の守護寺、護国寺として建設が始められ、1784 年に完成したワット・プラケオ。本堂にエメラルド色の仏像を祀っていることから**「エメラルド寺院」**とも呼ばれ、タイ人の参拝者や外国人旅行者が毎日途切れることなく訪れる。

本堂周辺の建造物

境内で最初に対面するのが仙人の像

まずは仙人とご対面

入口のゲートをくぐり本堂の裏側に出ると、真正面に霊験あらたかな薬物を調合するとされている**仙人（ルーシー）の像❶**が右膝を立てて座っている。像の両側に立つ 2 棟の小堂は、向かって右が歴代トンブリー、チャクリー王朝にささげられた仏像を祀った**ホー・ラートボンサヌソーン堂❷**、左が歴代アユタヤー国王にささげられた仏像を祀った**ホー・ラートコーンマヌソーン堂❸**。ホー・ラートボンサヌソーン堂の内部にはチャクリー王朝 4 代までの年代記が、ホー・ラートコーンマヌソーン堂内にはアユタヤー王朝年代記が、ラーマ 4 世時代の画家クルー・インコーンによって描かれている。

MAP ● P.78 ～ 79

ACCESS

MRT ブルーラインのBL30サームヨート駅、BL31サナーム・チャイ駅から徒歩。

BUS 戦勝記念塔から39、44、159番。スクムウィット通りから2、25、48、508、511番。シーロム通りから15番。チャルーン・クルン通りから1、15番。ウォンウィエン・ヤイから43、82番。

BOAT チャオプラヤー・エクスプレス・ボートのN13プラ・アーティット、N9ター・チャーン、N8ター・ティアン船着場から徒歩。

おさんぽプラン

必見 ❶ワット・ポー　→P.130

渡し船

必見 ❷ワット・アルン　→P.132

渡し船＋徒歩5分

必見 ❸ワット・プラケオと王宮　→P.122、128

ワット・プラケオ

TEL 0-2623-5500

URL www.royalgrandpalace.th

開 8:30～15:30

休 なし。特別な行事が行われて本堂や王宮に入れない日でも境内には入れる(→P.124欄外)。

料 500B　CC A M V(外国人料金。ワット・プラケオ入場日から1週間有効の半券で、チャレームクルン・ロイヤル・シアター(MAP P.78-C5)で上演されるコーン(タイの伝統舞踊。開 月～金10:30、13:00、14:30、16:00、17:30。無料シャトルバスあり)鑑賞可。

行き方 MRTブルーラインのBL31サナーム・チャイ駅1番出口から徒歩19分。バスは1、2、3、9、12、15、25、39、44、47、48、53、59、82、201、506、507、508、512番などが近くを通る。チャオプラヤー・エクスプレス・ボートのN9ター・チャーン船着場から徒歩3分。

チャオプラヤー・エクスプレス・ボートのCENサートーン船着場から少し上流側にある渡し船の船着場に、ワット・プラケオやワット・ポー最寄りの船着場行きロングテイルボートがある。1人100Bとやや割高だが、随時出発するので時間の節約になる。

バンコク プチ情報　ター・チャーン船着場からワット・プラケオへ行く際は交通量の多いマハーラート通りは横断せず、2021年に開通した地下道を利用しよう。エスカレーター設置で楽ちん。

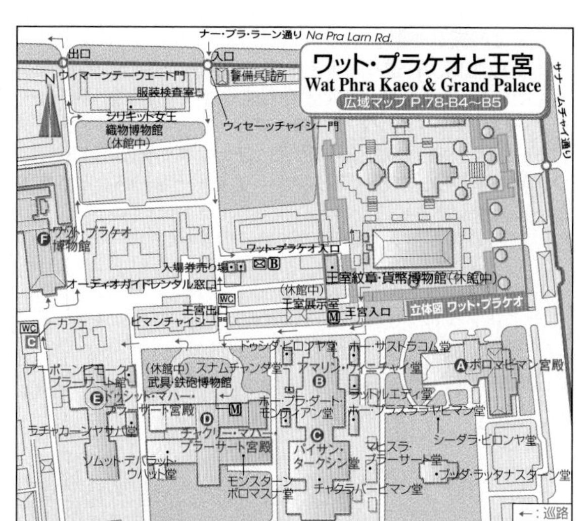

▶ワット・プラケオの巡路

境内は左地図内の矢印に沿って進むと効率よく見て回れる。本書でもこの巡路に従って見どころを解説している。また、本文中の赤丸数字は、下の立体図内建物番号に対応している。

▶ワット・プラケオの正式名称

「ワット・プラケオ」は通称で、正式名称はワット・プラ・シー・ラタナー・サーサダーラーム。

▶音声ガイドの貸し出し

ワット・プラケオと王宮の音声ガイド機のレンタルがあり、入場券売り場隣の窓口で借りられる(開 8:30～15:30 休 なし 料 200B CC AMV)。日本語もあり。借りる際にパスポートかクレジットカードを預ける。

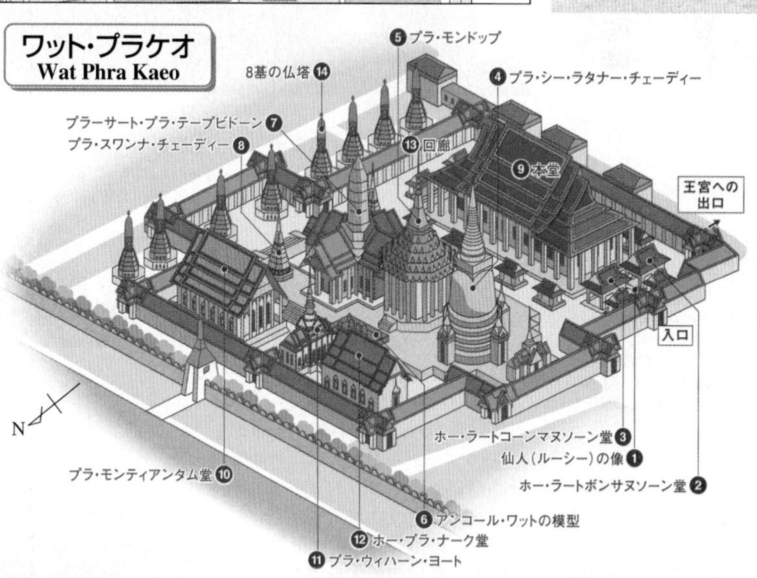

COLUMN タイ仏教寺院への入場時は服装に注意

ワット・プラケオを筆頭に、タイ仏教寺院の境内は聖域とされている。また王宮は王室関係の施設なので、肌が露出していたり体の線がはっきりとわかるような服装、具体的にはノースリーブ、ハーフパンツ、タンクトップ、キュロットスカートやミニスカート、スパッツやタイツ姿での入場は不可(Tシャツやスポーツサンダル、ビーチサンダルは入場可)。ワット・プラケオ入口のウィセーッチャイシー門を入るとすぐ右に服装チェックの係員がおり、不適切な人はその奥にあるショップでタイパンツや巻きスカートなどを購入しなければならない。長袖シャツ245～265B、長ズボン200B、巻きスカート189Bなど。色柄やサイズが限られているので、できるだけ最初から適切な服装で出かけたい。ワット・プラケオ周辺のショップでは、不適切な服装をしている旅行者に声をかけ、適切な衣類を150B程度でレンタルしているところもある。

バンコク プチ情報 ワット・プラケオと王宮は広いので、見学の際には十分な暑さ対策を。ワット・プラケオから王宮へ入ると、正面に飲み物の売店があり、水や清涼飲料水が買える。

ワット・プラケオ本堂と王宮の閉館日に注意

ワット・プラケオの本堂と王宮は、国王や皇太后の誕生日、仏教関連行事の日など王室や仏教の行事がある日は入れないので注意。ワット・プラケオの本堂と王宮の両方か片方だけ閉館、また午前か午後のどちらか、あるいは終日閉館など、日によって異なるので、祝祭日や仏日に訪れる場合は事前に確認を。

TEL 0-2623-5500　内線 1124

URL www.royalgrandpalace.th

▶撮影禁止の場所に注意

ワット・プラケオ本堂内と王宮建物内、アマリン・ウィニチャイ堂建物内では写真、動画の撮影禁止。それ以外の場所は撮影自由だが三脚使用は禁止。

服装や持ち物、見学態度などに関する注意および禁止事項リストと感染対策案内

ワット・プラケオ前に地下道と地下広場開通

ワット・プラケオの入口に面したナー・プラ・ラーン通りに地下道と地下広場が開通した。地下道はマハータート通りの地下で、ター・チャーン船着場とワット・プラケオ側を結ぶ。地下広場はワット・プラケオ入口前のナー・プラ・ラーン通り地下で、エアコンが効いた広大な空間にベンチが設置され、壁にはギャラリー風に写真なども展示されている。ワット・プラケオ見学でほてった体を冷やす休憩場所として使える。トイレもある。

広大な地下広場は実質的に無料休憩所

テラス上の建造物群

本堂の北側、石造りのテラスの上に異質な3つの建造物が並んでいる。本堂を背にして左から**プラ・シー・ラタナー・チェーディー❹**、**プラ・モンドップ❺**、**プラーサート・プラ・テープビドーン❼**と呼ばれる。その周囲にブッサボック、**アンコール・ワットの模型❻**、**プラ・スワンナ・チェーディー❽**などさまざまな建造物がある。

テラス上に並ぶ豪壮な建築群

仏舎利塔プラ・シー・ラタナー・チェーディー❹

金色に燦然と輝くプラ・シー・ラタナー・チェーディーは、ラーマ4世がアユタヤーにあるワット・プラ・シー・サンペット（→ P.307）の仏塔を模して建てたもの。スリランカ風の塔内部には仏舎利が納められている。

黄金のプラ・シー・ラタナー・チェーディー

仏教経典を納めるプラ・モンドップ❺

プラ・シー・ラタナー・チェーディーの隣にあるのは大理石製の台座の上に立つプラ・モンドップ。ラーマ1世の命によってワット・プラケオ建立と同時に建設に着手された、この寺院のなかでも最も古い部類に入る建物だ。外敵の侵入を防ぐため、金色に彩られた鬼（ヤック）と蛇（ナーク）が出入口を警護している。非公開の堂内にはラーマ1世が改良した仏教経典の原本が納められている。

細い柱が印象的なプラ・モンドップ。手前の小さな祠がブッサボック

歴代王の象徴を祀る小祠ブッサボック

プラ・モンドップの周囲、四方の角から少し離れた位置に金色に塗られた小さな祠風の小塔が4基立っている。これはブッサボックと呼ばれる玉座で、その中にはチャクリー朝歴代王の象徴が置かれている。ラーマ1世は冠、2世はガルーダ、3世は城、4世は冠、5世は髪飾り、6世は武具、7世は3本の矢、8世は菩薩像、9世は象と傘。

バンコク プチ情報　ワット・プラケオ入口のゲートを通ると、すぐ右側にあるラックに各国語のパンフレットが用意されている。日本語版「王宮のご案内」もあるのでぜひ入手しよう。

アンコール・ワットの模型❻

アンコールの壮麗な建築をバンコクでしのぶ

プラ・モンドップの横にテラスから張り出すような形で設置されているのは、アンコール・ワットの巨大な模型。これは19世紀末、当時シャム（現在のタイ）の属国だったクメール国の大寺院に感動したラーマ4世が造らせたもの。傷みの激しい本物よりも、こちらのほうが美しいのではないかといわれるほど、精巧に造られている。

王室専用御堂プラーサート・プラ・テープビドーン❼

屋根の中央から仏塔が天に向かって伸びているプラーサート・プラ・テープビドーン

プラ・モンドップの隣に立つ十字形の建物はプラーサート・プラ・テープビドーンと呼ばれる王室専用の御堂。四層重ねの屋根をもつ典型的タイ寺院風の建物中央部から石造りの仏塔（プラーン）が突き出しており、仏塔の先端にはヒンドゥー教の破壊の神シヴァの象徴が飾られている。この建築様式（プラーサート）は、堂内に敬意を表すべき聖なるものを安置していることを示す特別な様式で、現在この中にはラーマ1世から8世にいたるチャクリー王朝の歴代国王像が納められている。

この御堂の建立を命じたのはラーマ4世で、同王の本来の意図はここにエメラルド仏を安置することだった。しかしラーマ5世時になって御堂が完成してみると、エメラルド仏にまつわる行事を行うには狭過ぎることが判明。そこでラーマ5世は御堂内に仏塔を納めることにした。しかし不幸にも火災に遭い、修復工事終了後は王室の専用御堂として歴代国王像を安置するために使用されることになった。この御堂の扉が開かれるのは毎年4月6日のチャクリー王朝記念日に国王が参詣するときだけで、内部に祀られている歴代国王像は公開されていない。

ヒンドゥー神話の聖鳥キンナラ

半人半鳥キンナラの黄金の像

プラーサート・プラ・テープビドーンの入口階段前と周囲の手すり脇に配置されている金色の半人半鳥像は、キンノーン（男）、キンリーあるいはキンリン（女）と呼ばれる歌や踊りの得意な天の楽人。インドの『ラーマーヤナ』（タイの『ラーマキエン』）に登場する半神的生物で、仏教用語では「キンナラ」と呼ばれている。

黄金に輝く2基の仏塔 プラ・スワンナ・チェーディー❽

プラーサート・プラ・テープビドーン前のテラス両端に立つ金色に輝く2基の角張った仏塔は、ラーマ1世がその両親にささげるために建てたプラ・スワンナ・チェーディー。この寺院内で最も古い仏塔とされ、『ラーマーヤナ』に登場する悪魔と猿神が交互に並んで仏塔の台座を支えている。

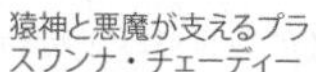
猿神と悪魔が支えるプラ・スワンナ・チェーディー

バンコクプチ情報 ワット・プラケオ内でも屈指の記念撮影スポットがプラ・スワンナ・チェーディー。ユーモラスなポーズで塔を支える悪魔や猿神と同じポーズで撮影する各国の旅行者が多い。

ワット・プラケオと王宮を囲む純白の壁

本堂

3 つの扉とカンボジア製獅子像

本堂❾の正面には 3 つの扉があるが、開いているのは左右の扉のみ。中央の扉は国王と王妃の専用で、それ以外の者のために開かれることはない。中央扉前にある階段の左右には青銅製の獅子像が置かれている。この 2 頭の獅子像はカンボジアから運ばれてきたもので、日本の神社における狛犬のような役割を果たしている。本堂の周囲にはこのほかに合計 10 頭の獅子が置かれており、それらはタイで複製されたもの。

扉の奥にエメラルド仏が見える

本堂内部　謎多き本尊のエメラルド仏

内壁に仏陀の生涯や極楽・地獄・現世の三界図会が描かれた本堂内には、本尊として高さ 66cm、幅 48.3cm のヒスイ製の仏像が安置されている。この仏像の名前が現王朝の別名にもなっているラタナーコーシン(インドラ神の宝石)。仏像の衣は国王の手によって年 3 回、3、7、11 月の季節の変わり目ごとに取り替えられる。本堂の奥にあるため遠くてよく見えないが、王室紋章・貨幣博物館 2 階に仏像の複製が展示されていて、どんな衣かがよくわかる。本尊の両脇には、ラーマ 3 世が先代の 2 王にささげるために造らせた高さ 3m の仏像が置かれている（向かって右側がラーマ 1 世仏、左が 2 世仏)。

エメラルド仏が納められているワット・プラケオの本堂

本堂の奥に鎮座ましますタイ国の守り本尊ラタナーコーシン仏

この本尊はタイのみならず、隣国ラオスにおいても重要視されている。この仏像は 16 世紀中頃から 18 世紀後半までの約 200 年間、ラオスの首都ビエンチャンにあるワット・プラケオの本尊とされていたのだ。1778 年に当時のトンブリー朝王タークシンと後にラーマ 1 世となるチャクリー将軍率いる軍勢がラオス侵攻の際の戦利品として持ち帰り、以後タイがそのまま国家の本尊として所持し続けている。

エメラルド寺院という外国人旅行者向けの通称はこの仏像の色にちなんでいるが、実際にはヒスイでできている。

境内北側の建造物

テラスの北側回廊沿いに 3 つの御堂が立っている。テラスを背にして右から**プラ・モンティアンタム堂❿**、**プラ・ウィハーン・ヨート⓫**、**ホー・プラ・ナーク堂⓬**と続いている。プラ・モンティアンタム堂はラーマ 1 世の王子が建てた仏教図書館。その館内には重要な仏教経典が納められている。プラ・ウィハーン・ヨートはナーク（インドではナーガ）神を祀った御堂。ここに祀られているナークはインド神話上の巨大な蛇神で、大地

仏典が納められたプラ・モンティアンタム堂

バンコク プチ情報 本堂内は撮影禁止なので、憧れのエメラルド仏を撮影したければ、正面入口の外側から長めのレンズで狙うしかない。人気の撮影スポットなので順番を待つ人も多い。撮影は手早く済ませたい。

に雨を降らせる力があるとされている。タイ王室の象徴にもなっているガルーダ(カルラ)とともに、仏教の8大守護神（八部衆）のひとつだ。御堂の外側は中国製のタイルで装飾され、プラーサート・プラ・テープビドーンと同様の建築様式で建てられた美しい建物だ。ホー・プラ・ナーク堂は王族の遺骨を納めるための御堂。

プラ・ウィハーン・ヨート

境内南側の建造物

本堂の正面右、寺院を取り巻く回廊の南西角に立つ小塔は、雨を降らせる力があるといわれているカンターラ仏を祀ったホー・カンターララスタと呼ばれる御堂。カンターラ仏は雨乞いの儀式には欠かせない。本堂の南側に立つ小塔は鐘楼。鐘はかなり高い位置につり下げられており、ワット・プラケオと王宮内全域にその音が響き渡るよう造られているが、実際に鳴らされることはほとんどない。

左の建物が鐘楼で、高い塔の上に鐘がつるされている

寺院に付随する小建造物群

回廊⑬

ワット・プラケオは全体を屋根付きの回廊で囲まれ、回廊の内壁にはインドの叙事詩『ラーマーヤナ』をタイ風に翻案した『ラーマキエン』が描かれている。絵を順に追っていくだけでも、何となく話の筋はわかる。

壁画が描かれた回廊

魔除けの鬼（ヤック）

回廊の途中6ヵ所の出入口には大きな武器を携えた漆喰製の鬼人像が立っている。これらはラーマ3世時代に造られ、寺院全体を守護する魔除けの役目を果たしている。この鬼も『ラーマキエン』に登場する。毘沙門天の配下にあり、性格は凶悪で残忍。人肉を好んで食うといわれている。

出入口を守るように立てられているヤック

8基の仏塔⑭

回廊の東側には8基の仏塔が整然と一直線上に並んでいる。外見は同じだがそれぞれに仏教的な意味が込められており、タイル張りで装飾された仏塔の色で区別されている（北から南に向かって白：仏陀、紺：仏法、桃色：僧団、緑：現在では消滅した尼僧団、紫：仏陀、青：国王、赤：観音菩薩、黄：弥勒菩薩）。

緑の小仏塔

バンコクプチ情報 回廊に描かれた壁画は、『ラーマキエン』のストーリー。常に修復が施されており古びない。シーンごとの仕切りがなく、ひとつながりの絵巻のようにも見える。

王宮
住 0-2222-8181
URL www.royalgrandpalace.th
開 8:30～16:30
休 なし。特別な行事の際に入れないこともある(→P.124欄外)。
料 ワット・プラケオと共通(→P.122欄外)

▶王宮の正式名称
プラボロマ・マハー・ラーチャワンが正式名称。

▶王宮内の休憩所
ドゥシット・マハー・プラーサート宮殿の西側、ワット・プラケオ博物館の正面にカフェがある。トイレも併設されている。

▶王宮のおすすめコース
ワット・プラケオから王宮に入ったら、チャクリー・マハー・プラーサート宮殿前の庭園→ドゥシット・マハー・プラーサート宮殿→ワット・プラケオ博物館の順に回ると無駄がない。本文中のアルファベットは、P.123の地図に対応。

歴代王の住まいだった

★★★ MAP P.78-B4～B5、P.123

王宮

Grand Palace

พระบรมมหาราชวัง

東洋と西洋の美意識が見事に融合したチャクリー・マハー・プラーサート宮殿

王宮とはその名のとおり国王の住まい。ただし実際にここに住んでいた国王はラーマ８世まで。前国王ラーマ９世が住まいをドゥシット地区にあるチットラダー宮殿（MAP P.79-F1）に移したため、現在この王宮はもっぱら儀式および式典の場、迎賓館として利用されている。

歴代国王が起居したボロマビマン宮殿Ⓐ

ボロマビマン宮殿は年に一度4月6日にだけ一般公開される

ワット・プラケオ本堂横の通路から王宮内に入るとすぐ左、鉄柵で仕切られた奥に見える建物がボロマビマン宮殿だ。この宮殿はラーマ４世によって建てられ、ラーマ５世の家族の起居の場となり、やがてラーマ６世が手を加えて自分の生活の場とした。以後、チットラダー宮殿が整備されるまでのラーマ９世も含め、歴代国王は皆ここを住居とした。ラーマ８世が謎の事故で崩御したのもこの宮殿内だ。現在特別な日を除き一般には非公開。

▶王室展示室
歴代王の功績や、王が筆写した仏教経典などの貴重な文物が展示された、小さな博物館。(2023年11月現在休館中)
開 月～金 9:30～15:30
休 土・日・祝
料 ワット・プラケオと共通

王室展示室の入口

王室会館アマリン・ウィニチャイ堂Ⓑ

アマリン・ウィニチャイ堂は、国王の誕生日を祝う式典など国家の重要な儀式や式典を執り行うための王室会館。館内には玉座が２席設けられ、中央の金色の座には国王のための席を表す布製の９段円錐傘がかぶせられている。堂内は撮影禁止なので注意。

即位式場パイサン・タークシン堂Ⓒ

アマリン・ウィニチャイ堂の背後にある。ラーマ４世によって建設され、その内部にはラーマ４世が自ら制作したタイ国の守護神プラ・サヤームテワーティラート像が祀られている。

アマリン・ウィニチャイ堂とパイサン・タークシン堂はひと続きの建物

バンコクプチ情報 ワット・プラケオから王宮へ入ってすぐ左側に、鉄柵越しに見えていたボロマビマン宮殿。2023年11月現在、鉄柵には目隠しの板が張られ、建物が見えなくなっている。

洋風建築の上にタイの様式が重ねられている

ラーマ5世の傑作 チャクリー・マハー・プラーサート宮殿Ⓓ

王宮のほぼ中央にそびえ立つ白亜の大宮殿がチャクリー・マハー・プラーサート宮殿だ。この宮殿は外遊から戻ったラーマ5世の命によって建設が始められ、設計はイタリア人建築家が担当した。完成は1882年。ラーマ5世が造り上げた建築物はどれもタイの建築界に革命をもたらすものばかりで、この宮殿も見る者を圧倒する迫力をもっている。宮殿は3階建てで、1階から3階までは素材に大理石を用いたビクトリア様式を取り入れており、重層の屋根からその上に突き出ている尖塔にはタイの伝統的建築スタイルが踏襲されている。

宮殿入口を守る衛兵

宮殿は中央とその左右両翼の3部に分けられており、それぞれ3層の廊下によって接続されている。中央部1階は警備兵の詰所、2階は謁見ホールになっており、両翼部には王室専用応接間、客間、図書館などがある。一般公開されているのは1階の武具・鉄砲博物館（2023年11月現在休館中）部分のみで、それ以外の場所へは入れない。

前国王の服喪期間中は立ち入りが制限されていた

最初に建てられたドゥシット・マハー・プラーサート宮殿Ⓔ

チャクリー・マハー・プラーサート宮殿前を通り抜け、国王専用の御輿乗り場だったアーポーンピモーク・プラーサート館横の門をくぐると、ラーマ1世によって建てられたドゥシット・マハー・プラーサート宮殿がある。これはこの王宮内で最初に建てられた宮殿で、当初はアマリンタラ・ピセック・マハー・プラーサートと呼ばれていた。1789年の火災の後、新たに建て直されてからは、現在の呼称が使用されている。正十字形の寺院風本体の上に、複雑に重なり合った7層構造の屋根をのせている。宮殿内にはガルーダの紋章の付いた玉座があり、王の座を表す布製の9段円錐傘がかけられている。この宮殿では王族の葬儀などの行事が執り行われることになっている。

複雑な屋根の装飾が独特なドゥシット・マハー・プラーサート宮殿

ワット・プラケオ博物館Ⓕ

ドゥシット・マハー・プラーサート宮殿北側にあるのはワット・プラケオ博物館。第2次世界大戦後に行われた大修理の際に取り替えられた装飾品や遺物が展示されている。ワット・プラケオや王宮の建築物が常に新しく見えるのは、普段から改修が行われているため。ワット・プラケオ博物館2階の展示室には、王室用の各種小物に加えて、ワット・プラケオと王宮全体がミニチュア模型で再現されて展示されている。立ち入れないエリアの詳細は、このミニチュアで確認できる。

▶**ワット・プラケオ博物館**
開 8:30〜16:00
休 なし
料 ワット・プラケオと共通

ワット・プラケオと王宮のミニチュアなど興味深い展示があるワット・プラケオ博物館

バンコクプチ情報 ワット・プラケオ博物館内は撮影禁止。博物館の正面向かって左奥にあるスペース（屋外）には、古い大砲が何門も展示されている。

ワット・ポー
住 2 Sanam Chai Rd.
TEL 0-2226-0335
FB Wat Pho
開 8:00～18:00(寝釈迦仏のお堂は8:30～16:00)
休 なし
料 300B(外国人料金。飲料水のボトル1本付き)
行き方 MRTブルーラインのBL31サナーム・チャイ駅1番出口から徒歩8分。バスは1、25、44、47、48、508、512番などが近くを通る。チャオプラヤー・エクスプレス・ボートのワット・アルン船着場から対岸のN8ター・ティアン船着場へ渡り徒歩3分。ワット・プラケオからは徒歩12分。

▶ワット・ポーの正式名称
ワット・プラチェトゥポン・ウィモンマンカラーラームが正式名称。

寝釈迦仏は大きなお堂の空間いっぱいに納まっている

巨大な寝釈迦仏で名高い

★★★ MAP P.78-B5

ワット・ポー
Wat Pho
วัดโพธิ์

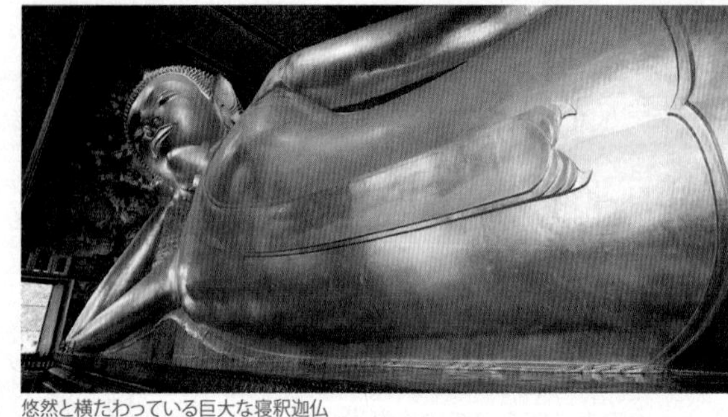
悠然と横たわっている巨大な寝釈迦仏

大きな寝釈迦仏があり、タイ式マッサージの総本山としても知られている第1級王室寺院。境内は東西に走る小道のチェートゥポン通りで南北に分かれており、見どころは北側に集中している。南側にあるのは僧房のみ。

巨大なお釈迦様の足の裏は必見
ワット・ポーで見逃せないのが礼拝堂の中に安置されている大寝釈迦仏。れんがでおおまかにかたどられてから漆喰で造形されたこの大仏像は、全長が46m、高さが15mという巨大さ。その姿で涅槃に達し悟りを開いた釈迦を表現している。大きさもさることながら、興味深いのは仏像の足の裏。長さ5m、幅1.5mもある巨大な扁平の足の裏には、バラモン教の宇宙観が108面の螺鈿細工画（貝殻の白い部分を研磨してはめ込んだ装飾）によって表現されている。仏像の扁平な足の裏にも意味があり、螺鈿細工画を描く目的で扁平にしてあるのではない。土踏まずのない足の裏は、その人が超人であることを示す32の身体的特徴のひとつとされている。

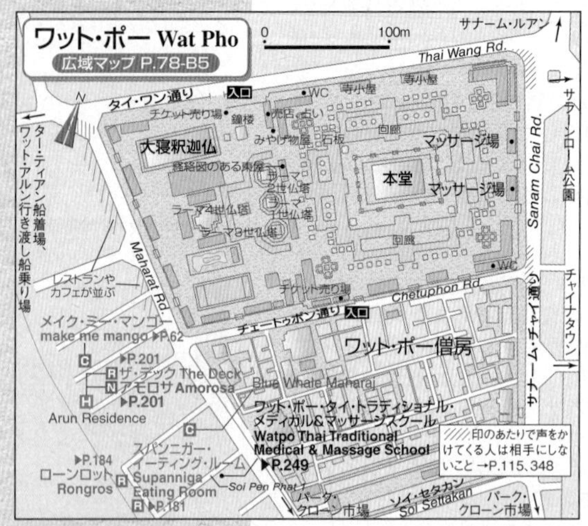

寝釈迦仏の平らな足の裏一面に施された螺鈿細工

本堂と、仏像の博物館的な回廊
ラーマ1世によって建立された本堂は、タイ北部の寺院から集められた仏像を244体並べた外回廊と、150体並べた内回廊によって、二重に取り巻かれている。本堂出入口に取り付けられた8

バンコク プチ情報　ワット・ポーとチャオプラヤー川に挟まれたエリアは、おしゃれカフェ密集地帯。古いショップハウスを改装した趣のある店内で、おいしいこだわりのドリンクが楽しめる。

枚の扉には『ラーマキエン』の要約が螺鈿で描かれており、堂内の内壁には仏陀にまつわる伝説が図説されている。本尊はトンブリーにあるワット・サーラーシナーの本堂から移されたもので、台座にはラーマ１世の遺骨が納められている。

歴代国王を表す大仏塔とタイ風墓石の小仏塔

本堂を取り巻く回廊の外側には鉄柵に囲まれた４基の大きな仏塔がそびえている。小さな陶片や中国風のタイルで装飾されたこれらの仏塔は、ラーマ１世から４世にいたるまでの歴代４国王を表している（緑の仏塔がラーマ１世、白が２世、黄色が３世、青が４世）。また境内に並んでいる高さ3mほどのタイル張りの小仏塔はタイ風の墓標で、中には遺骨が納められている。以前は王族専用だったが、現在は寄進次第で誰でも納骨可能。

境内には大小さまざまな仏塔が並ぶ

知識を未来に伝える石板

本堂とその回廊、礼拝堂、さらに本堂の周囲に立つサーラーラーイと呼ばれるタイ風東屋の壁や柱、４基の大仏塔の回廊には、19世紀のタイ（当時の国名はシャム）における最先端の文学、歴史、文化、伝統、天文学、地理学、工学、科学に関する事柄が８つの項目に分類され、後世に残すべく彫り込まれている。この寺はタイ初の大学であったと同時に図書館のような場所でもあった。石板はその蔵書ともいえる。

▶ガイドを利用しよう

広い境内を徹底的に見学したい人は、チケット売り場付近にいる英語ガイドを利用しよう。料金はひとりで利用する場合200B、ふたりなら300B、3人以上は400B。

▶詐欺師に注意

ワット・ポーの周辺には、外国人旅行者に親切めかして「今日はワット・ポー（もしくはワット・プラケオ）はお休みだ」と声をかけ、「その代わりいい場所を紹介してあげる」と巧みに宝石店やテーラーに連れていき、法外な値段で商品を売りつける詐欺師がたくさんいる。ワット・ポーの入口は目立たないので、つい信じてしまいがち。ワット・プラケオやワット・ポー周辺で外国人を狙って話しかけてくる人物は絶対に相手にしないこと（→P.115、348）。

右の男性のように、地図片手に親切めかして声をかけてくる人は相手にしないこと

COLUMN

ワット・ポーでタイ式マッサージを受けよう

タイ式マッサージの本山

大寝釈迦仏とともにワット・ポーの名を世に知らしめているのが、境内で行われている伝統的タイ式マッサージ。ラーマ3世によってシャム国初の本格的な教育施設となったワット・ポーの、教育内容の中心は医学。そして当時の医学は、薬品の調合技術と東洋医学に基づく身体マッサージが基本となっていた。その名残で現在でも、ワット・ポー境内に2ヵ所ある東屋で一般向けにマッサージが行われている。

境内にある行者像

東屋のタイ式マッサージ

MAP P.130 TEL 0-2221-2974 URL www.watpomassage.com 営 8:00～18:00
料 30分320B、1時間480B。フットマッサージ30分320B、1時間480B CC MV

境内の東屋内に描かれている経絡の図

バンコクプチ情報 ワット・ポー周辺には上欄外記事のように詐欺師が多い。コロナ禍の外国人旅行者激減で詐欺被害も減少と思いきや、しぶとく復活している様子。このあたりで誰かに声をかけられたら要注意。

ワット・アルン
住 34 Arun Amarin Rd.
TEL 0-2891-2185
FB Wat Arun Ratchawararam Bangkok I
開 8:00〜18:00
休 なし
料 100B(外国人料金)
行き方 チャオプラヤー・エクスプレス・ボートのワット・アルン船着場利用。またはN8ター・ティアン船着場から渡し船(料 5B。大きな荷物や自転車などは追加料金)。

仏塔の階段は急角度。見下ろすと足がすくむ

▶ワット・アルンの正式名称
ワット・アルン・ラーチャワラーラーム・ラーチャウォンマハーウィハーンが正式名称。第1級王室寺院でもある。

▶タイの衣装でハイ、チーズ
ワット・アルンの大仏塔前に、タイ風衣装のレンタルショップが数軒ある。好みの衣装とアクセサリーを選んだら、仏塔をバックに記念撮影。着付けは手伝ってもらえる。料金は店により100〜200B。高い店のほうが衣装やアクセサリーが立派。好みで選ぼう。

衣装をそれぞれ違う色にすると画像が映える

三島由紀夫が書いた小説のタイトルにもなった ★★★ MAP P.78-A5

ワット・アルン

Wat Arun（暁の寺 Temple of the Dawn） วัดอรุณ

仏塔の表面に無数に埋め込まれた陶片が強い日差しを受けてきらきらと輝く

ワット・アルンのシンボルは、チャオプラヤー川沿いにそびえ立つ大仏塔。これは創建時にあった高さ16mの仏塔をラーマ3世が5年がかりで改築したもの。ヒンドゥー教の破壊の神であるシヴァがすむ聖地カイラーサ山をかたどっているといわれている。中央の特大仏塔は高さが75m、台座の周囲は234mもある。大仏塔の周囲に立つ4基の仏塔も、高さが違うだけで造りは同じ。仏塔の表面は砕いた陶器の破片で装飾されている。飾りつけられた無数の石像は、インドラ神とその乗り物である3つの頭をもつエーラーワン象を筆頭に、ガルーダ、悪魔、猿など『ラーマキエン』に登場するものばかりだ。

ふたつの御堂

仏塔の正面には御堂が2棟立っている。1棟はワット・アルンがまだワット・マコークと呼ばれていた創建当時の本堂で、堂内には大小合計29体の仏像が安置されている。もう1棟は礼拝堂だ。ここには青銅製の仏塔と80体の仏像が祀られており、周囲は四天王像に警護されている。トンブリー王朝はここにエメラルド仏を祀っていた。

本堂

屹立する大仏塔の陰に隠れて影は薄いものの、ここも寺院である以上本堂はある。ワット・アルンの本堂は仏塔正面向かって右側、船着場の近くに立っている。高さ2mの2体のヤック(『ラーマキエン』に登場する鬼）像に守られた小さな御堂がそれだ。120体の仏像が並べられた回廊をもつこの本堂は、ラーマ2世の命によって建立され、本尊の台座の中にはラーマ2世の遺骨が納められている。

改修されて白っぽくなった仏塔

バンコク プチ情報 ワット・カンラヤーナミット（→P.138）やワット・プラユーンウォンサーワート・ウィハーン（→P.138）へ行くなら、ワット・アルン前のアルン・アマリン通りからタクシーを使うと便利。

大ブランコとスコータイ王朝時代最大とされる仏像 ★★ MAP P.78-C4

ワット・スタット

Wat Suthat　วัดสุทัศน์

ラーマ1世によって建立された第1級王室寺院で、27年かけて完成された。巨大な礼拝堂に納まるこれも巨大な仏像は、15世紀タイ中央部に栄えたスコータイ王朝で最も重要な寺院であったワット・マハータートから、ラーマ1世がいかだでバンコクに運ばせたもの。幅6.25mのこの仏像は、スコータイ時代の仏像のなかでも最大とされ、仏像を無事に寺院前まで運んできたにもかかわらず、肝心の寺院の門が狭くて通すことができなかったというほど。結局ラーマ1世は門を壊して境内に通し、仏像を本堂に納めると同時に力尽きて崩御したと伝えられている。この仏像の台座には1946年に亡くなったラーマ8世の遺骨が納められている。寺院境内の北西角に建てられているのは、1973年に鋳造されたラーマ8世の等身大銅像だ。

広い境内の中央に大きな礼拝堂が立っている

礼拝堂の裏側にあるのが本堂（ウボーソット）。本堂入口にはラーマ3世が中国から持ち帰った石像が置かれており、当時はそれを船の錨として使ったという。中の仏像はラーマ4世が造ったといわれ、またそのラーマ4世自らが描いたとされる壁画も美しい。

サオ・チン・チャー（大ブランコ）

ワット・スタット正面に立つ赤い鳥居状の建造物は、ヒンドゥー教の神シヴァにささげるため、寺院建立に先駆けて建てられた総チーク材造りによる高さ21mの大ブランコの支柱。1935年まで毎年旧暦2月には、ここにつるされた小舟のような乗り物に4人のバラモン（司祭）が乗って、つるすロープが地面とほぼ平行になるまで揺らす行事が行われていた。柱は2007年に新調されたもの。

日本人にはどうしても鳥居を連想させられるサオ・チン・チャー

ワット・スタット
住 146 Bamrung Muang Rd.
TEL 0-2224-9845
FB Wat Suthat
開 8:00～18:00
休 なし
料 100B(外国人料金)
行き方 MRTブルーラインのBL30サームヨート駅3番出口から徒歩7分。
ワット・プラケオからバムルン・ムアン通りを東へ徒歩14分。バス15、35、47、48、508番などが近くを通る。

▶ワット・スタットの正式名称
ワット・スタットテープワラーラームが正式名称。

境内北西隅にあるラーマ8世像

▶周囲は仏具屋街
ワット・スタットの正面を通って東西に延びるバムルン・ムアン通りには、仏具屋がずらりと並んでいる。出家する僧侶に贈る道具やお供えの類、さらには大きな仏像まで売られている。興味深い場所なので時間があったら足を運んでみよう。古くからある通りなので歩道がないか、あっても狭いので車に注意。コラム（→P.147）も参照。

ラーマ5世が自分のために建てた ★ MAP P.78-C5

ワット・ラーチャボピット

Wat Ratchabophit　วัดราชบพิธ

独特のヨーロッパ趣味で名高いラーマ5世が、20年がかりで完成させた第1級王室寺院。フランスのベルサイユ宮殿を見学し、その影響を受けてこうなったとか。中心にある仏塔を取り巻くように円を描いた回廊、本堂内のシャンデリアなど、ほかの寺院には見られない斬新なデザインの寺院だ。

円形のモダンな建築

ワット・ラーチャボピット
住 2 Fuang Nakhon Rd.
TEL 0-2222-3930
FB Wat Rajabopit
開 8:00～17:00
休 なし
料 無料
行き方 MRTブルーラインのBL30サームヨート駅3番出口から徒歩10分。バス2、60番が近くを通る。ワット・プラケオから徒歩11分。

▶ワット・ラーチャボピットの正式名称
ワット・ラーチャボピット・マハーシーマーラームが正式名称。

バンコクプチ情報　ワット・スタットと広場を隔てた向かい側のバンコク・シティー・ホール前には、長～いバンコクの正式名称（クルンテープ・マハーナコーン・以下略。P.8参照）をタイ語で刻んだ石碑がある。

市街を一望のもとに見渡せる「黄金の山」がある　★★★ MAP P.79-D4 ～ E4

ワット・スラケート(ワット・サケット)

Wat Sraket　วัดสระเกศ

砦か要塞のようにも見えるワット・スラケートのプーカオ・トーン

境内にある小高い丘の上に立つ黄金の大仏塔で有名な第2級王室寺院。寺院敷地の西側ほぼ半分を占める丘の通称プーカオ・トーンは「黄金の山」という意味。麓から尖頭部までは公称78m。ラーマ3世が旧都アユタヤーにあるワット・プーカオ・トーン（→ P.309）を模倣して土を盛り小高く造成し、続くラーマ4世がさらに盛り上げ頂上に仏塔を建てた。その後1950年に、丘全体をコンクリートで固めて仏塔にはきらびやかな黄金のタイルを張り、現在の姿になった。仏塔の中には、セイロン（現スリランカ）で仏門に入ったプリッサダーン親王がコロンボの仏教僧団から拝領し、時の国王ラーマ5世に献上した仏舎利が納められている。頂上には仏塔を囲むような形の回廊があり、そこからバンコク市街を一望できる。

バンコクを防衛した砦と城壁　★ MAP P.79-D4

マハーカーン砦

Pom Mahakan　ป้อมมหากาฬ

アユタヤーに侵攻したビルマ軍を撃退し、バンコクに遷都して現王朝を打ち立てたラーマ1世が14ヵ所築いた、首都防衛のための砦のひとつ。カオサン通り近くのプラ・スメーン砦（→ P.141）とともに保存されている。隣には古い集落があったが取り壊され、現在は公園。

マハーニカイの総本山　★★ MAP P.78-B4

ワット・マハータート

Wat Mahathat　วัดมหาธาตุ

敷地は狭いが本堂は大きい

古い町並みの裏側にある、ラーマ1世が建立した第1級王室寺院。現在タイ仏教界で多数派を占めているマハーニカイの頂点に位置する。英語による瞑想教室も毎日開講されている。

ワット・スラケート
住 334 Chakkapatdiphong Rd.
TEL 0-2233-4561
FB watsraket
開 7:30～19:00(プーカオ・トーン)
休 なし
料 境内は無料。プーカオ・トーン入場100B(外国人料金)
行き方 MRTブルーラインのBL30サームヨート駅3番出口から徒歩7分。セーンセープ運河ボートのパーンファー・リーラート船着場から徒歩2分。

▶タイ語での呼び名
日本ではワット・サケットとして知られているが、タイ語での発音は「ワット・スラケート」が近い。タクシーなどを利用する際は、「ワット・スラケート」(最後の「ト」ははっきり発音しない)と言ってみよう。

マハーカーン砦
開 24時間
料 無料
行き方 セーンセープ運河ボートのパーンファー・リーラート船着場から徒歩すぐ。

マハーチャイ通り沿いの城壁裏に広がる公園

ワット・マハータート
住 3 Maharat Rd.
TEL 0-2221-5999
URL www.watmahathat.com
開 8:00～17:00(境内は～20:30)
休 なし
料 無料
行き方 プラ・チャン船着場から徒歩すぐ。ワット・プラケオから徒歩3分。入口はマハーラート通りとプラ・チャン通り側それぞれにある。

▶瞑想教室
ワット・マハータート境内では瞑想教室が毎日7:00～10:00、13:00～16:00、18:00～20:00の1日3回行われている。申し込みは不要で、行けば参加できる。白い瞑想用の服装も借りられ、参加費も無料。タイ語と英語のコースがある。問い合わせは寺事務所のセクション5(瞑想教室)へ。
TEL 0-2222-6011

▶ワット・マハータートの正式名称
ワット・マハータート・ユワラートランサリットが正式名称。

バンコク プチ情報 プーカオ・トーンの石段を上がっていくと、途中にカフェ「Golden Mount Coffee」がある。おいしいコーヒーでひと休みしよう。

タマユットニカーイの総本山 ★★ MAP P.95-F3～F4

ワット・ボウォーンニウェート(ワット・ボウォーン)

Wat Bowornniwet วัดบวรนิเวศ

出家中のモンクット王子（後のラーマ4世）によって1833年に創始された仏教の新派タマユットニカーイの総本山で、ラーマ3世の副王の命により1826年に建立された第1級王室寺院。タマユットニカーイは戒律を厳格に守ることを基本とした、上座部仏教本来の意味を追求する復古派で、タイ仏教徒全体の約10%を占めるだけ（寺院にいたってはタイ全体の約3%）だが、王族など地位のある人々に熱心な信仰者が多い。格式は高く、プーミポン前国王もここで出家修行している。

境内には仏教大学や小学校のほか、仏教博物館などもある。僧坊も多く、規模の大きな寺院。

カオサン通りすぐそばの名刹

ワット・ボウォーンニウェート
住 Phra Sumen Rd.
TEL 0-2281-2831
URL watbowon.org
開 6:00～18:00
休 なし
料 無料
行き方 バス68、511番が近くを通る。カオサン通りから徒歩2分。

広い敷地内には緑のなかに僧坊が並んでいる

独特のスタイルが印象深い建物がある ★★ MAP P.79-D4

ワット・ラーチャナッダーラーム・ウォラウィハーン

Wat Ratchanatdaram Worawihan วัดราชนัดดารามวรวิหาร

ワット・スラケート（ワット・サケット）とは運河を挟んで向かい側、古い城壁が残る脇に不思議な形をした建物がある。第3級王室寺院ワット・ラーチャナッダーラーム・ウォラウィハーンの境内にある**ローハ・プラーサート**（開 9:00～17:00 休 なし 料 20B）と呼ばれるこの建物は、屋根全体に小さな塔が林立した独特のスタイル。これは仏陀やその弟子が住み、あるいは修行した場所を象徴したもの。建物内中心部にあるらせん階段で頂上まで上がることができ、回廊となったテラスから周囲の町並みが見渡せる。

マハーチャイ通りに面したこの寺院の駐車場にある掘っ建て小屋のような建物では、プラと呼ばれるお守りや仏教用具が売られており、御利益がある品を求めて人々が訪れる。

ワット・ラーチャナッダーラーム・ウォラウィハーン
住 2 Mahachai Rd.
TEL 0-2224-8807
開 9:00～20:00
休 なし
料 無料
行き方 MRTブルーラインのBL30サームヨート駅1番出口から徒歩11分。

小塔が林立するローハ・プラーサート

タイの詩聖スントーン・プーの博物館併設 ★★ MAP P.79-D4

ワット・テープティダーラーム・ウォラウィハーン

Wat Thepthidaram Worawihan วัดเทพธิดารามวรวิหาร

1839年にラーマ3世が、娘の王妃のために建てた第3級王室寺院。本堂内には、ルアン・ポー・カオと呼ばれる純白の石仏がある。隣のお堂には仏像に向かってひざまずく52体の比丘尼像が並んでいる。ラーマ3世時代の19世紀末に活躍し、タイで最も偉大とされる詩人スントーン・プーは、この寺院で出家した。寺院裏には**スントーン・プー博物館**がある。詩人の作品やゆかりの品々の展示やARスポットが設置されており、スントーン・プーの世界に入り込んだ写真が撮影できる。

タイの人々に愛されている詩人スントーン・プー

ワット・テープティダーラーム・ウォラウィハーン
住 70 Mahachai Rd.
開 7:00～18:00
休 なし
料 100B(外国人料金)
行き方 MRTブルーラインのBL30サームヨート駅1番出口から徒歩7分。

スントーン・プー博物館
TEL 08-5120-8914
FB SunthonPhuMuseum
開 月～金 9:00～17:00
休 土・日・祝
料 寺院の入場料に込み
係員に伝えてから入館すること。

バンコクプチ情報 ワット・ボウォーンニウェートはカオサン通りからも近い。このあたりはトイレが借りられるような大型ショッピングセンターやホテルがないので、カオサン通り周辺散策中に困ったときはここへ。

バンコク9つの寺院巡りで
運気アップ&パワーチャージ!!

信心あついバンコクっ子に人気なのが、有名寺院９ヵ所の巡拝。タイ語で数字「9（カオ เก้า）」の発音は「進歩、前進（カーオ ก้าว）」という言葉と似ており、縁起のいい数字とされている。それぞれの寺院には異なる御利益があり、９ヵ所を１日で回ることによってより高い功徳も得られると信じられている。巡る寺院は特に決められてはおらず、好みや都合によって入れ替えられる融通の利き方もタイらしい。特に人気の高い９ヵ所を紹介するので、タイ人にならってお参りしてみよう。

カオサン通り
チャオプラヤー川
パムルン・ムアン通り
王宮
チャルーン・クルン通り
0 300m
目安

寺院のような外観の祠

1 ศาลหลักเมือง
幸運&良縁

サーン・ラク・ムアン（町の柱の祠）
San Lak Muang MAP P.78-B4

バンコク発祥の地として神秘的な力をもつと考えられている柱は、人生の基礎を固め、罪障の消滅や幸運の増加、良縁を与えてくれると信じられている。→ P.141

2 วัดพระแก้ว
金運&成功

ワット・プラケオ（ワット・プラケーオ）
Wat Phra Kaeo MAP P.78-B4

タイで最も格式の高い寺院。巨大な本堂に祀られているのは、ありがたいエメラルド仏。国家の守り本尊であるこのエメラルド仏を拝めば、金運に恵まれ成功が約束される。→ P.122

御利益の有無にかかわりなく
毎日多数の参拝客が訪れる

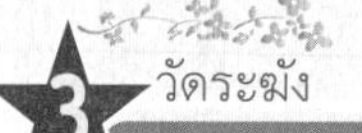

3 วัดระฆัง
健康&名声

ワット・ラカン
Wat Rakhan MAP P.78-A4

この寺院を参拝すれば病の悩みから解放され名声を得ることができる。放生（捕らえた生き物を放すこと）の徳を積めばさらに御利益が増す。
→ P.138

鐘の音のように名声が鳴り響くとか

4 วัดโพธิ์
心の平安

ワット・ポー
Wat Pho MAP P.78-B5

巨大寝釈迦仏で名高いこの寺院に参拝すれば、心の平安が得られる。→ P.130

寝釈迦仏ではなく本堂へお参りしよう

5 วัดอรุณ ワット・アルン Wat Arun
幸運&よき来世

MAP P.78-A5

須弥山を表現したクメール様式の巨大仏塔が特徴の寺院。現世で幸運に恵まれ、よりよい来世が訪れるとされている。→ P.132

柱に細かい装飾が施されたワット・アルンの本堂

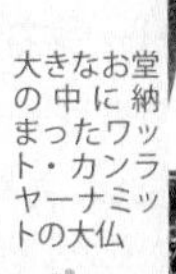

大きなお堂の中に納まったワット・カンラヤーナミットの大仏

6 วัดกัลยาณมิตร ワット・カンラヤーナミット Wat Kanlayanamit
旅の安全&名声

MAP P.84-B1 ～ B2

アユタヤーのワット・パナンチューンにある仏像をモデルにしたとされる大仏が人気。旅や交通の安全に御利益があり、またよい友人や名声に恵まれる。→ P.138

7 วัดสุทัศน์ ワット・スタット Wat Suthat
対人関係

MAP P.78-C4

境内一面に敷き詰められた大理石のタイルがまぶしいこの寺院に参拝すると、頭脳は明晰になり人を見る目も養われ、良好な人間関係を築けるようになる。→ P.133

鳥居のような柱が目印

8 ศาลเจ้าพ่อเสือ サーン・チャオ・ポー・スア San Chao Po Sua
人生の幸福

MAP P.78-C4

飼い主の死に殉じたトラを祀っているこの祠は、華人の参拝者が多い。参拝すれば幸福な人生が訪れる。

本尊がトラだけにお供えも豚肉など生々しいものが多い

9 วัดชนะสงคราม ワット・チャナ・ソンクラーム Wat Chana Songkhram
困難に打ち勝つ

MAP P.94-C3

「戦争（ソンクラーム）」に「勝つ（チャナ）」という縁起のいい名前の寺院。お堂内の仏像を拝めば、どのような困難にも打ち勝つことができる。お堂の前にある祠に祀られているのはラーマ１世の弟王子で、侵攻してきたビルマ軍を撃退した功労者。やはり勝負ごとに御利益がありそう。

カオサン通りの近くにある大きな寺院

9つの寺院巡りモデルプラン
予算：交通費と寺院拝観料で計約1200B

❶サーン・ラク・ムアン
⬇徒歩 3 分
❷ワット・プラケオ　料 500B
⬇ター・チャーンから渡し船 4.5B
❸ワット・ラカン
⬇ター・チャーンから渡し船 4.5B＋チャオプラヤー・エクスプレス・ボート 16B
❹ワット・ポー　料 300B
⬇ター・ティアンから渡し船 5B
❺ワット・アルン　料 100B
⬇トゥクトゥクかモーターサイ 20 ～ 30B 程度
❻ワット・カンラヤーナミット
⬇渡し船 10B＋タクシー 50B 程度
❼ワット・スタット　料 100B
⬇徒歩 10 分
❽サーン・チャオ・ポー・スア
⬇タクシー 50B 程度
❾ワット・チャナ・ソンクラーム

ワット・ラカン
住 250 Arun Amarin Rd.
TEL 0-2411-2255
FB watrakhang.official
開 日の出～日没。本堂は8:00～17:30
休 なし　料 無料
行き方 チャオプラヤー・エクスプレス・ボートのN9ター・チャーン船着場から渡し船(料 4.5B)。

鐘は端から順に鳴らしていく

放生に訪れる参拝者が多い　★★ MAP P.78-A4

ワット・ラカン
Wat Rakhang　วัดระฆัง

境内のそこかしこに下がっている鐘

現王朝の初代王ラーマ1世が王位に就く前に住んでいた土地に立つ由緒ある寺院。御利益の高い寺院として人気があり、渡し船の船着場や寺院の入口周辺には逃がして徳を積むための放生用の生き物を売る店が並んでいる。寺院の船着場では人々が放生したり、魚に餌を与える姿が見られる。「ラカン」とは鐘のことで、その名のとおり境内にはたくさんの鐘がつるされている。

ワット・カンラヤーナミット
住 371 Tesaban Soi 1, Khwang Wat Kanlaya
TEL 0-2466-4643
FB watkanlayanamitra
開 7:00～18:00
休 なし
料 無料
行き方 N7ラーチニー船着場から渡し船(料 10B)。ワット・アルンから徒歩10分。

本堂内に悠然と納まる座仏

華人に信仰されている　★ MAP P.84-B1～B2

ワット・カンラヤーナミット
Wat Kanlayanamit　วัดกัลยาณมิตร

タイ中混交の雰囲気がある寺院

チャオプラヤー川沿いの古い華人街にある寺院。座仏像としてはバンコク最大とされる高さ14.45m、幅11.75mの仏像があり、毎日お参りする人々が集まる。特に旧正月の時期はにぎやかで、寺院と川に挟まれた広場状のエリアに屋台が並び、ステージが組まれて京劇や粤劇(えつげき)などが演じられる。隣には古い中国廟もあるので、あわせて見学しよう。

ワット・プラユーンウォンサーワート・ウィハーン
住 24 Prachatipok Rd.
TEL 0-2466-1693
URL www.watprayoon.com
開 8:00～18:00
休 なし
料 無料
行き方 MRTブルーラインのBL31サナーム・チャイ駅4番出口から徒歩12分。

水墨画の世界のような庭園

純白の仏塔がまぶしい　★ MAP P.84-B2～C2

ワット・プラユーンウォンサーワート・ウィハーン
Wat Prayunwongsawat Wihan　วัดประยุรวงศาวาสวรวิหาร

回廊に囲まれた仏塔にも入ってみよう

ラーマ3世時代の1828年に、貴族のティット・ブンナークが建立した寺院で、もともとはコーヒー農園だった場所。この寺院を象徴する純白の仏塔はプラ・ボロマタート・マハー・チェーディー Phra Borommathat Maha Chedi と呼ばれており、塔内に入ることができる。れんがを積み木の支柱で支える様子が興味深い。塔から出る際の通路は低いトンネルのようになっており、自動的に頭を下げて仏塔を敬う仕組み。

境内には深山幽谷風の中国庭園がある。池にはカメや魚がたくさんいて、餌を与えて徳を積むことができる。細かく切ったつみれを細長い棒に刺して1個1個カメや魚に直接食べさせるスタイルなので、時間がかかる。

バンコク プチ情報　ワット・カンラヤーナミットからプラ・プッタ・ヨートファー橋にかけてのチャオプラヤー川岸に遊歩道がある。古い中国廟やキリスト教会を眺めながら、のんびり散策してみよう。

世界とタイの硬貨の歴史が学べる　★ MAP P.94-C5

コイン博物館

Coin Museum Treasury Department Thailand　พิพิธภัณฑ์เหรียญ

カオサン通り近くに2014年にオープンした博物館。硬貨の誕生や製造過程など通貨の起源と、タイや世界のおもな硬貨の歴史を展示している。映像に合わせて風が吹き床が揺れる大迫力の体感型シアターで通貨の起源が学べる。

館内はガイドツアーで見学する

コイン博物館
住 Chakraphong Rd.
TEL 0-2282-0818
URL coinmuseum.treasury.go.th
開 火～金8:30～16:30(入場は～15:00)　土・日・祝10:00～18:00(入場は～16:00)
休 月
料 50B
行き方 ワット・プラケオから徒歩13分。30分おきに出発する所要約90分のガイドツアーで見学する。

古くて由緒正しい地域の文化を紹介　★★ MAP P.95-D1

バーンラムプー博物館

Pipitbanglamphu　พิพิธบางลำพู

バンコクのなかでもバーンラムプー周辺は歴史がある由緒正しい地域で、このエリアの文化を紹介する博物館が2014年にオープン。中国系、マレー系など多様な民族や文化を受け入れてきた歴史がよくわかる。古い町並みとカフェや商店の内部を再現した展示は、中まで入れるようになっている。

再現された古い町並み

バーンラムプー博物館
住 Phra Sumen Rd.
TEL 0-2281-0345
URL banglamphumuseum.treasury.go.th
開 10:00～18:00
休 なし
料 30B(外国人料金)
行き方 カオサン通りから徒歩8分。入口で靴を脱いで入館すること。

1906年に完成した建物を利用　★ MAP P.79-D3

プラチャーティポック王(ラーマ7世)博物館

King Prajadhipok Museum　พิพิธภัณฑ์พระบาทสมเด็จพระปกเกล้าเจ้าอยู่หัว

古い立派な洋館を利用

2002年にオープンした、現王朝第7代プラチャーティポック王を記念する博物館。王の幼年時代から、経済危機に直面した即位後、そしてイギリスに移住し1941年に客死するまでの王の人生を、豊富な展示物で解説している。バンコクの古い時代の写真が多く展示されているのが興味深い。

プラチャーティポック王(ラーマ7世)博物館
住 2 Larn Luang Rd.
TEL 0-2280-3413
URL kingprajadhipokmuseum.com/en/homepage
開 火～日9:00～16:00
休 月
料 無料
行き方 バス15、79、159、511番などが近くを通る。民主記念塔から徒歩5分。セーンセープ運河ボートのパーンファー・リーラート船着場からすぐ。

タイ人のアイデンティティを探る　★★ MAP P.84-B1

ミュージアム・サヤーム 発見博物館

Museum Siam Discovery Museum　มิวเซียมสยาม พิพิธภัณฑ์การเรียนรู้

タイ人やタイ国のアイデンティティが確立する過程や歴史を展示した博物館。背負っている文化や周辺国との関係、世界史のなかでの位置づけなど、タイとタイ人を知るためのさまざまな資料が並んでいる。模型やインタラクティブな展示も多い。ほとんどの展示に英語が併記されている。

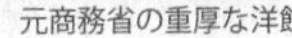
元商務省の重厚な洋館

ミュージアム・サヤーム 発見博物館
住 4 Sanam Chai Rd.
TEL 0-2225-2777
URL www.museumsiam.org
開 火～日10:00～18:00
休 月
料 200B(外国人料金)
行き方 MRTブルーラインのBL31サナーム・チャイ駅1番出口からすぐ。バス1、25、44、48、508、512番が近くを通る。

バンコクプチ情報　カオサン通りの近くにある古びたショッピングセンターのタン・フア・セン(URL P.95-D3～E3)。バーンラムプー博物館の展示を見ると、開店当時は時代の最先端だったことがわかる。

プラ・メー・トラニー
開 24時間
休 なし
料 無料
行き方 MRTブルーラインのBL31サナーム・チャイ駅2番出口から徒歩13分。ワット・プラケオから徒歩8分。

髪を絞る女神の像が納められた白い祠

仏陀とバンコクの守り神 ★ MAP P.78-B3

プラ・メー・トラニー（地母神像）

Phra Mae Thorani　พระแม่ธรณี

サナーム・ルアンの北東、ロイヤル・ラッタナーコーシン・ホテル（→ P.287）前にある小さな祠には、大地の女神トラニーが祀られている。これは、市民の水飲み場としてラーマ5世王妃によって建てられたもの。トラニーは自分の髪から絞った水で洪水を起こし、瞑想中の仏陀を襲おうとした悪鬼を押し流して救ったとされており人気が高い。現在でもお参りに訪れる善男善女が毎日引きも切らない。ここの水には霊験があると信じられており、わざわざ遠方から水筒やペットボトルを携えて訪れる人もいるほど。バンコク水道局のシンボルマークもトラニー像。

髪を絞っているトラニー

民主記念塔
開 24時間
休 なし
料 無料
行き方 バス15、39、44、79、511番などが近くを通る。ワット・プラケオから徒歩18分。

羽のような4本の塔が目印 ★ MAP P.79-D3

民主記念塔（アヌサーワリー・プラチャーティパタイ）

Democracy Monument　อนุสาวรีย์ประชาธิปไตย

1932年6月24日に起こった立憲革命を記念して、1940年に当時のピブーン内閣が建造した、タイ民主主義のシンボル的モニュメント。高さ24mの4つの翼状の塔の台座部には立憲革命についてのあらましがレリーフで描かれ、その意義をいつまでも人々の心に残そうとしている。またこの塔は民主主義を守るために犠牲となった人々の慰霊塔の役割も果たしている。立憲革命と1973年10月の憲法改正要求集会および1992年5月のスチンダー首相退陣要求デモで、出動した軍と衝突し犠牲となった人々が、中央部に祀られている。

カオサン通りへ行く際のよい目印

73年10月14日記念碑
URL 14tula.com
開 8:00～17:00
休 なし
料 無料
行き方 ワット・プラケオから徒歩15分。

当時の写真や新聞のコピーなども展示されている

民主化運動に倒れた人々を忘れないために ★ MAP P.78-C3

73年10月14日記念碑

14 October 73 Memorial　อนุสรณ์สถาน ๑๔ ตุลา ๑๖

1971年に軍がクーデターを起こし軍事独裁体制となったタイでは、市民による民主化運動が行われていた。1973年（仏暦2516年）10月7日に憲法制定請願のビラをまいていた市民運動家が逮捕されると反政権の機運が盛り上がり、同13日に釈放要求運動の会場となったタマサート大学には大勢の支援者が集まった。14日、学生や市民のデモがラーチャダムヌーン・クラーン通り周辺で暴徒化しそれに対して軍が発砲、多数の死傷者を出す惨事となった。タイの歴史上初めて広範な市民が政治活動に参加した事件ともいわれており、記憶の風化を防ぎ死者を悼むためにこの施設が建てられた。

バンコク プチ情報　民主記念塔から南へと延びるディンソー通りには、古くからある食堂が多い。タイ人の間でも知られたエリアで、麺類やご飯ものなどが手頃な値段で気軽に食べられる。

バンコク発祥の地

★★ MAP P.78-B4

サーン・ラク・ムアン(町の柱の祠)

San Lak Muang　ศาลหลักเมือง

タイでは新しい町をつくる際、バラモン教の教えに従ってまず基準点となるべき柱を建て、その町の永遠の発展を祈る習慣がある。バンコクでは1782年4月21日の午前6時45分(タイには吉日に加えて吉時間もある)に、ラーマ1世によって建てられた。現在見られる柱はラーマ4世時に造り直されたもの。タイの国花であるゴールデン・シャワーの木を使用した直径0.76m、高さ2.73mの柱には、願い事をかなえる不思議な力が秘められているといわれ、恩恵にあずかろうとする参拝者はあとを絶たない。

祠の横にある建物の中には小さなステージがあり、そこでは掛け合い漫才のようなタイのひなびた伝統芸能や各種タイダンスが毎日行われている(開 月〜土曜 9:00〜15:30、日曜 9:00〜16:00の間随時)。

バンコク防衛の拠点だった

★ MAP P.94-C1

プラ・スメーン砦

Pom Phra Sumen　ป้อมพระสุเมรุ

チャオプラヤー川とバーンラムプー運河の分岐点にそびえるプラ・スメーン砦。バーンラムプー運河の内側はバンコク発祥の地で、運河は最終防衛線ともいえる存在。運河と川の分岐点は軍事的にも交通路としても重要な場所なので、立派な砦が築かれた。砦の周囲はサンティチャイ・プラカーン公園というきれいな公園に整備されている。

ラーマ5世の業績を顕彰する展示がある

★★ MAP P.78-B4

ターウォラワットゥ館

Thaworawatthu Building　อาคารถาวรวัตถุ

サナーム・ルアン(王宮前広場)に面した赤黒い色の建物ターウォラワットゥ館には、名君として名高いラーマ5世記念展示がある。館内には貴重な仏典の保管に使われた漆塗りの書庫が多数展示されている。金泥で施された精緻な装飾は眼福。

安宿街のイメージは過去の話

★★ MAP P.95-D4〜E5

カオサン通り(カーオサーン通り)

Khao San Rd.　ถนนข้าวสาร

かつて東南アジア随一の安宿街として、世界各地からバックパッカーが集まったカオサン通り。やがて通りには外国人目当てのショップやバー、パブが増え、夜ごとの喧騒が宿泊に適さないほど激しくなるにつれてゲストハウスは近隣へ移動。それでも集まる外国人旅行者とタイのカルチャーがミックスした不思議な場所として、新しい魅力を発信し始めた。コロナ禍で消えた旅行者の姿も徐々に戻り、夜のにぎわいも復活しつつある。ゲストハウスは通りの東にあるタナオ通りの裏か、西のワット・チャナ・ソンクラーム周辺に残っている。

サーン・ラク・ムアン
URL bangkokcitypillarshrine.com
開 6:30〜18:30
休 なし
料 無料
行き方 ワット・プラケオから徒歩3分。

小さなお堂の中に立つ聖なる2本の柱

プラ・スメーン砦
開 24時間
休 なし
料 無料
行き方 チャオプラヤー・エクスプレス・ボートのN13プラ・アーティット船着場からすぐ。カオサン通りから徒歩7分。

随時化粧直しされる純白の砦

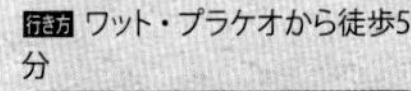

ターウォラワットゥ館
開 水〜日 9:00〜16:00
休 月・火・祝
料 無料
行き方 ワット・プラケオから徒歩5分

貴重な書庫が間近で見学できる

カオサン通り
行き方 バス2、3、6、9、15、30、39、44、47、59、79、82、183、201、203、503、506、509、511、512、532番などが近くを通る。ワット・プラケオから徒歩15分。

通りに張り出していた看板が撤去されてやや趣が変わってしまったカオサン通り

バンコクプチ情報 カオサン通りにはマッサージ屋が何軒もあり、だいたいどこも同じ料金でしかも30分150B〜と安い。気軽に試してみよう。

プーミポン前国王の作品も展示されている ★ MAP P.94-B4 ～C4

国立ギャラリー

National Gallery　พิพิธภัณฑ์ศิลปแห่งชาติ

タイ人芸術家たちによる伝統絵画や近・現代美術作品が展示されている。多才な芸術愛好家でもあったプーミポン前国王の作品もある。

タイの歴史と文化がギッシリ詰まった ★★ MAP P.78-B3

バンコク国立博物館

National Museum Bangkok　พิพิธภัณฑ์สถานแห่งชาติ

タイ最大の博物館。開館はラーマ5世時代の1874年で、当初は王宮内にあったもの。1887年に現在の場所に移転した。現在の博物館本館は、王宮と同時に建設されたラーマ1世の副王のための宮殿だった。

館内には、先史時代から近代にいたるまでの展示品の数々が整然と陳列されている。中はかなり広く、ざっと見て回るだけでも優に1時間以上はかかってしまうが、じっくり時間をかけて鑑賞したいものばかり。特にタイ東北部のバーン・チアンから発掘された農耕民族の遺物の数々は、一見の価値がある。素焼きの土器、稲の化石、副葬品とともに埋葬された人骨、竪穴式住居跡などがそれ。これらの遺物は世界最初の農耕集落がタイに存在していた可能性があることを示す貴重な発見とされていたが、現在ではやや否定的な意見が多い。

館内の展示品は、指定されたコースどおりに進んでいくと、過去から現在への時系列に沿って見学できるよう配置されている。タイに仏教やヒンドゥー教などの宗教が伝来し、それらの思想が土着のアニミズムと混ざり合いながら、タイ民族の文化や性格が確立されていく過程がなかなか興味深い。この国における宗教（特に仏教）の重要性を誰もが感じられることだろう。

国立ギャラリー
住 4 Chao Fa Rd.
TEL 0-2282-2639 FAX 0-2282-2640
URL www.virtualmuseum.finearts.go.th/nationalgallery/index.php/en/
開 水～日9:00～16:00 休 月・火・祝 料 200B（外国人料金）
行き方 ワット・プラケオから徒歩12分。

バンコク国立博物館
住 Na Phra That Rd.
TEL 0-2224-1333 FAX 0-2224-1404
URL www.virtualmuseum.finearts.go.th/bangkoknationalmuseums/index.php/en/
開 水～日9:00～16:00（入場は～15:30） 休 月・火・祝
料 200B（外国人料金）
行き方 ワット・プラケオから徒歩8分。

▶日本人ボランティアによる無料ガイド
国立博物館では毎週水・木曜の9:30スタートで、日本人ボランティアによる日本語ガイドがある。ブッダの生涯を描いた壁画や仏像などの宗教美術、伝統工芸品を案内付きで見学できる。内容も濃くわかりやすい。終了は11:30頃。
URL www.mynmv.com

貴重な展示品の数々

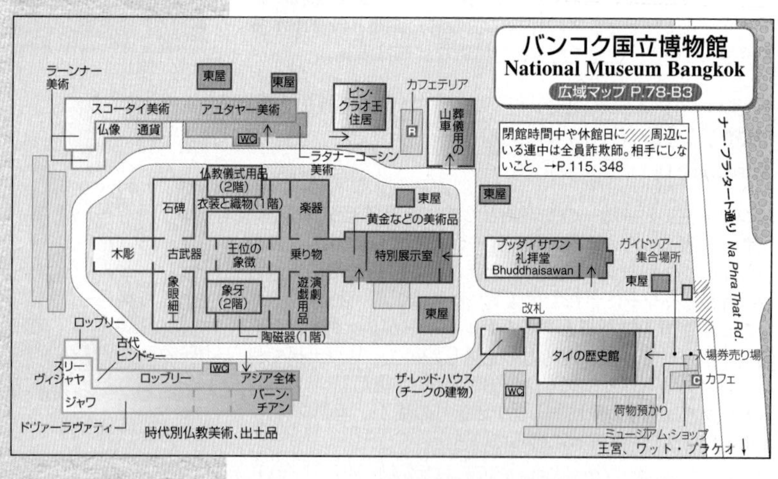

バンコク プチ情報　バンコク国立博物館前の通り、特に博物館入口周辺にも詐欺師（→P.131）が多く見かけられる。とにかくバンコクの観光地では、誰かから声をかけられても基本的に無視しよう。

COLUMN

王宮周辺の古い町並みを歩こう Part1

バンコクの中心となるのは、ワット・プラケオやワット・ポーがあるラタナーコーシン島。運河と川に囲まれているため「島」と呼ばれる。バンコク市街はここから東へ向かって同心円状に掘削されたロート運河、オンアーン運河、パドゥン・クルン・カセーム運河などに沿って建設された。そのためパドゥン・クルン・カセーム運河よりも内側には、バンコクの旧市街とも呼べる町並みが広がっている。再開発の手も及ばず、昔ながらの生活が営まれているエリアが多く、タイのレトロブームと相まって、注目を集めている。

ナーンルーン百年市場内は食堂街

ナーンルーン百年市場
Talat Nanglung MAP P.79-E3

古くからある地域に残る現役の市場が、各地で百年市場などと呼ばれ人気の見どころとなっている。パドゥン・クルン・カセーム運河のすぐ内側、ナーンルーン地区にあるナーンルーン市場は、バンコク市内にある珍しい百年市場。ラーマ5世時代の1900年3月29日に開業した歴史のある市場で、バンコクで最初に陸上に設けられた市場ともいわれている。もともとはおもに生鮮食品を扱っていたが、現在は飲食屋台が主体となっており、麺類やアヒル煮込みご飯を食べさせる店、そして伝統的なタイのお菓子を製造販売する店などが集まっている。

どの店も味がよく値段も手頃と評判で、わざわざ遠くから足を運ぶバンコクっ子も多い。午後も遅い時間になると、売り切れになってしまう店も出始めるほど。

タイの伝統的なお菓子を扱う店も数軒ある

ナーンルーン百年市場内にある、古いショップハウスを改装したカフェ

市場内にある王子の廟

ナーンルーン百年市場の中央を貫く通路の突き当たりに、ロフト状に造られた廟があり、ラーマ5世の第28王子として生まれたアパカラキヤットウォン親王を祀っている。親王はイギリスに留学後、タイ海軍の近代化を進めた。またサムンプライ(タイの伝統的な本草学)に基づく薬草を使った治療法を研究して階層を問わず人々に治療を施したため、広く敬愛されたという。

訪れる人の絶えない廟

市場周辺も歩いてみよう

ナーンルーン百年市場の西隣にある木造の大型建築は、もとは映画館として使われていたもの。広々とした吹き抜けの2階建てで、チャルームターニーと呼ばれていた。1990年代後半に閉鎖されその後倉庫として使われてきたが、現在改装計画が進行中。いずれ何らかの形で再利用されるかも。

いつかぜひ内部を見学してみたい古い映画館

ナーンルーン周辺はバスやタクシーでしか行けないのでやや不便なエリアながら、タイのおいしい屋台ご飯と町歩きが堪能できる。時間があったらぜひ足を運んでみよう。

バンコクプチ情報 マハーチャイ通りにある食堂ジェー・ファイ(Jay Fai MAP P.79-D4)は、スキー用のゴーグルをして料理を作るファイおばさんの人気店。なんとミシュランの星付き。

王室御座船博物館
住 80/1 Arun Amarin Rd.
TEL 0-2424-0004
URL www.virtualmuseum.finearts.go.th/royalbarges/360/boat_1.html
開 9:00〜17:00 休 なし
料 100B(外国人料金)、写真撮影料100B、ビデオ撮影料200B

シリラート博物館
住 2 Wang Lang Rd.
TEL 0-2419-2601
URL www.sirirajmuseum.com
開 水〜月 10:00〜16:30(チケット販売は〜16:00) 休 火・祝
料 医学博物館と解剖学博物館セットで200B。クロニクル博物館込みなら300B(外国人料金)。

解剖学博物館
MAP P.144
TEL 0-2424-0004
開 水〜月10:00〜16:30
休 火・祝
行き方 チャオプラヤー・エクスプレス・ボートのN10プラーンノック船着場利用。または対岸のプラ・チャン、N9ター・チャーン船着場から渡し船(料 4.5B)。

豪華な御座船を収めた王室専用ドック ★ MAP P.78-A3

王室御座船博物館

National Museum of Royal Barges　พิพิธภัณฑ์เรือพระราชพิธ

実際に水上パレードで使用される船が展示されている

館内には7〜8隻の船が常時展示されている。最も重要な船はルア・ホン（スパンナホン）と呼ばれる国王専用の御座船。全長46.15m、最大幅3.14mの船は、舵手・航海士が各2名、船尾信号旗手・漕手監督各1名、王座天蓋支持者7名が乗り込み、さらに総勢50名のこぎ手が左右に分かれて赤と金色の櫂でこれをこぐという、御座船のなかでも最も大きなもの。行き方は、チャオプラヤー・エクスプレス・ボートのN12プラ・ピンクラオ船着場から徒歩7分。案内看板があるので、それに従って民家の間の細い道を歩く。

法医学やタイの医学に関する展示がある総合博物館 ★★ MAP P.78-A3

シリラート博物館

Siriraj Museum　พิพิธภัณฑ์ศิริราช

前国王も亡くなるまで入院していたシリラート病院内にある博物館。**シリラート医学博物館**と**クロニクル博物館**に分かれており、医学博物館はさらに法医学、寄生生物学、病理学と3つの展示室に分かれている。法医学博物館には、事故や事件で亡くなった人の銃創や刺し傷などの部分が標本としてずらりと展示されており、一種異様な迫力がある。タイ医学の資料や年代記を展示したクロニクル博物館（Siriraj Bimuksthan Museum）はトンブリー駅だった再開発エリアにあり、1号棟はトンブリー駅舎だった建物。さらに別棟に、シャム双生児など違形児や、神経系統などの人体標本、タイの医学界に貢献した関係者の献体による人体標本などが展示されている**解剖学博物館**もある。

シリラート病院
Siriraj Hospital
広域マップ P.78-A3
N
博物館棟3
博物館棟2
蒸気機関車
クロニクル博物館
Siriraj Bimuksthan Museum ▶P.144
祠
博物館棟1
N11ター・ロットファイ
Thonburi Railway
トンブリー駅方面行きソンテオ乗り場
モーターサイ乗り場（トンブリー駅まで20B）
S&P
運動場
入口
通り抜け可
▶P.144 シリラート医学博物館
Siriraj Medical Museum
28号棟
法医学博物館
Songkran Niyomsane Forensic Medicine Museum
図書館
Seafah
27号棟
Au Bon Pain
寄生生物学博物館
Parasitology Museum
解剖学博物館 ▶P.144
Congdon Anatomical Museum
病理学博物館
Ellis Pathological Museum
チャオプラヤー川
Mae Nam Chao Praya
アルン・アマリン通り
Arun Amarin Rd.
N10 プラーンノック
Prannok
▶P.235
ワンラン市場
Talat Wang Lang
（渡し船はワンラン Wang Lang）
プラーン・ノック通り Phran Nok Rd.
ワット・ラカン

バンコクプチ情報　シリラート病院は規模が大きく、建物の数も多い。しかも敷地内の通路は一般道と変わらないぐらいの交通量があり、日本の病院のイメージとは大きく異なる。

仏塔内の幻想的なホールと巨大座仏 ★★★ MAP 折込表-A5

ワット・パクナーム

Wat Paknam วัดปากน้ำ

仏塔の隣に建立された大仏

　トンブリー側のパーシーチャルーン運河沿いに立つ第3級王室寺院。アユタヤー王朝時代に建立された古い寺院だったが、ラーマ3世の時代に修復された。タイ人なら誰もが知っている高僧の故プラ・モンコン・テムニー師にゆかりがあり、境内に祀られた師の座像には常にお参りの人が絶えない。特に週末はかなりの人出になり、境内は人と車で埋まる。瞑想修行の場所としても、ワット・マハータート（→P.134）と並ぶ人気があるとか。

　境内にある白い仏塔は、5層構造の内部がフロアごとに仏像や高僧の像が置かれた博物館となっており、土・日曜のみエレベーターも利用できる。最上階にはエメラルドグリーンの仏塔が置かれ、ドーム状の天井には仏画が描かれて、神秘的な空気が漂っている。大仏塔の隣には、これも巨大な大仏が完成。台座を含めると高さ69mで、タイで3番目に大きな仏像だ。この仏塔と黄金の大仏はMRTブルーラインに乗っていくと、ター・プラ駅のあたりから進行方向左側に見える。

　ワット・パクナーム裏を流れる運河の対岸にある**ワット・クンチャン（Wat Khun Chan）**。19世紀ラーマ3世の時代に、ビエンチャン王国との戦いに勝利した記念として建立された。一風変わった像が多いので、こちらも見学しよう。中心になるのは3頭の白象に支えられた大仏。その下にいるのは日食や月食を起こすとされるラーフー神。運河に面して涅槃仏もある。

仏塔最上階の天井に描かれた仏画

ワット・パクナーム
住 300 Rachamongkhon Rd.
TEL 0-2415-3004
FB watpaknam.bkk
開 8:00〜18:00
休 なし
料 無料
行き方 MRTブルーラインのBL33バーンパイ駅1番出口から徒歩8分。モーターサイ10B。

境内は参拝者が絶えない

ワット・クンチャン
MAP 折込表-A5
住 1144 Thoet Thai Rd.
TEL 0-2465-1901
開 7:00〜18:00
休 なし 料 無料

大迫力のラーフー神

ワット・クンチャン入口にある麺の屋台。あっさりスープに5〜6種類ある自家製つみれが入り50B

軽いランチにおすすめ

バンコク プチ情報　ワット・パクナーム仏塔の最上階は仏塔が祀られ仏画が描かれた聖なる空間で、決しておしゃれな見どころではない。撮影に夢中になるあまり騒がないようにした い。

ウォンウィエン・ヤイ
行き方 バス3、4、7、10、37、42、82、85、164、169、173、529、547番などが近くを通る。BTSシーロムラインのS8ウォンウィエン・ヤイ駅1番出口から徒歩10分。

ビルマ軍を撃退した救国の英雄タークシン王の像

マハーチャイ
行き方 国鉄ウォンウィエン・ヤイ駅から列車で所要約1時間、10B。5:30、6:25、7:00、7:40、8:35、9:40、10:40、12:15、13:20、14:25、15:25、16:30、17:05、17:35、18:30、19:10、20:10の1日17本。戻りの最終は19:00。

▶対岸への渡し船
料 3B

2階建ての小さなマハーチャイ駅

ワット・ラームスワンナーラームの運河沿いにある仏像

タールアの食事は値段も手頃。カオ・パット・クンの小は80B。ビア・シン大瓶110B

新鮮な魚介が売られている

中央に王の像がそびえる巨大ロータリー

★ MAP P.84-B4

ウォンウィエン・ヤイ

Wongwian Yai　วงเวียนใหญ่

アユタヤー王朝を攻め滅ぼしたビルマ軍を追い払い、トンブリー王朝（→ P.360）をたてたタークシン王の像がそびえる大きなロータリー。チャオプラヤー川を挟んでバンコク市街の対岸にあり、古びたデパートやにぎやかな市場、露店が並ぶ活気のある下町エリアだ。ロータリーの近くにはマハーチャイ方面へと延びるタイ国鉄メークローン線のウォンウィエン・ヤイ駅があり、3～4両編成のディーゼル列車が発着している。ホームの片側には売店や食堂が並び、さながら市場。通行人やオートバイもひっきりなしに行き来するので、常ににぎやかだ。

雑踏に紛れるようにあるウォンウィエン・ヤイ駅入口

バンコクから気軽に行ける港町

★ MAP P.75-B4

マハーチャイ

Mahachai　มหาชัย

ウォンウィエン・ヤイ駅から列車に乗ると、1時間ほどで終点のマハーチャイ駅に着く。大きな運河に面したマハーチャイは海に近いため漁港として栄えており、駅前の通りには新鮮な魚介類を扱う店が並び、各地から人々が買い出しに来る。列車で到着したら駅を背に右へ行くと、通りの突き当たりは中国廟のある広場。その手前すぐ左に渡し船乗り場がある。渡し船で対岸へ渡り、細い路地を少し進むと十字路になっており、そこを右に行けば10分ほどで大きな寺院ワット・ラームスワンナーラームに着く。寺院の裏がバーンレーム駅。ここからさらに列車を乗り継げば、「折りたたみ市場」で人気のメークローンへ行ける（列車の本数は少ないので注意。詳しい行き方は→ P.43）。マハーチャイ側船着場の隣は、レストランの「タールア Tharua」（「船着場」という意味）。風が吹き渡り運河が見渡せる席で、タイ料理を楽しむことができる。

運河の対岸にあるワット・ラームスワンナーラームから眺めるマハーチャイの町

バンコク プチ情報　ウォンウィエン・ヤイとマハーチャイを結ぶ鉄道路線は、バンコクの市街地を抜けた先は林や塩田地帯をほぼ一直線に走る。線路両脇に茂る木の枝が車体に当たるので、窓から手を出さないように。

龍が巻き付くピンクの塔が大迫力

★ MAP P.75-B3

ワット・サームプラーン
Wat Samphran
วัดสามพราน

塔の周囲にもさまざまな像が林立

バンコク西郊外のナコーン・パトム県にある寺院。緑豊かな境内にあるピンク色をした17階建て相当、高さ約80mの塔は、龍がらせん状に巻き付いた外観が訪れる者の目を引く。龍の胴体はトンネル状になっており、その中を歩いて塔の屋上まで行くことができる。屋上からははるかに広がるチャオプラヤーデルタのかなたに遠くバンコクまで眺められ絶景。仏像も祀られており、その上にかぶさるように龍の頭がある。

ワット・サームプラーン
住 92/8 Moo 7, Sam Phran, Nakkon Patom
FB watsamphran
開 6:00～17:00
休 なし
料 無料
行き方 公共の交通機関はないのでタクシーチャーターで。バンコク市内から所要約1時間。

塔の屋上に顔を出している龍

COLUMN

王宮周辺の古い町並みを歩こう Part2

バーンラムプー運河やオンアーン運河とチャオプラヤー川に囲まれた王宮周辺のエリアには、約150年前にラーマ5世が都を整備した際に建設された町並みが残されており、バンコクの旧市街ともいえる。2階建てや3階建てで1階が商用スペース、残りを住居として使うように設計されたショップハウスと呼ばれる長屋風の建物が通りに面して整然と並び、統一感のある景観をつくり出していて、モダンな町並みだったことがわかる。

いくつか興味深い見どころもあるので、のんびり散歩を楽しんでみてはどうだろう。カオサン通りから徒歩15分圏内だ。

プレーン・プートーン通り
Phraeng Phuthon Rd. MAP P.78-C4

ラーマ5世時代の雰囲気がよく残されている通り。大きな通りから2階建ての木造ショップハウスに挟まれた路地を入ると中央に大きな広場があり、合計4本ほどの路地で外の大通りと連絡している。雑然とした大通りの内側に生活感あふれる落ち着いた家々が並んでいて、その落差がおもしろい。通りに並ぶ食堂も、年季の入った店ばかり。豚の脳のスープを出す店はこの道60年を超える老舗。広場の中にある木造の小さな洋館の病院は、ラーマ4世の息子が住居として使ったこともある由緒ある建物。

大きな通りの裏側に広い空間がある意外感

ソイ・バーン・バート(鉢の村)
Soi Baan Bhat MAP P.79-D4

近くを通りかかると、金属をたたく音が通りの奥から聞こえてくる。ここはソイ・バーン・バートと呼ばれ、僧侶が托鉢で使う金属製の鉢を作る小さな工房が細い路地の奥に何軒か集まっている。どこも路上で作業をしているほか、近くに出張実演所もあり、気軽に見学することができる。ひとつの鉢を完成させるのに2日ほどかかるとか。この鉢は小さなものなら300B、大きなものは1000B程度で、小売りもしてもらえる。

金属片をたたいて貼り合わせる根気のいる作業

バムルン・ムアン通りの仏具屋街
Bamrung Muang Rd. MAP P.79-D4

この通りは、ワット・スタットを中心に東西500mほどが仏具屋街となっている。石鹸などの詰め合わせセットやうちわ、傘など僧侶に寄進する日用品から巨大な仏像まで、さまざまなものが並んでいる。古い通りなので歩道がなく、あっても狭いので、車に注意しながら歩こう。

バムルン・ムアン通り沿いの店先には仏像も並ぶ

バンコク プチ情報 ワット・サームプラーンの塔には入口や屋上にメーチー（尼さん）がいて、喜捨を求められる。塔の維持管理に使われるものなので、入場料だと思っていくらか、できれば紙幣を渡したい。

ドゥシット地区周辺

MAP ● P.79

ACCESS

BUS 戦勝記念塔から28、72、515番。プラトゥーナームから99番。

BOAT チャオプラヤー・エクスプレス・ボートのN15テーウェートから徒歩。

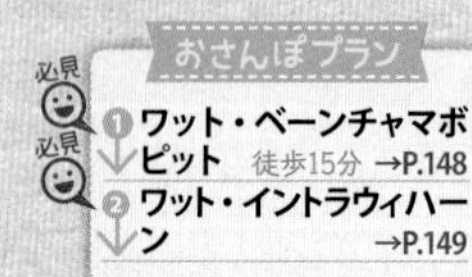

おさんぽプラン
必見
1 ワット・ベーンチャマボピット 徒歩15分 →P.148
必見
2 ワット・イントラウィハーン →P.149

大理石の白と屋根のオレンジが美しいワット・ベーンチャマボピット

ラーマ5世がつくり上げたドゥシット地区は、王室関係の施設を筆頭に、王室関係者の住まいや官公庁舎が集まる、タイの政治と行政の中心。大理石寺院のワット・ベーンチャマボピット（→ P.148）など見どころはいくつかあるが、ショップやレストランは少ない。

歩き方

ポイントを絞って回ろう

見どころは点在しエリア内の交通も不便なので、目的の場所を絞ってタクシーなどで移動するのが楽。周辺は官庁街と古い町並みで、休憩できるような飲食店は少ない。

おもな見どころ Sightseeing

イタリアの大理石をふんだんに使ったモダンな寺院　★★ MAP P.79-E2～F2

ワット・ベーンチャマボピット

Wat Benchamabophit　วัดเบญจมบพิตร

「大理石寺院」という別名が示すように、本堂の建築に際して屋根瓦を除きほとんどすべての建材に大理石を使用している第1級王室寺院。屋根瓦も一般とは焼き方の違う鮮やかなオレンジ色のものを使用しており、金張りの窓枠にはめ込まれているのはステンドグラス。

床、壁、柱にはイタリアのカッラーラ市から運ばれてきた真っ白な大理石がふんだんに使われている。本堂は52体の仏像が安置された回廊で囲まれており、本堂と回廊の間に広がる石畳、本堂出入口前階段に並ぶ狛犬ならぬ狛獅子から手すりにいたるまで大理石が使用されている。ちなみに回廊に並べられているのは、タイ国内やアジア各国にある代表的なスタイルの仏像。日本式の仏像もある。

左右対称の十字形をした本堂内には、タイ北部ピッサヌローク県にあるワット・マハータートのタイで最も美しい仏像といわれている本尊を模した、黄金に輝く仏像が安置されている。深い緑色の壁を背景にしてぼんやりと輝くその姿は、幻想的で本家に劣らない美しさ。この本尊台座の中には、建立者ラーマ5世の遺骨が納められている。

ワット・ベーンチャマボピット

住 69 Rama 5 Rd.
TEL 0-2628-7947
FB Marble Temple
開 8:00～17:00
休 なし
料 50B(外国人料金)
行き方 バス5、16、23、72、157、201、503番などが近くを通る。

▶ワット・ベーンチャマボピットの正式名称

ワット・ベーンチャマボピット・ドゥシットワナーラームが正式名称。

巧みな照明が本尊を神秘的に照らす

バンコク プチ情報 ドゥシット地区は敷地の広い公的機関のオフィスが多く、途中で休憩できるようなお店も少ないので、歩いて回るのは大変。タクシーなどを使って、ピンポイントで移動しよう。

金ピカの大仏があたりを見下ろす ★★ MAP P.79-D2

ワット・イントラウィハーン(ワット・イン)

Wat Intrawiharn วัดอินทรวิหาร

1867年に建設が開始され、1924年に完成した高さ32mの立仏像で有名な第3級王室寺院。仏像は足元まで近寄ることができ、常に花などが供えられている。境内にはこの大仏像を建立した高僧ルアン・ポー・トーを祀った小仏塔がある。エアコンのよく効いた内部は瞑想場となっており、中央には生前の同僧の瞑想姿がリアルな像で再現されている。

本堂の隣に大きな仏像が立っている

ワット・イントラウィハーン
住 114 Wisut Kasat Rd.
TEL 0-2282-3173
FB Big Standing Buddha
開 8:00〜18:00
休 なし
料 40B(外国人料金)
行き方 バス6、30、43、49番などが近くを通る。

仏像の足元にはいつもお供えが

偉大な王を顕彰する ★ MAP P.79-E1

ラーマ5世騎馬像

Statue of Rama V พระบรมรูปทรงม้า

アナンタ・サマーコム宮殿の前、広い通りの中央にそびえているのは、タイを近代国家へと導いた名君ラーマ5世の騎馬像。自身の即位40周年を記念し、王が外遊した際にパリで鋳造したもの。ラーマ5世はいまだにタイ国民の間で敬愛されており、普段からお参りに訪れる人は多い。特に10月23日はラーマ5世の命日で国の祝日となっており、その日は人々が押し寄せ、像の周囲が花輪などのお供え物で埋まる。

ラーマ5世騎馬像
開 24時間
休 なし
料 無料
行き方 バス70番が近くを通る。

国民に敬愛されるラーマ5世王の勇壮な像

大規模な衣料品卸売市場 ★ MAP P.79-F4

ボーベー市場

Talat Bo Bae ตลาดโบ๊เบ๊

「喧嘩市場」という名の衣料品卸売市場。運河と鉄道線路に挟まれた狭いエリアに衣料品を扱う店や屋台がぎっしりと並んでおり、通り抜けるのも難しいほど。バラ売りもしているが、本来は小売業者向けの卸売専門市場だ。地元商人だけでなく諸外国から仕入れに来る外国人客も多く、大量に買うと当然値引き率も高くなる。

運河を渡る橋にあるゲートをくぐると市場

ボーベー市場
営 8:00〜17:00頃
休 なし
行き方 バス53番が近くを通る。セーンセープ運河ボートのタラート・ボーベー船着場から徒歩すぐ。

バンコク プチ情報 ワット・イントラウィハーンの仏像は、立仏像ではバンコク最大。お堂内にある高僧ルアン・ポー・トーの像は、肌や髪の毛の質感がまるで生きているかのようで、日本人には少々不気味。

Area Guide China Town

チャイナタウン周辺

チャイナタウンの中心ヤオワラート通り

バンコクは全体が希薄なチャイナタウンといった趣もあるが、このエリアは特に中国色が強い。チャイナタウンの中心を貫くヤオワラート通りには金を商う金行が軒を連ね、通りには看板が張り出している。ちなみに地元の人たちはこのエリアを、「チャイナタウン」ではなく中心となる通りの名を取って「ヤオワラート（ヤワラー）」と呼んでいる。

最近では7月22日ロータリーの少し南にあるソイ・ナーナーにバーやレストランが次々にオープンし、新たなナイトスポットになりつつある（→ P.261）。

歩き方

2本の大通りを基準に

チャイナタウンはほぼ並行して走るチャルーン・クルン通りとヤオワラート通りを基準にするとわかりやすい。

MAP ● P.84 ～ 85

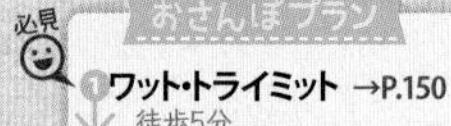

ACCESS

MRT ブルーラインのBL29ワット・マンコーン駅から徒歩すぐ、BL28フアラムポーン駅から徒歩約10分。

BUS 戦勝記念塔から204、542番。プラトゥーナームから73番。スクムウィット通りから25、40番。チャルーン・クルン通りから1、75番。ウォンウィエン・ヤイから4、7、85、169、529番。

BOAT チャオプラヤー・エクスプレス・ボートのN5ラーチャウォン船着場から徒歩。

おさんぽプラン（必見）

1. ワット・トライミット →P.150
   徒歩5分
2. ヤオワラート通り →P.152
   徒歩5分
3. ワット・マンコーン →P.152

おもな見どころ Sightseeing

黄金仏像はこうして発見された！ ★★★ MAP P.85-E2～F2

ワット・トライミット

Wat Trimit วัดไตรมิตร

見どころは境内にある新築のお堂最上階に安置されている黄金の仏像。高さ3m、重さ5.5トン、純度60%の金で鋳造されているといわれるこの仏像は、スコータイ時代に製造されたらしいが定かでない。

境内にそびえるお堂

市内の廃寺からワット・トライミットに移転される直前まで、この仏像は全体が漆喰で覆われていた。朽ち果てていく廃寺とともに長い年月にわたって打ち捨てられていたこの仏像は、1953年に移転が決まる。同年5月に作業が開始されるが、この醜い仏像は大きさのわりに重量があり、とりあえず外に運んだもののつり下げたクレーンが壊れてしまう。作業員はその

ワット・トライミット

住 661 Charoen Krung Rd.
TEL 08-5917-8569
FB Wat Traimit-Golden Buddha
開 8:00～17:00(仏像の拝観)
お堂内の展示は火～日8:00～16:30。
休 なし
料 仏像拝観料100B、お堂内の展示見学100B(いずれも外国人料金)。境内は無料。
行き方 MRTブルーラインのBL28フアラムポーン駅1番出口から徒歩4分。バス1、4、25、501、507、529番などが近くを通る。

ありがたい黄金仏は新築のお堂のてっぺんにある

中華街の歴史や黄金仏発見のいきさつに関する展示がある

バンコク プチ情報　MRTブルーラインが開通してアクセスがとても便利になったチャイナタウン。町歩きの醍醐味を堪能したら路上グルメを楽しみ、疲れ果てても電車でホテルへ戻れるのがうれしい。

日の移送を諦めて家に帰ってしまい、仏像は折からの雨の中にひと晩さらされることになってしまった。翌朝関係者が再び作業を始めようと近づいてみると、雨ではがれた漆喰の中から金色の光がにじみ出しているのに気づいて仰天。そこで初めて、人々はその内部に美しい仏像が隠されていることを知ったのである。

黄金の仏像が置かれているお堂内には中華街の歴史に関する展示もあり、そちらも必見。

日本人納骨堂がある ★MAP P.84-C1

ワット・ラーチャブーラナ(ワット・リアップ)

Wat Ratchaburana　วัดราชบูรณะ

高い柱が涼しげなワット・ラーチャブーラナ

1934年に名古屋の日泰寺から運ばれてきた鎌倉時代の木彫り座像を祀っているこの寺院には、日本人物故者のための納骨堂がある。金閣寺を模して1933年に造られたこの納骨堂には、1895年以来タイで亡くなった日本人の遺骨が納められており、高野山から来た僧が管理を続けている。

貴族を処刑した石の台が保存されている ★MAP P.85-E2

ワット・パトゥムコンカー

Wat Pathumkhongkha　วัดปทุมคงคา

この石を台に貴族の処刑が行われたという

チャオプラヤー川沿いにあるこの第2級王室寺院は、現王朝初期に貴人の処刑場として使われていた。現在境内に保管されている大きな石が台で、死刑囚は袋に入れられてその上に載せられ撲殺されたという。この方法で最後に死刑が行われたのはラーマ3世の時代で19世紀末。

ヤオワラート観光地化の象徴 ★MAP P.85-E2

牌楼(中華門)

Gate of China Town　ซุ้มประตูเฉลิมพระเกียรติ

世界各地の、特に観光地化が進んだチャイナタウンにはたいていメインストリートの入口に華麗な門が建てられており、ある種シンボルともなっている。バンコクのこの牌楼は、ワット・トライミットと向かい合ったオデオン・サークルと呼ばれるロータリーの中心に1999年に建てられた。各地のチャイナタウンの場合、牌楼を一歩くぐると突如として中華世界が出現するが、この牌楼は雑然とした下町風景のなかにポツンと立っているので、やや異質な印象。

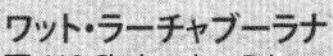

ワット・ラーチャブーラナ
住 119 Chakraphet Rd.
TEL 08-9548-2774　FB Watliab
開 6:00〜18:00
休 なし　料 無料
行き方 MRTブルーラインのBL30サームヨート駅3番出口から徒歩10分。バス1、73、529番などが近くを通る。チャオプラヤー・エクスプレス・ボートのN6/1パーク・クローン・タラート船着場から徒歩8分。

境内にある日本人納骨堂

ワット・パトゥムコンカー
住 1620 Songwat Rd.
TEL 0-2234-8877
FB watpathumkhongkha
開 8:00〜18:00
休 なし　料 無料
行き方 MRTブルーラインのBL28フアラムポーン駅1番出口から徒歩10分。BL29ワット・マンコーン駅1番出口から徒歩11分。

ワット・パトゥムコンカー本堂

牌楼
開 24時間　休 なし　料 無料
行き方 MRTブルーラインのBL28フアラムポーン駅1番出口から徒歩6分。ワット・トライミットから徒歩すぐ。

▶参考図書
『東南アジアのチャイナタウン』
山下清海著
発行：古今書院　1800円+税
東南アジア全域のチャイナタウンについて書かれており、興味があったらぜひ一読を。ここヤオワラートについての記述もある。現在絶版中だが、古書サイトなどで入手できる。

中国系住民が前国王の長寿を祝って建てた牌楼

バンコク プチ情報 ワット・トライミット前の通りには常にトゥクトゥクが何台も待機しているが、詐欺被害の報告もあるので、使わないこと。

ヤオワラート通り
行き方 MRTブルーラインのBL29ワット・マンコーン駅1番出口から徒歩3分。

ワット・パトゥムコンカー付属学校の入口にあったヤオワラート通りの解説。龍になぞらえているところが興味深い

フカヒレと並ぶヤオワラートの名物ツバメの巣を出す食堂

中華街を貫く大通り ★★★ MAP P.85-D1～E2

ヤオワラート通り

Yaowarat Rd. ถนนเยาวราช

中華街の中心を緩やかな曲線を描きながら東西に延びるヤオワラート通りは、1892年に建設された幅20m、全長は1430mある大通り。中国南部から移民してきた華人が集住するエリアに建設された近代的な道路だ。両側には金を商う金行の大店が並んでいる。華人やタイ人は現金よりも金で財産を蓄えるのを好み、中華街の金行は信用が高いとされ、毎日金を売り買いする客が引きも切らない。金行のほかには華人の町らしくおいしいレストランや屋台などの飲食店、陶磁器やお茶など中国風の雑貨店、文房具店には赤と金色のポチ袋などが売られ、タイの中にあって中国色の極めて濃い異色の町並みを見ることができる。

ヤオワラート通りといえば漢字の看板

ワット・マンコーン
住 32 Charoen Krung Rd.
TEL 0-2222-3975
FB Wat Mangkon
行き方 MRTブルーラインのBL29ワット・マンコーン駅3番出口から徒歩すぐ。
2023年11月現在チャルーン・クルン通りに面したエリアは改装工事中。廟の本体は奥にあり見学は可能。

タイの中の中国世界

中華系タイ人の心のよりどころ ★★ MAP P.85-E1

ワット・マンコーン

Wat Mangkon วัดมังกร

チャルーン・クルン通りに面した狭い入口をくぐり奥へと進むと、中国様式の廟が立っている。これが1871年創建のワット・マンコーン（龍蓮寺）。廟の中は常に参拝人があふれており、彼らがお参りに使う線香の煙で景色はかすんでいる。納められている仏像も福々しく太っていたり、道教の神が祀られていたりと、タイ仏教の寺院とはひと味異なる雰囲気となっている。

タイ人も多数お参りに訪れる

ミットラパン
行き方 MRTブルーラインのBL29ワット・マンコーン駅1番出口から徒歩4分。

路上に並べられたお守り。信ずる者は救われるのか

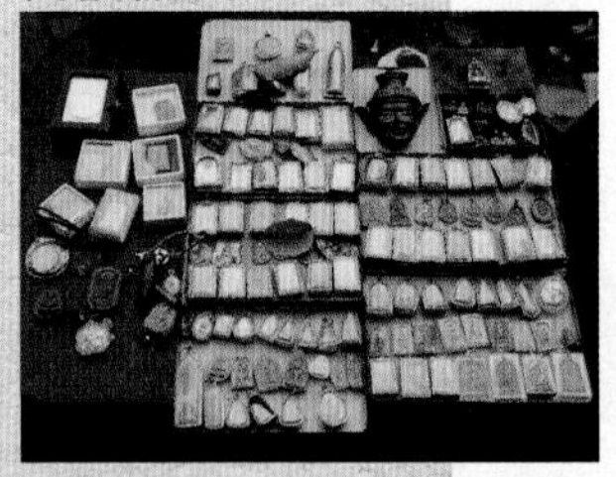

あやしいお守りが路上で売られる ★ MAP P.85-E1～E2

ミットラパン

Mittraphan ตลาดมิตรพันธ์

小さな仏像やプラと呼ばれるお守りが、路上で売られているエリア。何を調べているのか虫眼鏡やルーペを使って真剣に品定めするおじさんたちの姿が見られる。その真剣さを仕事に向ければもっと運も向いてくるのでは、などと野暮なことは言わないように。お守りだけでなく汚れたスマホ、片方だけのスニーカー、テレビやエアコンのリモコン、古いカセットテープなど、ごみと大差ないようなガラクタも売られている。

バンコク プチ情報 チャイナタウンといえばおいしい食事。ヤオワラート通りには夕方から歩道沿いに屋台街が設営され、さまざまなスナックが食べられる。軽い食事からスイーツまで、プチプラで楽しめるので試してみよう。

19世紀の喧騒を今に伝える ★★ MAP P.85-D1

サムペン・レーン(ソイ・ワニット1)

Sampheng Lane ถนนสำเพ็ง

チャクラワット通りソイ・ワニット１は、サムペン・レーンと呼ばれる。ラーマ１世がトンブリー側から今のバンコク側へ都を移した際、当時すでに商業活動の中核を担っていた中国人をこのエリアに移住させた。それが現在のチャイナタウンの始まりでもある。かつては貿易商が店を構え、移住してきた中国人が働き、彼らに部屋を貸す旅社や娼館が軒を連ねていた。現在この非常に狭い路地は雑貨屋の集合地帯となっており、通りの両側には、服、靴、おもちゃ、文具、雑貨などを売る商店がずらりと並んでいる。

細い道が続くサムペン・レーン

サムペン・レーン
行き方 ヤオワラート通りの南側を走る路地。MRTブルーラインのBL29ワット・マンコーン駅1番出口から徒歩5分。バス1、4、21、25、40、53、501、507、529番などが近くを通る。チャオプラヤー・エクスプレス・ボートのN5ラーチャウォン船着場から徒歩5分。

チャイナタウンの真ん中 ★ MAP P.85-E1

7月22日ロータリー

July 22 Rotary วงเวียน 22 กรกฎาคม

1917年7月22日に第１次世界大戦参戦を表明したラーマ６世は、チャルーン・クルン通りの北側にあった通りのひとつを「7月22日通り」と命名し、参戦記念とした。その後、通りの中心に噴水のある公園が造られた。公園と噴水は美しいが夜は人通りも少なくなる。治安のよい場所とはいえないので、暗くなってからの女性のひとり歩きはおすすめしない。

7月22日ロータリー
行き方 MRTブルーラインのBL29ワット・マンコーン駅3番出口から徒歩5分。

ロータリーの中心は噴水になっている

服地やインド衣料品の一大市場 ★★ MAP P.84-C1

パーフラット市場

Talat Phahulat ตลาดพาหุรัด

インド人経営の服地屋が多く、このあたり一帯をインド人街と呼ぶ人もいる。ターバン男が計算機をたたいていたり、サリー姿の太ったおばさんが露店をのぞき込んでいる光景は異国情緒いっぱい。インド料理やインド風に甘ーいお菓子とミルクティーが楽しめる食堂もある。西アジアやアラビア風衣装をここで作ってもらうのもおもしろいかもしれない。

パーフラット市場
行き方 MRTブルーラインのBL30サームヨート駅1番出口から徒歩6分。バス40、159番が近くを通る。

インド風の雑貨屋さん

細い路地の両側は生鮮食料品店街 ★★ MAP P.85-E1

イサラーヌパープ通り

Itsaranuphap Rd. ถนนอิสรานุภาพ

チャルーン・クルン通りと交差するこの細い路地は、左右がびっしり生鮮食料品や加工食品の店で埋め尽くされている。ただでさえ細いこの通りを、台車に品物を載せた人や買い物客、オートバイまでが絶えず行き来し、常に大にぎわいとなっている。チャイナタウンのバイタリティを体感するのにふさわしい場所だ。

見慣れない食品も多く見て歩くだけで楽しい

イサラーヌパープ通り
行き方 MRTブルーラインのBL29ワット・マンコーン駅2番出口から徒歩すぐ。バス1、4、21、25、40、53、501、507、529番などが近くを通る。チャオプラヤー・エクスプレス・ボートのN5ラーチャウォン船着場から徒歩6分。

バンコク プチ情報 パーフラット市場からオンアーン運河にかけての一帯はインド人街でもある。このあたりのインド料理レストランでは、どこも手頃な値段で本格的なインド料理が食べられる。

古い町並みをアートで再興 ★★ MAP P.85-D2～E2

ソンワート通り
Songwat Rd. ถนนทรงวาด

かつてこの通りは、チャオプラヤー川を起点とする物流の中心だった。そのため現在でも古いショップハウスに雑貨の卸売商が営業するレトロな雰囲気が残り、そのなかに新しいカフェやレストランがオープンして新旧入り交じった活気が感じられるエリアとなっている。建物の壁に点在するグラフィティやアートを見て歩くのもおもしろい。

ガラクタ機械や工具が売られる ★ MAP P.79-D5～E5

クローントム（泥棒市場）
Khlong Thom คลองถม

泥棒市場とも呼ばれるクローントム。その由来は、第2次世界大戦終了前までこの一帯で実際に盗品売買が行われていたかららしい。現在ではエンジンや電気製品など機械のパーツや工具を売る店が集まっている。

24時間営業の花市とショッピングモール ★★ MAP P.84-B1～C1

パーク・クローン市場
Talat Pak Khlong ตลาดปากคลอง

バンコク最大の生花市場として名高いパーク・クローン市場。お供え用の花なども扱うためか、周辺には深夜でも花屋がオープンしていてかなりのにぎわい。大きな市場の建物は屋根の下にたくさんの生花店が並び、色鮮やかなさまざまな生花が大量に販売される様子は壮観。

チャオプラヤー川に面した部分は、2015年に新装オープンしたコロニアルスタイルの**ヨートピマーン・リバー・ウオーク Yodpiman River Walk**。川沿いに2階建てのテラスと、カフェやショップなどが並んでいる（2023年11月現在休業中）。

多彩な花が売られている

中華街の歴史を知る ★★ MAP P.85-E2

ロン1919
Lhong 1919 ล้ง๑๙๑๙

このエリアはラーマ4世時代の19世紀末に貿易の中枢として栄えた。中国から移民してきた華人貿易商がオフィスや倉庫を建設し、行き交う船でにぎわったという。そんな古い施設のひとつが使われないまま放置されていたのを再生し、当時の文化や様子を伝える観光複合施設としてよみがえった。チャオプラヤー川に面した中庭を囲んで細長いコの字形に2階建ての建物が並び、最も奥の部分には廟と、往時のオフィスの様子が再現されている。左右両側の1階部分にはショップやカフェ、レストランが入っており、2階は壁画の修復作業が進行中で、見学できるエリアもある。タイ人の間ではセルフィーやインスタのスポットとして人気。

ソンワート通り
住 Songwat Rd.
行き方 MRTブルーラインのBL29ワット・マンコーン2番出口から徒歩10分程度

駐車場に面したビルの壁に描かれた重なる象

クローントム
行き方 MRTブルーラインのBL30サームヨート駅1番出口から徒歩7分。バス15、35、40、47番などが近くを通る。チャオプラヤー・エクスプレス・ボートのN5ラーチャウォン船着場から徒歩11分。

アンティークとガラクタを見分ける目を養える

パーク・クローン市場
行き方 MRTブルーラインのBL31サナーム・チャイ駅4番出口から徒歩すぐ。バス1、25、73、529番などが近くを通る。チャオプラヤー・エクスプレス・ボートのN6/1ヨートピマーン船着場から徒歩すぐ。

ロン1919
住 248 Chiang Mai Rd.
TEL 09-1187-1919
FB Lhong 1919
営 8:00～22:00（ショップ、レストランは10:00～22:00）
休 なし 料 無料
行き方 BTSゴールドラインのGL3クローン・サーン駅から徒歩9分。

19世紀末の空気を今に伝える

バンコクプチ情報 屋台で食事をしてお勘定する際、料金を計算する店主の目が一瞬泳ぐことがあり、そんなときはたいてい少しボラれている。そうは言っても屋台なので、せいぜい5Bや10B程度の話。

サヤーム・スクエア、プラトゥーナーム交差点周辺

庶民派ショッピング街と高級デパート街が隣り合わせ

サヤーム・スクエア（→ P.156）は若者が集まる、いわばバンコクの原宿のような場所。周辺には 5 軒の大型ショッピングセンターがあり、相乗効果で人々が集まる。ラーチャプラソン交差点周辺にも大型ショッピングセンターやデパート、高級ホテルが立ち並ぶ。熱い雑踏に疲れたら、喧騒を逃れてジム・トンプソンの家（→ P.158）やスアン・パッカート宮殿（→ P.159）に足を運ぼう。

歩き方

ふたつの駅を結ぶ歩道橋で移動

BTS サヤーム駅とチットロム駅間は歩道橋（スカイウオーク）で連絡しており、徒歩で移動が可能。おもなショッピングセンターにも直結。

おもな見どころ Sightseeing

都会の真っただ中にある祠は御利益あり ★★★ MAP P.90-C4

ターオ・マハー・プラマ（エーラーワンの祠）

Thao Maha Brahma　ท้าวมหาพรหม

タイで最も霊験あらたかと信じられている祠。朝から晩まで参拝客が訪れ、地元民から観光客、歩行者や運転中のドライバーまでが、その加護を願う人気ぶり。もともとは国営エラワン・ホテル（現グランド・ハイアット・エラワン・バンコク）建設工事の無事を祈って建てられたもの。祠に祀られているのはバラモン教の天地創造神ブラフマー（梵天）。

善男善女がお参りに押し寄せるターオ・マハー・プラマ

MAP ● P.90 ～ 91

ACCESS

BTS CENサヤーム駅、スクムウィットラインのE1チットロム駅、シーロムラインのS1ラーチャダムリ駅から徒歩。

BUS 戦勝記念塔から17、34、36、164、177、547番。

おさんぽプラン

1. 必見 ターオ・マハー・プラマ →P.155
   ↓ BTSで5分
2. 必見 サヤーム・スクエア →P.156
   ↓ 徒歩約8分
3. 必見 ジム・トンプソンの家 →P.158

ターオ・マハー・プラマ

住 494 Ratchadamri Rd.
TEL 0-2252-8754
開 6:00～23:00
休 なし　料 無料
行き方 BTSスクムウィットラインのE1チットロム駅6番出口から徒歩2分。

祠の脇にある東屋で行われているタイ舞踊は願かけや、願いの成就した人が奉納のために舞ってもらっている。踊りの料金はダンサー2人260B、4人360B、6人610B、8人710B。

▶祠周辺での注意

祠の周囲でお参り用の花や線香を売る者のなかには、外国人に法外な値段を吹っかける者もいるので注意。供花は、祠の敷地内にある店で買おう(→P.48)。

頻繁に見られる奉納の踊り

バンコクプチ情報　ラーチャプラソン交差点近くにある2軒のショッピングセンター、エーラーワンとアマリン・プラザは2022年に相次いで改装工事に入ってしまった。エーラーワンは2024年初頭に再開予定。

サヤーム・スクエア
拡大MAP P.157
行き方 BTSスクムウィットライン、シーロムラインのCENサヤーム駅下車すぐ。

インディーズのブティックはハイセンスで廉価

ビル全体が吹き抜けでエコフレンドリーな構造のサヤーム・スクエア・ワン

サヤーム・スクエア最新の大型ビル、サヤーム・スケープ

ファッションのショップやファストフード店が集まるサヤーム・スクエア

若者が集まるタイの原宿 ★★★ MAP P.90-A4～B4

サヤーム・スクエア

Siam Square スยามสแควร์

隣接するチュラーロンコーン大学が所有する敷地を利用して1965年に開発された、バンコクでも先駆的なショッピングエリア。当初は、エリア内のソイ2やソイ3、ソイ6などに現在でも残るタウンハウス風建物に、雑貨店などの一般的な商店が入居していた。やがてファッション系ショップやブランド店、フカヒレや中国料理のレストラン、タイで人気のファミリーレストラン、タイスキの人気店、ファストフード店など飲食店も増加し、1960年代後半から70年代にかけては映画館が3軒オープン。買い物から娯楽まで多彩な楽しみが揃い、駐車場併設でアクセスも便利なエリアとして、人々の人気を博した。

時代に合わせて常に変化を続けてきたサヤーム・スクエアは、2010年頃から規模の大きな再開発が進行中。2010年には盛んに行われていた反政府活動が暴徒化してバンコク内各地で放火騒ぎが発生し、サヤーム・スクエアも映画館が1軒燃やされるなど被害を受けるも、同じ年にアンリ・デュナン通りに面してタイスキのカントンや神戸ステーキハウスがあったエリアに大型オフィスビルのサヤーム・キット・ビルが完成し、2011年にはデジタル・ゲートウェイビルがオープン。当時最新のデジタル機器を扱うショップが多数入居していた（現在のセンターポイント・サヤーム・スクエア）。2014年には今ではサヤーム・スクエアの顔ともなっているサヤーム・スクエア・ワンがオープン。壁のないエコな造りが話題となった。レトロモダンな建築で人気が高かった映画館スカラのあったエリアは更地となり、その南には教育施設等が入居する巨大ビル、サヤーム・スケープが2021年に完成するなど、見た目にも大きな変化を続けている。そんなサヤーム・スクエアは建物と建物の間にある細い路地も活用されている。ファッション系の屋台が並ぶ路地、飲食屋台街になっている路地など、モダンな町並みの中にタイらしさを感じられる一角となっており、のぞいて歩くだけでも楽しめる。

バンコク・アート・アンド・カルチャー・センター
住 939 Rama 1 Rd.
TEL 0-2214-6630
URL www.bacc.or.th
開 火～日10:00～20:00
休 月
料 無料（特別展や企画展は有料の場合もある）
行き方 BTSシーロムラインのW1ナショナル・スタジアム駅連絡通路から徒歩すぐ。

タイの最新アートシーンはここでチェック ★★ MAP P.298-B2

バンコク・アート・アンド・カルチャー・センター

Bangkok Art and Culture Centre หอศิลปวัฒนธรรมแห่งกรุงเทพมหานคร

パトゥムワンの交差点にそびえる白亜の建物で、2008年オープン。ニューヨークのグッゲンハイム美術館のように大きな吹き抜けを利用した回廊に各種作品が展示されているほか、アート系のショップなども並んでいて、タイの最新アートシーンを知ることができる。地下にはライブラリーもある。

カーブを描いた独特の外観

バンコク プチ情報 バンコク・アート・アンド・カルチャー・センターの中にはカフェや食堂もある。雰囲気がよく値段も手頃で、しかもそれほど混まない穴場。

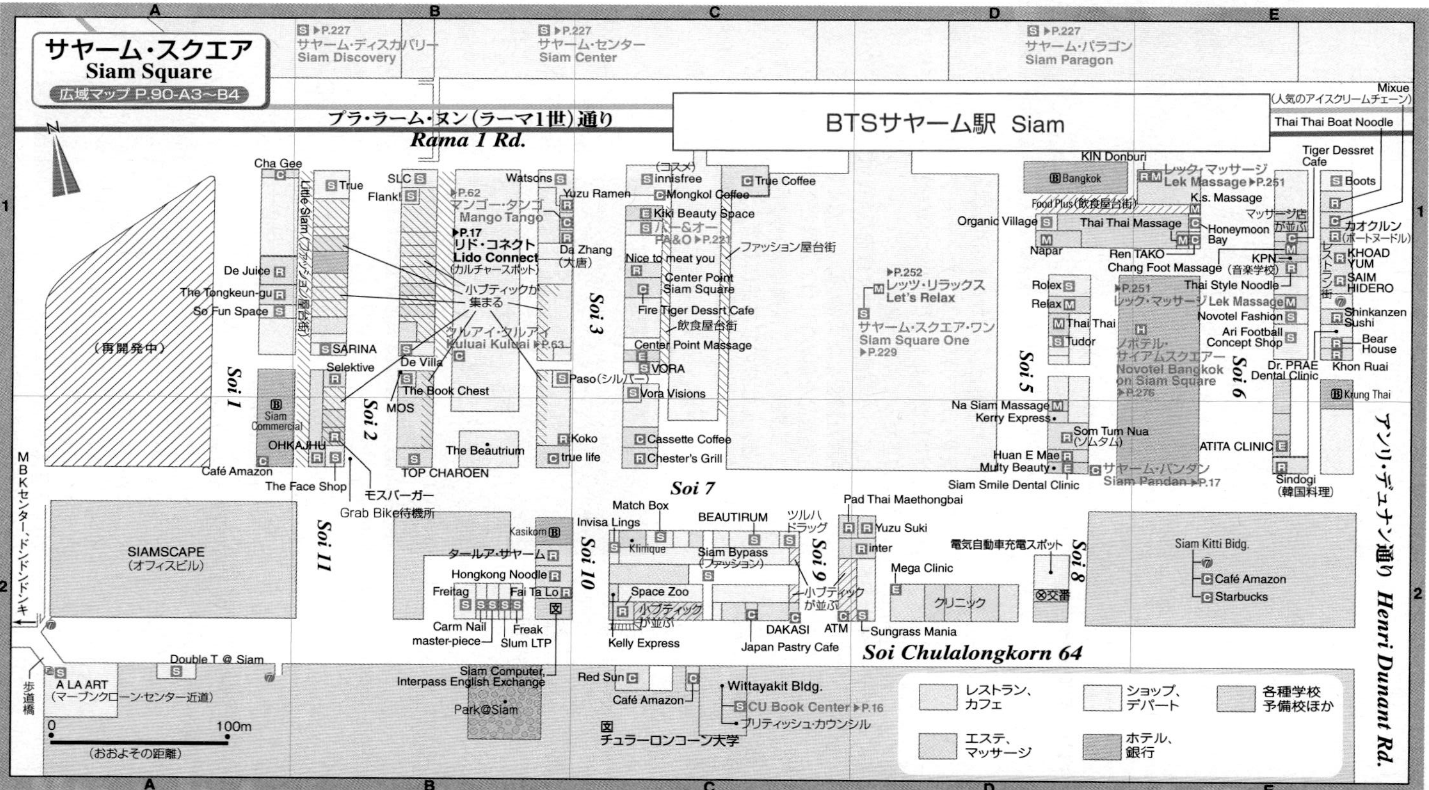

サヤーム・スクエア、プラトゥーナーム交差点周辺

シルク王の愛した家と古美術コレクション ★★★ MAP P.298-A1

ジム・トンプソンの家

The Jim Thompson House

บ้านจิมทอมป์สัน

タイシルク王として名高いアメリカ人、ジム・トンプソン氏がかつて住居としていた家。1958年の完成後しばらくここに住み、友人を招待したりパーティを開いたりしていた。この家は、チーク材を使って建てられた古いタイ伝統様式の家屋の建材を6軒分使い、組み直して造られたもの。そのうちの1軒は、バンコクから約80km北方のアユタヤーから船に載せられて運ばれてきた。チークの外壁が風化や老化で傷んだりしないように朱色のベンガラという顔料で塗装され、建築に当たって釘は一切使用されていない。

運河に面したジム・トンプソンの家

展示されている美術品の数々は逸品揃いで、中華街の古い家から移された精密な細工のついたてなど、見ものは多い。これだけの古美術品を集めるには、よほどの情熱がなければできないはずで、実際タイの芸術局は彼の先手を行くことができず、できることといえば彼の収集品に難癖をつけて没収するくらいであった。もしトンプソン氏に古美術品の発掘欲がなかったら、この家に展示されている品々はほとんどタイの国外へ流出していただろうともいわれている。

美術館のような家で暮らしていたシルク王

当のジム・トンプソン氏は1967年、避暑に出かけたマレーシアのキャメロン・ハイランド山中で謎の失踪を遂げ、その行方はいまだにわかっていない。

ジム・トンプソンの家
住 6 Soi Kasem San 2, Rama 1 Rd.
TEL 0-2216-7368
URL www.jimthompsonhouse.com
開 10:00〜18:00(最終受付17:00)
休 なし
料 200B(22歳未満の学生は100B)
行き方 BTSシーロムラインのW1ナショナル・スタジアム駅1番出口から徒歩4分。

館内はガイド付きのツアーで見て回り、所要約40分。日本語ガイドもあり、長くても20〜30分待てばOK。

ジム・トンプソン・ヘリテージ・クオーター
「ジム・トンプソンの家」併設のショップとレストランが大改装を終え、2023年11月24日に「ジム・トンプソン・ヘリテージ・クオーター」としてグランド・オープン。本店にも引けを取らない品揃えのショップや、レストランのJim Thompson, A Thai Restaurant、ジム・トンプソンが所属したOSS(CIAの前身)の名を冠したカフェのThe O.S.S. RoomとバーのThe O.S.S. Barなど飲食施設も充実。

▶詐欺師に注意
ジム・トンプソンの家へ向かう路地の入口周辺で、外国人旅行者に「ジム・トンプソンの家は今日はお休みだ」と声をかけてくる人物がいることがある。この手の人物は言葉巧みに旅行者を悪徳宝石屋やテーラーに連れていき、価値のない商品を法外な値段で売りつけようとするので、相手にしないこと(→P.115、348)。ジム・トンプソンの家は無休。

バンコクに上陸したロンドン発のろう人形館 ★ MAP P.90-A3

マダム・タッソー

Madame Tussauds

มาดามทุสโซ

ロンドンで人気のろう人形館マダム・タッソーが2011年バンコクに上陸。レディー・ガガやマドンナ、ドラえもんといった世界の著名人やキャラクターだけでなく、タイの有名人が多いのも特徴。最初の部屋は王室関連の展示になっており、タイの歴史も勉強できる。

まるで生きているみたいなマイケル・ジャクソン

マダム・タッソー
住 6th Fl., Siam Discovery Center, 989 Rama 1 Rd.
TEL 0-2658-0060
URL www.madametussauds.com/Bangkok
開 10:00〜20:00(最終入場は19:00)
休 なし
料 990B(外国人料金)
CC A J M V
行き方 BTSスクムウィットライン、シーロムラインのCENサヤーム駅1番出口から徒歩3分。

バンコクプチ情報 マダム・タッソーがオープンした頃のサヤーム・ディスカバリーはバンコクによくあるファッションビルだったので、ここにあっても特に違和感はなかった。現在では少し浮いている。

王族による古美術、民芸品コレクション ★★ MAP P.90-B1〜C1

スアン・パッカート宮殿

Suan Pakkad Palace วังสวนผักกาด

ラーマ5世の孫に当たるチュンポット殿下夫妻の旧住居。芸術、文化に関心をもち、多くの若いタイ芸術家たちのパトロンでもあった夫妻は1952年、彼らのために奨学金を調達する目的で、宮殿内の迎賓館にそれまで趣味で収集してきた古美術品を展示し、一般に公開した。

ラッカー・パビリオン

いかにも古そうな黒塗りの建物は今から150年以上前に建てられたもので、それ自体も重要な文化的価値がある。展示品は土器や仏像などもあるが、どちらかというと民芸品風のものが多く、館内には宮殿というよりも旧家といった雰囲気が漂っている。木造2階建ての家が何軒か立っており、それぞれが渡り廊下で連絡されている。なかでも庭園に面した建物は2階がテラスのようになっており、椅子やソファが何脚も置いてあってのんびりできるようになっている。

品よく整備された庭園の南端に立つのが、ラッカー・パビリオンと呼ばれる宮殿の別館。これはアユタヤーから移築されたタイ仏教寺院風の屋根をもつ高床式の建物で、17世紀シャム国の文化を今に伝える貴重な建築物だ。内部の壁には仏陀の生涯や『ラーマキエン』にまつわるすばらしい絵が漆と金泥を用いて描かれている。その隣には、王族のための御座船が収められた建物もあり、豪華な外装が見られる。

バンコク市街が一望のもと ★★ MAP P.90-C1

バイヨック・スカイ展望台

Baiyoke Sky Observation Deck หอชมวิว ใบหยก

プラトゥーナームにそびえる高さ309mのバイヨック・スカイ・ホテル（→P.281）は、最上部がオープンエアの回転式展望台になっている。晴れていればバンコク市街はもちろん、はるかにタイ湾やスワンナプーム国際空港までも見渡すことができ、絶景を堪能できる。ビルの入口脇にチケット売り場があり、入口から入って左側に展望エレベーターがあるのでそれを利用しよう。終点の77階は屋内展望台で、エレベーターを乗り換えて83階まで上がる。そこから階段でさらに上がる84階は屋上の展望台だ。吹きさらしのうえに金網の目が大きいので、高所恐怖症の人は注意。

タイの下層労働者に関する博物館 ★ MAP P.91-F2

タイ労働博物館

Thai Labour Museum พิพิธภัณฑ์แรงงานไทย

近代以前のタイで行われていた奴隷労働や、中国から移民してきた華人労働者（クーリー）の過酷な労働環境、第2次世界大戦後から冷戦期に市民運動と化した労働運動、あるいは劣悪な条件で働かされる現代の工場労働者や児童労働など、下層労働者にテーマを絞った社会性の高い博物館。

スアン・パッカート宮殿
住 352 Sri Ayutthaya Rd.
TEL 0-2245-4934
URL www.suanpakkad.com
開 9:00〜16:00
休 なし
料 100B(外国人料金)。記念のうちわがもらえる。
行き方 BTSスクムウィットラインのN2パヤー・タイ駅4番出口から徒歩4分。バス17、18、74、79、183、204、513番などが近くを通る。

ビルに囲まれた緑のオアシス

バイヨック・スカイ展望台
住 222 Ratchaprarop Rd.
TEL 0-2656-3000
営 10:00(土・日は9:30〜)〜翌2:00(回転式展望台は〜22:30。最終入場21:30)
休 なし
料 450B(83階のルーフトップバーで1ドリンク付き)
行き方 BTSスクムウィットラインのN1ラーチャテーウィー駅4番出口から徒歩16分。

晴れた日の眺めはすばらしい。特に空気の澄む乾季がおすすめ

タイ労働博物館
住 503/20 Nikhom Makkasan Rd.
TEL 0-2251-3173
URL www.thailabourmuseum.org
開 水〜日10:00〜16:30
休 月・火
料 無料
行き方 MRTブルーラインのBL21ペッチャブリー駅3番出口から徒歩15分。普段は入口に鍵がかかっているのでベルを鳴らして開けてもらう。(2023年11月現在休館中)

各展示室にビデオがあってわかりやすい

バンコクプチ情報 「スアン・パッカート宮殿」とは「白菜園宮殿（パック・カート：パッカート＝白菜、スアン＝庭、公園）」という意味。昔この場所が野菜畑だったことからこう名づけられたという。

ラーチャプラソン
Ratchaprasong

左／ラーチャダムリ通り沿いに南北を結ぶ歩道橋　下／セントラルワールド前は大きな広場になっており、イベントが開催されることも

BTSチットロム駅から**プラトゥーナーム交差点**にかけてのラーチャプラソン一帯は、大型のショッピングセンターが多く、ショッピングにグルメにと1日中楽しめるエリア。**プラトゥーナーム交差点**周辺にはプチプラファッションのショップが集まり、**セントラルワールド**や**ゲイソーン**にはタイ発のブランド品やスパグッズ、**アマリン・プラザ**（改装中）にはタイ雑貨のショップが並ぶタイ・クラフト・マーケットがあり、大型スーパーマーケットの**ビッグC**ではバラマキみやげに使える食品類がお安く手に入る。タイらしいおみやげなら何でも揃うといっても過言ではないエリアだ。ショッピングセンターやデパートの中にはおいしいレストランや人気のカフェも多いので、おなかがすいたりひと休みしたくなっても困らない。エリア内には人気のパワースポットが6ヵ所もあり（→P.48）、ショッピングやグルメの合間にお参りできる。時間のない旅行者にはいたれり尽くせりのエリア。ぜひ足を運んでみよう。

上／館内に小さなショップが集まるザ・マーケット・バンコク　右／ゲイソーンの北隣にオープンしたオフィスビルのゲイソーン・タワー

MAP P.90〜91　行き方 BTSスクムウィットラインのE1チットロム駅またはCENサヤーム駅から徒歩。

Area Guide Charoen Krung Rd.

チャルーン・クルン通り周辺

ジャンク船に似せて造られたワット・ヤーンナーワーの仏塔

王宮付近からチャオプラヤー川に沿ってチャイナタウンを横断し、その後南へ延びるのがチャルーン・クルン通り。ラーマ４世が建設した、バンコク市内で初めての本格的な道路だ。「馬車で走れる立派な道路が欲しい」という在住外国人の要望に応えたもので、完成当時外国人が呼んだ「ニュー・ロード」という名称も定着している。それをタイ語化し「タノン・マイ」（新しい道）と呼ぶ人もいる。

歩き方

一本道でわかりやすい

チャルーン・クルン通りはチャオプラヤー川に沿って延びる一本道。BTS サパーン・タークシン駅を起点に北へ歩き、疲れたら頻繁に行き来している１番のバスに乗ればサパーン・タークシン駅へ戻ってこられる。

・王宮
サヤーム・スクエア
スクムウィット通り
ルムピニー公園

MAP ● P.85

ACCESS

MRT ブルーラインのBL28フアラムポーン駅から徒歩。
BTS シーロムラインのS6サパーン・タークシン駅から徒歩。
BUS 王宮周辺から1番。戦勝記念塔から17番。
BOAT CENサートーン、N1オーリエンテン、N3シー・プラヤーなどの船着場から徒歩。

おさんぽプラン

必見
❶バンコク人博物館
徒歩20分 →P.161
❷ワット・ヤーンナーワー →P.161

シルバーやジュエリーのショップが並ぶチャルーン・クルン通り

おもな見どころ Sightseeing

古きバンコク中産階級の生活を偲ぶ ★★ MAP P.85-F3

バンコク人博物館

Bangkokian Museum　พิพิธภัณฑ์ชาวบางกอก

第２次世界大戦を挟んだ20世紀初頭の、バンコクにおける比較的裕福な階層の暮らしを展示する博物館。広い庭園に余裕をもって建てられた３棟の洋館からなり、木造２階建ての本館には寝室や台所などが当時のままに再現されている。

伝統と欧米の生活様式が融合していく様子がわかる

バンコク人博物館
住 273 Soi 43, Charoen Krung Rd.　TEL 0-2233-7027
FB Bangkokian Museum
開 火～日 9:00～16:00　休 月
料 無料　行き方 BTSシーロムラインのS6サパーン・タークシン駅3番出口から徒歩18分

ジャンク船への墓碑銘 ★★ MAP P.85-E5～F5

ワット・ヤーンナーワー

Wat Yannawa　วัดยานนาวา

ラーマ３世の手による、ほかに例のない独創的デザインの仏塔がある寺院。チャオプラヤー川を次々に遡ってくるヨーロッパ諸国のモダンな大型船団を前にして、シャム国船舶界の将来に危惧を抱いたラーマ３世が、やがて消えゆくジャンク船への墓碑銘代わりに建立したという。塔はまさに船の形をした基壇に建てられており、船尾の部分から中へ入ると甲板のように造られた部分が見られる。

ワット・ヤーンナーワー
住 40 Charoen Krung Rd.
TEL 0-2672-3216
FB wat yannawa
開 8:00～20:00
休 なし　料 無料
行き方 BTSシーロムラインのS6サパーン・タークシン駅4番出口、チャオプラヤー・エクスプレス・ボートのCENサートーン船着場のどちらからも歩いてすぐ。

バンコクプチ情報 バンコク市街はチャオプラヤー川から発展したので、チャルーン・クルン通り沿いには古い町並みが残っている。日本人経営ではバンコク最古の日本食レストランは、ソイ39近くにある「花屋」。

シーロム通り周辺

MAP ● P.86 ～ 87

ACCESS

MRT ブルーラインのBL26シーロム駅から徒歩。
BTS シーロムラインのS2サーラーデーン駅、S3チョンノンシー駅から徒歩。
BUS 戦勝記念塔から17番。プラトゥーナームから77、164番。

おさんぽプラン

1. スネーク・ファーム →P.163
   徒歩8分
2. ルムピニー公園 →P.163
   BTS+徒歩で15分
3. ワット・マハー・ウマー・テーウィー →P.162

キューブがズレたような独特の外観をもつキングパワー・マハーナコーン

ワット・フアラムポーン
住 728 Rama 4 Rd.
TEL 0-2233-8109
FB wathualampong
開 6:00～22:00 休 なし 料 40B
行き方 MRTブルーラインのBL27サムヤーン駅1番出口から徒歩すぐ。

ワット・マハー・ウマー・テーウィー
住 2 Silom Rd.
TEL 0-2238-4007
開 8:00～20:00 休 なし 料 無料
行き方 BTSシーロムラインのS5スラサック駅3番出口から徒歩8分。

町なかに突如出現するインド寺院

頭上にBTSの高架が覆いかぶさるシーロム通り

シーロム通り周辺にはオフィスビルが多数並び、朝夕は通勤、お昼どきはランチに向かう会社員と、周辺のオフィスで働く人々で歩道が埋まる。そんななかでもタイらしさを感じさせてくれるのが、赤十字協会内にあるスネーク・ファームで行われる蛇のショー（→ P.163）。BTS チョンノンシー駅前にある奇抜な形状の高層ビル、キングパワー・マハーナコーンは高さ 314m で、2023 年 11 月現在バンコクで 2 番目に高い。

歩き方
BTS と MRT が使えて便利
エリア内に BTS と MRT の駅があるので移動が便利。周辺は渋滞が激しいので電車を利用しよう。

おもな見どころ Sightseeing

徳を積むならこのお寺　★★ MAP P.86-B3

ワット・フアラムポーン
Wat Hualamphong　วัดหัวลำโพง

ラーマ 4 世通りとシー・プラヤー通りの角にある大きな寺院がワット・フアラムポーン。寺の敷地内には報徳善堂の建物がある。善堂とは身寄りのないまま亡くなった老人や身元のわからない事故死者などを葬ったり、事故の現場などに駆けつけて救助活動に従事するボランティアの慈善団体。

大理石が多用されまばゆい白さ

バンコクの中のヒンドゥー世界　★★ MAP P.86-A4

ワット・マハー・ウマー・テーウィー
Wat Maha Uma Devi　วัดมหาอุมาเทวี

シーロム通りで異彩を放つヒンドゥー寺院。通りに面した門や壁の屋根に飾られたインド的装飾の神像がよく見える。境内には常に参拝者が供えた線香の煙が漂い、インド系の人だけでなくタイ人も訪れている。寺院内撮影禁止。

バンコクプチ情報　毎年10月頃にワット・マハー・ウマー・テーウィーでヒンドゥー教のお祭りがあり、周辺の道路にまで見物人があふれて大渋滞が発生する。

床からのぞく驚異の絶景　★★ MAP P.86-B4

マハーナコーン・スカイウオーク

Mahanakhon Skywalk　มหานคร สกายวอล์ค

タイで最も高い建物のひとつ、キングパワー・マハーナコーン（314m。アイコンサヤーム隣の高層コンドミニアムは316m）は、最上階が展望台になっている。床の一部はガラス張りのシースルーで、高所恐怖症の人なら近寄ることすらできない、はるか真下を眺められる驚きの造り。

毒蛇について詳しくなれる　★★ MAP P.86-C3

スネーク・ファーム（タイ赤十字協会=サパーカーチャーッ・タイ）

Snake Farm（Thai Red Cross）　ฟาร์มงู（สภากาชาดไทย）

体に巻き付いてくる芸達者な蛇と記念撮影

1923年、ブラジルに次いで世界で2番目に開設された、蛇毒の解毒剤や血清などに関する研究所。タイ赤十字の施設内にある。噴水の奥に歴史を感じさせる赤十字の建物があり、スネーク・ファームはその裏。

屋根のかかった庭園内に設けられた檻の中では、各種の蛇が飼育されている。奥にある5階建てのシー・マセーンビル1～2階は、1階がおもにタイに生息する蛇35種の展示、2階は蛇の生態や体の構造、骨の標本、蛇毒の人体に対する効き方などを展示する博物館となっている。平日11:00からはシー・マセーンビル1階で蛇毒の採取実演（20分程度）がある。平日14:30からと土・日曜、祝日の11:00からは庭園で蛇のハンドリングショー（30分程度）が行われ、さまざまな毒蛇が次々に登場する。ショー終了後にはニシキヘビとの記念撮影タイムも。

都会の中の広大な公園　★ MAP P.87-D3～E3

ルムピニー公園（スアン・ルム）

Lumphinee Park　สวนลุมพินี

ラーマ6世が建設した公園で、総面積は57.6万m^2。早朝はジョギングや太極拳、各種体操にいそしむ健康派でにぎわい、日中は木陰でくつろぐ人々が目立ち、夕刻は再びランナーや若いカップルが姿を見せる。公園南西の入口前にあるのは、1942年に除幕された公園の建設発起人ラーマ6世の立像。

人気キャラが総出で布教に協力　★ MAP 折込裏-C6

ワット・パリワート

Wat Pariwat　วัดปริวาศ

信者の興味を引くようにと、本堂の隣にあるお堂の建物全体に施された装飾の中に、仏教説話に登場する事物だけでなく、さまざまなアニメやゲームの人気キャラクター、元某国大統領など有名人の像が紛れ込んでいる。

マハーナコーン・スカイウオーク
住 114 Narathiwas Ratchanakarin Rd.　TEL 0-2677-8721
URL kingpowermahanakhon.co.th/skywalk
営 10:00～19:00（最終入場は18:30）　休 なし
料 10:00～15:30は880B、16:00～18:30は1080B　行き方 BTSシーロムラインのS3チョンノンシー駅3番出口から連絡歩道橋ですぐ。

タイならではの絶景

スネーク・ファーム
住 1871 Rama 4 Rd.
TEL 0-2252-0161
URL www.saovabha.com
URL www.redcross.or.th
開 月～金9:30～15:30　土・日・祝9:30～13:00
休 なし
料 200B（外国人料金。チケットを提示すれば当日何度でも出入り可）
行き方 MRTブルーラインのBL27サムヤーン駅2番出口から徒歩4分。

ルムピニー公園
開 4:00～21:00
休 なし
料 無料
行き方 MRTブルーラインのBL26シーロム駅1番出口、BL25ルムピニー駅3番出口からすぐ。BTSシーロムラインのS1ラーチャダムリ駅2番出口、S2サーラーデーン駅4番出口から徒歩3分。

ルムピニー公園は緑豊かで池には大きな水トカゲもいる

ワット・パリワート
住 734 Rama 3 Rd.
TEL 0-2294-7711
開 8:00～18:00
休 なし　料 無料
行き方 BRTのBR7ワット・パリワート駅から徒歩すぐ。

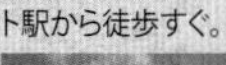

どんなキャラがいるか探してみよう

バンコクプチ情報 ワット・パリワートの装飾に紛れ込んでいるとされている有名人は、デ○ヴィッド・ベッカ○、ドラえ○ん、亀仙○、スーパー○ン、○ッキーマウス、ドナルドダッ○、ピカチュ○、ル○ィ、and more...

Area Guide Sukhumvit Rd.

スクムウィット通り周辺

MAP ● P.88 ～ 89

ACCESS

MRT ブルーラインのBL22スクムウィット駅から徒歩。

BTS スクムウィットラインのE3ナーナー駅、E4アソーク駅、E5プロムポン駅、E6トンロー駅、E7エカマイ駅などから徒歩。

BUS 2、25、38、40、48、511番などが通る。

おさんぽプラン
①カムティエン・ハウス博物館 →P.164
必見
BTS＋タクシーで約30分
②エーラーワン博物館 →P.166

▶スクンビットとスクムウィット

「スクンビット」は外国人の間で定着している呼び名で、よりタイ語に近い発音は「スクムウィット」。

高架鉄道とビルと公園の組み合わせで都会の趣

スクムウィット通り周辺には多くのホテルやレストラン、ショップなどがあり、外国人観光客でいつもにぎわっている。この通りには特定の外国人が集中する地域があり、ソイ 3 周辺はアラブ人街、ソイ 11 周辺はインド人街、ソイ 12 の入口は韓国人街、ソイ 33/1 は日本人駐在員家族の町、さらにソイ 39 周辺は日本人のベッドタウンとして知られている。

歩き方

BTS で楽々移動

スクムウィット通りの上を BTS スクムウィットラインが走っている。この通りも渋滞が激しいので BTS を活用しよう。

おもな見どころ Sightseeing

19世紀の高床式民家 ★★ MAP P.92-C2

カムティエン・ハウス博物館
Kamthieng House Museum　เรือนคำเที่ยร

緑の茂る庭園にタイ北部の古民家を展示

敷地へ入って左側、緑の多い庭の中にある木造の本館は、チェンマイを流れるピン川沿いに 19 世紀中頃に建てられたカムティエン夫人の家。バンコク市内に移築されたものだ。館内には当時の生活用具がそのままの状態で保存展示され、タイの文化と生活様式を知るうえで貴重な博物館となっている。1 階の土間には狩猟用具、農耕用具、機織り機、木製レリーフなどが展示され、農家の納屋のような雰囲気をつくり出している。台所が 2 階にあるところにも注目したい。この当時、川沿いに建てられた家は水源に近いという利点がある反面、常に増水の危険にさらされていた。そのため生活基盤を高い位置においているのだ。水害を防ぐほか、床下の風の通りがよくなって夏は涼しく、地面から離れているため冬は底冷えを防ぐことができるし、大地から湧き上がる湿気に悩まされることもない。タイの風土に合った、合理的な建築だ。

カムティエン・ハウス博物館

住 131 Asok Montri Rd.(Soi 21), Sukhumvit Rd.
TEL 0-2661-6470～5
URL thesiamsociety.org
開 火～土9:00～17:00
休 日・月・祝
料 100B(外国人料金)
行き方 MRTブルーラインのBL22スクムウィット駅1番出口から徒歩すぐ、BTSスクムウィットラインのE4アソーク駅3番出口から徒歩4分。

宗教や日常生活に関する展示がある

穀物倉庫として使われていた小屋を利用した別棟は、タイ北部に住む山岳少数民族展示館になっている。本館とは渡り廊下で連絡しており、中にはモン、ヤオ、アカ、リス、カレンなどのタイを代表する山岳少数民族の衣装や生活用具などが展示されている。

バンコク プチ情報 スクムウィット通りを行き来するバス路線は多いので、時間に余裕があるならバスを使うと節約になる。エアコンなしの2、25、40番やエアコン付きの511番は運行数も多い。

近代的な大公園 ★ MAP P.93-D4～D5

ベーンチャシリ公園

Queen Sirikit Park อุทยานเบญจศิริ

シリキット皇太后の還暦を祝して、吉日1992年8月5日の吉時間である5時55分にオープンした公園。新築高層ビルが並ぶスクムウィット通りに出現した、水と緑にあふれる都会のオアシスだ。タイの公園にしては敷地が狭いが、それでも総面積4.8ヘクタール。近代的な都市公園らしく片隅にバスケットボールのコートやスケボー広場、そしてエクササイズ用の器具が並べられたエリアがあり、夕方などは体を動かす人々でにぎわっている。スクムウィット通りに面した入口周辺には大きな池と噴水がある。

大都会の真っただ中にある大公園

ベーンチャシリ公園
住 Khlong Tan, Khlong Toei
開 5:00～21:00
休 なし
料 無料
行き方 BTSスクムウィットラインのE5プロムポン駅6番出口から徒歩すぐ。

バンコク最大の自然公園 ★ MAP P.92-A4～A5

ベーンチャキティ公園

Bencakiti Park สวนเบญจกิติ

ベーンチャキティ公園は、ショッピングビルのターミナル21や高層オフィスビルが並ぶアソーク、ナーナー周辺からもほど近い、都心のオアシスだ。ラチャダーピセーク通り沿いに南北に長い大きな湖を囲んで延びる遊歩道は、朝や夕方の涼しい時間帯には散歩やジョギングをする人の姿が絶えない。

この公園の西隣、元タイたばこ公社の広大な敷地を再開発して誕生したのが、ベーンチャキティ森林公園。1991年に地方に移転したたばこ公社の跡地は長い間遊休地となっていたが、2008年にバンコク都に移管されたのを機にシリキット王太后（当時は王妃）の名前を冠した公園とし、各種の植物が植えられて季節折々の花々が楽しめる。園内は遊歩道だけでなくスカイウオークも設けられており、高いところから園内を眺めながら散策できる。

ベーンチャキティ公園
住 Ratchadaphisek Rd.
開 5:00～21:00
休 なし
料 無料
行き方 MRTブルーラインのBL23クイーン・シリキット・センター3番出口から徒歩6分。BTSスクムウィットラインのE3ナーナー駅2番出口からソイ6、ソイ4経由で徒歩12分。ルムピニー公園の北側、ソイ・サーラシン沿いの歩道橋から続くサイクリングロード兼遊歩道でもアクセスできる。

昼間は暑さが厳しい。売店もないので飲み物ぐらいは用意しておこう

徳を積みに訪れる人が多い ★ MAP P.89-F1

ワット・パーシー

Wat Phasi วัดภาษี

スクムウィット通りのソイ・エカマイを北上すると、ペッブリー通り交差点の少し手前、セーンセーブ運河に沿った路地の奥にある。屋上にブッダガヤ風の仏塔が立ち、正面には巨大な法輪を掲げた、まるでインドの宮殿のような独特のスタイルをもつお堂が珍しい。直訳すると「税寺」という一風変わった名称は、すぐ裏を流れるセーンセーブ運河を通行する商船から徴収した税金の一部が建立の際の資金となったことに由来する。境内の一角には、タイのオールドファンなら懐かしいことこの上ない、ルークトゥン（演歌風タイ歌謡）の女王と呼ばれながら、1992年にわずか30歳で他界した伝説の歌手プムプアン・ドゥアンチャンの祠がある。

ワット・パーシー
住 12 Soi Ekkamai 23, Soi Ekkamai, Sukhumvit Rd.
TEL 0-2711-4002
開 6:00～18:00
休 なし
料 無料
行き方 BTSスクムウィットラインのE7エカマイ駅1番出口からモーターサイで20B。

御利益があるらしく徳を積もうと人々がタムブン（お布施）に訪れる

バンコクプチ情報 ワット・パーシーのすぐ裏には、セーンセーブ運河のチャーン・イッサラ船着場がある。バンコク中心部へ戻るなら、ここからプラトゥーナームへ移動すると安くて早い。

ワット・タンマモンコン
住 Soi Punnawithi 20、Soi 101, Sukhumvit Rd.
TEL 0-2332-4145
FB Wat Dhammamongkol
開 6:00〜17:00
休 なし　料 無料
行き方 BTSスクムウィットラインのE11プンナウィティー駅1番出口から徒歩13分。モーターサイは15B。ソイ101から寺のあるソイ・プンナウィティー20に入ってすぐ右側に、1時間150Bのタイ式マッサージあり。

ヒスイの仏像を背にありがたい説教をくださる僧侶

エーラーワン博物館
住 99/9, Moo 1, Bangmuangmai, Samut Prakan
TEL 0-2371-3135
URL www.erawanmuseum.com　開 9:00〜18:00　休 なし
料 400B(外国人料金)
行き方 BTSスクムウィットラインのE17チャーン・エーラーワン駅が最寄り駅。ただし途中人通りが少ないので、徒歩なら手前のE16プーチャオ駅からのほうがやや安心。方向的にタクシーもひろいやすい。3番出口から徒歩10分。

大き過ぎてスケール感が狂うエーラーワン象の像

神秘思想家の脳内を具現化した独特の空間

BTSからも見える巨大な仏塔が大迫力　★ MAP 折込裏-D6

ワット・タンマモンコン

Wat Dhammamongkol　วัดธรรมมงคล

BTS スクムウィットラインに乗ってケーハ方面に向かうと、プンナウィティー駅のあたりで進行方向左側に巨大な仏塔が見えてくる。これがワット・タンマモンコン。高さ 95m の大仏塔は内部の 10 階が博物館で、仏像や仏画などが展示されている。さらに上の 14 階はドーム型の天井にベンジャロン焼きのような色彩を散りばめた見事な装飾が施されており、一見の価値あり。内部は時間制のツアーでガイド（基本的にタイ語のみ）に引率されての見学となり、エレベーターで昇ることができる。境内にはほかにも巨大な建物がいくつかある。大仏塔から広場を隔てた、白壁に大きな窓があるお堂はガラスがステンドグラスのように細工されており、不思議な雰囲気。その奥の、広場に屋根をかけたような壁のない建物には大きなヒスイの仏像が祀られており、ドーム型の天井は仏陀の生涯を描いた青銅製のパネルで覆われている。こちらも必見。

大仏塔は境内に入ってすぐ左に建てられている

巨大な象のモニュメントに度肝を抜かれる　★★★ MAP 折込裏-D7

エーラーワン博物館

The Erawan Museum　พิพิธภัณฑ์ช้างเอราวัณ

BTS でスクムウィット通りをバンコク市街からケーハ方面へ向かってしばらく進むと、高架道路を過ぎてすぐ先左側に、天高くそびえる巨大な象のモニュメントが見える。ここがエーラーワン博物館。台座となる円筒形の建物にのった頭が 3 つある巨大な象の像は高さ 29m（建物と合わせると 43.6m）、重量は 150 トンもある。この象はエーラーワン象と呼ばれ、ヒンドゥー教のインドラ神の乗り物とされており、天を自在に駆け巡ることができるという。台座の中はステンドグラスのドーム天井をもつ神殿風の空間で、バロック風あり陶片をちりばめた中国風ありクメール風ありと、目眩がするような装飾が施されている。象の像内部は仏像が置かれた寺院となっており、階段やエレベーターで上がることができる。

設立者の故レック・ウィリヤパン氏は自動車の販売で財をなし、独自の思想を世に広めようとムアン・ボーラーン（→ P.173）やパタヤーのサンクチュアリー・オブ・トゥルース（→ P.318）、このエーラーワン博物館を建設。台座の 1 階には故人の古美術コレクションが展示されている。水の流れる庭園やカフェ、ショップもある。

バンコクプチ情報　BTSの車両は全体が広告でラップされていても、最前部と最後尾のドアの窓だけは通常のまま。車内からエーラーワン博物館などを動画撮影するなら、一番前か後ろに乗ろう。

旧日本軍の装備も展示されている ★ MAP 折込裏-D7

タイ王国海軍博物館

Royal Thai Naval Museum　พิพิธภัณฑ์ทหารเรือ

大通りに面した広い庭の奥に博物館の建物がある

BTS 駅から見下ろせる広い前庭に飛行艇（HU-16 アルバトロス）と対空砲、水陸両用装軌車（LVT-4)、装輪装甲車（V150 コマンドウ）、保存された日本製潜水艦の艦橋などがポツポツと並び、その奥にある 2 階建ての建物（Building 1：1 号棟）と、さらにその裏にある 3 階建ての展示棟（Building 2：2 号棟）からなる博物館。1 号棟には海軍の歴史や各種軍装、小火器の展示があり、旧日本軍の三八式や九九式歩兵銃、九九式軽機関銃、九二式重機関銃などの実物も見ることができる。2 号棟は吹き抜けの大きな建物で、王室御座船の一部などが見どころ。また軍事だけでなく海事に関する貴重な歴史的遺物も多く、ラーマ 5 世の時代にチャオプラヤー川沿いに建設されたタイで最初の灯台で使われた投光器なども展示されている。敷地入口脇にカフェがある。

タイ王国海軍博物館
住 99 Sukhumvit Rd., Paknam
TEL 0-2394-1997
FB navalmuseumsamutprakan
開 8:30〜15:30　休 祝
料 無料
行き方 BTSスクムウィットラインのE18ロイヤル・タイ・ネイヴァル・アカデミー駅1番出口から徒歩すぐ。入場時、入口の警備員詰め所でパスポートを預ける。

王室御座船の模型が並んだ2号棟

予定から遅れること6年を経てやっとオープン ★ MAP 折込裏-D7

サムッ・プラーカーン・ラーニング・パーク&シティー・タワー

Samut Prakan Learning Park and City Tower　หอชมเมืองสมุทรปราการ

敷地は元刑務所。監視塔の跡らしき構造物も残されている

2013 年に建設が開始され、当初 2016 年に完成する予定がぐっと遅れ、2022 年 8 月 22 日ついにオープンした高さ 179.55m の展望台。基壇部分にサムッ・プラーカーン県の県勢に関する展示や図書館などの学習施設も設けられた塔は、別名パクナーム展望台（Paknam Observation Tower)。エレベーターで一気に上がれる 23 階と 25 階の展望台は、まさに一望千里。遠くには高層ビルが林立するバンコク市街からチャオプラヤー川が注ぐタイ湾まで見渡せ、すぐ下の高架を BTS の電車が行き来する様子も眺められる。

サムッ・プラーカーン・ラーニング・パーク&シティー・タワー
住 858 Amorndet Rd., Samut Prakan　TEL 09-8241-9495
開 火〜日 10:00 〜 17:00（学習施設エリアの見学は予約制で〜 15:00。展望台見学だけなら予約不要）
休 月
料 60B
行き方 BTSスクムウィットラインのE19パクナーム駅6番出口から左の階段を下り、進行方向に通りを渡って斜め左に徒歩6分。駅との連絡歩道橋も建設中。

はるか向こうにタイ湾が見える

BTSと渡し船で気軽に行ける ★ MAP 折込裏-D7

プラ・サムット・チェーディー

Phra Samut Chedi　องค์พระสมุทรเจดีย์

高さ38mとなかなか立派なプラ・サムット・チェーディー

アユタヤー時代は船での交易が盛んで、チャオプラヤー川の河口に近いパクナームは港町として重要な地位を占めていた。プラ・サムット・チェーディーはそんなパクナームを象徴する白い仏塔。向かいの小島には橋で渡ることができ、コンクリート製の遊歩道をマングローブ林を見下ろしながら散策できる。島の南端にはアユタヤー時代から続く要塞を改装したピー・スア・サムット要塞博物館がある。

プラ・サムット・チェーディー
住 Suk Sawat Rd., Pak Khlong Bang Pla Kot
開 5:00〜20:00
休 なし　料 無料
行き方 BTSスクムウィットラインのE19パクナーム駅6番出口から徒歩10分でパクナーム市場。市場の船着場から渡し船で所要10分弱(料 6B)。船着場からは徒歩6分。市場を抜けて大きな通りへ出たら道なりに右へ行くとチェーディーの入口。

要塞跡には大砲が3門保存されている

バンコクプチ情報 パクナームには大きな海鮮市場があり、さまざまな魚介類が並んでいて眺めて歩くだけでもおもしろい。対岸のプラ・サムッ・チェーディー行き渡し船は、市場横の船着場に発着する。

Area Guide Ratchadaphisek Rd.

ラチャダーピセーク通り周辺

空き地の間にオフィスビルがポツポツと立っているだけのさびしいエリアだったのが、あっという間に開発が進行。ラーマ９世通りとの交差点付近は巨大なビルが林立し、さながら未来都市の様相を呈している。

MAP ● P.82 〜 83

ACCESS

MRT ブルーラインのBL20プラ・ラーム・ナイン駅、BL19タイランド・カルチュラル・センター駅などから徒歩。

BUS チャイナタウンから73番、戦勝記念塔から172番。

歩き方

MRT ブルーラインを使いピンポイントで移動

通りの地下を走る MRT ブルーラインを利用するのが便利。おもな見どころやショッピングセンターは、どれも駅の近くにある。

おもな見どころ Sightseeing

2021年オープンの人気ナイトマーケット　★★★ MAP P.82-C3

チョート・フェー（ジョッド・フェアズ）

Jodd Fairs　จ๊อดแฟร์

フリースペースのテーブルはなかなか空きがない

広い敷地にアンティークやファッション関係の屋台がずらりと並び、飲食店も充実して人気だったタラート・ロットファイ・ラチャダーが2021年に閉鎖され、規模を縮小してラーマ９世通り沿いの敷地に移転オープンしたのがここ（→ P.22）。敷地はかなり小さくなったものの、規則正しく並ぶテントにはタラート・ロットファイ・ラチャダー同様ファッション系の雑貨ショップや飲食店が集まり、ラーマ９世通り側にあるパブ前の広場ではライブが行われるなど、雰囲気はかつてのタラート・ロットファイ・ラチャダーそっくり。ただしテントは白一色。

チョート・フェー
住 Rama 9 Rd.
TEL 09-2713-5599
FB JoddFairs
営 16:00〜24:00
休 なし
行き方 MRTブルーラインのBL20プラ・ラーム・ナイン駅2番出口からセントラル・プラザ・ラーマ9店内経由で徒歩4分。2024年中に移転の可能性あり。

Area Guide Phahonyothin Rd.

パホンヨーティン通り周辺

パヤー・タイ通りを北上すると戦勝記念塔でパホンヨーティン通りと名前を変え、さらに北上する。プラディパット通りには中級ホテルが何軒も並び、タイ人旅行者が多い。対してスティサーン・ウィニチャイ通りは、安めのホテルが数軒あるものの、基本はタイ人向けの歓楽街。ローカルな飲み屋やカラオケ屋が並び、夜ごとネオンが光り輝く。さらに北上すると BTS モーチット駅。週末になるとウイークエンド・マーケット（→ P.236）を訪れる人で利用者が急増する。

MAP ●折込表-D3〜E1

ACCESS

MRT ブルーラインのBL13チャトゥチャック・パーク駅、BL12カムペーン・ペッ駅から徒歩。

BTS スクムウィットラインのN3ヴィクトリー・モニュメント駅、N8モーチット駅から徒歩。

BUS 29、34、77、157、177、524番などが通る。

歩き方

BTS での移動が便利

通りの上を BTS スクムウィットラインが走っており、目的地までは BTS で移動できる。チャトゥチャック公園やウイークエンド・マーケットへは MRT ブルーラインの BL12 カムペーン・ペッ駅からも行ける。

おさんぽプラン

1. 戦勝記念塔 →P.169
   BTS10分＋徒歩
2. チャトゥチャック公園 →P.169
   徒歩＋BTS25分
3. 国立タイ王国空軍航空博物館 →P.169

バンコクプチ情報　MRTブルーラインのBL20プラ・ラーム・ナイン駅上にあるフォーチューン・タウン（→P.232）内の中古レコード店は、品揃えがどこもマニアック。古めの盤を探している人は足を運んでみては。

おもな見どころ Sightseeing

巨大な塔が天を突く ★ MAP P.81-D2

戦勝記念塔
Victory Monument อนุสาวรีย์ชัยสมรภูมิ

パヤー・タイ通りを北上すると、やがて突き当たるのが戦勝記念塔の巨大なロータリー。1940年に発生した仏領インドシナの国境紛争で、タイ軍はインドシナ駐屯フランス軍と交戦し、大きな損害を受けた。この紛争で戦死した将兵と警察官583名を慰霊するために、1941年の6月24日、革命記念日に除幕された塔だ。現在では多数のバス路線が経由する交通の一大ターミナルとなっている。

池や博物館もある広大な公園 ★ MAP 折込表-E1

チャトゥチャック公園
Chatuchak Park สวนจตุจักร

前国王の王妃から下賜されたシリキット公園や、子供博物館が併設された子供公園などが隣接した広大な一帯が、チャトゥチャック公園と呼ばれている。公園の南端に**ウイークエンド・マーケット**（→ P.236）がある。

実機がずらりと並ぶ屋外展示が圧巻 ★★ MAP 折込裏-D1

国立タイ王国空軍航空博物館
National Aviation Museum of the Royal Thai Air Force พิพิธภัณฑ์กองทัพอากาศและการบินแห่งชาติ

キ55は2号棟の大ホールに展示されている

ドーン・ムアン国際空港に同居するタイ王国空軍基地の敷地にある、タイ空軍と航空に関する博物館。タイ空軍の歴史に関する展示がある第1棟、吹き抜けのホールに空軍をたたえる展示がある第2棟、さらに格納庫を改装した3棟の屋内展示のほか、古くは初期の複葉機から最新のスウェーデン製戦闘機サーブ JAS39C グリペンまで、屋内および屋外に数々の実機が展示されている。現存する機体が世界でも北京の中国人民革命軍事博物館とここの2ヵ所にしかない、旧日本陸軍が使用したキ55九九式高等練習機は見逃さないように。黄色く塗装された固定脚のプロペラ機なのでよく目立つ。1号棟と2号棟を結ぶ通路は旅客機の内部のような円形の天井と座席が置かれ、外から見ると窓やドアの作りも旅客機風になっているのがおもしろい。屋外に展示された大型の旅客機や輸送機には、内部が見学できるものもある。ミュージアムショップには部隊のワッペンやTシャツ、キャップなどマニア向けの商品が揃っている。

戦勝記念塔
行き方 BTSスクムウィットラインのN3ヴィクトリー・モニュメント駅4番出口から徒歩すぐ。

大きなロータリーの中心に立っている戦勝記念塔

チャトゥチャック公園
行き方 BTSスクムウィットラインのN8モーチット駅1番出口、MRTブルーラインのBL13チャトゥチャック・パーク駅1番出口から徒歩すぐ。

おみやげが安く手に入るウイークエンド・マーケット

国立タイ王国空軍航空博物館
住 171 Phahonyothin Rd.
TEL 0-2534-1764
FB RTAF Museum
開 火～日8:00～16:00
休 月・祝
料 無料
行き方 BTSスクムウィットラインのN22ロイヤル・タイ・エアフォース・ミュージアム駅3番出口先の博物館出口から徒歩すぐ。

BTS最寄り駅ホームの天井にある飛行機の形をしたオブジェ

日本では目にする機会の少ないグリペン

バンコク プチ情報 航空機マニアならぜひ国立タイ王国空軍航空博物館を訪れてみたい。グリペンの実機を間近で見られる場所は、アジアには少ないので貴重。平日なら利用者も少なく、ゆっくり見学できる。

百年市場&水上市場

バンコク郊外に点在する、100年以上前に建設された古い市場や、運河沿いに開設された水上市場が、気軽なお出かけ先としてバンコクっ子の人気を集めている。

100年前に建て直された当時のままの状態を保っている

百年市場

古い時代にタイムスリップ

バーン・マイ市場
Talat Banmai
ตลาดบ้านใหม่

バンコクから約1時間半で行ける、レトロな木造市場で人々の生活に触れてみよう。

　バンコクの東隣、チャチューンサオ県のバーンパコン川沿いにある古い市場。バーン・マイとは「新しい家」という意味で、約100年前のラーマ5世時代に火事で焼失し、建て直された際に名づけられた。現在では名前はそのままに、「百年市場」として親しまれている。狭い通路の両側に伝統的なお菓子や雑貨を売る店が並び、まるで縁日のようなにぎわい。川に面したレストランでの食事も楽しい。

バーン・マイ市場
N
屋台
タイ風プリン屋台
コスプレおじさん
トイレ（5B）
バーンパコン川
入口
中国廟
B
フリースペース
A
0　約25m
目安

撮影したらチップよろしく

「市場を観光で盛り上げるため」アユタヤー時代の戦士コスプレをして橋の上に立つおじさん。実は市場内にあるお店のご主人

毎日営業しています。おいしい食事をどうぞ

A グルメ
バーン・パー・ヌー
Baan Pa Nue

　市場に入って真っすぐ進んだ突き当たり、バーンパコン川に面したテラス席が居心地いい。料理は中国風タイ料理で、一般的なタイ料理店では見かけないメニューも食べられる。優しい味わいは日本人好み。
TEL 0-3881-7336
営10:00～22:00　休なし
CC J M V（1000B以上から利用可）

レトロ感あふれる入口の脇には古いコーヒー店のメニューが。当時はコーヒー1杯1B

B カフェ
ペ・ウイ Pe Ui

アイスコーヒーのブラック25B

　バーン・マイ市場の象徴ともいえる、100年以上内装を変えず営業しているタイ風カフェ。コーヒー、紅茶、ココアなどホット20B、アイス25B。入って右隅にあるテーブルには占い師がいて、手相も観てもらえる（有料）。
TEL 08-4667-7881　営土・日・祝8:00～17:00
休月～金　CC なし

100年前と同じ姿で営業している老舗コーヒー店

ワット・サマーン・ラタナーラームのピンク・ガネーシャも見学しよう（→P.46）

バーン・マイ市場
MAP P.75-C3　住Banmai, Chachoengsao　営ほとんどの店は土・日・祝のみ営業
行き方 **▶ロットゥー：**東バスターミナル（エカマイ MAP P.89-E5）からチャチューンサオ行きロットゥー（切符売り場は18番。毎日6:00～18:30の間20～30分おき、所要約1時間30分、105B）でチャチューンサオへ。終点のバスターミナルから8番ソンテオ（白い車体に黄色い線）でバーン・マイ市場前下車（所要約15分、15B）。トゥクトゥクやモーターサイは片道100B。
▶鉄道：クルンテープ駅6:55、8:00、10:10、12:10、13:05発チャチューンサオ方面行き列車でチャチューンサオ下車（所要1時間20分～1時間35分、15B）。チャチューンサオ駅前の通りを、駅を背に左へ行く上記8番ソンテオ利用（所要約10分、10B）。

水上市場

運河沿いの行楽スポット

クワン・リアム水上市場
Kwan-Riam Floating Market
ตลาดน้ำขวัญ-เรียม

セーンセープ運河を挟んで向かい合うタイ寺院の隣にある、OTOP（タイの一村一品運動）のショップ、水上レストラン、屋台街が一体となった水辺の市場。

運河沿いに建てられた水辺の市場

OTOPエリア横にある人気の記念撮影コーナー

麺やスナックなどさまざまな軽食が食べられる屋台エリア

セーンセープ運河沿いに、2012年6月にオープンしたクワン・リアム水上マーケット。運河の南側はショップエリアと屋台街で、ショップエリアの2階には休憩コーナーがある。運河北側の建物内には、近郊の名産品を扱うOTOPのショップが並ぶ。市場を起点にセーンセープ運河を40分ほどかけて行き来するリバークルーズで運河沿いの生活を眺めたり、動物を逃がして放生の徳を積むなど、タイ文化の一端にも直接触れられる盛りだくさんな市場。

クワン・リアム水上市場
MAP 折込裏-F3～F4
住 Wat Bangpeng Tai, Soi 187, Ramkhamhaeng Rd. TEL 08-1357-1545
URL www.kwanriamfloatingmarket.com
営 土・日・祝 7:00～18:00 休 月～金
行き方 バンコク市内からタクシーで所要45分～1時間、200～250B。戦勝記念塔から168番のバスで所要約1時間30分、25B。

バス停がありタクシーもひろえるラームカムヘーン通りまで無料送迎してくれるサイドカー

百年&水上市場

近くの寺院も見逃せない

バーンプリー市場
Talat Banphli
ตลาดบานพลี

バーンプリー市場の象徴がこの小船を2隻並べた橋。通行料1B

運河沿いに続く木造の百年市場とその隣の水上市場、近くには大きな寺院もあり、見どころが多い。

売られているのは日用雑貨が多く、観光地っぽくないのがまたいい

1857年から続くとされるバーンプリー市場は、細い木の床の通路両側に古いショップが並ぶ。2隻つないだ小船を橋のように渡るアクセスがおもしろい。隣接して運河に面した水上市場がある。近くにある寺院ワット・バーンプリー・ヤイ・クラーンの寝釈迦仏は、ワット・ポーのものよりも大きい。

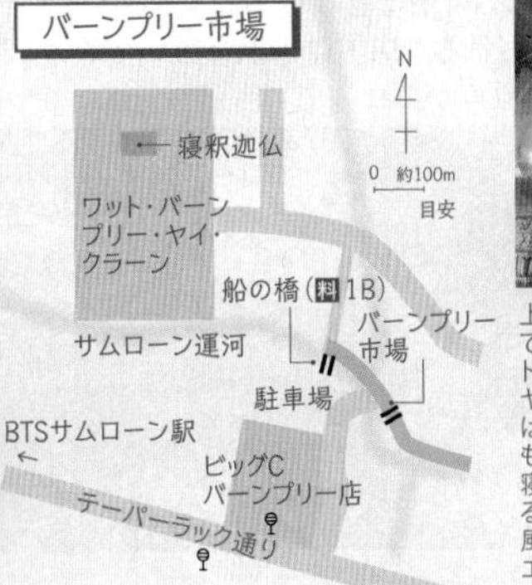

上／市場から歩いて10分ほどのワット・バーンプリー・ヤイ・クラーンではワット・ポーのものよりも大きな寝釈迦仏が見られる　右／水上市場風に造られた飲食エリア

バーンプリー市場
MAP 折込裏-F7 住 Moo 10, 20 Sukhaphiban 1, Banphli
営 土・日 8:00～15:00頃 休 月～金（営業する店もある）行き方 BTSスクムウィットラインのE15サムローン駅3番出口から出てテーパーラック通り Thepharak Rd.を左折。すぐの所にあるソンテオ乗り場からバーンプリー行きソンテオでビッグCバーンプリー前下車、約30分、10B。ビッグC裏の駐車場脇を流れる運河の対岸。

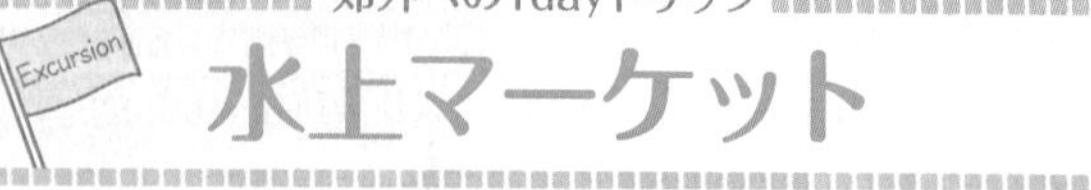

タリンチャン水上マーケット
営 土・日8:00～17:00
休 月～金
行き方 サヤーム・センター、セントラルワールド前から79番のバスで所要30分～1時間、19B(P.106～107のバス路線図参照)。トンブリー側に入ってしばらく走ると片側1車線の住宅街になる。この通りが丁字路に突き当たったら下車。戻りのバスは丁字路前にあるセブン-イレブン前に停まる。

お菓子も料理も船上で調理

運河の脇の露店街では地域の特産品が買える

ダムヌーン・サドゥアク水上マーケット
営 毎日早朝～昼頃 休 なし
行き方 サーイ・タイ・ピンクラオ(旧南バスターミナル MAP 折込表-A2)56、60番乗り場からロットゥーが7:00～17:00の間、30分から1時間おきに出発。所要約1時間30分、100B。早朝に行かないと意味がないので、ツアーの参加が便利。

▶船で見学する場合
マーケット内を回るエンジン付きの船は、上記ロットゥーのバス停前に待機している。1時間350～400B程度(4人以上乗る場合の1人の料金。要交渉)。マーケット内からは手こぎのボートにも乗れる。ひと回り30～40分で1人150～200B。

アクロバティックな場所にもショップが店開き

週末のみの観光マーケット ★★ MAP 折込裏-A4

タリンチャン水上マーケット

Talingchan Floating Market ตลาดน้ำตลิ่งชัน

週末のみオープンする、のどかな観光レストラン街。運河に浮かべられたはしけの周囲に、魚の塩焼きやエビの網焼きなどのシーフードを中心とした料理を提供する小船が何隻も浮かんでおり、好きな料理を注文してのんびりと食事ができる。ここを起点に周辺の運河を巡るボートツアー（料 79B）もあり、約1時間かけてタイ寺院や周辺の運河などを見学する。

船から食べ物を買うのがバンコク市民のノスタルジー

消えゆく伝統文化を保存する ★★ MAP P.75-B3

ダムヌーン・サドゥアク水上マーケット(フローティング・マーケット)

Damnoen Saduak Floating Market ตลาดน้ำดำเนินสะดวก

タイ政府が文化保存と観光客誘致のために開発した水上マーケット。バンコクの中心から西へ約80km離れたラーチャブリー県にある。

マーケットは桟橋から見るだけではなく、できれば小船をチャーターして水上から見てみよう。浮かんでいる小船はそれぞれが独立した商店。取り扱っている品物も船ごとに異なる。野菜や果物を売る船に交ざって麺類などを売る食堂船も浮いている。バンコク市内でも見られる、店内に小船を置いてその上で麺を湯がいている食堂の原点がこれ。

左／売られているのはかなり割高な観光みやげばかり　右／観光用とはいえそれなりに活気があり楽しい

バンコクプチ情報 かつてタイやバンコクの観光イメージとして強い印象を残した水上マーケットも、今ではほとんど観光用で、しかも船の数は減少傾向。運河を行き交う船も、観光客を乗せたものばかり。

郊外への1dayトリップ

タイの文化に触れる

素朴なお菓子と素焼きの器　★★ MAP 折込裏-B1～B2

クレット島

Ko Kred　เกาะเกร็ด

バンコクの北郊外にあるクレット島は、チャオプラヤー川の運河掘削にともなってできた人工の中州。アユタヤーからバンコクへ遷都された際移住してきたモン族の末裔が住んでいる。島の東北端にある寺院の境内には、チャオプラヤー川に面してモン様式で建てられた白い仏塔があり、クレット島の象徴となっている。素焼きの器と伝統的なお菓子の生産が盛んで、バンコク市民に人気の行楽地だ。

上／見た目もかわいらしいタイの伝統的なお菓子　下／表面に細かい装飾の入った素焼きの小物入れは、大きさも値段も手頃でおみやげに人気

1日でタイ全土を旅行できる　★★ MAP 折込裏-D8～E8

ムアン・ボーラーン（エンシェント・シティ）

Muang Boran (Ancient City)　เมืองโบราณ

バンコクの王宮にあるドゥシット・マハー・プラーサート宮殿

バンコクの南郊外にあるムアン・ボーラーンは、タイ国内各地にある歴史的な建造物の精巧な複製を、タイの国土に模した敷地に配置したテーマパーク。1963年にオープンした当初の建物は80棟程度だったが、現在では1.5倍以上に増えて見応えのある数になっている。バンコクの王宮内にあるドゥシット・マハー・プラーサート宮殿をはじめアユタヤー、スコータイ、イーサーン（タイの東北地方）のクメール遺跡など、まるで実物のように見事な造りだ。しかも実物では聖域だったり保護のために入れない場所もここでなら入れるので、タイの文化に興味がある人は必見だ。アユタヤー地域の食堂は水上マーケット式になっていたりと、細かいところまで凝っている。

オーナー（故人）は輸入車の販売で財をなし、自国の文化を広く伝えるためにこの施設を造ったという。園内はかなり広いので歩いて回るのは難しい。レンタサイクル（150B）やゴルフカート（350B～）を利用しよう。

常に新しい建物が建設中

細い路地を自転車で抜けるのはどこかノスタルジックな体験

クレット島

行き方 王宮周辺から32番、プラトゥーナームから505番、BTSシーロムラインのS12、MRTブルーラインのBL34バーンワー駅から210番のバスなどでパーククレットまで行き、終点近くにあるお寺ワット・サナームヌア裏の船着場から渡し船。バスは本数が少なく時間もかかるので、タクシーを利用するのが便利。バンコク市内から所要45分～1時間、220B程度。あるいはチャオプラヤー・エクスプレス・ボートでN30ノンタブリー船着場まで行き、そこから乗合船をチャーターするか(1人100B程度)、ロットゥー(ミニバス。1人20B)利用。

▶島内の交通

クレット島は周囲が約7kmなので、その気になれば歩ける。船着場周辺にはレンタサイクル店もあり、1日40B～とリーズナブル。モーターサイもある。徒歩で回る場合、人混みなどに遠慮なく突っ込んでくる自転車に気をつけよう。

▶クレット島へは週末に行こう

行楽地でもあるため平日は閉まっている店がほとんど。行くなら土・日曜に。

ムアン・ボーラーン

TEL 0-2026-8800

URL www.muangboranmuseum.com

開 9:00～18:00　休 なし

料 700B(外国人料金)。所要1時間30分のトラムツアー付き。1日5回出発。

行き方 BTSスクムウィットラインのE23ケーハ駅3番出口からタクシーで約3分、55B程度。

バンコクプチ情報　クレット島には、すでに10年近い歴史があるクラフトビールの工房、Chit Breweryがある。船着場に近い川沿いという立地で、川風に吹かれながらオリジナルのビールが飲める。

郊外への1dayトリップ

Excursion

象と遊ぶ

おりこうさんな象がいっぱい ★★ MAP P.75-B3

サームプラーン・エレファント・グラウンド&ズー

Samphran Elephant Ground & Zoo สวนสามพราน ฟาร์มจระเข้

ワニ養殖場とラン栽培場を併設する動物園。ワニ対飼育係の格闘ショーだけでなく、広いグラウンドでの象のショーが大人気。野生の象を捕獲する様子、PK合戦などのサッカー大会、長い鼻をぐるぐる回すダンス大会、丸太を使った力試し、象が戦車のように使われていた時代を再現した模擬戦争など、巨体を揺らしての大迫力アトラクションがめじろ押し。象の頭のよさには感心させられる。ワニ対飼育係の格闘ショーは1日5〜6回、象のショーは2〜3回行われるので、入園の際に時間を確認しておこう。つなぎに行われる手品ショーもシュールでおもしろい。エレファント・ライドは15分500B。

サームプラーン・エレファント・グラウンド&ズー
TEL 0-3432-1471
URL www.elephantshow.com
開 8:30〜17:30。象のショーは月〜土は1日2回、日・祝は1日3回。
休 なし
料 600B(外国人料金)
行き方 南バスターミナル(MAP 折込裏-A4)からローカルバスがあるが、帰りが不便。ツアー参加が便利で現実的。

人工滝や林の中を行く充実のエレファント・ライド

炎も上がって大迫力の戦争ショー

ショーの終了後は象さんへの餌やりタイム

象に乗って遺跡見物 ★★ MAP P.311-B2

アユタヤー・エレファント・キャンプ

Ayutthaya Elephant Camp วังช้างอยุธยา

アユタヤー市街の中心にある、象との触れ合いスポット。エレファント・ライドは園内だけでなく遺跡の近くまで行くこともできる。週末にはショーも行われ（不定期）、フラフープを回したり、音楽に合わせて鼻を振り回しながら踊ったりと、象のかわいらしさと賢さが満喫できる。

アユタヤー・エレファント・キャンプ
住 Pa Thong Rd.
TEL 0-3521-1001
FB Ayutthaya Elephant Palace & Royal Kraal
営 8:30〜16:30
休 荒天日
行き方 国鉄アユタヤー駅からトゥクトゥクなどで約10分。

▶エレファント・ライド
料 園内7分300B、園外15分400B

待機している象さんに餌をやろう

象は背が高いので専用の台から乗る

象の上から遺跡見物

バンコク プチ情報 BTSやMRTなど公共交通機関の優先席で優先されるべき人とされているのは「けが人、高齢者、妊婦、子供連れ、子供、僧侶」。僧侶や子供が入っているのは仏教国タイならでは。

グルメガイド
Gourmet Guide

チョク・プリンス・バーンラック　→P.30

名物グルメを
完全制覇!

タイ料理の楽しみ方

本場の味を
満喫してね

高級レストランからB級屋台グルメまで、バンコクは美食にあふれる町。気分と予算に応じ、さまざまなシチュエーションでおいしい料理が楽しめる。

ポイント1 どんなお店で食べるか

バンコクで食事ができる店は、大きく4種類に分けられる。それぞれの特徴や予算をチェックして、タイ料理を味わい尽くしたい。

レストラン

食器や盛りつけも美しく見た目にもおいしそう

英語や日本語表記のメニューがあり、食器や盛りつけ、店の雰囲気などにも趣向を凝らしている。英語が通じることも多い。予算：1人最低500B程度～

屋台

ひと皿の量は少なめ

麺なら麺、ご飯ものならご飯ものなど専門店が多い。素材は下ごしらえが済んでいるので、注文するとすぐに料理が出てくる。予算：1品50B程度～

食堂

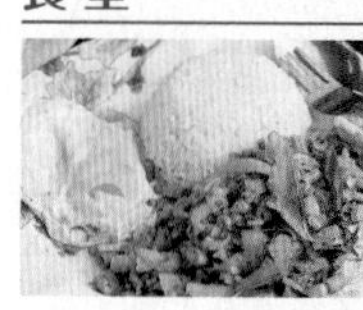

実質本位で食事を提供

英語のメニューがあることも。個人経営の小さな店が多く、見た目はあまりパッとしないが、おいしい料理を手頃な価格で提供する。予算：1人200B程度～

フードコート

屋台より清潔感があるぶん少々割高

多数の屋台を1ヵ所に集めた食堂街。路上にある屋台は衛生面に不安がある人でも、安心して屋台料理が食べられる。予算：1品60B程度～

ポイント2 タイの地方料理

タイ各地に郷土色豊かな地方料理があり、首都バンコクではそれら地方の料理が食べられる店もある。

北部の料理

日本人にも人気のカオ・ソーイ

山がちな土地柄で、野草に近い野菜類やキノコ類、森で捕れる獣肉、アリの卵なども用いられる。味付けは繊細かつ辛いことが多い。

- おもな北部料理：カオ・ソーイ（タイ風カレーラーメン）
- 北部料理の人気店：ケッタワー →P.185

東北部の料理

ラオスの文化にも近く、トウガラシやナムプラーを使い辛さや味の濃さが際立つ。発酵ソーセージや、ラープなど生肉を食べる習慣もある。

東北料理といえばカイ・ヤーン

- おもな東北部料理：カイ・ヤーン（鶏の炙り焼き）
- 東北部料理の人気店：サバイチャイ →P.189

南部の料理

フレッシュなトウガラシやコショウを使い、強烈に辛い料理が多い。カピ（小エビを発酵させたもの）など香りの強い調味料も多用される。

- おもな南部料理：パット・サトー・クン（エビ入りネジレフサマメ炒め）
- 南部料理の人気店：バーン・アイス →P.188

タイ人でも辛いという人が多い南部の料理

中部の料理

シーフードの料理も多い中部

各地の文化を融合して生まれた王道タイ料理。ココナッツミルクなどを用いこってり仕上げる。王宮に伝わる宮廷料理もある。

- おもな中部料理：チューチー・クン（エビのレッドカレー炒め）
- 中部料理の人気店：バーン・クン・メー →P.182

ポイント3 レストランでの作法

ごちそうを並べて気分も最高！

タイのマナーを知っておこう 飲食店においても、タイにはタイのスタイルがある。タイの飲食店における流れを頭に入れて、スマートに食事をしよう。

高級店は予約しよう >>> 予約

高級店や人気店は、予約をしたほうが安心。希望する時間と人数、代表者の名前を告げるだけ。言葉に不安がある人はホテルの人などに代行してもらおう。

Check! お得な予約アプリ eatigo と Hungry Hub
登録されているレストランをこのアプリで予約すると、条件によりかなり割引になる（→ P.347）。ウェブサイトは URL www.eatigo.com URL web.hungryhub.com

高級店はスマートに、ほかは気にする必要なし>>> ドレスコード

高級店ならスマートカジュアルが基本。短パンやタンクトップ、ビーチサンダルなどは NG。靴を履き長ズボンやひざ丈以上のスカート、できれば襟付きのシャツを。中級以下の店ならそれほど気にする必要はない。

勝手に席に着かない>>> 入店時のマナー

予約がしてあれば店員に名前を告げる。なければ人数を伝え、席に案内してもらう。特に高級店では、勝手に席に座らないこと。窓際やエアコンの効きが弱い席など、希望があれば告げること。

スタッフに迎えられていざ入店

とりあえずビール >>> 飲み物を注文

まず飲み物を注文しよう。先に持ってきてくれるので、それを飲みながらゆっくり食べたい料理を選べる。飲み物は、例えばビールなら「シン」「チャーン」「ハイネケン」など銘柄で注文するのがタイ式。

左／輸入ビールが飲める店も増加中
右／大人数なら豪快にビールタワーを

飲み物が来たら >>> 料理を注文

メニューが読めなくても、料理名を知っていればそれを告げればいい。あるいは食べたい素材（エビ、チキンなど）を伝えておすすめの調理法を尋ねてみよう。思わぬ美味に出合えるかも。値段の確認も忘れずに。

Check! 細かい注文も遠慮せず
タイのレストランは、客の細かい注文にも快く応じてくれるところが多い。特定の食材を入れるいれない、辛さの調節など、遠慮なく伝えよう。

お望みの料理を作ります

自由に楽しく >>> 食べる

メニュー上で「前菜」「メイン」などと書かれていても、その順番で料理が出ることは少なく、できあがったものから持ってくる。注文した料理はテーブル上に全部並べて、にぎやかに食べよう。

テーブルに座ったまま>>> 会計

タイの飲食店はほとんどがテーブルチェック。従業員に「チェック、プリーズ」と言えば勘定書きを持ってくるので、席に着いたまま支払う。

Check! タイならではの注意点
屋内は禁煙：タイの飲食店は全面的に禁煙で、違反すると罰金（→ P.11）。たばこが吸いたい場合は、店の外に設けられた喫煙所で。
アルコールについて：タイではアルコール類の販売時間に規制があり、11:00 ～ 14:00 と 17:00 ～ 24:00 のみ販売可能（→ P.11）。ライセンスのない食堂などでは、この時間帯にアルコール類を提供しないところもある。一般的なレストランなら問題ない。
会計について：悪意はなくとも会計を間違えるケースがある。勘定書きが来たら明細を必ず確認し、疑問点があったら尋ねること。
チップについて：レストランではよほど不愉快な扱いでも受けなければ、支払いにサービス料が含まれていたらおつりの小銭、含まれていなかったら支払金額の 10% 程度（最大でも 100B 程度）をチップとして置こう。食堂や屋台では不要。

カトラリーの使い方
めしあがれ
フォークとスプーンを使う
タイ料理で使うカトラリーは、おもにフォークとスプーン。右手にスプーン、左手にフォークを持つ。
Spoon
Fork
ナイフとフォークを持つように
料理の食べ方
1 取り皿に軽くご飯を盛る。店によってはスタッフがやってくれる
2 料理に添えられる取り分け用のスプーンでご飯にかける
3 左手のフォークで右手のスプーンに料理をのせて食べる

ポイント4 メニューの読み方

タイ料理のネーミングは単純で、素材と調理法、味つけの羅列。順番が入れ替わっても、並べれば料理名になるのは同じ。

食材	เนื้อปู ヌアプー（カニ肉）	ปลาหมึก プラー・ムック（イカ）	กุ้ง クン（エビ）	ข้าว カーオ（ご飯）
	+	+	+	+
調理法	ผัด パット（炒める）	นึ่ง ヌン（蒸し煮）	อบ オプ（鍋蒸し）	ต้ม トム（煮る）
	+	+	+	‖
味つけ	ผงกะหรี่ ポン・カリー（カレー粉）	มะนาว マナーオ（タイのライム）	วุ้นเส้น ウンセン（ハルサメ）	
	‖	‖	‖	
料理名	เนื้อปูผัดผงกะหรี่ ヌアプー・パッ・ポン・カリー（カニむき身のカレー炒め）	ปลาหมึกนึ่งมะนาว プラー・ムック・ヌン・マナーオ（イカのライム蒸し）	กุ้งอบวุ้นเส้น クン・オプ・ウンセン（エビとハルサメの鍋蒸し）	ข้าวต้ม カオ・トム（タイ風雑炊）

食事の際の基本単語

食材

鶏肉……ไก่ カイ　豚肉……หมู ムー
牛肉……เนื้อ ヌア　魚……ปลา プラー
タイ雷魚……ปลาช่อน プラー・チョーン
マナガツオ……ปลาจาระเม็ด プラー・チャーラメッ
ナマズ……ปลาดุก プラー・ドゥク
エビ……กุ้ง クン　カニ……ปู プー
イカ……ปลาหมึก プラー・ムック
貝……หอย ホーイ
カキ……หอยนางรม ホーイ・ナーンロム
ミドリイガイ……หอยแมลงภู่ ホーイ・マレーンプー
赤貝……หอยแครง ホーイ・クレーン
ご飯……ข้าว カーオ　白飯……ข้าวเปล่า カオ・プラオ
もち米……ข้าวเหนียว カオ・ニアオ
野菜……ผัก パック　卵……ไข่ カイ

調理法

炒める……ผัด パット　煮る……ต้ม トム
揚げる……ทอด トート　蒸す、蒸し煮……นึ่ง ヌン
あえもの……ยำ ヤム　焼く……เผา パオ
遠火で焼く……ย่าง ヤーン　生で……ดิบ ディップ
刺身……ปลาดิบ プラー・ディップ
タイ風スープ……แกง ケーン　入れる……ใส่ サイ
入れない……ไม่ ใส่ マイ・サイ

味覚

おいしい……อร่อย アロイ　辛い……เผ็ด ペッ
塩辛い……เค็ม ケム　甘い……หวาน ワーン
甘酸っぱい……เปรี้ยวหวาน プリアオワーン
苦い……ขม コム

ポイント5 タイ料理の味つけ

タイ料理の味わいの4大要素は「辛さ」「酸っぱさ」「甘さ」「塩辛さ」。素材の持ち味を生かしつつ、伝統的な調味料でバランスの取れた味わいを生み出す。

4つの味を出す調味料

辛さ
- 生トウガラシ　・乾燥トウガラシ
- 生コショウ

酸っぱさ
- マナーオ（タイのライム）　・タマリンド

甘さ
- ナムターン・マプラーオ（パームシュガー。ココナッツから作る砂糖）

塩辛さ
- ナムプラー（魚醤）
- カピ（小エビの発酵調味料）

テーブルの4種の調味料を使いこなす

レストランや屋台のテーブルには、ナムプラー、粉末トウガラシ、酢漬けトウガラシ、砂糖が用意されていることが多い。これらを使って自分好みの味に調整できる。

おもな調味料図鑑

タイ料理独特の味わいを出すには各種調味料が決め手。逆に言えば、これら調味料を使うとタイ料理が簡単に再現できる。

甘 カティ（ココナッツミルク）
กะทิ

ココナッツの果肉を搾ったもの。タイ風カレーやトムヤムなどに濃厚な味わいを出すのに使われる。

マカーム（タマリンド） 酸
มะขาม

甘酸っぱい実をさやから取り出して使う。さわやかな酸味が特徴でジュースにもする。

プリック（トウガラシ） 辛
พริก

種類が多い。特に辛いのは、プリック・キーヌー พริกขี้หนู と呼ばれる小さいもの。

プリック・ヘーン 辛
พริกแห้ง

乾燥トウガラシ。そのままスープに入れたり、粉末にして調味料にする。

マナーオ 酸
มะนาว

すだちやライムに似た小型の柑橘類。果汁を搾って酸味を楽しむ。

プリック・タイ・ソット 辛
พริกไทสด

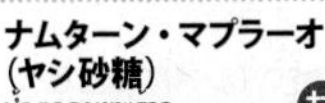

生コショウ。トウガラシとは異なる香り高い辛さ。手頃な値段は南国ならでは。

ナムターン・マプラーオ（ヤシ砂糖） 甘
น้ำตาลมะพร้าว

ヤシの樹液を煮詰めて作る。白砂糖に比べると風味があり、料理に多用される。

塩 シーイウ・カーオ
ซีอิ๊วขาว

シーイウはタイの醤油。シーイウ・カーオは薄口醤油のようにさらさらとした液体。

塩 シーイウ・ダム
ซีอิ๊วดำ

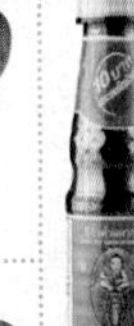
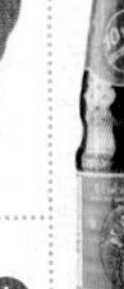

シーイウ・ダムはとろみがあり濃厚な色と味。甘口（ワーン）と辛口（ケム）がある。

塩 タオチアオ
เต้าเจี้ยว

軽い甘味もあるタイ風豆味噌。パット・パック・ブン・ファイデーンの味つけはこれ。

塩 ナムプラー
น้ำปลา

小魚を塩で漬け込んだものの上澄み液で、うま味と塩味のバランスが絶妙。

辛 ナムプリック・パオ
น้ำพริกเผา

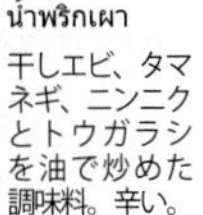

干しエビ、タマネギ、ニンニクとトウガラシを油で炒めた調味料。辛い。

甘 ナムマン・ホーイ
น้ำมันหอย

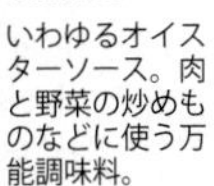

いわゆるオイスターソース。肉と野菜の炒めものなどに使う万能調味料。

ハーブ、野菜図鑑

香り高い生のハーブや野菜を料理にふんだんに使うのが、南国ならではの贅沢さ。それぞれの違いを楽しもう。

バイ・マクルー（コブミカンの葉）
ใบมะกรูด

トムヤムなどのスープに柑橘系のさわやかな香りをつける。

ルーク・マクルー（コブミカンの実）
ลูกมะกรูด

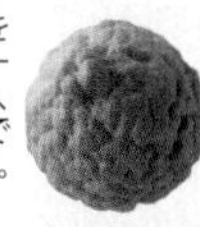

ジュースを搾ってスープの味つけ、皮を刻んで香りつけに。

キン（ショウガ）
ขิง

さわやかな辛味を追加。殺菌作用もあり千切りにして発酵ソーセージに添える。

バイ・ホーラパー（スイートバジル）
ใบโหระพา

強い香りがあり、ケーンの仕上げに添えたりヤムに入れる。

ホームデーン（エシャロット）
หอมแดง

鋭い風味があり、ヤムやトムヤムの香りつけに用いられる。

バイ・カプラオ（ホーリーバジル）
ใบกะเพรา

これとトウガラシをひき肉と炒めたものは人気のおかず。

バイ・サラネー（ミント）
ใบสะระแหน่

肉の臭み消しとして東北料理のラープなどに大量に使われる。

クンチャーイ（中国セロリ）
คื่นฉ่าย

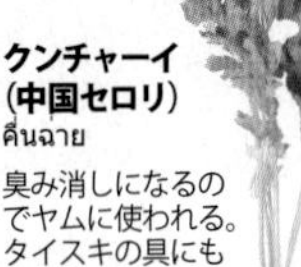

臭み消しになるのでヤムに使われる。タイスキの具にも人気。

チャオム（チャオム）
ชะอม

独特の香りがあり、刻んで卵焼きに入れたり炒めものに使う。

トンホーム（小ネギ）
ต้นหอม

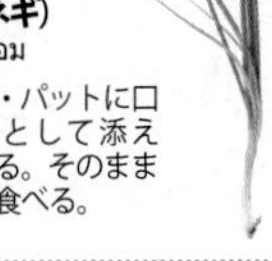

カオ・パットに口直しとして添えられる。そのまま生で食べる。

タクライ（レモングラス）
ตะไคร้

レモンに似たさわやかな香りで多用される。刻んでヤムにも使う。

パクチー（コリアンダー）
ผักชี

好みの分かれる独特の香り。タイ料理では薬味風に多用される。

カー（ナンキョウ）
ข่า

ショウガに似ているが香りが強く、トムヤムの風味づけに使う。

Gourmet

タイ料理レストラン

バンコクではぜひ本場のタイ料理を堪能したい。「辛い」「スパイシー」というイメージのあるタイ料理も、すべての料理が辛くてスパイシーなわけではなく、辛くない料理も各種ある。日本でも味噌汁の味が地方や家庭によって異なるように、同じトムヤム・クンでも店や料理人の出身地によって味や見かけが異なる。タイの料理はまるでバンコクの混沌のように、ひと筋縄ではいかないのである。

ネバー・エンディング・サマー Never Ending Summer

チャルーン・クルン通り周辺
MAP P.85-E3

伝統食材をモダンにアレンジ

元製氷工場の建物をブックショップやカフェ、ギャラリーなどに改装した複合施設 The Jam Factoryの中にある、人気のタイ料理レストラン。建築家のオーナーが幼い頃食べていた家庭料理や、ラーマ5世時代のレシピにあるオーセンティックなタイ料理を、高級食材をふんだんに使ってアレンジ。最近ではあまり使われていない種類の野菜も、オートーコー市場(→P.237)などへ出かけて探し出すなど、素材探しから手間がかけられている。写真手前のPlahaeng taengmo - Watermelon with dried fish flakes 250Bは、細く裂いて味つけした干し魚をスイカと食べる。中年以上のタイ人には幼い頃を思い出させる味だとか。チャオプラヤー川に面したテラス席は、夕方からのオープン。

住 The Jam Factory, 41/5 Charoen Nakhon Rd.
TEL 0-2861-0954
FB TheNeverEndingSummer
営 11:00〜23:00(火・土は〜22:00 LO 21:45)
休 なし
CC A J M V
行き方 シー・プラヤー船着場から渡し船
B B B | 日 PHOTO 英 ●

サネー・チャン Saneh Jaan

プルンチット駅周辺
MAP P.87-E2

手をかけて再現する伝統の味でミシュラン1つ星

大きなオフィスビルの1階、無機質にも感じられる外観のドアを開けて店内に入ると、ブラウンとクリーム色基調のシックなインテリア。壁一面にセピア色をした古いタイの写真や古地図が飾られ、あたたかみのある空間をつくり出す。100年ほど前のレシピから再現された料理の数々がノリタケの食器でサーブされ、まるでタイの旧家に招かれているような優雅な気分になれる。カピなどを使った調味料は自家調製、ハーブ類も近くにある自家農園から直送。メニューだけでなく素材や作り方までも、昔ながらのものだ。カニの肉がたっぷり入ったタイ風オムレツのThai Omelets with Crabmeat 680Bは軽やかな仕上がりでいくらでも食べられる。タイ風前菜盛り合わせのSiames Mixed Appetizerは490B。

住 Glasshouse at Sindhorn, 130-132 Witthayu Rd.
TEL 0-2650-9880
URL sanehjaan.com
営 11:30〜14:00、18:00〜22:00(ラウンジは17:00〜24:00) 休 なし
CC A D J M V
行き方 BTSスクムウィットラインのE2プルンチット駅8番出口から徒歩12分
B B B | 日 PHOTO 英 ●

スパンニガー・イーティング・ルーム Supanniga Eating Room

王宮周辺
MAP P.130

チャオプラヤー川岸で伝統の味を

オーナーの祖母が作る手料理をイメージしたメニューは、極上の家庭料理。ぜひ食べたいのがKa Lum Tod Nam Pla 180B(写真上)。中国キャベツをナムプラーで炒めたまさに家庭料理ながら、名産地トラートから取り寄せたナムプラーを使い、サイズも揃えた盛りつけも美しい。写真中央のHor Mok Crab Meat 490B(135Bで1個追加できる)は、レッドカレーペーストにカニのむき身を加えたものをバナナの葉の容器に入れて蒸した料理。たっぷり入ったカニの身とカレーの辛さが絶妙な組み合わせ。豚の塊肉を独特の香りがするハーブでじっくり煮込んだMoo Cha Muang 260B(写真下)は、軟らかく崩れる肉を噛み締めると辛さがじんわりと舌に来る。

住 392/25-26 Maharat Rd.
TEL 0-2015-4224
URL www.supannigaeatingroom.com
営 11:00～22:00(土・日は7:30～) 休 なし CC A J M V
行き方 MRTブルーラインのBL31サナーム・チャイ駅1番出口から徒歩5分。ター・ティアン船着場から徒歩5分。支店(MAP P.89-E3)あり

B B B ｜ 日 PHOTO 英

イッサヤー・サイアミーズ・クラブ Issaya Siamese Club

サートーン通り周辺
MAP P.87-F5

モダンタイ料理はここから始まった

タイ版「料理の鉄人」で鉄人の称号を得た人気シェフ、イアン・キッティチャイ氏がプロデュースするイッサヤー・サイアミーズ・クラブ。タイ料理の枠や常人の想像の域をはるかに超えた斬新な料理が食べられる。緑の庭に囲まれた瀟洒な洋館で、その驚きを体験しよう。ビジュアルも大迫力のMassamun Gae(ケーン・マッサマン)729B(写真中央)は、8時間煮込んだほろほろの骨付きラムが口の中でとろける。生のマグロを使う人気の前菜Mien Tuna 280Bはトウガラシの辛さがさわやか。目の前で仕上げてくれるデザートのKanom Tung Taek(カノム・トゥン・テーク。"テーク"は割る、壊すという意味)は560B。衝撃のできあがりは一見の価値あり。

住 4 Soi Sri Aksorn, Chua Ploeng Rd.
TEL 0-2672-9040
URL www.issaya.com
営 11:30～15:00(LO 14:30)、18:00～22:30(LO)
休 なし
CC A J M V
行き方 MRTブルーラインのBL24クロントゥーイ駅1番出口からタクシーで約3分

B B B ｜ 日 PHOTO 英

スティーブ・カフェ&クイジーン STEVE Cafe & Cuisine

ドゥシット地区周辺
MAP P.301-A1

店内はまるで民家のようでのんびりくつろげる

国立図書館からゲストハウスが点在する通りをチャオプラヤー川に向かって進むとタイ寺院があり、その境内を通り抜けて川に出る路地の途中に入口がある。店は枝分かれした細い路地の奥で、客席には靴を脱いで上がる。以前ソイ・ルアムルディーにあった料理も評判のパブで腕を振るっていたシェフは、オーナーのお母さん。店の造りも料理も家庭的で、川を眺めながらSpicy Lomongrass Salad(ヤム・タクライ：レモングラスのタイ風サラダ)180Bや、Curry-fried Salmom(チューチー・プラーサーモン：サーモンのカレー炒め煮)250Bなどのおいしい料理を食べてほっこりできる。夕方には、ラーマ8世橋の向こうに沈む夕日も眺められロマンティック。

住 68 Soi 21, Sri Ayuttaya Rd.
TEL 0-2281-0915
FAX 0-2289-9703
URL www.stevecafeandcuisine.com
営 11:00～22:30
休 なし
CC A J M V
行き方 チャオプラヤー・エクスプレス・ボートN15テーウェート船着場から徒歩5分

B B B ｜ 日 PHOTO 英

ルエン・ウライ　Ruen Urai

スリウォン通り周辺
MAP P.86-C3

移築された豪邸を利用した隠れた名店

ホテルのプール脇に立つ、築100年近いチーク造りのタイ風家屋を改装したレストラン。客席は重厚なイメージで、まるで富豪の邸宅の応接室のようだ。Satay Pla Salmon（サーモンのサテ：串焼き。ポークもある）420Bのように、時代に合わせた新しい食材と、すべての料理に必ず使われるサムンプライ（タイの薬草やハーブなど）を、伝統的なタイ料理に融合させたメニューを提供。写真中央のGhai Yaang Dtakhrai Sauce Makham（レモングラスを串代わりに使った焼きチキンのタマリンドソース）280Bは、ソースのほのかな甘味とレモングラスの香りが見事にからむ。席数が少ないので夜は予約がおすすめ。

住 118 Suriwong Rd.
TEL 0-2266-8268
URL www.ruen-urai.com
営 12:00〜23:00（LO 22:00）
休 なし
CC A J M V
行き方 MRTブルーラインのBL27サムヤーン駅1番出口から徒歩4分

B B B　日 PHOTO 英 ●

バーン・クン・メー　Baan Khun Mae

サヤーム・スクエア周辺
MAP P.90-A4

便利な場所にありバンコクっ子にも人気

店名は「お母さんの家」という意味。1998年の創業以来サヤーム・スクエアで営業していた人気店が、再開発にともない2022年にMBKセンター（→P.225）内に移転。移転前と同じタイの古民家風インテリアが落ち着ける。料理に使うペーストは毎日その日のぶんだけ作られたものを使い、香りや味わいも新鮮そのもの。辛いものは辛く、濃い味は濃くと、タイらしいタイ料理が食べられる。代表メニューの"Tom Yam Koong" Shrimps in Sour and Spicy Soup（写真奥）は230B（火鍋入りは460B）。カニの身がたっぷり入ったStir-Fried Crab Meat with Curry Powder（ヌア・プー・パッ・ポン・カリー）450Bは、これだけでご飯がいくらでも食べられる必食メニュー。

住 2nd Fl., MBK Center, 444 Phaya Thai Rd.
TEL 0-2048-4593
URL www.bankhunmae.com
営 11:00〜23:00　休 なし
CC A J M V　行き方 BTSシーロムラインのW1ナショナル・スタジアム駅連絡通路から徒歩すぐ

B B B　日 PHOTO 英 ●

タリン・プリン　Taling Pling

トンロー、エカマイ周辺
MAP P.89-D4

広い庭に面したテラス席が気分よし

スクムウィット通りから少し入った静かな住宅街にある、広々とした庭園に囲まれたガラス張りの明るい建物が、タリン・プリンのスクムウィット店。料理好きなオーナーの一族が、安心して食べられる素材を厳選し、伝統的なレシピにのっとった料理を通じて、人々に健康を届けたいと始めた、レストランの老舗チェーン店だ。店の裏でハーブや野菜類も栽培している。人気メニューのMassaman chicken curry with onion, peanut, and sweet potato（チキン入りのケーン・マッサマン）215Bなど、おもな料理は200〜300B程度と手頃。バーン・シーロム（MAP P.86-A4）、セントラルワールド（→P.228）、サヤーム・パラゴン（→P.227）などに支店あり。

住 25 Soi 34, Sukhumvit Rd.
TEL 0-2258-5308
URL talingpling.com/home
営 10:30〜22:00
休 なし
CC J M V（500B以上で利用可）
行き方 BTSスクムウィットラインのE6トンロー駅2番出口から徒歩7分

B B B　日 PHOTO 英 ●

 日 日本語メニュー　PHOTO 写真入りメニュー　英 英語メニュー　● 日本語スタッフ

アッタロット AT-TA-ROTE

プロムポン駅周辺
MAP P.93-E3

宮廷料理を現代に再現

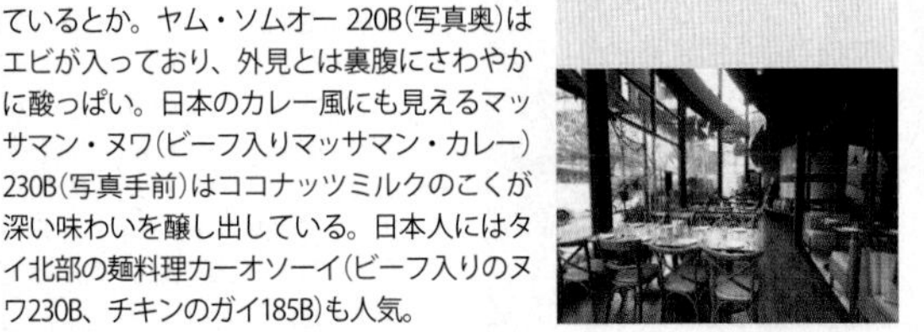

メニューに並ぶ料理は一見普通のタイ料理ながら、宮廷の女学院で長年講師を務め、タイ料理界の巨匠と呼ばれるシーサモン・コンパン氏が、料理の味わいだけでなく文化も後世に伝えようと改良を続けてきた秘伝のレシピで作られたもの。ゆでる、炒める、揚げるなどの調理法も、昔ながらの方法にのっとっているとか。ヤム・ソムオー 220B(写真奥)はエビが入っており、外見とは裏腹にさわやかに酸っぱい。日本のカレー風にも見えるマッサマン・ヌワ(ビーフ入りマッサマン・カレー)230B(写真手前)はココナッツミルクのこくが深い味わいを醸し出している。日本人にはタイ北部の麺料理カーオソーイ(ビーフ入りのヌワ230B、チキンのガイ185B)も人気。

住 59/3 Soi 39, Sukhumvit Rd.
TEL 06-4249-4244
FB attarote.eatery
営 11:00～22:00(LO 21:30)
休 なし CC A J M V
行き方 BTSスクムウィットラインのE5プロムポン駅3番出口から徒歩10分

ルドゥー Le Du

シーロム通り周辺
MAP P.86-B4

タイ料理を進化させ続ける気鋭のシェフ

シェフはチュラーロンコーン大学を卒業後、料理への興味が高じて世界最高峰の料理学校と名高いザ・カリナリー・インスティテュート・オブ・アメリカで学びニューヨークのミシュラン3つ星レストランで修業のあと、帰国して店を開いた。シンプルモダンが好ましいインテリアの店内で供される、伝統の味を独創的に使う創作タイ料理は、ここだけでできる食体験。美しい盛りつけの思わぬ場所からタイ料理の味が顔を出し、意表を突かれる。タイ料理の存在をフレンチや和食のように高めたいと語るシェフも、味の基本になっているのは子供の頃に毎日食べた母や祖母の手料理だとか。タイ料理界最先端の味を体験してみよう。4コース4590B～。

住 399/3 Soi 7, Silom Rd.
TEL 09-2919-9969
URL www.ledubkk.com
営 月～土18:00～22:00
休 日 CC J M V
行き方 BTSシーロムラインのS3チョンノンシー駅4番出口から徒歩すぐ

バーン・パッタイ Baan Phadthai

チャルーン・クルン通り周辺
MAP P.85-F5

レトロモダンなインテリアの高級パッ・タイ店

チャルーン・クルン通り沿いの下町エリア、築約80年の古いショップハウスを改装した店内はレトロな雰囲気。パッ・タイのたれはオリジナルで、18～20種類の素材を使う贅沢なもの。カニ入りのパッ・タイにはカニ味噌、ほかのパッ・タイにはエビ味噌と使い分ける。具の豆腐や大根の漬物、干しエビなどもすべて自家製とくれば、値段にも納得。カニのパッ・タイ Phad Thai Phoo は320B、大きな川エビのグリルがのるパッ・タイ Phad Thai Goong Mae Nam Yang 290B、カイ・ヤーン添えパッ・タイ Phat Thai Gai Yang 240B。マナーオやピーナッツ、干しエビなどを木の葉で包んで食べるミエン・カナ Mieng Kanaは250B。鮮やかなターコイズブルーの外観が目印。

住 21-23 Soi 44, Charoen Krung Rd.
TEL 0-2060-5553
URL www.baanphadthai.com
営 水～月11:00～21:00
休 火 CC M V
行き方 BTSシーロムラインのS6サパーン・タークシン駅3番出口から徒歩5分

バンコクプチ情報　タイ料理を食べる際気をつけたいのが、食器を持ち上げないこと。小さめの茶碗に盛られたご飯は、お皿にあけてスプーンとフォークで食べる。スープもお碗から直接飲まず、レンゲを使う。

ローンロット Rongros

王宮周辺
MAP P.130

産地から厳選した素材で古いレシピを再現

チャオプラヤー川に面した小さなレストラン。バンコクの家庭で食べられていた伝統的なタイ料理、大人になったタイ人が子供の頃を思い出すような料理を、それぞれの名産地から取り寄せた素材にモダンなひと手間を加えて再現。Chilly Lime Vermicelli, Minced Pork, Peanuts & Dried Shrimp Salad ヤム・ウンセン・ボーラーン 240B（「ボーラーン」は「昔の」）は、一般的なヤム・ウンセンとは異なり汁気が少なく揚げニンニクが入って辛さも弱め。パイナップルの器に入ったSriracha Pineapple Fried Rice カオ・パット・サッパロット・シーラーチャー 320Bはターメリックとチキンのフライドライスに干し豚と錦糸卵をトッピング。2019年オープン。

住 392/16 Maharat Rd.
TEL 09-6946-1785
URL www.rongros.com
営 11:00 ～ 15:00、17:00 ～ 22:00
休 なし　CC A J M V
行き方 MRTブルーラインのBL31サナーム・チャイ駅1番出口から徒歩5分

オラヌック・バンコク Oranuch Bangkok

スクムウィット通り周辺
MAP P.92-C2

家庭料理の洗練を極める

オーナーのオラヌックさんが子供の頃に食べていた家庭料理がコンセプト。オラヌック家で料理を作っていたメイドさんはカレン族で、ハーブやサムンプライ（タイの本草学）にのっとり、なおかつカレン風に辛めの味つけだった。そのためここで出される料理も、一般的なタイ料理レストランにはあまり見られない、かつ辛めのものが多い。家庭の味が現代風に洗練されるとこうなるのか、という新鮮な驚きを体験できる。Chicken Red Curry W. Pumpkin 260Bはカレン風のレッドカレー。火の通りが早い日本産のカボチャを使うところは家庭料理の合理的発想。Deep Fried Shrimp Cake 250B は、エビを食べているのがはっきりわかる絶妙の歯応え。

住 36 Soi 23, Sukhumvit Rd.
TEL 0-2125-3715
URL www.oranuchbangkok.com
営 火～日11:00～22:00
休 月　CC J M V
行き方 BTSスクムウィットラインのE4アソーク駅3番出口からアソーク交差点を歩道橋で渡り徒歩10分。MRTブルーラインのBL22スクムウィット駅2番出口から徒歩9分

ナラ・タイ・クイジーン Nara Thai Cuisine

チットロム駅周辺
MAP P.90-C3

豪華素材を贅沢に使う高級店

セントラルワールド（→P.228）7階、レストランが集まるフロアのなかでもひときわ目立つ、ダークブラウンの外観が重厚な高級店。インテリアも同系色でまとめられ、デパートの中にあるとは思えないほど落ち着ける。メニューは写真入りで、場所柄多い外国人旅行者も安心。おすすめはPhu Tord Prik Thai Dam（カニの黒胡椒炒め）1690B、写真手前のTomklong Tale（シーフードのスパイシースープ）450B、写真奥のPla Ka Phong Tord Ta Krai（揚げた魚のレモングラスソースがけ）750Bなど。カオ・パットなどのご飯ものやパッ・タイ・クンソットなどの麺類は200B程度と比較的手頃。店名は女性オーナーの名前とサンスクリット語の「タイ女性」という言葉から。

住 7th Fl., CentralWorld, 4/3 Ratchadamri Rd.
TEL 0-2613-1658
URL www.naracuisine.com
営 10:00～22:00（LO 21:30）
休 なし　CC A J M V
行き方 BTSスクムウィットラインのE1チットロム駅連絡通路から徒歩5分

バンコク プチ情報　飲み物は銘柄で注文する。「とりあえずビール」は通用しないので、「シン」「ハイネケン」「チャーン」と銘柄を伝えること。コーラも「コーク」「ペプシ」「エース（タイオリジナルのコーラ）」で。

カーオ Khao

トンロー、エカマイ周辺
MAP P.89-F3

マンダリン・オリエンタル出身のシェフの味

30年以上のキャリアをもつ元マンダリン・オリエンタルの料理長が独立し、人数限定で料理を振る舞う店をオープン。その後このレストランを開いた。ウッディなインテリアで、ほどよい間隔でテーブルが並ぶ広々とした店内は、窓から光が差して明るい雰囲気。高級食材をていねいに調理した基本に忠実なタイ料理は、全体的に優しい味わいで外国人にも食べやすい。タイ風すまし汁風スープのケーンチュートも、バジルとつみれを入れたGang Jued Bai Horapa Gub Moo Bacho 280Bやエッグソーセージとミンチ入りのGang Jued Loogrok 280Bなど変化球が楽しめる。セントラルワールド(→P.228)7階の姉妹店Khao Jaan-Prod(カーオ・チャーン・プロート)は、より気軽な雰囲気。

住 15 Ekamai Soi 10, Sukhumvit Rd. TEL 0-2381-2575
URL www.khaogroup.com
営 12:00～14:00、18:00～22:00
休 なし
CC A D J M V
行き方 BTSスクムウィットラインのE7エカマイ駅1番出口から徒歩15分

Ⓑ Ⓑ Ⓑ | 日 PHOTO 英

ケッタワー Gedhawa

プロムポン駅周辺
MAP P.93-D3

タイ北部料理の繊細な味わい

ビルの1階とは思えない落ち着いた趣の店内は、タイ北部風の装飾とオーナーが集めたレトロな雑貨が並び、北部料理の味覚同様の繊細さが感じられる。手書きの愛らしいメニューに並ぶタイ北部料理の数々は、チェンマイ出身のオーナーが毎月現地まで仕入れに行くスパイスや北部独特の食材を使っており、新鮮かつ贅沢なもの。人気があるのは写真左奥のキノコのスープ(Mashroom Soup) 200B、写真手前のカオ・ソーイ・カイ(Egg Noodle Red Curry Northern Style: Kao Soi Kai) 120B、写真右奥のナスのタイ風サラダ(Aubergine Thai Salad) 140Bなど。ケッタワー・オムレツ160Bはハルサメやパプリカ、みじん切りのタマネギなど具だくさんで味わい深い。

住 Taweewan Place, 78/2 Soi 33, Sukhumvit Rd.
TEL 0-2662-0501
FB Gedhawa Sukhumvit 33
営 月～土11:00～14:00、17:00～21:30 休 日
CC J M V (500B以上で利用可)
行き方 BTSスクムウィットラインのE5プロムポン駅1番出口から徒歩7分

Ⓑ Ⓑ Ⓑ | 日 PHOTO 英

ターン TAAN

サヤーム・スクエア周辺
MAP P.298-A2

ローカルを超えたローカル料理を体験

斬新な盛りつけに隠されたタイ伝統の味。使う食材は、タイ国内各地で地道に作り続けられていた伝統的なもの。生産者と直接やり取りをして彼らの生活を助け、タイ国内やフランスの高級ホテルで経験を積んだ気鋭のシェフが大胆にアレンジした料理が、食べる人の目や舌を喜ばせる。同じ食材でも産地によって異なる微妙な味わいを使い分ける繊細さ。季節ごとに内容が変わるPROUD Menu(9コースのセットメニュー) 3190Bを、ぜひ試してみよう。ホテルの最上階にあり、夜景も楽しめる。東北地方のラムとライスシロップ、ココナッツジュースで作ったRee-Ree-Khao-Sanなど、オリジナルのカクテルは330B～で、解説のカードも付いていい記念になる。

住 25th Fl., Siam @ Siam Design Hotel & Spa, 865 Rama 1 Rd.
TEL 06-5328-7374
URL www.taanbangkok.com
営 火～日18:00～23:00 (LO 22:30)
休 月 CC A D J M V
行き方 BTSシーロムラインのW1ナショナル・スタジアム駅1番出口から徒歩2分

Ⓑ Ⓑ Ⓑ | 日 PHOTO 英

ひとり当たりの予算目安(食事は飲み物別): Ⓑ 100B程度 ⒷⒷ 300～500B程度 ⒷⒷⒷ 1000B以上

カムキンスック Kamkinsuk

トンロー、エカマイ周辺
MAP P.77-F3

タイ北部の町プレーの料理をどうぞ

小さなカフェ風の店内で、バンコクでは珍しいタイ北部にある小都市プレーの料理が食べられるレストラン。ラープやナムプリックなどの素材は、プレー在住のオーナーのお母さんが手作りのものを直送。本場そのままの味が楽しめる。サイウア(タイ北部風ソーセージ)2種盛り120Bなど値段も手頃。

住 2469 New Phetchburi Rd.
TEL 09-7196-4029
営 水11:30～18:00(LO 17:30) 木～月11:30～20:30(LO 19:30)
休 火 CC M V
行き方 BTSスクムウィットラインのエカマイ駅などからタクシー

バーン・プン・チョム Baan Pueng Chom

パホンヨーティン通り周辺
MAP P.77-D1

美味にして手頃な価格の隠れた名店

店名を意訳すれば「麗しの家」。美しい洋館のレストランで、ご飯のおかずにいい家庭的なタイ料理が食べられる。Unsen Pat Sam Men 235Bは、その名のとおり香りに特徴のある野菜が3種類(サーム・メン：3種の匂い)が入った炒めもの。独特の風味がくせになる。値段も手頃でおすすめ。

住 38/1 Soi Phahonyothin 7 (Soi Chua Chit), Phahonyothin Rd.
TEL 0-2279-4204
営 11:00～14:00、16:30～21:00
休 なし
CC A J M V 行き方 BTSスクムウィットラインのN5アーリー駅3番出口から徒歩5分

クルアチェンマイ Kruajiangmai

トンロー、エカマイ周辺
MAP P.89-E3

タイ北部の家庭の味をトンローで

カフェ風の明るい店内で、スパイスやハーブを多用し辛さも鋭い本場チェンマイの料理が食べられる。中華麺の入ったカレースープに揚げ麺をトッピングしたカオ・ソーイも各種あり、チキン入りカオ・ソーイのNorthern style curry noodle with chicken drumstickは149B。豪華な和牛入りは169B。

住 25/24 Soi 55, Sukhumvit Rd. TEL 0-2019-6515
URL www.kruajiangmai.com
営 11:00～22:00(LO 21:30)
休 なし CC J M V
行き方 BTSスクムウィットラインのE6トンロー駅3番出口から徒歩10分

ホーイトート・チャーオレー・トンロー Hoi-Tod Chaw-Lae Thong Lor

トンロー、エカマイ周辺
MAP P.89-E4

パッ・タイとホーイトートの人気食堂

屋台でも人気のパッ・タイやホーイトートが食べられる、ソイ・トンローに面した食堂。店先の大きな鉄板で手早く仕上げられるパッ・タイやホーイトートは見るからにおいしそう。持ち帰り客も多いが、奥にイートインスペースがある。パッ・タイ・タレー(シーフード・パッ・タイ)140B、オースワン130B。

住 25 Soi 55, Sukhumvit Rd.
TEL 08-5128-3996
FB HoitodchawlaeTonglor
営 8:00～22:00
休 なし
CC なし
行き方 BTSスクムウィットラインのE6トンロー駅3番出口から徒歩2分

ビー・マイ・ゲスト Be My Guest

チャルーン・クルン通り周辺
MAP P.85-E3 ～ E4

タイ人に愛される川沿いのパブレストラン

川に面した小さな民家風建物のテラスにあるタイ料理のパブレストランで、連日近隣のタイ人が集まる。辛さは多少抑えつつ、そのぶんハーブ類はしっかり使う。そのためトムヤム・クン(180/240B)は芳醇な香りが立ち上り、辛さが苦手な外国人もタイハーブの奥深さを垣間見ることができる。

住 217 Charoen Nakorn Plaza, Charoen Nakorn Rd.
TEL 0-2437-2653
営 16:00～24:00
休 なし CC M V
行き方 リバー・シティー横のシー・プラヤー船着場から渡し船

イン・ラブ In Love

ドゥシット地区周辺
MAP P.301-A1

味で勝負の質素な店内

チャオプラヤー・エクスプレス・ボートのN15テーウェート船着場に隣接した、川に面したレストラン。窓のない開放的な造りで、川風に吹かれ、行き交う船を眺めながら、のんびり食事が楽しめる。料理は素材やハーブの風味を生かした上品な味わいで、ヤム・ソムオー150Bは甘酸っぱくさわやか。

住 2/1 Krung Kasem Rd.
TEL 0-2281-2900
FAX 0-2628-9912
営 11:00〜24:00(LO23:30)
休 なし
CC JMV
行き方 チャオプラヤー・エクスプレス・ボートN15テーウェート船着場から徒歩すぐ

スパイス・マーケット The Spice Market

ラーチャダムリ駅周辺
MAP P.90-C5

重厚な雰囲気で人気の高級店

アナンタラ・サヤーム・バンコク(→P.274)内にある人気の高級店。ビーフの塊がごろりと入ったタイ風グリーンカレーのGaeng Kiew Warn Nua Toon Gab Roti 920Bは、添えられたローティーで食べよう。タイ風サラダのソムタムは、添えものをムー・クロープかカイ・ヤーンから選べる。

住 Anantara Siam Bangkok Hotel, 115 Ratchadamri Rd.
TEL 0-2126-8866(予約が望ましい) 営 11:30〜14:30(日は〜15:00)、18:00〜22:30(LO)
休 なし CC ADJMV
行き方 BTSシーロムラインのS1ラーチャダムリ駅4番出口から徒歩すぐ

ナーム1608 NAAM 1608

チャイナタウン周辺
MAP P.85-E2

趣のある川沿いの木造レストラン

ワット・パトゥムコンカー裏の路地沿いにあり、チャオプラヤー川に面したカウンター席が人気の隠れ家風レストラン。ヤム・ウンセン・ボーラーン Authentic Thai Spicy Glass Noodle Salad with Minced Pork, Dry Shrimp, Dry Squid 168Bは辛さ控えめで食べやすい。イタリアン、ベジタリアンメニューあり。

住 Soi Kang Wat Pathumkongka, Songwat Rd.
TEL 09-1936-1632
FB Naam 1608
営 火〜日11:00〜22:00(金・土は〜23:00) 休 月
CC AJMV 行き方 MRTブルーラインのBL28フアラムポーン駅1番出口から徒歩11分

ポーワー Porwa

サヤーム・スクエア周辺
MAP P.90-B1

カフェ風かつ本格タイ北部料理

カフェ風の造りにタイ北部の伝統的な装飾。メインはタイ北部料理の現代風アレンジ。豚の団子を揚げてキュウリ、トマトと串に刺したラープ・ムー・トート120Bはミントの葉がアクセントになり、ひと口でほお張りたい。タイ北部ソーセージのサイウアを使ったカオ・パット・サイウアは95B。

住 69/34 Soi Pathumwan Resort, Phaya Thai Rd.
TEL 06-1464-7917
FB PorwaRestaurant
営 11:00〜21:00
休 なし CC MV
行き方 BTSスクムウィットラインのN2パヤー・タイ駅2番出口から徒歩4分

バラニー Bharani

アソーク駅周辺
MAP P.92-C2

タイ風洋食も食べられる老舗

1949年創業。創業者はイギリス留学から帰国後に独自のレシピでソーセージやハムを製造し人気を博した。そのためカオ・パット100B〜など一般的なタイ料理のほかに、ブイヤベース295Bやポークチョップ295B、メキシカン・タコス・ピザ275Bなどの洋食もある。サービスも行き届いた名店。

住 96/14 Soi 23, Sukhumvit Rd.
TEL 0-2260-1626
URL www.bharani1949.com/th
営 10:00〜22:00
休 なし
CC JMV
行き方 MRTブルーラインのBL22スクムウィット駅2番出口から徒歩5分

バンコクプチ情報 飲み物(特にビール)は店や地方によって値段にかなり幅がある。バンコクから地方へ行くと、メニューの値段を見て小瓶と思って注文したのに大瓶が出てくることがあり、安さに面食らう。

ピー・キッチン　P. kitchen

アソーク駅周辺
MAP P.92-C3

近所の定食屋的素朴なおいしさ

客席は2階でエアコン席とテラス席があり、飾り気一切なし。ほとんどの料理が1品100～200B程度と手頃で、Plamuk Pad Khaikhem（イカと塩卵の炒めもの）200Bなど家庭的な料理もメニューに並ぶ。ていねいで誠実な仕事ぶりのわかる味わい。ハイネケンの大瓶が140Bなのも良心的。

住 11/3 Soi 18, Sukhumvit Rd.
TEL 0-2663-4950　FB P.Kitchen
営 火～日10:00～21:30（LO 20:30）　休 月
CC なし　行き方 BTSスクムウィットラインのE4アソーク駅2番出口、MRTブルーラインのBL22スクムウィット駅2番出口から徒歩3分

日 PHOTO 英

バーン・アイス　Baan Ice

トンロー、エカマイ周辺
MAP P.89-E3

強烈に辛いタイ南部料理に挑戦

バンコクで人気のタイ南部料理レストラン。ぜひ試したいのは写真中央の「お爺ちゃんの混ぜご飯（カオ・ヤム・クン・プー）」180B。ご飯の上にほぐしたザボン、モヤシ、みじん切りのレモングラス、キュウリ、チリパウダーなどをのせ、特製ソースと混ぜて食べる。辛い料理が多いので注意。

住 115 Soi 55, Sukhumvit Rd.
TEL 0-2381-6441
URL www.baanice.com
営 11:00～22:30
休 なし
CC A J M V
行き方 BTSスクムウィットラインのE6トンロー駅3番出口から徒歩8分

日 PHOTO 英

キャベジズ&コンドームス　Cabbages & Condoms

アソーク駅周辺
MAP P.92-B3

元副首相がオーナーの正統派タイ料理店

タイでエイズ騒動が発生する以前からコンドーム使用キャンペーンを進めていた元副首相がオーナーの店。インテリアはキワモノっぽいが、料理はおいしい。トムヤム・クンやトムヤム・タレーは250B、ヤム（タイ風サラダ）類は150B～、メインの料理も200～300B程度。ビール大瓶150Bは良心的。

住 10 Soi 12, Sukhumvit Rd.
TEL 0-2229-4610
URL cabbagesandcondomsbkk.com
営 11:00～22:00　休 なし
CC A D J M V
行き方 BTSスクムウィットラインのE4アソーク駅2番出口から徒歩5分

日 PHOTO 英

ピー・オー　Pe Aor

サヤーム・スクエア周辺
MAP P.90-A1

エビ入りトムヤム麺が人気

地味な住宅街の中にありながら、外国人旅行者の来訪が途切れないトムヤム・ヌードルの人気店。毎日大量に仕入れるエビを贅沢に使ったトムヤムスープは濃厚な味わい。大きなエビが2匹入ったトムヤム・ナムコン・クン・メーナームは100B。麺はバミーやクァイティアオなど好みのものを選べる。

住 8/51 Soi 5, Petchburi Rd.
TEL 0-2612-9013
FB peaortomyumkung
営 火～日10:00～20:00
休 月
CC なし
行き方 BTSスクムウィットラインのN1ラーチャテーウィー駅3番出口から徒歩5分

日 PHOTO 英

ハイ・ソムタム・コーンウェーント　Hai Somtam Convent

シーロム通り周辺
MAP P.263-C3

都心にあるリーズナブルなイーサーン（東北部）料理店

オフィス街の真っただ中にあるイーサーン料理店。ここのソムタムは辛さと酸っぱさが際立った本格的な味で人気。2階と3階はエアコン席。ソムタム・タイ60B、塩卵入りのソムタム・カイケム75B、カニが入ったソムタム・プー75B、豚ののど肉を焼いたコー・ムー・ヤーン120Bなど。

住 2/4-5 Convent Rd.
TEL 0-2631-0216
営 月～金11:00～21:00　土11:00～20:00
休 日
CC なし
行き方 BTSシーロムラインのS2サーラーデーン駅2番出口から徒歩2分

日 PHOTO 英

バンコク プチ情報　一時期ビア・シンが大瓶を廃止し、少し小さな500mℓ入りの瓶を販売していた。多くのレストランではメニューの変更が面倒なのか、それまでの大瓶と同じ値段でこれを出していたので不評だった。

ティップサマイ Thipsamai

王宮周辺
MAP P.79-D4

パッ・タイ発祥の店

今ではどこでも食べられるパッ・タイの発祥の店とされ、すでにこの地で3代続く名店で、開店と同時に満席になる人気店。パッ・タイ90B、エビやカニどっさりの豪華版パッ・タイ・ソーン・クルアン500B。つぶたっぷりのオリジナルオレンジジュースは時価ながらぜひ味わいたい逸品。

住 313-315 Mahachai Rd.
TEL 0-2226-6666
URL www.thipsamai.com
営 17:00〜翌1:00
休 月2回水曜
CC なし
行き方 セーンセープ運河ボートのパーンファー・リーラート船着場から徒歩3分

サバイチャイ Sabaijai

トンロー、エカマイ周辺
MAP P.89-F3

スクムウィット通りでカイ・ヤーンといえば

カイ・ヤーン（Kai Yang 1羽200B、半羽100B）が人気の、イーサーン（東北地方）料理レストラン。各種ハーブとタイ風醤油、牛乳などを使った秘伝のたれにつけてからこんがりと焼き上げる絶品カイ・ヤーンをぜひ試してみよう。奥にエアコン付きの席がある。

住 87 Ekkamai Soi 3, Sukhumvit Rd.　TEL 0-2714-2622
FAX 0-2066-6372
URL www.sa-bai-jai.com
営 10:30〜22:30（LO22:15）
休 なし　CC JMV
行き方 BTSスクムウィットラインのE7エカマイ駅1番出口から徒歩13分

ノームチット・カイヤーン Nomjitte Kaiyan

トンロー、エカマイ周辺
MAP P.89-F2

実力派カイ・ヤーンの店

ソイ・エカマイにある、サバイチャイと並ぶもう1軒の人気カイ・ヤーン店。飾り気のない店内で、イーサーン料理を楽しもう。カイ・ヤーンは普通の鶏と地鶏（カイ・バーン）が選べてフル185B、ハーフ95B。モモ焼きは85B。噛み応えのあるコー・ムー・ヤーン110B。2階席はエアコンが効いている。

住 332,334 Soi 63(Ekkamai), Sukhumvit Rd.
TEL 0-2392-8000
FB nomjitte
営 9:00〜21:00　休 なし
CC なし
行き方 BTSスクムウィットラインのE7エカマイ駅1番出口から徒歩20分

ソムタム・ダー Somtum Der

シーロム通り周辺
MAP P.86-C3〜C4

モダンな店内でおしゃれにソムタムを

カフェ風の店内でソムタムなどタイの東北地方料理が食べられる、おしゃれなレストラン。本場の調味料や香辛料を使った手加減なしの味。辛さ控えめで注文しても、ソムタムを作る鉢の中にトウガラシが残っているので、どうしても多少は辛くなってしまうとのこと。ソムタム各種80B〜。

住 5/5 Soi Saladaeng, Silom Rd.
TEL 0-2632-4499
URL www.somtumder.com
営 11:00〜14:30、16:30〜22:30（LO 22:00）　休 なし
CC JMV
行き方 BTSシーロムラインのS2サーラーデーン駅4番出口から徒歩2分

スダー Suda

アソーク駅周辺
MAP P.92-B3

アソーク周辺の便利な大衆食堂

スクムウィット通りから路地を少し入った所にある大衆食堂。手頃な店が少ないこのエリアで、1品50B程度から食べられるのは貴重。ふたりでおかず3品にご飯ふた皿、ビールも飲んで500B程度。昼は近所の勤め人、夜は外国人旅行者でいつもいっぱい。オープンエアの活気を楽しもう。

住 6-6/1 Soi 14, Sukhumvit Rd.
TEL 0-2229-4664
営 月〜土11:00〜23:00
休 日　CC なし
行き方 BTSスクムウィットラインのE4アソーク駅4番出口から徒歩すぐ

Gourmet

シーフードレストラン

タイならではの贅沢！

毎日タイ湾から水揚げされる魚介類は値段も安く、新鮮で種類も豊富だ。バーベキューや鍋蒸しなどの調理法に、タイのスパイスを利かせたたれで豪快に食べるのが最高。レストランのほかにも、チャイナタウンのソイ・パドゥンダーオ周辺では夜になると路上にシーフードの屋台が向かい合わせに2軒出て、毎晩多くの人が集まる。

サボイ・シーフード・コー

Seafood Restaurant

サボイ・シーフード・コー
Savoey Seafood CO.

1972年創業、厳選素材を最適な調理法で提供

プリプリのロブスターやほろほろの白身魚など、これぞシーフード、という味と食感が楽しめる。プーケット産の最高級ロブスター（400B/100g）やカナダ産のロブスター（270B/100g）はカレー炒めやバター焼き、ミルク蒸しなどが選べる。プーケットロブスターの刺身を注文すると、頭の部分で作ってもらえるお粥も絶品。

プロムポン駅周辺 MAP **P.88-C5**

住 120/4 Soi 26, Sukhumvit Rd. TEL 0-2020-7462 URL www.savoey.co.th 営 11:00～22:00 休 なし CC J M V 行き方 MRTブルーラインのBL23クイーン・シリキット・センター駅1番出口から徒歩15分 ターミナル21（→P.225）などに支店あり。 B B B 日 PHOTO 英

ティー&ケー・シーフード
T&K Sea Food

歩道を埋めるテーブルが圧巻

ヤオワラート通りとソイ・パドゥンダーオの角にある屋台風シーフード店。歩道上に並べられたテーブルは毎晩地元の人や旅行者で埋まる。クン・オプ・ウンセン（エビとハルサメの土鍋蒸し）、プー・パッ・ポン・カリー（カニのカレーソース炒め）、プラー・カポン・ヌン・マナーオ（魚のマナオソース煮込み）などが人気で、ひと皿300B程度。

チャイナタウン周辺 MAP **P.85-E1 ～ E2**

住 49-51 Soi Padung Dao, Yaowarat Rd. TEL 0-2223-4519 FB TK-Seafood 営 16:00～翌2:00（月曜は屋外テーブル席は出ない） 休 なし CC なし 行き方 MRTブルーラインのBL29ワット・マンコーン駅1番出口から徒歩4分 B B B 日 PHOTO 英

バンコク・シーフード
Bangkok Seafood

都心の大型シーフード屋台

スクムウィット通り沿い、大きな屋根の下の体育館のような空間にあるシーフードの屋台。歩道に面したグリルからもうもうと上がるバーベキューの香りが食欲をそそる。エビは500gで1000B。生ガキ1個80B。塩をまぶした魚のグリルはティラピアが180Bと手頃なお値段。

ナーナー駅周辺 MAP **P.91-F4**

住 27/1 Sukhumvit Rd. TEL 09-2295-6169 営 16:00～翌2:00 休 なし CC なし 行き方 BTSスクムウィットラインのE2プルンチット駅3番出口から徒歩3分 B B B 日 PHOTO 英

ソンブーン 建興酒店
SOMBOON SEAFOOD

1960年創業のプー・パッ・ポン・カリーの元祖

シーフードを店先で豪快な網焼きバーベキューにしていて、たまらなく食欲をそそる。名物料理はプー・パッ・ポン・カリー（100g 230B～）。具のカニだけでなくソースも抜群のおいしさ。本店以外にMRTファイクワーン駅前（MAP P.77-E1）、セントラルワールド（→P.228）などにもファミリーレストラン風の支店あり。

サヤーム・スクエア周辺 MAP **P.80-A5**

住 895/6-21 Soi Chula 8, Ban That Thong Rd. TEL 0-2216-4203 FAX 0-2216-7999 URL www.somboonseafood.com 営 16:00～23:00（LO 22:45） 休 なし CC なし 行き方 BTSシーロムラインのW1ナショナル・スタジアム駅2番出口から徒歩12分 スリウォン支店（MAP P.86-B3）は、あまりおすすめできない。 B B B 日 PHOTO 英

バンコクプチ情報 タクシーやトゥクトゥクで「ソンブーン」と告げると、かなりの確率でまったく別の店や郊外のあやしい店に連れていかれる。そのような店には決して入らず、すぐに別の車をひろって引き返すこと。

タイスキレストラン

大勢でわいわい食べたい

タイ人も大好きなタイスキ。要するにこれはしゃぶしゃぶだと思えばいい。注文はメニューを見て食べたい具を選ぶ方式で、野菜類ならひと皿40B程度～、肉団子などは90B程度。ひとり300Bもあれば満腹間違いなし。好きな具を自由に入れて、たれにつけて食べよう。ほとんどの店のメニューは中国語(漢字)併記なので日本人にはわかりやすい。

エム・ケー・ゴールド

エム・ケー・ゴールド
MK Gold

タイでポピュラーなタイスキチェーンの豪華版

タイで人気のタイスキチェーン店エム・ケーの、一般店よりも内装やメニューのグレードが高いエム・ケー・ゴールド。野菜類やつみれ類などのほか、牛肉スライスセット510Bなどでタイスキをよりゴージャスに楽しめる。注文はタブレットを通すので会計の間違いも少ない。

トンロー、エカマイ周辺 MAP P.89-E5 ～ F5
住 5/3 Soi 63 (Soi Ekkamai), Sukhumvit Rd.
TEL 0-2382-2367 URL www.mkrestaurant.com
営 10:00～22:30 休 なし CC A J M V
行き方 BTSスクムウィットラインのE7エカマイ駅1番出口から徒歩3分

コカ(コーカー)
COCA

1957年創業の有名店

日本人の間でも知名度の高いタイスキのチェーン店。野菜は38Bから、肉や魚は68Bくらいからあり、オージービーフしゃぶしゃぶセットは988B。シーフードも充実している。支払い時は明細をしっかりチェックしよう。

プロムポン駅周辺 MAP P.93-E4
住 1/1-5 Soi 39, Sukhumvit Rd. TEL 0-2259-8188
FB COCA Restaurant 営 11:00～22:00
休 なし CC J M V
行き方 BTSスクムウィットラインのE5プロムポン駅3番出口から徒歩すぐ

テキサス
TEXAS

庶民的な料金で人気

中国語名は「南星」。赤と黄と金色の中国風な内装が目印のタイスキ店で、秘伝のたれが根強い人気を呼んでいる。店内は明るく清潔。メニューは写真入りでわかりやすい。肉類44B～、野菜類22B～と手頃。カキ、魚、カニなどもある。

チャイナタウン周辺 MAP P.85-E1
住 Soi Padung Dao, Yaowarat Rd.
TEL 0-2223-9807 FB TexasSuki
営 10:00～23:00 休 なし CC A D J M V
行き方 MRTブルーラインのBL29ワット・マンコーン駅1番出口から徒歩2分

タイスキのカトラリーはこう使う

一般的なタイスキ店のテーブルはこのようにセッティングされている。それぞれの使い方をチェック！

❶網杓子：豆腐など箸でつかみにくい食材をすくったり、人に取られたくない具を入れて煮る
❷ナムチム(つけだれ)：適宜お碗に入れスープで好みの濃さに溶く。足りなくなったら追加してもらう(無料)
❸お碗とレンゲ：ここに具を取ってから食べる
❹杓子：スープをすくう
❺薬味：マナーオ(タイのライム)、ニンニク、トウガラシは無料でもらえるので、ナムチムの味を調えるのに使う
❻箸：レンゲと箸、どちらを使うのかはお好みで

Gourmet

名物食堂巡り

ストリートフードの神髄がここに

バンコクの食でハズせないのが屋台での食事。繁華街や市場など人出の多い場所には必ず食べ物の屋台があるので、気軽に体験してみよう。たいていの屋台は麺なら麺、ご飯ものならご飯ものの単品営業で、店先に並べられている食材を見れば何が食べられるのかわかるので便利。言葉が通じなくても、指さすだけで注文できる。

プラチャック

プラチャック Prachak

創業100年を超える老舗

ローストダックの名店。ダックは八角などの中国風香辛料にレモングラスも加えた秘伝のたれを塗って丸のままローストし、注文が入るごとに切り分ける。パリパリに焼けた香ばしい皮と歯応えのある胸肉の対比がたまらない。胸肉の切り身をのせたご飯のカオ・ナー・ペットは50Bで、ピリ辛と甘め2種類のたれが付く。汁なし中華麺にローストダックをのせたバミー・ペット・ヘーンは50B。

チャルーン・クルン通り周辺 MAP P.85-F5

住 1415 Charoen Krung Rd. TEL 0-2234-3755
営 8:30～20:30 休 なし CC なし
行き方 BTSシーロムラインのS6サパーン・タークシン駅3番出口から徒歩3分

ラーン・ルア・トーン Raan Rua Thong

いろいろ食べたいタイのわんこそば

小ぶりのどんぶりが特徴で、いろいろな味を何杯も食べるのが楽しい。1杯16B～。麺はバミー(中華麺)、3種のクァイティアオ(極細、中、太の米麺)、ウンセン(ハルサメ)の計5種類。スープもクリアなナムサイ、酸っぱ辛いトムヤム、豚や牛の血が入った滋養のあるナムトック、酸っぱいイエンターフォーから選べる。

パホンヨーティン通り周辺 MAP P.81-D2

住 2/14 Phahonyothin Rd. TEL なし
営 日～金8:00～21:00 休 土(並びには無休の店もある) CC なし 行き方 BTSスクムウィットラインのN3ヴィクトリー・モニュメント駅連絡歩道橋から徒歩5分

バミー・チャップカン Bamee Capkan

驚異の大盛り麺はその名も「労働者のバミー」

量が普通の店の倍はあろうかという麺の上にはどっさりの豚肉。汁そば(バミー・ナーム)にすると麺がのびて食べきれないので、ほとんどの人はあえそば(バミー・ヘーン)を注文するとか。1日に1000杯、持ち帰りも2000食、500kgの麺が客の胃袋におさまる。1杯50B、大盛り60B。大盛りは肉の量が増える。店名のチャップカンは、漢字で書くと「雑工」で、まさに労働者のバミー。

チャイナタウン周辺 MAP P.85-E1

住 Soi 23, Charoen Krung Rd. TEL なし
営 9:00～19:00 休 月2回不定 CC なし
行き方 MRTブルーラインのBL29ワット・マンコーン駅3番出口から徒歩すぐ

アイ・ラブ・ボート・ヌードル I Love Boat Noodles

ボートヌードルの人気店

運河が交通の主流だった時代に、船の上で売られていた麺を再現したとされるボートヌードル(クァイティアオ・ルア)。その人気店の1軒がここ。6種類の麺、ポークかビーフ、3段階の辛さ、サイズを選んで注文。スープは甘みの感じられるクリアなナムサイと、しっかりと辛いナムトックの2種類。小35B、大スープなし60B、スープあり70B。タイ語の注文表に記入する方式なので、店の人に助けてもらおう。

プロムポン駅周辺 MAP P.93-E5

住 700 Sukhumvit Rd. TEL 08-9495-4599
IG iloveboatnoodles 営 9:30～17:00 休 なし
CC なし 行き方 BTSスクムウィットラインのE5プロムポン駅4番出口から徒歩2分

Gourmet

フードコート

モダンで清潔な食堂街

屋台街をビルの中に移したのがフードコート。並ぶ店は屋台同様麺なら麺、ご飯ものならご飯ものなど専門店が多く、たいてい指さすだけで注文できる気軽さがいい。窓口でクーポン（金券）やチャージ式のカードなどを購入し、支払いはそれを使う。残額が出ても当日中なら払い戻し可能なので、最初に多めに買っておこう。カトラリー類は各店か、フードコート内数ヵ所に用意されている。

エンポリアム・フード・ホール

フード・レジェンズ
Food Legends

バンコク最大規模のフードコート

常に買い物客や散歩する人でごった返すMBKセンター（→P.225）6階にあるフードコートは、店の数も40軒以上と驚きの巨大さ。場所柄外国人旅行者の姿もよく見られる。ご飯ものや麺類は50B程度から食べられる。インド料理や洋食も並ぶ。店内数ヵ所にあるブースで最初に希望の金額をチャージしたカードを受け取り、それで支払う。

サヤーム・スクエア周辺 MAP **P.90-A4**

住 6th Fl., MBK Center, 444 Phaya Thai Rd. TEL 0-2620-9000（代表） 営 10:00～21:00 休 なし CC なし ラビット・カード（→P.103）利用可 行き方 BTSシーロムラインのW1ナショナル・スタジアム駅連絡通路から徒歩すぐ

エンポリアム・フード・ホール
Emporium Food Hall

日本食もある高級路線

在住日本人の利用も多いショッピングモールのエンポリアム（→P.228）にあるフードコート。タイ料理だけでなくインド料理、日本料理もある。麺やご飯ものなどタイを代表する屋台料理が100B程度で食べられる。麺の専門店「Lor」の、大きな川エビが入ったトムヤム・ヌードル300Bが人気。客席は余裕のある配置になっており、ひとり用の席が多いのも個人旅行者にはありがたい。

プロムポン駅周辺 MAP **P.93-D4～E5**

住 6th Fl., Emporium, 622 Sukhumvit Rd. TEL 0-2664-8000 営 10:00～22:00 休 なし CC JMV ラビット・カード（→P.103）利用可 行き方 BTSスクムウィットラインのE5プロムポン駅連絡通路から徒歩すぐ

パラゴン・フード・ホール
Paragon Food Hall

買い物ついでに寄れる

巨大なショッピングビル、サヤーム・パラゴン（→P.227）の1階にある。吹き抜け天井になっており開放感満点。店は25軒ほどあり、バンコクの有名店の支店もある。まずカウンターで任意の金額を支払うとデータが入力されたカードを渡されるので、各店ではそれで支払う。カードをカウンターで提示すると残額が払い戻される。

サヤーム・スクエア周辺 MAP **P.90-B3～B4**

住 1st Fl., Siam Paragon, 991 Rama 1 Rd. TEL 0-2610-8000（代表） 営 10:00～22:00 休 なし CC ADJMV ラビット・カード（→P.103）利用可 行き方 BTSシーロムライン、スクムウィットラインのCENサヤーム駅連絡通路から徒歩すぐ

そのほかのおもなフードコート

ザ・クック the COOK

アマリン・プラザ4階（MAP P.91-D4）にあり、ビルは改装中だが中で営業中。店は50軒ほど。

フード・センター Food Center

プラティナム・ファッションモールの5階（MAP P.90-C2）。プリペイド式カードは30日有効。店も約40軒と比較的大規模。

精算用カードを使うところも

5、10、30Bのクーポン

グルメガイド　名物食堂巡り／フードコート

バンコクプチ情報 BTS（スカイトレイン）で使えるラビット・カード（→P.103）で支払えるフードコートが増加中。カードやクーポンの購入、精算で並ぶ必要がなく便利。

Gourmet

カオ・マン・カイの名店はココだ！

タイ人にも人気のカオ・マン・カイ。なかでもイチオシの店をご紹介！

注文も簡単で気軽に食べられる

一度は食べたいタイ名物

ทาน ข้าวมันไก่

ぶら下がったチキンがカオ・マン・カイ店の目印

カオ・マン・カイの注文法

① **茹でトリか揚げトリを選ぶ** 合盛りも可

② **量を選ぶ** 何も言わなければ普通盛り。

③ **待つ** あっという間にテーブルに運ばれてくる。

注文のタイ語

基本

カオ・マン・カイ ข้าวมันไก่（またはカオ・マン・カイ・トム ข้าวมันไก่ต้ม、カオ・マン・カイ・トーン ข้าวมันไก่ตอน）

フライドチキン使用 ข้าวมันไก่ทอด（カオ・マン・カイ・トート）

合盛り ข้าวมันไก่ผสม（カオ・マン・カイ・パソム）

ご飯 ข้าวมัน（カオ・マン。トリの茹で汁で炊いたもの）

白飯 ข้าวสวย（カオ・スアイ、またはカオ・プラオ ข้าวเปล่า）

量の変更

普通 ธรรมดา（タマダー） **大盛り** พิเศษ（ピセー）

付け合せ

キュウリ แตงกวา（テーンクワー） **血豆腐** เลือดไก่（ルアットカイ）

カスタマイズ（部位の指定など）

皮なしはどこでも応じてもらえる。部位の指定は店による。

皮なし ไม่เอาหนัง（マイアオナン←皮はいりません）

モモ น่อง（ノーン） **ムネ** อก（オク） **手羽先** ปีก（ピック）

クワンヘーン・プラトゥーナーム・チキンライス
Kuang Heng Pratunam Chicken Rice

創業90年以上の老舗は緑が目印

1932年創業と、並み居るカオ・マン・カイ店の中でも随一の歴史がある。従業員の制服や食器に使われる店のシンボルカラーから「緑のカオ・マン・カイ」としても有名。しっとりしながら歯応えもあるチキンの切り身が、ふんわりと炊かれたご飯によく合う。やや辛めのナムチム（タレ）も食欲をそそる。並びに3軒ある。

右／カオ・マン・カイ・トム（いわゆるカオ・マン・カイ） 50B 左上／カオ・マン・カイ・トートもおすすめです！ 左下／プラトゥーナーム交差点に最も近い店舗

お持ち帰り用のナムチム80B

メニュー

カオ・マン・カイ・トム	50B
カオ・マン・カイ・トート	50B
カオ・マン・カイ・パソム	50B

プラトゥーナーム周辺 MAP P.91-D2

住 930 Phetchburi Rd. TEL 0-2251-8768 FB kuangheng1932 営 6:00〜24:00 休 なし CC なし 行き方 BTSスクムウィットラインのE1チットロム駅9番出口から徒歩11分

B B B 日 PHOTO 英 ●

フン
Hoong

驚きの進化系カオ・マン・カイ

低温調理したチキンの厚切りにご飯を添え、皿にスープを注いで食べる、新感覚のカオ・マン・カイ。チキンは程よい歯応えで、見た目の印象よりも食べやすい。2種類のナムチム（タオチオベースのものと、ニンニクやネギを刻んで油であえたもの）が添えられて"味変"も楽しめる。カオ・マン・カイの概念が変わる一品。

左／なんとなく和を感じさせる店構え 右／カオ・マン・カイ 159B

合盛りのパソム（左）はナムチムがシーフード（海鮮を食べる際の辛いタレ）、アーチャー（キュウリやタマネギを刻んだインド料理のアチャール）、スイートチリの3種類になる

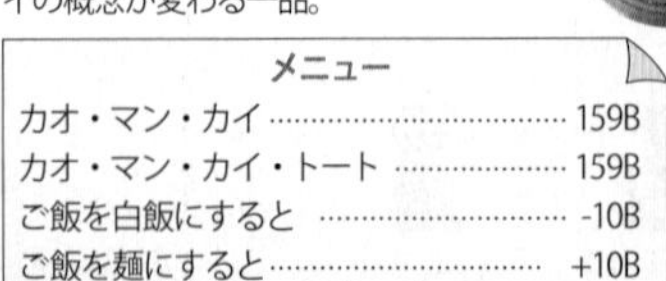

メニュー

カオ・マン・カイ	159B
カオ・マン・カイ・トート	159B
ご飯を白飯にすると	-10B
ご飯を麺にすると	+10B

シーロム通り周辺 MAP P.86-C4

住 Sathorn Corner, 46 Soi Phiphat 2, Silom Rd. TEL 06-5590-4162 IG hoongriceshop 営 9:30〜20:00 休 なし CC MV 行き方 BTSシーロムラインのS3チョンノンシー駅2番出口から徒歩4分

B B B 日 PHOTO 英 ●

 日 日本語メニュー PHOTO 写真入りメニュー 英 英語メニュー ● 日本語スタッフ

ジュブジュブ・カオマンガイ
Jub Jub Khaomankai

4種の味が楽しめる

茹でチキンと揚げチキンに加え、テリヤキ、カイ・セープ(タイ東北部風クリスピー&スパイシーなピリ辛)の4種の味が一度に楽しめる、4種盛りを試してみたい。スープにニガウリだけでなくとうもろこしが入っているのも意外性があっておもしろい。2018年に開業したおしゃれな屋外フードコートのA-ONE Ariにある。

左上/店名は店主の「ジュブ」さんから。ジュブはタイ語でキスの擬音。なので店名をあえて訳すなら「チュッチュ」 左下/1種類でも品切れになると4種盛りは食べられないので行くなら早めに 上/カオ・マン・カイ4種盛り 100B

メニュー	
カオ・マン・カイ4種盛り	100B
カオ・マン・カイ(4種から選ぶひとつ)	50B
カオ・マン・カイ2種盛り	60B
カオ・マン・カイ3種盛り	70B

アーリー駅周辺 MAP **P.77-D1**

住 A-ONE Ari, Soi Ari 1, Phahonyothin Rd. TEL 08-6608-6302 営 月〜土 6:00〜14:00 休 日 CC なし 行き方 BTSスクムウィットラインのN5アーリー駅3番出口から徒歩3分(駅前の屋台街になったビル敷地経由 B B B 日 PHOTO 英

ヘンヘン・チキンライス
Heng Heng Chicken Rice

屋台で食べるならココ

BTSプロムポン駅の真下、エンポリアムすぐ近くの人通りが多い歩道に出る屋台店。2006年からこの場所で営業しており、二十数席のテーブルが開店と同時に満席になるほど。ツヤツヤのチキンはふんわりした歯応えで食べやすく、すいすいとおなかに収まる。スープにはトウガンと鶏ガラ、運がいいとトウモロコシも入る。

左上/人通りの多い歩道の脇で食べるカオ・マン・カイは旅の気分を盛り上げる 左下/家族経営の屋台。頼もしい二代目 右/カオ・マン・カイ・トーン(いわゆるカオ・マン・カイ) 50B。スープは具だくさん

メニュー	
カオ・マン・カイ・トーン	50B
カオ・マン・カイ・トート	50B
カオ・マン・カイ・パソム	60B

プロムポン駅周辺 MAP **P.93-E4**

住 622 Sukhumvit Rd. TEL 09-6245-2224 営 月〜土 16:00〜21:00 休 日 CC なし 行き方 BTSスクムウィットラインのE5プロムポン駅4番出口から徒歩すぐ B B B 日 PHOTO 英

コーアーン・カオマンカイ・プラトゥーナーム
Go-Ang Kaomunkai Pratunam

常に行列の人気店

従業員のユニフォームから「ピンクのカオ・マン・カイ」として、おそらくバンコクで最も知名度の高いカオ・マン・カイ店。1960年の創業時、初代が屋台を引きながら営業していたという。ナムチムがおいしいと評判。プラトゥーナーム交差点近くにエアコンの効いた支店あり(MAP P.91-D2。ただしそちらはひと皿65B)。

左上/ピンクのシャツを着た従業員 左下/手際よく作られるので注文すればすぐ完成 右/カオ・マン・カイ 50B

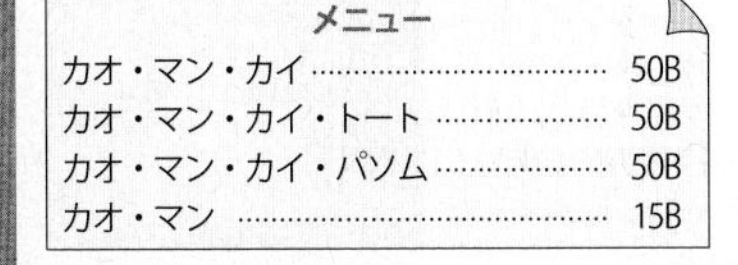

メニュー	
カオ・マン・カイ	50B
カオ・マン・カイ・トート	50B
カオ・マン・カイ・パソム	50B
カオ・マン	15B

プラトゥーナーム周辺 MAP **P.91-D2 〜 D3**

住 958/6 Phetchburi Rd. TEL 08-1778-7255 FB Go-Ang Pratunam Chicken Rice 営 6:00〜22:30 休 なし CC なし 行き方 BTSスクムウィットラインのE1チットロム駅9番出口から徒歩12分 B B B 日 PHOTO 英

中国料理レストラン

Gourmet

バンコクは華人の人口が多く、バンコク全体が希薄なチャイナタウンのようでもあるため、中国料理もおいしい。バンコクの華人は潮州出身者やその子孫が多く、それを反映してかもともとは潮州料理が多かった。しかし最近のトレンドは潮州料理に近い広東料理で、薄味で日本人にも親しみやすい。そして広東料理といえば飲茶。ランチタイムの飲茶は狙い目だ。

和成豊（フアセンホン） Hua Seng Hong

チャイナタウン周辺
MAP P.85-E1

チャイナタウンの人気店

知る人ぞ知るヤオワラートの名店。潮洲系華人のご主人がこの地に店を開いたのは1980年頃。味にうるさい華人の町でずっと人気を保ち続けてきた実力派だ。店頭にあるオープンキッチンで次々とフカヒレスープが仕上げられ、活気にあふれている。フカヒレ（値段はサイズで決まり、最低600B程度〜）もリーズナブルな値段で楽しめる。シーフードやそのほかの料理も一級品。カオ・パット・プー（カニ入りチャーハン）250B〜はカニ肉の量にびっくり。点心は1セイロ60B〜で種類も多く、遅くなると売り切れも出るほどの人気ぶり。間口は狭いが店内は奥行きがありけっこう広い。店先に何枚もぶら下げられた巨大な乾燥フカヒレが目印だ。最近ではバンコク市内に次々と支店を出しており、ここが本店。

住 371-373 Yaowarat Rd.
TEL 0-2222-7053
URL www.huasenghong.co.th
営 10:00〜23:00
休 なし
CC なし
行き方 MRTブルーラインのBL29ワット・マンコーン駅1番出口から徒歩3分

B B B　日 PHOTO 英

シャン・パレス Shang Palace

チャルーン・クルン通り周辺
MAP P.85-E5 〜 F5

バンコク随一の本格広東料理レストラン

シャングリラ・ホテル（→P.273）内、シャングリラ・ウイングの3階にある、広東料理のレストラン。シャンデリアが煌めく豪華な店内で、本場香港さながらの中国料理や飲茶が楽しめる。中国人のエグゼクティブ・シェフをはじめ点心のシェフや焼き物（北京ダックなど）のシェフもすべて中国人。北京ダックは2888B、揚州炒飯（五目炒飯）428B、点心の盛り合わせ410Bと、高級ホテル内のレストランにしてはリーズナブル。点心のアラカルトは昼のみで、水晶蝦餃皇（エビ蒸し餃子）120B、帯子焼売（ホタテの焼売）150B、叉焼皇腸粉（米粉で作ったシートに叉焼を包んで蒸したもの）90Bなど点心27種類のほかツバメの巣のスープ320B、お粥2種類が用意されている。烏龍茶（Oolong Tea）や菊花茶（White Chrysanthemum Tea）がポットで90B、普洱茶（Puer Tea）300B。月〜金曜の点心食べ放題ランチ1088Bはおトク。

住 The Shangri-La Hotel, 89 Soi Wat Suan Plu, Charoen Krung Rd.
TEL 0-2236-7777
FAX 0-2236-8579
営 11:30〜14:30（日は11:00〜15:00）、18:00〜22:30
休 なし　CC A D J M V
行き方 BTSシーロムラインのS6サパーン・タークシン駅3番出口から徒歩すぐ

B B B　日 PHOTO 英

バンコクプチ情報　バンコクの下町ではディムサム（点心）食堂をよく見かける。いわゆる飲茶とは雰囲気が異なり、セイロの中にアルミの小皿を敷いて料理を蒸す。カラフルな野菜の小皿などもある。

チェン・ディムサム Chen Dimsum

チャイナタウン周辺
MAP P.85-E1

ヤオワラートの庶民派レストラン

80年以上の歴史がある点心の老舗。20種類ある焼売や餃子は40B～。Shrimp shumai（エビ焼売）40Bは、プリプリの歯応えがたまらない。カニのほぐし身がのったCrab shumai 40Bも豪華。Shrimp rice flour rolls（エビ腸粉）はたれと刻みショウガがアクセント。麺類やご飯ものもある。

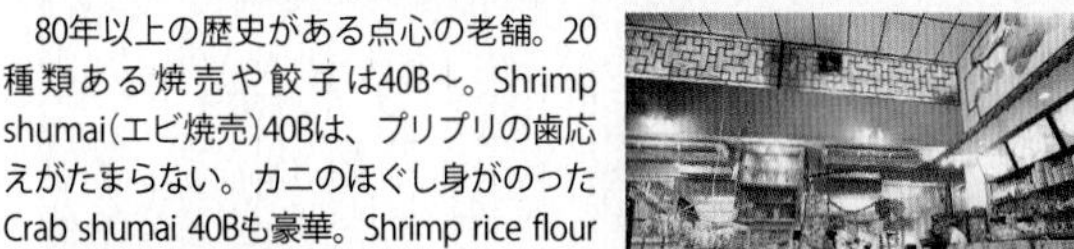

住 119-121 Issaranuphap Rd.
TEL 0-2222-6477
URL www.chendimsum.com
営 7:00～16:00
休 なし
CC なし
行き方 MRTブルーラインのBL29ワット・マンコーン駅2番出口から徒歩3分

永和豆漿（ヨンフー） Yong He Dou Jiang

シーロム通り周辺
MAP P.86-B4

古くから小籠包が人気

1999年にバンコクでオープンし、2006年に現在地に移転した老舗。搾菜肉絲麺（ザーサイラーメン）155Bや排骨麺（パイコーメン）185Bなどの麺類のほか、小籠包はひとつの蒸籠に1枚ずつ四角くカットされたキャベツの上に大ぶりの包子が8個入って235B。それだけでおなかいっぱい。

住 68 Naratiwat Rachanakarin Rd.
TEL 0-2653-0003
営 11:00～22:00
休 なし
CC M V
行き方 BTSシーロムラインのS3チョンノンシー駅3番出口から徒歩すぐ

柳（リウ） Liu

プルンチット駅周辺
MAP P.91-E5

本格広東料理が堪能できる高級店

コンラッド・バンコク（→P.271）にあり、香港出身のシェフが作る本格的な広東料理が楽しめる。点心専門のシェフもおり、飲茶ランチビュッフェは注文式ディムサム食べ放題と前菜、肉料理、魚料理、ご飯ものか麺、デザート付きで平日950B、週末と祝日は1180Bで内容も少し豪華になる。

住 Level 3, Conrad Bangkok, All Seasons Place, 87 Witthayu Rd.
TEL 0-2690-9999（ホテル代表）
URL www.hilton.com/en/hotels/bkkcici-conrad-bangkok/dining/
営 11:30～14:30、18:00～22:00
休 なし　CC A D J M V
行き方 BTSスクムウィットラインのE2プルンチット駅6番出口から徒歩8分

香港麺 Hong Kong Noodle

チャイナタウン周辺
MAP P.85-E1

その名のとおり香港風麺の店

細い通りの両側に中国食材を扱う店がぎっしり並んだ路地にあり、香港風に細くて歯応えのあるバミーが食べられる。バミー・ムーデーン（チャーシュー麺）50B。バミー・キヤオ・ルワムミット（全部入り）175B。点心類はカノムチープ・クン（エビ焼売）35Bやハカオ（エビ蒸し餃子）50B。

住 136/4 Soi 16, Charoen Krung Rd.
TEL 0-2623-1992
営 7:00～17:30
休 なし
CC なし
行き方 MRTブルーラインのBL29ワット・マンコーン駅2番出口から徒歩2分

堂記酒楼（トンキー） Thong Kee Restaurant

アソーク駅周辺
MAP P.92-B3

ひとりで気軽に食べたいなら

先々代が始めたヤオワラートの屋台時代から、150年近い歴史のある庶民派広東料理レストラン。自家製のローストダックを使った麺類やご飯ものが、麺類なら70～150B程度。価格は良心的ながら味もサービスもいい。パット・カプラオ（ガパオライス）105B、北京ダック450Bも人気。

住 308-312 Sukhumvit Rd.
TEL 0-2229-4419
FB thongkeerestaurant
営 9:00～22:00
休 なし
CC M V
行き方 BTSスクムウィットラインのE4アソーク駅2番出口から徒歩すぐ

日本料理レストラン

Gourmet

毎年100万人以上の日本人が訪れ、在住日本人は7万人以上ともいわれている都市バンコク。タイで日本料理がブームということもあり、日本料理店も年を追うごとに増加中。高級ホテル内にある高級料亭からタイ人客を対象にしたタイ人経営の店まで含めると、日本料理店はもはやカウント不可能。日本から空輸した材料で日本人板前が調理する本格派から、不思議な日本風料理までいろいろ揃う。

きさら KiSara

プルンチット駅周辺
MAP P.91-E5

日本産和牛も食べられる高級店

寿司カウンターと鉄板焼カウンター、落ち着いたテーブル席があり、日本人シェフが腕を振るう。ランチタイムの刺身御膳は、7種類の刺身に茶碗蒸し、サラダなどがついて1280B。鉄板焼御膳は日本産和牛A4テンダーロイン150gに小鉢や茶碗蒸し、ガーリックライス、味噌汁などがついて2800B。

住 3rd Fl., Conrad Bangkok, All Seasons Place, 87 Witthayu Rd.
TEL 0-2690-9417
FAX 0-2690-9200
営 11:30〜14:30、18:00〜22:30 休 なし CC ADJMV
行き方 BTSスクムウィットラインのE2プルンチット駅6番出口から徒歩8分

BBB 日 PHOTO 英 ●

吉左右 KISSO

アソーク駅周辺
MAP P.92-B2

日本の四季折々の食材が楽しめる

関西出身のシェフによる上品な薄口の味わいが、在住日本人の間でも人気を呼んでいる。2ヵ月ごとに変わる季節の食材や、シェフの手による自家製お新香など、行き届いた心遣い。ランチの松花堂弁当ボックスは刺身3種や焼き物、揚げ物などが入って1100B。和牛入りとんかつカレー590B。

住 The Westin Grande Sukhumvit, 259 Sukhumvit Rd.
TEL 0-2207-8130
営 12:00〜14:30、18:00〜22:30
休 なし CC ADJMV
行き方 BTSスクムウィットラインのE4アソーク駅1番出口から徒歩すぐ

BBB 日 PHOTO 英 ●

山里 Yamazato

プルンチット駅周辺
MAP P.91-E4

本格的な日本料理をバンコクで

オークラ・プレステージ・バンコク(→P.275)の24階にあり、窓の外に広がるバンコク都心のビル街を眺めながらの食事も格別。握り8貫と巻物3貫に天ぷらや焼きもの、前菜が付く鮨懐石4200Bや天ぷらに鰻ざく、かき揚げ丼などが付く天ぷら会席3200Bのほか、鮨や揚げもの、焼きものなどアラカルトも充実。

住 57 Witthayu Rd.
TEL 0-2687-9000
URL www.okurabangkok.com/ja/dining/yamazato
営 11:30〜14:30、18:00〜22:30
休 なし CC ADJMV
行き方 BTSスクムウィットラインのE2プルンチット駅連絡通路から徒歩すぐ

BBB 日 PHOTO 英 ●

COLUMN

バンコクの日本食事情

在住の日本人が多いだけでなく、タイ人の間で日本料理の人気が高いこともあり、バンコクには日本料理レストランが多い。日本から輸入した食材をふんだんに使う高級店から、タイ人経営で町の大衆食堂風の店まで、さまざまなスタイルの店がある。タイ人向けの店では、メニューに寿司や天ぷらとたこ焼きが並んでいたり、刺身に山盛りで添えられるわさびなど、日本人にはそこはかとない違和感が感じられておもしろい。早くも1989年に進出した8番らーめん、そして定食の大戸屋、天丼てんや、カツ丼のかつやなど日本のチェーン店も多数あり、万一タイの食事になじめなくても、困ることはない。

アジア料理レストラン

Gourmet

国際都市バンコクには世界中から人や物が集まってくるため、世界各地の味も楽しめる。例えばスクムウィット通りのソイ3周辺にはアラブ、エジプト料理店、同じくソイ12のスクムウィット・プラザには韓国料理店が多い。日本に入ってきた外国料理は日本的に変化してしまうことが多いが、バンコクではほぼ本場そのままの味で供される。タイ料理に飽きたら、知らない異国の料理を試してみよう。

ロイヤル・インディア・レストラン Royal India Restaurant

チャイナタウン周辺
MAP P.84-C1

質素な内装の店内で抜群のインド料理を

インド系住民が多いパーフラットの、通りから運河へ抜ける細い路地にある、創業約50年の名店。比較的あっさりめの家庭的な味つけで食べやすい。写真のノン・ベジタリアン・ターリー425Bはタンドリー・チキン、カレー、日替わりサブジー、ローティーかナンなどでボリュームもある。ベジは360B。

住 392/1 Chakraphet Rd.
TEL 0-2221-6565
URL royalindiathailand.com
営 10:00～22:00 休 なし
CC M V エンポリアム(→P.228)、サヤーム・パラゴン(→P.227)のフードコートに支店あり。
行き方 MRTブルーラインのBL30サームヨート駅1番出口から徒歩7分

サラヴァナー・バヴァン Saravanaa Bhavan

シーロム通り周辺
MAP P.86-A4

ベジのインド料理でおなかいっぱい

世界各国に支店をもつインド発の南インド料理レストラン。ぜひ食べたいのがサラヴァナー・スペシャル・ミールス 250B。ドーサにライス、各種カレー類にヨーグルトとチャツネが丸いトレイに並び、しかも本場同様おかわり自由。ベジタリアンなのでタンドリーチキンなどはない。

住 2nd Fl., Baan Silom Arcade, 663 Silom Rd.
TEL 0-2635-4556
URL www.saravanabhavan.com
営 8:00～22:30
休 なし CC M V
行き方 BTSシーロムラインのS5スラサック駅1番出口から徒歩8分

シャマン・ターキッシュ・レストラン Şaman Turkish Restaurant

シーロム通り周辺
MAP P.85-F4

ヨーロッパに最も近いアジアの国トルコの料理

エキゾチックなスパイスがふんだんに使われたケバブなどの肉料理や、ヨーグルトを使ったサラダなどがおいしいトルコ料理店。炭火焼きにしたラムのミートボールにトマトを添えてライスと食べるドマテス・ケバブ370Bはボリュームも満点。ターキッシュ・コーヒー100B。

住 1035/7 Siri Square, Silom Rd. TEL 0-2237-4144
URL saman-turkish-restaurant.business.site
営 11:00～23:00 休 なし
CC A M V
行き方 BTSシーロムラインのS5スラサック駅1番出口から徒歩7分

トニーズ Tony's

チャイナタウン周辺
MAP P.85-D1

気軽に楽しめる屋台風ネパール料理店

ウオーキングストリートとして再開発されたオーンアーン運河沿いの遊歩道脇にある、ネパールとインド料理のレストラン。オーナーはビルマ(現ミャンマー)出身の元グルカ兵で地域の歴史を感じさせる。ベジのカレー各種50B～、ノンベジは80B～。ローティー1枚10B。手頃な値段で異国の味が楽しめる。

住 64/1 Soi Rimkhlong Onang
TEL 08-3092-7840
営 11:00～19:00
休 なし
CC なし
行き方 MRTブルーラインのBL30サームヨート駅1番出口から徒歩7分

バンコクプチ情報 スクムウィット通りソイ3周辺（MAP P.92-A1）はバンコク最大のアラブ、アフリカ人エリア。中近東からアフリカの料理が食べられるレストランも集まっている。

チベット・ゲート Tibet Gate Restaurant & Bar

プロムポン駅周辺
MAP P.93-D3

天空世界の味をバンコクで体験

黄色の外壁に空けられた窓に大きなマニ車という印象的な外観。店内のカラフルな内装も見事にチベット風。小麦ヌードルのトゥクパは具をビーフ、ポーク、チキン、ベジから選べて230B、チベット風餃子のモモは具が20種類でそれぞれ蒸しと焼きがあり、ビーフの蒸しモモ220B。

住 1/1 Soi 33, Sukhumvit Rd.
TEL 06-3228-0356
URL www.tibetgate.com
営 12:00～23:00
休 なし
CC A J M V
行き方 BTSスクムウィットラインのプロムポン駅1番出口から徒歩4分

ドゥレー Doo Rae

アソーク駅周辺
MAP P.92-B2

本格的な韓国焼肉を満喫

韓国料理レストランが集まるビルの中にある1軒で、4階まである店内は毎日満員の大盛況を見せる人気店。センカルビ(骨付き霜降り)680B、カルビサル550B、ムルネンミョン250Bなど。キムチやナムルの小皿がテーブル一面に並びおかわり自由なのは本場と同じ。かいがいしい店員のサービスも◎。

住 Soi 12, Sukhumvit Rd.
TEL 0-2653-3815
営 10:00～21:00
休 なし
CC A J M V
行き方 BTSスクムウィットラインのE4アソーク駅5番出口から徒歩2分

ベイルート Beirut

シーロム通り周辺
MAP P.263-C3

バンコクで楽しむ中東レバノンの味

エキゾチックなスパイスを多用したレバノン料理のレストラン。ラムのケバブやレバーのトマト煮込みなど、肉のおいしさを堪能できる。ボリューム満点の料理はひと皿200～300B程度。チーズやオリーブ、パセリを使ったサラダ160B。ナン55Bなどのパンもおいしい。

住 1st Fl., J City Tower, Silom Rd.
TEL 0-2632-7448
URL www.beirut-restaurant.com
営 11:30～24:00 休 なし
CC A J M V
行き方 BTSシーロムラインのS2サーラーデーン駅連絡通路から徒歩すぐ

ゴン・ラム Ngon Lăm

スリウォン通り周辺
MAP P.86-B2

古くからの下町にあるベトナム食堂

下町の雰囲気が色濃く残るサームヤーンにある、庶民的な雰囲気のベトナム料理レストラン。フォー(メニューのタイ語では"フェー")はビーフ、ポーク、チキン、フィッシュ、エビ各150B。バインセオ(カノムブアン・ユワン)は200B。たっぷりの生野菜が添えられるのも本場風。

住 357/2 Soi Chulalongkorn 9, Rama 4 Rd.
TEL 0-2020-1057
FB ngonlamchula9
営 10:00～21:00 休 なし
CC M V 行き方 MRTブルーラインのBL27サームヤーン駅2番出口からサームヤーン・ミットタウン経由で徒歩6分

マネル・ランカ Manel Lanka

プラトゥーナーム周辺
MAP P.91-D2

辛さ強烈なスリランカ料理を試してみよう

インド系の住民が多いエリアにある小さな食堂。ベジタリアンのセットメニューはライスにダル、野菜カレー2種類にサンバルが添えられて100Bと手頃。これにチキンが付くと120B。チキンビリヤニ150B、チキン＆エッグスープ120Bなど、リーズナブル。料理の解説をしてくれるなど、店の人も親切。

住 447/61 Soi Wattanasin, Ratchaprarop Rd.
TEL 0-2650-1679
FB manellanka
営 10:00～20:00
休 なし CC M V
行き方 BTSスクムウィットラインのE1チットロム駅6番出口から徒歩16分

バンコク プチ情報 仏教の祝日や選挙の前日および当日は、酒類の販売や飲食店での提供が自粛される。外国人も例外ではなく持ち込みも許されないので、酒好きの人は注意しよう。

西洋料理レストラン

Gourmet

日本人だけでなく、在住外国人や旅行で訪れる欧米人も多いため、バンコクには西洋料理レストランも多い。しかもかなり本格的な料理が、比較的割安に食べられる。ドイツ料理やフランス料理、イタリア料理など、内容はバラエティ豊か。にぎやかなタイ料理レストランだけではなく、バンコク滞在中一度はこういったレストランも試してみよう。特にイタリアンは水準が高く、店の数も多い。

アンドレ André

チャルーン・クルン通り周辺
MAP P.85-F5

下町の大人気フレンチ

チャルーン・クルン通りから路地を入った下町エリアにある、開放的な造りのフレンチのビストロ。カラフルなチョークで料理名が箇条書きされた黒板がその日のメニュー。サラダ類は210B程度、リブアイ580Bなど手頃な価格で大人気。堅苦しさがなく、フレンチながらシェアしやすいのも日本人好み。

住 11/1 Soi 42, Charoen Krung Rd.
TEL 09-1765-9260
FB André
営 火〜日16:00〜22:00
休 月　CC A J M V
行き方 BTSシーロムラインのS6サパーン・タークシン駅3番出口から徒歩5分

日 PHOTO 英

ザ・デック The Deck

王宮周辺
MAP P.78-B5

ワット・アルンを対岸に望む

ワット・アルンの対岸にある小さなホテルに併設されたレストラン。ディナータイムはライトアップされた大仏塔を眺めながら食事ができる。メインはひと皿300B程度〜。最上階はルーフトップバーのアモロサで、チャオプラヤー川に向かって開かれた造り。川向きのカウンター席でゆっくり飲める。

住 36-38 Soi Pratu Nokyung, Maharat Rd.　TEL 0-2221-9158
URL www.arunresidence.com
営 8:00〜22:00(金〜日は〜23:00)。アモロサは月〜木17:00〜24:00、金〜日17:00〜翌1:00
休 なし　CC A J M V
行き方 MRTブルーラインのBL31サナーム・チャイ駅1番出口から徒歩5分

日 PHOTO 英

バルセロナ・ガウディ Barcelona Gaudi

アソーク駅周辺
MAP P.92-C3

さわやかなサングリアで乾杯!

カタルーニャ地方の料理が食べられる。コールドカットはイベリコ豚のハムがS490B〜、セラーノS230B〜、スペイン産羊乳チーズはS240B〜。ハムやチーズ5種類の盛り合わせは975B。パエーリャは9種類あり、2人用で690B〜(30分ほどかかる)。ハウスワインのLは650B、サングリア800Bとワイン系が手頃。

住 13 Soi 23, Sukhumvit Rd.
TEL 0-2661-7410
URL barcelonagaudirestaurant.com
営 月〜金11:00〜24:00　土・日12:00〜24:00　休 なし
CC J M V
行き方 MRTブルーラインのBL22スクムウィット駅2番出口から徒歩3分

日 PHOTO 英

ビストロ・サートーン・フレンチ・クイジーン Bistro Sathorn French Cuisine

サートーン通り周辺
MAP P.86-A5

本格フレンチを気軽に楽しむ

瀟洒な一軒家、バンコク在住のフランス人が足しげく通うという隠れた名店。前菜10種類、メイン15種類というシンプルなメニュー。メインの最も高いメニューが390B、ボトルワインが800Bからあるのも良心的。前菜はSoufflee au Fromage(グリュイエール・チーズのスフレ)250Bをぜひ。

住 241/4, Sathorn Rd.
TEL 06-1894-8668
FB Bistro Sathorn French Cuisine
営 月〜土11:30〜14:00、19:00〜21:30　休 日　CC なし
行き方 BTSシーロムラインのS5スラサック駅2番出口から徒歩すぐ

日 PHOTO 英

ひとり当たりの予算目安(食事は飲み物別)：100B程度　300〜500B程度　1000B以上

トラットリア・デリナ Trattoria Delina

プルンチット駅周辺
MAP P.91-F5

ランチがお得過ぎると評判

白アスパラガスやフランス直輸入のカキなど、季節に応じた素材をふんだんに使った料理で人気。ランチは220Bでスープやカルパッチョなどの前菜、ポークチョップやミックスグリルなどメインを各5～6種類から選べる。しかも70B追加でデザートとコーヒーまで付いてしまう。もう行くしかない。

住 11/14 Soi Ruam Rudee
TEL 09-2665-7877
FB Trattoria Delina
営 11:30～23:45
休 なし
CC J M V
行き方 BTSスクムウィットラインのE2プルンチット駅4番出口から徒歩4分

B B B ｜ 日 PHOTO 英 ●

アルゴ ARGO GEORGIAN GREEK BAR & GRILL

ナーナー駅周辺
MAP P.92-A2

珍しいジョージア料理とワイン

中央アジアとヨーロッパの文化どちらも感じさせるジョージア料理。入口のテラス席奥には、エキゾチックなインテリアでエアコンが効いた屋内席がある。蒸し餃子風のヒンカリ KHINKALIはビーフ80B、ラム90Bで、中のスープをこぼさないように食べたい。ジョージアワインはグラス250B程度。

住 4/26 Soi 8, Sukhumvit Rd.
TEL 08-8686-4393
FB Argo Restaurant Bangkok
営 火～金18:00～23:00　土・日12:00～23:00　休 月
CC A J M V
行き方 BTSスクムウィットラインのE3ナーナー駅4番出口から徒歩2分

B B B ｜ 日 PHOTO 英 ●

シャック・バンコク The Shack Bangkok

スリウォン通り周辺
MAP P.86-B3

ステーキとハンバーガーがおいしい

いつも満席の人気店。オーストラリア産黒アンガス牛を使ったザ・シャック THE SHACK 380Bはパティが140g、レタスやトマト、オニオンなど野菜もたっぷり挟まれている。ベーコン 50Bやレタス35Bなど追加でカスタマイズ可。アルミホイルで包んでサーブされるので、手が汚れない。

住 158 Suriwong Rd.
TEL 08-3716-1340
URL theshack.asia
営 11:30～22:00
休 なし
CC A M V
行き方 BTSシーロムラインのS2サーラーデーン駅1番出口から徒歩10分

B B B ｜ 日 PHOTO 英 ●

スイート・ピスタ Sweet Pista

チャルーン・クルン通り周辺
MAP P.85-F3 ～ F4

町のおしゃれな洋食屋さん

デザイン関連のショップが集まるウェアハウス30内にあるカフェ・レストラン。カルボナーラ220B、アンチョビ250Bなどスパゲティ類のほかハンバーガーもボリュームがあっておすすめ。350Bのアボカド・チーズバーガーは、添えられるサラダにもアボカドがたっぷりで満足度が高い。

住 52 Warehouse 30, Soi 30, Charoen Krung Rd.
TEL 06-2355-2866
FB Sweet Pista Bangkok
営 火～日　10:30～21:00
休 月　CC A M V
行き方 MRTブルーラインのBL28フアラムポーン駅1番出口から徒歩15分

B B B ｜ 日 PHOTO 英 ●

ブリン・バーガー＆ステーキ Burin Burger & Steak

チャイナタウン周辺
MAP P.84-C1

下町のバーガー＆ステーキ屋さん

パーク・クローン市場(→P.154)近くにある、小さなレストラン。ハンバーガーやサラダ、パスタなどの洋食が気軽に食べられる。有名俳優の名前をつけたTony Jaa Chicken Burger 119B はセサミソースが淡白なチキンによく合う。ビーフバーガーはパティ4枚重ねまで可(1枚169B、4枚は399B)。

住 317 Ban Mo Rd.
TEL 08-9145-4890
FB Burin Burger & Steak
営 水～月11:00～21:00
休 火
CC なし
行き方 N6/1ヨートピマーン船着場から徒歩3分

B B B ｜ 日 PHOTO 英 ●

 日 日本語メニュー　PHOTO 写真入りメニュー　英 英語メニュー　● 日本語スタッフ

ビュッフェレストラン

Gourmet

食べたい料理を好きなだけ食べられるのがうれしいビュッフェ。バンコクの高級ホテル内には、ビュッフェレストランが多い。それぞれに特色を出して競っており、パスタやサンドイッチを注文に応じて作ってくれたり、デザートが充実していたりと多種多様。メニューはときどき変更されるので、何度行っても楽しめる。どんな高級店でも、荷物を置いたまま全員が席を立ったりしないこと。

シーズナル・テイスト Seasonal Tastes

アソーク駅周辺
MAP P.92-B2

料理充実で場所も便利

繁華街にあって交通も便利なウエスティン・グランデ・スクンビット(→P.272)の7階にあり、その立地にもかかわらず比較的すいている穴場。月～金曜のランチビュッフェ(12:00～14:30)は1165B、土・日曜のシーフード＆グリルランチビュッフェ(12:00～15:00)は2295B。

住 7th Fl., The Westin Grande Sukhumvit, 259 Sukhumvit Rd.
TEL 0-2207-8000
営 6:00～22:00　休 なし
CC A D J M V
行き方 BTSスクムウィットラインのE4アソーク駅1番出口から徒歩すぐ
B B B　日 PHOTO 英

ネクスト 2 Next 2

チャルーン・クルン通り周辺
MAP P.85-E5 ～ F5

料理の種類はバンコク随一

チャオプラヤー川岸にそびえるシャングリラ・ホテル(→P.273)内にあり、料理の種類が多いのが自慢。ブレックファスト(毎日6:30～10:30)1000B、ランチ(毎日11:30～14:30)1400B、ディナー(18:30～22:30)1900B。川に面したテラス席もあり、気分よく食事ができる。

住 The Shangri-La Hotel, 89 Soi Wat Suan Plu, Charoen Krung Rd.
TEL 0-2236-7777
営 6:30～22:00
休 なし　CC A D J M V
行き方 BTSシーロムラインのS6サパーン・タークシン駅3番出口から徒歩すぐ
B B B　日 PHOTO 英

フロウ Flow

チャルーン・クルン通り周辺
MAP P.85-E3 ～ E4

チャオプラヤー川が眺められる

チャオプラヤー川岸のホテル1階にある、川に面したガラス張りのレストラン。ヨーロピアン、タイ、インド、中国、スシコーナーも。スイーツも充実。ランチビュッフェ(月～土曜12:00～14:30)は1000B。サンデーブランチ(日曜 12:00～15:00)にはライブバンドも登場して2200B。

住 Millennium Hilton, 123 Charoen Krung Rd.
TEL 0-2442-2000
URL www.hilton.com
営 6:00～24:00
休 なし
CC A D J M V
行き方 CENサートーン船着場からホテル渡し船
B B B　日 PHOTO 英

ヴォアラ VOILÀ!

ナーナー駅周辺
MAP P.92-B2

チーズルームをお忘れなく

ソフィテル・バンコク・スクンビット(→P.272)の2階。冷菜と温かい前菜、パスタにリゾット、メインが食べ放題のランチにシャンパンの2時間飲み放題が付いたシャンパン・パッケージ2490B。コールドカットやチーズは、キッチンとは反対側、チーズルームと呼ばれる別室に並べられている。

住 189 Sukhumvit Rd.
TEL 0-2126-9999
URL www.sofitel-bangkok-sukhumvit.com
営 6:30～15:00　休 なし
CC A D J M V
行き方 BTSスクムウィットラインのE4アソーク駅から歩道橋で連絡
B B B　日 PHOTO 英

バンコクプチ情報 コンビニやスーパーマーケットで売られているペットボトル入りのお茶には砂糖入りのものが多く、日本人には違和感がある。無糖ならパッケージに「No Sugar」と表示されているものを探すこと。

Gourmet

カフェ

　コーヒーだけでなく食事もおいしいカフェが次々にオープンしている。スターバックスやコーヒーワールド、カフェ・アマゾン、ブラックキャニオンなどチェーン店も多いので、コーヒーを飲む場所には困らない。最近では豆や焙煎から抽出にまでポリシーを持って淹れた自慢の一杯を提供するカフェも増え、世界のコーヒー好きが訪れるのを腕ききのバリスタが手ぐすね引いて待っている。

チャタ・スペシャリティー・コーヒー　CHATA Speciality Coffee

チャイナタウン周辺
MAP P.85-E2

明るい光が差し込むカフェ

　小さなブティックホテルの庭にある隠れ家カフェ。壁一面ガラス張りの店内はフォトジェニック。コーラとエスプレッソをブレンドしたColapresso 140Bが珍しい。ココナッツケーキ75Bは、クリームであえたココナッツの果肉にスフレがのったふわふわの仕上がり。甘さ控えめで食べやすい。

住 98 Phat Sai Rd.
TEL 08-4625-2324
FB CHATA Speciality Coffee
営 火～日8:00～17:00
休 月
CC なし
行き方 MRTブルーラインのBL29ワット・マンコーン駅1番出口から徒歩6分

ラビリンス・カフェ　Labyrinth Cafe

スリウォン通り周辺
MAP P.86-B3

隠れ家的雰囲気のなかでコーヒーを

　無機質な金属製一枚板の扉を開けると、小石が敷き詰められた薄暗い空間の右側にカウンターと中国風の丸椅子が並び、左には2階へと上がる階段という謎めいた造り。Black Magic(コーヒー)90B、ミルク入りのSamyan Kafei 120B。2階はアートの展示やライブなどに使われることもある。

住 1527 Rama 4 Rd.
TEL 06-4354-8916
IG labyrinthcafebkk
営 火～日10:00～18:00
休 月　CC なし
行き方 MRTブルーラインのBL27サムヤーン駅2番出口からサムヤーン・ミットタウン経由で徒歩すぐ

ニート・コーヒー・バー　NEAT Coffee Bar

王宮周辺
MAP P.78-C4

下町のコーヒーパラダイス

　雑然とした下町にある。バリスタのオーナーが豆の選別から焙煎、ブレンドなどすべてに注意深く手間をかけたコーヒーが飲める。メニューの種類が多く、迷ったら人気ナンバーワンのDirty(エスプレッソと冷やしたミルクで、10分ほどかけて作る)130Bをまず試してみよう。

住 99/3 Bunsiri Rd.
TEL 09-9156-5424
FB Neat Coffee Bar
営 8:00～16:00(土は～17:00、日は～18:00)
休 なし　CC なし
行き方 MRTブルーラインのBL30サームヨート駅3番出口から徒歩16分

バー・ハオ・ティアン・ミー　Ba Hao Tian Mi

チャイナタウン周辺
MAP P.85-E1

中国テイストのスイーツ

　甘さ控えめなプリンやゼリーなど中国風デザートが人気の小さなカフェ。ミルクティーのプリンにタピオカがたっぷりのったBubble Milk Tea Pudding 118Bや緑の濃淡で陰陽をデザインしたUji Matcha Azuki Pudding 158Bなど、目移りしそうなメニューの数々が魅力的。

住 8 Soi Padung Dao, Yaowarat Rd.
TEL 09-7995-4543
FB bahaotianmi
営 10:30～21:30
休 なし　CC なし
行き方 MRTブルーラインのBL29ワット・マンコーン駅1番出口から徒歩2分

バンコクプチ情報　屋台や食堂で飲める「オーリアン(โอเลี้ยง)」。ひいたタマリンドの種を煮出して作る黒い飲み物で、独特の香りと苦味がありハマる人はハマる。一度試してみよう。

カフェ・アマゾン・フォー・チャンス Café Amazon for chance

カオサン通り周辺
MAP P.94-C1

あらゆる人に働く場所を提供

タイ国内に展開する最大のカフェチェーンの1軒。聴覚などに困難のある人を雇用して、特に「for chance」と命名した。外にテラス席もあるがエアコンの効いた店内は狭いので、テイクアウトして近くのサンティチャイ・プラカーン公園でのんびりしよう。コーヒー50B程度～と安い。

住 Baan Chao Phraya Bldg., 49/1 Phra Arthit Rd.
TEL 08-6988-0195
営 9:00～20:00
休 なし
CC MV
行き方 カオサン通りから徒歩7分

ファーム・トゥ・テーブル, ハイドアウト FARM to TABLE, Hideout

チャイナタウン周辺
MAP P.84-C1

花市場隣のオーガニックカフェ

パーク・クローン市場そばの路地にあり、テラスの奥にあるメルヘンな洋館。タイ北部の自社農園でオーガニック栽培された素材を使うアイスクリームでひと休みできる。カフェラテ68B、ホット抹茶ラテ75B、フレンチプレスのコーヒーは98B。好みのアイスクリームが選べるアフォガート114B。

住 15 Soi Tha Klang, Wang Burapha Phirom
TEL 0-2004-8771
営 木～火 9:00～19:00
休 水
CC なし
行き方 MRTブルーラインのBL31サナーム・チャイ駅4番出口から徒歩4分

ノラシン Cafe de Norasingh

パホンヨーティン通り周辺
MAP P.80-C1

宮殿に併設された豪華な内装のカフェ

1909年に建設されたパヤー・タイ宮殿の建物を利用してオープンしたカフェ。店名は、ラーマ6世時代の1922年にタイで初めてオープンしたタイ人経営のカフェに由来する。オーガニックコーヒー60B。食事も充実しており、カオ・ムー・デーン150Bなどタイ料理も食べられる。

住 315 Ratchawithi Rd.
TEL 06-4462-3294
FB Cafe Norasingh
営 月～金8:00～18:00（土・日は8:30～） 休 なし CC なし
行き方 BTSスクムウィットラインのN3ヴィクトリー・モニュメント駅3番出口から徒歩8分

チャー・トラー・ムー Cha Tra Mue

チャイナタウン周辺
MAP P.85-E1

タイ風紅茶の大人気ブランド

タイで最も有名といってもおそらく過言ではない老舗紅茶ブランド、サムズアップ印の「チャー・トラー・ムー」（直訳すると「"手"印のお茶」）。甘くて濃厚なタイティーが飲めるカフェを、BTS駅やショッピングセンターに次々と出店中で、ここは珍しい路面店。一部店舗でしか扱いのないソフトクリームも販売。

住 451/1 Soi Padung Dao
TEL なし
営 11:00～23:00
休 なし
CC なし
行き方 MRTブルーラインのBL29ワット・マンコーン駅1番出口から徒歩3分

ルー・デ・マンシー Rue De Mansri

王宮周辺
MAP P.79-E4

旧市街のオールド欧風カフェ

古いタウンハウスを改装した、クラシカルな雰囲気のカフェ。写真スタジオも兼ねていて、2階はヨーロッパの古いカフェに迷い込んだような気分を味わえるインテリア。エスプレッソ60B。35Bのクロワッサンはおすすめ。入口の大きなドアは、軸が中央にあって回転ドアのような開き方をするので注意。

住 417 Bamrung Muang Rd.
TEL 08-3158-9999
営 火～日8:00～16:30
休 月
CC MV
行き方 セーンセープ運河ボートのパーンファー・リーラート船着場から徒歩10分

Gourmet

ゆったりした時間を楽しむ

アフタヌーンティー（ハイティー）

バンコクにある高級ホテルのロビーやラウンジなどでは、イギリス式のアフタヌーンティー（ハイティー）を行っているところが多い。コーヒーか紅茶を飲みながらひと口サイズの各種ケーキやスコーン、サンドイッチなどをつまむもので、友人とおしゃべりをしながら優雅な午後のひとときを楽しめる。それだけで軽い食事になるぐらいのボリュームもある。

オーサーズ・ラウンジ
Authors' Lounge

歴史のある建物で午後のひとときを過ごす

バンコク屈指の名門ホテル、マンダリン・オリエンタル（→P.270）内にある優雅なコロニアル様式のオーサーズ・ウイング。その中にあるオーサーズ・ラウンジは、明るい日差しが差し込む白亜のロビー。そこでゆっくりとアフタヌーンティーが楽しめる。由緒正しいイギリスの伝統にのっとり季節の味も盛りこんだアフタヌーン・ティー・セットと、ショウガ味のパンナコッタやバイトゥーイ（香りのよい植物）のスコーンなどタイらしいお菓子も並ぶ「オリエンタル・アフタヌーン・ティー・セット」はどちらも1800B（税、サ別）。シャンパン付きは2550B。優雅な午後のひとときを楽しもう。

チャルーン・クルン通り周辺　MAP P.85-E4 ～ F4
住 Mandarin Oriental Bangkok, 48 Oriental Ave., Charoen Krung Rd.
TEL 0-2659-9000 ext.7390
FAX 0-2659-0000
営 12:00～18:00（ラウンジは11:00～19:00）
休 なし
CC A D J M V
行き方 BTSシーロムラインのS6サパーン・タークシン駅3番出口から徒歩11分

B B B 日 PHOTO 英 ●

ザ・ラウンジ
The Lounge

バンコク最新の高級ホテルで優雅な午後を

2020年12月、チャオプラヤー川岸にオープンしたフォーシーズンズ・ホテル・バンコク・アット・チャオプラヤー・リバー（→P.270）。高級感あふれる洗練されたインテリアのザ・ラウンジは、緑に囲まれた中庭に面して全面ガラス張り。そこで楽しめるアフタヌーンティーは、驚きの5コース仕立てで1700B。ウエルカムドリンクに始まり、ドライアイスの煙に浮かぶ団子状のメレンゲの中にゼリーとソルベを包んだスイーツ、ひと口サイズのセイボリーやスイーツが並んだ2段のトレイ、小ぶりの容器に入ったソフトクリーム、フルーツの形をしたスイーツ、チェンマイ産チョコレートムースが、これでもかと繰り出される（内容は季節に応じて年に3回ほど変わる）。取り皿の絵柄が、100年ほど前のチャルーン・クルン通りの様子なのもオシャレ。

チャルーン・クルン通り周辺　MAP P.76-B5
住 300/1 Charoen Krung Rd.　TEL 0-2032-0888
URL www.fourseasons.com/bangkok
営 14:00～17:00　休 なし
CC A D J M V
行き方 BTSシーロムラインのS6サパーン・タークシン駅4番出口から徒歩12分

B B B 日 PHOTO 英 ●

ショッピングガイド
Shopping Guide

チコ →P.210

バンコク ショッピングナビ

BANGKOK SHOPPING NAVI

Shopping

NAVI 1 値引き交渉は場所を選んで

このような場所の露店なら値引き交渉可能

デパートやスーパーマーケット、コンビニなどでは当然ながら値引き交渉はできない。ナイトマーケットや露店などで、値段の表示が出ていないような店は、値引きの余地があるのでどんどん交渉しよう。同じような商品がいろいろな場所で売られている場合は、何軒か回って値段を確認し、最も安い店で買うか、その値段になるまで交渉してみよう。まとめ買いをすると、値下げしてくれる可能性も高くなる。ただしあまりしつこく食い下がるのも考えもの。適正な値段になったと思ったら、素直に手を打とう。

電卓を使って値段交渉

NAVI 2 賞味期限の表記は仏暦のことも

上が賞味期限、下が製造年月日

タイで使われている仏暦は、西暦に「543」を足した数字(西暦2024年はタイ歴2567年)。タイでは「日→月→年」の順に表記するので、「2024年8月10日」は「10-08-2567」となる。食品など賞味期限のあるものを買う際は、パッケージに表示されているので確認しよう。数字が2種類表記されている場合、若いほうが製造年月日。

NAVI 3 バラマキみやげはどこで買う?

バンコクのデパートにはたいていスーパーマーケットも出店しており、町を歩けばコンビニやドラッグストアがたくさんある。バラマキみやげのまとめ買いには、これらの店を活用しよう。商品名がタイ語で書かれたスナックや生活雑貨類は、値段も手頃でおもしろいおみやげになる。(→P.70、217、222)

NAVI 4 衣類のサイズはどんな表記?

バンコクで売られているウエアやシューズは、タイ製、ベトナム製、中国製、カンボジア製などさまざまで、サイズの表記や基準もバラバラ。露店などで売られている衣類には一応サイズの表示はあるものの、できれば試着してサイズを確認したい。デパートなど高級店やブティック以外では試着室がないところも多い。その場合サイズを確認するには、服の上から着たり、当ててみるしかない。

露店で買ったTシャツのタグ。サイズ表示よりも謎の日本語に目を奪われる

ウエア		日本	SS	S	M	L	XL
	タイ	レディスウエア	36	38	40	42	44
		メンズウエア		37-38	39-40	41-42	43-44

シューズ		日本	24	24.5	25	25.5	26	26.5	27	27.5	28	28.5
	タイ	アメリカ表記	6	6 ½	7	7 ½	8	8 ½	9	9 ½	10	10 ½
		ヨーロッパ表記	38	39	40	40.5	41	42	42.5	43	44	44.5

ショッピング天国バンコクで、
存分に買い物を楽しもう。
お店選びから値切りの極意まで、
ショッピングのヒントをご紹介。

NAVI 5 荷物が増えたらコインロッカー

買い物し過ぎて荷物がじゃま、置きに帰りたいけどホテルが遠い、そんなときはコインロッカーを活用しよう。ウイークエンド・マーケットやMRTスクムウィット駅、BTSナショナル・スタジアム駅サヤーム交差点側出口などBTSやMRTの14の駅やデパートなど31ヵ所に設置されている「LOCK BOX」は、日本のコインロッカー感覚で利用できる荷物預け(URL www.lockbox-th.com)。小さいロッカーなら1時間20B、1日(24時間)120Bで利用できる。

荷物は預けて身軽に行動しよう

NAVI 7 えっ、お酒が買えない?

タイではアルコール類の販売に規制があり、11:00～14:00と17:00～24:00しか販売できない。飲食店でもライセンスの種類によって、この時間以外に酒類を提供しない店がある。また選挙の前日18:00から当日24:00までは、酒類の販売と飲食店での提供が禁止される。仏教関係の祝日(→P.9)にも酒類の販売や提供をしない店が多い。ホテルの部屋などで飲むのは問題ないので、どうしても飲みたい人は事前に購入しておこう。

お酒を買うなら時間帯に注意

NAVI 6 持ち帰れない商品もある

露店で売られている偽ブランド商品。あまりにもカジュアルに売られているのでつい買ってしまいそうになるが、買っても日本には持ち帰れないので注意(→P.349)。フレッシュでおいしいトロピカルフルーツも、思わず買って帰りたくなるが、生の果物や植物類は基本的にすべて持ち込み禁止。詳細は税関のウェブサイト(URL www.customs.go.jp/zeikan/pamphlet/tsukan.pdf)で確認を。(→P.339)

フレッシュマンゴーも
持ち帰りは不可

NAVI 8 タックスリファンドを活用

VAT REFUND FOR TOURISTS

タイでは日本の消費税に当たる付加価値税が、商品やサービスに7%課せられている。外国人旅行者にこの税金が還付される「TAX REFUND」制度を利用して賢く買い物しちゃおう。「VAT REFUND FOR TOURISTS」のサインが掲示された店やデパートで、1日につき同一店舗で2000B以上の買い物をするのが条件。主要なデパート、ジム・トンプソンやナラヤなど外国人旅行者の利用が多いショップはたいてい対応している。大きなデパートにはサービスカウンターがあり、別々の売り場で購入した金額の合計が2000Bを超えれば免税手続きをしてもらえる(還付の詳しい手続きは→P.72)。

空港ではチェックイン前に還付の手続きを

アジアン雑貨

Shopping

おみやげに人気のアジアン雑貨はどれもキュートでエキゾチック。古くから伝わる陶磁器や籐製品、木彫り製品などの民芸品を現代風にアレンジし、実用的かつインテリア小物としても使えるよう仕上げられている。自然素材を使ったり、手仕事で作られているものも多く、手になじみやすいのも人気の秘密。新商品も次々登場し、リピーターにも楽しめる。値段が比較的手頃なのもうれしい。

チコ Chico

トンロー、エカマイ周辺
MAP P.89-F2

自然素材を使った雑貨とネコグッズ

かわいらしいデザインのオリジナル商品がぎっしり詰まったショップ。カラフルなポンポンや花をあしらったウオーターヒヤシンスで編んだサンダルや、象やネコをモチーフにした布製品、トロピカルなフルーツをモチーフにしたヘアゴムやイヤリング、キーチェーンといったアクセサリー類など、キュートな雑貨の数々はおみやげにぴったり。ネコが自由に歩き回る店内にはカフェスペースもあり、ある意味バンコクで最初のネコカフェでもある。ホットコーヒー90B、香り高いアイスコーヒー110B、ツナ＆チーズやハム＆チーズのホットサンド（各130B）などの軽食もある。併設された「バーンメーオ」（ネコの家）は15分20Bでネコと遊べる小部屋。

住 321 Soi 19, Soi Ekkamai, Sukhimvit Rd.
TEL 0-2258-6557
IG FB Chico design Bangkok
営 水～月10:30～17:30
休 火
CC J M V
行き方 BTSスクムウィットラインのE7エカマイ駅1番出口から徒歩28分。モーターサイかMuvMi（→P.13）が便利。
[日本語スタッフ]

ロフティー・バンブー Lofty Bamboo

プロムポン駅周辺
MAP P.93-E4

フェアトレードのハンディクラフトを扱う

タイの手仕事をモダンにアレンジした雑貨を扱っている。山岳民族や少数民族の生活向上のために活動するフェアトレードのショップで、生産者と協力し合い、購入者の善意に甘えるのではなく「欲しくなる」商品を製造し手頃な価格で販売している。古くから伝わる織物やカレンシルバーのモチーフを生かしたオリジナル商品もあり、色使いや柄が斬新ななかに手作りのあたたかみも感じられる美しい品物ばかり（→P.68）。モン族の織る布を使った品物は独特の柄で人気。リゾートで着られるようなふんわりワンピースなど、女性向けファッションも充実している。人気ショッピングモールのターミナル21（→P.225）1階（日本風には3階）に支店あり。

住 2nd Fl., 20/7, Soi 39, Sukhumvit Rd.
TEL 0-2261-6570
IG FB lofty_bamboo
営 9:30～18:30 休 なし
CC J M V（500B以上で利用可）
行き方 BTSスクムウィットラインのE5プロムポン駅3番出口から徒歩3分 [日本語スタッフ]

ピース・ストア Peace Store

プロムポン駅周辺
MAP P.93-D3

美しいオリジナルデザインの小物が並ぶ

アジアンテイストの雑貨やハンドメイドのアクセサリーなどを扱う。ほかでは買えないオリジナルデザインのものが多い。1階は雑貨類、2階にはインテリア雑貨や家具などが並んでいる。人気商品でロングセラーの象の形をしたお香(→P.69)は、燃え尽きるとそのままの形で灰になるのがかわいらしい。タイ北部の山岳地帯に住む少数民族の古布を使ったバッグや、カラフルなデザインのポーチ類などは、色合いや形もかわいらしく値段も手頃でおみやげにまとめ買いしていく人も多い。自然な形を生かしたチークの箸は235Bで、花の形にデザインされた真珠母貝の箸置き100Bと組み合わせると食卓が華やぐ。細く割いた竹を重ね合わせ、水滴のような形に仕上げた軽くて丈夫なトレイは395B。テーブルウエアにもインテリアにも使える。

住 7/3 Soi 31, Sukhumvit Rd.
TEL 0-2662-0649
URL www.peacestorebkk.com
営 木～火10:00～18:00
休 水 CC JMV
行き方 BTSスクムウィットラインのE5プロムポン駅5番出口から徒歩7分

チムリム Chimrim

プロムポン駅周辺
MAP P.93-F5

日本人好みのオリジナル雑貨がどっさり

小さな店内にすき間もなく並んだタイの雑貨は、日本人の女性オーナーがアレンジしたオリジナル商品ばかり。ノニソープ145B(→P.69)は、キトサンやコラーゲンも含んだ肌に優しい石鹸。純度の高い蜂蜜と金箔を使ったゴールドハニーソープ145Bとセットでおみやげに。竹炭ミネラルパック200Bは1袋で5～6回使える。マンゴーウッドに象や花の柄が彫られたキャンドルホルダーは90B。女性に大人気のボディスクラブシルクネット300Bは、手で編まれたシルクとコットンの混紡で、ネットの結び目が肌を柔らかく刺激して使い心地バツグン。駐在員奥様の間で人気沸騰中のマクラメバッグは色も各種揃って650B。疲労回復などに効果のあるタイのハーブ、クラチャイダムを使ったドリンクは1本350B。タイ数字をあしらった時計もおみやげに人気。

住 3/5 Soi 43, Sukhumvit Rd.
TEL 0-2662-4964
URL www.chimrim.com
営 火～日10:00～17:30
休 月 CC ADJMV
行き方 BTSスクムウィットラインのE5プロムポン駅5番出口から徒歩7分

アーモン Armong

プロムポン駅周辺
MAP P.93-D4

タイ北部の繊細な手作り工芸品

ウイークエンド・マーケット(チャトゥチャック)で人気のショップの支店が2019年にプロムポンにオープン。タイ北部や山岳民族の作る雑貨がメインで、チェンマイ出身のオーナー、アーモンさんが自ら直接買い付けたり、オリジナルのデザインで自社工場で作らせた、ほかではあまり見られない品物が多い。男性に人気があるコットン製のキャップは790B、同じデザインでシルク製なら2900B。小物入れやポーチ、財布などの布製品はサイズやデザインも多彩で、お気に入りが見つかるはず。タイの人気料理ミニチュアは、トムヤム・クン、カオ・マン・カイ、カオ・ニアオ・マムアンなど驚きの再現度で各69B、まとめ買いする人も多いとか。ミャンマー北部に住むナガ族の古布を仕立て直した衣類などもある。入口周辺には鉢植えの緑が茂っているのでよく目立つ。

住 1st Fl., RSU Tower, Soi 31, Sukhumvit Rd. TEL 08-3777-2357
FB Armong Shop
営 10:30～19:00
休 なし CC JMV
行き方 BTSスクムウィットラインのE5プロムポン駅5番出口から徒歩5分

バンコクプチ情報 スクムウィット通り沿いで日本人に人気のタイ雑貨ショップはすべて奇数側のソイにある。タイは左側通行なので、タクシーを利用するなら若い数字のソイから攻めると移動が楽。

アイコンクラフト ICONCRAFT

チャルーン・クルン通り周辺
MAP P.85-E4

タイ全国から名産品が集められた

アイコンサヤーム(→P.226)の4～5階とサヤーム・ディスカバリー(→P.227)のフロア3(5階)にあるアイコンクラフトは、タイ国内各地で生産された「Made in Thailand」の品物を扱う大型セレクトショップ。300近いデザイナーズブランドやOTOP(One Tambon One Products:タイの一村一品運動)が集められている。セラドンやベンジャロンなどの陶磁器類やカトラリーなどテーブルウエア、ラタンやバンブーの家具などの大物からタイシルクやコットン製品、藍染などのファッショングッズ、バンブーやウオーターヒヤシンスのバスケットやバッグ類などの伝統工芸品など、タイの伝統的な素材の特徴を生かしながら、現代的なデザインでまとめたハイセンスな品々がずらりと並んでおり、壮観。食品コーナーにはタイ国内各地で生産されるコーヒー、ドリアンやポメロ味のチョコレートなどもあり、ひと味違うおみやげになる。

住 4th, 5th Fl., ICONSIAM, Soi 5, Charoen Nakhon Rd.
TEL 0-2495-7000
FB ICONCRAFT
営 10:00～22:00 休 なし
CC A J M V
行き方 BTSゴールドラインのGL2チャルーン・ナコーン駅から歩道橋で連絡。CENサートーン船着場からシャトルボート(料 10B)。 日本語スタッフ

エキゾティック・タイ Exotique Thai

プロムポン駅周辺
MAP P.93-D4 ～ E5

オリジナルブランドが多数出店

タイの名産品やタイ雑貨にスパグッズなど、おみやげにいい小物ブランドが集まっている。小さな個人経営ブランドのショップが多く、どの商品も個性的でおもしろい。タイやインドのファブリックを使ったオリジナルのアクセサリーやバッグのVarious、カラフルなコットン生地を使った動物のぬいぐるみやポーチ、財布などがかわいらしいKows Occasionsなど、ちょっと通っぽいおみやげになる。スパグッズやアクセサリーのコーナーもある。

住 6th Fl., Emporium, 622 Sukhumvit Rd.
TEL 0-2269-1000
営 10:00～22:00 休 なし
CC A D J M V
行き方 BTSスクムウィットラインのE5プロムポン駅連絡通路から徒歩すぐ 日本語スタッフ

ナラヤ Naraya

プロムポン駅周辺
MAP P.93-E4

サテンやコットンの小物がいろいろ

サテンやコットン、デニムなどの光沢のあるカラフルな生地を使ったバッグや小物、アクセサリーが店内にぎっしり詰まったショップ。大きなリボンがあしらわれた「リボンバッグ」で人気爆発。コスメティックケースやピルケースのような小さなポーチ類から、旅行にも使えるような大きめサイズのバッグ、財布やめがねなど身の回りの品を入れる小物入れ、ティッシュケースなど、およそ家庭用に思いつくありとあらゆる種類のバッグが、手頃な値段で並ぶ。年に数回新作が発表されるので、いつ行っても新作に出合えるのもうれしい。2022年9月にはサッカーの川崎フロンターレとコラボした商品を発売して話題になった。

住 654-8 Soi 24, Sukhumvit Rd. TEL 0-2204-1146
URL www.naraya.com
営 9:00～22:30 休 なし
CC A D J M V デパートやホテルなどに支店多数。
行き方 BTSスクムウィットラインのE5プロムポン駅2番出口から徒歩すぐ 日本語スタッフ

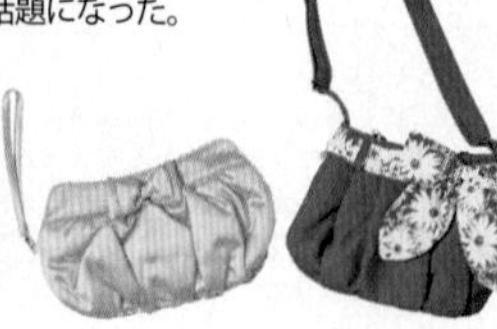

ザ・チョンナボット　the Chonabod

王宮周辺
MAP P.95-F1

タイをモチーフにしたオリジナルTシャツや雑貨

タイ人グラフィックデザイナーのデザインによる、タイ文字をアレンジしたTシャツがおもしろい。どことなく懐かしさを感じさせる素朴で味わいのあるデザインのTシャツはSとMサイズ240B、フリーとLサイズ260B、XLは280B。同じデザインのバッグやポスターなどもある。

住131 Samsen Rd.
TEL08-9494-5669
営13:00～19:00
休なし
CCなし
行き方カオサン通りから徒歩4分

プーンシン・マンタナー　Poonsin Manthana

王宮周辺
MAP P.79-D4

材木店街の木工品店

ワット・スラケートの向かい、材木店や木工品を扱う店が並ぶエリアにある小さなショップ。木材を削って作ったミニチュアの仏塔は、蓋代わりの尖塔部分を外すと小物入れとしても使える。一文字一文字削ったタイ文字を貼り付ける看板や表札などもオーダーできるので、相談してみては。

住98-100 Boriphat Rd.
TEL0-2621-0520
FBpoonsin187
営月～土9:00～17:00
休日
CCなし
行き方MRTブルーラインのBL30サームヨート駅3番出口から徒歩10分

ソップ・モエ・アーツ　Sop Moei Arts

プロムポン駅周辺
MAP P.93-F3

カレン族の民芸品が充実

1977年から続く山岳民族の生活向上プロジェクトの直営店。ミャンマーとの国境に近いメーホーンソーンの山岳地帯に住むカレン族の人々が作る、美しいデザインの織物やバスケット製品、各種小物類を扱う。値段も手頃で、日本へのおみやげはここで買うと決めている在住日本人も多い。

住8 Rm. 104, Soi 49/9, Sukhumvit Rd.
TEL0-2714-7269
FAX0-2712-8039
URLwww.sopmoeiarts.info
営火～土9:30～17:00
休日・月　CC A J M V
行き方BTSスクムウィットラインのE5プロムポン駅3番出口から徒歩15分

クーン　Koon

プロムポン駅周辺
MAP P.93-E5 ～ F5

タイ雑貨の小さなセレクトショップ

スコータイ郊外で生産されるスワンカローク焼きやカレンシルバー、伝統の織物を復活させたラーチャブリー県産の布、タイのデザインをモチーフにした小物類など、ほかの店ではあまり見かけない商品もある。タウンハウスの2階と3階がショップで、2階に小物類が、3階にはファブリック類が並ぶ。

住2nd Fl., 2/29 Soi Pirom, Soi 41, Sukhumvit Rd.
TEL09-4438-3819
FBKOON asian zakka
営木～火10:00～18:00
休水
CC J M V（500B以上で利用可）
行き方BTSスクムウィットラインのE5プロムポン駅3番出口から徒歩4分

ハウス・オブ・ジェムス　House of Gems

チャルーン・クルン通り周辺
MAP P.85-F4

地学マニアにはこたえられない

1966年創業、水晶やオパールなどの天然石や化石を扱う、バンコクでも珍しい店。タイのメディアでもよく取り上げられる有名店だ。人気があるのはタイ東北地方で出土する2億年前の恐竜の糞の化石（1個10B～）と、大小さまざまな隕石（小さい物が1個10B～）。アンモナイトの化石は1000B前後。

住1218 Charoen Krung Rd.
TEL0-2234-6730
URLhouseofgems.info
営月～土9:00～17:00
休日
CCなし
行き方BTSシーロムラインのS6サパーン・タークシン駅3番出口から徒歩10分

バンコクプチ情報　いかにもおみやげ的なTシャツを買うなら、MBKセンター（→P.225）3階奥のShopping Streetがおすすめ。トゥクトゥクやムエタイ戦士が描かれたTシャツが100B程度からある。

アパイプーベート Abhaibhubej

サートーン通り周辺
MAP P.86-A5

健康石鹸やサプリを買うなら

オフィスビルの中にあり目立たない店構えなのに、日本人がひっきりなしに訪れる人気店。マンゴスチンや桑の葉、ウコンなどから作られた石鹸が1個30B〜と、製造元直売店ならではの廉価で買える。そのほか薬草茶、ウコンや桑の葉のタブレットなど、サプリメント類も各種揃っている。

住 1st Fl., Thai CC Bldg., 233 Sathorn Tai Rd.
TEL 0-2210-0321
営 月〜金9:30〜18:00　土9:30〜17:00
休 日
CC JMV(350B以上で利用可)
行き方 BTSシーロムラインのS5スラサック駅4番出口から徒歩すぐ ◉

レモングラス・ハウス Lemongrass House

サヤーム・スクエア周辺
MAP P.90-A4

レモングラス製品専門店

1996年創業の歴史あるブランド。タイの特産でもあるレモングラスを使った石鹸やボディクリーム、ハンドクリーム、ルームスプレー、虫よけなど、多彩なラインアップ。石鹸は150B、スプレーやクリーム類は180B〜。ほかにもホホバオイルやココナッツオイルなど、天然素材のスパグッズが各種揃う。

住 2C-47, 2nd Fl., MBK Center, 444 Phaya Thai Rd.
TEL 0-2611-4886
URL lemongrasshousembk.com
営 10:30〜21:00　休 なし
CC AMV(+3%のチャージ)
行き方 BTSシーロムラインのW1ナショナル・スタジアム駅連絡通路から徒歩すぐ
◉

ニア・イコール near equal

プロムポン駅周辺
MAP P.93-F4

アジアの雑貨とアクセサリー

アジア各地の雑貨を独自のセンスでセレクトしたショップ。ファブリックや陶磁器といった一般的な雑貨だけでなく、手作りのアクセサリー、ネコや象などかわいらしい柄が刺繍されたコースターが人気がある。スクムウィット通りソイ47の奥からさらに入った路地に面したタウンハウスの1〜2階。

住 20/7 Soi 41, Sukhumvit Rd.
TEL 0-2003-7588
IG FB Near Equal
営 10:00〜18:00　休 なし
CC AJMV
行き方 BTSスクムウィットラインのE5プロムポン駅3番出口から徒歩8分
◉

ドーイ・トゥン・ライフスタイル Doi Tung Lifestyle

プロムポン駅周辺
MAP P.93-D4〜E5

王族による生活向上プロジェクトの一環

タイ北部のドーイ・トゥン地域で暮らす、山岳少数民族の生活向上プロジェクトで生産された製品を販売。手織りの布を使ったスカーフやカーペットなどは素朴な味わいで人気。コーヒー豆やマカダミアナッツは手頃なおみやげになる。スワンナプーム国際空港出発エリアにもショップあり。

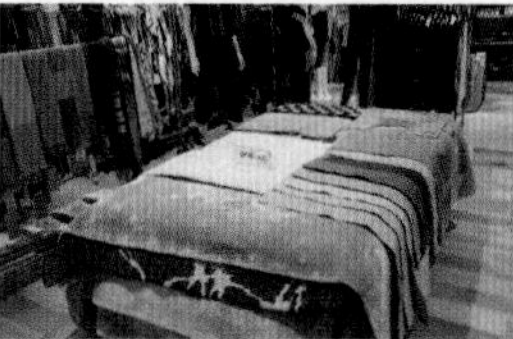

住 Exotique Thai, 6th Fl., Emporium, 622 Sukhumvit Rd.
TEL 0-2269-1000
URL www.doitung.com
営 10:00〜22:00　休 なし
CC ADJMV
行き方 BTSスクムウィットラインのE5プロムポン駅連絡通路から徒歩すぐ
◉

プー・ファー Phu Fa

ナーナー駅周辺
MAP P.92-A2

シリントーン王女のプロジェクト

タイ国民の間で人気の高いシリントーン王女が主宰する「農村、山岳民族支援プロジェクト」のショップ。タイの北部やイーサーン(東北地方)などの貧しいエリアに住む人々に仕事を与え、生活を向上させるのに役立っている。王女自ら描いたイラスト入りのTシャツなどがタイ人に人気。

住 123 Sukhumvit Rd.
TEL 0-2650-3311
URL www.phufa.org
営 月〜金8:00〜20:00
休 土・日・祝
CC AJMV(200B以上で利用可)
行き方 BTSスクムウィットラインのE3ナーナー駅1番出口から徒歩すぐ
◉

ソムチャイ　Somchai

スリウォン通り周辺
MAP P.86-B2 ~ B3

オリジナルのカードがかわいい

タイを代表する文房具や画材のチェーン店。町なかのコンビニや雑貨屋では手に入らない、ちゃんとしたペンやノートが必要になった際に重宝する。ベンジャロン焼きのようなタイ独自の色合いを表現できるオリジナルのアクリル絵の具「Thai Multi Color」シリーズは、おもしろいおみやげになる。

住 3rd Fl., Samyan Mitrtown, 944 Rama 4 Rd.
TEL 0-2040-4588
URL somjai.co.th
営 10:00～22:00
休 なし
CC J M V
行き方 MRTブルーラインのBL27サームヤーン駅2番出口から地下通路で直結

COLUMN

タイの伝統衣装で記念撮影&町歩き

バンコクを訪れた記念に、タイの伝統的な衣装を着て町を歩いたり記念撮影をしてみては。伝統衣装や正装を貸してくれる貸衣装屋が、マハーラート船着場前のショッピングモール、ター・マハーラート内にあるので、ワット・プラケオなどを訪れる前にタイの衣装に身を包み、バンコク最大の見どころをタイ人になりきって回ることもできる。

タイ人になりきって記念撮影

船を借り切ればこんなカットも

衣装が借りられるお店はこちら

センス・オブ・タイ
Sense of Thai
MAP P.78-A4～B4　住 2nd Fl., Tha Maharaj
TEL 09-4321-5225　IG sense_of_thai
営 10:30～19:00　休 なし
CC A J M V
行き方 マハーラート船着場から徒歩すぐ
料金：600、700、800B

3種類ある料金は、どれもタイ中部や北部、ラーマ5世時代などの伝統的な衣装。値段の違いは金糸の縫い取りやラメなど作りの内容によるもので、800Bの衣装は結婚式の参列などにも使えるとか。女性用も男性用も豊富な色が揃っており、上着の色を選ぶとそれに合う色合いの巻きスカートをいろいろ出してくれる。納得がいくまでじっくり試着しよう。着るものが決まったら、店の人が着付けをしてくれる。ブレスレットやネックレスなどのアクセサリー、ハンドバッグも料金に含まれている。靴は自前になるので、違和感のなさそうな靴を履いていくこと。女性はベージュやクリームなど淡い色合いで、2cmほどでもヒールがあると美しいシルエットになるとのこと。男性は黒や茶色の革靴と、長めのソックスが必要。ソックスは50Bで購入可。時間制限はなく、閉店時間までに戻ればオーケー。なお店内にロッカーなどはないので、貴重品は持ち歩きたい。

事前に予約すれば（できれば1週間ほど前）、1時間2600B（撮影1ヵ所）でプロのカメラマンも依頼でき、撮影場所（寺院など）を選べばそれに適した色合いの衣装も選んでもらえるなどいたれり尽くせり。日本語が話せるカメラマンも依頼可能。

ずらりと並んだ衣装

ワット・アルンで貸衣装

もっと気軽に着てみたい、という人はワット・アルンへ行こう。境内に露店の貸衣装屋が数軒あり、ひとり200B程度で借りられる。タイダンスで使う金色の長い付け爪もあり気分も盛り上がる。

仏塔をバックにハイ・ポーズ

日本人経営のフォトスタジオ

バンコク唯一の日本人プロカメラマンが経営するスタジオ。在住日本人の間では、子供の七五三などの撮影で人気があり、タイ風衣装での撮影もできる。衣装選びや着付け、メイクなどに多少時間がかかるので、予約をしていこう。

スタジオ　ら・ふぉーれ
Studio La Foret
MAP P.93-E5
住 2/47 Soi Pirom, Soi 41, Sukhumvit Rd.
TEL 0-2258-8918　営 木～火10:00～18:00
休 水　CC なし
行き方 BTSスクムウィットラインのE5プロムポン駅3番出口から徒歩4分
料金：女性2000B、男性1800B

バンコクプチ情報　大型ショッピングセンターにはたいてい無料Wi-Fiがある。簡単な登録ですぐ使えるので、スマートフォンやタブレットを持っている人は利用しよう。

スパグッズ

Shopping

タイ式マッサージやサムンプライ(タイの伝統的本草学)などの土壌があるためか、タイはスパグッズのブランドが多い。海外に進出する高級ブランドもあり、オリジナリティのある商品が揃っている。アロマグッズも多彩な展開で、ミストやディフューザー、キャンドルなどは普段使いにもおすすめ。スーパーやコンビニ、ドラッグストアでも手頃な値段で手に入る(特集→P.66)。

ハーン HARNN

プロムポン駅周辺
MAP P.93-D4 ～ E5

タイを代表する高級スパグッズ

タイ発の高級スパグッズブランドで、古くから伝わるハーブの効能を生かした自然派プロダクトが人気。ユズが香るボディローションは1490B、ボディオイルスプレー2490B。木の葉のような形をした石鹸は、ジャスミンライスやレモングラスなど9種の香りがあり220B。

住 3rd Fl., Emporium, 622 Sukhumvit Rd.
TEL 0-2664-9935
URL harnn.com
営 10:00～21:30
休 なし
CC A J M V
行き方 BTSスクムウィットラインのE5プロムポン駅連絡通路から徒歩すぐ ⦿

アーブ erb

プロムポン駅周辺
MAP P.93-D4 ～ E5

キュートなパッケージに注目!

タイ王室に伝わるレシピをもとに、贅沢に花びらやハーブなどの自然素材を使用。スキンケアラインが充実している。かわいくてエレガントなパッケージにもファンが多い。ジャスミン成分配合のボディ・セラム1590Bやハンドクリーム850B、そのほかフレグランス類が人気。

住 Exotique Thai, 6th Fl., Emporium, 622 Sukhumvit Rd.
TEL 0-2269-1000
URL www.erbasia.com
営 10:00～22:00 休 なし
CC A D J M V
行き方 BTSシーロムライン、スクムウィットラインのCENサヤーム駅連絡通路から徒歩3分 ⦿

パンピューリ Pañpuri

チットロム駅周辺
MAP P.91-D3

ジュエリーショップのような高級感

ゲイソーン(→P.228)隣に立つゲイソーン・ヴィレッジの2階。クジャクをモチーフにしたロゴが目印の高級スパブランド。原料となる自然素材はすべて契約農家で栽培したもの。ゲイソーン・ヴィレッジの12階には日本式の温泉施設付きのスパ、パンピューリ・ウェルネスもある。

住 2nd Fl., Gaysorn Tower, Gaysorn Village, 127 Ratchadamri Rd.
TEL 0-2656-1149
URL panpuri.com
営 10:00～20:00
休 なし
CC A J M V
行き方 BTSスクムウィットラインのE1チットロム駅6番出口連絡通路から徒歩3分 ⦿

マウント・サポラ Mt. Sapola

サヤーム・スクエア周辺
MAP P.90-B3 ～ B4

香り高いスパグッズが特徴

自然素材の石鹸からスタートしたスパグッズのブランド。サムンプライ(タイの本草学)に基づいた植物などの原料を使用したナチュラル・ソープはひとつ225Bで、ラベンダーやレモングラス、マンゴスチン、ローズマリーなど5種類の香りがある。シャンプーやスクラブ類も人気。

住 4th Fl., Siam Paragon, 991 Rama 1 Rd.
TEL 0-2610-8000
URL www.mtsapola.com
営 10:00～21:30 休 なし
CC J M V
行き方 BTSシーロムライン、スクムウィットラインのCENサヤーム駅連絡通路から徒歩3分
⦿

 ⦿ 日本語スタッフ

ターン・ネイティブ THANN Native

チットロム駅周辺 MAP P.90-C4

ターンのショップ

世界12ヵ国、日本にも支店があるタイ発の高級スパブランド、ターンのショップ。天然素材のシソやライスオイルを使ったクリームやスクラブ、石鹸などのラインアップが最近の人気商品。ナツメグとオレンジのエッセンシャルオイルは、くつろいだバスタイムを演出してくれる。

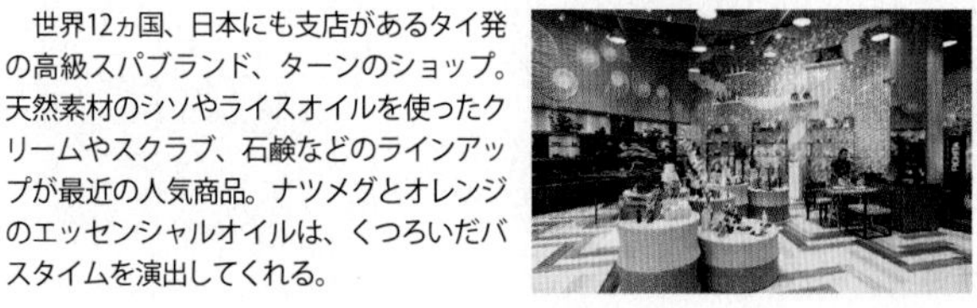

住 3 rd Fl., Gaysorn, 999 Phloen Chit Rd.
TEL 0-2656-1399
URL www.thann.info
営 10:00～20:00 休 なし
CC A J M V
行き方 BTSスクムウィットラインのE1チットロム駅連絡通路から徒歩3分

カルマカメット KARMAKAMET

プロムポン駅周辺 MAP P.93-D5

癒やしのアロマ専門店

タイに古くから伝わるインセンスやアロマ作りの技術を生かして、現代的なアロマキャンドルやポプリを生み出すタイのブランド。オイルやローション、ピローサシェなどのプロダクツには150種類以上の香りがあり、好みのものを探すのも楽しい。ダイナーも併設した旗艦店がここ。

住 30/1 Soi Metheenvit
TEL 0-2262-0701
URL www.karmakamet.co.th
営 10:00～22:00 休 なし
CC A D J M V
行き方 BTSスクムウィットラインのE5プロムポン駅2番出口から徒歩3分

Enjoy! プチプラ ショッピング

ドラッグストアでプチプラコスメ探し

タイを代表する2大ドラッグストアチェーンのブーツとワトソンズ。それぞれオリジナルブランドのコスメ商品を展開しており、手頃な価格で人気。「Buy one, Get one free.(1個買うともう1個無料)」などといったセールも頻繁に開催されているので、店頭で要チェック!

＼イギリス発祥のドラッグストア／

ブーツ Boots

アソーク駅周辺 MAP P.92-B2

スッキリとした店内に薬品や化粧品などが整然と陳列されたドラッグストア。繁華街やおもなデパートにはたいていある。

バンコク市内に多数支店あり

住 223 Sukhumvit Rd. TEL 06-5946-1627
URL www.th.boots.com 営 10:00～22:30 休 なし
CC A D J M V 行き方 BTSスクムウィットラインのE4アソーク駅5番出口から徒歩すぐ

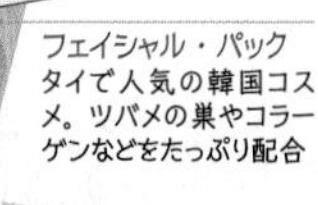

フェイシャル・パック 49B～
ビタミンC配合や美白効果ありなど種類豊富。目的に合ったパックを探そう

アイ・ジェル 95B
冷んやり気持ちいいキュウリのジェルパックで、目元明るく

ボディ・ローション 170B
アロエヴェラとアルガンオイル配合。女性らしい柑橘系の甘い香り

＼1Bセールやおまけセールをよく開催／

ワトソンズ Watsons

シーロム通り周辺 MAP P.263-A3 ～ B3

年中セールをやっておりやや庶民的な印象の雑然とした店内には、家庭用品などの生活雑貨も揃う。

セールをしていることが多い

住 1st Fl., CP Tower Bldg., Silom Rd. TEL 09-2281-2554
URL www.watsons.co.th 営 7:30～23:00(土・日は8:30～)
休 なし CC J M V 行き方 BTSシーロムラインのS2サーラーデーン駅2番出口から徒歩3分

フェイシャル・パック 26B
タイで人気の韓国コスメ。ツバメの巣やコラーゲンなどをたっぷり配合

ハンドクリーム 49B
荒れがちな手に、お肌に優しいミルクヨーグルト配合ハンドクリーム。エクストラミルク、ストロベリー、アップルの香り

バンコク プチ情報 暑い国らしく、スーパーマーケットやドラッグストアではデオドラント系の商品も充実している。固形石鹸は値段も安いしパッケージもおもしろいものが多いので、おみやげにいかが。

タイファッション

Shopping

タイのファッションを代表する素材はタイシルク。ジム・トンプソンはタイシルクファン垂涎のブランドで、衣類だけでなくバッグやポーチなど小物類も充実。アパレル系では、欧米留学帰りのデザイナーなどが立ち上げるオリジナルのブランドが人気。細身の人が多いタイ人女性をより美しく見せる「JASPAL」や「Playhound」、「Sretsis」「Tango」などは大きなデパートにもショップがある。

ジム・トンプソン・タイシルク Jim Thompson Thai Silk

スリウォン通り周辺
MAP P.263-E1

タイシルクの本家本元

一度は廃れかけたタイのシルク産業を復興させ、世界的なブランドに育て上げたアメリカ人ジム・トンプソン。彼の名を冠した、タイのシルク産業を代表するブランドの旗艦店。高級感あふれる店内は、1階にネクタイやスカーフ、クッションカバー、ポーチやリップケースなどの小物入れなど、ファッション系の雑貨が並ぶ。2階にはゴージャスなシルクのガウンやシャツ、スカートなど、つややかな光沢となめらかな手触りが艶めかしいシルクの衣類がズラリ。コットンのTシャツは1000B程度と手頃。2階の奥はシルクの生地コーナーで、ドレスなどの仕立ても可能。3階はセールコーナー、4〜5階はインテリアのショールーム。2階に以前あったカフェはなくなり、機織り機などシルク産業に関する博物館的なスペースになっている。

セントラル・ヴィレッジ(→P.232)と、スクムウィット通りソイ93(MAP 折込裏-D5、BTSスクムウィットラインのE10バーンチャーク駅1番出口から徒歩3分)にアウトレットがある。本店には並ばないデザインや、見た目では全然わからないB級品がかなりお得な値段で販売されている。

住 9 Suriwong Rd.
TEL 0-2632-8100
URL www.jimthompson.com
営 9:00〜20:00
休 なし
CC A D J M V
行き方 BTSシーロムラインのS2サーラーデーン駅3番出口、MRTブルーラインのBL26シーロム駅2番出口から徒歩5分
[日本語スタッフ]

パーヤー Paya

トンロー、エカマイ周辺
MAP P.89-F3

美しいコットン布が揃う

コットン製品とマットミー織りの専門店。美しい草木染めのコットンを使った優しい風合いのスカーフは150Bで、色のバリエーションも豊富。メートル売りの生地も色や柄が多数揃っているので、気に入った布でカーテンを仕立てれば部屋をタイ風にアレンジできる。

住 203 Soi10, Soi 55 (Soi Thong Lo), Sukhumvit Rd.
TEL 0-2711-4457
URL payashop.net
営 月〜土 9:00〜18:00 休 日
CC A M V
行き方 BTSスクムウィットラインのE7エカマイ駅1番出口、E6トンロー駅3番出口から徒歩18分
[日本語スタッフ]

バーン・クルア・タイシルク Baan Krua Thai Silk

サヤーム・スクエア周辺
MAP P.298-A1

ジム・トンプソンにも卸していた老舗

運河沿いの細い路地にあるシルク工房。以前はこのあたりにシルク工房が集まり、ジム・トンプソンブランドの織物を生産していた。その最後の1軒がここで、昔ながらの織り機を使った機織りや染めの様子が見学できる。オーナーの昔話もおもしろい。シルクのスカーフは800B程度からある。

住 847/1 Soi Kasem San 3, Rama 1 Rd.
TEL 0-2215-9864
営 9:00〜20:00
休 なし
CC なし
行き方 BTSシーロムラインのW1ナショナル・スタジアム駅1番出口から徒歩6分
[日本語スタッフ]

[日本語スタッフ] 日本語スタッフ

インディゴ・ハウス　Indigo House

サヤーム・スクエア周辺
MAP P.90-B3 ～ B4

藍染めのタイコットン

日本の絣(かすり)によく似たタイの藍染めコットンを扱っている。生地はタイの北部やイーサーンと呼ばれる東北地方で織られたものが多く、粗めのものなら1m750B～、目が詰まって肌触りのいい高級品は1m1500B～。ブラウスやワンピースなどを仕立てることも可能で、シンプルなシャツなら2m、ワンピースは4m、ツーピースなら5m程度が目安。仕上がりまでには2日から1週間程度必要。時間のない人には既製品もあり、ワンピースなどは6500B程度。細かい直しもしてもらえるので、セミオーダーに近い。コットンを使ったかわいらしい小物類はおみやげに人気で、合掌をしたウサギのぬいぐるみは200B、しっぽを引っ張るとメジャーが出てくる象は400B、コースターは150B。サヤーム・パラゴン(→P.227)のレストランが並ぶフロアにある。

住 Rm. 418B, 4th Fl., Siam Paragon, 991 Rama 1 Rd.
TEL 0-2129-4519
営 10:00～22:00
休 なし　CC A J M V
行き方 BTSシーロムライン、スクムウィットラインのCENサヤーム駅連絡通路から徒歩3分

アブソリュート・サヤーム　Absolute Siam

サヤーム・スクエア周辺
MAP P.90-A3 ～ B3

インディーズブランドの集合体

ファッション関連ショップが多いサヤーム・センター(→P.227)にある、ハイセンスな小ブランドを集めたショップ。タイ旅行中ちょっとおしゃれをしたくなったときに着られるような、夏向きのリゾート・カジュアル・ファッションが、ワンピース600Bなど手頃な値段で手に入る。

住 3rd Fl., Siam Center, 979 Rama 1 Rd.
TEL 0-2251-7983
営 10:00～21:00
休 なし
CC A D J M V
行き方 BTSシーロムライン、スクムウィットラインのCENサヤーム駅連絡通路から徒歩すぐ

ムジナ　Muzina

アソーク駅周辺
MAP P.92-B2

自分だけのオリジナルサンダルを

日本人デザイナーが集まって2005年にスタートしたブランド。上質な革を使った美しいデザインのバッグやシューズ、ソールやアッパーの素材や色、高さなどから自由にオーダーできるサンダルが人気。フラットサンダル3500B～、ウェッジサンダル3900B～。仕上がりまで1～1ヵ月半かかる。

住 3rd Fl., Metha Wattana Building, 27 Soi 19, Sukhumvit Rd.
TEL 09-2090-1289
URL www.muzina.jp
営 火～日 10:00～18:00
休 月
CC J M V
行き方 BTSスクムウィットラインのE4アソーク駅1番出口から徒歩5分

COLUMN

タイ文字モチーフのファッショングッズ

タイ人から見ると日本語のひらがなは「かわいい」らしい。逆に日本人から見るとタイ文字は、くるくると丸まっていてとてもかわいらしく見える。そんなタイ文字をモチーフにしたアクセサリーや、タイ文字をプリントしたファッショングッズは、外国人旅行者に人気のおみやげ。いくらでもありそうで、実は数も種類も少ない。興味がある人は、見つけたら迷わずゲットしよう。

タイ文字の子音がプリントされたTシャツ

バンコク プチ情報　屋台やマーケットではびっくりするぐらい安い衣類が売られている。生地は粗悪で縫製も雑ながら、夏用パジャマにワンシーズン用などと割り切れば悪くない買い物。

ジュエリー、アクセサリー

Shopping

もともとタイは宝石の産地、現在では集散地として世界的に有名。原石、加工品ともに日本で購入するより安く売られている。特産のルビーやサファイア類が充実しており品質もよい。細かい細工物の伝統があるため、精巧なアクセサリーも手頃な値段で売られている。悪質な業者も多いので、信頼できる店を利用しよう。町で声をかけられて連れていかれるような店などでは絶対に買わないこと。

シーン Sheen

シーロム通り周辺
MAP P.86-A4

確かなジュエリーをタイならではの価格で

古くは宝石の産地、資源が枯渇しほぼ産出しなくなって以降も、産地だった時代の名残で流通のハブとして良質な宝石が集まるタイ。タイ東部の町チャンタブリーは、通り沿いに宝石商が並び、世界各地から原石が持ち込まれる。そんなタイで、ジュエリー工場が直営するジュエリーのショールーム兼ショップがシーン。ヒスイはミャンマー産の質の高いものを、パールは日本の高級ブランドにも卸している生産者から仕入れるなど、最高級の素材を使用。特にヒスイはミャンマーとタイにある自社工場でカット、研磨、カービングまですべて一貫して行い、高度な技術を要するカービングや透かし彫りは、20年以上の経験があるミャンマー人の職人が担当。本物の輝きをもつ石を使い、伝統的なデザインにモダンなアレンジを施したオリジナルのハンドメイドジュエリー。身につけて、優雅な気分を味わいたい。オーダーメイドは2～3週間で可能。使う石、デザインなど、予算に合わせて相談に乗ってもらえる。

住 B4 Zone b, Silom Village, 286 Silom Rd.
TEL 0-2635-6311
URL sheenbangkok.stores.jp
営 月～土10:30～18:00
休 日・祝
CC A J M V
行き方 BTSシーロムラインのS5スラサック駅3番出口から徒歩7分
[日本語スタッフ]

リヤ・バイ・インドラ・ジュエリー LIYA by Indra Jewelry

プラトゥーナーム周辺
MAP P.91-D1

自分だけのタイ文字アクセを作ろう

タイ文字をあしらったリングやペンダントヘッドが注文できる、1971年創業の老舗。値段はイエローゴールド、ホワイトゴールド、ピンクゴールド、パラジウムシルバーなど使う素材によって異なる。色が鮮やかで変形に強く、黒ずまないホワイトゴールドがおすすめ。イニシャルのリングで2800B～、ネックレスは4200B～。文字の丸い部分にサファイアやルビーなどをアクセントに使うと1個500B、ダイヤモンドは1個800B。タイのおめでたい言葉や「マイペンライ(タイ語で"大丈夫")」などの既製品もある。注文から約1週間で完成。間に合わない場合は日本まで無料で送付可。入口のドアは普段施錠されているので、電話を入れるか、ドアの外からアピールして開けてもらう。

住 407, 9-11 Ratchaprarop Rd.
TEL 0-2254-2251
FB LIYA IndraJewelry
営 月～金10:30～18:00、土は～17:30 休 日 CC A D J M V
行き方 BTSスクムウィットラインのE1チットロム駅6番出口から徒歩18分 [日本語スタッフ]

[日本語スタッフ] 日本語スタッフ

日本堂ジュエリー Nihondo Jewelry

プロムポン駅周辺
MAP P.93-E4

安心の日本人経営ジュエリーショップ

1977年創業で、石の種類やデザインの多彩さで長く日本人に人気を博してきた日本人経営のショップ。ルビーやサファイアなど値の張る品物が多いが、同じ質のものを日本で買うことを考えると割安感がある。オリジナルのベンジャロン焼きやピューターなど、タイならではの民芸品もある。

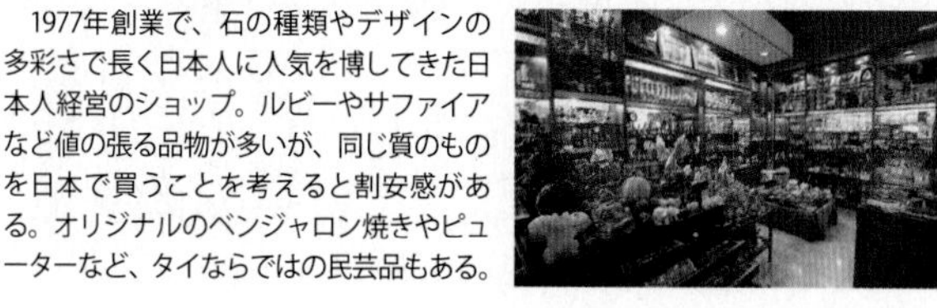

住 Near Soi 35, Sukhumvit Rd.
TEL 0-2261-1758
FAX 0-2662-2296
URL www.nihondo-jewelry.com
営 9:00～20:00
休 なし
CC A D J M V
行き方 BTSスクムウィットラインのE5プロムポン駅1番出口から徒歩すぐ

パー&オー PA&O

サヤーム・スクエア周辺
MAP P.157-C1

シルバーアクセサリーを手頃な値段で

タイの芸能人にも大人気の、シルバーの手作りアクセサリーショップ。重厚なデザインから貝や石をあしらった軽いタッチのものまである。ボディピアスも多彩な品揃え。銀のネックレスは小2000B程度～、大3000B程度～。貝や石のネックレスは1000B程度～。

住 Soi 3, Siam Square
TEL 0-2251-2538
IG pa_o_silver
営 10:30～21:00
休 なし
CC J M V
行き方 BTSシーロムライン、スクムウィットラインのCENサヤーム駅2番出口から徒歩すぐ

ミュージックソフト

Shopping

タイのミュージックシーンは、王道のアイドルポップスからロック、プア・チーウィット(フォークソング風)、モーラムにルークトゥン(演歌風歌謡曲や明るくリズミカルな民謡風)などさまざまなジャンルがあり、芸能好きの国民性と相まって活動も盛ん。ライブバンドが入る飲食店も多く、お祭りやイベントには必ずといっていいほどライブが行われる。気になるバンドや曲があったら、ショップでチェック！

パーパープー PaPaPu

チットロム駅周辺
MAP P.91-D3

数少なくなったCD販売実店舗

バンコクの繁華街ではほぼ見かけなくなってしまった盤面販売の実店舗。少し寂れたショッピングモールのM階(2階)でひっそりと営業中。タイのポップスは音源のネット販売が主流となり、並ぶ品物はやや古めのタイトルが多い。タイの音楽だけでなく洋楽のCDやLPも扱う。

住 M Fl., The Market Bangkok, 111 Ratchadamri Rd.
TEL 08-2692-9391
FB Papapu
IG papapucdlp
営 10:30～20:30
休 なし
CC M V
行き方 BTSスクムウィットラインのE1チットロム駅6番出口から徒歩6分

COLUMN

日本でタイミュージックを買おう

バンコクではCDショップがほとんど消滅し、盤面の購入がとても難しくなってしまった。ならば日本で買えばいい。2001年創業、日本で唯一のタイミュージック専門店では、知識豊富な店長が各種質問にも答えてくれる。最近では音楽系だけでなく、プラ・クルアンと呼ばれるお守りの販売でも知られている。

サワディーショップ
住 東京都新宿区西新宿7-12-14 2階
TEL FAX 03-3366-0877
URL www.sawadee-shop.com
営 水～金15:30～19:00　土・日・祝13:00～17:00　休 月・火(タイ仕入れなどで不定休。ウェブサイトで要確認)　CC A D J M V

バンコク プチ情報　タイでの楽曲購入はダウンロードがメインとなり、CDやVCDはリリースすらされず、ショップも壊滅状態。中古盤屋も見当たらない。

Shopping

陶磁器

赤青緑の色で緻密に彩られ、金色で縁取りされた派手な陶器はベンジャロン焼きだ。厚い硬質の艶と華やかな色彩の美しさが特徴。淡い緑色の地の表面が細かくひび割れたようになっているのがセラドン焼き。硬度が高く、厚く深い艶がある。最近では緑以外の色の品も作られている。白地に青色で文様が描かれているのは青白陶器。和食にも合うので、日本人の間でも人気が高い。

タイ・イセキュウ Thai Isekyu

アソーク駅周辺
MAP P.92-B2

オリジナルデザインのベンジャロン焼き

日本の七宝焼にも似た、青や赤と金を多用した艶やかな美しさが特徴のベンジャロン焼き。ここは日本人経営の専門店で、製造から販売まで一貫して行っており、茶器やビアグラスなど日本人好みの製品も品揃え豊富。かわいらしい象の形をした醤油差しは600B、小皿200Bなど。

住 1/16 Soi 10, Sukhumvit Rd.
TEL 0-2252-2509
FAX 0-2254-4756
営 月～土9:00～18:00
休 日
CC A D J M V
行き方 BTSスクムウィットラインのE4アソーク駅2番出口から徒歩4分
[●]

ザ・レジェンド The Legend

サヤーム・スクエア周辺
MAP P.90-A2

セラドン焼きのテーブルウエア

ローズウッドや紫檀、黒檀を使った箸やスプーンなどのカトラリーをはじめとする木工品やタイ雑貨のほかに、オリジナルのセラドン焼きが知る人ぞ知る人気商品となっているショップ。木の葉や象などタイらしいモチーフの皿や、スイカやマンゴスチンなどをデザインしたかわいらしい小物入れなど、豊富な品揃え。木の葉の形をした皿はサイズも各種あり、25cmほどの大きさなら375B。マンゴスチンの形をしたシュガーポットは小さいもので220B、大は260B。かわいらしい本物のマンゴスチンをくり抜き、ラッカー仕上げで内側に金彩を施した小物入れは380B。以前姉妹店の「タムナン・ミンムアン」(閉店)で扱っていた精緻な編み籠はこちらで引き続き販売。

住 486/127 Ratchathewi Intersection
TEL 0-2215-6050
FB The Legend
営 9:00～18:00
休 なし　CC なし
行き方 BTSスクムウィットラインのN1ラーチャテーウィー駅3番出口から徒歩すぐ
[●]

COLUMN

巨大スーパーでおみやげ探し!

タイには大型スーパーマーケットのチェーンがいくつかあり、大型店舗の場合は核となるスーパーマーケットだけでなくファストフード店やファミリーレストラン、フードコートなどの飲食店街やファッション関連のショップ、場所によっては遊園地や映画館まで併設されている。雑貨や食品系のおみやげは、巨大スーパーマーケットで探そう。

バンコクのスーパーマーケット

ビッグC Big-C、ロータスLotus's、トップスTops、ヴィラ・マーケットVilla Market、マックスバリュMaxValuなどがおもなチェーン。ビッグCのラーチャダムリ店(MAP P.91-D3)はファストフード店やブティックが並ぶ巨大店。

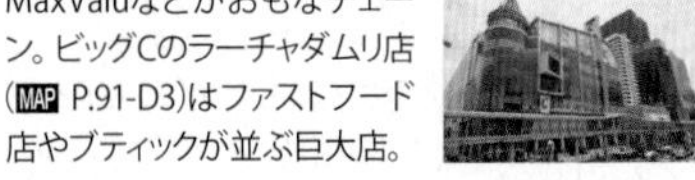

[●] 日本語スタッフ

籐製品、台所用品

Shopping

昔から特産のチーク材を使った大型家具の生産が有名。最近では乱伐がたたってチークの産出量が減り、価格は高騰気味。そのためミャンマーからの輸入品が多い。バンコクではMBKセンターの5階が家具店街になっている。籐製品は値段が手頃でしかも軽いため、おみやげにおすすめ。ラタンを使ったチェストやテーブルなどの家具ならば、スクムウィット通りのソイ45入口界隈に店が並んでいる。

ナイ・ムアン・ストア Nai Muen Store

チャイナタウン周辺
MAP P.79-D4

120年以上の歴史がある隠れた名店

チャイナタウンの外れ、現在ではやや不便な場所にあるが、1896年創業の知る人ぞ知る穴場。倉庫のような薄暗い店内は意外に広く、買い物籠やバスケットのような小物から大型家具セットまでサイズや品揃えが豊富。価格も明示されているので安心して買い物できる。

住 422 Mahachai Rd.
TEL 0-2221-7325
営 月～土8:00～18:00
休 日
CC なし
行き方 MRTブルーラインのBL30サームヨート駅1番出口から徒歩5分

サパーンハン Saphanhun

チャイナタウン周辺
MAP P.85-D1

現役で使われるレトロ雑貨の金物屋

店の歴史は100年以上。金物荒物一筋の台所用品専門店。タイ料理レストランでケーンやトムヤムを注文すると出てくる炭が入れられる鍋や、ソムタム作りに使われる石臼と杵のセット、食堂のテーブルにある調味料入れ、ステンレス製の円形積み重ね弁当箱などが、地元向けの値段で買える。

住 635-637 Chakraphet Rd.
TEL 0-2221-5474
営 月～土8:30～18:30
休 日
CC なし
行き方 MRTブルーラインのBL30サームヨート駅1番出口から徒歩3分

免税店

Shopping

タイ国内で販売される物品やサービスには、7%の付加価値税(VAT:Value-Added Tax)がかけられている。しかし免税店なら免税価格で購入できるので、高級ブランド品や酒、たばこなどを買うのなら足を運んでみよう。グッチ、フェンディなどブランド品の品揃えは豊富。市内に1店舗と、スワンナプーム国際空港にもある。食品や雑貨は割高なので、スーパーマーケットなどで買おう。

キングパワー・デューティーフリー・ショップ King Power Duty Free Shop

プラトゥーナーム周辺
MAP P.81-D3

民芸品や宝飾品も揃う免税店

キングパワー・コンプレックス内にある免税店。免税品の購入には国外からの旅行者であることを証明するために航空券(eチケットの控え)とパスポートが必要。ここで購入した免税品は空港にある専用カウンターでの受け取りになる都合上、出発まで5時間を切ってからの買い物は不可。

住 8/1 Rangnam Rd.
TEL 0-2677-8899
URL www.kingpower.com
営 10:00～21:00
休 なし
CC A D J M V
行き方 BTSスクムウィットラインのN3ヴィクトリー・モニュメント駅2番出口から徒歩4分

バンコクプチ情報 コロナ禍の利用者激減でほぼ閉鎖されていたスワンナプーム国際空港出発ロビーの免税店は、2023年11月時点でかなり復活。免税品や買い忘れのおみやげも帰国前ギリギリでゲットできる。

書店

Shopping

常時万単位の日本人在住者がいるバンコクには、日本から紀伊國屋書店が進出しており、日本語書籍の品揃えはほぼ日本と同じ。文庫の新刊や話題の単行本、人気の雑誌はたいてい入手できる。日本人向けのフリーペーパーも店内に置かれているので、見つけたら入手しておこう。日本人が多く住むBTSプロムポン駅周辺のエリアには、日本語書籍を扱う古書店もある。

紀伊國屋書店 Kinokuniya

プロムポン駅周辺
MAP P.93-E4

バンコク最大の日本語書籍店

エムクオーティエ(→P.228)にある、バンコク最大級の書籍店。文庫本、単行本、週刊や月刊の雑誌、旅行ガイドブック、語学書などの日本語書籍だけでなく、タイ語や洋書も充実。日本語フリーペーパーも配布。セントラルワールド(→P.228)6階、サヤーム・パラゴン(→P.227)3階にも支店あり。

住 Unit 3B01, EmQuartier, 693 Sukhumvit Rd.
TEL 0-2003-6507
URL thailand.kinokuniya.com
営 10:00〜22:00
休 なし
CC A D J M V
行き方 BTSスクムウィットラインのE5プロムポン駅連絡通路から徒歩すぐ
日本語スタッフ

エーシア・ブックス ASIA BOOKS

プロムポン駅周辺
MAP P.93-D4 〜 E5

オリジナル出版物が評判

タイを代表する洋書のチェーン店。小説などの読み物はもちろん、旅行ガイドブックの在庫も豊富。大判で美しい写真を多数掲載した、タイや東南アジアに関するオリジナルの出版物は外国人に人気がある。バンコク市内の主要なショッピングセンターなどに支店多数。

住 2nd Fl., Emporium, Soi 24, Sukhumvit Rd.
TEL 0-2664-8545
URL www.asiabooks.com
営 10:00〜21:30
休 なし
CC A D J M V
行き方 BTSスクムウィットラインのE5プロムポン駅連絡通路から徒歩すぐ
日本語スタッフ

ギャラリー、カルチャースポット

Shopping

バンコクで相次いでオープンしているのが、カフェやイベントスペース、ギャラリーなどを併設したカルチャースポット。古い製氷工場を改装した設計事務所に併設されたザ・ジャム・ファクトリーThe Jam Factory(MAP P.85-E3)、古い大型倉庫をコミュニティアートスペースにリノベーションしたウェアハウス30 Warehouse 30(MAP P.85-F3〜F4)で、バンコクの最新カルチャーを体験しよう。

セントラル第一家 Central: The Original Store

チャルーン・クルン通り周辺
MAP P.85-F4

セントラルデパート発祥の地

タイ流通業界2大巨頭のひとつセントラルの1号店だったビル。3階と4階が随時企画展が行われるギャラリーになっており、最新のアートに触れられる。1階はショップ、カフェとミュージックバー。2階はライブラリーで、5階は有名シェフがプロデュースする要注目のレストランAKSORN。

住 1266 Charoen Krung Rd.
TEL 0-2267-0412
URL www.centraltheoriginalstore.com
営 火〜日10:00〜18:00
休 月
CC J M V
行き方 BTSシーロムラインのS6サパーン・タークシン駅3番出口から徒歩10分
日本語スタッフ

デパート、ショッピングセンター

Shopping

バンコクのショッピングセンターの特徴はその巨大さ。たいてい大きな吹き抜けがあり、充実したレストラン街やファストフード店のほかにフードコート(→P.193)やシネマコンプレックスがある。場所によっては小さな遊園地や動物園まで併設されているところもあり、「アミューズメントパーク」的感覚で楽しめる。「買い物もできる涼しい遊園地」的な扱いで、「遊び」に出かけるのが楽しい。

ターミナル 21 Terminal 21

アソーク駅周辺
MAP P.92-B3 ～ C3

バンコクで大人気の大型ショッピングモール

変貌著しいアソークにオープンした大型ショッピングセンター。空港のターミナルビルをイメージしており、インフォメーションにいる案内係の制服はまるでCA。各フロアは「ロンドン」「イスタンブール」「東京」など世界各地の都市をイメージしたインテリアで、「東京」フロアには山手線の駅名がずらりと並ぶ一角もある。2階建てバスや鳥居、柱を挟んでぶつかり合う力士の像が記念撮影スポットになっている。5階の「サンフランシスコ」はレストラン街で、フードコートの「Pier 21」は比較的手頃な値段で食事ができる。

館内のトイレもテーマに合わせた造りになっており、「ロンドン」フロアはなぜか地下鉄駅のホームが壁に描かれている。すべて温水洗浄便座なのもすごい。

住 2, 88 Soi 19, Sukhumvit Rd.
TEL 0-2108-0888
URL www.terminal21.co.th
営 10:00～22:00
休 なし
CC 店により異なる
行き方 BTSスクムウィットラインのE4アソーク駅連絡通路から徒歩すぐ

MBKセンター（マーブンクローン） MBK Center (Mar Boon Krong)

サヤーム・スクエア周辺
MAP P.90-A4

進化を続ける巨大な屋内市場

巨大な建物の内部を無数のテナントに貸し出したショッピングセンター。その発想はまさに市場。1階にはファッション系とファストフードにスーパーマーケットのトップスTops、2階はレストラン街と金製品やジュエリーにファッション系、3階はファッションや雑貨、4階は雑貨やファッションとスマホ関連で奥に銀行の支店、5階がファニチャーショップとカメラ関連、6階はフードコートとレストラン街に予備校、7階は映画館とレストラン街になっている。BTSシーロムラインのナショナル・スタジアム駅と連絡する歩道橋側にはドンドンドンキ(日本のドン・キホーテ。営24時間)があり、おなじみのメロディが流れている。6階のフードコート、フード・レジェンズ(→P.193)はバンコク屈指の規模があり、外国人旅行者にも人気。

住 444 Phaya Thai Rd.
TEL 0-2620-9000
FAX 0-2620-7000
URL mbk-center.co.th
営 10:00～22:00
休 なし
CC 店により異なる
行き方 BTSシーロムラインのW1ナショナル・スタジアム駅連絡通路から徒歩すぐ

バンコクプチ情報 ターミナル21のフードコートは、値段が町なかの屋台とほぼ同じ。賃料を下げる代わりに値段も安くして最上階のフードコートに人を集め、下のショップエリアに回遊してもらう戦略なのだとか。

アイコンサヤーム ICONSIAM

チャルーン・クルン通り周辺
MAP P.85-E4

チャオプラヤー川岸の巨大モール

2018年末にオープンした巨大ショッピングモール。キーテナントの高島屋をはじめ、タイ初のアップルストアなど多数のショップや飲食店が並ぶ。テナントエリア1階のSOOKSIAM(スックサヤーム)と呼ばれるエリアは、暗めに照明された大きなホールの中に木造のタイ建築と水路が造られ、タイの伝統的な市場を再現。水路には船まで浮かべられ、タイの雑貨やお菓子が売られている。館内にあるアイコンクラフト ICONCRAFTは、タイ各地の伝統的な工芸品や食品、オリジナルブランドの商品が集められている(→P.212)。手頃な小物類が多数揃い、おみやげ探しに便利。6階のタサナ・ナコーン Tasana Nakornは、テラス席もあるダイニング。チャオプラヤー川越しに、バンコク市街の雄大な景観が楽しめる。

住 299 Soi 5, Charoen Nakhon Rd. TEL 0-2495-7000
URL www.iconsiam.com
営 10:00〜22:00 休 なし
CC 店により異なる
行き方 BTSゴールドラインのGL2チャルーン・ナコーン駅から歩道橋で連絡。CENサートーン船着場から無料シャトルボート ◉

サームヤーン・ミットタウン Samyan Mitrtown

スリウォン通り周辺
MAP P.86-B2 〜 B3

バンコク最新のカルチャースポット

チュラーロンコーン大学近くの、古いタウンハウスが建ち並んでいたエリアを大規模に再開発した、バンコク最新のモール。おしゃれな生活雑貨やファッション系雑貨ショップのほか、24時間オープンのコワーキングスペースやカフェ、バンコクには珍しい単館系映画館で以前はRCAで営業していた「HOUSE」などがあり、カルチャー寄りの路線でおもしろい。地下1階とG階の飲食店フロアにはカフェも多数。5階には展望テラスがあり、シーロム通り方面が見渡せる。手頃なホテルも併設されている。MRTブルーラインのサームヤーン駅とを結ぶ地下通路は、コンクリート製の擁壁がそのままむき出しになっていて、トンネル自体が珍しいタイで人気の撮影スポットともなっている。

住 944 Rama 4 Rd.
TEL 0-2033-8900
URL www.samyan-mitrtown.com
営 10:00〜22:00(24時間オープンのエリアもある)
休 なし
CC 店により異なる
行き方 MRTブルーラインのBL27サームヤーン駅2番出口から地下通路で直結
◉

サイアム高島屋 SIAM Takashimaya

チャルーン・クルン通り周辺
MAP P.85-E4

安心の日系デパート

チャオプラヤー川岸の巨大ショッピングモール、アイコンサヤーム(→P.226)のキーテナントとして登場した、日本を代表する高級百貨店の高島屋。G階から4階までの7フロアを占める。UG階にある和洋菓子店と北海道どさんこプラザがタイ人に人気。タカシマヤカードで優待割引が受けられる。

住 ICONSIAM, 299 Charoen Nakhon Rd.
TEL 0-2011-7500
URL www.siamtakashimaya.co.th
営 10:00〜22:00 休 なし
CC A D J M V 行き方 BTSゴールドラインのGL2チャルーン・ナコーン駅から歩道橋で連絡。CENサートーン船着場からシャトルボート(料 10B)。
◉

サヤーム・ディスカバリー Siam Discovery

サヤーム・スクエア周辺
MAP P.90-A3

洗練されたショップが集合

2016年5月にリニューアルオープン。大きな吹き抜けの周囲に最新のIT機器を扱うショップやスポーツブランド、モダン雑貨のセレクトショップが並ぶ。GF（1階）は女性向け、MF（2階）は男性向けのブランドショップ。フロア1（3階）はジーンズなどカジュアルファッションとシューズやバッグ、フロア2（4階）はDigital Labでオーディオ機器やカメラ、スマホなどのデジタルガジェットショップがある。フロア3（5階）はタイ各地の名産品を集めたアイコンクラフトICONCRAFTで（→P.212）、おみやげ探しに便利。隣のエコトピアECOTOPIAはオーガニック食品やエコフレンドリーな商品を扱うコーナーで、王室プロジェクトで生産された果物や野菜も扱っている。最上階はマダム・タッソーのろう人形館（→P.158）。

住 989 Rama 1 Rd.
TEL 0-2658-1000
URL www.siamdiscovery.co.th
営 10:00～22:00
休 なし
CC 店によって異なる
行き方 BTSシーロムライン、スクムウィットラインのCENサヤーム駅1番出口から徒歩2分

サヤーム・パラゴン Siam Paragon

サヤーム・スクエア周辺
MAP P.90-B3 ～ B4

東南アジア最大級のメガモール

総売り場面積が50万㎡と広大な館内は、高級ブランドショップが並ぶエリアと、デパートエリアに分かれている。ブランドエリアにはロールスロイスやフェラーリ、マセラティといった高級車のモデルルームがあり目を見張る。GFはGOURMET PARADISEで、高級スーパーマーケットのグルメマーケットを中心に、ファストフード店から高級レストラン、フードコートがある。フードコートにはティップサマイ（→P.189）、コーアーン・カオマンカイ・プラトゥーナーム（→P.195）の支店も。3階（日本風には5階）には紀伊國屋書店がある。4階ショップエリアにあるパラゴン・パサージュParagon Passageはレストラン街。5階は映画館とボウリング場。BF（地下1階）はOCEANARIUMで、水族館のシーライフ・バンコクSea Life Bangkokがある。バンコクでペンギンを眺めるのも、新鮮な体験だ。

住 991 Rama 1 Rd.
TEL 0-2610-8000
URL www.siamparagon.co.th
営 10:00～22:00
休 なし
CC デパートはADJMV、テナントは店によって異なる
行き方 BTSシーロムライン、スクムウィットラインのCENサヤーム駅連絡通路から徒歩すぐ

サヤーム・センター Siam Center

サヤーム・スクエア周辺
MAP P.90-A3 ～ B3

ファッションビルの先駆けは1973年オープン

ファッション関連のショップが多く、特にタイの人気ブランドショップや雑貨、スパグッズのショップが集まっているので、ちょっとおしゃれなおみやげ探しに便利。最上階のレストラン街も人気。BTSサヤーム駅、サヤーム・ディスカバリー（→P.227）と歩道橋で連絡している。

住 979 Rama 1 Rd.
TEL 0-2658-1000
URL www.siamcenter.co.th
営 10:00～22:00
休 なし
CC 店により異なる
行き方 BTSシーロムライン、スクムウィットラインのCENサヤーム駅連絡通路から徒歩すぐ

バンコク プチ情報 旅行者はサヤーム・ディスカバリー、サヤーム・センター、サヤーム・パラゴン共通のTourist Privilegesに登録すると、無料Wi-Fiが利用でき、館内のショップで割引が受けられる。

エムクオーティエ EmQuartier

プロムポン駅周辺
MAP P.93-E4

エコゴンシャスな巨大モール

海外ブランドのショップをはじめ、輸入食品の品揃えが豊富なスーパーマーケットまで高級路線。正面から見ると左がへリックス・クオーター、右はグラス・クオーターと別棟になっており、さらに奥にあるウオーターフォール・クオーターと3棟で構成されている。

住 693 Sukhumvit Rd.
TEL 0-2269-1000
URL www.emquartier.co.th
営 10:00〜22:00
休 なし
CC 店により異なる
行き方 BTSスクムウィットラインのE5プロムポン駅連絡通路から徒歩すぐ
◉

エンポリアム Emporium

プロムポン駅周辺
MAP P.93-D4 〜 E5

日本人集住エリアの高級デパート

大きな吹き抜けのショッピングセンターには、エルメス、ルイ・ヴィトンなど、そうそうたる高級ブランドが並ぶ。1階にはオリエンタル・ホテル直営のカフェ、ほかにタイ雑貨コーナーのエキゾティック・タイ(→P.212)もある。併設のデパートも高級感満点。隣はサービスアパートメント。

住 622 Sukhumvit Rd.
TEL 0-2269-1000
URL www.emporium.co.th
営 10:00〜22:00
休 なし
CC デパートはADJMV、テナントは店により異なる
行き方 BTSスクムウィットラインのE5プロムポン駅連絡通路から徒歩すぐ
◉

エムスフィア EmSphere

プロムポン駅周辺
MAP P.93-D4

新しい巨大モールが完成

2023年12月オープンとバンコク最新、地上6階建てで延床面積約20万㎡の巨大ショッピングモール。既存のエンポリアム(→P.228)、エムクオーティエ(→P.228)とあわせてこのエリア全体をエム・ディストリクトとして盛り上げる。ひとりで気軽に入れる飲食店が多いのも現代風でおもしろい。

住 628 Sukhumvit Rd.
TEL 0-2269-1000
URL emsphere.co.th
営 10:00〜22:00
休 なし
CC 店により異なる
行き方 BTSスクムウィットラインのE5プロムポン駅から連絡歩道橋で直結
◉

セントラルワールド CentralWorld

チットロム駅周辺
MAP P.90-C3

超巨大ショッピングセンター

セントラル@セントラルワールドなどのデパートやホテルを含む巨大モールで、ファッション関連のショップや多数のレストラン、映画館が詰め込まれ、ここだけで1日過ごせる。7階にはフードコートとスーパーマーケットがあり、おみやげ向けのお菓子を集めたコーナーが便利。

住 999/9 Rama 1 Rd.
TEL 0-2640-7000
URL www.centralworld.co.th
営 10:00〜22:00(飲食店は店によって異なる)
休 なし
CC 店により異なる
行き方 BTSスクムウィットラインのE1チットロム駅6番出口連絡通路から徒歩5分
◉

ゲイソーン Gaysorn

チットロム駅周辺
MAP P.90-C4

ブランドブティックが充実

バンコク屈指の高級デパート。東南アジア最大級のルイ・ヴィトンショップを筆頭に高級ブランドショップがずらりと並び、センスのいいアジア雑貨やスパグッズのショップもある。BTSチットロム駅から歩道橋で連絡しており、セントラルワールド(→P.228)側へ渡れる歩道橋もある。

住 999 Phloen Chit Rd.
TEL 0-2656-1149
URL www.gaysornvillage.com
営 10:00〜20:00(飲食店は〜22:00)
休 なし
CC 店により異なる
行き方 BTSスクムウィットラインのE1チットロム駅6番出口連絡通路から徒歩すぐ
◉

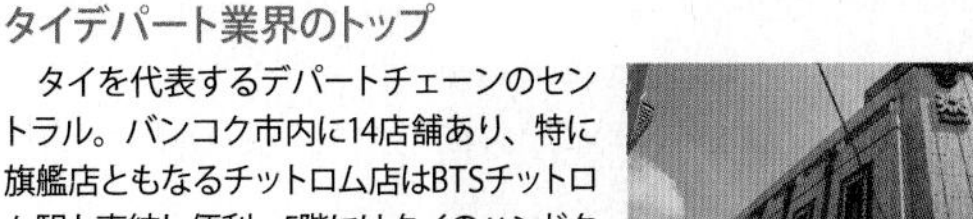

セントラル Central

チットロム駅周辺
MAP P.91-D4 ～ E4

タイデパート業界のトップ

タイを代表するデパートチェーンのセントラル。バンコク市内に14店舗あり、特に旗艦店ともなるチットロム店はBTSチットロム駅と直結し便利。5階にはタイのハンドクラフトを集めたコーナーThai Handicraftsがあり、タイのスパグッズブランドなど、センスのいい雑貨が並んでいる。

住 1027 Phloen Chit Rd.
TEL 0-2793-7000
URL www.central.co.th
営 10:30～22:00
休 なし
CC A J M V
行き方 BTSスクムウィットラインのE1チットロム駅連絡通路から徒歩すぐ

セントラル・エンバシー Central Embassy

プルンチット駅周辺
MAP P.91-E4

超高級ショッピングセンター

元イギリス大使館の敷地に2014年オープンした高級デパート。セントラルのチットロム店(→P.229)とも通路で連絡。海外の高級ブランドがずらりと並び、タイらしさはあまり感じられない。地下にあるフードコートのイートタイEathaiは、タイ北部や南部、東北部など地方の料理が楽しめる。

住 1031 Phloen Chit Rd.
TEL 0-2119-7777
URL www.centralembassy.com
営 10:00～22:00
休 なし
CC 店により異なる
行き方 BTSスクムウィットラインのE2プルンチット駅連絡通路から徒歩すぐ

サヤーム・スクエア・ワン Siam Square One

サヤーム・スクエア周辺
MAP P.157-C1 ～ D2

サヤーム・スクエアの核となるビル

サヤーム・スクエアのほぼ中心。大きな建物なのに威圧感がないのは、壁がなく吹き抜けを多用したオープンな造りによるところが大きい。各種飲食店や美容系のショップ、ファッション系のショップが並ぶ。メインターゲットは10代の若者。隣の路地は不定期にナイトマーケットになる。

住 388 Rama 1 Rd.
TEL 0-2255-9947
FB pmcu.co.th
営 10:00～22:00
休 なし
CC 店により異なる
行き方 BTSシーロムライン、スクムウィットラインのCENサヤーム駅から連絡歩道橋で徒歩すぐ

プラティナム・ファッションモール The Platinum Fashionmall

プラトゥーナーム周辺
MAP P.90-C2

ショップの数にとにかく驚く

プラトゥーナーム市場跡地の向かいにある巨大なショッピングセンター。館内には2000ものファッション関連ショップが軒を連ね、卸値に近い格安のファッションアイテムが大量に売られている。今風にセンスのいいショップが多いので、買い物好きや服好きには一見の価値あり。

住 222 Phetchburi Rd.
TEL 0-2121-8000
FB Platinum Fashion Mall
営 9:00～20:00
休 店により異なる
CC 店により異なる
行き方 BTSスクムウィットラインのE1チットロム駅9番出口から徒歩13分

ザ・コモンズ The Commons

トンロー、エカマイ周辺
MAP P.89-E2

全館吹き抜けのエコモール

バンコクで流行中のコミュニティモール(規模が比較的小さく、おしゃれなショップやカフェなどがあるショッピングモール)に登場した真打ち。半屋外の構造でテラスには植物が茂る。4階には人気カフェ「ロースト Roast」、1階はバンコクの人気店を集めたフードコートの「マーケット」。

住 335 Soi Thonglor 17, Sukhumvit Rd.
TEL 08-9152-2677
URL thecommonsbkk.com
営 8:00～翌1:00
休 なし
CC 店により異なる
行き方 BTSスクムウィットラインのE6トンロー駅3番出口から徒歩13分

バンコクプチ情報 スターバックスのタイ1号店はセントラル1階にあった(すでに閉店)。セントラルワールド(→P.228)内には、世界で2番目に広いスターバックスがある。もちろんオリジナルタンブラーも販売。

ザ・マーケット・バンコク The Market Bangkok

チットロム駅周辺
MAP P.91-D3

小さなショップが集まったビル内市場

各フロアに小さなショップがぎっしりと並ぶ、屋内版マーケット。オリジナルのファッションやタイ雑貨を扱うショップが多い。BTSサヤーム駅やチットロム駅からゲイソーンを経由して延びる歩道橋で連絡しており、空中散歩しながらプラティナム・ファッションモールまで行ける。

住 111 Ratchadamri Rd.
TEL 0-2209-5555
URL www.themarketbangkok.com
営 10:00～22:00
休 なし
CC 店により異なる
行き方 BTSスクムウィットラインのE1チットロム駅6番出口から徒歩6分
◉

ロビンソン Robinson

アソーク駅周辺
MAP P.92-B2

気軽な庶民派の品揃え

セントラル系列の庶民派デパート。ファストフード店やフードコート、スーパーマーケットがあり旅行者にも便利。ウエスティン・グランデ・スクンビット(→P.272)の地下1階～地上4階を占めるスクムウィット店は、BTSアソーク駅と歩道橋で連絡しており、雨の日でもぬれずに行ける。

住 259 Sukhumvit Rd.
TEL 0-2651-1533
営 10:00～22:00　休 なし
CC A J M V　スクムウィット通り(MAP P.92-B2)、チャルーン・クルン通り(MAP P.85-F5)など。
行き方 BTSスクムウィットラインのE4アソーク駅連絡通路から徒歩すぐ
◉

パラディウム・ワールド・ショッピング The Palladium World Shopping

プラトゥーナーム周辺
MAP P.91-D2

プラトゥーナームの大型デパート

雑然としたプラトゥーナームにある大型ショッピングセンター。内部は小さなショップがずらりと並ぶ市場風の造り。場所柄か衣料品店のほかに、40分150Bと安いマッサージ屋が多い。地下にはシルバーのショップが集まっている。旧称プラトゥーナーム・センター。

住 555 Ratchaprarop Rd.
TEL 0-2309-9888
FB The Palladium World Shopping
営 10:00～20:00
休 なし
CC 店により異なる
行き方 BTSスクムウィットラインのE1チットロム駅9番出口から徒歩13分
◉

ドンキモール・トンロー Donki Mall Thonglor

トンロー、エカマイ周辺
MAP P.89-F3

あのドンキがバンコク進出

24時間営業のドンドンドンキ(ドン・キホーテ)のほか日本食レストランやラーメン屋、日本風喫茶店、ドラッグストアなどが入るドンキモール。店内の雰囲気が日本のドン・キホーテとまったく同じ。タイ人が籠いっぱいに日本の食品を買っていく様子が興味深い。

住 107 Soi 63, Sukhumvit Rd.
TEL 0-2301-0451
FAX 0-2301-0452
URL www.donkimallthonglor.com
営 ドンドンドンキは24時間。ほかは店により異なる
休 なし　CC 店により異なる
行き方 BTSスクムウィットラインのE7エカマイ駅1番出口、E6トンロー駅3番出口から徒歩18分　◉

エスプラナーデ Esplanade

ラチャダーピセーク通り周辺
MAP P.82-C1 ～ C2

ラチャダーのオシャレモール

ファッション系のショップ、美容クリニック、レストラン、シネマコンプレックスとボウリング場まである、タイらしいショッピングモール。地下1階はファストフード店が並ぶ。MRT駅の出入口が目の前にあるのも便利。タラート・ロットファイ・ラチャダー改めザ・ワン・ラチャダーはこの裏。

住 99 Ratchadaphisek Rd.
TEL 0-2642-2000
営 10:00～22:00
休 なし
CC 店により異なる
行き方 MRTブルーラインのBL19タイランド・カルチュラル・センター駅3番出口から徒歩すぐ
◉

アイム・チャイナタウン I'm Chinatown

チャイナタウン周辺
MAP P.85-E1

地下鉄開通で変貌しつつあるチャイナタウンの新しい顔

2020年1月、チャルーン・クルン通りの古い町並みを切り裂くように出現したショッピングモール。小ぶりながらそれでもタイのショッピングモール定番の吹き抜けもある。館内にはカフェや軽食のレストラン、マッサージ店などが並び、きれいなトイレもあるので、町歩きの休憩場所に便利。

住 531 Charoen Krung Rd.
TEL 0-2225-4245
URL www.iamchinatownbkk.com
営 10:00〜22:00
休 なし
CC 店により異なる
行き方 MRTブルーラインのBL29ワット・マンコーン駅1番出口から徒歩2分

ユニオン・モール Union Mall

パホンヨーティン通り周辺
MAP 折込表 -E1

近隣の大学に通う学生が集まる庶民派デパート

吹き抜けを中心としたフロアに小さなファッション関連のショップがぎっしり詰まった、若者向けのデパート。バンコクの学生層のファッションに興味があったら寄ってみよう。GF(1階)のファストフード街は、タイにあるファストフード店がほとんどあるのではないかと思わせる充実ぶり。

住 Soi 1, Lat Phrao Rd.
TEL 0-2511-5412
URL unionmall.co.th
営 11:00〜22:00
休 なし
CC 店により異なる
行き方 MRTブルーラインのBL14パホンヨーティン駅5番出口から徒歩すぐ

オーピー・プレイス O.P. Place

チャルーン・クルン通り周辺
MAP P.85-F4

骨董品のショップが並ぶ

マンダリン・オリエンタル(→P.270)のそばにあるショッピングセンター。館内は高級感あふれる優雅な雰囲気でいつも静か。ゆっくりと買い物やウインドーショッピングが楽しめる。骨董品店やアートギャラリーも多く、仏像や北タイ様式の木工品などが充実している。

住 30/1 Soi Charoen Krung 38, Charoen Krung Rd.
TEL 0-2266-0186〜95
営 10:00〜19:00
休 店により異なる(日曜休みの店が多い)
CC 店により異なる
行き方 BTSシーロムラインのS6サパーン・タークシン駅3番出口から徒歩11分

リバー・シティー River City

チャルーン・クルン通り周辺
MAP P.85-E3

骨董品店街があるショッピングビル

川沿いに立つ大型ショッピングセンター。3〜4階は古くからタイの骨董品店街として有名。仏像や陶器を扱う店が並び、さながら博物館のような雰囲気がある。各店のショーウインドーには仏像などが置かれ、摩訶不思議な世界。1階のカフェは窓が大きく眺めがいい。

住 23 Yotha Rd.
TEL 0-2237-0077
FAX 0-2237-7600
URL www.rivercity.co.th
営 10:00〜22:00
休 店により異なる
CC 店により異なる
行き方 MRTブルーラインのBL28フアラムポーン駅1番出口から徒歩12分

ミクスト・チャトゥチャック mixt Chatuchak

パホンヨーティン通り周辺
MAP 折込表 -E2

チャトゥチャック隣で毎日オープン

ウイークエンド・マーケットの隣にオープンした、小型のショッピングモール。細長い建物に、雑貨やファッション系のショップが並ぶ。エアコンが効いているので、ウイークエンド・マーケットでバテた際の避難所にも。BTSモーチット駅からは、チャトゥチャック公園を突っ切ると近い。

住 8 Kamphaeng Phet 3 Rd.
TEL 0-2079-4888
URL www.mixtchatuchak.com
営 月〜木10:00〜20:00　金〜日・祝10:00〜22:00
休 なし
CC 店により異なる
行き方 BTSスクムウィットラインのN8モーチット駅1番出口から徒歩5分

バンコクプチ情報　プラティナム・ファッションモール(→P.229)周辺には、ファッション系の小さなショップが集まった中小のビルが多い。各地の屋台やマーケットで売られる衣類の仕入先がこのエリア。

オールド・サヤーム・プラザ The Old Siam Plaza

チャイナタウン周辺
MAP P.78-C5

チャイナタウンの大型デパート

レトロ風の大型ビル内に各種ショップがぎっしり詰まり、マクドナルドやスウェンセンズもある、チャイナタウンのなかでも最も華やかなデパート。大きな吹き抜けがあるフロアには、タイのお菓子を製造実演販売する屋台風の店が並んでいておもしろい。周囲には銃砲店が多い。

住 12 Triphet Rd.
TEL 0-2226-0156
URL theoldsiam.co.th
営 9:00～21:00
休 なし
CC 店により異なる
行き方 MRTブルーラインのBL30サームヨート駅3番出口から徒歩2分
[日本語スタッフ]

フォーチューン・タウン Fortune Town

ラチャダーピセーク通り周辺
MAP P.82-B3 ～ C3

郊外型巨大ショッピングセンター

全長300m以上もあるビルの中にショップがズラリ。3～4階は電脳ゾーンで、スマホやコンピューター、各種ガジェットのショップが集まる。中古レコードやCDを扱うショップもあり、日本など外国から仕入れた古い盤が大量に並べられている。南側はホテル、北側はスーパーのロータス。

住 7 Ratchadaphisek Rd.
TEL 0-2248-4199
URL fortunetown.co.th
営 10:00～22:00
休 なし
CC 店により異なる
行き方 MRTブルーラインのBL20プラ・ラーム・ナイン駅1番出口から徒歩すぐ
[日本語スタッフ]

ザ・ストリート・ラチャダー The Street Ratchada

ラチャダーピセーク通り周辺
MAP P.83-D1

「ストリート」がテーマの新モール

大型ショッピングセンターが建ち並ぶラチャダーピセーク通りにある、バンコクで流行中のコミュニティモール。館内は大きな吹き抜けのあるインダストリアル調デザインで、ファッション系のショップが並ぶ。4階にはフードコート（ラビット・カード利用可）もある。

住 139 Ratchadaphisek Rd.
TEL 0-2232-1999
URL www.thestreetratchada.com
営 10:00～22:00
休 なし
CC 店により異なる
行き方 MRTブルーラインのBL19タイランド・カルチュラル・センター駅4番出口から徒歩3分 [日本語スタッフ]

インペリアル・ワールド Imperial World

バンコク郊外
MAP 折込裏-D6

地方都市のデパート風モール

BTSサムローン駅と歩道橋で連絡した、郊外型大型ショッピングセンター。入っているショップはバンコク市内にあるものとほとんど変わらないのに、行き交う人々の様子はぐっと庶民的。BTSに少し乗るだけでガラリと変わる雰囲気が興味深い。近くには大きな市場もあり散歩が楽しい。

住 999 Sukhumvit Rd.
TEL 0-2087-8217
FB ImperialWorldSamrong
営 10:30～21:00（土・日は10:00～）
休 なし
CC 店により異なる
行き方 BTSスクムウィットラインのE15サムローン駅1番出口から連絡歩道橋で2分
[日本語スタッフ]

セントラル・ヴィレッジ Central Village

スワンナプーム国際空港
MAP P.75-B3

バンコク郊外の巨大アウトレット

スワンナプーム国際空港南側の広大な敷地に、2019年にオープンしたアウトレット。世界のハイファッションやスポーツブランドに、ジム・トンプソンやナラヤなどタイのブランドも数軒。スワンナプーム国際空港から近いので、帰国前にここでブランドショッピングをするのもアリかも。

住 98/1 Suvarnabhumi 3 Rd.
TEL 0-2550-6555
URL www.centralvillagebangkok.com
営 11:00～21:00（土・日は10:00～） 休 なし
CC 店により異なる
行き方 公共の交通機関はないのでタクシーで。Grabが確実
[日本語スタッフ]

メーガー・プラザー Mega Plaza

チャイナタウン周辺
MAP P.85-D1

バンコク随一のおもちゃ市場

ビルの中にトレカやフィギュア、TVやコンピューターゲーム関連の商品を扱うショップがぎっしりと集まっており、迷路のような通路を商品を見ながら歩くだけでもおもしろい。最上階はフードコートで、周囲の雑然とした町並みを見下ろしながら、屋台並みの料金で食事ができる。

住 900 Mahachai Rd.
TEL 0-2623-7888
IG mega_saphanlek
営 9:30～20:00
休 なし
CC 店により異なる
行き方 MRTブルーラインのBL30サームヨート駅1番出口から徒歩3分

メーガー・バーンナー Mega Bangna

スクムウィット通り周辺
MAP 折込裏-E6

規模の大きさにびっくりのメガモール

バンコク郊外にある、驚きの巨大ショッピングモール。3万5000m²の敷地内にファッションやスポーツ、レストランなど450軒以上のショップが並ぶほか、デパートのロビンソン(→P.230)、スーパーマーケットのビッグC(→P.222)、さらにイケアIKEAもあり、1日過ごせる。

住 39 Moo 6, Bang Na-Trat Rd.
TEL 0-2105-1000
FAX 0-2105-1100
URL www.mega-bangna.com
営 10:00～22:00　休 なし
CC 店によって異なる
行き方 BTSスクムウィットラインのE12ウドムスック駅5番出口下からシャトルバスで15分

ナイチンゲール・オリンピック Nightingale Olympic

チャイナタウン周辺
MAP P.78-C5

時間が止まってしまったレトロデパート

中華街の外れにある、創業90年以上でタイ最古とされるデパート。陳列されている文房具やスポーツ用品、美容関連の商品は、創業当初から並んでいるのではないかと思えるような古びた品物ばかりで、不思議な雰囲気。もともとアヘン窟があった場所だとか。店内撮影禁止。

住 70 Triphet Rd.
TEL 0-2221-9733
URL nightingaleolympic.com
営 月～土9:00～17:30
休 日
CC M V
行き方 MRTブルーラインのBL30サームヨート駅3番出口から徒歩4分

マルシェ・トンロー Marche' Thonglor

トンロー、エカマイ周辺
MAP P.89-E3

風吹き渡る最新コミュニティモール

2023年3月オープン、建物の外壁がない開放的なコミュニティモール。1階にあるスーパーマーケットのTopsはバラマキみやげショッピングに便利。カーブを描いたスカイウオークは空中散歩気分が楽しめる。ベンチが置かれたテラスが多数設けられており、ドリンクなどで休憩できる。

住 150 Soi 55, Sukhumvit Rd.
TEL 09-5207-9477
FB Marche' Thonglor
営 10:00～24:00
休 なし
CC 店により異なる
行き方 BTSスクムウィットラインのE6トンロー駅3番出口から徒歩7分

モバイル&ITゾーン Mobile & IT Zone

サヤーム・スクエア周辺
MAP P.90-A4

スマホはじめ最新ガジェットなら

MBKセンター4階のラーマ1世通り側にある、小さなスマホショップがびっしりと並んだエリア。iPhoneやAndroidのスマホ、タブレット、ネットワークカメラなどPC関連のガジェットがさまざまに揃う。リペアショップも多く、持参のスマホが故障した際はここに駆け込めば何とかなるかも。

住 4th Fl., MBK Center, 444 Phaya Thai Rd.
営 10:00～20:00(店により異なる)
休 なし
CC 店により異なる
行き方 BTSシーロムラインのW1ナショナル・スタジアム駅から徒歩すぐ

バンコクプチ情報 バンコクのショッピングエリアは混雑していることが多い。そこに現れるのがスリ。かばんは必ず体の前に持ち、財布はパンツの後ろポケットに入れないこと。

ローカル気分でショッピング

バンコクの市場巡り

交通のターミナルや大きな通りの脇など、
人の集まる場所には市場(マーケット。
タイ語はตลาด：タラート)が
形成されることが多い。
バンコク市内にはいたるところに
大小さまざまな市場が開かれており、
それぞれに特徴がありおもしろい。
小さな市場を訪ね歩く旅も楽しい。

シリラート病院とワンラン船着場の利用者が集まるワンラン市場

左／アクセサリーを作りながら店番（ワンラン市場）
右／プチプラファッションの市場（バーンラムプー市場）

ター・プラ・チャン市場

お守り・仏具

Talat Tha Phra Chan

王宮周辺 MAP P.78-B4

宗教グッズが並びあやしい雰囲気

　ワット・マハータートとチャオプラヤー川に挟まれたエリアに、仏像や仏具を扱うショップが集まっている。家庭で使うような仏像や、リアル過ぎて逆に不気味な高僧の像など、仏教国ならではの品物があるほか、プラ・クルアンと呼ばれる仏像型のお守りが大量に売られている。

左／宗教系ポスターのショップもある
上／細い路地の両側に並ぶお守りのショップ

おすすめタイム　月～金曜の10:00～16:00

行き方　渡し船のプラ・チャン船着場から徒歩2分。

タラート・ロットファイ・シーナカリン

アンティーク・雑貨

Talat Rotfai Srinakarin

バンコク郊外 MAP 折込裏-E6

郊外にある巨大マーケット

　ウイークエンド・マーケット近くの国鉄バーン・スー駅隣にあったロットファイ(鉄道)市場が再開発のため閉鎖され、バンコクの東郊外に移転。アンティークや雑貨のほかファッションやペットの店も。金～日曜のみオープンなので注意。

左／オールドファッションな車がアンティークショップの目印　右／市場周辺にはパブや食堂も多いので買い物ついでに食事も楽しめる

おすすめタイム　金～日曜の19:00～

行き方　MRTイエローラインのYL15スアン・ルアン・ラーマ9(ラーマ9世公園)駅から徒歩10分。

ファッション

バーンラムプー市場
Talat Banglamphu

王宮周辺 MAP P.95-E3

プチプラファッションの宝庫

カオサン通りの北側、ターニー通り Thani Rd.とクライシー通り Kraisi Rd.およびその周辺に、歩道にまで露店がぎっしりと並ぶ、ファッションがメインの規模の大きなマーケット。隣にあるデパートのタン・フア・セン Tang Hua Sengは、手芸用品やコスメ系が充実した古くからあるデパート。

上／カオサン通りは外国人向けの商品が多く、こちらはタイ人向けの品物が多い　右／歩道上にまでぎっしりと並ぶプチプラファッション

おすすめタイム **毎日10:00～18:00**
行き方 カオサン通りから徒歩すぐ。

雑貨・スナック

ワンラン市場
Talat Wang Lang

王宮周辺 MAP P.78-A3～A4

シリラート博物館と合わせて見学

ワンランの船着場を中心に、シリラート病院とワット・ラカンを結ぶ細い通り沿いに店が並ぶ市場。ファッションや雑貨、軽食の店と並んで、タイのお菓子を扱う店が目立つ。

テイクアウトの店が多いのもタイの市場の特徴

おすすめタイム **月～金曜の11:00～12:00と13:00～**
行き方 チャオプラヤー・エクスプレス・ボートか渡し船のN10プラーンノック船着場から徒歩すぐ。

果物

マハーナーク市場
Talat Mahanak

王宮周辺 MAP P.79-F3

活気あふれるフルーツ市場

運河沿いに立つ、もとは映画館だった古い建物を核としたフルーツの市場。ソムオーやドリアン、ココナッツなど大きな果物が山積みで売られる様子は迫力がある。建物は2023年11月現在改装中。

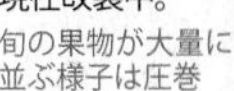

旬の果物が大量に並ぶ様子は圧巻

おすすめタイム **毎日15:00～19:00**
行き方 BTSスクムウィットラインのN1ラーチャテーウィー駅3番出口から徒歩22分。タクシーが便利。

雑貨・スナック

ラライサップ市場
Talat Lalaisap

シーロム通り周辺 MAP P.86-B4

コスメやファッション、おやつの市場

バンコク銀行本店の隣にある路地が、周辺の会社などで働く女性で平日のお昼前後のみ大にぎわい。女性向けのファッションや雑貨、激安コスメなどがズラリ。

男性は平日の昼間は遠慮したほうが無難。熱気と女性の迫力に負ける

おすすめタイム **月～金曜の11:00～13:30頃**
行き方 BTSシーロムラインのS2サーラーデーン駅2番出口から徒歩6分。

生鮮食品・雑貨

クロントゥーイ市場
Talat Khlongtoey

王宮周辺 MAP P.88-B5

バンコクの胃袋を満たす

バンコク市街のすぐ近くにある広大な生鮮食品のマーケット。肉類から魚介類、野菜に果物まで、およそ人々が口にするものなら何でも揃う。

生活雑貨も売られている

おすすめタイム **毎日24時間**
行き方 MRTブルーラインのBL23クイーン・シリキット・センター駅1番出口から徒歩4分。

週末だけのショッピング天国

ウイークエンド・マーケット

広大な敷地に迷路のような通路が張り巡らされ、1万5000軒以上のショップがぎっしりと並ぶウイークエンド・マーケット（別名チャトゥチャック市場）。タイ雑貨からビンテージの古着、プチプラファッションにスパグッズなど、あらゆるものが揃う。

ウイークエンド・マーケットの中心にある時計塔は記念撮影スポット

ウイークエンド・マーケットは こうなっている

エリアは大ざっぱにジャンル分けされているが、それほど厳密ではないのでそのつもりで。欲しいものを探すのではなく、ぶらぶら歩いて気に入ったものがあれば買うぐらいの気持ちで出かけよう。

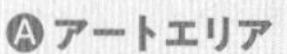

Ⓐ アートエリア

タイ人アーティストが絵画やオブジェなどの作品を販売している、ギャラリーのようなエリア。

アートエリアのカフェ。絵画が飾られておしゃれ

Ⓑ ビンテージエリア

アンティークや古着のショップが集まっている。ジーンズやスニーカーに掘り出し物あり。

Ⓒ タイ雑貨、ホームスパエリア

タイ雑貨やインテリア雑貨、ファッション雑貨、スパグッズのショップが集まるエリア。同じようなものばかり並んでいるように見えるが、たまにセンスのいいオリジナル商品を扱うショップもあり、あなどれない。

ブランド品に比べるとかなりお手頃なマーケットのスパグッズ

Ⓓ ファッション アクセサリーエリア

プチプラの手作りアクセサリーはタイ人女性の間でも人気。まとめ買い、大人買いしても気にならない値段。

かわいらしいアクセを扱うショップが並ぶ

Ⓔ トレンドエリア

ファッション好きならこのエリアを目指そう。トレンドアイテムがプチプラでゲットできる。

バッグやシューズなども

Ⓕ 名物パエーリャ

巨大なフライパンで作るウイークエンド・マーケット名物のパエーリャ。具もたっぷりで、1皿190B。

ビバ8・バー Viva 8 Bar
住Section 8　電08-6337-9892　営土・日10:00～22:00　休月～金　CCなし

混雑しているので撮影だけして帰る人も多し

ウインドーショッピングはタイ人も大好き

ウイークエンド・マーケット（チャトゥチャック市場）

Weekend Market (Talat Chatuchak)

パホンヨーティン通り周辺　MAP 折込表-E2

週末の土・日曜の2日間だけ営業する、何でもありの大市場。ひとつの町と言っていいほど広く、隣接するショップエリアのドリーム・セクション、露店や行商人も含めると、店舗総数は1万5000以上になるといわれている。そして買い物客は毎週20万人以上。内部は迷路のように複雑に入り組んでおり、商品がごちゃごちゃ積み重なっているため全体を見通すこともできず、初めてここを訪れる人は方向感覚をなくしやすい。しかも当然エアコンなどはなく、かなり暑い。そんななか市場全体をくまなく見て回るためには、半日は使うつもりでいないと大変。営業はだいたい9:00頃から18:00まで。遅くなると閉める店も出始めるし、午後になると熱気が充満する。人の少ない午前中に行くのがおすすめ。

住 Talat Chatuchak, Phahonyothin Rd.
TEL 0-2272-4270～1　営 土・日9:00～18:00（店によって異なる）　休 月～金　CC 店によって異なるがほとんど使えない　行き方 BTSスクムウィットラインのN8モーチット駅1番出口、MRTブルーラインのBL12カムペーン・ペッ駅2番出口利用

ウイークエンド・マーケット 攻略法

ウイークエンド・マーケットは規模が大きく人も多い。
暑さも厳しく、そこにいるだけでも体力を消耗するほど。
体調に気をつけて、適宜休憩しながら、余裕をもってゆっくり回りたい。

① 午前中に行こう

とにかく暑いので、まだ人も少なく比較的涼しい午前中に行こう。

② MRTブルーラインが便利

地下鉄の出入口

BTSモーチット駅は、駅構内も駅からウイークエンド・マーケットまでの道も大混雑。マーケット敷地内に直接出られるMRTブルーラインのカムペーン・ペッ駅利用が便利。

③ 地図をゲットしよう

入口にあるインフォメーションで地図をもらえる。現在位置の確認、気になるショップのチェックに必須のツール。

地図は無料。マーケット攻略のお役立ちツール

④ 水分や糖分の補給を忘れずに

厳しい暑さで、熱中症で倒れる人もいる。こまめに水分を補給しよう。フルーツジュースやココナッツジュースにトライするのもアリ。露店がたくさん出ているココナッツアイスクリームは、さっぱりしていておすすめ。

ひとつ50Bでトッピングは無料

⑤ 欲しいものは即買い

暑いなか広いマーケットを歩き回るのは疲れるし、必ず同じ場所に戻って来られるともかぎらない。気になるものがあったら買ってしまおう。買わずに後悔するよりも買って後悔したほうがマシ、ぐらいの心意気で望もう。

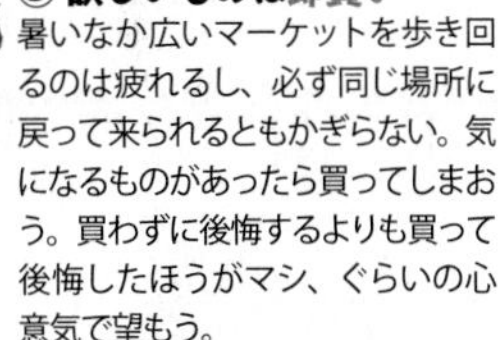

⑥ トイレは比較的キレイ

ウイークエンド・マーケット内にはトイレも8ヵ所ほど設置されている。有料（1回5B）でそこそこ清潔なので、安心して利用できる。

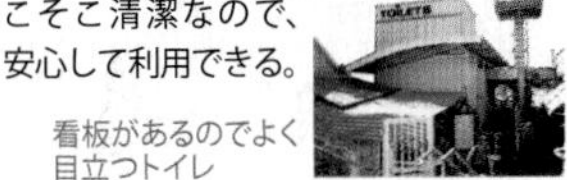
看板があるのでよく目立つトイレ

周辺にまだあるショッピング街

毎日営業のデパートも

JJモール

JJ Mall

MAP 折込表-E1

ウイークエンド・マーケットの北隣にある大きな建物のJJモールは、エアコン完備のデパート。平日も営業しているので、週末に時間が取れない人はここだけでも足を運んでみよう。

レストランやカフェもある

高級食品を扱う

オートーコー市場

Talat O.T.K

MAP 折込表-E2

ウイークエンド・マーケットの向かいにある生鮮食品のオートーコー市場は、町の市場やスーパーマーケットとは一線を画す高級品の市場。贈答用などの品を求めてバンコクっ子も買い物に訪れる。果物などは気軽に食べられるので、おやつやデザートとして買ってみては。

上／売られている果物は見た目も立派でおいしそう　下／建物も床も清潔で高級感あふれる

ビンテージのデパート

バーンスー・ジャンクション

Bangsue Junction

MAP 折込表-D1～E1

アンティークやビンテージの古着ショップが集まる大型ショッピングセンター。外壁のスロープはフロア移動の階段代わりだけでなくカフェやレストランになっており、買い物に疲れたらドリンクでひと休みできる。

夕方涼しくなったらスロープでビールを飲むのも楽しい

バンコクプチ情報　ウイークエンド・マーケットのショップが店名、ジャンルなどから検索でき地図が表示されるスグレモノのアプリ「Chatuchak guide」も便利。Androidは未対応。

リラクセーションガイド
Relaxation Guide

シンドーン・ウェルネス by レセンス →P.247

バンコク リラクセーションナビ

BANGKOK RELAXATION NAVI

NAVI 1 どんなスパがあるの？

バンコクにはホテル内のスパや一軒家を利用したスパ、ビルの中にある庶民的なスパなどさまざまなスパがある。ショッピングの途中などに気軽に立ち寄りたいのならビル内のスパがいいし、本格的なトリートメントを受けたいなら一軒家や高級ホテル内のスパに行こう。都合や目的に合わせて選びたい。

スパグッズのショップに併設されたスパもある

NAVI 2 人気のスパは要予約

特に週末や平日の午後は、人気店でなくても混雑することが多いので、希望の日時が決まっているなら早めに予約しよう。本書掲載のほとんどのスパは、ウェブサイトから予約ができる。

高級ホテル内スパの日本語ウェブサイト

NAVI 3 オトクなクーポンを活用

自分で予約するのが不安な人は、日系旅行会社や日本語予約サイトを活用しよう。割引や特典が付いて、直接予約するよりもオトクなこともある。

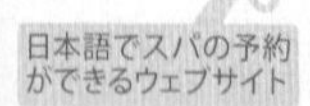

日本語でスパの予約ができるウェブサイト

NAVI 4 メニューのキーワードをチェック

基本的なトリートメントのメニューは以下の5種類。各スパのおすすめやオリジナルのメニューは「シグネチャー　Signature」と表記されている。

- **タイ古式マッサージ Thai Traditional Massage**
  タイの伝統的な医療法。指圧やストレッチで体の凝りをほぐし、血行を促進させる。
- **アロマテラピーマッサージ Aroma Therapy Massage**
  アロマオイルを使うマッサージ。体のほぐしとオイルの潤い、香りによる癒やしが期待できる。
- **タイハーバルボール　Thai Herbal Ball**
  サムンプライ（タイの本草学）に基づいた天然ハーブを布で包んで蒸したハーバルボールを体に押し当てる。じんわりと温まり血行促進とデトックス効果が。
- **ボディスクラブマッサージ Body Scrub Massage**
  タイの自然素材から作るスクラブでゴシゴシと全身マッサージ。お肌つるつるのスベスベに。
- **ボディラップ　Body Wrap**
  全身にクリームやオイルを塗りラップすることで有効成分が浸透しお肌の保湿効果が高まる。

熱さが気持ちいいタイハーバルボール

NAVI 5 マナーを守ろう

スパの利用者は癒やしや落ち着きを求めて来ているので、騒ぐのは論外。スマホや携帯は電源を切るかマナーモードにしてクワイエット・プリーズ。館内は当然禁煙で、屋外とはいえ敷地内での喫煙も遠慮したい。スパによっては18歳未満や16歳未満は利用できないなど、年齢制限があるところも。

タイ式マッサージで旅の疲れを取り、
高級スパでより美しくなる。
癒やしの天国バンコクで、
知っておきたいリラクセーションのヒントはこちら。

フラワーバスでリラックスタイムを演出

NAVI 6 予約時間の30分前には到着

予約時間の厳守は当然で、遅くとも予約時刻の15分、できれば30分ほど余裕をもって到着したい。遅れるとトリートメントの時間が短くなるだけでなく、最悪の場合キャンセルされても文句は言えないので注意。

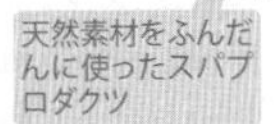
天然素材をふんだんに使ったスパプロダクツ

NAVI 7 マッサージのタイ語

マッサージ	นวด	ヌアット
タイ式マッサージ	นวดแผนโบราณ	ヌアットペーンボーラーン
足マッサージ	นวดฝ่าเท้า	ヌアットファータオ
体	ตัว	トゥア
頭	หัว	フア
首	คอ	コー
肩	ไหล่	ライ
腕	แขน	ケーン
脚	ขา	カー
強く	แรง	レーン
弱く(軽く)	เบา	バオ
痛い	เจ็บ	チェップ
くすぐったい	จั๊กจี้	チャッカチー
ちょうどいい	กำลังดี	カムランディー

NAVI 8 スパやマッサージのチップについて

終了後は担当してくれたエステティシャンやマッサージ師にチップを渡すのが一般的。特に不満がなければ1時間で50B～、2時間なら100B程度～が目安。特別上手だったらもっと渡してもいいし、逆にマッサージ中ずっと同僚とおしゃべりを続けたり短い時間で終わったり、お願いしたことをしてくれなかったような場合はチップ不要。

NAVI 9 タイパンツはどう着るの?

マッサージを受ける際に着替えとして渡されるタイ式のパンツ。庶民的な店だと短パンやパジャマのズボンが出てくることもあるが、一般的にはひもでしばって留めるスタイルのゆったりパンツが多い。着方は以下のとおり。

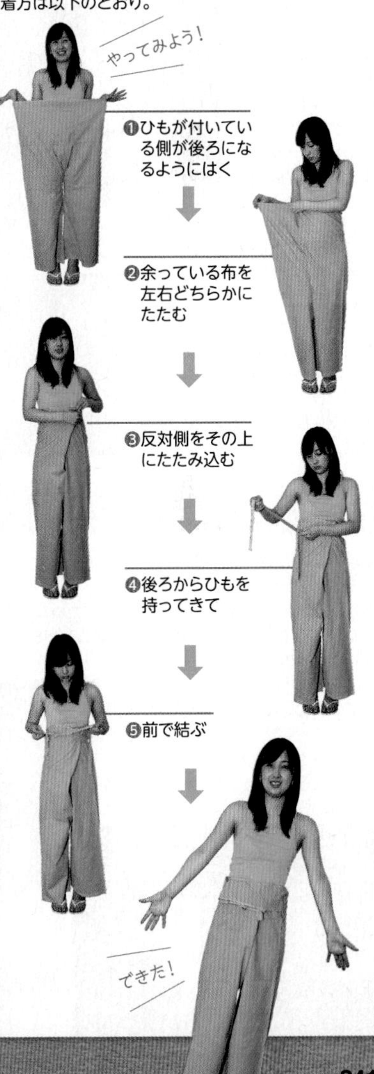

やってみよう!
❶ひもが付いている側が後ろになるようにはく
❷余っている布を左右どちらかにたたむ
❸反対側をその上にたたみ込む
❹後ろからひもを持ってきて
❺前で結ぶ
できた!

スパ&エステ

Relaxation

バンコクのスパは内容や質、設備に比べて料金に割安感があるため、外国人旅行者の利用も多い。おもなホテルはこぞってホテル内にスパをオープンさせているほか、一軒家を改装した高級スパ、美容だけでなく健康や医療系のトリートメントも施すスパ、気軽な雰囲気のスパなど盛りだくさんだ。週末や、平日でも夕方以降は予約をしたほうが確実。

オリエンタル・スパ The Oriental Spa

チャルーン・クルン通り周辺 MAP P.85-E4

進化を続ける超人気の高級スパ

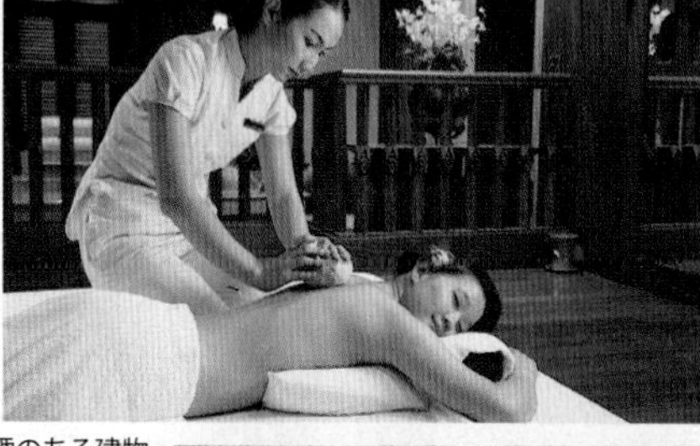

マンダリン・オリエンタル(→P.270)直営、バンコク初のシティ・スパとして1993年にオープン。外見だけでなく心身のトータルな美しさを目指すケアがコンセプト。築100年以上を経たチーク材造りのタイ風古民家を改修した趣のある建物は、ホテルからチャオプラヤー川を渡った対岸にあり、ホテルの渡し船で移動できる。シャワーやスチーム完備のトリートメントルームでリラックスしよう。スマホなどデジタルデバイスは、電源を切りロッカーへ保管する。

住 Mandarin Oriental Hotel, 48 Oriental Ave., Charoen Krung Rd.
TEL 0-2659-9000
URL www.mandarinoriental.com/bangkok
営 10:00〜22:00(最終受付20:00) 休 なし
CC A D J M V
行き方 BTSシーロムラインのS6サパーン・タークシン駅3番出口から徒歩11分 日 英 ●

おすすめメニュー

- シグネチャー・トリートメント各種 4800B〜(90分)
- カンナビス・リラックス・アンド・レストア・マッサージ 6850B(120分)
- タイ・サーマル・ソルト・リチュアル 6200B(120分)
- ボディ・スクラブ・エクスペリエンス 3250B(60分)
- タイ・ハーバル・コンプレス 1750B(30分)

ペニンシュラ・スパ The Peninsula Spa

チャルーン・クルン通り周辺 MAP P.85-E4

あの高級ホテル内の超高級スパ

チャオプラヤー川沿いにそびえる高級ホテルのペニンシュラ・バンコク(→P.273)内にある、バンコク最高級のスパ。トロピカルムードあふれる庭園の一角、コロニアル様式で建てられた3階建ての専用棟に、全18室のトリートメントルーム、施術後に体を休められるリラクセーションエリアがあるほか、窓から川を望めるプライベート・スパも。スイートにはジャクージも設置されている。その日の気分や体調、体質などに合わせてテラピストが内容を組み立てる、オーダーメイドのトリートメントも受けられる。トリートメントを受けられるのは16歳から。

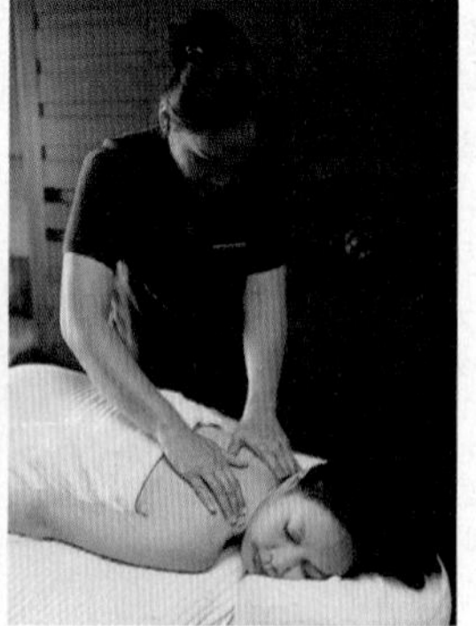

住 The Peninsula Bangkok, 333 Charoen Nakhon Rd.
TEL 0-2020-2888
URL www.peninsula.com/ja/bangkok/wellness
営 9:00〜23:00 休 なし
CC A D J M V
行き方 CENサートーン船着場から渡し船 日 英 ●

おすすめメニュー

- ザ・ペニンシュラ・ロイヤル・タイ・マッサージ 4000B(90分)
- P50 エンザイム・ピール 5650B(90分)
- ファーミング・コラーゲン・フェイシャル 1万500B(60分)
- ヴォルカニック・ホット・ストーン・マッサージ 4950B(90分)
- フォー・ハンド・シンクロナイズド・マッサージ 6690B(90分)
- ザ・ペニンシュラ・トラディショナル・フット・マッサージ 2990B(60分)

日 日本語メニュー 英 英語メニュー ● 日本語スタッフ

バンヤンツリー・スパ Banyan Tree Spa

サートーン通り周辺
MAP P.87-D4

高級スパの草分け的存在

オープン当初から根強い人気があるバンヤンツリー・スパ。バンヤンツリー・バンコク(→P.272)の19階と20階を占めるスパのトリートメントルームは全16室、うちカップルでふたり同時にトリートメントが受けられるダブルが10室ある。レセプションエリアは黒とウッドを多用した重厚なイメージ、そこからトリートメントルームへとらせん階段を下りると、クリスタルのバンブーと敷き詰められた白い石。別世界へいざなわれるような気分を味わいながらのスパ体験を楽しもう。オリジナルグッズを扱うショップも併設。レセプションは21階。

住 Banyan Tree Bangkok, 21/100 Sathorn Tai Rd.
TEL 0-2679-1052
URL www.banyantreespa.com
営 10:00～20:00(トリートメント終了) 休なし
CC A D J M V
行き方 MRTブルーラインのBL25ルムピニー駅2番出口から徒歩8分 日 英

おすすめメニュー

- マスター・セラピスト・エクスペリエンス 6000B(90分)
- マッサージ各種 3800B～(60分)
- ボディ・トリートメント各種 2800B(30分)
- フェイシャル各種 5000B～(90分)
- フェイシャルのエクスプレスは2800B(30分)

スパ・バイ・ル・メリディアン SPA by Le Méridien

スリウォン通り周辺
MAP P.86-B3 ～ C3

球形のトリートメントルームがスタイリッシュ

スリウォン通りを見下ろす高級ホテル、ル・メリディアン・バンコク(→P.271)の6階にあるスパ。壁がカーブを描いた球形のトリートメントルームはホテル名のメリディアン(子午線)を象徴しており、独特の落ち着きが感じられる不思議空間。体と心を浄化し人間本来の回復力をサポートするための各種トリートメントが揃っている。

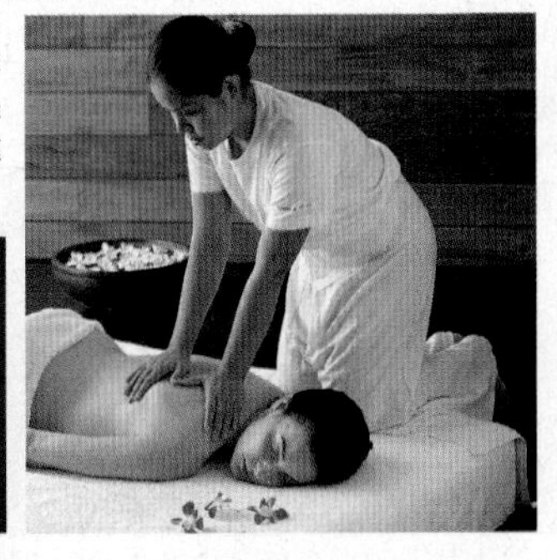

住 6th Fl., Le Méridien Bangkok, 40/5 Suriwong Rd.
TEL 0-2232-8888
URL www.marriott.com
営 11:00～22:00(最終受付21:00、要予約) 休なし
CC A D J M V
行き方 MRTブルーラインのBL27サムヤーン駅1番出口から徒歩4分 日 英

おすすめメニュー

- シグネチャー・ホットラヴァ 3000B(90分)
- タイ・クラシック・マッサージ 1500B(60分)
- ハイドレーション・フェイス・マッサージ 2600B(60分)
- シーズナルフルーツ・ボディトリートメント 1400B(45分)
- ココナッツソルト・ボディトリートメント 1400B(45分)

プリーム・スパ Preme Spa

トンロー、エカマイ周辺
MAP P.89-D4

白亜の一軒家スパで美しくなる

白亜の豪奢な洋館を改装したスパ。インテリアも白基調で、清潔感にあふれている。マッサージのメニューが充実しており、指だけを使うロイヤル・タイ・マッサージ(60分800B～)や軟膏を使って体の芯からほぐされるタイ・ディープ・ティシュー・マッサージ(60分1000B～)など、いろいろ体験してみたい。トリートメント終了後は、出窓のあるレストスペースのソファでリラックスできる。館内は土足厳禁。玄関先で履物を脱ぎ、シューズロッカーに入れること。

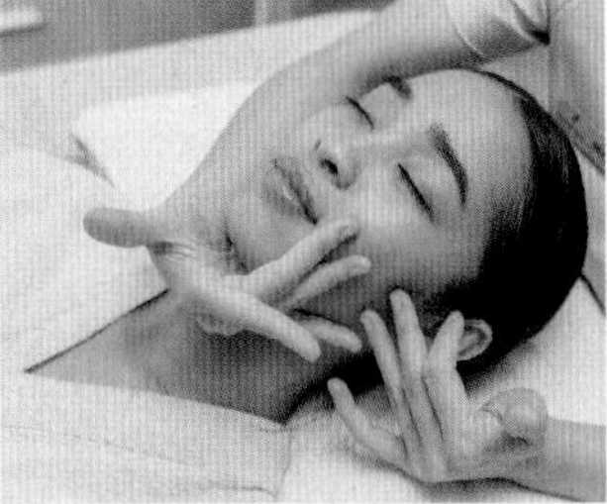

住 1/2 Soi Napasap 1, Soi 36, Sukhumvit Rd.
TEL 0-2108-3880
URL www.premespa.com
営 10:00～22:00(最終受付21:00) 休なし CC J M V
行き方 BTSスクムウィットラインのE6トンロー駅2番出口から徒歩3分 日 英

おすすめメニュー

- タイ・インヤン・マッサージ 1000～2000B(60～120分)
- ホット・アロマ・マッサージ 1500～3000B(60～120分)
- フット・リラクシング・マッサージ 750～1500B(60～120分)
- フォーハンズ・タイ・マッサージ 1800～3200B(60～120分)

注：ほとんどのスパでは表記の料金に税7%とサービス料10%が加算される。

コモ・シャンバラ・アーバン・エスケープ COMO Shambhala Urban Escape

サートーン通り周辺
MAP P.87-D4

ヘルスコンシャスなスパ

スタイリッシュなコモ・メトロポリタン・バンコク(→P.274)内にあり、インテリアに白やブラウン、ベージュを多用した明るいイメージのスパ。マッサージに独特の哲学があり、通常のマッサージでは足から始めるところをここでは左半身から開始。心臓に近い部分から始めることで、体全体の血流を促進できるのだという。トリートメントのあとは隣にあるレストランのグロウでヘルシーフードを。

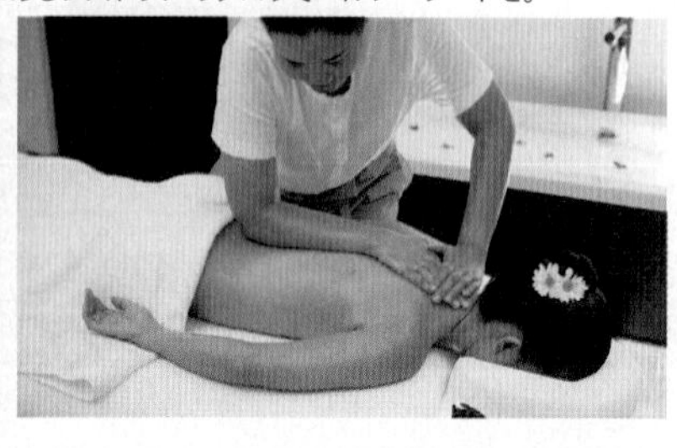

住 COMO Metropolitan Bangkok, Bangkok, 27 Sathorn Tai Rd.
TEL 0-2625-3355
URL www.comohotels.com/ja/metropolitanbangkok/wellness
営 9:00～21:00 休 なし
CC A D J M V
行き方 MRTブルーラインのBL25ルムピニー駅2番出口から徒歩9分 日 英 ●

おすすめメニュー

- コモ・シャンバラ・マッサージ 2400～3600B(60～90分)
- トラディショナル・タイ・ハーバル・トリートメント 4400B(120分)
- フット・アキュプレッシャー・マッサージ 2200B(60分)
- コモ・シャンバラ・スキン・デトキシファイング・トリートメント 2500B(60分)

気(Chi) Chi, The spa at Shangri-la

チャルーン・クルン通り周辺
MAP P.85-E5～F5

チベット風で神秘的

「桃源郷」を意味する名前のホテル内にある、そのイメージを具現化したかのようなインテリアのスパ。中国の伝統的な哲学である陰陽五行思想に基づく「気」。体内のバランスを取り「気」の流れをスムーズにすることで体の健康を保つトリートメントを提供する。「桃源郷」があるとされるヒマラヤやチベットにインスパイアされたブラスのシンバルやボールが奏でる音で体だけでなく五感すべてをトリートメントされ、静かにリラックスしながら美しくなろう。人気があるので予約がおすすめ。

住 The Shangri-la Hotel, 89 Soi Wat Suan Plu, Charoen Krung Rd.
TEL 0-2236-7777 FAX 0-2236-8579
URL www.shangri-la.com/bangkok
営 10:00～21:00 休 なし
CC A D J M V
行き方 BTSシーロムラインのS6サパーン・タークシン駅1番出口から徒歩すぐ 日 英 ●

おすすめメニュー

- アンチエイジング・ブライトニング・フェイシャル 2900B(60分)
- トラディショナル・タイ・マッサージ 2700～3600B(60～90分)
- ナチュラル・ハーバル・コンプレス 900B(30分)
- デトキシファイング・バック・トリートメント 1800B(45分)

グランデ・スパ The Grande Spa

アソーク駅周辺
MAP P.92-B3

ホテル内高級スパの先がけ

シェラトン・グランデ・スクンビット(→P.272)内にある高級スパ。バンコクにある高級ホテル内スパのなかでも歴史の長いほう。フェイシャルのメニューが充実しており、フランス製のナチュラル化粧品ギノーを使用。チークをふんだんに使った内装が重厚かつ豪華で、リラックスした雰囲気のなかトリートメントを受けられる。女性はもちろん多忙な男性ビジネスマンの利用も多いとか。あたたかな照明に照らされたリラックスできる空間で、心身ともに癒やされる幸福感を味わえる。要予約。

住 Sheraton Grande Sukhumvit, 250 Sukhumvit Rd.
TEL 0-2649-8121
URL www.sheratongrandesukhumvit.com
営 10:00～22:00(最終受付21:00)
休 なし CC A D J M V
行き方 BTSスクムウィットラインのE4アソーク駅連絡通路から徒歩すぐ 日 英 ●

おすすめメニュー

- ピュア・エッセンシャル・フェイシャル 3800B(60分)
- トラディショナル・タイ・マッサージ 2400～3000B(60～90分)
- スウェディッシュ・リリース 3400～4000B(60～90分)
- エッセンシャル・リヴァイタライゼーション 3600B(75分)

日 日本語メニュー 英 英語メニュー ● 日本語スタッフ

ル・スパ with ロクシタン　Le Spa with L'OCCITANE

ナーナー駅周辺
MAP P.92-B2

ロクシタンのコスメ使用

南仏から来たブランドのロクシタンをメインにパリのテメー、タイのイッサラなども使い、タイの伝統的なトリートメントを施すスパ。スクムウィット通りにそびえるソフィテル・バンコク・スクンビット(→P.272)の9階、フィットネスセンターやプールも同じフロアにある。アーモンドやガーベラ、レモングラスなど植物の名前がつけられたトリートメントルームは全7室で、カップルでトリートメントを受けられるハネムーンルームが1室。

住 189 Sukhumvit Rd. (Between Soi 13 & 15)
TEL 0-2126-9655　FAX 0-2126-9998
URL www.sofitel-bangkok-sukhumvit.com
営 10:00～20:00　休 なし
CC A D J M V
行き方 BTSスクムウィットラインのE3ナーナー駅3番出口から徒歩2分　日 英

おすすめメニュー
- ディスカバリー・フェイシャル　2500B(30分)
- ディープ・ティシュー・インテンス・リリーフ　3000～4000B(60～90分)
- タイ・ヘリテージ・マッサージ　2000～3500B(60～120分)
- リラクシング・マッサージ・フォー・ザ・バック　1500B(30分)

スパ・ボタニカ　Spa Botanica

サートーン通り周辺
MAP P.87-D4

シンガポール発祥の高級スパ

独特の雰囲気で人気があるホテル、スコータイ(→P.273)内にある高級スパ。トリートメントの間、体にかけておく布に、タオルではなくタイシルクを使うなど、高級店ならではの細かい心遣いがうれしい。テラス付きの部屋やジャクージ付きの部屋などさまざま。

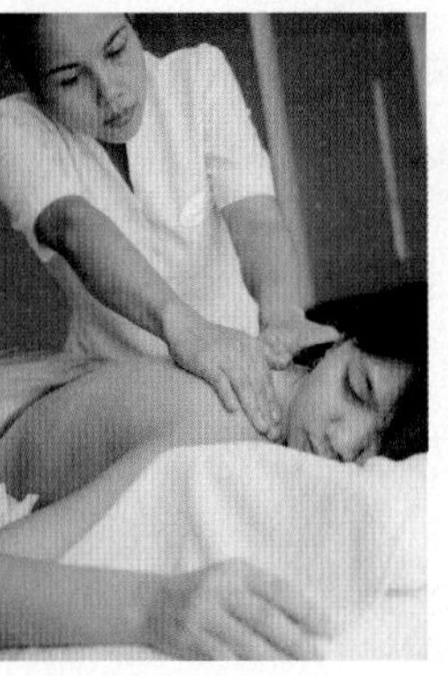

住 The Sukhothai Bangkok, 13/3 Sathorn Tai Rd.
TEL 0-2344-8676
URL www.sukhothai.com
営 10:00～22:00(最終受付21:00)
休 なし　CC A D J M V
行き方 MRTブルーラインのBL25ルムピニー駅2番出口から徒歩7分　日 英

おすすめメニュー
- ザ・スコータイ・シグネチャー・マッサージ　5000B(90分)
- リバイビング・フット・マッサージ　2000B(30分)
- タイ・ハーバル・リトリート　4500B(105分)
- ジャスミン・スキン・リファイナー　2900B(45分)
- ボタニカル・シグネチャー・スクラブ・アンド・ラップ　3500B(60分)

マイ・スパ　My Spa

アソーク駅周辺
MAP P.92-B2 ～ B3

オフィスビルの中の別世界

バンコクの某高級ホテル内にあるスパで経験を積んだスタッフが独立してオープンした、高度なトリートメントを手頃な料金で提供するスパ。ブティックやコーヒーショップが集まるビルの中にあり、買い物途中に気軽に立ち寄れる。プロダクツは天然素材を使用しており、パパイヤ、パイナップル、ヨーグルト、ハニーシュガーなどいかにも体によさそうなものばかり。日本語でメニューなど相談できるのもうれしい。人気があるので早めの予約は必須。

住 3rd Fl., Times Square Bldg., Between Soi 12 & Soi 14, Sukhumvit Rd.
TEL 08-1620-8723(日本語携帯)
URL www.my-spa.com
営 9:00～22:00
休 なし　CC A D J M V
行き方 BTSスクムウィットラインのE4アソーク駅連絡通路から徒歩すぐ　日 英

おすすめメニュー
- アロマテラピー・オイルマッサージ　1400B(75分)
- タイ・ハーバル・スチーム　1800B(100分)
- アルガンオイル・フェイシャル　1500B(75分)
- エクスプレス・フェイシャル　800B(30分)
- バック&ショルダーマッサージ　700B(30分)

バンコクプチ情報　スパやエステ店は男性も大歓迎。贅沢な気分が味わえるので、日頃縁がない人も一度体験してみては。男性にもトリートメント中に着用する使い捨て下着が用意されているので安心。

アーブ・スパ Erb Spa

チャルーン・クルン通り周辺
MAP P.85-F3

人気スパグッズ、アーブの直営店

ギャラリーやショップ、カフェが併設されたカルチャースポットのウェアハウス30にある、人気スパブランドのアーブ(→P.216)による直営スパ。おすすめは、ラーマ5世の時代にタイ王室で行われていたとされる美容法で、7種類の花から集めた花粉と金箔で作ったプロダクトを使用するセブン・ポレンシリーズ(ミニ・フェイシャルなら30分で1000B)。プロダクトの名称がマッサージなどトリートメントの名前になっているので、お気に入りの品があるならそれを指定してみよう。スパ用の部屋は全4室なので、できれば予約を。

住 Warehouse 30, Soi 30, Charoen Krung Rd.
TEL 0-2117-2266
URL www.erbasia.com
営 10:00～20:00 休 なし
CC A J M V
行き方 MRTブルーラインのBL28フアラムポーン駅1番出口から徒歩15分 日 英 ●

おすすめメニュー

- ●イースタン・ボヤージ・リトリート 2250B(75分)
- ●ラッタナーコーシン・ボディ・マッサージ(ロイヤル・タイ・マッサージ) 1650～2850B(60～120分)
- ●ネック・ショルダー&バック・リリーフ・マッサージ 1800B(60分)
- ●デトックス・ボディ・トリートメント 4200B(120分)
- ●アーブ・ナチュラル・フェイス・デトックス 2350～3100B(60～90分)

オアシス・スパ・バンコク Oasis Spa Bangkok

プロムポン駅周辺
MAP P.93-D1 ～ D2

広々とした庭に立つ白亜の洋館

チェンマイ発の人気スパ。スパ専用に設計され建設されたトリートメント棟は全12室、随所にタイの伝統的な装飾がさりげなく施されたモダンな建物だ。全室ツイン対応で、カップルがふたりで同時にトリートメントを受けられる。予約すればBTSプロムポン駅より無料送迎あり。

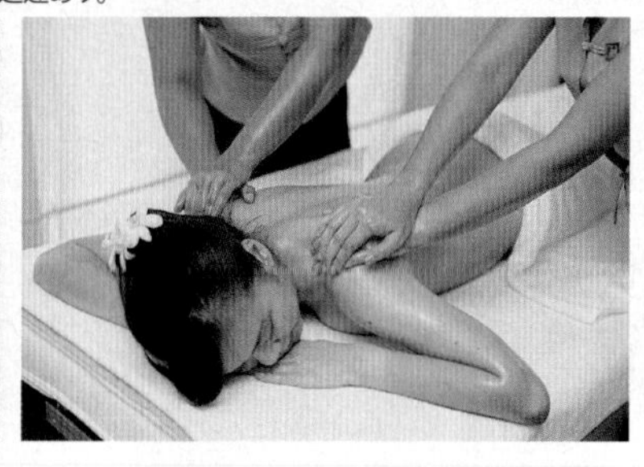

住 64 Soi 4, Soi 31, Sukhumvit Rd.
TEL 0-2262-2122(コールセンター)
URL www.oasisspa.net
営 10:00～20:00 休 なし
CC J M V スクムウィット通りソイ51(MAP P.93-F4)に支店。
行き方 BTSスクムウィットラインのプロムポン駅5番出口から徒歩18分 日 英 ●

おすすめメニュー

- ●タイ古式マッサージ 1700B(120分)
- ●タイ・ハーバル・ホット・コンプレス 1200B(60分)
- ●アーユルヴェーダ・ボディマッサージ 2300B(60分)
- ●オアシス・ローヤル・タイ・フェイシャル 1400B(60分)
- ●ココナッツ・バター・ラップ 1500B(60分)

シリ・ギリヤ・スパ Siri Giriya Spa

スクムウィット通り周辺
MAP 折込裏 - D5

オンセントリートメントが人気

スリランカの某高級リゾートスパに感動したオーナーが、バンコクでも同じ体験を提供したいとオープン。トリートメントルームには全室浴槽が設置され、サムンプライ(タイの本草学)に基づいた薬草風呂につかりながらジャクージbyハンドと呼ばれる軽いマッサージも受けられる。トリートメント終了後は、中庭のサーラー(東屋)でのんびりくつろげる。高級ホテル内のスパに比べると料金も手頃なので、気軽に行ける。

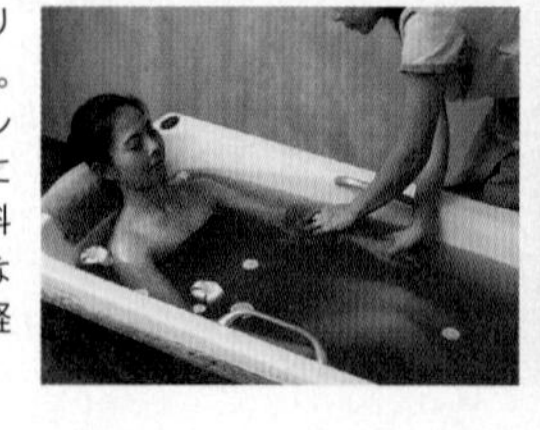

住 1954/9 Soi 60, Sukhumvit Rd.
TEL 0-2741-5199
FAX 0-2741-4775
URL www.sirigiriyaspa-bkk.com 営 10:00～22:00(最終受付19:30)
休 なし CC J M V
行き方 BTSスクムウィットラインのE10バーンチャーク駅5番出口から徒歩4分 日 英 ●

おすすめメニュー

- ●シリ・スペシャリティ・トリートメント(薬草風呂、ボディ・スクラブ、ボディ・コンプレス、マッサージ、軽食のコース) 3250B(180分)
- ●シリ・スリミング・マッサージ 1750B(80分)
- ●ハーバル・ハイドロ・テラピー 950B(25分)

日 日本語メニュー 英 英語メニュー ● 日本語スタッフ

アン・セモナン・スパ・アンビエンス Anne Semonin Spa Ambiance

トンロー、エカマイ周辺
MAP P.89-E4

フランスから来たエレガントなスパ

スクムウィット通りのトンローにある高級ホテル、バンコク・マリオット・ホテル・スクンビット(→P.271)7階にあるスパ。フランスの高級化粧品アン・セモナンと、スクラブなどに使うフレッシュなタイの天然素材、そしてタイ式トリートメントの組み合わせで癒やされる。ラベンダーやローズなど花の名前がつけられたトリートメントルームは全6室。ジャクージ付きのVIPルームはカップルでトリートメントが受けられるツイン対応。男性向けのフェイシャルトリートメントが密かに人気。平日でも午後は予約がおすすめ。

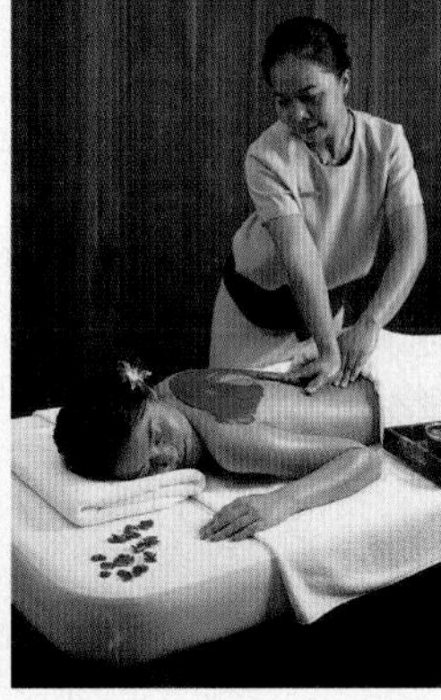

住 Bangkok Marriott Hotel Sukhumvit, 2 Soi 57, Sukhumvit Rd.
TEL 0-2797-0335
URL www.marriott.com
営 10:00〜22:00
休 なし
CC ADJMV
行き方 BTSスクムウィットラインのE6トンロー駅3番出口から徒歩2分 日 英 ●

おすすめメニュー
- グレープ・コンプレス・マッサージ 2900B(75分)
- ディープ・ティシュー(スポーツ)・マッサージ 2700〜3400B(60〜90分)
- スーパー・アクティブ・フェイシャル 4500B(55分)
- クリオテラピー・エイジ・デファイング・フェイシャル 3900B(55分)

バーワー・スパ・オン・ザ・エイト Bhawa Spa On The Eight

ナーナー駅周辺
MAP P.92-A3

自然素材多用のナチュラルスパ

スクムウィット通りから路地を入ったところにある静かな一軒家スパ。ボディトリートメントからシャワー、ティーブレイク、ハーバルコンプレス、フェイシャル・トリートメント、入浴などフルコース210分のタイ・トレジャー・デトクシフィ・ディヴァイン・スパ・トリートメントは8590B。

住 34/1 Soi 8, Sukhumvit Rd.
TEL 0-2254-9663
URL www.bhawaspa.com
営 11:00〜21:00(最終受付19:00) 休 なし
CC JMV
行き方 BTSスクムウィットラインのE3ナーナー駅4番出口から徒歩5分
日 英 ●

シンドーン・ウェルネス by レセンス Sindhorn Wellness by Resense

チットロム駅周辺
MAP P.87-E2

エココンシャス・ホテルの高級スパ

シンドーン・ケンピンスキー・ホテル・バンコク(→P.268)内のスパ。モロッコ風蒸し風呂のハマムを備えた部屋があり、エキゾチックなトリートメントが受けられる。フェイシャル各種30分1950B〜、ヘッドマッサージ45分2950B、ホットストーン・マッサージ60分3550Bなど。

住 Sindhorn Kempinski Hotel Bangkok, 80 Soi Tonson
TEL 0-2095-9999
URL www.kempinski.com
営 10:00〜22:00 休 なし
CC ADJMV
行き方 BTSスクムウィットラインのE1チットロム駅4番出口から徒歩12分
日 英 ●

キリヤ・スパ Kiriya Spa

サヤーム・スクエア周辺
MAP P.298-B1

神秘的なインテリアで不思議と落ち着ける

スタイリッシュなリット・バンコク(→P.283)は、館内のスパもスタイリッシュ。どこかタイ寺院の仏塔を思わせるインテリアが不思議に落ち着ける。切りたてのフレッシュな竹を使うバンブー・マッサージは70分2500B〜。フットバス、フットスクラブ付きのボディラップは30分1500B。

住 36/1 Soi Kasem San 1, Rama 1 Rd. TEL 0-2612-3456
URL www.litbangkok.com/hotel/kiriya-spa/
営 10:00〜21:00
休 なし CC ADJMV
行き方 BTSシーロムラインのW1ナショナル・スタジアム駅3番出口から徒歩3分
日 英 ●

バンコクプチ情報 トリートメント後に、施設内のリラックススペースでのんびり過ごせるスパも多い。時間に余裕をもって足を運び、贅沢なひとときを満喫したい。

Relaxation

ネイルサロン

日本に比べると格安とも思える料金で利用できるのがバンコクのネイルサロン。繁華街にはたいていショップがある。王族が訪れるような高級店からほぼ露店に近い店までさまざまだ。世界の最新流行も素早く取り入れられるのがタイのいいところで、3Dネイルやアクリルネイルなども気軽に試すことができる。荷物にならないおみやげとして、指先をおしゃれにチェンジ。

テイクケア Takecare

プロムポン駅周辺
MAP P.93-D4

日本と同じクオリティで割安

バンコク市内にチェーン展開するネイルサロン。キューティカやフットロジックスなど定番プロダクトを使ったケアが、日本よりも割安に受けられる。医療用の消毒器や個包装の器具を使うなど、町の格安店とは一線を画した安心感。隣にはネイル用品のショップも併設されている。

住 599/6, Soi 35, Sukhumvit Rd.
TEL 0-2258-7544
URL www.takecarebeauty.com
営 9:00～20:00
休 なし CC J M V
行き方 BTSスクムウィットラインのE5プロムポン駅1番出口から徒歩すぐ 日 英 ●

ゲーガイ Kaekai

プロムポン駅周辺
MAP P.93-E4

在住日本人に大人気の気軽なショップ

ローカルな雰囲気満点ながら、技術の高さと値段の安さがクチコミで広がり、在住日本人に大人気のネイルショップ。1階は美容室で、ネイルは2階。基本料金にデザインなどで加算されるシステムで、予算はだいたい両手両足で1000B程度。カタカナの看板が目印。

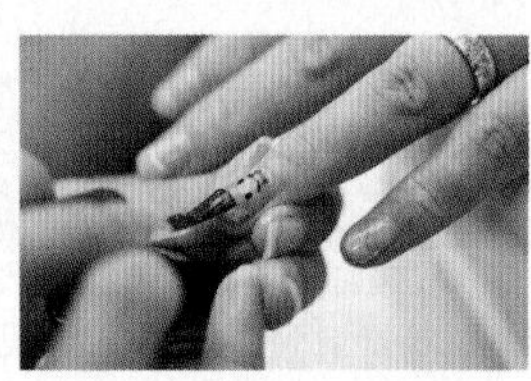

住 10/8 Soi 39, Sukhumvit Rd.
TEL 0-2258-9406
営 7:00～18:00
休 なし
CC なし
行き方 BTSスクムウィットラインのE5プロムポン駅3番出口から徒歩2分
日 英 ●

エヌ・アイ・シー・ネイルサロン N.I.C. Nail Salon

チットロム駅周辺
MAP P.87-D2

王族がお忍びで訪れたこともある高級店

1991年創業、バンコクで最初にオープンした本格的なネイルサロンで、王族の顧客もあったほどの人気店。大きめのソファに座って、リラックスした状態で爪のケアを受けられる。スタッフは全員定められたトレーニングを積み、一定水準のレベルをクリアした人ばかり。ジェルネイル3000B～。

住 1st Fl., Veela Sindhorn Village, 87 Langsuan Rd.
TEL 0-2250-0322
FB N.I.C Nail Salon
営 9:00～20:00（最終受付18:00）
休 なし CC A J M V
行き方 BTSスクムウィットラインのE1チットロム駅4番出口から徒歩10分 日 英 ●

COLUMN

BTS駅構内の格安ネイル店

今バンコクで人気なのが、BTS主要駅の構内にあるネイル店。手頃な料金ながら仕事は早く、それなりに見栄えよく仕上げてくれる。使う色数やパーツのサイズや数などで料金が細かく決められており、500B程度からネイルを楽しめる。ペイント50B～、パーツ小5B～、ジェルカラーのリムーブ100Bなど、オプションをいくら追加しても気にならない料金なので、旅の記念にトライしてみよう。

チェーン店や独立系の店がいくつかあり、どこも似たような料金

日 日本語メニュー 英 英語メニュー ● 日本語スタッフ

タイ式マッサージを体験しよう

ムエタイ、タイダンスと並ぶタイの名物がタイ式マッサージ。
足のつま先から頭のてっぺんまで全身のケアが行われるのが特徴だ。
熟練のマッサージ師に身を委ねる快感を味わってみよう。

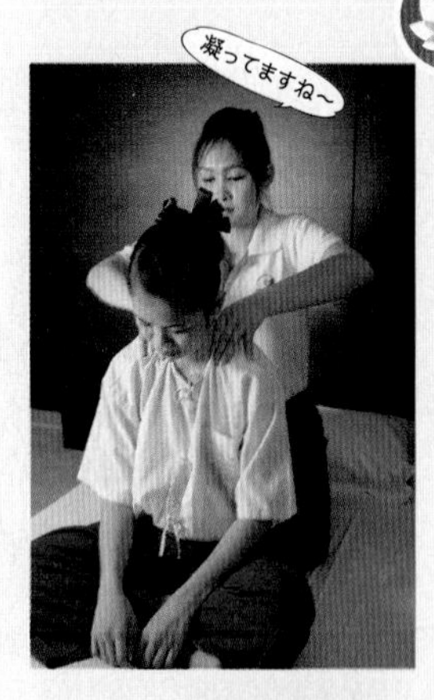
凝ってますね〜

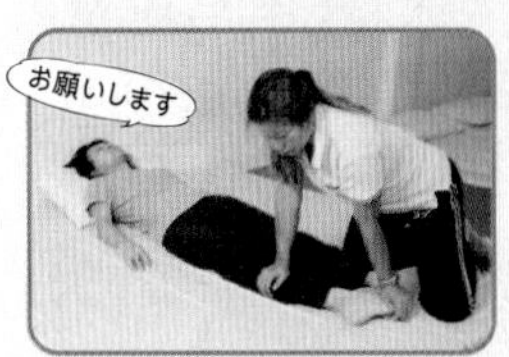
お願いします

❶まずは足から。足先から全体をもみほぐしていく

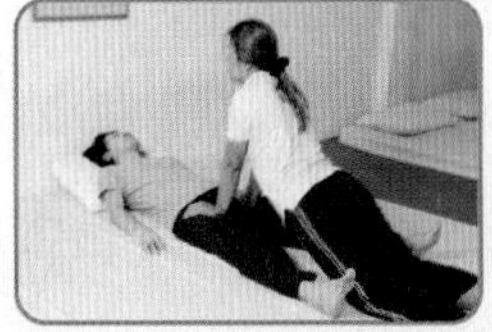

❷足をほぐしたら付け根を押さえ、血行を促進

硬いですね
あいたたっ!

❸さらにストレッチなどで筋肉をリラックスさせる

❹足がひととおり終わったら次は腕

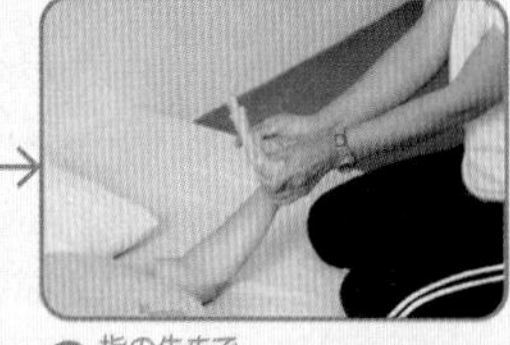

❺指の先までしっかりほぐす

❻腕をひととおりもんだら体を横にして肩や首筋を伸ばす

❼座って肩と背筋のケアをしたら、首筋をじっくり伸ばす

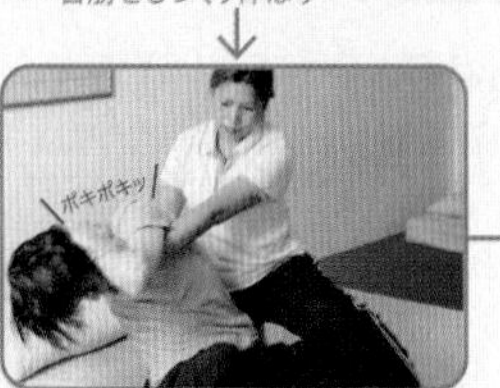
ボキボキッ

❽いよいよ終盤。腰を軸に体全体をひねってほぐす

伸びる〜

❾ブリッジで全身をぐーっと伸ばす

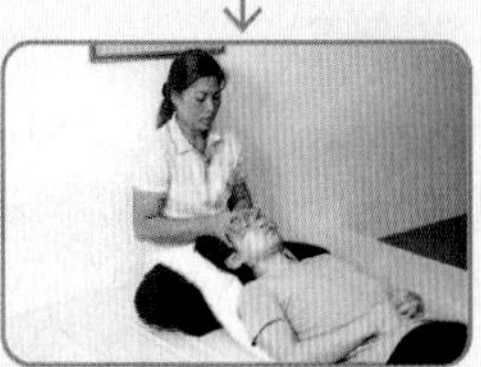

❿最後は頭のマッサージ。これが気持ちいい

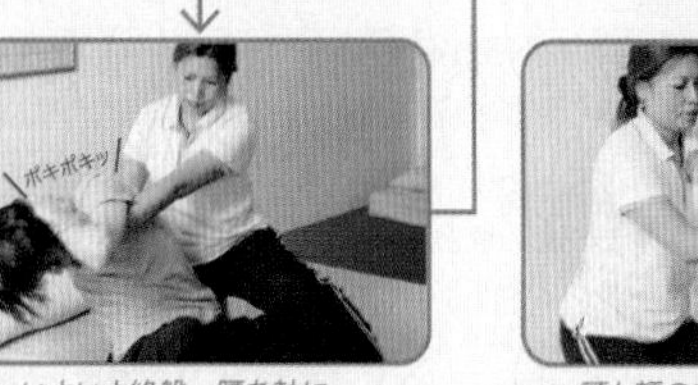
身も心もスッキリした〜

⓫頭と顔のマッサージでリラックスしたら終了

バンコクでマッサージを習う

マッサージに興味をもったら習ってみよう。
最低1週間あれば基本的な知識が身につく。

ワット・ポー・タイ・トラディショナル・メディカル&マッサージスクール
Watpo Thai Traditional Medical & Massage School

MAP P.130

タイ古式マッサージの総本山とされるワット・ポー直系の技術が学べる学校。授業は基本的にすべて英語。タイ人マッサージ師でも、基本はここで習ったという人も多い。マッサージを受けることもできる（30分320B、60分540B）。基本コース：5日間（30時間）1万3500B

住392/33-34 Soi Pen Phat 1, Maharat Rd.
TEL 0-2622-3551　URL www.watpomassage.com
営 9:00～16:00（マッサージは8:00～17:00）　休なし　CC M V

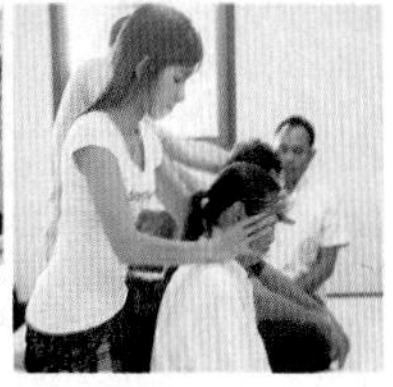

上／プロのマッサージも受けられる　右／皆真剣に練習

タイ式マッサージ

Relaxation

バンコク市内にはそれこそどこにでもマッサージ店があり、外国人旅行者だけでなく地元タイ人も気軽に訪れている。体中をほぐされて、ボキボキ鳴らされる快感を味わってみよう。どの店もエアコンがよく効いているので、旅の疲れを癒やす休息にもってこい。ちなみに腕のよい悪いは「店」ではなく「マッサージ師」によるところが大きい。当たり外れは運次第。

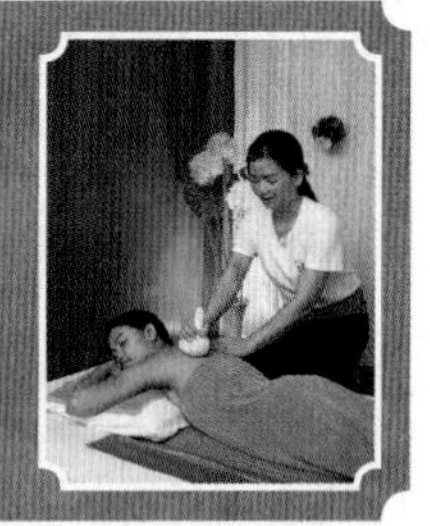

アジアハーブアソシエイション Asia Herb Association

プロムポン駅周辺
MAP P.88-C4

料金以上の高級感に誰もが満足

高級感満点の設備と手頃な値段で日本人に大人気のマッサージ店。バンコク郊外の高原リゾート地カオヤイにある、自社農園で栽培されたフレッシュなハーブで作ったハーバルボールを使うトリートメントとマッサージのセットがおすすめ。ハーバルボールは通常乾燥させたハーブで作るので、フレッシュなものはタイでも珍しい。トリートメントルームには簡単な日本語とタイ語対照の指さし会話表が用意されており、マッサージの強弱や部屋の温度がリクエストできる。バンコク市内に全3店舗ある(MAP P.93-D3、P.92-A2)。

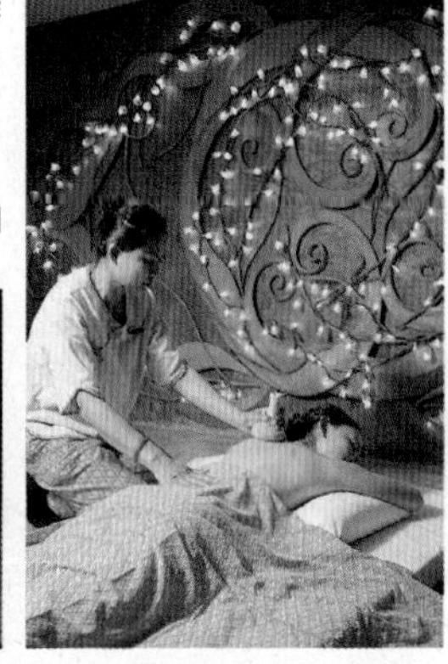

住 50/6, Soi 24, Sukhumvit Rd.
TEL 0-2261-7401
URL www.asiaherbassociation.com
営 9:00～24:00(最終受付22:00)
休 なし CC A J M V
行き方 BTSスクムウィットラインのE5プロムポン駅6番出口から徒歩2分
日 英 ●

おすすめメニュー

- タイ伝統古式マッサージ+生ハーバルボール治療 1450～2650B(90～180分)
- ハーバル・アロマオイル・ボディマッサージ 1250～3250B(60～180分)
- タイトラディショナルボディマッサージ 700～1900B(60～180分)
- ヘッド&ショルダーマッサージ 700～1900B(60～180分)

ルアムルディー・ヘルス・マッサージ RuamRudee Health Massage

プルンチット駅周辺
MAP P.91-F5

コンピューター社会の凝りをほぐす

清潔感あふれるマッサージ店。塩とハーブを入れて熱した壺を使うソルトポットマッサージは、コリがじんわりとほぐれる。料 トラディショナルタイマッサージ280～420B(60～90分)、ソルト・ポット・マッサージ900～1200B(60～90分)。2023年11月現在大規模改装中で、規模を縮小して営業。

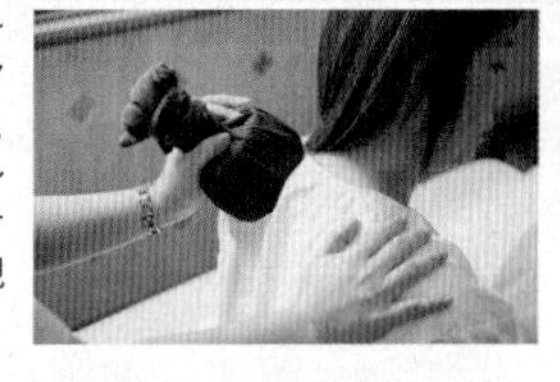

住 20/17-19 Soi Ruam Rudee, Phloen Chit Rd.
TEL 0-2252-9651
URL www.ruamrudeehealthmassage.com
営 10:00～24:00 休 なし
CC A J M V
行き方 BTSスクムウィットラインのE2プルンチット駅6番出口から徒歩3分 日 英 ●

トニー・タイ・マッサージ Tony Thai Massage

アソーク駅周辺
MAP P.92-C2

暗めの店内が落ち着ける

女性の呼び込みが激しいマッサージ店が並ぶアソークのソイ23にある、健全かつ手頃な料金の安心マッサージ店。間口は狭いが3階まであるので、それほど混まない。履き物は入口で脱いで上がること。料 タイ式マッサージ、足マッサージ各60分200B、背中と肩マッサージ60分250B。

住 22 Soi Prasanmit, Sukhumvit Rd.
TEL 0-2258-4228
FB Tony Thai Massage
営 10:00～22:00
休 なし CC なし
行き方 MRTブルーラインのBL22スクムウィット駅2番出口から徒歩6分
日 英 ●

日 日本語メニュー 英 英語メニュー ● 日本語スタッフ

パーセプション・ブラインド・マッサージ Perception Blind Massage

シーロム通り周辺
MAP P.86-C4

マッサージを受けて社会貢献

視覚障害者や聾唖のマッサージ師に職場を提供し、自立を助ける目的で設立されたマッサージ店。カフェレストラン脇の細いドアから入り、店のバックヤードのような狭い通路を通り抜けた先にある階段を2階に上がると、目の前に受付がある。健常者のマッサージ師もいるが、ほとんどが目の見えない人。皆確かな技術を身につけており、手探りで的確に凝った部位や痛みのある場所を見つけ、しっかりとマッサージしてくれる。ほどよく照明が落とされた店内はブラック基調の内装で落ち着ける。2階にはフットマッサージ用のソファが並び、3階にベッドが2台並んだ個室と、マットが並びカーテンで仕切られるマッサージ室がある。

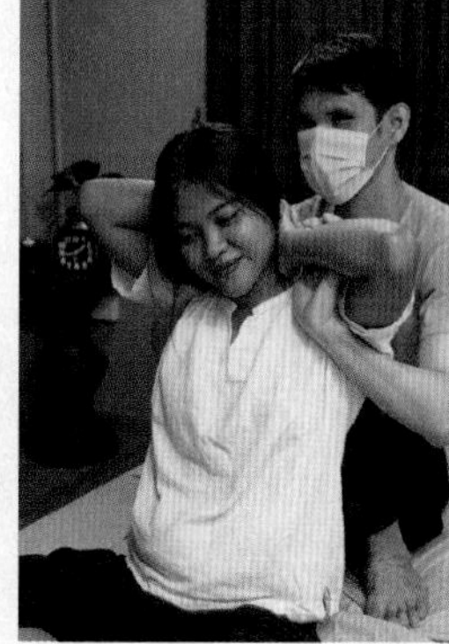

住 56-58 Sathorn Nua Rd.
TEL 08-2222-5936
URL www.perceptionblindmassage.com
営 10:00～21:00（最終入店20:00） 休 なし
CC A J M V
行き方 BTSシーロムラインのS3チョンノンシー駅2番出口から徒歩5分 日 英 ●

おすすめメニュー
- アロマテラピー・マッサージ 1000～1800B（60～120分）
- タイ・ボディ・マッサージ 450～800B（60～120分）
- タイ・ハーバルボール・ボディ・マッサージ 900～1200B（90～120分）
- ヘッド、ネック＆ショルダーマッサージ 450～600B（60～90分）
- フットマッサージ 450～600B（60～90分）
- オフィス・シンドローム・マッサージ 650～1200B（60～120分）

ヘルス・ランド Health Land

アソーク駅周辺
MAP P.92-C2

高級感のある一軒家マッサージ店

広い敷地に建てられた、純白に近い明るいクリーム色の大きな一軒家を使ったマッサージ店。アユルヴェーダの思想にのっとった、伝統的なタイの古式マッサージを施術する。トリートメントルームはすべて個室で、リラックスしながら受けられる。建物はマッサージ店用に設計されたものなので、動線に無駄がないのもいい。一般的なマッサージだけでなく、額にオイルを垂らしながら受けるシロダラ（60分2000B）や、頭を中心に背中や肩など上半身を重点的にケアするシロブヤンガ（60分1200B）など、試してみたくなるメニューが多い。エカマイ（MAP P.89-F3）やサートーン（MAP P.86-B5）、ピンクラオ（MAP P.76-A2）など、バンコクに8店舗ある。

住 55/5 Soi 21, Sukhumvit Rd.
TEL 0-2261-1110
URL www.healthlandspa.com
営 9:00～22:00
休 なし
CC A J M V
行き方 MRTブルーラインのBL22スクムウィット駅1番出口から徒歩4分
日 英 ●

おすすめメニュー
- トラディショナル・タイ・マッサージ 650B（120分）
- タイ・マッサージ・ウィズ・ハーバル・コンプレス 1000B（120分）
- アロマテラピー・ボディ・マッサージ 1100B～（90分～）
- フット・マッサージ 400B（60分）
- フォー・ハンズ・マッサージ 4000B（120分）

レック・マッサージ Lek Massage

サヤーム・スクエア周辺
MAP P.157-E1

便利な場所にあり料金も手頃

1997年創業と比較的歴史のある、マッサージのチェーン店。バンコクの繁華街に10店舗以上展開。サヤーム・スクエアのソイ6支店は2022年にオープンしたばかり。清潔感のある内装と手頃な料金で、気軽にマッサージを体験できる。料タイ式マッサージ60分400B～、足マッサージ30分250B～。

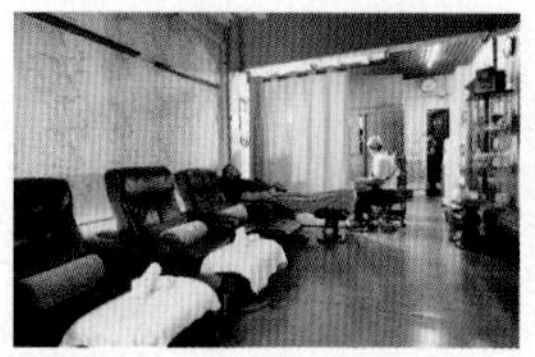

住 412/8-9 Soi 6, Siam Square, Rama 1 Rd.
TEL 0-2084-8785
URL lekmassagebangkok.com
営 10:00～23:30
休 なし
CC J M V
行き方 BTSのCENサヤーム駅6番出口から徒歩2分
日 英 ●

バンコクプチ情報 ウエルカムドリンクやトリートメント終了後に出されるお茶など、オリジナルのものを出しているスパもある。たいていスパ内のショップで販売されているので、気に入ったら購入できる。珍しいおみやげにもなる。

レッツ・リラックス Let's Relax

サヤーム・スクエア周辺
MAP P.157-D1

確かな技術で安心の高級店

バンコクのショッピングモールやホテルなどに約20店舗。チェンマイなどにも支店がある、高級感のあるマッサージ店。人気があるので予約したほうが安心。料タイ式マッサージ 120分1100B、ウォーム・オイル・マッサージ60分1600B、アロマティック・ホットストーン・マッサージ90分2200B。

住 6th Fl., Siam Square One
TEL 0-2252-2228
URL letsrelaxspa.com
営 10:00～24:00
休 なし
CC A J M V
行き方 BTSのCENサヤーム駅連絡通路から徒歩すぐ
日 英 ●

バイヨック・リバー・サイド・マッサージ Baiyok River Side Massage

チャルーン・クルン通り周辺
MAP P.76-B5

ワット・ウォラチャンヤーワート境内の激安マッサージ

寺院境内のチャオプラヤー川に沿った建物2階にある（1階は別の店）。チャルーン・クルン通りとチャオプラヤー川に挟まれたこの寺院の境内には、料金を安くすることを条件に抑えた家賃で場所を借りている安いマッサージ店が集まっている。料タイ式マッサージ60分100B（120Bの店もある）。

住 Wat Worachanyawas, Soi 72, 25/2010 Charoen Krung Rd. TEL 08-1171-6349
営 7:00～22:00
休 なし CC なし
行き方 チャオプラヤー・エクスプレス・ボートのS2ワット・ウォラチャンヤーワート船着場から徒歩すぐ
日 英 ●

COLUMN

バンコクのマッサージ店密集エリア

タイ式マッサージは、タイ人にとっても気軽な癒やしの場所。町を歩けば庶民的な造りのマッサージ店がすぐに見つかる。そんなバンコクには、マッサージ店が密集するエリアがいくつかある。そのような場所では、店の前に座ったマッサージ師の女性が通行人に盛んに声をかけていることも。協定があるのかエリア内の店はだいたいどこも同じ料金で、店選びの決め手に欠ける。店の名前やマッサージ師の雰囲気など、気分で決めてみよう。マッサージ店の多いエリアはおもに以下の場所。

オンヌットのソイ77/1 MAP P.302-B1

BTSスクムウィットラインのE9オンヌット駅1番出口から徒歩すぐのスクムウィット通りソイ77/1には、通りの両側に並ぶ雑貨屋や八百屋、食堂の間にマッサージ店が点在している。どこも入口はガラス張りの小ぎれいな造りで、タイ式マッサージ60分250B、足マッサージ60分280Bが相場。

屋台も並ぶソイ77/1

ソイ・スリウォン・プラザ MAP P.263-C1

古くからあるマッサージ店が並ぶ路地。有馬温泉、サリカ・マッサージ、スリウォン・マッサージ・センターなど、大型マッサージ店が多いので、混雑時でもそれほど待たずにマッサージが受けられる。どこも60分350B程度～。

カオサン通り MAP P.95-D4～E5

カオサン通りやラムブトリ通りなどに、マッサージ店が点々とある。それぞれの店先には、統一されたデザインの料金表を掲げた客引きがいて、盛んに外国人旅行者に声をかけている。料金は30分150Bなど、安めに設定されているのもうれしい。夜になると店の前にマッサージチェアを並べて、夜風に当たりながらの施術を受けられるところも。

ワット・ウォラチャンヤーワート前 MAP P.76-B5

アジアティーク・ザ・リバーフロント・ディスティネーション近くのチャオプラヤー川沿いにあるワット・ウォラチャンヤーワート前の路地に、格安のマッサージ店が並んでいる。境内にあるマッサージ学校などで学んだ卒業生に、料金を安く抑えることを条件に安い賃料で店を貸しているもの。タイ式マッサージ60分100～120Bなど、割安で腕も確か。

路地に気軽なマッサージ店が並ぶ

プラトゥーナーム MAP P.90-C2

毎日多くの買い物客が訪れるプラトゥーナーム。ペッブリー通りからソイ15に入ると、両側にマッサージ店が並んでいる。どの店も揃いのポロシャツを着たマッサージ師の女性が店先に陣取り、特に外国人と見ると盛んに声をかけてくる。このあたりの料金は60分250Bなど。

日 日本語メニュー 英 英語メニュー ● 日本語スタッフ

足ツボ刺激マッサージ

Relaxation

中国式足ツボ刺激マッサージは、足の裏のツボを強く刺激して、体内の老廃物を排出させるもの。一般の店ではソフトなマッサージが主流だが、本格派になるとかなり痛く、まるで外反母趾を力ずくで治そうとするかのよう。足の裏のツボを図解した看板が目印。一般のマッサージ店でも受けられるが、本格的なものはカルテを作るなど、医療施設風になる。

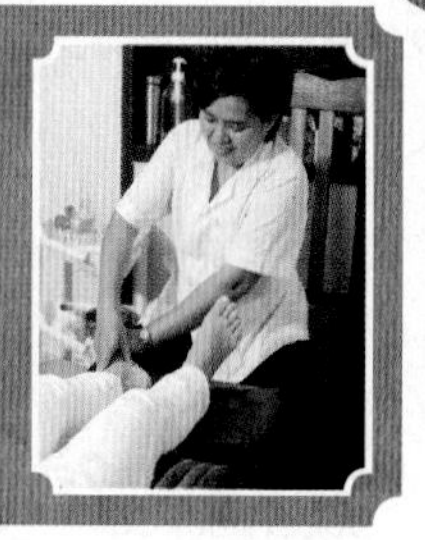

チースイホン足裏マッサージ Chee Sui Hong

トンロー、エカマイ周辺
MAP P.89-D4

体の不調を忘れるほど痛い

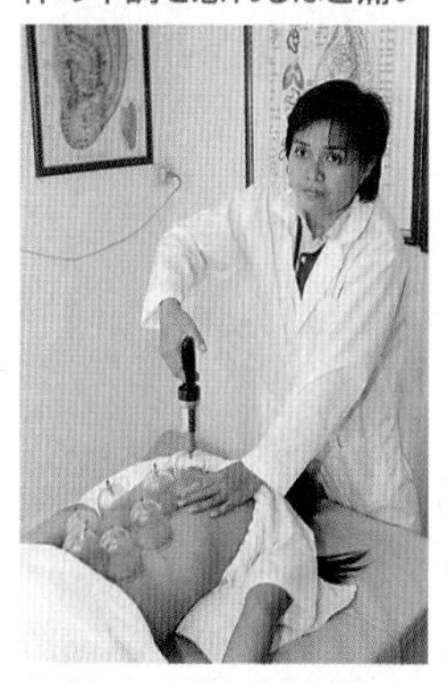

台湾の若石健康法を修めた故徐先生の診療所。思わず絶叫するほど痛い足裏マッサージだけでなく、木の棒で背中をごりごりこする治療や特殊な器具で皮膚を吸引する治療もあり、こすった場所や吸引した場所が赤くならなければ健康なのだとか。マッサージを受ける際は、次の注意を必ず守ること。①食後1時間以上経過していること。1時間以上経過していてもたけのこ、コーヒー、柑橘類などを食べていると施術中の痛みが増す。②薬品服用後1時間以上経過していること。③外科手術後または外傷がないこと 。④生理中、妊娠中の女性は施術不可。⑤マッサージ後に300～500ccの白湯を飲むこと。⑥マッサージ後最低1時間は手洗い、入浴など水に触れないこと。⑦マッサージ後最低1時間は氷を摂取しないこと。本格的な治療を施すと、直後に体が反応して一時的に不調になることがある。何度も通えるのならかまわないが、旅行者の場合はある程度手加減してもらったほうが無難。

住 21 Soi Napasap Yaek 1, Soi 36, Sukhumvit Rd.
TEL 08-1835-0974
営 8:00～20:00
休 なし
CC なし
行き方 BTSスクムウィットラインのE6トンロー駅2番出口から徒歩4分 日 英

おすすめメニュー
- 足裏マッサージ 60分400B
- 全身吸引 40分500～800B

木先生の足の裏マッサージ Moku Thai Traditional Massage

プロムポン駅周辺
MAP P.93-D5

足ツボ刺激で体スッキリ!

中国式の足ツボを刺激するマッサージ。体に悪いところがあるとかなり痛いらしく、もだえ苦しみながらマッサージを受けている人も多い。肩や首のマッサージもある。木先生を指名する場合は要予約。料 足マッサージ60分300B、ボディマッサージ60分300B、120分600B。

住 106/7 Soi 22, Sukhumvit Rd.
TEL 08-6789-1569
FB Moku Thai Traditional Massage Foot Relaxology
営 水～月9:00～21:00（最終受付20:00）
休 火 CC なし
行き方 BTSスクムウィットラインのE5プロムポン駅6番出口から徒歩15分 日 英

プルンチット・ハッタサート Ploengit Hatthasart

プルンチット駅周辺
MAP P.91-F4

便利な場所で気軽に通える

まずは椅子に座って足ツボマッサージ、それが終了したら、ベッドに移動して体のマッサージ。具合によって所要時間は異なるが、目安は全部で60分程度。足ツボマッサージにクリームを使うので、施術後のベタつきが気になる人は着替えを借りよう。料足マッサージ400B。

住 Near Mahathun Plaza, 888/20 Phloen Chit Rd.
TEL 0-2253-3628
FB ploenchithatthasart massage
営 9:00～20:00
休 なし CC なし
行き方 BTSスクムウィットラインのE2プルンチット駅4番出口から徒歩すぐ 日 英

バンコクプチ情報 安いマッサージ店の場合、施術中の着替えは「どこで売ってるんだ……」と聞きたくなるような変な柄の短パンやTシャツのことも。Big-Cなどのスーパーに行くと「ここで売ってるんだ……」となる。

バンコクでプチレッスン

タイ語や料理、伝統芸能などのタイ文化。
これらを教える各種学校がバンコクにある。
旅行者向け短期コースで習えばタイがより身近に感じられる。

タイの文化を身につける ルーシーダットン教室

ボイスホビークラブ
Voice Hobby Club

プロムポン駅周辺
MAP P.93-F3

1993年にオープンしたバンコクの日本人向けカルチャーセンター「ボイスホビークラブ」。駐在員の家族など在住者向けにタイ料理やタイ語、タイの手工芸やフルーツカービングなどのタイ文化や、生花や着物の着付けなど日本文化まで幅広いレッスンを行っている。旅行者でも参加できる体験コースも開催。

●ルーシーダットンを体験してみよう

古くからタイに伝わるルーシーダットンは、独自の呼吸法と体内を走る「セン(経絡のようなもの)」を刺激するポーズで、血流や内臓の働きを改善するもの。現在では健康法のひとつと認識され、むくみや冷え性などの体質改善にも効果があるとされている。凝りがほぐれてリラックスでき、心身の調和にもつながるとか。負担の軽い動きが多いので、体力に自信がなくても可能。ボイスホビークラブで講師歴9年のジョイ先生の指導のもとに、タイ式リラックス法を体験してみよう。

●そのほかのレッスン

ボイスホビークラブでは、旅行者向けタイ語プライベート教室も開催している。都合のよい日程で希望の回数レッスンが可能で、1回(1時間30分)700B。少しでもタイ語ができるようになるとタイ旅行の幅がぐっと広がるので、時間のある人にはぜひおすすめ。学校の休みシーズンには子供向けプログラムが各種行われ、時間も1コマから終日まで選択自由。最近では子連れママ友旅行でバンコクを訪れ、教室に子供を預けてママだけでスパや買い物を楽しむ人も。

住 3rd Fl., 165 Soi 49, Sukhumvit Rd.
TEL 0-2119-7250
FAX 0-2119-7251
URL www.voicehobbyclub.com
休 日・祝
行き方 BTSスクムウィットラインのE5プロムポン駅3番出口から徒歩15分
▶コース名：ルーシーダットン体験クラス　料 1時間30分500B
▶開講時間：月数回開催。詳細は要問い合わせ
▶予約方法：希望日の7日前までに電話かメールで

優雅な身のこなしを体得 タイダンス

ITDAタイ文化交流センター
Thai Art and Culture Center

プロムポン駅周辺
MAP P.93-E3

先生の優雅な身のこなしに思わず見とれる

4コースあるうちのBコースがおすすめ。内容は以下のとおり。

- 練習着の着用、準備体操とあいさつ
- 手の形と感情を表すしぐさの練習、輪踊りの練習
- 舞台用のメークと民族衣装を着けて記念撮影
- 認定証発行

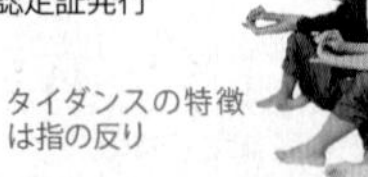
タイダンスの特徴は指の反り

指や関節の角度をていねいに指導

住 36/16 Promsri 1, Soi 39, Sukhumvit Rd.　TEL 0-2662-4230
URL www.itdacultural.com
行き方 BTSスクムウィットラインのE5プロムポン駅3番出口から徒歩7分
▶コース名：タイ舞踊1日体験Bコース　料 2時間2500B
▶開講時間：応相談、予約時に確認
▶予約方法：事前に東京事務局(TEL (03)3511-8413 E itda_school@yahoo.co.jp)へ

エンターテインメントガイド
Entertainment Guide

ルス・バンコク・タパス・バー →P.257

熱帯の夜は眠らない バンコクの夜はエキサイティング!!

夜になって日が落ち、涼しい風が町をなでると、昼の暑さに負けていた人々も生気を取り戻す。南国タイの首都バンコクは宵っ張りな町。暗くなるにしたがってネオンがまたたき、あたりを揺るがす大音量の音楽が流され、気分は盛り上がる。

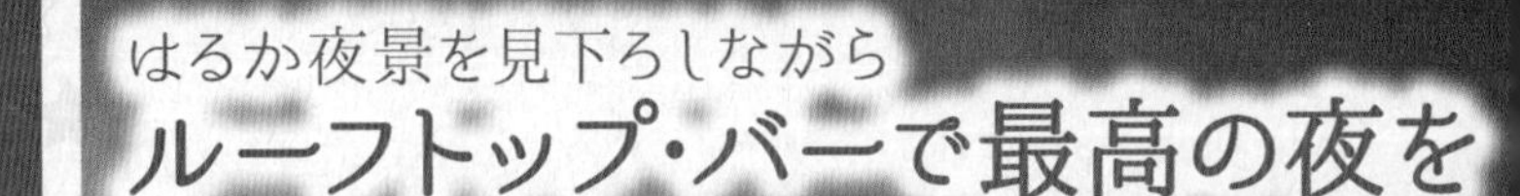

はるか夜景を見下ろしながら
ルーフトップ・バーで最高の夜を

バンコクで大人気のルーフトップ・バー。
高層ビルから10階建て程度のビルまで、いたるところにオープン。
新顔が次々登場するので新しい眺めもチェックして！

Aバー・ルーフトップ

オクターブ・ルーフトップ・ラウンジ&バー
Octave Rooftop Lounge & Bar

トンロー、エカマイ周辺 MAP P.89-E4 49階

360度のパノラマが広がるルーフトップのバー

トンローにあるバンコク・マリオット・ホテル・スクンビット（→P.271）最上部のラウンジ＆バー。45階は南向きのテラス席でレストラン、48階はバーで、そこから階段を上がる49階はオープンエアのテラス。中心に円形のバーカウンターがあり、外側にはテーブルやカウンター席が並び、遮るもののない眺めが楽しめる。カクテル各種350B～、クラフトビール310B、ビア・シン250B。

住 49th Fl., Bangkok Marriott Hotel Sukhumvit, 2 Soi 57, Sukhumvit Rd. TEL 0-2797-0000 URL www.marriott.co.jp 営 17:00～翌1:30 休 なし CC A D J M V 行き方 BTSスクムウィットラインのE6トンロー駅3番出口から徒歩2分

ネスト
Nest

ナーナー駅周辺 MAP P.92-A1 9階

住 9th Fl., Le Fenix, 33-33 Soi 11, Sukhumvit Rd.
TEL 0-2255-0638
営 18:00～翌2:00 休 なし
CC A D J M V
行き方 BTSスクムウィットラインのE3ナーナー駅3番出口から徒歩8分

ビル屋上の隠れた巣はカクテルが自慢

小さなホテルの屋上にある隠れ家風スポット。砂が敷き詰められたビーチ風のエリアや、ベッド風の大型ソファが置かれた席があり、グループで騒ぐのもカップルでしっとりするのもオーケー。ビール180B～、オリジナルカクテル300B～は30種以上用意されている。南国らしくミントがふんだんに使われたモヒートや、トウガラシが隠し味どころか前面に飛び出してくるスパイシーマンゴーマルガリータなどどれも300B。

Aバー・ルーフトップ
ABar Rooftop

プロムポン駅周辺 MAP P.93-D4

38階

ジンが大充実のオープントップバー

50種類以上のジンを揃え、オリジナルカクテルも充実。1階下の37階にはウイスキーやダーク・ラムを集めたAバーもあり、夜景だけでなくお酒も存分に楽しめる。ジン325B～。バンコク・マリオット・マーキス・クイーンズ・パーク(→P.276)のサウスタワーにある。

住 38th Fl., Bangkok Marriott Marquis Queen's Park, 199 Soi 22, Sukhumvit Rd.
TEL 0-2059-5999 FB www.abarrooftopbangkok.com
営 17:00～翌1:00 休 なし
CC A J M V
行き方 BTSスクムウィットラインのE5プロムポン駅6番出口から徒歩9分

エア・バー
Aire Bar

プロムポン駅周辺 MAP P.93-D5

28階

空気の流れが感じられる屋上空間

東西に細長い建物の両サイドにテラス席、中央に屋内の席があり、東側はテーブル、西側はカウンター風。屋内席にはソファもあり、全面の窓から外が眺められる。ラムとパイナップル、ライムを使ったNorth Star 320Bや、ジンにウオッカ、ラズベリーの入った Sazzle 320B などオリジナルカクテルが人気。おつまみの自家製トムヤム味ピーナッツがおいしい。

住 28th Fl., Hyatt Place Bangkok Sukhumvit, 22/5 Soi 24, Sukhumvit Rd. TEL 0-2055-1234
FB airebarbangkok 営 11:00～23:00(金～日は～24:00) 休 なし CC A J M V
行き方 BTSスクムウィットラインのE5プロムポン駅4番出口から徒歩5分

ティチュカ・ルーフトップ・バー
Tichuca Rooftop Bar

トンロー、エカマイ周辺 MAP P.89-E4

50階

巨大クラゲのようなオブジェが光る

オフィスビルの46階にあるルーフトップ・バー。オブジェがあるフロアからさらに階段で50階まで上がれ、360度の展望が楽しめる。オブジェがあるフロア越しに広がるバンコクの夜景もまた絶景。入場時にパスポートの提示が必要なので持参すること。コロナビール350B、カクテル各種400B～で、スパークリングワインにレモン風味を加えたティチュカ・ローズ440B。

住 46th Fl., T-One Bldg., 46 Soi 40, Sukhumvit Rd.
TEL 06-5878-5562 URL www.tichuca.co
営 17:00～24:00(金・土は～翌1:00) 休 なし
CC A D J M V
行き方 BTSスクムウィットラインのE6トンロー駅4番出口から徒歩4分

ルス・バンコク・タパス・バー
LUZ Bangkok Tapas Bar

オンヌット駅周辺 MAP P.302-B2

33階

バンコク最新のルーフトップ・バー

オンヌットに登場した新しいホテル、インサイド by メリアの最上階にあるルーフトップのタパス・バー。バンコクの夜景を眺めながらワインやタパスなどスパニッシュな食が楽しめるのもおもしろい。34階にあるプールのプールサイドがバーになっており、デッキチェアでまったりできる。ビア・チャーン150B。すぐ横のキッチンでシェフが作る料理もおいしい。

住 INNSIDE by Melia, 1472 Sukhumvit Rd.
TEL 0-2340-5499 FB LUZ Bangkok Tapas Bar
営 16:00～24:00 休 なし
CC A J M V
行き方 BTSスクムウィットラインのE9オンヌット駅2番出口から徒歩2分

バンコクプチ情報 ルーフトップ・バーは場所柄雨に弱い。部分的に屋根があったり、雨が降ったら折りたたみ式の屋根を展開するところもあるので、事前に問い合わせておくと安心。

Entertainment

ライブハウス系バー

バンコクの飲む店にはたいていステージがあり、生バンドが出演する。音量はかなり大きく騒々しい(むしろうるさい)ので、ライブが始まると会話もできなくなるほど。バンドの力量は店によって千差万別。腕達者なミュージシャンばかり出演する気合の入った店もあれば、素人バンドが出ていることも。とにかく楽しくにぎやかに過ごすのがタイ風ナイトライフだ。

サクソフォーン Saxophone

パホンヨーティン通り周辺 MAP P.81-D2

バンコクの老舗ジャズハウス

1987年のオープン以来、ジャズ、ブルース系に定評のあるライブハウス兼パブ。タイ人、外国人を問わず音楽好きに支持されている。出演ミュージシャンはいずれ劣らぬ実力派揃い。店内は広く、ステージを見渡せる2階席もある。ライブは21:00頃から。ビア・シン130B。

住 3/8 Victory Monument, Phaya Thai Rd.
TEL 0-2246-5472 FAX 0-2245-3598
URL www.saxophonepub.com
営 18:00～翌2:00 休 なし
CC A D J M V
行き方 BTSスクムウィットラインのN3ヴィクトリー・モニュメント駅4番出口から徒歩すぐ
日 PHOTO 英 ●

ロック・パブ The Rock Pub

サヤーム・スクエア周辺 MAP P.90-A2

熱いライブが繰り広げられるロックの殿堂

エーシア・ホテル(→P.290)の向かい、パヤー・タイ通りに面した大きなビルの入口にある、1987年オープンのロック専門ライブハウス。ライブは毎日21:00～で、連日違うバンドが2組出演。ただしコピーバンドが多く、オリジナルは少ない。ドリンクはビール1本120B～。食事もできる。

住 Hollywood Street Bldg., 93/26-28 Phaya Thai Rd.
TEL 09-9191-5666
FB therockpub
営 19:00～翌0:30(金・土は～翌1:30)
休 なし CC なし
行き方 BTSスクムウィットラインのN1ラーチャテーウィー駅2番出口から徒歩すぐ
日 PHOTO 英 ●

ブラウン・シュガー Brown Sugar

チャイナタウン周辺 MAP P.85-E1～E2

伝説の名店がソイ・ナーナーに復活

その昔ルムピニー公園北のソイ・サーラシンにあったジャズのライブハウスが、移転を重ねて曲折の末チャイナタウンのソイ・ナーナーに復活。2階にあるステージは客席も広々としており、リラックスしてライブが楽しめる。料理がおいしいのも人気の理由のひとつ。

住 18 Soi Nana
TEL 06-3794-9895
FB BROWN SUGAR
営 17:00～翌1:00(金・土は～翌2:00)
休 なし CC A J M V
行き方 MRTブルーラインのフアラムポーン駅2番出口から徒歩5分
日 PHOTO 英 ●

アデレ 13th・ブルース・バー Adhere The 13th Blues Bar

カオサン通り周辺 MAP P.95-E2

カオサン通りそばの小さなブルース・バー

カオサン通りの北、バーンラムプー運河にかかる橋を渡ってすぐのところにひっそりとある小さなライブハウス。毎晩20:00頃から行われるライブはブルースやレゲエ、ジャズなど多彩。LPジャケットや楽器が壁に飾られた狭い店内は、地元の音楽好きや外国人旅行者で埋まる。

住 13 Samsen Rd.
TEL 08-9769-4613
FB Adhere 13th blues bar
営 18:00～24:00
休 なし
CC M V
行き方 カオサン通りから徒歩7分
日 PHOTO 英 ●

ロンビヤー、ビアホール

Entertainment

タイならではの夜のエンターテインメントスポット、ロンビヤー。大きなステージ付きのビアホール風飲食店で、ステージ上ではバンドがタイのヒットソングやロックの名曲、懐メロを演奏し、歌手が次々に登場して歌い上げる。歌手の後ろには派手な衣装のダンサーがいて、揃いの振り付けで歌手を盛り上げる。歌の合間にはコントなどのショーが挟まることもあり、タイ的娯楽を満喫できる。

イーサーン・タワンデーン Esan Tawandang

バンコク郊外
MAP折込表 -G5

一度は体験したいこの楽しさ

すっかりオシャレになってしまったバンコクにも、少し都心を離れればまだこんな店が残っている。夜ごと繰り広げられる豪華絢爛なステージショー、酔っ払って踊り始める客、ひたすら演奏を続けるストイックなバンド、何もかもおもしろい。平日でも遅い時間になるとかなり盛り上がる。

住 484 Phatthanakan Rd.
TEL 0-2136-7951
FB Esantawandangstudio
営 17:00～翌2:00
休 なし
CC なし
行き方 タクシー利用。Grabが安心
日 PHOTO 英

タワンデーン Tawandang German Brewery

バンコク南部
MAP折込裏 -C5

自家製生ビールとライブ！

ドイツの技術指導を受けて醸造された本格派ビールが自慢の、1999年にオープンして以来人気が続く洗練された1200席の巨大ロンビヤー。ビールはラガー、ヴァイツェン、ドゥンケルの3種類で各0.3ℓ100B、0.5ℓ140B。つまみはタイ料理とドイツ風料理がメイン。毎日ライブもある。

住 462/61 Rama 3 Rd.
TEL 0-2678-1114
FAX 0-2678-1119
URL www.tawandang.com
営 17:00～翌1:00
休 なし
CC A D J M V
行き方 BRTのBR5ナラー・ラーム・サーム駅から徒歩すぐ
日 PHOTO 英

エカマイ・ビア・ハウス Ekamai Beer House

トンロー、エカマイ周辺
MAP P.89-F4

アイリッシュパブ風大型店

ソイ・エカマイに面したビア・レストラン。歩道沿いのテラス席なら気軽に飲めるし、ウッドのフロアにれんがの壁でブラウン基調のインテリアがパブ風の屋内席でゆっくりするのも楽しい。ギネスやキルケニーなどのアイリッシュ・ビールのほかハイネケン、ビア・シンなど生ビールが多数揃う。

住 56-56/1 Soi 2, Soi Ekkamai, Sukhumvit Rd.
TEL 0-2714-3924
URL www.ekamaibeerhouse.com
営 11:30～24:00
休 なし
CC A J M V
行き方 BTSスクムウィットラインのE7エカマイ駅1番出口から徒歩6分
日 PHOTO 英

ミッケラー・バンコク Mikkeller Bangkok

トンロー、エカマイ周辺
MAP P.89-F3

バンコクでクラフトビールならここへ

クラフトビールのブームが来ているバンコクでも屈指の人気店。瀟洒な一軒家を改装した店内に、驚きの30タップ。常時新作が入荷するので、いつ行っても新しい味が楽しめる。グラス1杯250～400Bと一般的なビールに比べるとかなり高いが、毎晩大にぎわい。2階はミシュランの星を取ったレストラン。

住 26 Yeak 2, Ekkamai Soi 10, Sukhumvit Rd.
TEL 08-2283-1274
IG mikkellerbkk
営 17:00～24:00（土日は11:00～）
休 なし
CC A J M V
行き方 BTSスクムウィットラインのE7エカマイ駅1番出口から徒歩15分
日 PHOTO 英

バンコクプチ情報　ローカルの多いライブ系バーやロンビヤーなど、タイの夜の店は一般に食事のメニューが充実しており、しかもおいしいことが多く、さらに割安感もある。これもタイらしさ。

バー

Entertainment

規模の大きなホテルなら、たいていバーがある。じっくり飲むならそんなホテルのバーもおすすめだ。ジャズのライブが聴けるマンダリン・オリエンタルのザ・バンブー・バーは、たまたまバンコクを訪れていた、びっくりするような有名ミュージシャンが飛び入りで演奏することも。下町エリアでは若い人がおしゃれなバーをオープンするケースも増えており、選択肢は広がるばかり。

ドーマー・バー Doma Bar

チャルーン・クルン通り周辺
MAP P.85-F5

下町の新感覚カクテル・バー

古いショップハウスが並ぶ下町の路地にあるカクテルバー。アール・ヌーヴォー風のエントランスがおしゃれ。2階席のインテリアも、ヨーロッパの古城のようでロマンティック。ハーブやスパイスをたっぷり使ったオリジナルのシグネチャー・カクテル350B～を試してみたい。

住 172 Soi 44, Charoen Krung Rd.
TEL 09-3269-5615
FB DOMA BAR
営 18:00～24:00
休 なし
CC J M V
行き方 BTSシーロムラインのS6サパーン・タークシン駅3番出口から徒歩6分
日 PHOTO 英 ●

スリー・シクスティ・ジャズ・ラウンジ Three Sixty Jazz Lounge

チャルーン・クルン通り周辺
MAP P.85-E3 ～ E4

360度の夜景とジャズのライブ

チャオプラヤー川岸にそびえるミレニアム・ヒルトン(→P.274)の32階にある、その名のとおり360度の展望が楽しめるラウンジ。ジャズのライブと絶景とお酒が一度に楽しめる。31階には広々とした露天のルーフトップ・バーもある(営17:00～翌1:00、休なし)。

住 Millennium Hilton, 123 Charoen Krung Rd.
TEL 0-2442-2000
URL www.hilton.com
営 17:00～翌1:00
休 なし
CC A D J M V
行き方 CENサートーン船着場からホテル渡し船
日 PHOTO 英 ●

レノンズ Lennon's

プルンチット駅周辺
MAP P.91-F4

シティポップLPの圧巻コレクション

30階建ての高級ホテル最上階、6000枚を超えるLPコレクションを誇るバー、レノンズ。ひとりならカウンター、グループならソファと、好みの席でバンコクの夜景と音楽を楽しもう。ミュージシャンの名前がつけられたカクテルには、桜ベルモットを使ったMIKI MATSUBARA 450Bなる飲み物も。

住 Rosewood Bangkok, 1041/38 Ploen Chit Rd.
TEL 0-2080-0030
URL www.rosewoodhotels.com/en/bangkok
営 水～土18:00～24:00
休 日・月・火
CC A D J M V
行き方 BTSスクムウィットラインのE2プルンチット駅1番出口から徒歩すぐ 日 PHOTO 英 ●

COLUMN

クラブやロンビヤーのトイレでびっくり

タイのクラブやロンビヤーなど、やや垢抜けない雰囲気で大きめのハコには、トイレで働く人がいる。小便器の前に立つ客の首筋にいきなり後ろからホカホカの蒸しタオルを載せてマッサージ。仕上げに首をひねってバキバキ鳴らすまで終わらない(けっこう上手)。用を済ませた客が手を洗いに行けば水道の栓を開き、タオルを差し出す。当然チップが必要になるので、煩わしいと思う人は最初からきっぱり断ること。慣れないと出るものも出なくなるし、初めての人は相当驚くので注意。これは男性のみで、女性用トイレでは、せいぜい紙を渡してくれる人がいる程度。

昼よりも夜のほうがにぎやかになるソイ・ナーナー

最旬ナイトスポット Nightspot in focus

下町が人気エリアに大変身

ソイ・ナーナーに注目！

チャイナタウンの片隅にある路地、ソイ・ナーナーが注目を集めている。高い天井や吹き抜けなど、古いショップハウスの特徴を生かしたままモダンに改装されたギャラリーやバー、カフェが次々にオープンし、目ざといタイ人の若者や在住外国人が足を運ぶ。

ソイ・ナーナーへの行き方
MRTブルーラインのBL28フアラムポーン駅1番出口から徒歩3分。経路は地図参照。
注：スクムウィット通りに同じ名前の通りがあり、古くからの繁華街で知名度も高い。タクシーで「ソイ・ナーナー」とだけ告げるとそちらへ連れていかれるので注意。

A 八號（バー・ハオ） Ba Hao

バー

ヤオワラートのネオ中華バー

築60年以上のショップハウスをレトロモダンに改装したバー。中国屋台料理風のフードメニューもおいしい。

魔都上海にタイムスリップ

MAP P.85-E1 住 8 Soi Nana, Maitrichit Rd.
TEL 06-2464-5468
URL www.ba-hao.com
営 火～日17:00～24:00
休 月 CC JMV

B テープ・バー Tep Bar

レストラン＆伝統音楽

タイの伝統料理とライブ

海外留学から戻ったタイ人のオーナーが、タイの伝統的な音楽や料理をもっとブランド化して外国人にもアピールしたいとオープンした。メニューにはアユタヤー時代から伝わるタイの伝統的な料理や、強壮作用があるとされる薬酒も並ぶ。毎晩19:00から伝統楽器のライブも行われる。

Nua Yang Baitong Hom（グリルド・ビーフ）320Bは熟成されて柔らかな歯応え。Pad Thai Goong（エビ入りパッ・タイ）220Bは薄い卵焼きに包まれている

伝統音楽が聴ける店は珍しい

MAP P.85-F2
住 69-71 Soi Nana, Maitrichit Rd.
TEL 09-8467-2944
FB TEP BAR
営 月～金18:00～24:00
土・日17:00～翌1:00
休 なし CC ADJMV

C ティーンズ・オブ・タイランド Teens of Thailand

バー

おしゃれ空間でカクテルを

ワイングラスで出されるハウス・ジントニック320B、カンパリとドライ・ジン、ベルモットを合わせたネグローニ380Bなどジンベースのカクテルがおいしい

テープ・バーの照明を担当したデザイナーが、自分でも店をやりたくなりオープン。20人も入れば満員の、コンクリート打ちっぱなしの空間。フードはなし、ジンがメインのドリンクのみという潔い営業スタイルで、50種以上あるスペシャルカクテルを日替わりで4種ずつ提供。

MAP P.85-E2
住 76 Soi Nana, Maitrichit Rd.
TEL 09-7003-1173
FB Teens of Thailand
営 水～日18:00～翌1:00
休 月・火 CC MV

D エル・チリンギート El Chiringuito

レストラン＆バー

歩道上のテーブルが楽しい

オーナーはスペイン人。ヤオワラート(中華街)歩きが趣味で、シメの1杯を飲む場所がなかなか見つからず、ならばと自分で店を開いてしまった。スペイン直送のチョリソーがのったピザやトルティーヤに使われるトマトソース、チリソースなどすべて手作り。

タイ人向けに辛さマシマシのPizza Chorizoは230B、揚げ餃子のようなEmpanadillaは190B。チキンウイング120B

MAP P.85-E2 住 221 Soi Nana, Rama 4 Rd.
TEL 09-8996-5479 FB El chiringuito
営 木～日18:00～23:00 休 月～水
CC MV

Entertainment

ナイトスポット

バンコクにあるおもなナイトスポットは、ゴーゴーバーとオープンバーの複合体。タイならではのゴーゴーバーは、店内のカウンターやステージ上で番号札を付けた水着や下着姿の女性が踊っているのが特徴の、見てのとおりの性風俗店。それでいて入店料などはなく、飲むだけならビール小瓶1本150～200B程度とそれほど高くない。会計の際は、よほど不愉快な思いをしないかぎり、おつりの小銭をチップとして置くのが当然と考えられている。

Night Spot

バンコクのナイトスポットは閉店時間が条例で規制されている。基本的にパッポン通り周辺やRCAは早朝4:00まで、掲載のそれ以外の場所は深夜1:00までとなっている。深夜2:00～3:00頃まで営業していることもあるが、外の明かりは消される。

ナーナー・エンターテインメント・プラザ
Nana Entertainment Plaza

ゴーゴーバーといえばここ

スクムウィット通りのソイ4を少し入ると、左側に入口がある。その奥の広い中庭を取り囲むようにして建てられた3階建てのビルの中にはゴーゴーバーがぎっしり。中庭はバー・ビヤと呼ばれるオープンバー。周辺にもバー・ビヤが多い。

ナーナー駅周辺 MAP **P.92-A2**

行き方 BTSスクムウィットラインのE3ナーナー駅2番出口から徒歩4分

ソイ・カウボーイ
Soi Cowboy

通りの両側にゴーゴーバーが並ぶ

名前の由来は、かつてここにオールド・ウエスタン・スタイルのバーがあったかららしい。しかし今ではその面影もなく、50mほどのこの通りの両側にはネオンが輝くゴーゴーバーが並んでいる。通りには客引きの女性がズラリ。

アソーク駅周辺 MAP **P.92-C3**

行き方 MRTブルーラインのBL22スクムウィット駅2番出口から徒歩すぐ

ソイ7バー・ビヤ街
Soi 7 Bar Beer

気軽なバー・ビヤの集合体

スクムウィット通りソイ7に入ってすぐ左側に、通りに面したバー・ビアが3軒あり、間を通って奥に入るとバー・ビア街になっている。都心にあるとは思えないひなびた雰囲気で、ドリンクの値段もビールの小瓶1本100B程度と安い。ソイ7から入るとそのまま鉤の手に曲がってスクムウィット通りに出られるようになっている。

ナーナー駅周辺 MAP **P.92-A2**

行き方 BTSスクムウィットラインのE3ナーナー駅1番出口から徒歩すぐ

パッポン通り
Phatphong Rd.

世界に名がとどろいたナイトスポットに博物館が

シーロム通りとスリウォン通りを結ぶ広い通りの両側にゴーゴーバーが並び、夜になると通りを屋台が埋めるナイトマーケットとなり、長い間バンコクの夜を代表する繁華街だったパッポン。しかしいつの間にかゴーゴーバー街はナーナー・エンターテインメント・プラザやソイ・カウボーイにお株を奪われ、屋台街の魅力も薄れて客足も落ちてきたところへコロナ禍が直撃。屋台は出ずゴーゴーバーはほとんど閉店のゴーストタウン状態になってしまった(現在は少し復活)。そんなパッポン通りの100年を超える歴史を詳しく知ることができる博物館が、2019年にひっそりオープン。王室ともつながりをもち周辺の土地を開発したパッポンパーニック家の歴史から始まる真面目な内容で、パッポン通り周辺の精密なジオラマには目を見張る。展示の後半、ベトナム戦争時代を経てパッポン通りがゴーゴーバー街に変遷していくあたりの解説は、まるでサスペンス小説を読んでいるような気分になれる。

パッポン博物館
Patpong Museum

MAP P.263-B2
住 2nd Fl., Building No.5, Phatphong 2 Rd.
TEL 09-1887-6829
URL www.patpongmuseum.com
開 木～火12:00～21:00
休 水　料 350B
CC なし

シーロム通り周辺 MAP **P.263-B1 ～ B3**

行き方 BTSシーロムラインのS2サーラーデーン駅1番出口から徒歩2分

タニヤ通り
Thaniya Rd.

日本語の看板だらけでここはバンコク?

軒を連ねる店のほとんどが日本人客を対象にしている異様な通り。居酒屋、ラーメン屋、寿司屋、焼肉屋などのレストランと日本人向けクラブやカラオケ店が密集。通りに出ている看板も日本語のものばかり。日本のクラブと同じ仕組みでチーママまでいる。

シーロム通り周辺 MAP **P.263-D1 ～ D3**

行き方 BTSシーロムラインのS2サーラーデーン駅1番出口から徒歩すぐ

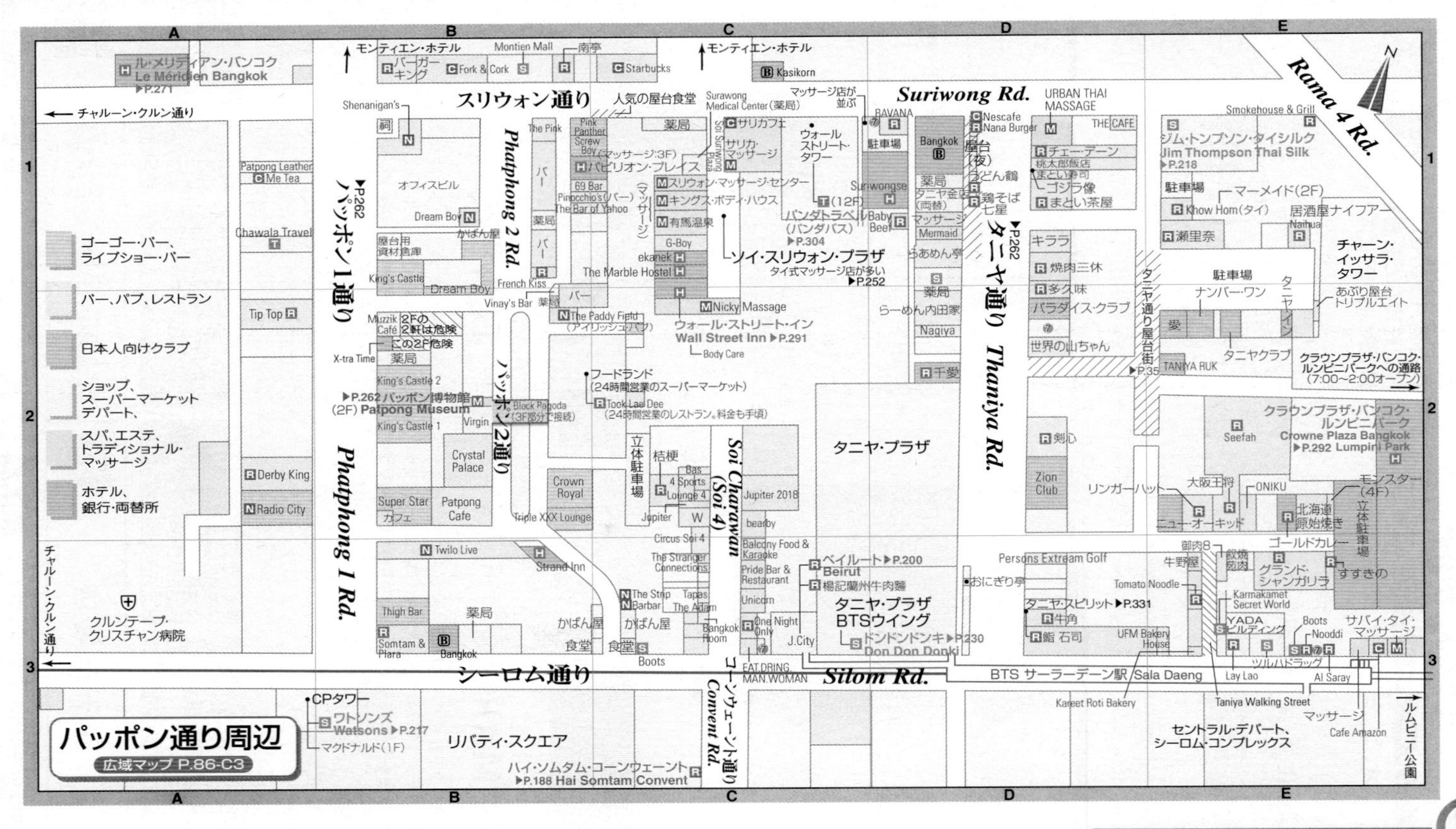
パッポン通り周辺
広域マップ P.86-C3
ゴーゴー・バー、ライブショー・バー
バー、パブ、レストラン
日本人向けクラブ
ショップ、スーパーマーケット、デパート、
スパ、エステ、トラディショナル・マッサージ
ホテル、銀行・両替所
Rama 4 Rd.
Suriwong Rd.
スリウォン通り
Phatphong 2 Rd.
パッポン2通り
Phatphong 1 Rd.
▶P.262 パッポン1通り
Soi Charawan (Soi 4)
▶P.262 タニヤ通り Thaniya Rd.
Silom Rd.
シーロム通り
コーンウェーント通り Convent Rd.
← チャルーン・クルン通り
モンティエン・ホテル
ル・メリディアン・バンコク Le Méridien Bangkok ▶P.271
バーガーキング
Fork & Cork
Montien Mall
南亭
Starbucks
Kasikorn
人気の屋台食堂
Surawong Medical Center(薬局)
マッサージ店が並ぶ
BAVANA
Shenanigan's
祠
オフィスビル
Dream Boy
かばん屋
屋台用資材倉庫
King's Castle
Dream Boy
French Kiss
Vinay's Bar
The Pink
Pink Panther Screw Boy
(マッサージ:3F)
パビリオン・プレイス
69 Bar
Pinocchio's(バー)
The Bar of Yahoo
(マッサージ)
薬局
バー
G-Boy
ekanek
The Marble Hostel
The Paddy Field (アイリッシュ・パブ)
Muzzik Café
2Fの2軒は危険
この2F危険
X-tra Time
King's Castle 2
▶P.262 パッポン博物館 (2F) Patpong Museum
King's Castle 1
Virgin
Black Pagoda (3F部分で接続)
Crystal Palace
Super Star カフェ
Patpong Cafe
Triple XXX Lounge
Crown Royal
フードランド (24時間営業のスーパーマーケット)
Took Lae Dee (24時間営業のレストラン。料金も手頃)
立体駐車場
桔梗
Bas
4 Sports Lounge 4
Jupiter
W
Circus Soi 4
The Stranger Connections
The Strip
Barbar
Tapas
The Adam
Bangkok Room
かばん屋
食堂
Boots
Twilo Live
Strand Inn
薬局
Thigh Bar
Somtam & Plara
Bangkok
Soi Suriwong Plaza
サリカフェ
サリカ・マッサージ
スリウォン・マッサージ・センター
キングス・ボディ・ハウス
有馬温泉
Nicky Massage
ウォール・ストリート・イン Wall Street Inn ▶P.291
Body Care
ウォール・ストリート・タワー
(12F)
パンダトラベル(パンダバス) ▶P.304
ソイ・スリウォン・プラザ
タイ式マッサージ店が多い ▶P.252
Suriwongse
駐車場
Baby Beef
Bangkok
薬局
タニヤ金店(両替)
マッサージ
Mermaid
らあめん亭
らーめん内田家
Nagiya
千愛
Nescafe
Nana Burger
屋台(夜)
うどん鶴
鶏そば七星
URBAN THAI MASSAGE
THE CAFE
チェーデーン
桃太郎飯店
まとい寿司
ゴジラ像
まとい茶屋
キララ
焼肉三休
多久味
パラダイス・クラブ
世界の山ちゃん
タニヤ・プラザ
剣心
Zion Club
リンガーハット
大阪王将
ニュー・オーキッド
ONIKU
北海道原始焼き
モンスター(4F)
立体駐車場
ゴールドカレー
すすきの
Smokehouse & Grill
ジム・トンプソン・タイシルク Jim Thompson Thai Silk ▶P.218
駐車場
マーメイド(2F)
Know Hom(タイ)
居酒屋ナイフアー
Naihua
瀬里奈
チャーン・イッサラ・タワー
駐車場
ナンバーワン
タニヤイン
あぶり屋台トリプルエイト
愛
タニヤクラブ
タニヤ通り屋台街 ▶P.35
TANIYA RUK
クラウンプラザ・バンコク・ルンピニパークへの通路 (7:00~2:00オープン)
クラウンプラザ・バンコク・ルンピニパーク Crowne Plaza Bangkok Lumpini Park ▶P.292
Seefah
Persons Extream Golf
おにぎり亭
牛野屋
御肉8
叙燒焼肉
グランド・シャングリラ
Tomato Noodle
Karmakamet Secret World
YADAビルディング
Boots
Nooddi
サバイ・タイ・マッサージ
ツルハドラッグ
Lay Lao
Al Saray
タニヤ・スピリット ▶P.331
牛角
鮨 石司
UFM Bakery House
ベイルート ▶P.200 Beirut
楊記蘭州牛肉麵
タニヤ・プラザ BTSウイング
ドンドンドンキ ▶P.230 Don Don Donki
Balcony Food & Karaoke
Pride Bar & Restaurant
Unicorn
One Night Only
J.City
Jupiter 2018
beardy
EAT DRING. MAN.WOMAN
BTS サーラーデーン駅 Sala Daeng
Kareet Roti Bakery
Taniya Walking Street
マッサージ
Cafe Amazon
セントラル・デパート、シーロム・コンプレックス
→ルムピニー公園
CPタワー
ワトソンズ Watsons ▶P.217
マクドナルド(1F)
リバティ・スクエア
ハイ・ソムタム・コーンウェーント ▶P.188 Hai Somtam Convent
クルンテープ・クリスチャン病院
チャルーン・クルン通り
A
B
C
D
E
1
2
3

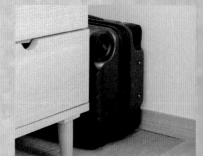

ホテルガイド
Hotel Guide

ザ・スタンダード →P.269

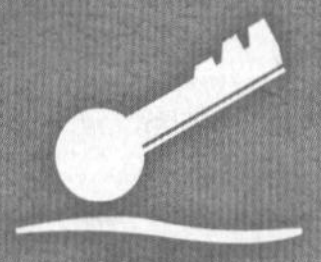

バンコクホテルナビ BANGKOK HOTEL NAVI

清潔感あふれるバスルームで魅惑のバスタイム

高級ホテルはロビーも豪壮な造り

NAVI 1 宿選びのポイント

●ホテル

料金が1000B以下ならエコノミー、1000～3000Bで中級、4000Bを超えるようなホテルは高級。スクムウィット通り周辺やシーロム通り周辺など外国人の多いエリアには、2000B程度でエアコン、バスタブ、テレビ、冷蔵庫、無料Wi-Fiが備わった快適な中級ホテルが多い。なおタイには星の数による公的な格付け制度はないので、各ホテルに星が掲示されていたりウェブサイトに「ファイブスター」などと書かれていてもすべて自称。

●ゲストハウスとホステルはどんな感じ？

古いスタイルのゲストハウスはドミトリーなら100B程度、個室でも200～250B程度と格安で利用できるがそのぶん部屋は狭く、設備も老朽化していることが多い。近年増加しているのがドミトリー主体のホステル。各ベッドに電源や読書灯を備え、カーテンなどで仕切ることができるためプライバシーも確保でき、共用シャワーやトイレも清潔。広い共用スペースやカフェなどが併設されていることも多く、Wi-Fiは無料が当たり前で、旅行者の情報交換の場になっている。ドミトリーでも200～300B程度とゲストハウスなら個室が取れる料金だが人気があり、繁華街などにも増加中。

●サービスアパートメントを利用する手も

入口にフロントがあり部屋の清掃やベッドメイクなどハウスキーパーも入る、ホテル並みのサービスを受けられるアパートがサービスアパートメント。本来は長期滞在者向けの物件だが、1日単位で利用できるところも多い。同じ料金なら客室はホテルに比べて広く、キッチン設備もあり、ホテル並みにプールやジム、レストランが揃った高級アパートもある。

NAVI 2 予約はどうするのがお得？

ホテルの予約は旅行会社に依頼するほか、おもに下記の方法がある。

●ホテル予約サイト

ホテル予約サイトをいくつかチェックして安い料金を探そう。同じホテルの同じ日程でも、料金は予約サイトによって微妙に異なることが多い。安ホテルやホステルを扱う予約サイトもあるが、料金が1000Bを切るような宿は直接予約するか、ウオークインのほうが安いことが多い。

●ホテルの公式サイト＆予約窓口

中級以上のホテルなら、自社サイトから直接予約できるところも多い。また世界チェーンのホテルなら、日本国内に窓口があり電話でも予約できる。

NAVI 3 Airbnbは使える？

バンコクでも盛んに利用されているが、法律違反とはいえないまでもグレーな部分を含んでいるのが現状。万一トラブルが発生しても自分で解決できる自信があり、ホテルと同じサービスは期待できないことを理解したうえで利用すること。

NAVI 4 シングルとダブル、ツイン

タイのホテルにシングルベッドが1台置いてある部屋は少なく、シングルベッドが2台か、ダブルベッドが1台置いてあるのが一般的。シングルで予約しても、部屋はツインだったりダブルベッドのことがほとんど。中級以上のホテルの場合、ひとりで泊まってもふたりで泊まっても料金は同じことが多い。

贅沢にダブルベッドを2台入れたスイートのツインルーム

超高級ホテルからゲストハウスのドミトリーまで、
幅広い選択肢があるバンコクの宿。
ポイントをおさえて好みの宿を見つけよう。
ホテルの施設&サービスも120%活用したい。

広々としたプールでのんびりするのは至福のひととき

NAVI 5 貴重品はどう管理する?

高級ホテルの客室内にはたいていセーフティボックスが用意されているので利用しよう。中級以下のホテルなどで、部屋ではなくレセプションにセーフティボックスがあるところは、あまり安心できない。特に現金などは預けないほうがいい。どんな宿でも貴重品を部屋に放り出したままにしておけば、「盗んでください」と言っているようなもの。大事なものは常に持ち歩くか、自分のスーツケースやバッグに入れて鍵をかけておこう。

暗証番号を自分で設定できるセーフティボックス

NAVI 6 Wi-Fi完備でネットもサクサク

ほとんどのホテルでWi-Fiを完備しており、無料で使えるところが多い。高級ホテルでは有料になっていても、予約方法によって無料になるケースも。中級以下のホテルだと有料だったり、ネット接続自体できないところもあるので、予約の際に確認しよう。

NAVI 7 チェックイン時にデポジットが必要?

チェックインの際、デポジットとして1000~3000B程度の現金を預けるか、クレジットカードの提示を求められることがある。部屋の備品を壊したりカードキーをなくしたりしなければチェックアウトの際に全額戻ってくるので、領収書はなくさないように保管しておくこと。

ミニバーのコーヒーセットは有料のこともあるので気をつけて

NAVI 8 ホテルの施設を活用しよう

バンコクは世界各国の都市に比べると、高級ホテルが比較的割安に利用できる。旅の目的のひとつに、高級ホテルの滞在を盛り込んでみては。プールやスパ、フィットネスなど充実した設備を使いこなそう。朝食だけでなくハイティーからディナー、バーまで、グルメやエンターテインメントも存分に楽しみたい。

コンラッド・バンコク(→P.271)はキッズスペースも設置

NAVI 9 料金には税金7%とサービス料10%が加算

ホテルが設定している宿泊料金には、付加価値税が7%とサービス料10%が加算される。飛び込みでホテルにチェックインする際、提示される料金は加算前のことがあるので確認が必要。予約サイトやホテルのウェブサイトなどで予約して決済もウェブ上で行う場合は、表示された金額が支払いの総額となる。

中級以上のホテルは料金に朝食が込みになっていることが多い。予約サイトを通す場合、安い料金は朝食別になっていることもあるのでこちらも要確認。

NAVI 10 ホテルで異なるアメニティ

中級以下のホテルでは、バスアメニティがシャンプーと液体ソープのみで、歯ブラシなどはないところも多い。気になる人は持参するか、現地のコンビニやスーパーマーケットで調達することになる。

各種揃ったアメニティ。ホテルによっては高級スパブランドのことも

バンコクで泊まってみたい

人気ホテルでスタイリッシュステイ

最新の高級ホテルから
下町の古い建物を改装したテーマホテルまで、
バンコクのホテルはよりどりみどり。
天人の都ならではのホテルを体験しよう。

シックなインテリアでまとめられたロビーエリア。アーチを描いた天井がおもしろい

1

2 3 4

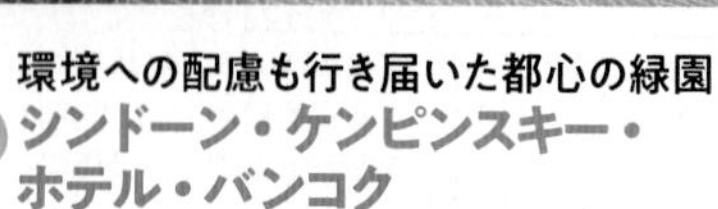

環境への配慮も行き届いた都心の緑園
シンドーン・ケンピンスキー・ホテル・バンコク
Sindhorn Kempinski Hotel Bangkok

ルムピニー公園北の再開発エリアにあるシンドーン・ケンピンスキー・ホテル・バンコク。最低でも86㎡ある客室は全室バルコニー、ダイニングテーブル設置。インテリアにはタイの伝統的な意匠を使い、おもなモチーフはワット・ラーチャボピット(→P.133)の装飾。3重の窓ガラスは騒音を遮り、飲料水は環境に配慮した紙パック入り。20階建てと控えめな高さで、9階にある外に向かって開いたプールから建物内の大きな吹き抜けへと空気が流れる造り。網目のような特異な外観は、太陽の直射を和らげて空気の対流を発生させて温度の上昇を防ぐため。敷地内にあった植生も極力残したため、周辺の気温はバンコクの平均よりも2℃低いとか。存在自体がエコなホテル。

5

1ベージュ基調のインテリアはリラックスできる 2 1階にあるバーのコンセプトは「ヒン・ホイ（ホタル）」。夜にはジャズのバンドが入る 3広々としたバスルームでくつろぎのバスタイムを 4 9階から上の吹き抜け。エアコンいらずの涼しさ 5木立に囲まれたエントランスエリア。裏には緑の茂る広大な庭園が広がっている

チットロム駅周辺 MAP P.87-E2

住 80 Soi Tonson TEL 0-2095-9999 URL www.kempinski.com/en/bangkok/sindhorn-hotel/ 料 AC Ⓢ Ⓣ 1万6800B～ CC A D J M V 室 274室 行き方 BTSスクムウィットラインのE1チットロム駅4番出口から徒歩12分 プール バスタブ Wi-Fi

斜めの窓が
宇宙船みたい

BTSプルンチット駅目の前の高層ビル。
ローズウッド・バンコク Rosewood Bangkok

にぎやかなプルンチット通り沿いながら、壁で覆われた隠れ家風のエントランス。そこからエレベーターで7階に上がるとレセプション。ドアが開いた瞬間にスタッフの笑顔で迎えられ、常連客なら家に戻ったようにホッとする。南に面した客室はビルの外観のとおり壁が斜めになっており、ベッドに横たわって窓を眺めると宇宙船の中にでもいるような気分になれる。目が覚めて電動カーテンを開け、ゆっくりと部屋が朝日に満たされていく時間はなんとも贅沢。9階にあるプールは南向きで日当たりもよく、隣のジムやカフェも含めて宿泊客専用なので、プライバシーもしっかり守られる。29階は都心の夜景を眺めながら飲めるバーのレノンズ(→P.260)。

1調度も高級感満点。ヘアドライヤーはダイソン　2フロントロビーと同じ7階にあるレストランのラーコーン・ヨーロピアン・ブラッセリーは朝食会場にもなる　3水が流れる壁が印象的なエントランスはドラマの撮影でもよく使われる　4プールはインフィニティでホテルゲスト専用　5都心にまた一軒誕生した個性派高級ホテル

プルンチット駅周辺　MAP P.91-E4〜F4

住1041/38 Phloen Chit Rd.　TEL 0-2080-0088　URL www.rosewoodhotels.com/en/bangkok　料 AC Ⓢ Ⓣ1万800B〜　CC A D J M V　室158室　行き方 BTSスクムウィットラインのE2プルンチット駅3番出口から徒歩すぐ

特異な外観のビルに入ったポップなホテル
ザ・スタンダード・バンコク The Standard Bangkok

不規則な輪郭でバンコクのスカイラインを特異に彩るビル。その1階から18階までを占めるのがこのホテル。4階にあるロビーはポップなカラー満開の明るい空間。客室内の装飾もカーブを多用した柔らかな印象で、館内全体でくつろいだ空気を演出している。ベッドルームの壁が全面ガラス張りの客室もあり、周囲に高いビルが少ないので眺めもいい。部屋の奥まったところにソファを置いた隠れ家のようなスペースは、仲よしカップルが過ごすのによさそう。ペット同伴可のカフェなど、いろいろフレンドリーなホテル。

床から天井まで
窓で明るい客室

1キューブを組み上げてところどころ欠いたような外観の建物。ホテルは1〜18階　22方向がガラス張りで抜群の眺望が楽しめる客室も　3明るい色調でまとめられたフロントロビー。チェック・イン、アウトの手続きはイエローのカウンターで　42階分の高さがある1階エントランスエリア。フロントロビーへはエレベーターで

シーロム通り周辺　MAP P.86-B4

住114 Narathiwat Rd　TEL 0-2085-8888　URL ww.standardhotels.com/bangkok/properties/bangkok　料 AC Ⓢ Ⓣ5396B〜　CC A J M V　室155室　行き方 BTSシーロムラインのS3チョンノンシー駅3番出口から徒歩すぐ

高級ホテル

Hotel

アジアでも有数のホテル過密都市バンコクには、おもな国際ブランドがほぼ顔を揃えているだけでなく、地元タイブランドの高級ホテルもあり、洗練されたサービス、居心地のいい客室、美味しいレストランや優雅なバー、高級感あふれるスパ、ジムやプールなど整った付帯設備で、旅行者やビジネス客を迎えている。今後も新規ホテルの開業が続く予定で、選択の幅がますます広がる。

マンダリン・オリエンタル　Mandarin Oriental, Bangkok

チャルーン・クルン通り周辺
MAP P.85-E4 ～ F4

バンコク随一の伝統と格式

バンコクで最初の洋式ホテルとして、1887年に創業。リバーウイングのスーペリアルームは、一つひとつデザインの異なる家具を配するなど、画一的なホテルの客室ではなく自分の部屋にいるような気分を演出している。オーサーズ・ラウンジ(→P.206)では、ゆったりとイギリス風のハイティーが楽しめる。

住 48 Oriental Ave., Charoen Krung Rd.　TEL 0-2659-9000
URL www.mandarinoriental.co.jp
料 AC Ⓢ Ⓣ 2万4650B～
CC A D J M V　室 331室
予 マンダリン・オリエンタル・ホテル・グループ　FREE 0120-663230
行き方 BTSシーロムラインのS6サパーン・タークシン駅3番出口から徒歩11分

フォーシーズンズ・ホテル・バンコク・アット・チャオプラヤー・リバー　Four Seasons Hotel Bangkok at Chao Phraya River

チャルーン・クルン通り周辺
MAP P.76-B5

チャオプラヤー川岸で優雅に過ごす

滝のように水が流れるエントランスに圧倒されつつロビーに入ると、一転してあたたかみを感じる照明のフロントロビー。静寂に包まれた館内、広大な敷地を贅沢に使った緑あふれる庭園など、快適な滞在が約束されている。プールからチャオプラヤー川を広々と見渡せるのもなかなかいい。

住 300/1 Charoen Krung Rd.
TEL 0-2032-0888
URL www.fourseasons.com/bangkok/
料 AC Ⓢ Ⓣ 1万7067B～
CC A D J M V
室 299室　予 FREE 0120-024754
行き方 BTSシーロムラインのS6サパーン・タークシン駅4番出口から徒歩12分

カペラ・バンコク　Capella Bangkok

チャルーン・クルン通り周辺
MAP P.76-B5

チャオプラヤー川岸の最新ホテル

バンコク市街からチャルーン・クルン通りに沿ってチャオプラヤー川岸を南に下った、古くからある下町エリアにオープンした高級ホテル。川に向かって平行に建てられており、全室大きな窓から遮るもののないリバービューが楽しめる。メインダイニングのCÔTEは、タイ版ミシュランで星を取った。

住 300/2 Charoen Krung Rd.
TEL 0-2098-3888
URL capellahotels.com
料 AC Ⓢ Ⓣ 2万8800B～
CC A D J M V
室 101室
行き方 BTSシーロムラインのS6サパーン・タークシン駅4番出口から徒歩11分

カールトン・ホテル・バンコク・スクムウィット　Carlton Hotel Bangkok Sukhumvit

アソーク駅周辺
MAP P.92-C3

大きなプールにスイマーも大満足

高層ホテルが並ぶスクムウィット通り沿いに登場した、34階建ての高層ホテル。最低でも37㎡ある客室は全面ガラス張りで、バンコク市街を見下ろしながら気分よく滞在できる。中国料理レストランのワーロック Wah Lok では、本格的な広東料理が楽しめる。本気で泳げる30mのプールがある。

住 491 Sukhumvit Rd.
TEL 0-2090-7888
URL www.carltonhotel.co.th
料 AC Ⓢ Ⓣ 5544B～
CC A D J M V
室 338室
行き方 BTSスクムウィットラインのE4アソーク駅3番出口から歩道橋経由で徒歩4分

 プール　バスタブ　Wi-Fi

コンラッド・バンコク Conrad Bangkok

プルンチット駅周辺
MAP P.91-E5

空中庭園のようなプールは気分よし

客室はウッドを多用したなかにタイのファブリックをあしらい安らげる空間。スタンダードクラスの客室にもソファとテーブルが置かれ、シースルーのバスルームでゆったりと深いバスタブにつかりながら部屋を通して窓の外を眺められる。中層階にある大型の変形プールはリゾート気分。

住 All Seasons Place, 87 Witthayu Rd.
TEL 0-2690-9999
URL www.conradhotels.com
料 AC Ⓢ Ⓣ 4675B～
CC A D J M V
室 391室
予 TEL (03) 6864-1633
行き方 BTSスクムウィットラインのE2プルンチット駅6番出口から徒歩8分

ル・メリディアン・バンコク Le Méridien Bangkok

スリウォン通り周辺
MAP P.86-B3 ～ C3

スリウォン通りをスタイリッシュに変えた

パッポン通りの目の前にあるホテル。レインシャワー付きのシャワーブースや深めのバスタブでゆっくりくつろぎ、特製のル・メリディアン・ベッドに横たわれば旅の疲れも癒やされる。正面吹き抜け周囲の2～4階に飲食施設があり、スパ・バイ・ル・メリディアン(→P.243)は在住日本人にも人気。

住 40/5 Suriwong Rd.
TEL 0-2232-8888
URL www.lemeridienbangkokpatpong.com
料 AC Ⓢ Ⓣ 4998B～
CC A D J M V
室 282室
予 FREE 0120-925659
行き方 MRTブルーラインのBL27サムヤーン駅1番出口から徒歩4分

バンコク・マリオット・ホテル・スクンビット Bangkok Marriott Hotel Sukhumvit

トンロー、エカマイ周辺
MAP P.89-E4

外向き窓のあるバスルームでリラックス

窓が大きく明るい客室は白とダークブラウン基調で、ソファやカーペットの赤が華やかなアクセント。バスタブは深い円形で外向きの窓に面して設置されており、市街を眺めながらゆったりバスタイムを過ごせる。最上階にあるオクターブ・ルーフトップ・ラウンジ&バー(→P.256)は、360度の大展望が楽しめる。

住 2 Soi 57, Sukhumvit Rd.
TEL 0-2797-0000
URL www.marriott.co.jp
料 AC Ⓢ Ⓣ 5831B～
CC A D J M V
室 296室
予 FREE 0120-925659
行き方 BTSスクムウィットラインのE6トンロー駅3番出口から徒歩2分

So/ バンコク So/ Bangkok

サートーン通り周辺
MAP P.87-E4

自然のエレメントをモチーフに

サートーン通りとラーマ4世通りの角、ルムピニー公園を見下ろす絶好の立地。フロアごとに自然界の5大要素(水、土、木、金、風)に着想を得たインテリア。インフィニティ式のプールが10階にあり、バンコクの繁華街が見渡せて爽快感抜群。最上階にはルーフトップ・バーもある。

住 2 Sathorn Nua Rd.
TEL 0-2624-0000
URL www.so-bangkok.com
料 AC Ⓢ Ⓣ 5472B～
CC A D J M V 室 237室
予 アコー予約サービス
TEL (03) 4578-4077
行き方 MRTブルーラインのBL25ルムピニー駅2番出口から徒歩すぐ

セント・レジス・バンコク St. Regis Bangkok

ラーチャダムリ駅周辺
MAP P.90-C5

バンコク屈指の高級ホテル

100年以上の歴史をもつニューヨーク発祥の高級ホテル。正面が競馬場とゴルフ場が併設されたロイヤル・バンコク・スポーツ・クラブ。周囲には高級ホテルと大型ショッピングモールが集まる極上の立地。スイートのバスルームは全面ガラス張りで、夜景を愛でながらのバスタイムを堪能できる。

住 159 Ratchadamri Rd.
TEL 0-2207-7777
URL www.stregisbangkok.com
料 AC Ⓢ Ⓣ 8624B～
CC A D J M V
室 228室
予 FREE 0120-925659
行き方 BTSシーロムラインのS1ラーチャダムリ駅4番出口連絡通路から徒歩すぐ

注：掲載の料金は2023年12月調査のもの。

W バンコク W Bangkok

サートーン通り周辺
MAP P.86-B4～B5

バンコクの過去と未来が融合

日本では大阪にしかないハイクラスなデザイナーズ・ホテルとして人気のW。広めの客室にモダンながらタイを感じさせるデザインがおしゃれ。客室のソファはロッキングチェア。本館隣にあるネオ・クラシック様式の洋館は、1999年までロシア大使館だったもの。館内にあるバーのインテリアは必見の美しさ。

住 106 Sathorn Nua Rd.
TEL 0-2344-4000
URL www.marriott.co.jp
料 AC ⓈⓉ5880B～
CC ADJMV
室 403室
予 FREE 0120-925659
行き方 BTSシーロムラインのS3チョンノンシー駅5番出口から徒歩3分

シェラトン・グランデ・スクンビット Sheraton Grande Sukhumvit

アソーク駅周辺
MAP P.92-B3

アソークのランドマーク

パステル調の上品なファブリックが使われた客室は、窓も大きく明るい造り。アメニティのボトルも大きく、贅沢な気分が味わえる。広いウオークインクローゼットは大きな荷物も安心収納。緑の茂るなかにあるプールはリゾート感満点で、都心のホテルにいることを忘れそう。BTSアソーク駅から歩道橋で連絡。

住 250 Sukhumvit Rd.
TEL 0-2649-8888
URL www.sheratongrandesukhumvit.com/jp
料 AC ⓈⓉ7154B～
CC ADJMV 室 420室
予 FREE 0120-925659
行き方 BTSスクムウィットラインのE4アソーク駅連絡通路から徒歩すぐ

バンヤンツリー・バンコク Banyan Tree Bangkok

サートーン通り周辺
MAP P.87-D4

特異な外観はバンコクのモノリス

客室は33階から上にあり、すばらしい眺望が楽しめる。全室スイートでリビングもベッドルームも広々としており、客室インテリアや廊下などは高級感ある重厚な色合いでまとめられている。廊下を歩いていても無駄な物音がまったく聞こえない静かさは特筆もの。バンヤンツリー・スパ(→P.243)もある。

住 21/100 Sathorn Tai Rd.
TEL 0-2679-1200
URL www.banyantree.com
料 AC ⓈⓉ5280B～
CC ADJMV
室 325室
予 FREE 0120-003741
行き方 MRTブルーラインのBL25ルムピニー駅2番出口から徒歩8分

ウエスティン・グランデ・スクンビット The Westin Grande Sukhumvit

アソーク駅周辺
MAP P.92-B2

ヘブンリー・ベッドは天国の寝心地

客室は10～24階にあり、周囲に高い建物が少ないので眺めもいい。人間工学に基づいて特別に設計されたウエスティン自慢のヘブンリー・ベッドは、まさに天国にいるように安眠できる。ホテル内にある高級日本料理レストラン吉左右(→P.198)はランチがお得。地下1～地上4階はデパートのロビンソン(→P.230)。

住 259 Sukhumvit Rd.
TEL 0-2207-8000
URL www.westingrandesukhumvit.com
料 AC ⓈⓉ6076B～
CC ADJMV 室 362室
予 FREE 0120-925659
行き方 BTSスクムウィットラインのE4アソーク駅1番出口から徒歩すぐ

ソフィテル・バンコク・スクンビット Sofitel Bangkok Sukhumvit

ナーナー駅周辺
MAP P.92-B2

寝心地のよいベッドが自慢

BTSナーナー駅とアソーク駅のほぼ中間。バスルームはシャワーとトイレがそれぞれ仕切られているので、使い勝手もいい。ソフィテルマイベッドと呼ばれる特製のオリジナルベッドは、バツグンの寝心地で疲れが癒やされる。最上階のベルギー料理レストラン「ベルガ」(→P.52)も人気。

住 189 Sukhumvit Rd. (Between Soi 13 & 15) TEL 0-2126-9999
URL www.sofitel-bangkok-sukhumvit.com
料 AC ⓈⓉ7182B～
CC ADJMV 室 345室
予 アコー予約サービス TEL (03) 4578-4077 行き方 BTSスクムウィットラインのE3ナーナー駅3番出口から歩道橋で徒歩2分

ルブア・アット・ステート・タワー lebua at State Tower

チャルーン・クルン通り周辺 MAP P.85-F5

レストランとバーが充実

スタンダードでも66㎡と広々とした客室は全室バルコニー付きで、遮るもののない眺望。ミシュランの星を取ったレストランをはじめ飲食施設が計11あり、ホテル内だけで美食三昧が楽しめる。喫煙室あり。

住 1055 Silom Rd.
TEL 0-2624-9999
URL www.lebua.com
料 AC Ⓢ Ⓣ 6500B～ CC A J M V
室 285室
行き方 BTSシーロムラインのS6サパーン・タークシン駅3番出口から徒歩8分

シャングリラ The Shangri-La Hotel

チャルーン・クルン通り周辺 MAP P.85-E5～F5

ひとつの都市のような巨大ホテル

シャングリラ・ウイングとクルンテープ・ウイングの2棟からなり、レセプションやプールなどの施設はそれぞれにあるので、まるで2軒のホテルのよう。クルンテープ・ウイングの客室にはバルコニーとシャワーブースが付く。

住 89 Soi Wat Suan Plu, Charoen Krung Rd.
TEL 0-2236-7777
URL www.shangri-la.com/bangkok
料 AC Ⓢ Ⓣ 6950B～ CC A D J M V
室 802室 予 シャングリラ・ホテルズ・アンド・リゾーツ FREE 0120-944162
行き方 BTSシーロムラインのS6サパーン・タークシン駅3番出口から徒歩すぐ

ペニンシュラ・バンコク The Peninsula Bangkok

チャルーン・クルン通り周辺 MAP P.85-E4

全室リバービューの超高級ホテル

チャオプラヤー川の岸にそびえる39階建ての、「W」のような独特の形が目を引く。全室リバービューで、大きな窓から川の向こうにバンコク市街が見渡せる。庭園内のペニンシュラ・スパ(→P.242)も人気。

住 333 Charoen Nakhon Rd., Klongsan
TEL 0-2020-2888
URL www.peninsula.com
料 AC Ⓢ Ⓣ 1万5300B～
CC A D J M V
室 370室 予 FREE 0120-348288
行き方 CENサートーン船着場から渡し船

ウォルドーフ・アストリア・バンコク Waldorf Astoria Bangkok

ラーチャダムリ駅周辺 MAP P.90-C4

ルーフトップのプールがすばらしい

ヒルトングループのラグジュアリーブランド、日本未進出のウォルドーフ・アストリア東南アジア第1号。バスルームのシャワーブースが窓際にあるのも珍しい。16階にあるプール、55階と56階のバーは眺めが抜群。

住 151 Ratchadamri Rd.
TEL 0-2846-8888 URL www.hilton.com/en/waldorf-astoria/
料 AC Ⓢ Ⓣ 8882B～ CC A D J M V
室 171室 予 TEL (03) 6864-1633
行き方 BTSシーロムラインのS1ラーチャダムリ駅4番出口から徒歩4分

サイアム・ケンピンスキー・ホテル・バンコク Siam Kempinski Hotel Bangkok

サヤーム・スクエア周辺 MAP P.90-B3

繁華街の真ん中にある隠れ家オアシス

客室棟の中庭にプールがあって、プールサイドには緑が茂りまるでリゾートにいるよう。スラ・ブア・バイ・キーン・キーンは、最先端のモダンなタイ料理が楽しめるコペンハーゲン発のレストラン。

住 991/9 Rama 1 Rd.
TEL 0-2162-9000
URL www.kempinski.com/bangkok
料 AC Ⓢ Ⓣ 1万30B～ CC A D J M V
室 397室 行き方 BTSのCENサヤーム駅1番出口から徒歩3分

スコータイ The Sukhothai Bangkok

サートーン通り周辺 MAP P.87-D4

都心にあるのにリゾート気分満点

タイ最初の独立王朝スコータイのイメージを再現したホテル。客室内のインテリアは間接照明と彫像、鏡が独特の不思議な空間を生み出している。町の騒音も聞こえず、プールや中庭も広々とした贅沢空間。

住 13/3 Sathorn Tai Rd.
TEL 0-2344-8888
URL www.sukhothai.com
料 AC Ⓢ Ⓣ 7150B～ CC A D J M V
室 210室 行き方 MRTブルーラインのBL25ルムピニー駅2番出口から徒歩7分

バンコクプチ情報 ホテルは宿泊客だけのための施設ではない。レストランやバー、スパなど、館内のおもな施設はビジターも歓迎。内容やサービスなどが安定しているので、安心して利用できる。

ハイアット・リージェンシー・バンコク・スクムウィット Hyatt Regency Bangkok Sukhumvit

ナーナー駅周辺
MAP P.92-B2

BTS駅と歩道橋で直結

スクムウィット通りのにぎやかなエリアにある高層ホテル。客室のインテリアはグレー基調でアダルトな雰囲気。6階テラスにあるプールは木々が茂りまるでリゾート。最上階の3フロアはラウンジ&バー。

住 1 Soi 13, Sukhumvit Rd.
TEL 0-2098-1234 URL www.hyatt.com
料 AC ⓈⓉ6210B～
CC ADJMV 室 273室
予 FREE 0120-923299
行き方 BTSスクムウィットラインのE3ナーナー駅から歩道橋で徒歩2分
プール バスタブ Wi-Fi

アナンタラ・サヤーム・バンコク Anantara Siam Bangkok Hotel

ラーチャダムリ駅周辺
MAP P.90-C5

重厚感とリゾート気分が見事に融合

ラーチャダムリ通りに面したホテル。館内にあるスパイス・マーケット(→P.187)は、人気のタイ料理レストラン。プールのある中庭は緑と人工滝があり、ガーデン・テラス・ルームは部屋から直接この庭に出られてリゾート感満点。

住 155 Ratchadamri Rd.
TEL 0-2126-8866
URL www.anantara.com
料 AC ⓈⓉ5107B
CC ADJMV 室 354室
行き方 BTSシーロムラインのS1ラーチャダムリ駅4番出口から徒歩すぐ
プール バスタブ Wi-Fi

ザ・アテネー The Athénée Hotel, a Luxury Collection Hotel, Bangkok

プルンチット駅周辺
MAP P.91-E5

大使館街にある高級ホテル

各国の大使館が多いウィッタユ通りに堂々と立つホテル。ブルーのミラーガラス張りの外観は、強い日差しを反射してまばゆいばかり。4階にあるプールはブルーのタイルが敷き詰められ、鮮やかな美しさ。

住 61 Witthayu Rd. TEL 0-2650-8800
URL www.theatheneehotel.com
料 AC ⓈⓉ6476B～
CC ADJMV 室 374室
予 FREE 0120-925659
行き方 BTSスクムウィットラインのE2プルンチット駅8番出口から徒歩3分
プール バスタブ Wi-Fi

ミレニアム・ヒルトン Millennium Hilton

チャルーン・クルン通り周辺
MAP P.85-E3～E4

チャオプラヤー川を見渡せる

チャオプラヤー川岸にそびえる特異な形をした純白のホテル。北側の客室からはバンコクの旧市街や王宮方面をはるかに眺められる。隣は人気巨大ショッピングモールのアイコンサヤームと高島屋(→P.226)。

住 123 Charoen Nakhon Rd.
TEL 0-2442-2000
URL www.bangkok.hilton.com
料 AC ⓈⓉ5297B～
CC ADJMV 室 533室
予 TEL (03)6864-1633
行き方 CENサートーン船着場から渡し船
プール バスタブ Wi-Fi

コモ・メトロポリタン・バンコク COMO Metropolitan Bangkok

サートーン通り周辺
MAP P.87-D4

スタイリッシュなバンコクの隠れ家

ミニマルなイメージでまとめられた客室は和室にも通じる居心地のよさ。ベッドスペースとリビングスペースが心地よく一体化している。ミシュランの星を獲得したタイ料理レストラン、ナームもグルメの注目を集めている。

住 27 Sathorn Tai Rd.
TEL 0-2625-3333
URL www.comohotels.com/metropolitanbangkok
料 AC ⓈⓉ5243B～
CC ADJMV 室 169室
行き方 MRTブルーラインのBL25ルムピニー駅2番出口から徒歩9分 プール バスタブ Wi-Fi

JW マリオット・ホテル・バンコク JW Marriott Hotel Bangkok

プルンチット駅周辺
MAP P.92-A1～A2

充実したレストランが人気

吹き抜けを囲む2階のレストランフロアにはニューヨーク・ステーキハウス、中国料理の萬華(マン・ホー)、地下には高級日本料理レストランのツと鉄板焼ステーキハウスのナミがある。隠れ家風のマンハッタン・バーも人気。

住 4 Soi 2, Sukhumvit Rd.
TEL 0-2656-7700 URL www.marriott.co.jp
料 AC ⓈⓉ6370B～
CC ADJMV 室 441室
予 FREE 0120-925659
行き方 BTSスクムウィットラインのE2プルンチット駅6番出口から徒歩3分
プール バスタブ Wi-Fi

オークラ・プレステージ・バンコク The Okura Prestige Bangkok

プルンチット駅周辺 MAP P.91-E4

和の心でおもてなし

黒とダークブラウン基調のインテリアが施され、和を感じさせる雰囲気。大きな吹き抜けを囲むように配置された客室、バスルームとトイレが別室になっているのも日本人好み。山里(→P.198)では本格的な日本料理が食べられる。

住 Park Ventures Ecoplex, 57 Witthayu Rd.
TEL 0-2687-9000
URL www.okurabangkok.com
料 AC Ⓢ Ⓣ 6225B〜 CC A D J M V
室 240室 予 オークラホテルズ&リゾーツ FREE 0120-003741 行き方 BTSスクムウィットラインのE2プルンチット駅連絡通路から徒歩すぐ

ヒルトン・スクンビット・バンコク Hilton Sukhumvit Bangkok

プロムポン駅周辺 MAP P.93-E5

旅行にも出張にも便利な立地

客室はグレー基調のシックな色合いで落ち着ける。ゆったりと広いバスルームは、大きなバスタブとシャワーブースが一体化した造りで、日本人には使いやすい。プールはホテル最上部の26階で眺めも抜群。

住 11 Soi 24, Sukhumvit Rd.
TEL 0-2620-6666
URL www.sukhumvitbangkok.hilton.com
料 AC Ⓢ Ⓣ 4704B〜
CC A D J M V 室 280室
予 TEL (03) 6864-1633
行き方 BTSスクムウィットラインのE5プロムポン駅4番出口から徒歩3分

ザ・サヤーム The Siam

ドゥシット地区周辺 MAP P.76-B1

チャオプラヤー川沿いの隠れ家リゾート

チャオプラヤー川に面した敷地内にレセプション棟、客室棟、レストラン、独立したヴィラタイプの客室が点在。モノトーンとアールデコが調和した客室は全室リビング付きのスイート仕様。タイの古民家風レストランあり。

住 3/2 Khao Rd.
TEL 0-2206-6999
URL www.thesiamhotel.com
料 AC Ⓢ Ⓣ 2万4735B〜
CC A D J M V 室 39室
行き方 市内からタクシー利用

アナンタラ・バンコク・リバーサイド・リゾート Anantara Riverside Bangkok Resort

トンブリー MAP P.76-A5

大都会の中のリゾートホテル

ホテルとしてはバンコク最大級の敷地に広がる緑のなかに立つ様子は、まるでリゾート地のホテル。大きな吹き抜けがある開放的な造り。バンコク最大級のプールにはジャクージも併設され、プールサイドはウッドデッキで足に優しい。

住 257/1-3 Charoen Nakhon Rd.
TEL 0-2476-0022
URL www.anantara.com
料 AC Ⓢ Ⓣ 5771B〜
CC A D J M V
室 376室
行き方 CENサートーン船着場から渡し船

ホテル・ニッコー・バンコク Hotel Nikko Bangkok

トンロー、エカマイ周辺 MAP P.89-E4

日本語が通じて安心の日系ホテル

ショップやレストランが多く日本人にも人気のトンローエリアにある日系ホテル。客室の大型円形デスクは使い勝手がいい。朝食には日本料理も用意される。プールサイドのテラスが広くて居心地がいい。

住 27 Soi 55(Thong Lo), Sukhumvit Rd.
TEL 0-2080-2111
URL nikkobangkok.com
料 AC Ⓢ Ⓣ 6200B〜 CC A J M V
室 301室 予 FREE 0120-003741
行き方 BTSスクムウィットラインのE6トンロー駅3番出口から徒歩２分

ロイヤル・オーキッド・シェラトン Royal Orchid Sheraton Hotel & Towers

チャルーン・クルン通り周辺 MAP P.85-E3

チャオプラヤー川に面したシティリゾート

全室リバービュー。緑が生い茂る庭の中にプールがある様子は、とてもここがバンコク市内とは思えないほど。ホテル隣のシー・プラヤー船着場から対岸にあるカルチャースポットのザ・ジャム・ファクトリーへすぐ。

住 2 Soi 30, Charoen Krung Rd.
TEL 0-2266-0123
URL www.royalorchidsheraton.com/jp
料 AC Ⓢ Ⓣ 4703B〜 CC A D J M V
室 726室 予 FREE 0120-925659
行き方 MRTブルーラインのBL28フアラムポーン駅1番出口から徒歩14分

バンコクプチ情報 タイのホテルには、たいてい無料の飲料水が用意されている。ボトル2本が標準で、高級なホテルになると客室に2本だけでなく、ミニバーにも2本、さらにバスルームに2本など数が増える。

キンプトン・マーライ・バンコク Kimpton Maa-Lai Bangkok

チットロム駅周辺
MAP P.87-E2

ペットフレンドリーなホテル

ルムピニー公園やアメリカ大使館近くに広がる王室所有の土地を再開発したエリアに、2020年オープンした40階建ての高層ブティックホテル。広大な庭園があり、フィットネスジムは24時間オープン。ペット同伴可。

住 78 Soi Tonson
TEL 0-2056-9999
URL www.kimptonmaalaibangkok.com
料 AC Ⓢ Ⓣ 7455B～
CC A D J M V　室 362室
予 FREE 0120-829718
行き方 BTSスクムウィットラインのE1チットロム駅4番出口から徒歩10分

プルマン・バンコク・ホテル G Pullman Bangkok Hotel G

シーロム通り周辺
MAP P.86-B4

シーロム通りの高層ホテル

床や壁だけでなく家具や備品類まで純白のインテリアでまぶしいばかり。バスタブは大きめで、ゆったりつかれる。最上階の37階にあるワインビストロのスカーレットは、テラス席からの眺めがよく、バンコクナイトライフの穴場。

住 188 Silom Rd.
TEL 0-2352-4000
URL www.pullmanbangkokhotelg.com
料 AC Ⓢ Ⓣ 3230B～
CC A D J M V　室 469室
予 アコー予約サービス TEL (03) 4578-4077
行き方 BTSシーロムラインのS3チョンノンシー駅3番出口から徒歩7分

パークハイアット・バンコク Park Hyatt Bangkok

プルンチット駅周辺
MAP P.91-E4

豪華でモダンな都心の隠れ家

元イギリス大使館敷地、高級デパートの高層階は8の字を描いたような曲線が美しい高級ホテル。客室は最低でも48㎡と広々。「居心地のいいラグジュアリー」をコンセプトにデザインされたインテリアでくつろげる。

住 Central Embassy, 88 Witthayu Rd.
TEL 0-2012-1234
URL www.hyatt.com
料 AC Ⓢ Ⓣ 8747B～
CC A D J M V　室 222室
予 FREE 0120-923299　行き方 BTSスクムウィットラインのE2プルンチット駅連絡通路から徒歩すぐ

ノボテル・サイアムスクエアー Novotel Bangkok on Siam Square

サヤーム・スクエア周辺
MAP P.157-E1 ～ E2

ショッピングエリアの真ん中

バンコクの中心部、サヤーム・スクエアにそびえる。ロビーの吹き抜けはゆったりした空間で、客室も広々。窓が大きくて外が広く眺められるのはポイントが高い。プールは日当たりがよくのんびり過ごせる。

住 392/44 Soi 6, Siam Square
TEL 0-2209-8888
URL www.novotelbkk.com
料 AC Ⓢ Ⓣ 3322B～　CC A D J M V
室 425室　予 アコー予約サービス TEL (03) 4578-4077　行き方 BTSシーロムライン、スクムウィットラインのCENサヤーム駅6番出口から徒歩3分

バンコク・マリオット・マーキス・クイーンズ・パーク Bangkok Marriott Marquis Queen's Park

プロムポン駅周辺
MAP P.93-D4

スクムウィット通りの巨大ホテル

2階分の吹き抜けで12本の柱が支える空間に5基のシャンデリアが下がる豪華なフロントロビーに圧倒される。ジンを多数揃えたルーフトップ・バーのAバー・ルーフトップ(→P.257)も人気。元インペリアル・クイーンズ・パーク。

住 199 Soi 22, Sukhumvit Rd.
TEL 0-2059-5555
URL www.marriott.co.jp
料 AC Ⓢ Ⓣ 4900B～　CC A D J M V
室 1388室
予 FREE 0120-925659
行き方 BTSスクムウィットラインのE5プロムポン駅6番出口から徒歩9分

ノボテル・スワンナプーム・エアポート Novotel Suvarnabhumi Airport Hotel

スワンナプーム国際空港
MAP 折込裏 -A9 ～ C9

空港ターミナルビル向かいのホテル

スワンナプーム国際空港のターミナルビル向かいにある、空港敷地内唯一のホテル。チェックインとアウトの時間は決まっておらず、随時チェックインし、それから24時間の滞在が可能。ターミナルビルへは地下通路で連絡している。

住 999 Suvarnabhumi Airport Hotel Bldg.
TEL 0-2131-1111
URL www.novotelairportbkk.com
料 AC Ⓢ Ⓣ 5472B～
CC A D J M V　室 612室
予 アコー予約サービス TEL (03) 4578-4077
行き方 スワンナプーム国際空港直結

 プール　バスタブ　Wi-Fi

高～中級ホテル

Hotel

パッケージツアーや団体旅行で便利に使われるのが、規模が大きな中級以上のホテル。プールやレストラン、ジムやビジネスセンターなど、館内の設備は高級ホテルに引けを取らないくらい整っていることもある。

グランドセンターポイントホテル・ターミナル21 Grande Centre Point Hotel Terminal 21

アソーク駅周辺
MAP P.92-B2 ～ C2

大型ショッピングセンター隣接の快適ホテル

人気デパートのターミナル21奥に位置しており、BTSアソーク駅やMRTスクムウィット駅とも連絡通路で行き来できる。インテリアはまぶしい純白で目がくらみそう。大きな窓からの雄大な景観は一見の価値あり。

住 2 Soi 19, Sukhumvit Rd.
TEL 0-2056-9000
URL www.grandecentrepointterminal21.com
料 AC Ⓢ Ⓣ 5637B～
CC ADJMV 室 498室
行き方 BTSスクムウィットラインのE4アソーク駅連絡通路から徒歩すぐ

ホリデイ・イン・バンコク Holiday Inn Bangkok

チットロム駅周辺
MAP P.91-D4

BTSチットロム駅が目の前で便利

スタイリッシュな館内はモダンなインテリア。客室は窓が大きく明るいので快適に過ごせる。アイロンテーブルとアイロンも全室に備えられており、多忙なビジネス客にはありがたい。バスタブ付きの部屋が少ないので注意。

住 971 Phloen Chit Rd.
TEL 0-2656-1555 URL www.ihg.com
料 AC Ⓢ Ⓣ 3848B～
CC ADJMV 室 684室
予 FREE 0120-677651
行き方 BTSスクムウィットラインのE1チットロム駅6番出口連絡通路から徒歩すぐ

メルキュール・バンコク・スクムウィット11 Mercure Bangkok Sukhumvit 11

ナーナー駅周辺
MAP P.92-B1

広々とした客室はお得感あり

ショッピングやナイトライフを楽しみたい人に便利。カラフルなタイシルクを用いた館内のインテリアもファッショナブル。バスタブのない部屋もあるので、気になる人は予約の際注意。1階には高級ステーキ店がある。

住 18 Soi 11, Sukhumvit Rd.
TEL 0-2120-8888
URL www.accorhotels.com
料 AC Ⓢ Ⓣ 4606B～
CC ADJMV 室 232室 予 アコー予約サービス TEL (03) 4578-4077
行き方 BTSスクムウィットラインのE3ナーナー駅3番出口から徒歩5分

ダブルツリー・バイ・ヒルトン・スクンビット・バンコク DoubleTree by Hilton Sukhumvit Bangkok

プロムポン駅周辺
MAP P.93-E5

場所も料金も手頃で便利

7階にあるプールはタイルがモザイクのように敷き詰められ、リゾートにいるよう。スクエアで泳ぎやすいのもいい。ヒルトン・スクンビット・バンコク(→P.275)の裏に位置し、庭を通って行き来できるのが便利。

住 18/1 Soi 26, Sukhumvit Rd.
TEL 0-2649-6666
URL www.sukhumvitbangkok.doubletree.com 料 AC Ⓢ Ⓣ 3136B～
CC ADJMV 室 177室
予 TEL (03) 6864-1633
行き方 BTSスクムウィットラインのE5プロムポン駅4番出口から徒歩5分

サイアム・アット・サイアム Siam @ Siam Design Hotel & Spa

サヤーム・スクエア周辺
MAP P.298-A1 ～ A2

ホテル内はアートのジャングル

国立競技場の向かい、MBKセンターそばという抜群の立地。大きめのバスタブはレトロなタイル張りで、足も滑らず使い心地がいい。クイーンサイズのベッドが3台並ぶデラックス・ファミリー・ルームが、女性のグループに人気。

住 865 Rama 1 Rd.
TEL 0-2217-3000
URL www.siamatsiam.com
料 AC Ⓢ Ⓣ 3780B～
CC ADJMV 室 221室
行き方 BTSシーロムラインのW1ナショナル・スタジアム駅1番出口から徒歩2分

バンコクプチ情報 客室に用意されている飲料水は無料でも、ミニバー（冷蔵庫）内にある高級なミネラルウオーター（エビアンやヴィッテルなどのブランド品）はたいてい有料なので注意。

JC・ケビン・サートーン・ホテル・バンコク JC Kevin Sathorn Hotel Bangkok

サートーン通り周辺
MAP P.76-C5

部屋の広さは特筆モノ

1ベッドルーム・スイートは64m²と驚きの広さ。2ベッドルーム・スイートは121m²で、4人程度の家族旅行でも余裕。リビングルームとダイニングテーブルもあり、別荘のようにくつろげる。ルーフトップ・バーもおすすめ。

住 36 Narathiwat-Ratchanakarin Rd.
TEL 0-2210-9000
URL jckevin.com
料 AC Ⓢ Ⓣ 2289B～
CC A D J M V　室 310室
行き方 BRTのBR2アーカーン・ソンクロ駅から徒歩すぐ

ヒルトン・バンコク・グランデ・アソーク Hilton Bangkok Grande Asoke

アソーク駅周辺
MAP P.92-C2

客室階の大きな吹き抜けが大迫力

アソークにそびえる高層ホテル。ハイテク感あふれる外観とは一転、内部はブラウンを基調にした落ち着ける造り。客室階は大きな吹き抜けで驚く。ホテル内のレストランもおいしいと評判。2024年にプルマンからリブランド。

住 30 Asok Montri Rd. (Soi 21)
TEL 0-2204-4000
URL www.hilton.com
料 AC Ⓢ Ⓣ 4500B～
CC A D J M V　室 325室
TEL (03) 6864-1633
行き方 MRTブルーラインのBL22スクムウィット駅2番出口から徒歩3分

ヴィー・ホテル・バンコク VIE Hotel Bangkok

サヤーム・スクエア周辺
MAP P.90-A2

下町を見下ろす高層ホテル

再開発が進む下町エリアにそびえる。サヤーム・スクエアなどへ歩いて行ける、この周辺にはまだ少ない高級ホテル。客室はダークブラウンのインテリアでおしゃれ。高層かつ周囲に高い建物が少ないので眺めもいい。

住 117/39-40 Phaya Thai Rd.
TEL 0-2309-3939
URL www.viehotelbangkok.com
料 AC Ⓢ Ⓣ 4562B～
CC A D J M V　室 153室
行き方 BTSスクムウィットラインのN1ラーチャテーウィー駅2番出口から徒歩すぐ

コートヤード・バイ・マリオット・バンコク Courtyard by Marriott Bangkok

ラーチャダムリ駅周辺
MAP P.91-D5

繁華街すぐそばの隠れ家的なホテル

高級マンションが並ぶ静かな住宅街にある、マリオット系列のホテル。比較的大型かつ繁華街のすぐ近くながら、静かな環境でゆっくり過ごせる。チットロム周辺のデパートも徒歩圏内で、ショッピングや観光に便利。

住 155/1 Soi Mahatlek Luang 1, Ratchadamri Rd.　TEL 0-2690-1888
URL www.marriott.com
料 AC Ⓢ Ⓣ 3528B～
CC A D J M V
室 235室　予 FREE 0120-925659
行き方 BTSシーロムラインのS1ラーチャダムリ駅4番出口から徒歩2分

ザ・ランドマーク The Landmark Bangkok

ナーナー駅周辺
MAP P.92-A2

歩道に面したテラスレストランがある

1～4階はショッピングモールのランドマーク・プラザで、ホテルのエントランスは向かって左側。モダンな客室が自慢。10階にある中国料理レストランのスイ・シアン(水仙)は飲茶が人気。最上階はステーキハウス。

住 138 Sukhumvit Rd.
TEL 0-2254-0404
URL www.landmarkbangkok.com
料 AC Ⓢ Ⓣ 3800B～
CC A D J M V
室 399室
行き方 BTSスクムウィットラインのE3ナーナー駅2番出口から徒歩2分

プルマン・バンコク・キングパワー Pullman Bangkok King Power

プラトゥーナーム周辺
MAP P.80-C3 ～ 81-D3

下町ラーンナム通りの高級ホテル

大きなワーキングデスクなど、快適に過ごせる客室が用意されている。大きなバスタブも日本人好み。ホテル中層部にあるプールはスクエアで泳ぎやすく、子供用エリアもあるので家族連れでも安心して利用できる。

住 8/2 Rangnam Rd.
TEL 0-2680-9999
URL www.pullmanbangkokkingpower.com
料 AC Ⓢ Ⓣ 3876B～　CC A D J M V
室 354室　予 アコー予約サービス TEL (03) 4578-4077　行き方 BTSスクムウィットラインのN3ヴィクトリー・モニュメント駅2番出口から徒歩5分

フォーポイント・バイ・シェラトン・バンコク　Four Points by Sheraton Bangkok

ナーナー駅周辺
MAP P.92-B2

スタイリッシュで手頃なホテル

シンプルで明るいデザイン。フォーポイントオリジナルの快適なベッド、大型のフラットテレビとDVDプレーヤー、広めの机など、レジャーにもビジネスにも対応でき便利。屋上にルーフトップ・バーがある。

住 4 Soi 15, Sukhumvit Rd.
TEL 0-2309-3000
URL www.marriott.com
料 AC Ⓢ Ⓣ 3724B～
CC A D J M V　室 268室
予 FREE 0120-925659
行き方 BTSスクムウィットラインのE4アソーク駅1番出口から徒歩4分

エバーグリーン・ローレル　Evergreen Laurel Hotel

サートーン通り周辺
MAP P.86-C4

ビジネスユースに便利で手頃

しっかりした造りと感じのいい応対で、ビジネスユースには手頃。コンパクトにまとまった客室は機能的な造りで使い勝手もいい。社長(2016年逝去)が東日本大震災に義援金10億円を拠出した、台湾の長榮集團が経営。

住 88 Sathorn Nua Rd.
TEL 0-2266-9988
URL www.evergreen-hotels.com
料 AC Ⓢ Ⓣ 3200B～
CC A D J M V　室 160室
行き方 BTSシーロムラインのS2サーラーデーン駅2番出口から徒歩10分

ナイト・ホテル・バンコク　Night Hotel Bangkok

アソーク駅周辺
MAP P.92-B2

スクムウィットの人気デザインホテル

ポール・スミスの手によるブティックホテル。全室42インチのプラズマテレビや謎のブルーの照明など、AV関係の客室設備が充実。内装や照明は近未来的でSF映画の宇宙船風。ホテル内にクラブあり。

住 10 Soi 15, Sukhumvit Rd.
TEL 0-2254-8500
URL www.nighthotels.com
料 AC Ⓢ Ⓣ 2397B～
CC A D J M V
室 194室
行き方 BTSスクムウィットラインのE4アソーク駅1番出口から徒歩5分

イースティン・グランド・ホテル・サートーン　Eastin Grand Hotel Sathorn

サートーン通り周辺
MAP P.86-A5

ホテル内の中国料理レストランが大人気

客室は15階から上にあり、向きによってはチャオプラヤー川からはるかトンブリー方面が見渡せる。14階にあるインフィニティプールは気分よく過ごせる。中国料理のシェフ・マンは予約がなかなか取れない人気レストラン。

住 33/1 Sathorn Tai Rd.
TEL 0-2210-8100
URL www.eastingrandsathorn.com
料 AC Ⓢ Ⓣ 3599B～
CC A D J M V　室 390室
行き方 BTSシーロムラインのS5スラサック駅連絡通路から徒歩すぐ

アノーマー・グランド　Arnoma Grand Hotel

チットロム駅周辺
MAP P.91-D3

洗練されたホスピタリティが自慢

セントラルワールドやプラトゥーナームなどのショッピングエリアに近い手頃なホテル。客室設備なども整っている。プールは部分的に屋根で覆われており、雨の日でも泳げる。1階にあるベーカリーのパンがおいしい。

住 99 Ratchadamri Rd.
TEL 0-2655-5555
URL www.arnoma.com
料 AC Ⓢ Ⓣ 2676B～
CC A D J M V　室 369室
行き方 BTSスクムウィットラインのE1チットロム駅9番出口から徒歩6分

スカイビュー・ホテル・EM・ディストリクト　Skyview Hotel EM District

プロムポン駅周辺
MAP P.93-E5

日本人街近くの高層ホテル

在住日本人にも人気のショッピングセンター、エンポリアム(→P.228)のすぐ隣。客室はあたたかみが感じられるベージュ基調のインテリア。大きな窓からプロムポン周辺の町並みが一望できいい気分。ルーフトップ・バーもある。

住 12 Soi 24, Sukhumvit Rd.
TEL 0-2011-1111
URL www.skyviewhotel.com
料 AC Ⓢ Ⓣ 4239B～
CC A D J M V
室 285室
行き方 BTSスクムウィットラインのE5プロムポン駅4番出口から徒歩3分

バンコクプチ情報　デザインに凝ったホテルでときどき見かけるのが、ベッドのマットの下に、マットよりも少し大きめの板が敷かれているケース。目に入らず、角にスネをぶつけがちで実に痛い。オシャレも考えもの。

ダブルツリー・バイ・ヒルトン・バンコク・プルンチット Double Tree by Hilton Bangkok Ploenchit

プルンチット駅周辺
MAP P.91-F5

都心にあって料金も手頃

ショッピングにもナイトライフにも便利な場所にありながらホテル周辺は比較的静か。1階のレストランは常にお得なプロモーションも行っている。コネクティングルームが可能でグループ旅行者には便利。

住 12 Soi 2, Sukhumvit Rd.
TEL 0-2262-2999
URL www.hilton.com
料 AC Ⓢ Ⓣ 2503B～ CC ADJMV
室 251室
行き方 BTSスクムウィットラインのE2プルンチット駅4番出口から徒歩6分

ソラリア西鉄ホテルバンコク Solaria Nishitetsu Hotel Bangkok

アソーク駅周辺
MAP P.92-B3 ～ C3

BTSとMRT駅直結で交通至便

BTSとMRT駅どちらも直結で、どこへ行くにも便利。スタンダードのダブルルームはキングベッド。3重ガラスの防音窓になっているので繁華街にありながら静かに過ごせる。メインダイニング「梅の花」は福岡出身者感涙。

住 Soi 14, Sukhumvit Rd.
TEL 0-2092-8999
URL www.solariabangkok.com
料 AC Ⓢ Ⓣ 4251B～
CC AJMV
室 263室
行き方 BTSスクムウィットラインのE4アソーク駅連絡通路から徒歩すぐ

ロイヤル・プリンセス・ラーンルアン Royal Princess Larn Luang

ドゥシット地区周辺
MAP P.79-E3

古い町並みの中の落ち着いたホテル

王宮やドゥシット地区に近く、バンコクの見どころを効率よく見学するのに適した立地。周囲は古い町並みで、夜になると近くに屋台が多数出るので、散歩も楽しめる。日本料理やイタリアンなど、レストランも充実。

住 269 Larn Luang Rd.
TEL 0 2281 3088
URL www.royalprincesslarnluang.com
料 AC Ⓢ Ⓣ 2250B～
CC ADJMV 室 167室
行き方 BTSスクムウィットラインのN1ラーチャテーウィー駅からタクシー利用

ゴールデン・チューリップ・ソヴェリン・ホテル・バンコク Golden Tulip Sovereign Hotel Bangkok

ラチャダーピセーク通り周辺
MAP P.83-D4

客室もレストランもお得

ホテル全体の造りも客室も広々としておりゆったり過ごせる。有料道路の出口に近く、車での空港への行き来、郊外の工業団地へのアクセスも便利。ショッピングエリアや最寄りのMRT駅へのシャトルサービスもある。

住 92 Soi Saengcham, Rama 9 Rd.
TEL 0-2641-4777
URL www.goldentulipbangkok.com
料 AC Ⓢ Ⓣ 2898B～
CC ADJMV 室 448室
行き方 MRTブルーラインのBL21ペッチャブリー駅またはBL20プラ・ラーム・ナイン駅からタクシー利用

インドラ・リージェント Indra Regent Hotel

プラトゥーナーム周辺
MAP P.91-D2

古くからあるプラトゥーナームの顔

安価な衣料品店がひしめき世界各国からのバイヤーが集まるプラトゥーナームに1971年開業。併設されたショッピングモール内にも多数の衣料品店が並ぶ。周辺にはインド系のレストランが多い。

住 120/126 Ratchaprarop Rd.
TEL 0-2208-0022
URL www.indrahotel.com
料 AC Ⓢ Ⓣ 3100B～
CC ADJMV 室 455室
行き方 BTSスクムウィットラインのE1チットロム駅6番出口から徒歩14分

パトムワン・プリンセス Pathumwan Princess Hotel

サヤーム・スクエア周辺
MAP P.90-A4

MBKセンターとBTS駅に直結

MBKセンターを経由して、BTSのナショナル・スタジアム駅まで直結している。サヤーム・スクエアもすぐ隣で、ショッピングには最高の立地。明るい色調でまとめられた客室は、大きな窓のおかげで眺めもいい。

住 444 Pathumwan, Phaya Thai Rd.
TEL 0-2216-3700
URL www.pprincess.com
料 AC Ⓢ Ⓣ 4340B～
CC ADJMV 室 451室
行き方 BTSシーロムラインのW1ナショナル・スタジアム駅連絡通路から徒歩2分

プール バスタブ Wi-Fi

ノボテル・バンコク・シーロム・ロード Novotel Bangkok Silom Road

シーロム通り周辺
MAP P.85-F4

空港への行き来に便利

シーロムと称しつつ、かぎりなくチャルーン・クルン通りに近く、繁華街と古い町並みの中間という立地。レストランが明るくていい気分。1930年代の上海をイメージしたレトロ風味レストランのマギー・チューズがある。

住 320 Silom Rd.
TEL 0-2206-9100
URL www.novotel.com
料 AC ⓈⓉ1440B〜
CC ADJMV 室 216室
予 アコー予約サービス TEL (03) 4578-4077
行き方 BTSシーロムラインのS5スラサック駅1番出口から徒歩8分

ラマダ・バイ・ウインダム・D'ma・バンコク Ramada by Wyndham D'ma Bangkok

プラトゥーナーム周辺
MAP P.91-E2

下町の巨大ホテル

ペッブリー・タットマイ通りのソイ33を北へ入ると、突き当たりにそびえている巨大ホテル。高級ホテル並みの設備で、団体ツアーなどでよく利用される。レセプション周りは大理石を多用してまぶしいくらいの白さ。

住 Nakornluang Plaza, 1091/388 Soi Jarurat, New Phetchburi Rd.
TEL 0-2650-0288
URL www.ramada-bkk.com
料 AC ⓈⓉ4420B
CC ADJMV 室 286室
行き方 BTSスクムウィットラインのE1チットロム駅5番出口から徒歩14分

アマリ・ウォーターゲート・バンコク Amari Watergate Bangkok

プラトゥーナーム周辺
MAP P.90-C2

プラトゥーナームのランドマーク

下町の雰囲気満点の雑然としたプラトゥーナームにそびえ立つ、買い物客でごった返すこのエリアの別世界。外の雑踏から逃れてほっとひと息つける空間だ。プールは8階で周囲に建物もなく、開放感がある。

住 847 Phetchburi Rd.
TEL 0-2653-9000
URL jp.amari.com/watergate
料 AC ⓈⓉ3024B〜
CC ADJMV 室 564室
行き方 BTSスクムウィットラインのE1チットロム駅6番出口から徒歩13分

バンコクホテル・ロータス・スクムウィット Bangkok Hotel Lotus Sukhumvit

プロムポン駅周辺
MAP P.93-D3 〜 D4

周辺はナイトスポット

シンプルだが機能的な客室は、旅慣れた人やビジネス客に落ち着ける空間を提供している。薄紫がホテルのテーマカラーで、ハスをイメージ。客室は11〜30階で、眺めがいい。内部に吹き抜けがあり開放感がある。

住 1 Soi 33, Sukhumvit Rd.
TEL 0-2610-0111
URL www.hotellotussukhumvit.com
料 AC ⓈⓉ1561B〜
CC ADJMV 室 224室
行き方 BTSスクムウィットラインのE5プロムポン駅5番出口から徒歩4分

バイヨック・スカイ（バイヨック2） Baiyoke Sky Hotel

プラトゥーナーム周辺
MAP P.90-C1

タイで最ものっぽのホテル

2023年11月現在、ホテルとしてはバンコク最高層。客室はベッドルームだけでなくバスルームも広々。84階にある展望台(→P.159)と76、78、79階にあるレストランからは、晴れていればパタヤーまで眺められるほどの展望を誇る。

住 222 Ratchaprarop Rd.
TEL 0-2656-3000
URL www.baiyokehotel.com
料 AC ⓈⓉ1873B〜
CC ADJMV 室 659室
行き方 BTSスクムウィットラインのN1ラーチャテーウィー駅4番出口から徒歩16分

スイスホテル・バンコク・ラチャダー Swissôtel Bangkok Ratchada

ラチャダーピセーク通り周辺
MAP P.77-E1

ラチャダーにそびえる大型ホテル

客室内は、アースカラーを基調にした落ち着ける色使い。大きなデスクがけっこう便利。最寄りのMRTフアイクワーン駅まで徒歩2分で、ウイークエンド・マーケットや国鉄クルンテープ駅にも乗り換えなしで行け便利。

住 204 Ratchadaphisek Rd.
TEL 0-2694-2222
URL www.swissotel.com
料 AC ⓈⓉ2700B〜
CC ADJMV 室 407室
予 アコー予約サービス TEL (03) 4578-4077
行き方 MRTブルーラインのBL18フアイクワーン駅2番出口から徒歩2分

バンコクプチ情報 ホテルを選ぶ際は、立地も重要な要素のひとつ。繁華街の近くは何かと便利だが、隣や向かいに大きなパブなどがあったりすると、深夜まで音楽が鳴り響き安眠できないことも。

グランド・ハイアット・エラワン・バンコク Grand Hyatt Erawan Bangkok

チットロム駅周辺
MAP P.90-C4 ～ 91-D4

神殿のような外観が見る者を圧倒

白と薄い緑を基調にした上品なインテリアの客室は、ベッドサイドのスポット照明がモダン。バスルームが広く取られており贅沢な気分が味わえる。大きなプールは緑に囲まれ、ビルの5階にあるとは思えない開放感がある。

住 494 Ratchadamri Rd.
TEL 0-2254-1234
URL www.hyatt.com
料 AC Ⓢ Ⓣ 6222B～ CC A D J M V
室 380室 予 TEL 0800-222-0608
行き方 BTSスクムウィットラインのE1チットロム駅6番出口連絡通路から徒歩3分
プール バスタブ Wi-Fi

フラマ・シーロム・バンコク Furama Silom Bangkok

シーロム通り周辺
MAP P.86-B4

ビジネスエリアの手頃なホテル

シーロム通りのほぼ中央、ビジネス、ショッピングエリアの中心にも近く、手頃な料金で設備も整っているとあってビジネス客に人気がある。細長いビルだが、意外に広い屋上にはプールやガーデンテラスがあってのんびりくつろげる。

住 533 Silom Rd.
TEL 0-2688-6888
URL www.furama.com/silom
料 AC Ⓢ Ⓣ 1804B～
CC A D J M V 室 258室
行き方 BTSシーロムラインのS3チョンノンシー駅3番出口から徒歩7分
プール バスタブ Wi-Fi

バンコク・パレス Bangkok Palace Hotel

プラトゥーナーム周辺
MAP P.91-E2

有料道路脇の大型ホテル

窓が大きいので気分よく滞在できる。ホテルの周辺には中国料理レストランやタイ式マッサージの店が多く、下町の雰囲気も楽しめる。エアポートレイルリンクのラーチャプラーロップ駅にも近い。中庭のプールがいい気分。

住 City Square, 1091/336 New Phetchburi Rd.
TEL 0-2890-9000
URL www.bangkokpalace.com
料 AC Ⓢ Ⓣ 2821B～
CC A D J M V 室 672室
行き方 BTSスクムウィットラインのE1チットロム駅5番出口から徒歩14分 プール バスタブ Wi-Fi

アマラ・バンコク Amara Bangkok

スリウォン通り周辺
MAP P.86-B3

ルーフトップのプールは眺めよし

スリウォン通りには数少ない手頃なホテル。屋上の29階にあるルーフトッププールはインフィニティスタイル。周囲に広がる下町を見下ろしながら優雅に過ごせる。フィットネス施設が24時間使えるのもアクティブ派に便利。

住 180/1 Suriwong Rd.
TEL 0-2021-8888
URL bangkok.amarahotels.com
料 AC Ⓢ Ⓣ 2963B～
CC A D J M V 室 250室
行き方 BTSシーロムラインのS3チョンノンシー駅3、4番出口から徒歩8分
プール バスタブ Wi-Fi

グランド・チャイナ・バンコク Grand China Bangkok

チャイナタウン周辺
MAP P.85-D1

チャイナタウンにそびえる大型ホテル

チャイナタウンの喧騒渦巻くエリアにそびえるホテル。23階にある屋外プールで大展望を眺めながらゆったりくつろげば、チャイナタウンのど真ん中にいるとは思えない。1～3階はショッピングアーケード。

住 215 Yaowarat Rd.
TEL 0-2224-9977
URL www.grandchina.com
料 AC Ⓢ Ⓣ 2070B～
CC A D J M V 室 146室
行き方 MRTブルーラインのBL29ワット・マンコーン駅2番出口から徒歩7分
プール バスタブ Wi-Fi

インディゴ・バンコク・ワイヤレス・ロード Hotel Indigo Bangkok Wireless Road

プルンチット駅周辺
MAP P.91-E5

人気のブティックホテルがバンコクに

北米やヨーロッパで人気の手頃なブティックホテルのブランドで、東南アジア初お目見えがここ。ターンダウンサービス、JBLのサウンドシステムなど、ワンランク上のサービスを提供。

住 81 Witthayu Rd.
TEL 0-2207-4999 URL www.ihg.com
料 AC Ⓢ Ⓣ 4413B～
CC A D J M V 室 192室
予 FREE 0120-677651
行き方 BTSスクムウィットラインのE2プルンチット駅8番出口から徒歩6分
プール バスタブ Wi-Fi

個人旅行に手頃なホテル

Hotel

規模がそれほど大きくなく、便利な場所にあり、客室は機能的で清潔感もある手頃なホテルは、宿泊の手配なども自分で行う旅慣れた個人旅行者に向いている。シーロム通り周辺やスクムウィット通りなどのにぎやかな場所に続々オープンしている。

マドゥジホテルバンコク MA DU ZI Hotel Bangkok

アソーク駅周辺
MAP P.92-C3

喧騒から隔絶されたプライベート空間

宿泊客が来ればガードマンがゲートを開け、スタッフが気さくに声をかける。北欧家具が置かれた客室にタイのインテリアがアクセントを加え、キングサイズのベッド、インフィニティスタイルのバスタブでくつろげる。

住 9/1 Ratchadaphisek Rd.
TEL 0-2615-6400
URL www.maduzihotel.com
料 AC Ⓢ Ⓣ 4080B～
CC A D J M V
室 40室
行き方 BTSスクムウィットラインのE4アソーク駅4番出口から徒歩4分

リット・バンコク LIT! Bangkok Hotel

サヤーム・スクエア周辺
MAP P.298-B1

繁華街近くでスタイリッシュに過ごす

安宿が集まる路地の中ほどにあるおしゃれなホテル。くすんだ町並みにそびえる白い外観がよく目立つ。BTSの駅にも近く、ちょっといい宿に泊まって、ショッピングやグルメにアクティブに活動したい旅行者にはうってつけ。

住 36/1 Soi Kasemsan 1, Rama 1 Rd.
TEL 0-2612-3456
URL www.litbangkok.com
料 AC Ⓢ Ⓣ 2856B～
CC A D J M V 室 79室
行き方 BTSシーロムラインのW1ナショナル・スタジアム駅3番出口から徒歩3分

ホープランドホテル・スクンビット 8 HOPE LAND Hotel・Sukhumvit 8

ナーナー駅周辺
MAP P.92-A3

豊富な客室タイプが揃う

都心の手頃なホテル。短期、長期滞在ともに快適に過ごせる広々とした部屋が多い。大型商業施設のターミナル21(→P.225)も近い。周辺にはインドや欧米など多国籍なレストランやタイ式マッサージ店も並ぶ。

住 34 Soi Sukhumvit 8, Sukhumvit Rd.
TEL 0-2255-9555
URL hopeland8.com
料 AC Ⓢ Ⓣ 2500B～
CC J M V 室 130室
行き方 BTSスクムウィットラインのE3ナーナー駅4番出口から徒歩5分

トンタラ・リバービュー Tongtara Riverview Hotel

チャルーン・クルン通り周辺
MAP P.76-B5

場所が不便でパッケージツアー利用向け

川に面した側の客室はチャルーン・クルン通りにも面しており、窓が大きく取られているので眺めがいい。ただし外の音もよく聞こえる。居心地は悪くないし、プールやジムなど料金のわりに設備は整っている。

住 9/99 Charoen Krung Rd.
TEL 0-2291-9800
URL www.tongtarahotel.com
料 AC Ⓢ Ⓣ 1104B～
CC A J M V 室 188室
行き方 BTSシーロムラインのS6サパーン・タークシン駅からタクシー利用

ジョシュ Josh Hotel

パヨンヨーティン通り周辺
MAP P.77-D1

バーやレストランに旅人が集う

程よい下町感で外国人にも人気があるアーリーエリアの手頃なホテル。あらゆる人々が集う「コミュニティ」をコンセプトに館内にはカフェやバー、レストランがある。客室は小さなバルコニー付き。

住 19/2 Soi Ari 4, Phahonyothin Rd.
TEL 0-2102-4999
URL www.joshhotel.com
料 AC Ⓢ Ⓣ 1020B～
CC J M V 室 59室
行き方 BTSスクムウィットラインのN5アーリー駅3番出口から徒歩7分

バンコク プチ情報　スクムウィット通りのナーナー駅や、アソーク駅周辺など、BTS駅から歩道橋で直接アクセスできるホテルもある。雨の日も濡れずに移動でき便利で安心。

S15 スクムウィット S15 Sukhumvit

アソーク駅周辺
MAP P.92-B2

整った設備と手頃な料金で個人旅行者に人気

スクムウィット通りソイ15の角にある。客室内は静かで、レストランとも共通した北欧風のシンプルモダンな内装は高級感あり。スタンダードの部屋はクローゼットがバスルーム内にあるのが少し妙だが、それを割り引いても満足度高し。

住 217 Soi 15, Sukhumvit Rd.
TEL 0-2651-2000
URL www.s15hotel.com
料 AC Ⓢ Ⓣ 3650B～
CC A D J M V
室 72室
行き方 BTSスクムウィットラインのE4アソーク駅1番出口から徒歩3分 プール バスタブ Wi-Fi

アライズ Arize Hotel Sukhumvit

プロムポン駅周辺
MAP P.93-E5

日本人集住エリアの手頃な宿

日本人に人気のショッピングモールや、日本人向けの飲食店が多い日本人エリアに近い便利な立地と手頃な料金で、単身者の長期利用も多い。通りに面したガラス張りのレストランがおしゃれ。

住 8/8 Soi 26, Sukhumvit Rd.
TEL 0-2204-4888
料 AC Ⓢ Ⓣ 2099B～
CC A J M V
室 151室
行き方 BTSスクムウィットラインのE5プロムポン駅4番出口から徒歩3分 プール バスタブ Wi-Fi

ノボテル・バンコク・プルンチット・スクムウィット Novotel Bangkok Ploenchit Sukhumvit

プルンチット駅周辺
MAP P.91-F4

ホテルの少ないエリアの手頃な一軒

ベージュの床と白い壁が涼しげな客室は、タイシルクの鮮やかなクッションがアクセントになっていい雰囲気。周囲はビジネス街で、ショッピングや食事はBTSでひと駅移動すればほぼ何でも揃う便利な立地。

住 566 Phloen Chit Rd.
TEL 0-2305-6000
URL novotelbangkokploenchit.com
料 AC Ⓢ Ⓣ 4140B～ CC A D J M V
室 370室 予 アコー予約サービス TEL (03) 4578-4077 行き方 BTSスクムウィットラインのE2プルンチット駅4番出口から徒歩すぐ プール バスタブ Wi-Fi

サチャズ・ホテル・ウノ Sacha's Hotel Uno

アソーク駅周辺
MAP P.92-B2

手頃な料金、新しくて快適

コンパクトにまとまったモダンなホテル。ふかふかで寝心地のいいベッド、大きな仕事机など、ビジネスユースにも対応できる。BTSアソーク駅とMRTスクムウィット駅がともに徒歩数分で、コンビニやスーパーマーケットも近くにある。

住 28/19 Soi 19, Sukhumvit Rd.
TEL 0-2651-2180
URL www.sachashotel.com
料 AC Ⓢ Ⓣ 1836B～
CC A J M V 室 56室
行き方 MRTブルーラインのBL22スクムウィット駅1番出口から徒歩2分
プール バスタブ Wi-Fi

フラマエクスクルーシブ・アソーク・バンコク FuramaXclusive Asoke, Bangkok

アソーク駅周辺
MAP P.92-C2

大き過ぎないホテルの居心地のよさ

オフィスビルが並ぶアソークに立つ。ホテルのエントランスは通りから奥まった所にあり、通りに面したレストランがホテルの目印。部屋はコンパクトにまとまっており気分よく過ごせる。屋上にあるプールは泳ぐほどの大きさはない。

住 133/2 Asok Montri Rd. (Soi 21)
TEL 0-2677-8484
URL www.furama.com/xclusive/asoke/
料 AC Ⓢ Ⓣ 1486B～
CC A D J M V 室 110室
行き方 MRTブルーラインのBL22スクムウィット駅1番出口から徒歩すぐ
プール バスタブ Wi-Fi

ル・サヤーム Le Siam Hôtel

シーロム通り周辺
MAP P.86-C4

観光にもビジネスにも便利

ショッピングにもビジネスにも便利な立地。オフィスビル街にあり目立たないが、規模は大きくなくそのぶん落ち着ける。親切なスタッフが多く、設備もしっかりしており、安心して利用できる穴場的ホテル。元スイスロッジ。

住 3 Convent Rd.
TEL 0-2233-5345
URL lesiamhotel.com
料 AC Ⓢ Ⓣ 1850B～
CC A D J M V 室 50室
行き方 BTSシーロムラインのS2サーラーデーン駅2番出口から徒歩3分
プール Wi-Fi

バンコク・シティー Bangkok City Hotel

サヤーム・スクエア周辺 MAP P.90-A1

駅近で高コスパのお手頃ホテル

部屋の設備や内装の仕上げはそれなりで細かい造りは雑ながら、清潔感があって眺めもいい客室が、この料金で泊まれるのはうれしい。場所もBTSの駅近くと比較的便利。周囲は下町で安食堂なども多く、町歩きも楽しめる。

住 268 Phetchburi Rd.
TEL 0-2215-2929
URL www.staybangkok.com
料 AC Ⓢ Ⓣ 1490B～
CC A J M V 室 252室
行き方 BTSスクムウィットラインのN1ラーチャテーウィー駅3番出口から徒歩3分

ヘリテージ・バンコク The Heritage Bangkok

シーロム通り周辺 MAP P.86-B4

シーロムの繁華街も徒歩圏内

タイっぽさではなく、モダンなホテルライフを求めるならこういう宿がおすすめ。シンプルなデザインにポップな色使いのインテリアは、どこか北欧を想起させる造り。小さいながらジムもある。プールとレストランは屋上。

住 198 Soi Narathiwat 3, Narathiwat Rd.
TEL 0-2235-2888
URL www.theheritagebangkok.com
料 AC Ⓢ Ⓣ 1250B～
CC A D J M V 室 109室
行き方 BTSシーロムラインのS3チョンノンシー駅4番出口から徒歩すぐ

フア・チャーン・ヘリテージ Hua Chang Heritage Hotel

サヤーム・スクエア周辺 MAP P.298-B1

豪華なタイ伝統様式の建物

フア・チャーン橋とセーンセープ運河に囲まれた一角に立つホテル。ロビーや客室の調度もタイ＆ヨーロピアンなロマンティック風味で、優雅な気分が味わえる。中庭のプールは夜になるとライトアップされて幻想的。

住 400 Phaya Thai Rd.
TEL 0-2217-0777
URL www.huachangheritagehotel.com
料 AC Ⓢ Ⓣ 2406B～
CC A D J M V 室 75室
行き方 BTSシーロムラインのW1ナショナル・スタジアム駅3番出口から徒歩4分

チャクラボン・ヴィラ Chakrabongse Villas

王宮周辺 MAP P.84-B1

川べりのテラスで王族の気分を味わう

王族の旧邸宅内に建てられたタイ風建築のプチホテル。チャオプラヤー川に面した静かな環境と行き届いたサービスで、密かな人気を呼んでいる。全室それぞれが異なる造りで、泊まり比べも楽しい。要予約。

住 396 Maharat Rd.
TEL 0-2222-1290
URL www.chakrabongse.com
料 AC Ⓢ Ⓣ 7000B～
CC A J M V 室 9室
行き方 MRTブルーラインのBL31サナーム・チャイ駅5番出口から徒歩3分

ラマダ・バイ・ウインダム・バンコク・スクムウィット11 Ramada by Wyndham Bangkok Sukhumvit 11

ナーナー駅周辺 MAP P.92-B2

繁華街至近の手頃なホテル

買い物にも夜遊びにも便利な立地と手頃な料金で人気だったスイス・パーク・ホテルが、2015年に大改装、2022年にリブランド。客室はほぼ壁一面の大きな窓で、雄大な景色が堪能できる(東側の客室は目の前が隣のビル)。

住 155/23-24 Soi 11, Sukhumvit Rd.
TEL 0-2253-2000
URL www.wyndhamhotels.com
料 AC Ⓢ Ⓣ 1615B～ CC A J M V
室 183室
行き方 BTSスクムウィットラインのE3ナーナー駅3番出口から徒歩2分

キュービック・プラトゥーナーム Cubic Pratunam

プラトゥーナーム周辺 MAP P.90-B1

ホステル併設の手頃なホテル

プラトゥーナームとパヤー・タイ通りのほぼ中間、静かなコンドミニアム街にある。併設のホステルは、名称のようにキューブを積み重ねたような造りのカプセルホテル風。プライバシーが保護されており、安心して過ごせる。

住 21/1 Soi 13, Phetchbri Rd.
TEL 0-2252-9425
URL www.cubicpratunam.com
料 AC Ⓢ Ⓣ 1980B～
CC J M V 室 88室
行き方 BTSスクムウィットラインのN1ラーチャテーウィー駅4番出口から徒歩9分

バンコクプチ情報 静かに飲みたい人におすすめなのがホテルのバー。タイの飲む店は生バンドが入っていたり、BGMの音量が大きかったりと、概してにぎやか。ホテルのバーは比較的静かで、落ち着ける。

アサイー・バンコク・チャイナタウン ASAI Bangkok Chinatown

チャイナタウン周辺
MAP P.85-E1

チャイナタウン探検の拠点に

喧騒に包まれたバンコクの中華街ヤオワラートのほぼ中心にオープンした、ショッピングモール併設の手頃なホテル。地場ホテルチェーンのドゥシット系列で、サービスにも定評があり安心して利用できる。

住 531 Charoen Krung Rd.
TEL 0-2220-8999
URL www.asaihotels.com
料 AC ⓈⓉ1955B～
CC A J M V 室 224室
行き方 MRTブルーラインのBl29ワット・マンコーン駅1番出口から徒歩すぐ
プール バスタブ Wi-Fi

オーラム・ザ・リバー・プレイス AURUM, The River Place

王宮周辺
MAP P.84-B1

路地の奥の小さなヨーロッパ

バンコクの旧市街、雑然とした古い倉庫街のような路地の奥に出現する小さなヨーロッパ風ホテル。真っ白に輝く大理石の床がまぶしいロビー、金彩で施されたタイ風の装飾が見事に調和した、ひとつの美術品のような建物。

住 394/27-29 Soi Pansook, Maharat Rd.
TEL 0-2622-2248
URL www.aurum-bangkok.com
料 AC City ViewⓈⓉ3500B、River View ⓈⓉ4400B
CC A D J M V 室 12室
行き方 MRTブルーラインのBL31サナーム・チャイ駅5番出口から徒歩5分 プール バスタブ Wi-Fi

ジャスミン・リゾート Jasmine Resort Hotel

トンロー、エカマイ周辺
MAP P.77-F4～F5

下町のシティーリゾート

BTSプラカノン駅前にあるので、バンコク中心部へのアクセスが便利。ミントグリーンを基調にしたインテリアが涼しげでリゾート感を演出。ベッドが3台設置されたトリプルルームは、家族連れやグループ旅行者に人気。

住 1511 Sukhumvit Rd.
TEL 0-2335-5000
URL www.jasmineresortbangkok.com
料 AC ⓈⓉ2399B～
CC A D J M V 室 237室
行き方 BTSスクムウィットラインのE8プラカノン駅1番出口から徒歩すぐ
プール バスタブ Wi-Fi

パークロイヤル・スイート・バンコク Parkroyal Suites Bangkok

ナーナー駅周辺
MAP P.92-A2

便利な洗濯機付きの部屋もある

元サービスアパートでキッチン設備や洗濯機が設置された部屋もあり、長期滞在にも便利。ナーナー周辺のにぎやかなエリアが徒歩圏内。ホテル前の通りは大雨が降ると水没しやすいので雨季には注意。

住 22 Soi 6, Sukhumvit Rd.
TEL 0-2262-9999
URL www.panpacific.com
料 AC ⓈⓉ2325B～ CC A J M V
室 194室
行き方 BTSスクムウィットラインのE7ナーナー駅2番出口から徒歩4分
プール バスタブ Wi-Fi

アリストン Ariston Hotel Bangkok

プロムポン駅周辺
MAP P.93-D5～E5

節約派に手頃

手頃なビジネスホテル風。ロビー周辺や部屋の内装などはシンプルだが、最低限の設備は整っている。周辺には日本料理レストランや日本風の居酒屋なども多い。スイート（Ⓢ3400B Ⓣ3600B）はジャクージ付き。

住 19 Soi 24, Sukhumvit Rd.
TEL 0-2259-0960
URL aristonhotelbkk.com
料 AC Ⓢ2200B～ Ⓣ2400B～
CC A D J M V 室 152室
行き方 BTSスクムウィットラインのE5プロムポン駅4番出口から徒歩4分
プール バスタブ Wi-Fi

イビス・バンコク・サートーン ibis Bangkok Sathorn

サートーン通り周辺
MAP P.87-E4～E5

安宿街のイメージを塗り替える

かつて安宿街として栄え、最近では下町と化していたエリアにある、新時代のホテル。空間や設備の無駄を排して機能一本に絞った客室は、大きなカプセルホテルのようでむしろすっきりして快適。

住 Soi Ngam Duphli, Rama 4 Rd.
TEL 0-2659-2888
URL www.ibishotel.com
料 AC ⓈⓉ1154B～ CC A D J M V
室 213室 予 アコー予約サービス TEL (03) 4578-4077
行き方 MRTブルーラインのBL25ルムピニー駅1番出口から徒歩8分 プール バスタブ Wi-Fi

イビス・バンコク・スクムウィット 4 ibis Bangkok Sukhumvit 4

ナーナー駅周辺
MAP P.92-A2 ～ A3

夜の盛り場に近い手頃なホテル

昼も比較的にぎやか、そして夜は俄然にぎやかになるエリアにオープンした中級ホテル。手頃な料金で整った設備、狭いながらも機能的に造られた客室、安心して利用できるブランドだ。ロビー周りの造りもモダンでおしゃれ。

住 41 Soi 4, Sukhumvit Rd.
TEL 0-2659-2888
URL www.ibishotel.com
料 AC Ⓢ Ⓣ 1231B～ CC A D J M V
室 200室 予 アコー予約サービス TEL (03) 4578-4077
行き方 BTSスクムウィットラインのE3ナーナー駅2番出口から徒歩6分

ラ・プチ・サリル・スクムウィット8 La Petite Salil Sukhumvit 8

ナーナー駅周辺
MAP P.92-A3

リゾート風の明るい造り

フローリングの床がどこかリゾート風。客室にはフラットテレビやDVDプレーヤーが設置されている。スクムウィット通りまでゴルフカートでの無料送迎あり。同名のホテルがスクムウィット通りソイ11とトンローにある。

住 50, 51/1 Soi 8, Sukhumvit Rd.
TEL 0-2253-2474
URL www.hotelsalil.com
料 AC Ⓢ Ⓣ 1551B～
CC A D J M V
室 30室
行き方 BTSスクムウィットラインのE3ナーナー駅4番出口から徒歩10分

イレブン Eleven Hotel

ナーナー駅周辺
MAP P.92-B1

夜遊び派に便利

ホテルやレストラン、バーが並ぶスクムウィット通りのソイ11。その中ほどにある手頃なホテル。屋上のプールが気分よく過ごせる。1階のドイツ風ビアハウスは、料理がおいしいと評判。

住 11 Soi 11, Sukhumvit Rd.
TEL 0-2080-3111
URL www.elevenbangkok.com
料 AC Ⓢ Ⓣ 1784B～
CC A J M V
室 188室
行き方 BTSスクムウィットラインのE3ナーナー駅3番出口から徒歩4分

エータス・ルムピニー Aetas Lumpini

サートーン通り周辺
MAP P.87-E4

ルムピニー公園ビューの客室も

シーロムやサートーン方面に近いので、ビジネス利用にも向いている。北側に面した客室はルムピニー公園の向こうに広がる都心が、南側からはチャオプラヤー川の下流とクロントゥーイ港がはるかに眺められる。

住 1030/4 Rama 4 Rd.
TEL 0-2618-9555
URL lumpini.aetashotels.com
料 AC Ⓢ Ⓣ 4845B～
CC A D J M V 室 203室
行き方 MRTブルーラインのBL25ルムピニー駅1番出口から徒歩2分

ロイヤル・ラッタナーコーシン Royal Rattanakosin Hotel

王宮周辺
MAP P.78-C3

場所が便利な元高級ホテル

1942年開業の、歴史と伝統のあるホテル。王宮周辺の観光に便利。きらびやかなフロントロビーやていねいなスタッフの物腰は、今だに格式の高さを感じさせる。カオサン通りやバーンラムプー市場も近い。

住 2 Ratchadamnoen Klang Rd.
TEL 0-2222-9111
URL rattanakosinhotel.com
料 AC Ⓢ Ⓣ 850B～
CC A D J M V
室 300室
行き方 カオサン通りから徒歩5分

ピクニック・ホテル・バンコク Picnic Hotel Bangkok

戦勝記念塔周辺
MAP P.81-D3

グルメストリートの手頃なホテル

戦勝記念塔近くの下町エリア、手頃なレストランが並ぶラーンナム通りにある。ガラス張りのロビーや窓の大きな客室など、館内は明るい雰囲気に造られており居心地がいい。すぐ隣は広々とした公園。

住 39 Rangnam Rd.
TEL 0-2245-7999
URL www.picnichotelbkk.com
料 AC Ⓢ Ⓣ 1275B～ CC A J M V
室 162室
行き方 BTSスクムウィットラインのN3ヴィクトリー・モニュメント駅2番出口から徒歩7分

バンコクプチ情報 宿泊客がタクシーで外出する際、タイ語で「(ホテル名) まで行ってください」などと印刷されたカードを渡してくれるホテルもある。外出先で道に迷ってタクシーで帰りたい際などに安心。

センチュリー・パーク Century Park Hotel

パホンヨーティン通り周辺
MAP P.81-D2 ～ E2

戦勝記念塔が徒歩圏内

戦勝記念塔近くの大きな三差路にある、24階建ての高級ホテル。部屋の設備も整っており、気分よく滞在できる。窓からは周囲の町並みが一望。手頃なレストランやカフェがあるラーンナム通りが近い。

住 9 Ratchaprarop Rd.
TEL 0-2246-7800
URL www.centuryparkhotel.com
料 AC Ⓢ Ⓣ 2000B～
CC A D J M V　室 380室
行き方 BTSスクムウィットラインのN3ヴィクトリー・モニュメント駅4番出口から徒歩9分

ツイン・タワーズ・バンコク The Twin Towers Hotel Bangkok

サヤーム・スクエア周辺
MAP P.80-A5

どどんとそびえる巨大な建物

ツアーの利用も多い大型ホテル。2棟に分かれた客室棟の間に大きなプールがあり、ジャクージも設置。タイスキや中国料理、タイ料理などレストランも充実。サヤーム・スクエアなどへはタクシーですぐ。周辺は雑然とした下町エリア。

住 88 Rong Muang Rd.
TEL 0-2216-9555
URL www.thetwintowershotel.com
料 AC Ⓢ Ⓣ 1596B～
CC A D J M V　室 660室
行き方 MRTブルーラインのBL28フアラムポーン駅2番出口から徒歩10分

ザ・クオーター・フアラムポーン by UHG The Quarter Hualamphong by UHG

チャイナタウン周辺
MAP P.85-F2

フアラムポーン駅を見下ろせる

上層階の部屋からはフアラムポーン駅のカマボコ屋根が、夜はライトアップ(24時に消灯)がよく見える。ロビー外のテラスからはワット・トライミットも見下ろせる。14階にはプレイルームもあって、子供連れにはうれしい。

住 23/34-35 Trimit Rd.
TEL 0-2092-7999
URL quarterhualamphong.com
料 AC Ⓢ Ⓣ 1938B～
CC A D J M V　室 150室
行き方 MRTブルーラインのBL28フアラムポーン駅1番出口から徒歩2分

フラマエクスクルーシブ・プラトゥーナーム・パーク FuramaXclusive Pratunam Park, Bangkok Hotel

プラトゥーナーム周辺
MAP P.90-C1

プラトゥーナームのオアシス

雑然としたプラトゥーナームに新装オープンしたファッショナブルなホテル。広々としたロビー、フローリングの客室など、外の喧騒とは隔絶された環境が整っている。元プラトゥーナーム・パーク。

住 40/1 Soi Somprasong 3, Petchburi 15 Rd.
TEL 0-2656-2525
URL www.furama.com
料 AC Ⓢ Ⓣ 1985B～
CC A J M V　室 129室
行き方 BTSスクムウィットラインのN1ラーチャテーウィー駅4番出口から徒歩14分

ダーラーヤー・ブティック Daraya Boutique Hotel

サヤーム・スクエア周辺
MAP P.298-A1

最新オープンのブティックホテル

2023年オープンほやほや。ヨーロピアン調インテリアのブティックホテルで、アメニティはロクシタン。MBKセンターやジム・トンプソンの家、BTSナショナル・スタジアム駅も徒歩圏内で、何をするにも便利。

住 80 Soi Kasemsan 3, Rama 1 Rd.
TEL 0-2612-3911
URL www.darayahotel.com
料 AC Ⓢ Ⓣ 2633B～
CC A J M V　室 53室
行き方 BTSシーロムラインのW1ナショナル・スタジアム駅1番出口から徒歩4分

ココテル・バンコク・スラウォン Kokotel Bangkok Surawong

スリウォン通り周辺
MAP P.86-B4

グループや家族での旅行に便利で安心

3～4人で利用できる客室があり、小さなグループや家族連れならひと部屋で宿泊できる。シャワーはハンドシャワーとレインシャワー、多めの電源プラグや壁のフック、収納など、細かなところで使い勝手がいい。

住 181/1-5 Suriwong Rd.
TEL 0-2235-7555
URL www.kokotel.com/surawong/
料 AC Ⓢ Ⓣ 1566B～
CC A D J M V　室 67室
行き方 BTSシーロムラインのS3チョンノンシー駅3番出口から徒歩11分

そのほかのホテル

Hotel

ここまで紹介してきたおもなホテルのほかにも、まだまだたくさんのホテルがバンコクにはある。ここではそれらのホテルをエリアごとに分け、大きなエリアの場合はさらにおもな通りごとに紹介している。高級ホテルの場合は表示の宿泊料に税7%、サービス料10%が加算されるが、ここに掲載しているクラスのホテルならほとんどの場合、税、サービス料込みの料金。

王宮周辺、ドゥシット地区周辺

民主記念塔周辺

地図	ホテル名	電話	住所	料金	室数	設備、コメント
P.95-F2	チラックス・リゾート Chillax Resort	TEL 0-2629-4400	272, 274 Soi 2, Samsen Rd.	ⓈⓉ2775B～	103	ジャクージ付きの客室も。プールは屋上。 URL www.chillaxresort.com
P.78-C4	バーン・ディンソー Baan Dinso	TEL 09-6565-9795	113 Trok Sin, Dinso Rd.	Ⓢ1307B～ Ⓣ2400B～	9	路地の奥にあり静かなゲストハウス。1922年に建てられた木造家屋を改装。 URL www.baandinso.com
P.79-D2	トラン Trang Hotel	TEL 0-2282-7100	99/1 Wisut Kasat Rd.	ⓈⓉ1189B～	168	下町住宅街の中にある。スタンダードの客室は20㎡とやや狭め。 URL www.tranghotelbangkok.com
P.79-D3	オールド・キャピタル・バイク・イン Old Capital Bike Inn	TEL 0-2629-1787	607 Phra Sumen Rd.	ⓈⓉ2600B～	10	築70年近いシノ・ポルトガル様式のタウンハウスを改装。 URL www.oldcapitalbkk.com

クルントン橋周辺

地図	ホテル名	電話	住所	料金	室数	設備、コメント
P.76-B1	ロイヤル・リバー Royal River Hotel	TEL 0-2422-9222	219 Soi 66/1, Charansanitwong Rd.	ⓈⓉ3000B～	429	クルントン橋たもと。プールあり。 URL www.royalriverhotel.com

ボーベー市場周辺

地図	ホテル名	電話	住所	料金	室数	設備、コメント
P.79-F4	プリンス・パレス Prince Palace Hotel	TEL 0-2628-1111	488/800 Bo Bae Tower, Damrongrak Rd.	ⓈⓉ1190B～	744	下町エリアの高層ホテル。客室からの眺めはすばらしい。 URL www.princepalace.co.th

チャイナタウン周辺

ヤオワラート通り周辺

地図	ホテル名	電話	住所	料金	室数	設備、コメント
P.85-E1	ホテル・ロイヤル・バンコク@チャイナタウン Hotel Royal Bangkok@Chinatown	TEL 0-2226-0026	409-421 Yaowarat Rd.	ⓈⓉ1299B～	290	入口はBootsの脇で目立たない。屋上プールあり。 URL www.hotelroyalbangkok.com
P.85-E2	ニュー・エンパイア New Empire Hotel	TEL 0-2234-6990	572 Yaowarat Rd.	ⓈⓉ750B～	130	大型旅社。ヤオワラート通り側の部屋は騒音が激しい。
P.85-E2	チャイナタウン Chinatown Hotel	TEL 0-2225-0205	526 Yaowarat Rd.	ⓈⓉ1146B～	75	70年以上の歴史がある。 URL www.chinatownhotel.co.th
P.85-E2	バーン2459 Baan 2459	TEL 08-2393-2359	98 Phat Sai Rd.	ⓈⓉ3800B～	4	1916年（仏暦2459年）に建てられた洋館。併設のカフェ（→P.204）が人気。 FB baan2459

バンコクプチ情報　ある程度長めの期間滞在する場合、困るのは洗濯物。ホテルのランドリーは割高なので、ホテルの近くにランドリーショップがあれば利用しよう。1Kg100Bなどと目方で計算するところもある。

チャオプラヤー川沿い

地図	ホテル名	電話	住所	料金	室数	設備、コメント
P.85-E2	リバー・ビュー・レジデンス River View Residence	TEL 0-2234-5429	768 Soi Panurangsri, Songwat Rd.	ⓈⓉ1050B～	40	2019年に改称、改装されてきれいに。最上階はレストラン。 URL www.riverviewbkk.com

サヤーム・スクエア、プラトゥーナーム周辺

サヤーム・スクエア周辺

地図	ホテル名	電話	住所	料金	室数	設備、コメント
P.90-A1	サムラン・プレイス Samran Place Hotel	TEL 0-2611-1245	302 Phetchburi Rd.	ⓈⓉ2777B～	78	スタンダードの部屋は25㎡と狭い。改装されてきれいになった。 URL www.samran.com

パヤー・タイ通り周辺

地図	ホテル名	電話	住所	料金	室数	設備、コメント
P.80-C3	フロリダ Florida Hotel	TEL 0-2247-0990	43 Phaya Thai Square, Ratchathewi	ⓈⓉ1100B～	107	質実剛健。安宿は苦手だけど華美な場所も嫌いな人に。プールもある。コーヒーショップがいい雰囲気。
P.90-A2	エーシア Asia Hotel	TEL 0-2217-0808	296 Phaya Thai Rd.	ⓈⓉ1308B～	598	外観は改装されてモダン。2023年11月現在ロビー改装中。 URL www.asiahotel.co.th/asia_bangkok/
P.90-B1	トーマス・バンコク Hotel Thomas Bangkok	TEL 0-2252-5999	57 Soi Kolot, Phayathai Rd.	ⓈⓉ3200B～	74	エアポートレイルリンクのパヤー・タイ駅が目の前 URL www.hotelthomasbangkok.com
P.90-B1	アナーチャーク・バンコク Anajak Bangkok	TEL 0-2252-8899	65/5 Phayathai Rd.	ⓈⓉ2275B～	40	通りから少し入るので静か。 URL www.anajakbangkok.com
P.90-A1～B1	イースティン・グランド・ホテル・パヤータイ Eastin Grand Hotel Phayathai	TEL 0-2483-2899	18 Phayathai Rd.	ⓈⓉ5015B～	494	界隈随一の高級ホテル登場。 URL www.eastinhotelsresidences.com
P.80-C1	スコソン・ホテル・バンコク The Sukosol Bangkok	TEL 0-2247-0123	477 Sri Ayutthaya Rd.	ⓈⓉ3512B～	500	タイの名門ホテル。館内のレストランも評価が高い。 URL www.thesukosol.com

ラーチャプラーロップ通り周辺

地図	ホテル名	電話	住所	料金	室数	設備、コメント
P.81-D3	シーズンズ・サヤーム Seasons Siam Hotel	TEL 0-2209-3888	97 Ratchaprarop Rd.	ⓈⓉ1207B～	177	シンプルモダンで居心地のいい客室。 URL www.seasonssiamhotel.com
P.91-D3	バンコク・シティー・イン Bangkok City Inn	TEL 0-2253-5373	43/5 Ratchadamri Rd.	ⓈⓉ1163B～	98	とにかく安く泊まってショッピングを楽しみたい人に。 URL www.bangkokcityinnhotel.com
P.91-D2	バークレイ The Berkeley Hotel Pratunam	TEL 0-2309-9999	559 Ratchaprarop Rd.	ⓈⓉ2506B～	788	プラトゥーナームに近く買い物に便利。 URL www.berkeleypratunam.com

ペッブリー通り周辺

地図	ホテル名	電話	住所	料金	室数	設備、コメント
P.90-C1	バイヨック・ブティック Baiyoke Boutique Hotel	TEL 0-2251-8255	120/359 Ratchaprarop Rd.	ⓈⓉ1033B～	216	下町のさらに裏町。客室はポップな内装。 URL www.baiyokehotel.com
P.90-C2	グランド・ダイヤモンド・スイート Grand Diamond Suites Hotel	TEL 0-2656-6888	888 Phetchburi Rd.	ⓈⓉ2400B～	176	プラトゥーナームの高層ホテル。全室スイートで60㎡以上ある。 URL www.granddiamondsuites.com
P.90-C1	グランド・ウォーターゲート Grand Watergate Hotel	TEL 0-2255-4242	49/29 Soi 15, Phetchburi Rd.	ⓈⓉ1200B～	79	プラトゥーナームの奥で周囲は衣料品問屋街。清潔感のある客室。 URL www.grandwatergatehotel.com
P.90-C1	ホワイト・パレス White Palace	TEL 0-2255-2701	40 Soi Somprasong 3B (Soi Phetchburi 15), Phetchburi Rd.	ⓈⓉ1688B～	93	プラティナム・ファッションモールまで徒歩5分。プールあり。
P.90-C1	グランド・アルパイン Grand Alpine Hotel	TEL 0-2255-4132	88/10-14 Soi 19 (Soi Juldis), Phetchburi Rd.	ⓈⓉ1469B～	95	ビジネスホテル風のミニホテル。 URL www.grandalpinehotels.com

バンコク プチ情報 1960年代に開業した古いホテル内のレストランは「コーヒーショップ」と呼ばれ、おいしいタイ風洋食を出すところが多い。例えばフロリダ・ホテル（→P.290）の「タンパ」。

地図	ホテル名	電話	住所	料金	室数	設備、コメント
P.90-C2	テン・スターズ・イン Ten Stars Inn	TEL 0-2653-4979	44/1-2 Soi 17, Phetchburi Rd.	ⓈⓉ920B～	100	ペップリー通り周辺、プラティナム・ファッションモールまで徒歩3分。 URL www.tenstarshotel.com
P.90-C2	バイヨック・スイート Baiyoke Suite Hotel	TEL 0-2255-7755	130 Ratchaprarop Rd.	ⓈⓉ1224B～	255	バンコク最初の高層ホテル。縦にグラデーションの外観が目印。全室スイート。 URL www.baiyokehotel.com
P.90-C1	4M プラトゥーナーム 4M Pratunam Hotel	TEL 0-2251-5545	45, 6-7 Phetchburi Rd.	ⓈⓉ1100B～	25	ビル前面の非常階段がニューヨーク風。
P.90-C1	ターラー・ウィッシュ Tara Wish Hotel	TEL 0-2090-2496	45 Soi 13, Phetchburi Rd.	ⓈⓉ2200B	100	プラトゥーナームのホテル密集エリアにある1軒。 URL www.tarawishhotel.com
P.90-B1～C1	トップ・ハイ・エアポート・リンク・ホテル Top High Airport Link Hotel	TEL 0-2253-4397	33 Soi 11, Phetchburi Rd.	ⓈⓉ1158D～	84	屋上に小さいながらプールあり。 FB Top High Airport Link Hotel Pratunam

チャルーン・クルン通り周辺、シーロム通り周辺

チャルーン・クルン通り（ニュー・ロード）周辺

地図	ホテル名	電話	住所	料金	室数	設備、コメント
P.85-F5	ボソテル Bossotel Bangkok	TEL 0-2630-6120	55/8-14 Soi 42/1, Charoen Krung Rd.	ⓈⓉ1359B～	81	感じのいい応対。タイ式マッサージ、小さめのプールあり。 URL www.bossotelinn.com
P.76-B5	ラマダ・プラザ・バイ・ウインダム・バンコク・メナム・リバーサイド Ramada Plaza by Wyndham Bangkok Menam Riverside	TEL 0-2688-1000	2074 Charoen Krung Rd.	ⓈⓉ4900B～	504	川沿いの大型ホテル。テラスレストランが人気。 URL www.wyndhamhotels.com
P.76-A5	アヴァニ・リバーサイド・バンコク Avani Riverside Bangkok Hotel	TEL 0-2431-9100	257 Charoen Nakhon Rd.	ⓈⓉ5427B～	250	川沿いのホテル。プールからチャオプラヤー川が一望のもと。 URL www.avanihotels.com

シーロム通り周辺

地図	ホテル名	電話	住所	料金	室数	設備、コメント
P.86-B4	アイ・レジデンス・ホテル・シーロム I Residence Hotel Silom	TEL 0-2267-9700	93, Narathiwat Rachanakarin Rd.	ⓈⓉ1900B～	112	BTSチョンノンシー駅前。屋上のレストランがいい気分。 URL www.iresidencesilom.com
P.86-C4	シーロム・セリーン Silom Serene a boutique hotel	TEL 0-2636-6599	7 Soi 3, Silom Rd.	ⓈⓉ600B～	86	中庭にプール。タイ料理とステーキの人気店（オームトーン、アーノー）あり。 URL www.silom-serene.com
P.86-C4	トリニティ・シーロム Trinity Silom Hotel	TEL 0-2231-5050	150 Soi 3（Narathiwat Soi 3), Silom Rd.	ⓈⓉ1309B～	104	シーロム通りからソイ5を入って徒歩3分。 URL www.trinitysilomhotel.com
P.86-C4	バンコク・クリスチャン・ゲストハウス The Bangkok Christian Guest House	TEL 0-2233-6303	123 Soi 2, Sala Daeng Rd.	Ⓢ1000B～ Ⓣ1400B～	60	質素で清潔、安心して利用できる。1926年創業、2003年改装。 URL www.bcgh.org

スリウォン通り周辺

地図	ホテル名	電話	住所	料金	室数	設備、コメント
P.86-C3	モンティエン・バンコク Montien Hotel Surawong Bangkok	TEL 0-2233-7060	54 Suriwong Rd.	ⓈⓉ4316B～	475	スリウォン通りの老舗。コーヒーショップで高級カオ・マン・カイ提供。 URL www.montienbangkok.com
P.86-B3	ターンタワン・プレイス The Tarntawan Place Surawong Bangkok	TEL 0-2238-2620	119/5-10 Suriwong Rd.	ⓈⓉ2650B～	30	夜遊び向きの立地で日本人利用者が多い。 URL www.tarntawansurawong.com
P.86-A4	バンコク・マリオット・ホテル・ザ・スリウォン Bangkok Marriott Hotel the Surawongse	TEL 0-2088-5666	262 Suriwong Rd.	ⓈⓉ5292B～	303	32階の中国料理レストランが味と眺めで人気。 URL www.marriott.com
P.263-C1～C2	ウォール・ストリート・イン Wall Street Inn	TEL 0-2233-4144	37/20-24 Suriwong Rd.	ⓈⓉ1063B～	75	マッサージ屋が並ぶ路地の奥。タイ式マッサージあり。 URL www.wallstreetinnhotel.com
P.85-F4	ビーンズトーク・バンコク Beanstalk Bangkok	TEL 0-2079-7483	299-301 Suriwong Rd.	ⓈⓉ1485B～	57	2022年5月に改装。旧ニュー・フジ。 URL beanstalkbangkok.com

バンコクプチ情報 コーヒーショップがあるような古いホテルは、現在の繁華街に近い場所に、余裕をもった敷地に低層で建てられていたところが多く、ほとんどが再開発の波に飲まれて消えてしまった。

地図	ホテル名	電話	住所	料金	室数	設備、コメント
P.86-A3	アット・ナレー @Nares Hotel	TEL 0-2234-9970	213 Soi Phuttha Osot, Naret Rd.	ⓈⓉ1980B～	56	下町エリアの手頃なホテル。 URL www.atnares.com
P.86-B3～C3	サヤーム・ヘリテージ The Siam Heritage Hotel	TEL 0-2353-6166	115/1 Suriwong Rd.	ⓈⓉ1512B～	73	重厚でクラシックなインテリア。 URL www.thesiamheritage.com
P.86-B3	レッド・プラネット・バンコク・スラウォン Red Planet Bangkok, Surawong	TEL 0-2637-0146	178 Suriwong Rd.	ⓈⓉ1053B～	201	必要最低限の設備で低価格を実現。 URL www.redplanethotels.com

プラ・ラーム・シー（ラーマ４世）通り周辺

地図	ホテル名	電話	住所	料金	室数	設備、コメント
P.263-E2～E3	クラウンプラザ・バンコク・ルンピニーパーク Crowne Plaza Bangkok Lumpini Park	TEL 0-2632-9000	952 Rama 4 Rd.	ⓈⓉ4199B	243	タニヤ通りに直行できる裏道が出張者に好評。 URL www.ihg.com
P.86-B3	マンダリン Mandarin Hotel	TEL 0-2238-0230	662 Rama 4 Rd.	ⓈⓉ2088B～	367	1965年開業。改装してきれいに。 URL www.mandarin-bkk.com

スクムウィット通り周辺

スクムウィット通り奇数ソイ（北側）

地図	ホテル名	電話	住所	料金	室数	設備、コメント
P.91-F3	フラマエクスクルーシブ・スクムウィット FuramaXclusive Sukhumvit	TEL 0-2255-4224	27 Soi 1, Sukhumvit Rd.	ⓈⓉ1625B～	104	ソイ1の奥にある手頃なブティックホテル。 URL www.furama.com/xclusive/sukhumvit/
P.92-A1	ゼニス・スクムウィット Zenith Sukhumvit Hotel	TEL 0-2655-4999	29/117 Soi 3, Sukhumvit Rd.	ⓈⓉ2700B～	160	角張ったロボットのような外観。場所柄中近東、南アジア系の客多し。 URL www.zenith-hotel.com
P.92-A1	グレース Grace Hotel	TEL 0-2253-0666	12 Soi 3, Sukhumvit Rd. (Soi Nana Nua)	ⓈⓉ1548B～	300	アラブ人が多く、夜のホテル周辺はカオス。 URL www.gracebangkok.com
P.92-B1～B2	アンバサダー Ambassador Hotel Bangkok	TEL 0-2254-0444	171 Soi 11, Sukhumvit Rd.	ⓈⓉ1403B～	760	雑然とした大型ホテル。 URL www.ambassadorbkk.com
P.92-B1	アロフト・バンコク・スクムウィット11 Aloft Bangkok Sukhumvit 11	TEL 0-2207-7000	35 Soi 11, Sukhumvit Rd.	ⓈⓉ3234B～	298	ソイの奥にある高層ホテル。人気クラブのLevelsがある。 URL www.aloftbangkoksukhumvit11.com
P.92-B1	ホリデイ・イン・エクスプレス・バンコク・スクムウィット11 Holiday Inn Express Bangkok Sukhumvit 11	TEL 0-2119-4777	30 Soi 11, Sukhumvit Rd.	ⓈⓉ3565B	161	シンプルな客室。外を飛び回るアクティブ派向け。 URL www.ihg.com
P.92-B1	トラベロッジ・スクムウィット11 Travelodge Sukhumvit 11	TEL 0-2491-3999	30, 9-10 Soi 11, Sukhumvit Rd.	ⓈⓉ2399B～	248	ソイ11の奥にある比較的大型のホテル。屋上プール。 URL www.travelodgehotels.asia
P.92-C3	コンチネント The Continent Hotel Bangkok	TEL 0-2686-7000	413 Sukhumvit Rd.	ⓈⓉ3569B～	153	狭い敷地に立つ細長いビル。部屋数に対してエレベーターが少ないのが難。 URL www.thecontinenthotel.com/ja
P.92-C3	アソーク・スイート Asoke Suites	TEL 0-2261-1134	390/1 Sukhumvit Rd.	ⓈⓉ900B～	15	どこへ行くにも便利。窓は小さく部屋も少々狭い。
P.92-C3	ジャスミン・シティー Jasmine City Hotel	TEL 0-2204-5888	2 Soi 23, Sukhumvit Rd.	ⓈⓉ2799B～	208	交通至便なサービスアパート兼ホテル。部屋は広々。 URL www.jasminecity.com
P.92-C2	タイパン Tai-Pan Hotel	TEL 0-2260-9898	25 Soi 23, Sukhumvit Rd.	ⓈⓉ1750B～	146	MRTやBTSの駅に近く、ショッピングや観光にも便利。 URL www.taipanhotel.com
P.93-D3～D4	S31 スクムウィット S31 Sukhumvit Hotel	TEL 0-2260-1111	545 Soi 31, Sukhumvit Rd.	ⓈⓉ2931B～	122	スタイリッシュで設備が整っており、同価格帯のホテルに比べると値頃感あり。 URL s31hotel.com
P.93-D3	マーメイド・バンコク Hotel Mermaid Bangkok	TEL 0-2260-9026	6 Soi 29, Sukhumvit Rd.	ⓈⓉ1500B～	69	スクムウィット通りでも静かなソイにある。 URL www.hotelmermaidbangkok.com

バンコク プチ情報　マンダリン・オリエンタル（→P.270）のすばらしさのひとつは、チャオプラヤー川を自分たちの庭のように扱っているところ。対岸のスパへホテルの自家用船で渡る気分は何とも優雅。

地図	ホテル名	電話	住所	料金	室数	設備、コメント
P.93-E2～E3	137ピラーズ・スイーツ&レジデンシズ・バンコク 137 Pillars Suites & Residences Bangkok	TEL 0-2079-7000	59/1 Soi 39, Sukhumvit Rd.	ⓈⓉ1万890B～	179	チェンマイにある高級リゾートの支店。 URL 137pillarshotels.com/en/bangkok/
P.89-E4	ホテルJALシティ・バンコク Hotel JAL City Bangkok	TEL 0-2393-7777	22/1 Soi 55(Thong Lor), Sukhumvit Rd.	ⓈⓉ2945B～	324	ホテル・ニッコー・バンコク（→P.275）のプール利用可。 URL www.okura-nikko.com

スクムウィット通り偶数ソイ（南側）

地図	ホテル名	電話	住所	料金	室数	設備、コメント
P.87-F2	アトランタ The Atlanta Hotel	TEL 0-2252-6069	78 Soi 2, Sukhumvit Rd.	ⓈⓉ900B～	59	古きよき時代の空気がそのまま残る、バンコクホテル界の良心。 URL www.theatlantahotelbangkok.com
P.92-A2	ノボテル・バンコク・スクンビット4 Novotel Bangkok Sukhumvit 4	TEL 0-2659-2888	27 Soi 4, Sukhumvit Rd.	ⓈⓉ2821B	185	夜にぎやかなエリアの近く。下層階は別のホテル（イビス・スタイル・バンコク・スクンビット4）。
P.92-A2	ナーナー Nana Hotel	TEL 0-2255-2525	Soi Nana Tai, Sukhumvit Rd.	ⓈⓉ1490B～	334	欧米人ファミリーから夜遊び目当ての男性まで混沌とした客層。場所柄男性向き。 URL www.nanahotel.co.th
P.92-A2	ダーウィン・バンコク The Dawin Bangkok	TEL 0-2253-5555	35/1-2 Soi 4, Sukhumvit Rd.	ⓈⓉ2275B～	53	にぎやかなエリアの少し先なので周囲は静か。 URL www.thedawin.com
P.92-A3	ウォラブリー・スクムウィット Woraburi Sukhumvit Hotels & Resort	TEL 0-2656-7029	128/1 Soi 4, Sukhumvit Rd.	ⓈⓉ960B～	121	ソイ4のかなり奥。南国っぽく開放的な造りで欧米人に人気。 URL www.woraburi.com
P.92-A2～B2	オン・エイト On8	TEL 0-2254-8866	162 Sukhmvit Rd.	ⓈⓉ1513B～	40	BTSナーナー駅正面。便利で手頃。窓のない部屋あり。禁煙。 URL www.on8bangkok.com
P.92-A2	ステイブル・ロッジ Stable Lodge	TEL 0-2653-0017	39 Soi 8, Sukhumvit Rd.	ⓈⓉ2000B～	51	客室に小さいながらベランダ付き。庭にプールもあって気分よく過ごせる。 URL www.stablelodge.com
P.92-A3	ザ・プロムナード The Promenade Hotel	TEL 0-2253-4116	18 Soi 8, Sukhumvit Rd.	ⓈⓉ1240B	44	路地の奥。割安感ある値段で利用できる。
P.92-B3	レッド・プラネット・バンコク・アソーク Red Planet Bangkok Asoke	TEL 0-2653-2013	7 Soi 14, Sukhumvit Rd.	ⓈⓉ1539B～	130	BTSとMRTの駅に近く交通至便。 URL www.redplanethotels.com
P.92-C3	クローバー・アソーク Hotel Clover Asoke	TEL 0-2258-8555	9/1 Soi 16, Sukhumvit Rd.	ⓈⓉ2974B～	95	アソーク交差点そば。 URL asoke.hotelclover.com
P.92-C3～C4	ジョノ・バンコク・アソーク Jono Bangkok Asok Hotel	TEL 0-2033-2377	70 Soi 16, Sukhumvit Rd.	ⓈⓉ1443B～	65	窓なしの部屋を「よく眠れる」と発想の転換。 URL www.jonohotels.com/bangkok-asok
P.92-C4	ティー THEE Bangkok	TEL 0-2261-0407	9/1 Soi 20, Sukhumvit Rd.	ⓈⓉ3132B～	59	ホテルのあるソイは交通量が比較的多いので注意。 URL thee20.com
P.93-D4	ホリデイ・イン・バンコク・スクンビット Holiday Inn Bangkok Sukhumvit	TEL 0-2683-4888	1 Soi 22, Sukhumvit Rd.	ⓈⓉ3565B～	300	大型ホテルながら団体ツアーの利用が少なく、個人客には居心地がいい。 URL www.ihg.com
P.93-D5	ハイアット・プレイス・バンコク・スクンビット Hyatt Place Bangkok Sukhumvit	TEL 0-2055-1234	22/5 Soi 24, Sukhumvit Rd.	ⓈⓉ3315B～	222	ハイアットグループの手頃なホテル。最上階はルーフトップ・バーのエア・バー（→P.257）。 URL www.hyatt.com
P.88-C4	フォーウイングス・ホテル・バンコク The Fourwings Hotel Bangkok	TEL 0-2260-2100	40 Soi 26, Sukhumvit Rd.	ⓈⓉ2000B	312	窓が大きく明るい客室。古いホテルながらしっかりメンテされている。 URL www.fourwingshotel.com

ラチャダーピセーク通り周辺

ラチャダーピセーク通り周辺

地図	ホテル名	電話	住所	料金	室数	設備、コメント
P.82-B3	グランド・フォーチューン・バンコク Grand Fortune Hotel Bangkok	TEL 0-2641-1500	1 Fortune Town Bldg., Ratchadaphisek Rd. Din Daeng	ⓈⓉ3177B～	402	巨大なショッピングセンターと隣接。 URL www.grandfortunebangkok.com

バンコクプチ情報 ホテル前の路上で待機しているタクシーやトゥクトゥクは、メーターを使わなかったり、しつこくツアーや夜の店に誘ったりと、質が悪いことが多い。流しをひろうか配車アプリを利用しよう。

地図	ホテル名	電話	住所	料金	室数	設備、コメント
P.77-E1	エメラルド The Emerald Hotel Bangkok	TEL 0-2276-4567	99/1 Ratchadaphisek Rd.	ⓈⓉ1890B～	606	日本料理店などレストランが3軒。周辺は夜にぎやか。タイ人の呼び方は「エメロン」。 URL www.emeraldhotel.com
P.77-E1	バンコク・チャダ Bangkok Cha-Da Hotel	TEL 0-2290-0170	188 Ratchadaphisek Rd.	ⓈⓉ3000B～	215	便利な立地で手頃な料金。レストランも充実。
P.77-E1	パラッツォ The Palazzo Bangkok	TEL 0-2276-4995	111 Soi Niam-Utit, Ratchadaphisek Rd.	ⓈⓉ1100B～	264	スタッフは感じがいい。ネット予約で約半額になることも。 URL www.palazzobangkok.com

ラーマ 9 世通り周辺

地図	ホテル名	電話	住所	料金	室数	設備、コメント
P.82-B3	セントリック・プレイス The Centric Place	TEL 0-2246-0909	502/29 Soi Yucharoen, Asok-Dindaeng Rd.	ⓈⓉ1283B～	126	こぎれいなサービスアパート兼ホテル。ツアー向きの立地。

ペッブリー・タットマイ通り周辺

地図	ホテル名	電話	住所	料金	室数	設備、コメント
P.83-F5	エーワン・バンコク A-One Bangkok Hotel	TEL 0-2718-1030	9 Soonwichai 4, New Phetchburi Rd.	ⓈⓉ1322B	218	ブティックホテル風。 URL www.a-onehotel.com
P.82-B4	FXホテル・メトロリンク・マッカサン FX Hotel Metrolink Makkasan	TEL 0-2652-9000	57 Asoke-Dindaeng Rd.	ⓈⓉ1720B～	90	エアポートレイルリンクのマッカサン駅から徒歩すぐ。 URL www.furama.com/metrolink
P.82-C5	グランド・メルキュール・バンコク・アトリウム Grand Mercure Bangkok Atrium	TEL 0-2718-2000	1880 New Phetchburi Rd.	ⓈⓉ2432B～	568	リブランドされてやや高級化。 URL all.accor.com

パホンヨーティン通り周辺

プラディパット通り周辺

地図	ホテル名	電話	住所	料金	室数	設備、コメント
折込表-D2	エリザベス Elizabeth Hotel	TEL 0-2271-4188	169/51 Pradiphat Rd.	ⓈⓉ1000B～	275	17階建てと、この界隈では最も高層。旅慣れた人には手頃。屋上にプール。 URL www.elizabethhotelthailand.com
折込表-D2	ミドー Mido Hotel	TEL 0-2279-4561	222 Pradiphat Rd.	ⓈⓉ3000B～（ラックレート）	230	1970年代的古さと重厚感のある典型的中級ホテル。 URL www.midohotelbkk.com
P.77-D1	クラフツマン・バンコク Craftsman Banbkok	TEL 0-2279-7299	34-36 Soi 11, Phahonyothin Rd.	ⓈⓉ3060B～	70	モダンなインテリアで快適。バーとスパ併設。 URL www.craftsmanbangkok.com

スティサーン通り周辺

地図	ホテル名	電話	住所	料金	室数	設備、コメント
P.77-D1	スダー・パレス The Suda Palace	TEL 0-2270-0585	24 Suthisarn 1 Rd.	ⓈⓉ900B	196	タイ人の歓楽街スティサーン通りにある、普通の旅行者用ホテル。 URL www.sudapalace.net

そのほかのエリア

ドーン・ムアン国際空港周辺

地図	ホテル名	電話	住所	料金	室数	設備、コメント
折込裏-C2	ラマ・ガーデンズ Rama Gardens	TEL 0-2558-7888	9/9 Wiphawadi Rangsit Rd. Bang Kaen	ⓈⓉ1000B～	512	緑豊かなシティリゾートホテル。広々とした庭園。部屋は普通。 URL ramagardenshotel.com/jp
折込裏-D1	アマリ・ドーン・ムアン・エアポート・バンコク Amari Don Muang Airport Bangkok	TEL 0-2566-1020	333 Chert Wudthakas Rd.	ⓈⓉ1989B～	429	ドーン・ムアン国際空港前。設備に比べ割安感ある料金。 URL jp.amari.com/donmuang

バンコク プチ情報　中級以下のホテルで空港までのリムジンを依頼すると、フロントマンやドアマンにコミッションを払っているメータータクシーが来ることがある。メーターは使わない。

ホステル

Hotel

著しく増加中のホステルは、ドミトリー（大部屋）主体の手頃な宿。カオサン通りの安ゲストハウスなら個室が取れるような料金のところもあるが、新しいぶん清潔で管理もしっかりしている。ベッドもしくは個人スペースにカーテンなどの仕切りが用意されて、プライバシーも守られるようになっているところもある。エリアを問わず次々に開業しているので、いろいろ探してみるのも楽しいかも。

チューン・ブティック・ホステル　Chern Boutique Hostel

チャイナタウン周辺
MAP P.79-D4

下町の大型ホステル

仏像や仏具、お供えなどを扱う店が並ぶバムルン・ムアン通りから路地を入った所にある、団地のような角型の建物。ドミトリーのベッドには壁があり、ある程度のプライバシーも確保。各ベッドにコンセントと読書灯もある。パブリックスペースが広めで、ゆったりくつろげる。場所柄下町歩きの拠点に最適。

住 17 Soi Ratchasak, Bamrung Muang Rd.
TEL 0-2621-1133
URL www.chernbangkok.com
料 AC ⓈⓉ2500B　4人部屋1室2100B
CC JMV
室 48室＋ドミトリー
行き方 MRTブルーラインのBL30サームヨート駅1番出口から徒歩10分

プリンティング・ハウス・ポシュテル　The Printing House Poshtel

チャイナタウン周辺
MAP P.78-C4

古い通りと運河に面したホステル

モノトーンのスタイリッシュな個室と、ウッディであたたかみのある内装のドミトリーがあるホステル。ドミは3階と4階で、うち2室は女性専用。4階のドミには小さいながらテラスもあり、下町の風景を眺めながらのんびりできる。建物前のディンソー通り周辺は古くからの食堂が多く、食べ歩きが楽しめる。

住 140 Dinso Rd.
TEL 09-4934-4848
URL printinghouseposhtelbkk.com
料 AC Ⓓ681B～　ⓈⓉ1939B～　CC JMV
室 11室＋ドミトリー4室
行き方 MRTブルーラインのBL30サームヨート駅3番出口から徒歩12分

ベッド・ステーション・ホステル　Bed Station Hostel

サヤーム・スクエア周辺
MAP P.90-A2

モノトーンのインテリアがおしゃれ

ホステルが数軒ある路地の中。個室はダブルベッドサイズのマット。ドミトリーは4人から8人部屋まであり、すべて2段ベッド。床と壁はコンクリート打ちっぱなし、ベッドはブラック＆ブラウンでおしゃれ。料金に込みの朝食は6:30から食べられる。近くには夜になると屋台が出る。

住 486/149-150 Soi 16, Petchaburi Rd.
TEL 0-2019-5477
URL www.bedstationhostel.com
料 AC Ⓓ450B～　ⓈⓉ1350B～（朝食付き）　CC JMV
室 14室　行き方 BTSスクムウィットラインのN1ラーチャテーウィー駅3番出口から徒歩すぐ

アマ・ホステル　Ama Hostel

チャイナタウン周辺
MAP P.85-D1

タイの中の小さな中国

チャイナタウンの外れ、パーフラット脇を流れる運河沿いの通りから細い路地を入った先にある、古い中国風の民家を改装したレトロチャイナ風ホステル。回廊付きの中庭、円形に通路が切られた壁など、趣たっぷりでまるで映画の中にいるかのよう。レストランは最上階。ドミトリー主体で個室以外は2段ベッド。

住 191 Soi Saphan Hun, Chakkrawat Rd.
TEL 0-2221-0463
URL www.amahostel.com
料 AC Ⓓ490B～　ⓈⓉ1500B～
CC AMV　室 14室
行き方 MRTブルーラインのBL30サームヨート駅1番出口から徒歩7分

バンコク プチ情報　暗証番号式のセーフティボックスで番号ボタンの表面にオイルを塗り、オイルのカスレ具合から番号を推定する金庫破りが一時期横行した。あやしいと思ったらティッシュでひと拭き。

クリック・ホステル Click Hostel

プロムポン駅周辺
MAP P.93-D3

スクムウィットのプチホステル

通りから少し入った路地の中にある、こぢんまりしたホステル。女性専用のドミトリーも1室ある。エムクオーティエやエンポリアムのあるBTSプロムポン駅まで徒歩すぐで便利。スクムウィット通りのソイ33はカラオケバーなど夜の店が多く、夜もある程度の人どおりがあるので、ある意味安心。

住 12/12 Soi 33, Sukhumvit Rd.
TEL 08-2540-5590
料 AC Ⓓ800B～ ⓈⓉ1400B～
CC MV
室 9室
行き方 BTSスクムウィットラインのE5プロムポン駅1番出口から徒歩6分

ラック・ホステル Luk Hostel

チャイナタウン周辺
MAP P.85-E2

チャイナタウンのど真ん中

チャイナタウンのなかでも特に人どおりが多く、常に混雑しているサムペーン・レーン(ソイ・ワニット1)にあるモダンなデザインホステル。24ベッドの大きなドミトリーは、旅人の輪を広げたい人に最適。最上階に屋根が一部ガラス張りのアトリウムのようなカフェ＆バーがあり、明るくて居心地がいい。

住 382, 384-386 Soi Wanit 1
TEL 09-2280-3385
URL www.hostelworld.com
料 AC Ⓓ470B～ ⓈⓉ1000B～
CC MV
室 19室
行き方 MRTブルーラインのBL29ワット・マンコーン駅1番出口から徒歩5分

サービスアパートメント

Hotel

フロントがあり、客室にはキッチンや家具が整い、部屋の掃除やベッドメイクなどのハウスキーピングも行われる、ホテルのようなサービスが受けられるアパートメントがサービスアパートメント。館内にはたいてレストランやミニマートがあり、簡単な食事や日用雑貨の購入は館内で済ませられる。客室もホテルより広め。本来は長期滞在者向けの施設だが、短期利用が可能なところも多い。

アデルフィ・スイート Adelphi Suites

ナーナー駅周辺
MAP P.92-A2

広々とした客室が快適

スクムウィット通りのソイ8は、町の中心に近いのに静かな環境が守られている穴場的エリア。その中ほどにある手頃なサービスアパートメント。最小の部屋でも36m²と余裕のある造りになっている。1階の「モンスーン・カフェ」はラテンなノリのグリルレストラン。コンビニも近く便利。

住 6 Soi 8, Sukhumvit Rd.
TEL 0-2617-5100
URL www.adelphihospitality.com
料 AC ⓈⓉ2748B～
CC ADJMV
室 93室
行き方 BTSスクムウィットラインのE3ナーナー駅4番出口から徒歩3分

エンポリアムスイート・バイ・チャトリウム Emporium Suites by Chatrium

プロムポン駅周辺
MAP P.93-D4～E5

デパートの奥にある高層ビル

在住日本人の多いエリアにある高級デパートのエンポリアム(→P.228)に併設された、大型サービスアパート。部屋のカテゴリーが多く、2ベッドルームや3ベッドルームのスイートは家族での滞在にも便利。窓からの眺めもいい。フィットネスセンターにはサウナもある。日本人の利用も多い。

住 622 Soi 24, Sukhumvit Rd.
TEL 0-2664-9999
URL www.chatrium.com
料 AC ⓈⓉ3823B～
CC ADJMV
室 378室
行き方 BTSスクムウィットラインのE5プロムポン駅連絡通路から徒歩すぐ

バンコクの安宿街

Hotel

バンコクには、ゲストハウスや安宿が集まったエリアが6ヵ所ある。それぞれに特徴があるので、自分の好みに合わせて選ぼう。

手頃な中級宿が多い

国立競技場周辺 MAP P.80-B5～C5、P.298

ソイ・カセームサン・ヌンという路地に集まっている。平均的な料金は500～1200B。女性でも安心して泊まれる1000B前後のゲストハウスが多いのが特徴。BTSナショナル・スタジアム駅至近で交通の便もいい。ショッピングエリアも近くて何かと便利。

比較的静かな安宿街

ワット・チャナ・ソンクラーム周辺 MAP P.94

カオサン通りの衛星的安宿街だったが、カオサン通りがタイの若者も集まるにぎやかな盛り場になってしまい、夜も騒がしくなるなどの環境悪化により、旅行者はこちらへシフト中。大型で快適なゲストハウス主体で、料金はカオサン通りより若干高く、最低300～400B。

ご存じバックパッカーの聖地

カオサン通り周辺 MAP P.95

バックパッカーの聖地として世界に知られるアジア最大の安宿通り。トイレ、シャワー共同の宿がほとんどで、料金はファン付きシングル300B程度から。再開発が進み騒音が激しいなど環境も悪化したため、安宿は減少中。

下町に紛れた安宿街

国立図書館周辺 MAP P.78-C1～79-E1、P.301

学校や寺、市場が集まった住宅街にゲストハウスが点在。バンコクの下町住民気分を味わえる。料金はやや高めで最低400B程度。

新たな安宿街となるか

オンヌット周辺 MAP 折込表-G6、P.302

BTSスクムウィットラインのオンヌット駅周辺は、交通が便利なわりにまだ下町の雰囲気が残っており、住宅街の中にある物件を改装した手頃なゲストハウスが次々にオープンしている。

場末の雰囲気が好きな人に

チャイナタウン MAP P.85-E1～F2

1970～1990年代に放浪型日本人旅行者が肩寄せ合って暮らしていたエリア。「旅社」と呼ばれる安宿が多く、そのほとんどがトイレ、シャワー付きで、料金は300B前後。泊まるなら旅社以外の中級ホテルがおすすめ。

安宿利用者への注意

お金を節約するリスク

旅費を節約する最高の手段は宿泊費の軽減。食費は削っても限度があるし、買い物もしたい。そこで節約派の旅行者は一路安宿を目指し、重い荷物を背負って歩くことになる。しかし、チェックインする前に一度考えてみてほしい。部屋代が安いというだけで安易に安宿エリアに足を運んではいないだろうか。宿を選ぶ前に、「部屋代が安いのはいったい何を省略しているのか」ということを、考えてみたことがあるだろうか。部屋代の安さにばかり目を奪われている人たちは、大切な事実を忘れている。バンコクにある安宿の多くは、安全性を省略しているのだ。

例えば、タイの建築物の多くは建築法や消防法を無視して建てられている。ゲストハウスなどは一般に民家や雑居ビルを改造したものが多く、万一の際の避難口などはまず確保されていない。こんな宿で火災などが起こったらどうなるだろうか？　また、安宿のほとんどは泥棒よけのため窓にははめ殺しの格子を入れているが、内部の人間が泥棒だったらどうするのか？　身元の知れない人間を働かせている宿では、もしものとき、いったい誰に、どうやって責任を追及すればいいのだろうか？

安宿に宿泊した場合、そこで実際に何が起こっても、客は宿に対して責任の追及は一切できない。盗難に遭おうが押し込み強盗に遭おうが火災に巻き込まれようが、それらはすべて宿泊客の責任。そんな無責任さがあるからこそ料金が安いのだ。

自己責任をキモに銘じて

日本大使館の話によれば、トラブルをかかえて日本大使館に駆け込んでくる日本人の半数以上が、カオサン通り、チャイナタウンなどの安宿エリアに宿泊している旅行者で占められているという。それだけ多くの旅行者がこのエリアに集まっているという証明にもなるのだろうが、それにしても少ない数ではない。

もちろんトラブルのすべてが宿がらみのものではなく、そのほとんどは旅行者の自覚のなさと不注意に原因がある。さらには値段が高ければ100%安全と言い切れるものでもなく、逆に安くてもセキュリティだけは徹底している宿もある。しかし安宿に泊まると決めた時点で、その人はある程度のリスクを背負っているという事実を忘れないようにしよう。

（協力：日本大使館領事部）

バンコクプチ情報　ネットがない時代は宿探しに便利な安宿街の存在意義もあったが、誰もがネットで宿を探して予約するようになり、安宿も町中に拡散。思わぬ場所にこぎれいなホステルが誕生中。

国立競技場周辺のホテル、ゲストハウス

ホテル

メルキュール・バンコク・サヤーム
Mercure Bangkok Siam MAP P.298-A2
住 927 Rama 1 Rd. TEL 0-2874-7222
FAX 0-2659-2889 URL www.accorhotels.com 料 AC ⓈⓉ2571B～
CC ADJMV 室 189室 WiFi

場所柄ショッピングや観光に最適の立地。ビルの上層階がメルキュールで、下層階は同じグループの廉価ブランドになるイビス。同じビルに2軒のホテルが入っている。

イビス・バンコク・サヤーム
ibis Bangkok Siam Hotel MAP P.298-A2
住 927 Rama 1 Rd. TEL 0-2659-2888
FAX 0-2659-2889 URL www.accorhotels.com 料 AC ⓈⓉ1836B～
CC ADJMV 室 189室 WiFi

上のメルキュールと同じビル。1階の向かって右側、セブン-イレブンの奥がこちらのホテルのレセプション。ペット同伴可。

ムアンポン・マンション
Muangphol Mansion MAP P.298-B2
住 931/9 Soi Kasem San 1, Rama 1 Rd.
TEL 0-2219-4445 FAX 0-2216-8053
URL www.muangpholmansion.com
料 AC ⓈⓉ980B～(朝食別)
CC JMV(+3%チャージ)
室 83室 WiFi

テレビ、エアコン、冷蔵庫、ホットシャワー、バスタブ付きでウイークリーの割引もある。

プラニー
Pranee MAP P.298-A2～B2
住 931/12 Soi Kasem San 1, Rama 1 Rd.
TEL 0-2216-3181 FAX 0-2215-0364
料 AC ⓈⓉ500B～(朝食別)
CC なし 室 50室

大通り側は食堂になっており、出入口はソイの中。エアコンとホットシャワー付き。寝るだけなら。

リーノー
Reno Hotel MAP P.298-A2～B2
住 40 Soi Kasem San 1, Rama 1 Rd.
TEL 0-2215-0026～7 FAX 0-2215-3430
URL www.renohotel.co.th
料 AC ⓈⓉ1490B～(朝食別)
CC JMV 室 58室 WiFi

フロントの奥にはプールもあり、部屋も清潔。エアコン、ホットシャワー付き。長期滞在割引あり。2018年に客室もリノベーション。

クリッタイ・レジデンス
Krit Thai Residence MAP P.298-A2
住 931/1 Rama 1 Rd. TEL 0-2219-4100
FAX 0-2612-4795 URL www.kritthai.com 料 AC ⓈⓉ3300B～(朝食別)
CC MV 室 53室 WiFi

管理のしっかりしたホテル。2017年にフルリノベーション。

ゲストハウス

ラブディー・バンコク・サヤーム
Lub d Bangkok Siam
MAP P.298-A2
住 925/9 Rama 1 Rd.
TEL 0-2612-4999
URL www.lubd.com 料 Ⓓ(4人部屋)1人413B Ⓣ1033B～(共同シャワー、トイレ)、週末(金～日曜)は50Bアップ CC MV 室 50室 WiFi

1階は女性専用フロア。館内Wi-Fi無料。荷物預かりは2ヵ月まで無料。夜は入口前のテラスがオープンエアのバーになる。

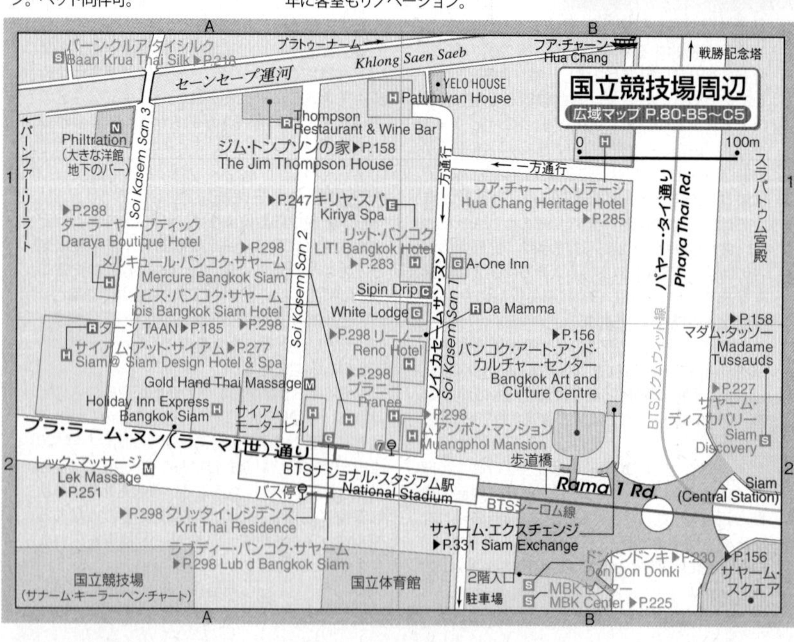

料金の表記について：Ⓕファンのみ、ACエアコン付き、Ⓓドミトリー、Ⓢシングル、Ⓣツイン。注記がなければトイレ、シャワーもしくはバス付き。ホテルは注記がなければ朝食付き、ゲストハウスは注記がなければ朝食別。

ワット・チャナ・ソンクラーム、カオサン通り周辺のホテル、ゲストハウス

ワット・チャナ・ソンクラーム周辺のホテル

落ち着いて滞在できるエリア

ワイルド・オーキッド・ヴィラ
Wild Orchid Villa　MAP P.94-B2〜B3
住 8 Soi Chana Songkhram
TEL 08-9684-5550
URL www.villachacha.com/wildorchidvilla/home/
料 AC Ⓢ Ⓣ 2194B〜
CC M V　室 59室　Wi-Fi

プラ・アーティット通りからワット・チャナ・ソンクラームへ向かう路地にある。小さいながら変形プールとプールサイドのバーもあり、リゾート気分で過ごせる。入口はレストランで、ブルーグリーンのタイル張りが美しい。

カオサン・アート・ホテル
Khaosan Art Hotel　MAP P.94-B2
住 76 Phra Arthit Rd.
TEL 0-2280-3301
URL www.khaosanarthotel.com
料 AC Ⓢ 465B〜　Ⓣ 1350B〜　トリプル2100B〜
CC J M V　室 104室　Wi-Fi

プラ・アーティット通り側と、プラ・アーティット通りとワット・チャナ・ソンクラームを結ぶ路地の2ヵ所に出入口があり、路地側はレストランになっている。安いシングルの部屋はシャワー、トイレ共同。特にシングルの部屋はかなり狭い。名称はホテルながら、実質ゲストハウス。旧称ハピオ・プレイス Happio Place。

ワット・チャナ・ソンクラーム周辺のゲストハウス

ラムブトリ・ヴィレッジ・イン&プラザ
Rambuttri Village Inn & Plaza
MAP P.95-D2〜D3
住 95 Rambutri Rd.　TEL 0-2282-9162
URL www.rambuttrivillage.com
料 AC Ⓢ Ⓣ 850〜1500B　トリプル1600B　CC なし　室 100室　Wi-Fi

レストランやプールなどホテル並みの設備が揃っており客室は広くて清潔、人気も高い。

ビービー・ハウス・ラムブトリ
BB House Rambutri　MAP P.94-B4
住 45 Soi Rambutri　TEL 0-2282-0953
URL www.bestbedhouse.com
料 AC Ⓢ Ⓣ 580〜680B　CC なし
室 35室　Wi-Fi

清潔な客室にテレビ付き。入口脇に併設されたカフェは、旅行者の情報交換の場になっている。

マンゴー・ラグーン・プレイス
Mango Lagoon Place　MAP P.94-B3
住 30 Rambutri Rd.　TEL 0-2281-4783
URL mangolagoonplace.business.site
料 AC Ⓢ Ⓣ 1000〜1400B　CC J M V　室 40室　Wi-Fi

2017年にリノベーションして再オープン。清潔感があり落ち着いた雰囲気。プールあり。プールのビジター利用は150B。

ニュー・サヤーム・リバーサイド
New Siam River Side　MAP P.94-B2〜B3
住 21 Phra Arthit Rd.
TEL 0-2629-3535
URL www.newsiam.net
料 AC Ⓢ Ⓣ 1350B〜
CC J M V　室 114室　プール Wi-Fi

プラ・アーティット通り沿いの大型ゲストハウス。客室の造りやベッドはホテル並み。チャオプラヤー川に面したプールが気分よし。リバービューの客室は料金が高くなる。

ビービー・ハウス・ラムブトリII
BB House Rambutri II　MAP P.94-B3
住 28/1 Rambutri
TEL 0-2281-4777
URL www.bestbedhouse.com
料 AC Ⓢ Ⓣ 680B
CC なし　室 68室　Wi-Fi

ワット・チャナ・ソンクラーム周辺でも静かなエリアにある、まだ比較的新しい大型ゲストハウス。ゲストハウスにしては客室が広めで明るいのがいい。

ニュー・サヤームII
New Siam II Guest House　MAP P.94-B3
住 50 Trok Rong Mai, Phra Arthit Rd.
TEL 0-2629-0101　FAX 0-2629-0303
URL www.newsiam.net
料 F Ⓢ Ⓣ 740B　AC Ⓢ Ⓣ 840B　トリプル1320B　CC M V
室 178室　Wi-Fi

奥まった場所で静か。プールもあってのんびり過ごせる。

居心地のいいゲストハウスが多い

カオサン通り周辺のホテル

ヴィラ・デ・カオサン
Villa de Khaosan　MAP P.94-C5
住 20 Chakraphong Rd.
TEL 0-2281-4455　FAX 0-2281-4452
URL www.villadekhaosan.com
料 AC Ⓢ Ⓣ 2625B〜
CC A J M V　室 34室　Wi-Fi

カオサン通りから王宮方面に向かう通りに面したプチホテル。まだ比較的新しく、館内はどこもピカピカ。屋上に小さなプールあり。周辺に多い新しめのホテルのなかでは、比較的手頃に利用できる。インテリアは1960年代をイメージ。

バディ・ロッジ
Buddy Lodge Hotel　MAP P.95-E4〜E5
住 265 Khao San Rd.
TEL 0-2629-4477　FAX 0-2629-4744
URL www.buddylodge.com
料 AC Ⓢ Ⓣ 1427B〜
CC A J M V　室 76室　Wi-Fi

カオサン通りイコール安宿街というイメージを払拭した、明るい雰囲気のホテル。建物内にはタイ雑貨やリゾート風衣料品を扱うショッピングアーケードや、マクドナルドなどのレストランを備えている。客室もきれいで落ち着けるが、料金は中級ホテル並み。1階はレストランやパブなどの飲食店街。夜は周辺に屋台も多数並ぶ。

ダン・ダーム
Dang Derm Hotel　MAP P.95-D4
住 1 Khao San Rd.
TEL 0-2629-4449
FAX 0-2629-2049
料 AC Ⓢ Ⓣ 1050B〜
CC M V　室 144室　プール Wi-Fi

ショップハウスのあったエリアを再開発、6階建てとカオサン通り随一の大きな建物を利用した手頃なホテル。客室の内装はタイの民家をイメージしたウッディな造りで、ベッドではなく床にマットが置いてあるのもタイ風。全室テレビ、冷蔵庫、DVDプレーヤー、セーフティボックス完備と中級ホテル並みの設備が揃う。ケーブルでのネット接続も可。屋上にはプールがある。

タイ・コージー・ハウス
Thai Cozy House MAP P.95-E3

住 111/1-3 Thani Rd.
TEL 08-6974-3731
FB ThaiCozyHouseKhaosan
料 AC ⓈⓉ800B～
CC JMV
室 42室 WiFi

露店が並ぶエリアにある手頃なホテル。建物は古いが部屋にはテレビと冷蔵庫あり。スパ、サウナもある。館内Wi-Fi無料だが上層階は入りが悪い。スマホなどでバリバリインターネットを利用するなら、低い階の部屋にしてもらおう。

スリープ・ウィズイン
Sleep Withinn MAP P.95-D3～D4

住 76 Rambutri Rd.
TEL 0-2280-3070
FAX 0-2280-3071
URL www.sleepwithinn.com
料 AC ⓈⓉ1013B～(朝食別)
CC JMV 室 60室 WiFi

カオサン通りの1本北、ラムブトリ通りにある。屋上にあるプールが気分よし。周囲は飲食店が多く夜遅くまでにぎやかなので、夜遊び派向け。ほとんどの部屋はダブルベッド。全室テレビ、冷蔵庫、セーフティボックス設置。

カオサン・パレス・ホテル
Khaosan Palace Hotel MAP P.95-D4～E4

住 139 Khao San Rd.
TEL 0-2282-0578
FAX 0-2629-4422
URL www.khaosanpalace.com
料 AC ⓈⓉ1238B～
CC JMV 室 152室 WiFi

入口は通りから少し入った所にある。周囲は常に騒がしいので、カオサン界隈の喧騒が気にならない人向け。全室ホットシャワーとテレビ付き。屋上にプールあり。

カオサン・パーク・リゾート
Khaosan Park Resort MAP P.95-E5

住 202 Khao San Rd.
TEL 0-2281-5954
FB Khaosan Park
料 AC ⓈⓉ750B～
CC JMV 室 47室 WiFi

カオサン通りに面したショップの間を抜けた所にレセプションがある。客室は狭めながら清潔に保たれている。

ゲストハウスは裏通りに多い

カオサン通り周辺のゲストハウス

ソイ・ダムヌーン・クラーン・ヌア、トロック・マヨム周辺

セブン・ホルダー
7 Holder Guest House MAP P.95-E5

住 216/2-3 Khao San Rd.
TEL 0-2281-3682
料 F Ⓢ250B Ⓣ350B
AC ⓈⓉ600B(シャワー、トイレ共同)
CC なし 室 20室

料金のわりには清潔感がある。シャワーは水のみ。タオルは用意されていないので持参すること。

パンニー・ロッジ
Pannee Lodge MAP P.94-C4

住 52 Chakraphong Rd.
TEL 0-2629-5112 料 AC ⓈⓉ800B～
CC JMV 室 22室 WiFi

2007年オープンで、このあたりでは新しいほう。部屋はやや狭いが快適。

テイルズ・カオサン
TALES Khaosan MAP P.95-D4

住 88 Chakraphong Rd. TEL 09-7090-6241 URL www.taleskhaosan.com
料 AC Ⓓ593～723B ⓈⓉ2069B～
CC MV 室 22ベッド WiFi

ドミトリーは寝台列車風内装。1階におしゃれなカフェ。

サームセーン通り周辺

スリーハウ・ホステル
3HOWw Hostel MAP P.78-C2

住 316/5 Soi 4, Samsen Rd.
TEL 08-8615-4828
FB ThreeHowwHostel
料 AC Ⓓ190～220B ⓈⓉ690B(トイレ、シャワー共同) ⓈⓉ890B(朝食付き) CC なし 室 7室 WiFi

カオサン通りの少し北、静かな住宅街にあるホステル。女性専用ドミトリーあり。周辺は昔ながらの落ち着いた町並みで、安い食堂も多い。

オー・バンコク・ホステル
Oh Bangkok Hostel MAP P.78-C2

住 107 Soi 4, Samsen Rd.
TEL 0-2061-9974
FB ohbangkokhostel
料 AC Ⓓ250B ⓈⓉ700～1000B
CC なし 室 24室(110ベッド) WiFi

ゲーミング・ルームなどもある大型ホステル。向かいにあった別のゲストハウスを買収したので通りを挟んで2軒ある。周辺には似たようなホステルが並ぶ。

カオサン通り周辺のトラブル

カオサン通りの周辺では、タクシーやトゥクトゥク、旅行会社に関するトラブルが多い。タクシーやトゥクトゥクは、通常よりも高額な運賃を請求されたり、宝石やテーラーなどの悪徳ショップに連れていかれるもの。タクシーやトゥクトゥクを利用する際は、カオサン通り周辺で客待ちしている車は避け、流しているものをひろうこと。

カオサン通り周辺の旅行会社では、北のチェンマイや南のプーケット、サムイ島などへ行くバスのチケットを扱っている。公共のバスに比べて格安だが、車内での盗難事件や、現地での置き去り事件なども発生しているので、安物買いの銭失いにならないよう利用は慎重に。

大麻には手を出すな！

カオサン通りで夕方からいっせいに店開きするのが、大麻の屋台。確かにタイでは医療用大麻が合法化されたが、娯楽目的での使用は禁止されている。知識や経験のない人が興味本位で手を出すのは危険。また、日本の大麻取締法では、海外での栽培や所持、譲渡も処罰対象になることがある。絶対に手を出さないように。

昼も夜もにぎやかさを取り戻しつつあるカオサン通り

国立図書館周辺のホテル、ゲストハウス

ホテル

タイの下町住人気分が味わえるエリア

プラナコーン・ノーンレン
Phra-Nakorn Norn-Len MAP P.79-D1
住 46 Thewet Soi 1, Krung Kasem Rd.
TEL 0-2628-8188
URL www.phranakorn-nornlen.com
料 AC Ⓢ Ⓣ 1380B〜
CC MV 室 31室 WiFi

木造の古い民家を2年がかりで改装し、凝ったインテリアの客室に仕上げてオープンしたホテル。静かな住宅街にあり、緑あふれる庭と木造の建物が相まって、まるでタイの自宅へ戻ったような気分になれる。ホテル敷地内全面禁煙。客室にテレビはないがWi-Fiはあり、インターネット利用可。

ゲストハウス

サワッディー
Sawatdee Guest House the Original
MAP P.301-A1
住 71 Sri Ayutthaya Rd.
TEL 0-2281-0757
料 F Ⓢ Ⓣ 400B（バス、トイレ共同）
AC Ⓢ Ⓣ 600B CC なし 室 16室 WiFi

築20年以上のゲストハウス。共同のバスルームも清潔。

テーウェズ
Taewez Guest House MAP P.301-A1
住 23/13 Sri Ayutthaya Rd.
TEL 0-2280-8856
料 AC Ⓢ Ⓣ 450B（バス、トイレ共同）
AC Ⓢ Ⓣ 650B〜 CC MV
室 30室 WiFi

シンプルな造りだが快適。1階はおしゃれなネットカフェ。廊下には防犯カメラを設置。ホットシャワー付き。

シャンティー・ロッジ
Shanti Lodge MAP P.301-A1
住 37 Soi 16, Sri Ayutthaya Rd.
TEL 0-2281-2497
URL www.shantilodge.com
料 F Ⓓ 250B Ⓢ Ⓣ 500〜750B（バス、トイレ共同） F Ⓢ Ⓣ 750〜850B
AC Ⓢ 500B Ⓣ 600B（トイレ、シャワー共同） AC Ⓢ 850B Ⓣ 950B（オフシーズン割引あり） CC JMV 室 42室 WiFi

カラフルなアジアン雑貨が並べられたゲストハウス。簡素だが清潔。1階はウッディなカフェ。

シー・アユタヤー
Sri Ayuttaya Guest House MAP P.301-A1
住 23/11 Soi 14, Sri Ayutthaya Rd.
TEL 0-2282-5942 料 AC Ⓢ Ⓣ 900B〜
CC なし 室 15室 WiFi

タイの建築様式を取り入れたシックなデザイン。

タウィー
Tavee Guest House MAP P.301-A1
住 83 Soi 14, Sri Ayutthaya Rd.
TEL 0-2280-1447 料 F Ⓢ Ⓣ 500B（トイレ、シャワー共同）
AC Ⓢ Ⓣ 900B CC なし
室 20室 WiFi

このあたりで最も歴史がある。オーナーが親切。ホットシャワー。

近くには大きな寺院もある

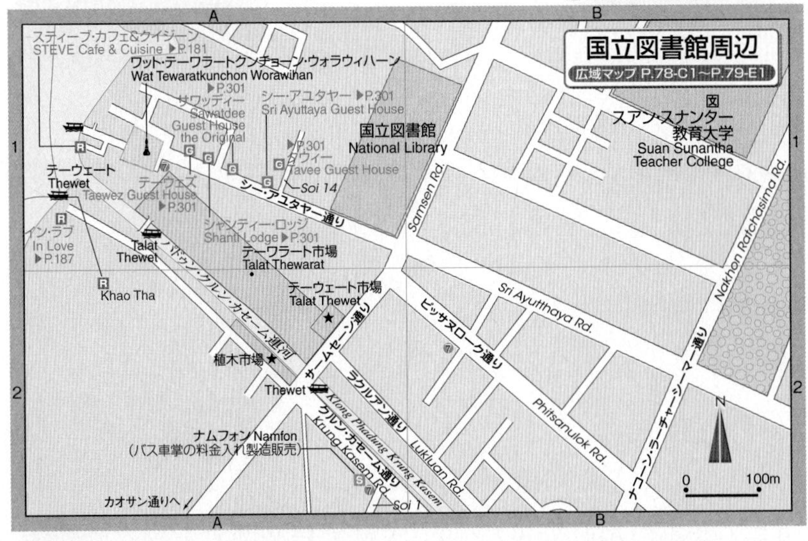

バンコクプチ情報 ホテルの人たちは町の最新情報に詳しい。人気のレストランなども、穴場の店を教えてくれるかも。「おいしい店は？」ではなく「あなたの好きな店はありますか？」などと聞いてみよう。

オンヌット周辺のホテル、ホステル

下町の雰囲気があるオンヌット周辺に、新しいホテルやホステルが増加中。BTSオンヌット駅を利用すれば移動も便利。近隣にスーパーマーケットが2軒、屋台や食堂も多い。

ホテル

ホップ・イン・バンコク・オンヌット：ステーション
HOP INN Bangkok Onnut Station

MAP P.302-B2

住 2 Soi 52, Sukhumvit Rd.
TEL 0-2659-2899
URL www.hopinnhotel.com
料 AC ⓈⓉ930B～ CC AJMV
室 133室 WiFi

地方都市に数を増やしている手頃な料金のホテルチェーンがバンコクにも進出。BTSオンヌット駅から徒歩2分、目の前がスーパーマーケットのロータスで、何かと便利。

キューブ・フィフティ
The Qube Fifty MAP P.302-A2

住 89 Soi Ari Rak TEL 0-2227-0086
FB thequbefiftyhotelsukumvit
料 AC ⓈⓉ1100B～
CC JMV 室 35室 WiFi

BTSオンヌット駅から徒歩5分。静かな路地の中にある落ち着いた雰囲気の手頃なホテル。

ベッドルーム・ブティック
The Bedroom Boutique Hotel MAP P.302-B1

住 204/24 Soi 77, Sukhumvit Rd.
TEL 08-9485-7048 FAX 0-2740-3696
URL www.thebedrooms.com
料 AC ⓈⓉ2000B～ CC AMV
室 57室 WiFi

ビッグC（大型スーパー）の向かい。ジムが24時間オープンで、朝食は6:00から食べられる。

ココテル・バンコク・スクムウィット 50
Kokotel Bangkok Sukhumvit 50

MAP P.302-A2

住 Soi 11, Soi Sukhumvit 50, Sukhumvit Rd. TEL 0-2333-1350 URL www.kokotel.com 料 AC ⓈⓉ1540B～
CC AMV 室 65室 WiFi

BTSオンヌット駅から徒歩約8分、静かな住宅街にある人気のホステル。大きな窓、清潔なバスルームなど快適に滞在できる。屋上はリラックススペース。コイン式ランドリーと乾燥機あり。

ホステル

ハイド バンコク ホステル
Hide Bangkok Hostel MAP P.302-A2

住 886 Soi 50, Sukhumvit Rd.
TEL 0-2051-8631
FB Hide Bangkok Hostel
料 AC Ⓓ210B～ Ⓣ710B～
CC MV 室 18室 WiFi

女性専用のドミトリーはベッド4台。その他4、6、8、10ベッドのドミトリーと、個室（ダブル）もある。ホステルとしては大型で1階の共用スペースも広々、レストランでは50Bから簡単なタイ料理が食べられる。

VX ザ・フィフティ
VX The Fifty Hostel MAP P.302-A2

住 285/2-4 Soi 50, Sukhumvit Rd.
TEL 0-2331-8256
FB VX the fifty hostel
料 AC Ⓓ545B～ CC AMV
室 14室 WiFi

1階はおしゃれなバー。バス、トイレ別ながら個室もあり、ドミトリー並みの料金で利用できる。

市場もある下町エリア

チャイナタウンのホテル

チャイナタウンには旅社という安ホテルがあり、放浪タイプの日本人長期滞在者に人気だったが、安全性や清潔さなどの点から考えるとあまりおすすめできない。最近ではそれらの旅行者はカンボジア方面へと移動してしまった。

チャイナタウンは雑然とした雰囲気が魅力

ホテル

シャンハイ・マンション
Shanghai Mansion MAP P.85-E2
住 479-481 Yaowarat Rd.
TEL 0-2221-2121 FAX 0-2221-2124
URL www.shanghaimansion.com
料 F Ⓢ Ⓣ 2343B～ CC ADJMV
室 76室 Wi-Fi

レトロチャイナ風のホテル。天蓋付きのベッドや光沢のあるファブリック、観音開きの客室ドアなど、凝った趣向になっている。部屋ごとに内装が微妙に異なるのもおもしろい。

クルンカセム・シークルン（京華大旅社）
Krungkasem Sri Krung Hotel MAP P.85-F2
住 1860 Krungkasem Rd.
TEL 0-2225-0132 FAX 0-2225-4705
URL www.srikrunghotel.com
料 AC Ⓢ Ⓣ 900～1200B トリプル1600B（朝食別） CC なし 室 120室 Wi-Fi

運河を挟んでクルンテープ駅の向かい。建物は全体にかなりくたびれているが、全室エアコン、ホットシャワー、テレビとベランダ付き。1200B以上の部屋はバスタブ付き。

W22・ホテル・バイ・ブラサリ
W22 Hotel by Burasari MAP P.85-E1
住 422 Mittraphan Rd.
TEL 0-2069-6999 FAX 0-2049-4999
URL www.w22hotel.com
料 AC Ⓢ Ⓣ 1350B～（朝食別）
CC AMV 室 123室 Wi-Fi

伝説の台北旅社がモダンなホテルに生まれ変わった。昔日の面影は館内の吹き抜けに残るのみ。

シー・フアラムポーン 新華南峰旅社
Sri Hualampong Hotel MAP P.85-F2
住 445 Rong Meuang Rd.
TEL 0-2214-4016 料 F Ⓢ 350B～ Ⓣ 400B～（朝食別） CC なし 室 32室

自称バンコク最古のホテル。1階の広いホールがノスタルジックな安旅社。

COLUMN

チェックアウト後は温泉でゆったり過ごす

バンコク旅行最終日の過ごし方

バンコク発日本行きの直行航空便は、バンコクを深夜出発するものが多い。ホテルのチェックアウトは通常12:00頃なので、荷物はホテルで預かってもらうにしても、出発までずっと出歩くことになる。最終日も目いっぱいアクティブに活動するのもいいが、帰国翌日からに備えて少しでも疲れを取りたい人には、温泉がおすすめだ。

ゆったりリラックスしてから帰国

2016年末、バンコクのホテル内に温泉がオープンして、風呂好き日本人の間で話題になっている。日本のスーパー銭湯とよく似たシステムで、入場時にタオルと甚平のセットを渡され、お湯につかったりリラックスルームで休憩したりと自由に過ごせる。男女ともに湯船は下呂温泉（温泉の素利用）、シルクバス、マッサージ風呂、炭酸泉、冷水浴と5つあるほかサウナにスチームバス、岩盤浴もあり、たっぷり汗をかくことができる。

畳敷きのリラックスルームには、伸ばせば寝そべることもできる座椅子が用意されており、慣れないホテルのベッドよりも熟睡できそうなぐらい。

レッツ・リラックス・温泉・アンド・スパ
Let's Relax Onsen and Spa
MAP P.89-E3 住 Centre Point Sukhumvit 55, Soi 55 (Thonglor), Sukhumvit Rd. TEL 0-2042-8045
URL letsrelaxspa.com/ja/branch/thonglor
営 10:00～24:00 休 なし
料 入湯料750B。タイ式マッサージ1200B（120分）、足裏マッサージ500B（45分）
CC JMV

料金の表記について：F ファンのみ、AC エアコン付き、Ⓓドミトリー、Ⓢシングル、Ⓣツイン。注記がなければトイレ、シャワーもしくはバス付き。ホテルは注記がなければ朝食付き、ゲストハウスは注記がなければ朝食別。

バンコクからのツアー情報

短期間の滞在で観光にじっくり時間をかけられない人や単独行動が不安な人は、現地旅行会社がアレンジしているパッケージツアーに参加しよう。旅行者に人気のおもなコース例は以下のとおり。

バンコク市内観光　半日

ワット・アルン ➡ ワット・ポー ➡ ワット・プラケオ、王宮

市内の代表的寺院を巡るスタンダードなツアー。お手軽な内容だが、半日で終了するので時間のない人に最適。2700B程度。

バンコク半日観光+アユタヤー

ワット・アルン ➡ ワット・ポー ➡ ワット・プラケオ ➡ アユタヤーのおもな見どころ ➡ 象乗り

午前中でバンコクの3大寺院を回り、午後はアユタヤーへ移動して世界遺産の古都観光＆象乗り体験。ランチ付きで5100B〜。

チャチューンサオ半日観光

ワット・サマーン・ラタナーナーム（ピンクガネーシャ）➡ ワット・ソーントーン ➡ バーン・マイ市場

バンコク近郊のチャチューンサオにある、願いがかなうピンクガネーシャや百年市場を半日で回るお手軽ツアー。2900B〜。

日本語が通じる旅行会社

ウェンディー・ツアー **Wendy Tour**	MAP P.90-B1 住 Room J、6th Fl., Phayathai Plaza Bldg., 128/63 Phaya Thai Rd. TEL 0-2216-2201　FAX 0-2216-2202 URL www.wendytour.com/thailand	さまざまなコースの日本語ガイド付きツアーを催行。問い合わせ、申し込みも日本語でOK。オフィスはBTSパヤー・タイ駅すぐそば。事前にクレジットカードで支払えるので、オフィスまで足を運ぶ必要もなく便利。ツアー当日、現金での支払いも可能。
パンダ・トラベル **（パンダバス）** **Panda Travel Agency**	MAP P.263-C1 住 12th Fl., Wall Street Tower, 33/58 Suriwong Rd. TEL 0-2632-9914 URL www.pandabus.com/thailand	バンコク日本語観光ツアーの老舗。多彩なツアーを催行している。申し込みからツアーまで、すべて日本語でOK。ホタル狩りやビール工場見学など、珍しいコースもある。変わり種ツアーは催行日が少ないので、事前に問い合わせること。

夜のトゥクトゥクツアー

夜のバンコクをトゥクトゥクで移動し、ワット・ポーやサオ・チン・チャーなどの寺院やパーク・クローン市場などの見どころを回るツアーが人気を集めている。屋台での食事が含まれるコースもあり、昼とは異なる町の表情を楽しみ、ひとりで入るのには気後れしそうな人気屋台も体験できる。終了後ホテルまで送ってもらえるのも安心感がある。ツアーによって内容や料金が異なるので、いろいろ探してみよう。だいたいどのツアーも所要約４時間。日本語ガイドが付くツアーもある。

URL www.klook.com/ja/activity/9647-best-eats-midnight-food-tour-tuk-tuk-bangkok/
URL www.veltra.com/jp/asia/thailand/bangkok/a/161858

注意：コロナ禍の影響でツアーの催行状況も不安定になっている。最新の状況は各旅行会社のウェブサイトなどで確認を。

ツアー参加時の注意点

短パン、ミニスカート、ノースリーブ、タンクトップなど露出度の高い服装や体の線がはっきりわかる服装では、王宮、ワット・プラケオ、アユタヤーのバーン・パイン離宮には入れない。それらの場所を訪れるツアーに参加する場合は服装に注意すること。グループツアーの一員だったとしても許してもらえないので注意。ツアーは参加人数が少ないと催行されないこともあるので、スケジュールが決まったら早めに予約をしよう。

近郊エリアガイド
Excursion Guide

カオ・チー・チャン大仏壁画 →P.318

Ayutthaya อยุธยา

アユタヤー（アユッタヤー）

●チェンマイ
アユタヤー
★
●バンコク
●
プーケット

MAP ● P.75-B2～B3

ACCESS

バンコクの北バスターミナル（MAP 折込表-D1～E1）から4:30～19:30の間、30分～1時間おきに2等エアコンバスが出発。所要1時間30分～2時間、83B。北バスターミナルとサーイ・タイ・ピンクラオ（旧南バスターミナル、MAP 折込表-A2）からも20～30分おきにロットゥー（ミニバス）が出る。北バスターミナルから70B。サーイ・タイ・ピンクラオから80B。

鉄道で行く場合は、クルンテープ駅（フアラムポーン駅）から4:20～18:20の間1日8本、所要約1時間30分。列車により2等35～65B、3等15～45B、ディーゼル特急と急行は175～345B。クルンテープ・アピワット中央駅から7:30～22:30の間1日7本、所要約1時間10分、列車により2等61、3等20～181、ディーゼル特急と急行は241～341B。

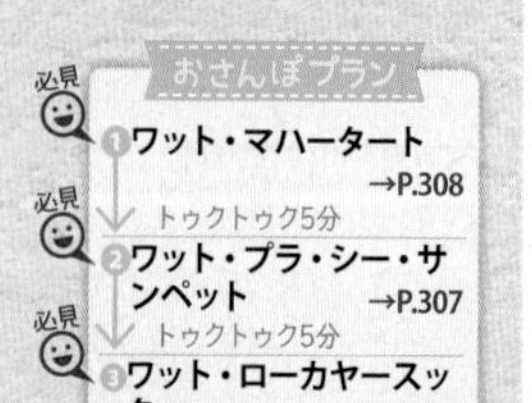

おさんぽプラン
必見
1 ワット・マハータート
→P.308
トゥクトゥク5分
必見
2 ワット・プラ・シー・サンペット
→P.307
トゥクトゥク5分
必見
3 ワット・ローカヤースッター
→P.308

TAT
MAP P.311-B2
住 108/22 Moo 4, Sri Sanphet Rd.
TEL 0-3524-6076
FB TAT Ayutthaya Office
開 月～金 8:30～16:30
休 土・日・祝
無料の日本語パンフレットがもらえる。旅行者向けの情報提供は、隣のアユタヤー観光センター（→P.307）で行っている。

遺跡の町アユタヤー

バンコクの北約80km、チャオプラヤー川の中州にある町アユタヤーは、1351年から417年にわたり5つの王朝、35人の王が君臨したタイの古都。ユネスコの世界文化遺産にも登録された遺跡の町として、多くの旅行者を集めている。

歩き方 Walking

川に囲まれた島の町アユタヤー

アユタヤーは周囲を川に囲まれた中州になっており、東西約4km、南北約3kmの大きさがある。町の中心はウートーン通りとナレースワン通りが交差するチャオプロム市場周辺（MAP P.311-D1）。鉄道駅から町の中心へは陸路だと大きく迂回することになるので、駅から真っすぐパーサック川まで出て渡し船を利用すると便利。渡し船は2路線あり、左右が交差する形で対岸に着く。駅を背に左側の乗り場からは向かって右側のチャオプロム市場近くに着き、右側からは対岸の正面に到着する。料金はどちらも5B。

主要な寺院、王宮跡、市場などは中州の北半分に集中している。見どころの遺跡はいずれも、チャオプロム市場からトゥクトゥクなどで10～15分の距離。レンタサイクルもある。

アユタヤーの市内交通

レンタサイクル：アユタヤーの町は起伏が少なく、自転車で回るのにちょうどいい広さ。ウートーン通りU-Thong Rd.とパマプロー通りPa Ma Phraw Rd.の交差点（MAP P.311-D1）周辺にある店などで借りられる。1日30～50B。

サームロー：人力三輪車。必ず乗る前に料金交渉をすること。英語はあまり通じないし長距離の移動にも向かないが、ゆっくり町並みを眺めながら移動できる。1回50Bくらい。

モーターサイ（オートバイタクシー）：バンコク市内に比べて交通量も少なく安心。1回の利用で50B～、チャーターする場合は1時間150～200B程度。

バンコク プチ情報 アユタヤー名物のお菓子に「ローティー・サーイ・マイ」がある。綿菓子のように細くて柔らかな飴を米粉の生地で包んで食べる。道端にも屋台が出ているので試してみよう。

トゥクトゥク：オート三輪。ふっかけてくることが多いのでしっかり交渉しよう。チャーターする場合は時間や回る場所を細かく決めておかないと、不愉快な思いをすることが多い。

おもな見どころ Sightseeing

壊されてしまった王宮と3人の王が眠る寺院　★★★ MAP P.311-B1

アユタヤー王宮跡とワット・プラ・シー・サンペット

Grand Palace, Wat Phra Sri Sanphet　พระราชวังโบราณ　วัดพระศรีสรรเพชญ

無残に破壊された仏像が並ぶ

アユタヤー北方のスパンブリーとラウォー（現在のロッブリー）の支配者であったウートーン王が住民とともに移住し、新たに建国したアユタヤー王国の中心となった場所が王宮。1350年に建てられ、その後も歴代王の手によっていくつもの宮殿が増築されたが、1767年のビルマによる侵略のため徹底的に破壊されてしまった。現在では廃墟が残るのみ。その南にあるワット・プラ・シー・サンペットは、バンコクのワット・プラケオに相当する王室の守護寺院。アユタヤーの8世王が、それまで王宮があった場所に1491年に建立した。1500年には高さ16m、171kgの黄金に覆われた仏像が建造されたが、ビルマに侵略された際に仏像も僧院も跡形もなく破壊されてしまった。現在は、アユタヤー中期（15世紀）に建てられた3基のセイロン様式のチェーディーに3人の王の遺骨が納められ、静かに並んでいる。

一列に並ぶ3基の仏塔はアユタヤーのシンボル

アユタヤー観光センター
Ayutthaya Tourism Centre
MAP P.311-B2
住 108/22 Moo 4, Sri Sanphet Rd.
TEL 0-3524-6076
開 8:30～16:30　休 なし
料 無料
　1941年に建てられた元アユタヤー県庁舎を改装してオープン。1階に観光情報センター、2階に歴史展示館、アユタヤー国立美術館がある。

▶トゥクトゥク
　1回の利用で50Bが相場。チャーターする場合は、1時間150Bから1日500B程度。

▶バンコクから日帰りする場合
　タクシーをチャーターすると便利。ホテルなどを通さず運転手と直接交渉すれば1台2500～3000B程度で利用できる。仲間を数人集めれば割安になる。

アユタヤー王宮跡
開 8:00～18:00
休 なし
料 50B(外国人料金)

ワット・プラ・シー・サンペット
開 7:00～18:00
休 なし
料 50B(外国人料金)
　夜間はライトアップされる。

バンコクプチ情報　バンコクの北バスターミナルからは、大型のバスとバンを改装したロットゥーと呼ばれる小型バスが出ている。ロットゥーのターミナルは、北バスターミナルの向かいにあるので注意。

ワット・ローカヤースッター
開 8:30〜16:30
休 なし
料 無料

アユタヤーの空の下、悠々と仏が横たわる★★★ MAP P.311-B1〜B2

ワット・ローカヤースッター

Wat Lokayasutha　วัดโลกยาสุทธา

ウィハーン・プラ・モンコン・ボピットの裏側から500m近く曲がりくねった道を進むと、広々とした草原に並ぶ遺跡群のいちばん奥に、全長28mの寝釈迦仏が横たわっている。現在ある仏像は、1956年にタイ芸術局によって復元されたもの。

上／普段は寄進された衣がかけられていることが多い　右／仏像前にあるお供えの台

ワット・マハータート
開 8:00〜18:00
休 なし
料 50B(外国人料金)
夜間はライトアップされる。

破壊の跡が無残な仏像

破壊された仏像が並ぶ　★★★ MAP P.311-C1

ワット・マハータート

Wat Mahathat　วัดมหาธาตุ

神秘の力を感じさせる仏頭

ここには高さ44mの仏塔があったといわれるが、その壮大な建築もビルマ軍によって破壊された。現在往時の面影を残すのは、頭部だけ切り取られた仏像、苔むしたれんが積みの仏塔、アユタヤーのイメージの象徴ともなっている木の根に取り込まれてしまった仏頭だけだ。この仏頭は、現在でも大切に祀られている。

ワット・ヤイ・チャイ・モンコン
開 8:00〜17:00
休 なし
料 20B(外国人料金)

巨大な仏塔が目印

巨大なチェーディー、ずらりと並ぶ座仏像　★★★ MAP P.311-E2

ワット・ヤイ・チャイ・モンコン

Wat Yai Chai Mongkon　วัดใหญ่ชัยมงคล

境内にずらりと並ぶ仏像

セイロン（今のスリランカ）に留学して、その後帰国した僧侶のために、初代ウートーン王が1357年に建てたと伝えられる寺院。別名チャオプラヤー・タイ寺院とも呼ばれる。境内中央の仏塔は、1592年に19代ナレースワン王が建てたもの。高さが72mあり、ビルマ王子との騎象戦での一騎討ちに勝った記念塔だ。

ツーリストポリス
MAP P.311-B2〜C2
住 108 Sri Sanphet Rd.
TEL 1155、0-3524-1446、0-3424-2352

バンコク プチ情報　ワット・マハータートにある木の根に取り込まれた仏像の頭部。このような状態でも仏像は仏像なので、近寄る際は自分の頭が仏像よりも低い位置になる姿勢を取ること。

御朱印船貿易時代に栄えた ★★ MAP P.311-D2

日本人町跡
Japanese Settlement หมู่บ้านชาวญี่ปุ่น

16～17世紀、国際交流盛んなアユタヤーには、世界各地から商人が集まってきた。アユタヤー王はこれら外国人に住居を与え、町を造成することを許可。こうしてできた町のひとつが日本人町だ。

徳川家康の時代には御朱印船貿易で栄え、1610～1630年の最盛期には1500人以上の日本人がこの町に住んでいたといわれている。彼らの多くは交易に従事したり、王宮に仕えて傭兵となったりしていた。有名な日本人町の頭領山田長政は、22代王ソンタムに重用され、傭兵隊長、やがては六昆（リゴール。現在のナコーン・シー・タマラート周辺とされる）の地方長官にまで上りつめる。しかし王位継承の争いに巻き込まれ、毒殺されてしまったと伝えられている。その後日本の鎖国令により御朱印船貿易も終わりを告げ、日本人町も消滅してしまった。

日本人町跡を示す碑には「アユチヤ」とある

アユタヤーを一望できる ★ MAP P.311-A1

ワット・プーカオ・トーン
Wat Phu Khao Thong วัดภูเขาทอง

田園の中にそびえる純白の仏塔

王宮跡から北西に約2km、白く塗られているが「黄金の山」という意味の名前をもつこの仏塔は、1387年にラームスワン王によって建立されたと伝えられている。ビルマに占領された後にビルマ様式に改築されてしまい、その後ナレースワン王によって再びタイの様式に建て直された。仏塔は途中まで上ることができ、周囲の雄大な景色が眺められる。

クメール風の壮大な寺院跡 ★★ MAP P.311-A2

ワット・チャイワッタナーラーム
Wat Chaiwatthanaram วัดไชยวัฒนาราม

1630年にプラーサート・トーン王が、母親のために建てた寺院の跡。カンボジアに対する勝利を記念し、中央にそびえるプラーン（仏塔）をクメール様式で建てたもの。1767年には侵攻してきたビルマ軍の駐屯地にされ、破壊されてしまった。現在では修復され、公園のように造成されている。広々とした敷地内にクメール風の美しい装飾を施された塔がある。

ライトアップされた姿も美しい

日本人町跡
TEL 0-3525-9867
開 9:30～17:00
休 なし
料 50B（外国人料金）

▶アユタヤーのおすすめグルメ
サイトン・リバー
川沿いにある人気レストラン。アユタヤー名物の手長エビは1匹500B～。
MAP P.311-C2
住 45 Moo 1, U-Thong Rd.
TEL 0-3524-1449
営 10:30～22:00
休 なし
CC J M V

▶アユタヤーで象に乗ろう
アユタヤー・エレファント・キャンプでは、象のショーが見られるだけでなく、象に乗っての遺跡巡りも体験できる。
MAP P.311-B2
住 Pa Thong Rd.
TEL 0-3521-1001
営 9:00～17:00
休 荒天日
料 エレファント・ライド：1人園内7分300B、園外15分400B、25分500B　CC なし

気分はアユタヤー王？

ワット・プーカオ・トーン
開 7:00～17:00
休 なし
行き方 市街からトゥクトゥクで約15分。100B程度。

ワット・チャイワッタナーラーム
開 8:00～18:00
休 なし
料 50B（外国人料金）
行き方 市街からトゥクトゥクで80B程度。自転車で行く場合は道路の横断に注意。

バンコクプチ情報 アユタヤーは比較的平坦なので、レンタサイクルでも回ることができる。荷物籠に入れた荷物をオートバイにひったくられる事件が発生しているので、利用時は注意しよう。

バーン・パイン離宮
TEL 0-3526-1044
開 8:00～16:00
休 なし
料 100B(外国人料金)
行き方 バーン・パイン駅から徒歩約10分。バスターミナルからは2km弱、徒歩約20分、トゥクトゥク40～50B、モーターサイ20B。アユタヤーからトゥクトゥクをチャーターした場合、待ち時間を入れて往復500B程度。

精緻な装飾が美しいタイ風建築

広い庭園の中にさまざまな建物が点在 ★ MAP P.75-B3、P.311-D2外

バーン・パイン離宮
Bang Pa-In Palace　พระราชวังบางปะอิน

アユタヤーから南へ約 20km 離れた所にあるバーン・パインには、プラーサート・トーン王(在位 1629 ～ 1656 年)によって建設された夏の離宮がある。チャオプラヤー川の中州にあり、アユタヤーの歴代王が利用した。ただし現在見られるおもな建物は、現王朝のラーマ 5 世が建てたもの。おもな建物は以下のとおり。

さまざまな建物が建ち並ぶ離宮を見学しよう

◆**プラ・ティナン・アイサワン・ティッパアート**
Phra Thinang Aisawan Thiphya-art
池の中央にある十字型の美しいタイ風建築。ラーマ 4 世がバンコクの王宮内に建てたアーポーン・ピモーク・プラーサートを複製したもの。建物内に軍服姿のラーマ 4 世王像がある。1876 年に完成。

◆**プラ・ティナン・ワローパート・ピマーン**
Phra Thinang Warophat Phiman
宮殿入口の北側にあるこの洋風建築は、王の居室および謁見の間として使用された。謁見の間や控えの間には、タイの歴史や文学から題材をとった油絵が飾られている。1876 年完成。

◆**プラ・ティナン・ウェーハート・チャムルーン**
Phra Thinang Wehart Chamrun
雨季や冬季の廷臣用の住居として使用されたもの。床の中国産タイルには美しい鳥や木、動物などが描かれているので、ぜひ中に入って鑑賞してみよう。竜模様のついたて、中国風の玉座、日本の伊万里焼や明治時代の壺、ラーマ 5 世の寝台なども見られる。1889 年完成。

◆**ホー・ウィトゥン・タサナー**
Ho Withun Thasana
池の小島に立っている、横縞に塗装された物見の塔。1881 年完成。

◆**スナンター王妃の記念碑**
Queen Snantha Memorial
バーン・パインへ向かう途中に船が転覆する事故に遭い亡くなったスナンター王妃のために、ラーマ 5 世が建てた碑。隣にはサオワパーク王女と 3 人の子供たちの碑もある。

◆**その他の建物**
これらのほかにも、1996 年に完成したシリキット王妃のダイニングなどもある。

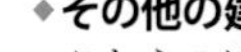

ワット・ニウェート・タンマ・プラワット
行き方 バーン・パイン離宮の対岸。

まるで教会だが仏教寺院

キリスト教会風のユニークなタイ寺院 ★★★ MAP P.311-D2外

ワット・ニウェート・タンマ・プラワット
Wat Niwet Thamma Prawat　วัดนิเวศธรรมประวัติ

ゴシック様式で建てられた、教会のような本堂をもつ仏教寺院。ラーマ 5 世を描いたステンドグラスもある。川の対岸にあり、ワイヤーで引っ張る素朴な箱型のゴンドラで渡ることができる。

バンコク プチ情報　アユタヤーの名物は川で取れる川エビ。長い手を持ったテナガエビで、大ぶりのエビのグリルは、プリプリの身とたっぷり詰まったミソがたまらない。ぜひお試しを。

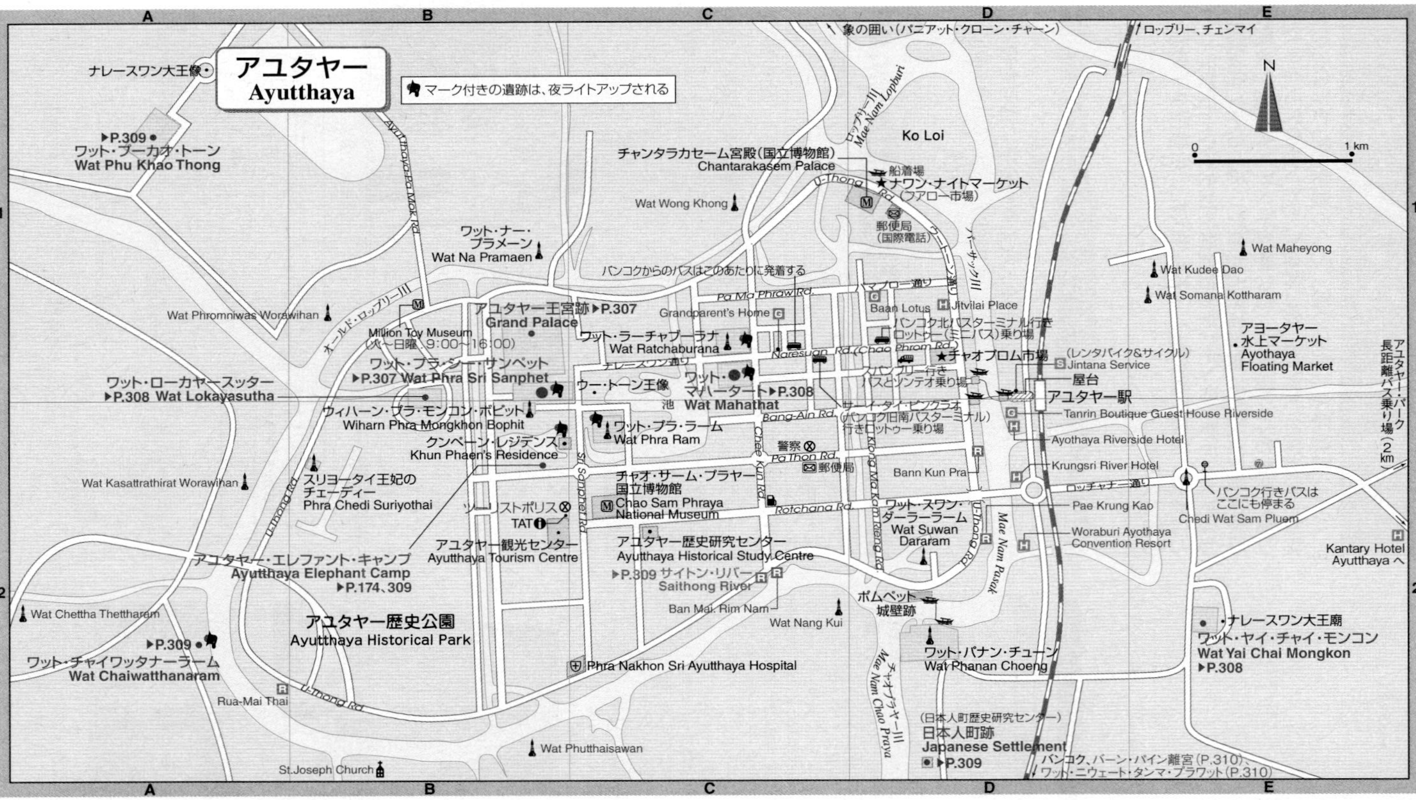

アユタヤー
Ayutthaya
マーク付きの遺跡は、夜ライトアップされる
ナレースワン大王像
▶P.309
ワット・プーカオ・トーン
Wat Phu Khao Thong
Ayutthaya-Pa Mok Rd.
ワット・ナー・プラメーン
Wat Na Pramaen
Wat Phromniwas Worawihan
オールド・ロッブリー川
Million Toy Museum
(火～日曜 9:00～16:00)
アユタヤー王宮跡 ▶P.307
Grand Palace
ワット・プラ・シー・サンペット
▶P.307 Wat Phra Sri Sanphet
ワット・ローカヤースッター
▶P.308 Wat Lokayasutha
ウィハーン・プラ・モンコン・ボピット
Wiharn Phra Mongkhon Bophit
クンペーン・レジデンス
Khun Phaen's Residence
Wat Kasattrathirat Worawihan
スリヨータイ王妃のチェーディー
Phra Chedi Suriyothai
U-Thong Rd.
ツーリストポリス
TAT
アユタヤー観光センター
Ayutthaya Tourism Centre
アユタヤー・エレファント・キャンプ
Ayutthaya Elephant Camp
▶P.174、309
Wat Chettha Thettharam
▶P.309
ワット・チャイワッタナーラーム
Wat Chaiwatthanaram
アユタヤー歴史公園
Ayutthaya Historical Park
Rua-Mai Thai
Wat Phutthaisawan
St.Joseph Church
Phra Nakhon Sri Ayutthaya Hospital
象の囲い(パニアット・クローン・チャーン)
ロッブリー川
Mae Nam Lopburi
Ko Loi
チャンタラカセーム宮殿(国立博物館)
Chantarakasem Palace
船着場
★ナワン・ナイトマーケット
(ファロー市場)
Wat Wong Khong
郵便局
(国際電話)
パーサック川
ウートーン通り
バンコクからのバスはこのあたりに発着する
Pa Ma Phraw Rd.
Grandparent's Home
ワット・ラーチャブーラナ
Wat Ratchaburana
ナレースワン通り
ウー・トーン王像
池
ワット・マハータート ▶P.308
Wat Mahathat
ワット・プラ・ラーム
Wat Phra Ram
Sri Sanphet Rd.
Chee Kun Rd.
警察
Pa Thon Rd.
郵便局
チャオ・サーム・プラヤー国立博物館
Chao Sam Phraya National Museum
Rotchana Rd.
アユタヤー歴史研究センター
Ayutthaya Historical Study Centre
▶P.309 サイトン・リバー
Saithong River
Ban Mai Rim Nam
Wat Nang Kui
ハマプロー通り
Baan Lotus
Jitvilai Place
バンコク北バスターミナル行き ロットゥー(ミニバス)乗り場
Naresuan Rd.(Chao Phrom Rd.)
★チャオプロム市場
ロッブリー行き バスとソンテオ乗り場
サーイ・タイ・ピンクラオ(バンコク旧南バスターミナル)行きロットゥー乗り場
Bang-Ain Rd.
Klong Ma Kam Rieng Rd.
Bann Kun Pra
ワット・スワン・ダーラーラーム
Wat Suwan Dararam
U-Thong Rd.
Mae Nam Pasak
ポムペット城壁跡
ワット・パナン・チューン
Wat Phanan Choeng
チャオプラヤー川
Mae Nam Chao Praya
(日本人町歴史研究センター)
日本人町跡
Japanese Settlement
▶P.309
バンコク、バーン・パイン離宮(P.310)、ワット・ニウェート・タンマ・プラワット(P.310)
ロッブリー、チェンマイ
N
0
1 km
Wat Maheyong
Wat Kudee Dao
Wat Somana Kottharam
アヨータヤー水上マーケット
Ayothaya Floating Market
アユタヤー・パーク長距離バス乗り場(2km)
(レンタバイク&サイクル)
Jintana Service
屋台
アユタヤー駅
Tanrin Boutique Guest House Riverside
Ayothaya Riverside Hotel
Krungsri River Hotel
ロッチャナー通り
Pae Krung Kao
Woraburi Ayothaya Convention Resort
バンコク行きバスはここにも停まる
Chedi Wat Sam Pluem
Kantary Hotel Ayutthaya へ
ナレースワン大王廟
ワット・ヤイ・チャイ・モンコン
Wat Yai Chai Mongkon
▶P.308
A
B
C
D
E
1
2

Nakhon Pathom นครปฐม

ナコーン・パトム

パーリ語起源の「最初の都」という意味をもつこの町の名前は、紀元前3世紀、仏教に帰依したインドのアショーカ王により派遣された使節が、この地にインドシナ半島で最初の仏塔を建てたことに由来するとされている。6～7世紀頃にはドヴァーラヴァティー（タイ式発音ではターワーラワティー）というモン族の王国の都としても栄えた。仏教国タイの原点ともいえる町。

MAP ● P.75-A3

ACCESS

バンコクの南バスターミナル（MAP 折込裏-A4）から1等エアコンバスが6:00～22:30の間約20分おきに出発。所要約1時間、40B。ロットゥー50B。北バスターミナルのロットゥー乗り場からロットゥーで所要約1時間30分、81B。

鉄道で行く場合は、クルンテープ・アピワット中央駅から8:10～18:50の間に1日7本、所要約1時間、列車により2等89～209B、3等50B、ディーゼル特急と急行216～369B。クルンテープ駅から9:20、16:40発の1日2本、所要約1時間30分、列車により2等64～94B、3等28～58B、ディーゼル特急と急行204～374B。

プラ・パトム・チェーディー
開 7:00～18:00 休 なし
料 60B（外国人料金）

大仏塔の中に仏像が祀られている

プラ・パトム・チェーディーに併設されたプラ・パトム・チェーディー国立博物館は開 水～日 8:00～17:00 休 月・火・祝 料 30B

歩き方 Walking

ナコーン・パトム随一の見どころとなる大仏塔プラ・パトム・チェーディーは町の中心にある。鉄道駅から南に運河を渡ると真っすぐな参道があり、両側に商店が並んでいる。その向こうにそびえるのがプラ・パトム・チェーディーだ。

おもな見どころ Sightseeing

仏教伝来の地のシンボル ★★ MAP P.312

プラ・パトム・チェーディー

Phra Pathom Chedi พระปฐมเจดีย์

オレンジに彩られ、なめらかで美しいカーブを描くドームの上に、とがった頂部が天空に向かって高く伸びる。高さ120.45m、タイはもとより世界で最も高い仏塔がプラ・パトム・チェーディーだ。3世紀頃、原型となる高さ約40mの仏塔がアショーカ王の命令により建てられたといわれており、その後ビルマ風に改築されてしまった。現在見られるのは、1853年にラーマ4世の命令で行われた改修工事によって改築されたもの。完成したのはラーマ5世の時代に入ってから。

世界最大の仏塔

バンコク プチ情報 プラ・パトム・チェーディーの境内は、夜になると露店がずらりと並ぶナイトマーケットになる。機会があれば夕方や夜にも訪れてみたい。

Kanchanaburi กาญจนบุรี

カンチャナブリー(カーンチャナブリー)

MAP ● P.75-A3

観光名所と化した「戦場にかける橋」

映画『戦場にかける橋』で一躍有名になった町カンチャナブリー。第2次世界大戦中に日本軍は拡大を続けるインド方面の戦線へ軍需物資を輸送するため、数多くの現地の人々や何万人もの連合国軍捕虜を使役して、ビルマへと続く鉄道を建設した。カンチャナブリー郊外にあるクウェー川鉄橋はその歴史を伝えながら、現在でも利用されている。

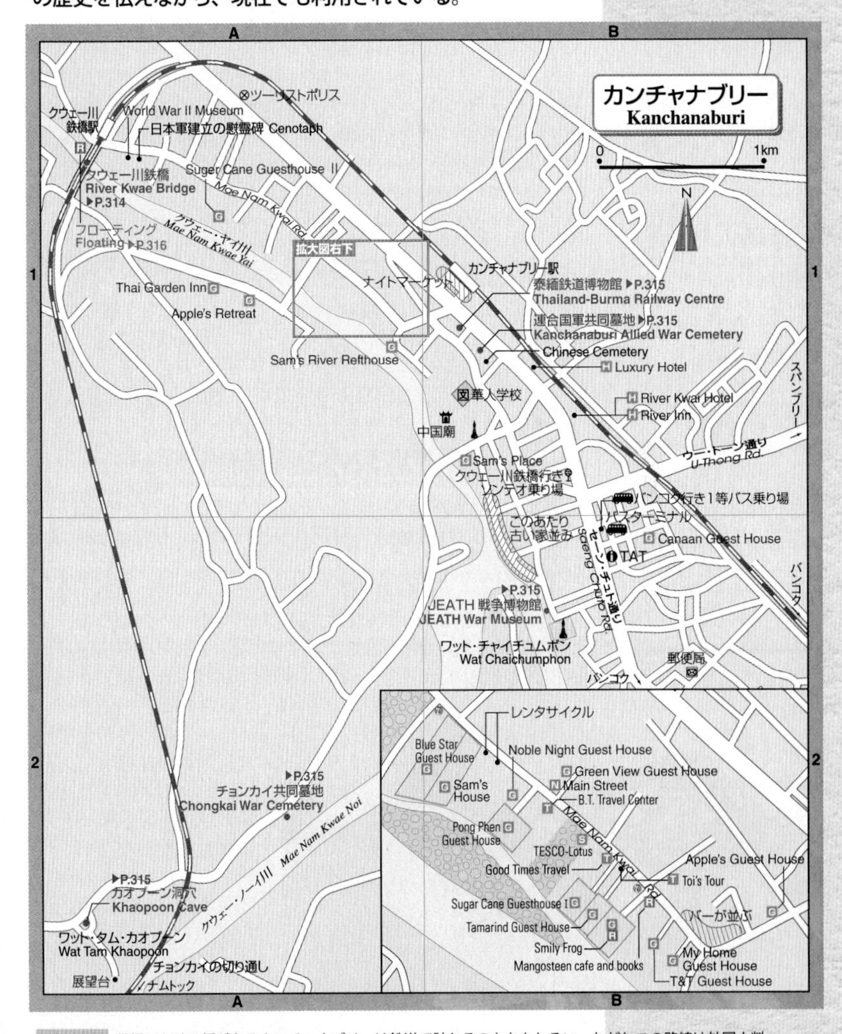

バンコク プチ情報 戦場にかける橋があるカンチャナブリーは鉄道で訪れるのもおもしろい。ただしこの路線は外国人料金が適用され、どの区間を乗っても100B。

ACCESS

バンコクの南バスターミナル(MAP 折込裏-A4)から1等エアコンバスが4:00〜22:00の間、ほぼ20分おきに出発。所要約2時間、110B。2等エアコンバスは20分おきで所要約3時間、81B。北バスターミナル(MAP 折込表-D1〜E1)からも6:00〜16:00の間1時間おきに出発。所要約3時間、1等エアコンバス135B、2等エアコンバス105B、ロットゥー120B。

鉄道の場合、バンコクのトンブリー駅(MAP P.76-A2)から7:50、13:55発の2本の列車がある。それぞれ10:25、16:26着。100B(外国人料金)。

TAT
MAP P.313-B2
住 14 Saeng Chuto Rd.
TEL FAX 0-3451-1200
開 8:30〜16:30
休 なし

ツーリストポリス
MAP P.313-A1
住 Saeng Chuto Rd.
TEL 0-3451-2795

土・日曜限定の観光列車

バンコクのクルンテープ駅から土・日曜限定の観光列車が1往復ある。行きの909列車はクルンテープ駅6:30発、カンチャナブリー9:27着、ナムトック11:30着。戻りの910列車はナムトック14:25発、カンチャナブリー15:53着、クルンテープ19:25着。復路でカンチャナブリー駅に1時間停車するので、鉄橋観光もできる。

クウェー川鉄橋
行き方 カンチャナブリーのバスターミナルからレンタサイクルかトゥクトゥク、オレンジ色に塗られた2番のソンテオ(10B)利用。

歩き方 Walking

カンチャナブリーは、クウェー・ノーイ川とクウェー・ヤイ川が合流する地点の東側、大通りのセーン・チュト通り Saeng Chuto Rd. を中心に南北に広がっている。バスターミナルがある南部が町の中心で、にぎやかなビジネスエリア。TAT もこのエリアにある。ここから西へ向かうと川沿いの通りに古い家並みが残っており、さながらカンチャナブリー旧市街の趣だ。そこから川に沿って南へ下るとワット・チャイチュムポンがあり、その手前に JEATH 戦争博物館がある。

現在ではすっかり観光地となったクウェー川鉄橋

ここから市街を北へ移動すると、カンチャナブリー駅を中心とするエリアに出る。ここには連合国軍共同墓地や、泰緬鉄道博物館などの見どころが集まっている。市街の北の外れには、カンチャナブリー最大の見どころとなるクウェー川鉄橋があり、静態保存された蒸気機関車、みやげ物のショップ、レストラン、行き交う旅行者などが多い。

市内移動には駅やバスターミナル、ホテルの周辺で待機しているモーターサイが便利。外国人旅行者の多い町の常としてかなりふっかけてくることがあるので、利用する前にしっかり交渉すること。TAT（親切なスタッフが多い）で相場を聞いておくといいだろう。1 日 30 〜 50B 程度で借りられるレンタサイクルも便利だ。クウェー川鉄橋や郊外の見どころへもこれで行ける。レンタバイクは 1 日 150 〜 250B 程度。

おもな見どころ Sightseeing

戦争の悲劇の舞台となった ★★★ MAP P.313-A1

クウェー川鉄橋
River Kwae Bridge
สพานข้ามแม่น้ำแคว

映画『戦場にかける橋』で一躍有名になったこの橋は、まず木造で架橋された（1943 年 2 月完成）。その後 100 m上流に鉄橋が架けられたが、連合国軍の爆撃で破壊された。現在残っているのは爆撃で破壊された部分を戦後新たに修復した鉄橋で、丸くカーブしているスパンはオリジナル、台形のスパンが修復されたところだ。戦争中使われた日本の蒸気機関車も近くに展示されている。

列車の数が少ないので普段は歩いて渡れる鉄橋

バンコクプチ情報 クウェー川鉄橋を通過する列車の数は少ないので、普段は人々が歩いて渡っている。もし歩いて渡っている途中に列車が来ても、退避場所があるので落ち着いて退避しよう。

捕虜収容所の記録を残す ★★ MAP P.313-B2

JEATH戦争博物館

JEATH War Museum พิพิธภัณฑ์สงครามJEATH

寺院の隣にあるこの博物館は、第２次世界大戦中に実際に使われていた捕虜収容所を再現すべく、竹で造られている。コの字形のそう大きくない建物の中には当時の写真、捕虜の服や身の回りの品、捕虜によるスケッチ、水彩画などが展示されている。

設立は1977年と歴史がある

▶クウェー川と「クワイ川」
「クワイ川」として知られているが、「クウェー川」のほうがタイ語の発音に近い。ちなみにタイ語で「クワイ」は男性器を意味する。

JEATH戦争博物館
住 Wat Chaichumphon, Saen Chuto Rd.
開 8:30〜16:30
休 なし
料 50B(外国人料金)
行き方 TATから徒歩10分。

死の鉄路の全貌を展示する ★★ MAP P.313-B1

泰緬鉄道博物館

Thailand-Burma Railway Centre พิพิธภัณฑ์ทางรถไฟไทย-พม่า

2003年オープンの、泰緬鉄道の建設工事に関する資料を展示する博物館。この工事で亡くなった人々は、連合国軍の捕虜よりも東南アジア諸国から徴用された人々のほうが多かったことなどをアピール。工事の様子を再現したジオラマや、日本軍が作成したカンチャナブリー周辺の地図などもある。２階のカフェからは連合国軍共同墓地が眺められる。

戦争の歴史を後世に伝える

泰緬鉄道博物館
住 73 Jaokannun Rd.
TEL 0-3451-2721
URL www.tbrconline.com
開 9:00〜16:00
休 なし
料 160B(外国人料金、館内撮影不可)
行き方 カンチャナブリー駅から徒歩5分。

連合国軍の死者が眠る ★ MAP P.313-B1、A2

連合国軍共同墓地、チョンカイ共同墓地

Kanchanaburi Allied War Cemetery, Chongkai War Cemetery สุสานทหารสัมพันธมิตร

マレー半島やシンガポールなどで捕虜となり、泰緬鉄道の建設に使役され、病気や栄養不足で落命した連合国軍兵士が眠る共同墓地。どちらの墓地も手入れが行き届き、美しい花々に囲まれている。

常に美しく手入れされている連合国軍共同墓地

連合国軍共同墓地
行き方 カンチャナブリー駅から徒歩5分。泰緬鉄道博物館の隣。

チョンカイ共同墓地
行き方 バスターミナルからモーターサイで10分、50B程度。

ひっそりと仏像が並ぶ ★ MAP P.313-A2

カオプーン洞穴

Khaopoon Cave ถ้ำเขาปูน

カンチャナブリー郊外、クウェー・ノーイ川沿いにあるこの洞穴は、寺院の境内にある。第２次世界大戦中に日本軍が倉庫として利用していたという洞穴内部には、さまざまな仏像が安置されている。

カオプーン洞穴
開 6:00〜17:30
休 なし
料 20B
中は複雑に入り組んでおり、案内がないと迷う可能性があるので、可能であれば僧侶に案内をお願いするといいだろう。
行き方 モーターサイなどを利用。

カオプーン洞穴の仏像

バンコク プチ情報 カンチャナブリーには手頃な中級ホテルや、外国人旅行者に人気のゲストハウスが多い。数日滞在してのんびり過ごしてみては。

郊外の見どころ Sightseeing

川沿いの鉄路を列車は行く

スリル満点、旧泰緬鉄道の旅

泰緬鉄道として旧日本軍によってビルマまで建設された鉄路は、カンチャナブリー～ナムトック間が残るだけ。現在では沿線全体に観光ムードが漂い、週末になるとバンコク方面から観光客が押し寄せる。

片道2時間30分の列車の旅で、見どころは3ヵ所。ひとつはもちろん「クウェー川鉄橋」(→P.314)。ふたつ目は橋を渡ってしばらく行った所にある「チョンカイの切り通し」。高さ30mの岩山の中央をぶち抜き、両側に垂直な岩壁がそそり立っている。もうひとつの見どころはカンチャナブリーから約50km、タム・クラセー駅の手前にあるタム・クラセー桟道橋（旧称アルヒル桟道橋)。突貫工事の際の爆破でデコボコになった岩壁に、へばりつくように桟道橋が続いている。全長300m、工事のなかでも困難を極め、多数の死者を出したこの場所を、列車は徐行運転で通過する。岩壁は窓のすぐ外にあり、手を伸ばせば触れられるほど。泰緬鉄道の旅のクライマックスだ。

クウェー川鉄橋駅の前に、現在蒸気機関車が2両静態保存されて、往時の様子をかすかにしのばせている。1両は日本から運ばれて戦時中使用されたC56形23号（タイ国鉄719号)。もう1両は戦後にイギリスから運ばれたもの。

鉄橋の近くに展示されている日本製の蒸気機関車

バンコク～カンチャナブリー～ナムトック　鉄道時刻表

（2023年11月現在）

バンコク（トンブリー）→ ナムトック		485番	257番	259番
トンブリー	発	―	7:45	13:55
ナコーン・パトム	発	―	8:52	14:59
ノーン・プラードゥック	発	5:00	9:22	15:22
カンチャナブリー	発	6:08	10:35	16:26
クウェー川鉄橋	発	6:15	10:44	16:33
ター・キレーン	発	7:19	11:33	17:33
タム・クラセー	発	7:38	11:53	17:51
ワン・ポー	発	7:49	12:06	18:01
ナムトック	着	8:20	12:35	18:30

ナムトック → バンコク（トンブリー）		260番	258番	486番
ナムトック	発	5:20	12:55	15:30
ワン・ポー	発	5:46	13:23	15:58
タム・クラセー	発	5:57	13:36	16:10
ター・キレーン	発	6:14	13:54	16:28
クウェー川鉄橋	発	7:12	14:40	17:31
カンチャナブリー	発	7:21	14:48	17:35
ノーン・プラードゥック	発	8:31	16:01	18:40
ナコーン・パトム	発	9:19	16:30	―
トンブリー	着	9:50	17:40	―

バンコクからこの区間までの料金は一律100B、ナムトック～ター・キレーン間は50B（外国人料金）

▶**バンコクから日帰りする場合**

トンブリー駅7:45発の列車に乗れば、終点のナムトックまで行き、折り返し12:55発の列車に乗ってトンブリー駅に17:40着。ただしこれだと列車に乗りづめ。復路にカンチャナブリー駅で下車してJEATH博物館などを見学し、バスでバンコクへ戻る方法もある。土・日曜のみ運行されるクルンテープ駅6:30発の観光列車(→P.314欄外)は、復路でカンチャナブリー駅に1時間停車するので、その間に鉄橋見学ができる。

クウェー川鉄橋の近くにある日本軍建立の慰霊碑

タム・クラセー桟道橋は岩壁が車窓のすぐ外で迫力満点

▶**カンチャナブリーのおすすめグルメ**

フローティング

クウェー川鉄橋のすぐ目の前にある水上レストラン。料理は1品180～250B程度と手頃。

MAP P.313-A1
住 River Kwai Bridge
TEL 0-2226-5656
営 9:00～22:00
休 なし
CC J M V

バンコクプチ情報　タム・クラセー桟道橋周辺は、窓の外ギリギリに崖が迫っている。油断していると手や頭をぶつけるので、窓から乗り出したり手を伸ばしたりしないこと。

Pattaya พัทยา

パタヤー(パッタヤー)

タイに数あるビーチリゾートのなかでも、歴史の長い場所のひとつがパタヤー。1960 年代にベトナム戦争帰休兵のための休養場所として人気が出、その後観光地として発達、以後おもに欧米人のアジアにおける代表的なバカンスの地として多くの旅行者を迎えてきた。バンコクから日帰りできることもあり、日本人にも人気がある。

歩き方 Walking

パタヤーの市街はビーチと並行して走る２本の大通りに囲まれている。海側がビーチ・ロード Beach Rd.（正式な名称はパタヤー・サーイ・ヌン通り Pattaya 1st Rd.）。陸側を走るのがセカンド・ロード Second Rd.（正式名称はパタヤー・サーイ・ソーン通り Pattaya 2nd Rd.）。これら２本の通りを東西に横切るのが北からパタヤー・ヌア通り North Pattaya Rd.、パタヤー・クラーン通り Central Pattaya Rd.、パタヤー・ターイ通り South Pattaya Rd. だ。ほぼ中央を走るパタヤー・クラーン通りよりも北側をノース・パタヤー（パタヤー・ヌア）、南側をサウス・パタヤー（パタヤー・ターイ）と便宜的に呼んで区別している。

ノース・パタヤーには大型の高級リゾートホテルが次々にオープンし、猥雑なビーチリゾートのイメージを変えつつある。対してサウス・パタヤーは中級ホテルやみやげ物屋、ファストフード店などが多く、雑然として活気がある。ぶらぶら歩くならビーチ沿いに設けられた遊歩道もおすすめ。

パタヤーの市内交通

ソンテオ：濃い青色に塗装された乗合ソンテオがたくさん走っている。ビーチ・ロードとセカンド・ロードを走っているソンテオは、一方通行の通りをぐるぐると巡回しているので利用しやすい。合図をして乗り込み、降りたい場所でブザーを鳴らすと停まってくれるので、降りて助手席側の窓から運転手に料金を渡す。巡回コース内なら料金はひとり 10B。タクシー的に利用する場合には交渉が必要で、P.321 の地図内なら30～50Bが相場（数人で利用する場合は、ひとりの料金か１台のものなのか、事前にしっかり確認しておくこと）。危険がなければどこでも乗降可能。

モーターサイ：町のあちこちの、おもに路地の入口などで待機しているモーターサイも便利。市内の移動で 30 ～ 60B。

メーター式タクシー：大きなショッピングセンターや高級ホテル前、繁華街などで客待ちしている。メーターを使ってくれることは少なく、交渉が必要。せっかくのメーター式タクシーなのに意味がない。エアコンが付いた車で移動したいなら利用価値はあるが、そうでなければソンテオのほうが気軽で便利。

メーターを使ってくれないメータータクシー

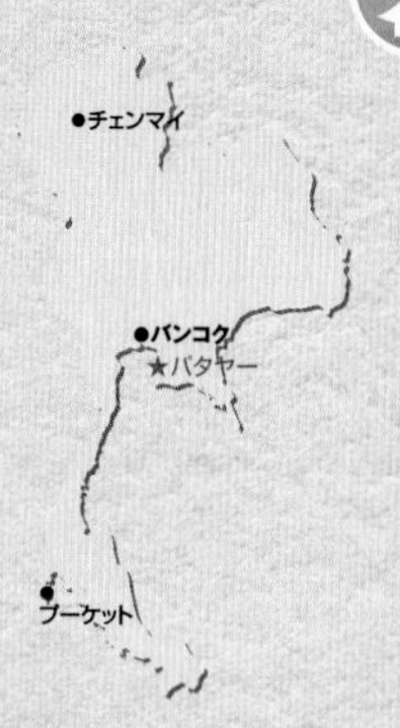

MAP ● P.75-B4

ACCESS

バンコクの東バスターミナル（MAP P.89-E5）から1等エアコンバスが6:00～21:00の間1時間おきに出発。所要2時間～2時間30分、123B。北バスターミナル（MAP 折込表-D1～E1）からも1等エアコンバスが6:00～18:00の間2時間おき、131B、19:00～22:00はバーンナートラート通り経由119B。パタヤー・ヌア通り沿いにあるバス会社のターミナル（MAP P.322-C2）に到着する。そこから市街へはソンテオやモーターサイで移動できる。

荷物が多かったり数人で移動する場合はタクシーも便利。バンコク市内からパタヤーまでは交渉次第で1200～1500B程度。

鉄道はクルンテープ駅（MAP P.85-F1～F2）を月～金曜の6:55発、パタヤー着10:35の1日1本のみ。戻りはパタヤー発14:21、クルンテープ着18:25。3等31B。土・日曜のみ運行の急行列車は往路クルンテープ6:45発、パタヤー着9:14、復路はパタヤー発16:26、クルンテープ着18:55、片道170B。所要時間が約3時間とバスよりも長く、料金もバスより割高で、特に便利なわけではない。

砂が流失しだんだん狭くなるパタヤーのビーチ

▶配車アプリを活用しよう

バスターミナルにいるモーターサイや町なかのタクシーは高い料金を言われることが多いので、GrabやBoltなどの配車アプリを活用しよう。

バンコクプチ情報 パタヤーはビーチだけでなくナイトライフでも世界にその名がとどろいている。滞在する場合はホテルの場所をしっかり確認しないと、ひと晩中騒音に悩まされることになる。

おもな見どころ Sightseeing

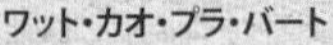

ワット・カオ・プラ・バート
行き方 パタヤー市街からモーターサイで60～80B程度。ソンテオ100B。

誕生曜日ごとの仏像がある

パタヤー湾が見渡せる　★ MAP P.321-B5

ワット・カオ・プラ・バート
Wat Khao Phra Bat　วัดเขาพระบาท

パタヤー・ビーチの南にそびえる小高い丘に建てられているタイ寺院。境内からはパタヤー湾がはるか遠くまで見渡せすばらしい景観が楽しめる。

ワット・プラ・ヤイ
行き方 パタヤー市街から車で10分程度。モーターサイ80～100B、ソンテオ100B。ワット・カオ・プラ・バートとあわせて回ると200B程度。

参道の向こうに見える大仏

黄金の大仏が鎮座する　★ MAP P.322-B3

ワット・プラ・ヤイ
Wat Phra Yai　วัดไดบุทสึจิพระใหญ่

ワット・カオ・プラ・バートの南にそびえる丘の上にある寺院。駐車場から参道を上がっていくと、丘の頂上にまぶしく輝く黄金の大仏が鎮座している。大仏の周囲には、横たわったり立ち姿だったり、さまざまな姿の仏像が何体も並んでいる。それぞれの仏像には曜日の看板がかけられているので、自分が生まれた曜日の仏像にお参りしよう。

サンクチュアリー・オブ・トゥルース
住 206/2 Moo 5, Soi Naklua 12, Bangramung, Chonburi
TEL 0-3811-0653
URL www.sanctuaryoftruth.com
開 8:00～18:00
休 なし
料 500B。象乗りや馬車ツアーなども別料金で利用できる。
行き方 パタヤー市街からモーターサイで100B程度。

富豪の脳が生んだ不可思議な聖域　★★ MAP P.322-B1～C1

サンクチュアリー・オブ・トゥルース
The Sanctuary of Truth　ปราสาทสัจธรรม

摩訶不思議な世界

パタヤー湾とその北にあるナクルア湾とを隔てる岬の先に、巨大な木造建築が現在進行形で建設中。車の販売で財をなした大富豪が建設を始めたこの建物は、いたるところに仏教やヒンドゥー教の神像が立てられており、一種独特の雰囲気。インド、中国、カンボジア、タイの哲学をミックスした独自の思想を表現しているらしいが、その大富豪が亡くなってしまった今では詳しいことはわからない。建設は現在も続けられており、高さ105m、幅100mの巨大建築に釘は1本も使われておらず、木組みだけで建てられている。

カオ・チー・チャン大仏壁画
住 Soi Khao Chi Chan
開 7:00～18:00　休 なし
料 無料　行き方 パタヤー市街からGrabやBoltで所要約30分、片道200B程度。

岩山の岸壁に彫られた大仏　★★ MAP P.200 外

カオ・チー・チャン大仏壁画
Buddha Mountain Khao Chi Chan　พระพุทธรูปแกะสลักหน้าผาเขาชีจรรย์

岩石の採掘目的で削られた岩山の掘り残された壁面に、縦130m、横70mの巨大な仏像がある。前国王ラーマ9世の在位50周年を記念して1996年に彫られたもので、金色の輪郭で縁取られている。駐車場から庭園風の広場を抜けるとすぐ左側に、灰色の岩肌に彫られた巨大な座仏像の姿が見える。庭園に建てられた小さな東屋は「ビューポイント」で、有料（1回10B）の望遠鏡もある。

岩肌に彫られた巨大な仏像

バンコク プチ情報　パタヤーのビーチにずらりと並んでいるビーチチェアは有料。公定価格は、座るだけの椅子50B、寝そべることのできる椅子100Bで、それぞれ1日の料金。これよりも高いことを言われたらボラれている。

決死の飛び下り体験

★★ MAP P.322-B3

パタヤー・パーク・タワー
Pattaya Park Tower
พัทยาปาร์คทาวเวอร์

チョームティエン・ビーチのパタヤー・ビーチ寄りにあるパタヤー・パーク・ビーチ・ホテルに、パタヤーで最も高い展望タワーがある。地上170m、55階にある展望台からはパタヤー・ビーチとチョームティエン・ビーチの両方が見渡せ、まさに絶景。52～54階は回転レストランで、ビュッフェスタイルのランチ（11:30～15:00）、ディナー（17:30～22:00）が景色とともに楽しめる。エレベーターで昇って下りるだけでは物足りない人は、展望台の屋上から3種類の方法でワイヤー伝いに下りることができる。ひとつはスカイシャトルSky Shuttleで、6～8人乗れる大型のドラム缶のような形をしたゴンドラ。スピードシャトルSpeed Shuttleはふたり並んで乗れる籠のような乗り物。タワージャンプTower Jumpと呼ばれる方法は、命綱付きの専用の器具にぶら下がっただけの状態で、宙ぶらりんのまま一気に地上まで下りる。なにしろ出発点の高さは地上170m。勇気を振り絞ってどうぞ。

地上170mからジャンプに挑戦！

パタヤー・パーク・タワー
住 345 Jomtien Beach
TEL 0-3825-1201
URL www.pattayapark.com
営 展望台9:00～19:00(土・祝は～21:00)
休 なし
料 400B(外国人料金。1ソフトドリンク付き)。レストランで食事をする場合は展望台への入場無料。
CC JMV
行き方 パタヤー市街からモーターサイで片道120～150B程度。
スカイシャトル、スピードシャトル、タワージャンプ
営 日～金 10:30～18:00（タワージャンプは～19:00）
土・祝 10:00～19:00
料 入場料に込み。

カートの中から間近にトラを観察できる

★★ MAP P.200-C5

タイガー・パーク・パタヤー
Tiger Park Pattaya
สวนเสือพัทยา

パタヤー南部、パタヤー水上マーケットの近くにある、多数のトラが飼育された施設。檻の中で飼われているトラを眺めるだけでなく、ジャングル風の庭園内を透明のアクリル板で覆われたカートに乗って移動し、寝そべったり歩いたりするトラの間をサファリ風に回るアトラクションが人気。目の前で見るトラは大迫力だ。成獣のトラや赤ちゃんトラとの記念撮影もできる。

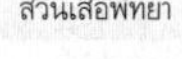

暑さのためかだれ気味のトラも多い

タイガー・パーク・パタヤー
住 349/9 Moo 12, Nongprue
TEL 0-3822-5221
URL tigerpark.com
開 9:00～18:00
休 なし
料 350B。トラとの記念撮影600B～
行き方 パタヤー市街からGrabやBoltで片道150B程度。

写真撮影が楽しめる3D博物館

★ MAP P.321-A1

アート・イン・パラダイス
Art in Paradise
อาร์ต อิน พาราไดร์

自称世界最大のトリックアート美術館。館内の壁に描かれた絵画の数々は、その前に人が立ってポーズを取ることによって完成するものばかり。雑誌の表紙になったり、サメに襲われたり、アンコール・ワットに入り込んだり、チョウに変身したりする様子を存分に撮影しよう。巨大な空間の周囲一面にアンコール・ワットやスコータイ、そしてなぜかエジプトの遺跡などが描かれた部屋もあり、世界旅行気分も味わえる（?）。絵の中に入り込んで自由に撮影を楽しむタイ人入館者たちでにぎわっている。

アート・イン・パラダイス
住 78/34 Moo 9, Pattaya 2nd Rd.
TEL 0-3842-4500
FAX 0-3842-4588
開 9:30～20:00(チケット販売は～19:00)
休 なし
料 400B(外国人料金)

1カ所で世界の遺跡巡りができる

バンコクプチ情報　パタヤーには長期滞在する外国人が多く、そのため本格的な各国の料理が比較的安く食べられる。タイ料理だけでなく、イタリア料理やドイツ料理なども試してみよう。

ビーチ Beach

ビーチ・ロード沿いには遊歩道が整備されている。ビーチに下りれば有料のデッキチェアとパラソルがぎっしりと並んでいるので、海で遊んだりマリンアクティビティを楽しむのならまずデッキチェアを確保しよう（有料）。

パタヤーのビーチは泳ぐよりも各種アクティビティ向き

静かなリゾートエリア ★ MAP P.322-B4

チョームティエン・ビーチ

Jomtien Beach　หาดจอมเทียน

混雑も少ないチョームティエン・ビーチ

パタヤー市街から丘を越えて南へ約 5km の所にあるもうひとつのビーチがチョームティエン・ビーチ。パタヤーよりもあとから開発された地域で、パタヤー・ビーチが以前と比べて砂が流出してすっかり狭くなってしまったのに比べて、こちらはまだまだゆったりしている。大型のリゾートホテルが多く、騒々しいバーのようなナイトライフも少ないので、静かに過ごしたい人はこちらがおすすめ。タイ人やタイ在住外国人の利用が多い。南東へ行けば行くほど静かになる。

パタヤー沖の美しい小島 ★ MAP P.75-B4

ラーン島

Ko Lan　เกาะลาน

パタヤー・ビーチの南にあるバリハイ桟橋（MAP P.321-B5）から船で約 40 分の所にある小島。この島のビーチは白い砂と澄んだ海水が美しい。毎日大勢の旅行者が訪れるため、どこもかしこも過密気味。デッキチェアなどは早めに確保しないとあぶれることもある。熱心なみやげ物売りやマニキュア、三つ編み、マッサージなどを行う女性、シーフード売りなどもひっきりなしにやってくる。ラーン島ではのんびりしようなどとは考えず、思いっきりアクティブに過ごすほうがいい。

海で遊ぶならラーン島へ行こう

チョームティエン・ビーチ
行き方 パタヤー・ターイ通りとパタヤー・サーイ・ソーン通りの交差点にある乗り場（MAP P.321-B4）からソンテオで20B。

ラーン島
行き方 パタヤーのバリハイ桟橋（MAP P.321-B5）から船が発着。チケットは船の前で購入できる。所要約40分、片道30B。ラーン島のナー・バーン桟橋からビーチまではモーターサイかソンテオで20～50B程度。

パタヤー発ラーン島ナー・バーン行き
7:00、10:00、12:00、14:00、15:30、17:00、18:30

ラーン島ナー・バーン発パタヤー行き
6:30、7:30、9:30、12:00、14:00、15:30、17:00、18:00

▶ラーン島のビーチ
ラーン島のおもなビーチは島の西側の海に面している。パタヤーからラーン島へ行く船は、島の東岸にある船着場を利用するものがほとんどなので、船着場からビーチへはモーターサイやソンテオ（20～50B）を利用して移動する。ラーン島で最もにぎやかなのはター・ウェーン・ビーチで、バリハイ桟橋からの直行船（料150B）もある。

パタヤー発
ター・ウェーン・ビーチ行き
8:00、9:00、11:00、13:00

ター・ウェーン・ビーチ発
パタヤー行き
13:00、14:00、15:00、16:00、17:00

島南西部のサメー・ビーチSamae Beachへ直接行く船のチケットも売られている。1日3便、往復ひとり150B。

パタヤーとラーン島を結ぶ船

アクティビティを楽しもう

バンコクプチ情報 ラーン島には手頃なホテルやバンガローもあるので、数日滞在するのもいい。パタヤー・ビーチの海はあまりきれいではないので、海を満喫するならラーン島へ。

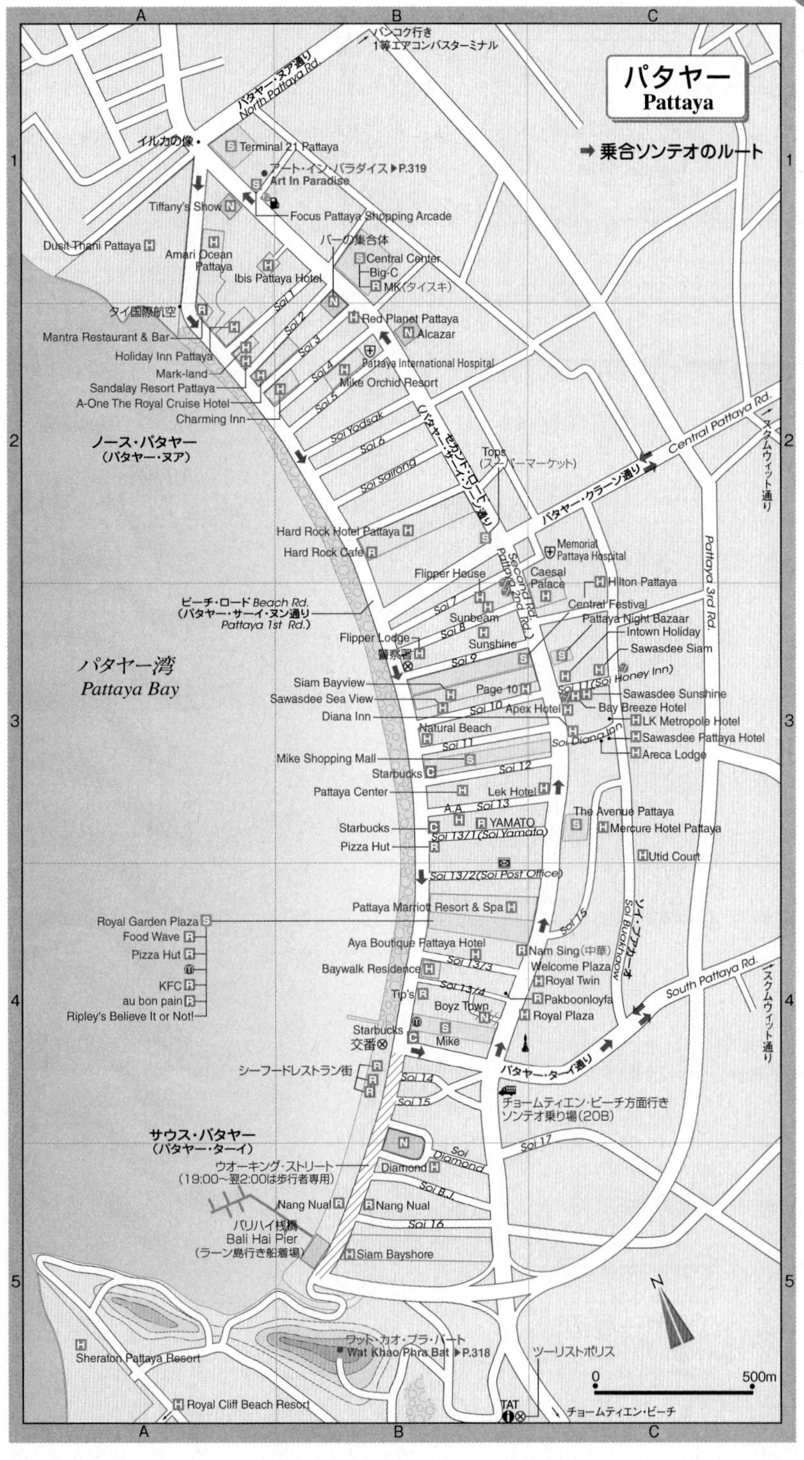
パタヤー
Pattaya
➡ 乗合ソンテオのルート
バンコク行き
1等エアコンバスターミナル
パタヤー・ヌア通り North Pattaya Rd.
イルカの像
Terminal 21 Pattaya
アート・イン・パラダイス ▶P.319
Art In Paradise
Tiffany's Show
Focus Pattaya Shopping Arcade
Dusit Thani Pattaya
Amari Ocean Pattaya
バーの集合体
Central Center
Big-C
MK（タイスキ）
Ibis Pattaya Hotel
タイ国際航空
Red Planet Pattaya
Alcazar
Mantra Restaurant & Bar
Holiday Inn Pattaya
Pattaya International Hospital
Mark-land
Sandalay Resort Pattaya
Mike Orchid Resort
A-One The Royal Cruise Hotel
Charming Inn
Soi 1
Soi 2
Soi 3
Soi 4
Soi 5
Soi Yodsak
Soi 6
Soi Sairong
ノース・パタヤー
（パタヤー・ヌア）
セカンド・ロード（パタヤー・サーイ・ソーン通り）
Tops
（スーパーマーケット）
Central Pattaya Rd.
パタヤー・クラーン通り
スクムウィット通り
Hard Rock Hotel Pattaya
Hard Rock Cafe
Memorial Pattaya Hospital
Second Rd. Pattaya 2nd Rd.
Flipper House
Caesar Palace
Hilton Pattaya
Central Festival
Pattaya Night Bazaar
Intown Holiday
Sawasdee Siam
Pattaya 3rd Rd.
ビーチ・ロード Beach Rd.
（パタヤー・サーイ・ヌン通り
Pattaya 1st Rd.）
Soi 7
Sunbeam
Soi 8
Sunshine
Flipper Lodge
警察署
Soi 9
パタヤー湾
Pattaya Bay
Soi 11 (Soi Honey Inn)
Siam Bayview
Page 10
Sawasdee Sea View
Soi 10
Apex Hotel
Sawasdee Sunshine
Bay Breeze Hotel
Diana Inn
LK Metropole Hotel
Natural Beach
Soi Diana Inn
Sawasdee Pattaya Hotel
Soi 11
Areca Lodge
Mike Shopping Mall
Starbucks
Soi 12
Pattaya Center
Lek Hotel
A.A.
Soi 13
The Avenue Pattaya
Starbucks
YAMATO
Mercure Hotel Pattaya
Soi 13/1 (Soi Yamato)
Pizza Hut
Utid Court
Soi 13/2 (Soi Post Office)
ソイ・ブアカーオ
Soi Buakhaow
Pattaya Marriott Resort & Spa
Royal Garden Plaza
Food Wave
Pizza Hut
KFC
au bon pain
Ripley's Believe It or Not!
Soi 15
Aya Boutique Pattaya Hotel
Nam Sing（中華）
Welcome Plaza
Baywalk Residence
Soi 13/3
Royal Twin
South Pattaya Rd.
スクムウィット通り
Soi 13/4
Tip's
Pakboonloyfa
Boyz Town
Royal Plaza
Starbucks
交番
Mike
パタヤー・ターイ通り
シーフードレストラン街
Soi 14
Soi 15
チョームティエン・ビーチ方面行き
ソンテオ乗り場（20B）
サウス・パタヤー
（パタヤー・ターイ）
Soi 17
Soi Diamond
ウオーキング・ストリート
（19:00～翌2:00は歩行者専用）
Diamond
Soi B.J.
Nang Nual
Nang Nual
バリハイ桟橋
Bali Hai Pier
（ラーン島行き船着場）
Soi 16
Siam Bayshore
ワット・カオ・プラ・バート
Wat Khao Phra Bat ▶P.318
Sheraton Pattaya Resort
ツーリストポリス
0
500m
Royal Cliff Beach Resort
TAT
チョームティエン・ビーチ
N
A
B
C
1
2
3
4
5

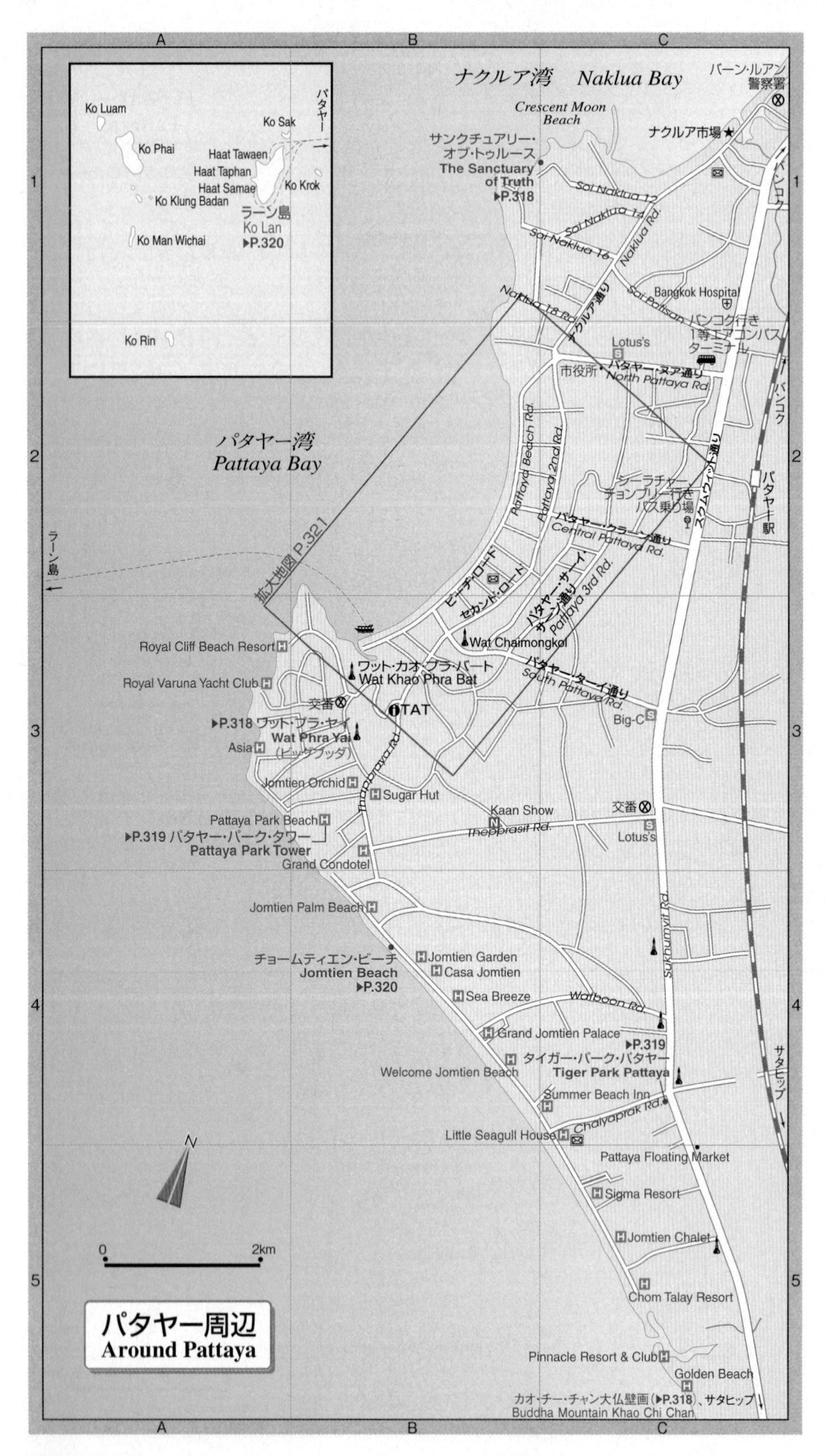
パタヤー周辺
Around Pattaya
ナクルア湾 Naklua Bay
パタヤー湾
Pattaya Bay
Crescent Moon Beach
サンクチュアリー・オブ・トゥルース
The Sanctuary of Truth
▶P.318
ナクルア市場
バーン・ルアン警察署
Bangkok Hospital
バンコク行き1等エアコンバスターミナル
Lotus's
市役所
パタヤー・ヌア通り
North Pattaya Rd.
Pattaya Beach Rd.
Pattaya 2nd Rd.
シーラチャー・チョンブリー行きバス乗り場
パタヤー・クラーン通り
Central Pattaya Rd.
パタヤー・サーイ・サーン通り
Pattaya 3rd Rd.
ビーチ・ロード
セカンド・ロード
スクムウィット通り
拡大地図 P.321
Wat Chaimongkol
ワット・カオ・プラ・バート
Wat Khao Phra Bat
パタヤー・ターイ通り
South Pattaya Rd.
Royal Cliff Beach Resort
Royal Varuna Yacht Club
交番
TAT
▶P.318 ワット・プラ・ヤイ
Wat Phra Yai
(ビッグブッダ)
Asia
Big-C
Jomtien Orchid
Sugar Hut
Thappraya Rd.
Kaan Show
Thepprasit Rd.
Lotus's
Pattaya Park Beach
▶P.319 パタヤー・パーク・タワー
Pattaya Park Tower
Grand Condotel
Jomtien Palm Beach
チョームティエン・ビーチ
Jomtien Beach
▶P.320
Jomtien Garden
Casa Jomtien
Sea Breeze
Watboon Rd.
Sukhumvit Rd.
Grand Jomtien Palace
▶P.319
タイガー・パーク・パタヤー
Tiger Park Pattaya
Welcome Jomtien Beach
Summer Beach Inn
Chaiyaprak Rd.
Little Seagull House
Pattaya Floating Market
Sigma Resort
Jomtien Chalet
Chom Talay Resort
Pinnacle Resort & Club
Golden Beach
カオ・チー・チャン大仏壁画(▶P.318)、サタヒップ
Buddha Mountain Khao Chi Chan
バンコク
パタヤー駅
サタヒップ
ラーン島
Sai Naklua 12
Sai Naklua 14
Sai Naklua 16
Naklua 18 Rd.
Naklua Rd.
Soi Potisan
ナクルア通り
Ko Luam
Ko Sak
Ko Phai
Haat Tawaen
Haat Taphan
Haat Samae
Ko Krok
Ko Klung Badan
ラーン島
Ko Lan
▶P.320
Ko Man Wichai
Ko Rin
パタヤー
0
2km
N

旅の準備と技術

Travel Information

ソンワート通り →P.154

バンコクへの道

スワンナプーム国際空港の到着ロビー

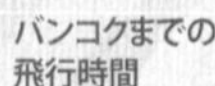

バンコクまでの飛行時間
東京とバンコクの距離は約4500km(約2600マイル)。直行便なら所要約6時間。

2ヵ所あるバンコクの国際空港
バンコクの国際空港はスワンナプーム国際空港とドーン・ムアン国際空港の2ヵ所。利用する便がどちらの空港に発着するか確認しておくこと。

フライトスケジュールも要チェック
航空券を探す際、フライトスケジュールもチェックしよう。東京〜バンコク間のフライトには、東京を午前に出発し夕方バンコクに到着する便、東京を夕方に出発し深夜バンコクに到着する便、東京を深夜出発し翌朝バンコクに着く便がある。帰路はバンコクを朝出発し午後東京に着く便と、深夜にバンコクを出発し翌朝東京に着く便がある。東京を午前に出発すれば、夕方からバンコクで活動できる。バンコク発が深夜なら、帰国する日もまる1日バンコクにいられる。

格安航空券のリスク
格安航空券は、現地到着が深夜で現地発が早朝のため滞在時間が短くなってしまったり、あるいは経由便で往復の所要時間が長いこともある。

タイベトジェットエア
「2023年世界で最も安全な格安航空会社トップ10」に選出。タイのLCCでは唯一、スワンナプーム国際空港をハブとして、タイ国内の乗り継ぎにも便利。
URL th.vietjetair.com

海外旅行の最旬情報はここで!
「地球の歩き方」公式サイト。ガイドブックの更新情報や、海外在住特派員の現地最新ネタ、ホテル予約など旅の準備に役立つコンテンツ満載。
URL www.arukikata.co.jp

日本からバンコクへ

■日本とタイを結ぶ直行便

タイへの直行定期便が発着する日本の空港は羽田、成田、中部、関西、福岡、新千歳(札幌)、仙台の8ヵ所。タイはバンコク発着。直行定期便を運航しているのはタイ国際航空、日本航空、全日空、ZIPAIR、ピーチ、タイベトジェットエア、エアアジア、エアージャパンの8社(2024年2月現在)。

航空券を買う

■日本発タイ行き航空券の種類

航空券には、1年間有効で予約の変更などの自由度が高い

日本とタイ間の最新フライト情報 (2024年2月現在)

航空会社	略号	利用空港	便数	コメント	問い合わせ先
タイ国際航空	TG	羽田	1日2便	乗った瞬間からタイの雰囲気。	TEL 0570-064-015 URL www.thaiair.co.jp
		成田	1日3便		
		関西	1日2便		
		中部	1日2便		
		福岡	1日1便		
		新千歳	1日1便		
		仙台	火金日		
全日空	NH	羽田	1日2便	日本語で安心のサービス。	TEL 0570-029-333 URL www.ana.co.jp
		成田	1日1便		
日本航空	JL	羽田	1日2便	日本語で安心のサービス。	TEL 0570-025-103 URL www.jal.co.jp
		成田	1日1〜2便		
ZIPAIR	ZG	成田	1日1便	成田発着のLCC。	URL www.zipair.net/ja/
ピーチ	NM	関西	1日1便	関空発着のLCC。	URL www.flypeach.com
タイベトジェットエア	VZ	関西(台北経由)	1日1便	関西、福岡発着のLCC。スワンナプーム国際空港利用で乗り継ぎが便利。	TEL (03)5937-5071 URL th.vietjetair.com
		福岡	1日1便		
エアアジア(タイ・エアアジア)	FD	成田	1日1便	スワンナプーム国際空港利用のLCC。	URL www.airasia.com
		福岡	1日1便		
エアージャパン	NQ	成田	1日1便	全日空の子会社。	URL www.flyairjapan.com/ja

普通運賃のほか正規割引運賃のペックス航空券や格安航空券など、同じ路線でもさまざまな種類がある。低料金で話題のLCCもある。料金もさまざまなので、複数の航空会社や旅行会社をチェックしよう。

■ペックス航空券（正規割引運賃）とは

旅行会社だけでなく航空会社からも購入できる正規割引運賃の航空券。同じ路線でも航空会社によって値段が異なる。旅行会社から購入すると手数料が加算され、航空会社のウェブサイトから購入するより高くなるケースも。

■格安航空券とは

団体旅行用などの名目で航空会社が安く卸した航空券を、旅行会社が個人向けにバラ売りしたもの。航空会社では売られておらず、取り扱いのある旅行会社に問い合わせる必要がある。東京～バンコク間なら繁忙期でなければ2～5万円台（諸費用別）程度。安い航空券を探すコツは、航空会社にこだわらないこと。航空会社を指定できない航空券なら、1万円台後半などという掘り出し物も見つかる。

■最近話題のLCCとは

航空会社経営に関するさまざまな部分で経費を削減して実現した低運賃で人気を呼んでいる。2024年2月現在日本とタイを直接結ぶLCCは、ZIPAIR、ピーチ、タイベトジェットエア、エアアジア、エアージャパンがある。運がよければ1万円以下など破格の料金でバンコクまで行ける。一般の航空会社とは少々使い勝手が異なる点に注意。航空券の購入は通常ウェブサイトから行い、電話を利用すると追加料金がかかる。機内食やブランケット、エンターテインメントなどの機内サービス利用や機内預け荷物も有料。機内持ち込み手荷物や機内預け荷物の重量制限も厳しい。超過すると追加料金となる。詳細は各航空会社のウェブサイトなどで確認を。

■eチケットとは

現在では紙の航空券はほとんど発行されず、eチケットが主流。航空券を購入すると旅程のデータが電子メールなどで届くので、プリントアウトして持参しよう。プリントアウトはなくても搭乗できるが、タイ入国の際に出国用航空便の予約が入っていることの証明を求められるケースがまれにあるので、用意しておいたほうが安心。

■パッケージツアーの手配

手配に際して心配なのは購入する旅行会社の信頼度。旅行会社が倒産してしまうと、旅行には行けず支払ったお金も戻ってこないという、泣くに泣けないケースも。旅行会社選びには慎重を期したい。利用する予定の旅行会社が日本旅行業協会（JATA）に加盟しているかどうかがひとつの目安になる。これは旅行会社の業界団体で、一定の条件を満たさないと加盟できない。加盟している旅行会社で何らかのトラブルが発生した際も、JATAが仲介してくれる。

ローコストキャリア
Low Cost Carrierの頭文字を取ってLCCと呼ばれる。

LCCのリスク
悪天候などでフライトの時間が変更になったりキャンセルされた際でも基本的に他社便への振り替えはないので、時間に余裕をもった旅程が必要。

リコンファームとオーバーブッキング
リコンファームとは予約の再確認のこと。おもな航空会社(→P.324)では不要。
予約の受付とキャンセルのバランスがうまくいかず、座席数より乗客数が多くなってしまうのがオーバーブッキング。運がよければエコノミークラスの航空券でも空いているビジネスクラスの席へアップグレードされるが、そうでなければ別便に振り替えられたり、翌日以降の便への変更を余儀なくされる。このような事態を防ぐために、早めにチェックインしよう。

タイの人気バンド、カラバオがプロデュースするカラバオ・ビールが2023年末に登場。醸造元はタワンデーン（→P.259）。見かけたら試してみよう

日本旅行業協会消費者相談室
TEL (03)3592-1266
FAX (03)3592-1268
営 月～金 10:00～17:00
休 土・日・祝、年末年始

国際観光旅客税
日本からの出国には、1回につき1000円の国際観光旅客税が課せられる。支払いは原則として、航空券代に上乗せされる。

バンコクプチ情報 原油価格の高騰分を航空券の価格に転嫁するのが燃油サーチャージ。出発日ではなく発券時期で価格が変わるので、タイミングは慎重に見極めたい。

旅の準備と技術

旅の手続きと準備

まずはパスポートを取得しよう

パスポートは、海外で持ち主の身元を証明してくれる唯一の書類。これがないとそもそも日本を出国することもできないので、海外旅行に出かける際は、まずパスポートを取得しよう。ビザを取る人は申請の際にパスポートが必要になるので、遅くとも出発予定日の1ヵ月以上前には取得しておこう。

■パスポート申請に必要な書類

一般旅券発給申請書1通：都道府県の旅券課窓口や、都道府県によっては市区町村の窓口に用意されている。10年パスポートと5年パスポートでは申請書が違うので注意。

戸籍謄本1通：発行から6ヵ月以内のもの。

住民票1通：発行から6ヵ月以内のもの。住民基本台帳ネットワーク運用自治体では原則不要。

写真1枚：縦45mm×横35mmでフチなし、正面上半身で帽子やサングラスなどをしていないこと、無背景、撮影時から6ヵ月以内のもの。写真内の顔のサイズは縦34mm±2mm以内であること。カラーでも白黒でも可。

身元が確認できる書類：個人番号（マイナンバー）カード、運転免許証、失効後6ヵ月以内のパスポート、船員手帳、海技免状、官公庁や公団職員の身分証明証など1点。あるいはA（健康保険証、年金手帳、恩給証書、身体障害者手帳）2点、もしくはAとB（写真が貼ってある学生証、会社の身分証明証、公の機関が発行した資格証明証、失効後6ヵ月以上経過したパスポート）それぞれ1点ずつ。

パスポートには有効期間5年（青い表紙、申請手数料1万1000円）と10年（赤い表紙、申請手数料1万6000円）の2種類がある。

申請が受理されると交付予定日が記載された旅券引換書が渡される。予定日以降速やかに受け取ること。発給日（交付予定日の前日）から6ヵ月以内に受領しないと、パスポートは無効になる。受け取りは申請者本人のみで、代理人は不可。

タイの入国ビザについて

観光目的で、入国後30日以内に出国する予約済み航空券や乗船券およびひとり1万B（家族で2万B）相当の現金がある場合、入国方法（空路、陸路、海路）にかかわらず30日以内（29泊30日）の滞在が可能。それ以上の滞在を予定していたり、観光以外の目的で渡航する場合は、目的に沿ったビザの取得が必要。隣接国から陸路、海路でのビザなし入国は、1暦年に2回までと制限されているので注意。

■観光ビザの種類と有効期限

観光目的でビザなしで滞在できる30日を超えて、31日以上

パスポートを申請できる場所

各都道府県に申請窓口がある。国外在住の場合は、在住地管轄の在外日本公館でできる。詳細は在住の都道府県庁に問い合わせるか、外務省のウェブサイト参照。URL www.mofa.go.jp/mofaj/toko/passport/index.html

パスポートの残存有効期間は入国時6ヵ月以上必要

タイへ入国するには、パスポートの残存有効期間が入国時に6ヵ月以上必要。残存有効期間が短い人は新しく取り直しておこう。有効期間が残り1年を切れば、新規取得が可能。

日本にあるタイ大使館、領事館

タイ王国大使館

住 〒141-0021
東京都品川区上大崎3-14-6
TEL (03)5789-2433(代表)

ビザに関する電話での問い合わせは不可。ビザ申請は事前ウェブ予約が必要。

URL site.thaiembassy.jp
開 申請：月～金 9:00～11:30
受領：月～金 14:00～15:00

大阪総領事館

住 〒541-0056
大阪府大阪市中央区久太郎町1-9-16 バンコック銀行ビル4階
TEL (06)6262-9226～7
URL www.thaiconsulate.jp
開 申請：月～金9:30～11:30
受領：月～金13:30～15:00

福岡総領事館

住 〒810-0001 福岡県福岡市中央区天神4-1-37 第1明星ビル2階
TEL (092)739-9088
URL fukuoka.thaiembassy.org/jp/index
開 申請：月～金 9:30～11:30
受領：月～金 13:30～15:00

いずれも土・日曜、タイと日本の祝日は休館。開館時間やビザの料金は変更されることもあるので、事前に確認すること。

バンコク プチ情報　ノービザ滞在や観光ビザ取得を繰り返して長期滞在する外国人締め出しのため、ノービザでの繰り返し入国や、ビザの発給に関する審査が厳しくなっている。

滞在したい場合は、観光ビザを取得すること。観光ビザは1回だけ入国できるシングルエントリービザのみ。

シングルエントリー：有効期限3ヵ月の間に1回入国でき60日以内の滞在が可能。滞在日数が60日以内でも（1日でも）、出国すればビザは無効になる。

■観光ビザ申請に必要な書類

以下は東京のタイ王国大使館で日本国籍の旅券所持者が申請する場合。

<table>
<tr><td>有効な旅券</td><td colspan="2">残存有効期間入国時6ヵ月以上、査証欄の余白が2ページ以上あるもの。顔写真ページのコピー1枚。</td></tr>
<tr><td>申請書</td><td colspan="2">すべての欄を記入し、申請者が署名したもの。</td></tr>
<tr><td>申請者カラー写真1枚</td><td colspan="2">縦45mm×横35mm（申請書に貼付する）。</td></tr>
<tr><td>航空券（eチケット）または予約確認書コピー</td><td colspan="2">申請者名、便名、タイ入国日、出国日の記載が必要。航空会社または旅行会社発行のもの。</td></tr>
<tr><td>経歴書</td><td colspan="2">すべての欄を記入し、申請者が署名したもの。</td></tr>
<tr><td>銀行残高証明書原本</td><td colspan="2">申請日に2万B以上に相当する額の残高があること。預貯金通帳のコピーは不可。</td></tr>
<tr><td colspan="3">タイ入国日から出国日までのスケジュール表と入国の目的
滞在先、旅行先、移動方法、渡航目的、活動などできるだけ詳細に、英文で作成。</td></tr>
<tr><td rowspan="7">その他の必要書類（職業を証明する書類）</td><td>会社員</td><td>在職証明書原本、休職証明書原本、会社登記簿謄本原本（発行から3ヵ月以内のもの）。</td></tr>
<tr><td>会社経営者、自営業</td><td>会社登記簿謄本原本（発行から3ヵ月以内のもの）。</td></tr>
<tr><td>学生</td><td>学校発行の在学証明書原本。</td></tr>
<tr><td>年金受給者</td><td>年金証書原本およびコピー、受給年金額がわかる書類。</td></tr>
<tr><td>主婦／主夫</td><td>戸籍謄本原本（発行から3ヵ月以内のもの）と配偶者のパスポート顔写真ページのコピー。</td></tr>
<tr><td>20歳未満の場合</td><td>戸籍謄本原本（発行から3ヵ月以内のもの）、保護者の身元保証書原本と保護者の署名入りの旅券または運転免許証のコピー。</td></tr>
<tr><td>無職の場合</td><td>納税証明書もしくは非課税証明書、または確定申告証明書。身元保証書原本と保護者の署名入りの旅券または運転免許証のコピー。</td></tr>
<tr><td>ホテルの予約確認書</td><td colspan="2">1回もしくはそれ以上の渡航回数分。</td></tr>
<tr><td>申請料</td><td colspan="2">5500円</td></tr>
</table>

注：2023年10月1日現在。変更される場合もあるので、申請時に最新の情報を確認すること。

申請書、経歴書、身元保証書、委任状は大使館のウェブサイト（URL site.thaiembassy.jp）からダウンロードできる。必要な情報をコンピューター上で空欄に入力する。英語、大文字を使用すること。手書きの申請書は手続きに時間がかかることがある。

海外旅行保険に加入しよう

海外旅行保険は、旅行中の死亡、傷害、病気、盗難などにかかる費用を補償するもの。海外旅行保険が自動的に付帯するクレジットカードは補償額が低かったり、疾病死亡が補償されないなどカバーされる範囲が限られているので、補償内容は事前にしっかり確認し、足りないと思ったら別途加入しておこう。

査証欄の余白にも注意

ビザや出入国のスタンプを押す査証欄に余白がないとして、タイ入国を断られるケースもあるので注意。

タイ観光ビザの申請方法

- 本人申請：申請者本人が直接大使館または領事館で申請する。大使館のウェブサイトから事前に予約が必要。
- 代理申請：申請者は代理人に委任状（大使館のウェブサイトからダウンロードできる）を発行し、申請者と代理人ともに身分証明書（パスポートもしくは運転免許証）のコピーを添付すること。

現地で滞在日数の延長手続き

観光ビザはタイ国内のイミグレーションオフィスで延長を申請できる。必要な書類は申請用紙（窓口でもらえる）、パスポート、写真（縦60mm×横40mm）2枚。手数料1900B。係官の判断で延長されないこともある。ビザなし入国の場合は、30日の延長が1回だけ可能。手続きは上記と同じ。許可された滞在日数を超過した場合は、1日につき500Bの罰金が科され、超過日数に応じて一定の期間タイへ入国できなくなる。

バンコクのイミグレーションオフィス

MAP 折込裏-C2
住 Government complex, Chaengwattana Bldg., B, No. 120, Moo 3, 904 Chaengwattana Rd.
TEL 1178、0-2572-8500
URL www.immigration.go.th
開 月～金 8:30～16:30
休 土・日

海外専用プリペイドカード

詳細はP.331。

- アプラス発行
「MoneyT Global マネーティーグローバル」
URL www.aplus.co.jp/prepaidcard/moneytg/
- トラベレックスジャパン発行
「Travelex Money Card トラベレックスマネーカード」
URL www.travelex.co.jp/travel-money-card

旅の準備と技術

旅の情報収集

旅行前の情報集め

スムーズな旅をするのに確かな情報は欠かせない。出発前にはいろいろ下調べをしておきたい。

■タイ国政府観光庁（TAT）

タイ国内各地の簡単な地図や観光案内などのパンフレット、鉄道時刻表、中級以上のホテルリストなど、さまざまな資料などが無料でもらえる。

■旅行体験者の話を聞こう

タイ旅行体験者から直接話を聞くのもためになる。タイ料理レストランやタイ語学校などへ行けばタイに興味のある人が集まっているし、従業員にタイ人がいればより詳しい話が聞けるだろう。インターネット上の掲示板などで質問をすれば、親切な誰かがアドバイスをしてくれる。適切に答えてもらうコツは、「最近のルーフトップ・バーではどこがおすすめですか」など質問内容をできるだけ具体的にすること。「おもしろい場所はありますか」「おいしいレストランを教えてください」というような漠然とした問いかけには、答えようがない。

タイ国政府観光庁（TAT）
URL www.thailandtravel.or.jp
東京オフィス
住 〒100-0006
東京都千代田区有楽町1-7-1
有楽町電気ビル南館2階259号
TEL (03)3218-0355
FAX (03)3218-0655
大阪オフィス
住 〒550-0013
大阪府大阪市西区新町1-4-26
四ツ橋グランドビル
TEL (06)6543-6654
FAX (06)6543-6660
福岡オフィス
住 〒812-0027
福岡県福岡市博多区下川端町
2-1 博多リバレインイーストサイト11階
TEL (092)260-9308
FAX (092)260-8181
開 各オフィスとも月～金9:00～12:00、13:00～17:00
休 土・日・祝

COLUMN

タイ旅行お役立ちウェブサイト

編集部が選ぶ、タイ旅行に役立ちそうなウェブサイトは以下のとおり。

タイ国政府観光庁（日本語）

URL www.thailandtravel.or.jp

タイ国政府観光庁日本支局運営のサイト。タイ国内各地や日本で行われるタイに関するイベント情報がおもしろい。「ニュース＆トピックス」ではタイ関連のテレビ番組やラジオ番組情報、タイに関する記事が掲載される雑誌の情報なども告知され参考になる。また「重要なお知らせ」には旅行者向けの注意情報が告知されるので、出発前に目を通しておこう。

タイ国際航空（日本語）

URL www.thaiair.co.jp

日本発のペックス運賃、タイ国内線の時刻表や料金、マイレージ情報が検索でき便利。キャンペーン料金が出ていることも。

タイランドハイパーリンクス（日本語）

URL www.thaich.net

タイ関係ウェブサイトのイエローページ。最新ニュースやコラムなど、コンテンツもおもしろい。

newsclip（日本語）

URL www.newsclip.be

タイの主要ニュースを日本語でほぼ毎日発信。政治や経済ニュースに強い。三面記事的なネタも随時掲載される。タイ情報をとりあえずおさえるならここ。

日本橋夢屋（日本語）

URL www.tokutenryoko.com

コロナウイルス感染症の感染拡大状況により変更されることが多い、日本と世界各国の入国制限や入国時の手続きに関する情報がとても見やすくまとめられている。情報更新も頻繁。

トップページ→日本橋夢屋からのお知らせ→アジア：入国制限に関する一覧→タイのページへ

地球の歩き方ホームページ（日本語）

URL www.arukikata.co.jp

本書発刊後の現地最新情報が「更新・訂正情報」に掲載されているので、出発前にチェックしておこう。エアラインのプロフィール、天気予報、為替レートなど旅に役立つ情報も並ぶ。「旅のQ&A掲示板」では、経験者がさまざまな旅の質問に答えてくれる。

バンコクプチ情報　「タイの最新事情ならタイ人に聞こう」とタイ人経営のタイ料理店を訪れて店員に話しかける人がいるらしいが、彼らは日本で暮らしているので最新事情に詳しいとは限らない。

COLUMN

バンコクのメディア事情

バンコクのテレビ放送

おもな地上波放送局が6局あり、各局バラエティ、ニュース、ドラマ、アニメ、映画など日本の民放のような構成。日本のアニメーションも子供たちに人気だ。休日にはムエタイの中継が行われ、男性たちが盛り上がっている。2014年4月のデジタル化以降無料チャンネルが約40局に増え、ケーブルテレビなどで視聴できる。

ほかにはケーブルテレビや衛星放送を通じて、CNNやBBCワールド、アルジャジーラ、NHKワールドTV、MTV、ESPN（スポーツチャンネル）などを見ることができる。中級以上のホテルならたいていNHKワールド・プレミアム（NHKの海外在住邦人向け放送）が視聴できるほか、ヨーロッパ各国の放送局なども視聴でき、タイを訪れる客層の多様さが実感できる。

バンコクのラジオ放送

FMの音楽局が充実しており、タイのポップスや演歌専門局、洋楽チャンネルなどいろいろ選べる。車利用者向けの渋滞情報チャンネルや、忘れ物落とし物情報チャンネルなどもある。

バンコクで手に入る日本語書籍

日本の雑誌、書籍類は日本語書籍店で売られている。ただし輸入品になるので、当然ながら日本で買うよりも割高。本体に印刷されている定価では購入できない。

日本語フリーペーパー

日本大使館に在留届を出しているだけでも5万人以上日本人がいるバンコクでは、日本人向けのフリーペーパーが各種発行されている。

在住者向けだが旅行者にも役に立つ各種フリーペーパー

『パノーラ』

町のイベントなど在住者に役立つ情報満載。渋めの町ネタをひろう特集記事は、旅行者にとってもおもしろいハズ。月刊。

URL www.hellothai.com/Panora

『DACO』

1998年5月創刊。在住日本人にはもちろん、旅行者にも役立つ内容がウリ。毎号の特集を楽しみにしているタイ好きは多い。月刊。

URL www.daco.co.th

『と暮らす』

在住者に人気のフリーペーパー。読み応えたっぷりの特集記事は旅行者にもおもしろい。

URL www.freecopymap.com

『WISE』

毎週水曜発行で、大判の表紙に日本の芸能人やスポーツ選手の写真が大きく印刷されておりよく目立つ。日本の情報に飢えた在住日本人向けだが、レストラン、ショップ、スパやエステの広告は旅行者にも参考になる。

URL www.wisebk.com

『バンコクマダム』

2005年創刊、在住女性からの情報をピックアップしているので、ファッションやスパ、レストランなどの情報が多い。女性旅行者は見つけたらもらっておこう。月刊。

URL www.bangkokmadam.net

日本語情報誌の入手先

フリーペーパーは、日本語書籍販売店や日本料理レストランのキャッシャー脇、大きなデパートやショッピングセンターのインフォメーションカウンターなどに置かれている。

英字新聞

『BANGKOK POST』

タイを代表する日刊英字新聞。市内各所の新聞スタンドや本屋、雑貨屋などで売られている。タイの最新ニュースを英語で読める。

バンコク プチ情報 バンコクの日本語フリーペーパーは、新しいものが登場してはいつの間にか消えて、の繰り返し。上記以外にはタブロイド判の『タイ自由ランド』も歴史が長い。

旅の予算と両替

タイプ❶の予算例

宿代(カオサン通りにあるゲストハウス)	400B
朝食(屋台のコーヒーと果物)	50B
昼食(屋台で麺類)	40B
散歩の途中で水	10B
夕食(ローカル食堂でご飯とおかず)	120B
ビール1缶	42B
合計	662B(2713円)

屋台は節約派の強い味方

タイプ❷の予算例

宿代(中級ホテル。朝食付き)	2000B
タイ式マッサージ1時間	350B
昼食(フードコートでひと皿ものと飲み物)	80B
ハイティー	1800B
夕食(タイ料理レストラン)	250B
パブでビール	150B
合計	4630B(1万8983円)

ハイティーでリラックス

タイプ❸の予算例

宿代(高級ホテル。朝食付き)	4000B
ホテルのスパ	3000B
昼食(ホテルのビュッフェ)	1200B
カフェでコーヒー	100B
夕食(ルーフトップレストラン)	3000B
ホテルのバーでドリンク	400B
合計	1万1700B(4万7970円)

ゆったりくつろげる高級ホテル

注：スワンナプーム国際空港とドーン・ムアン国際空港内にある銀行の両替レートは、市内の支店よりも1万円につき60～100Bほど悪いので注意。それでも日本で両替するよりは有利。

旅の予算の組み立て方

■予算に応じた楽しみがあるバンコク

日本に比べるとバンコクは食費や宿泊費、交通費などを割安に抑えることができる。逆に日本並み、あるいはそれ以上に豪華なホテルやレストランを利用することもできる。節約しながら長く滞在したい人も、思いきって豪華に過ごしたい人も、それぞれに楽しめる懐の深い土地だ。

■スタイル別旅の最低予算

以下の予算はひとり旅の場合。ふたり連れの場合は、部屋代を折半できるのでこれよりも安くなる。買い物などは含んでいない最低の目安（1B は 4.1 円で計算、小数点以下四捨五入）。

タイプ❶ 沈没型長期滞在

その気になれば最低限 1 日 3000 円あれば滞在できる。そんな旅でもストレスなく楽しめる雰囲気がバンコクにはあり、慣れるとやめられなくなる。

タイプ❷ リラックスして旅を楽しむ

1 日 2 万円程度の予算があれば、移動や食事など日本にいるのとほぼ同じ感覚で楽しめる。

タイプ❸ せっかくだからゴージャス満喫

せっかくだから、日本ではできない贅沢を満喫しよう。日本で同じことをすると、この何倍も予算が必要になるはず。

■日本とバンコクの物価比較

何でも日本より安いと思ったら大間違いなので注意。ちょっといいものは、日本よりも高い。食費やタクシー、宿泊代はまだ多少は割安感あり。

商品、サービス	日本	バンコク
ビッグマックのセット	670円～	180B(738円)～
コーヒー(スターバックスのトールラテ)	380円	120B(492円)
飲料水(500mℓ入り)	120円	10B(41円)
ビール(1缶)	215円	42B(172円)
タクシー初乗り	410円	35B(144円)
電車初乗り(東京メトロで現金払いの場合と、BTSの現金払いの場合)	170円	16B(66円)
ひと皿ご飯(すき家の牛丼並盛)	400円	50B(205円)

バンコク両替術

■タイの通貨と為替レート

タイの通貨はバーツ Baht。本書では B と表記。補助通貨はサタン Satang で、1B は 100 サタン。紙幣は 1000、500、100、50、20B。硬貨は 10、5、2、1B および 50、20 サタン。**為替レートは 1B ≒ 4.1 円（2024 年 2 月 15 日現在）**。

■バーツへの両替は日本ではなくタイで

日本国内の銀行で円をバーツに両替するのはレートが悪い。スワンナプーム国際空港やドーン・ムアン国際空港内にある銀

バンコクプチ情報　物価の上昇が続くタイ。急激な円安もあり、かつて1バーツ3円で計算していたレートも2023年には4円を超え、体感的物価はコロナ前の3割増し。割安感で選ぶ旅先ではなくなりつつある。

行の両替所は24時間営業。スワンナプーム国際空港地下1階のエアポートレイルリンク駅横には、銀行よりもレートが有利な公認両替商が並んでいる（店により 営6:00頃～23:00頃 休なし）。日本ではなく、バンコク到着後に両替しよう。ただし多額の現金を持ち歩くのは危険なので、両替は最低限にしたい。

■バンコク市内での両替

両替の際はパスポートの提示が必要なので持参すること。

銀行：市内各所にある支店のほか、繁華街や大きなショッピングセンター、BTS駅など人出の多い場所には両替専門の窓口もある。支店の営業時間は通常月～金曜の9:30～15:30、両替専門の窓口はだいたい9:00～20:00で毎日営業。

公認両替商：繁華街やBTS駅など市内各所にあり、店によっては銀行よりもレートが有利。

■持っていく通貨について

日本円はどの銀行や両替商でも両替できるので、日本円の現金をそのまま持参すれば大丈夫。

■あると便利なクレジットカード

クレジットカードは中級以上のホテルやレストラン、商店などではたいてい利用できる。タイでは本来店側が負担すべきカードの手数料を客に負担させるところもあるので、利用の際には事前に確認しよう。クレジットカードやICカード（ICチップ付きのクレジットカード）で支払う際に、サインではなくPIN（暗証番号）の入力が必要になる場合があるので、出発前にカード発行金融機関に確認しておこう。PINを登録した国際クレジットカードを持っていれば、同じマークが表示されたATM（現金自動預け払い機）やCD（現金自動支払い機）でキャッシングできる。金利は比較的高いので注意を。

海外でクレジットカードを使う際、決済が現地通貨か日本円か選べることがある。日本円で決済する場合、クレジットカード会社が独自に設定した、若干不利な為替レートが設定されているので注意。利用の際はサインする前に必ず決済通貨を確認し、日本円になっていたら、タイバーツに変えてもらおう。

■デビットカード

使用方法はクレジットカードと同じだが、支払いは後払いではなく、発行銀行の預金口座からの即時引き落としとなる。口座の残高以上は使えないので、予算管理にも便利。ATMで現地通貨も引き出し可能。

■海外専用プリペイドカード

海外専用プリペイドカードは、カード作成時に審査がなく、外貨両替の手間や不安を解消してくれる便利なカードのひとつだ。

出発前にコンビニATMなどで円をチャージ（入金）し、入金した残高の範囲内で渡航先のATMで現地通貨の引き出しやショッピングができる。各種手数料が別途かかるが、使い過ぎや多額の現金を持ち歩く不安もない。おもにP.327欄外のようなカードが発行されている。

タイの通貨

1000B

10B

500B
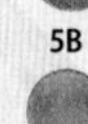
5B

100B

2B
50B
1B
20B
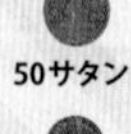
50サタン
25サタン

前国王の肖像が入った古い紙幣や硬貨など、複数のデザインが流通している。

バンコクのおもな公認両替商

サヤーム・エクスチェンジ Siam Exchange
MAP P.298-B2
住 422/3 Phaya Thai Rd.
TEL 0-2216-4782 FAX 0-2215-2586
営 月～金9:30～18:00 土・祝9:30～16:00 休 日

タニヤ・スピリット Taniya Spirit
MAP P.263-D3
住 62/6 Taniya Rd.
TEL 0-2234-5224 FAX 0-2235-6699
営 10:30～22:30頃 休 なし

スーパー・リッチ Super Rich
MAP P.91-D3
住 67-69 Ratchadamri Rd.
TEL 0-2057-8888 FAX 0-2251-5642
営 月～土9:00～18:00 土・祝9:30～17:00 休 日

スーパー・リッチは市内各所に支店や類似名称の店があり、支店によってレートが異なるので注意。上記3店以外にBTSプロムポン駅構内や、BTSサーラーデーン駅2番出口手前の両替商、タニヤ通り内スリウォン通り寄りの金行「タニヤ金店」（→MAP P.263-D1）は、銀行よりもレートが有利なことが多い。

両替所のレート比較サイト

バンコクにあるおもな両替所のレートが比較できる便利なウエブサイト。
URL jpy-thb.com

海外専用プリペイドカード
→P.327

旅の季節

雨季は大雨に注意

おもな行事の詳細な日程は
TAT(→P.328) に問い合わせを。
URL www.thailandtravel.or.jp

大きく3つに分けられるバンコクの季節

タイは年中暑いイメージがあるが、涼しくさわやかな時期もある。大きく雨季、乾季、暑季の３つの季節があり、それぞれに比較的はっきりとした特徴がある。

■雨季（5 月中旬～ 10 月中旬）

毎日ぶ厚い雲が天を覆い、雨が降ったりやんだりする日々が続く。１日中ずっと降り続くわけではなく、気温も暑季よりは下がるので、雨の合間に町歩きはけっこうできる。ただし降った場合はすさまじく、夕立のような豪快な雨が降り注ぎ、道路が

2024 ～ 2025 年の年間行事、気候カレンダー

月	2025年 1月	2月	3月	2024年 4月	5月	6月
季節	乾季		暑季			
おもな祝祭日	1日 元日 29日 中国正月*	12日 マーカブーチャー *		6日 チャクリー王朝記念日 13～15日 ソンクラーン(タイ正月)	1日 レイバーデー 4日 戴冠記念日 6日 プート・モンコン* 22日 ウィサーカブーチャー *	3日 王妃誕生日
おもな行事	子供の日(第2土曜)：学校が休みになる。	旧正月：陰暦の元日で、毎年1～3月頃にある。中国系商店はほとんどが休みになり、ヤオワラートで獅子舞が行われるなど正月気分が盛り上がる。	大きな行事はないが、学校は夏休みに入る。	ソンクラーン：聖水をしめやかにかけるお祭りが盛大な水合戦に変化。カオサン通りやパッポン通りなどの盛り場は水浸しになる。	プート・モンコン（農耕祭）：サナーム・ルアンで聖なる牛に穀物などを与え、その年の収穫を占う。官公庁は休み。	大きな行事はない。
気候 平均気温(℃) バンコク	27.8	27.9	29.6	30.3	29.3	29.3
気候 平均気温(℃) 東京	5.2	5.7	8.7	13.9	18.2	21.4
	64	70	68	72	75	75
	52	53	56	62	69	75
気候 平均降水量(mm) 東京	52.3	56.1	117.5	124.5	137.8	167.7
気候 平均降水量(mm) バンコク	15.1	18.3	39.3	86.6	245.8	162

*印の祝祭日は旧暦で決まるため毎年変わる。祝祭日が土・日曜と重なった場合、月曜が振替休日となる。

冠水することもしばしば。雨季の終わりが近づくと、連日大雨が降り続くことも珍しくない。

■乾季（10月中旬～2月中旬）

最も快適な季節。空気は乾燥して毎日さわやかな晴天が続き、雨もほとんど降らない。気温も比較的低くなり、クリスマスや年末年始の頃には朝晩肌寒ささえ感じるほどになる。

■暑季（2月中旬～5月中旬）

2月頃からだんだん気温が上昇し、同時に湿度も上昇してくる。3月も半ばになると夜になっても気温は下がらず、朝から猛烈な暑さが続く。4月中旬に行われるソンクラーン（タイのお正月）で水をかけ合ったあと、暑季の後半になると天候が不安定になり、毎日スコールが降るようになる。そうすると再び雨季の到来だ。

タイ国政府による
メンバーシッププログラム

「タイランドエリート」は、タイでの長期滞在を希望する人や頻繁に渡航する人にはうれしいメンバーシッププログラム。メンバーには最長20年間マルチプルエントリービザが発給され、空港では専属スタッフが付き添い、VIP待遇でのスムーズな入出国手続きが可能。そのほか、有名ホテルやレストランでの特別優待割引や、ゴルフやスパが無料になるなど特典満載。

URL thailandelite.world

7月	8月	9月	10月	11月	12月
雨季				乾季	
0日　アーサーンハブーチャー＊ 1日　カオ・パンサー＊ 3日　国王誕生日	12日　皇太后誕生日		13日　ラーマ9世記念日 23日　チュラーロンコーン大王記念日		5日　国家の日（前国王誕生日） 10日　憲法記念日 31日　大みそか
オ・パンサー：この から短期出家者が 門に入る。官公庁は み。	皇太后誕生日：8月に入る頃から町なかにはイルミネーションや肖像画が飾られる。	大きな行事はない。	オーク・パンサー：短期出家者が還俗する日。2024年は10月17日。	ローイ・クラトン：ろうそくをともした小さな灯籠を川や池に流す、タイらしい風情のあるお祭り。2024年は11月15日。	国家の日（前国王誕生日）：5日の誕生日当日に向け、町には前国王をたたえる装飾があふれる。

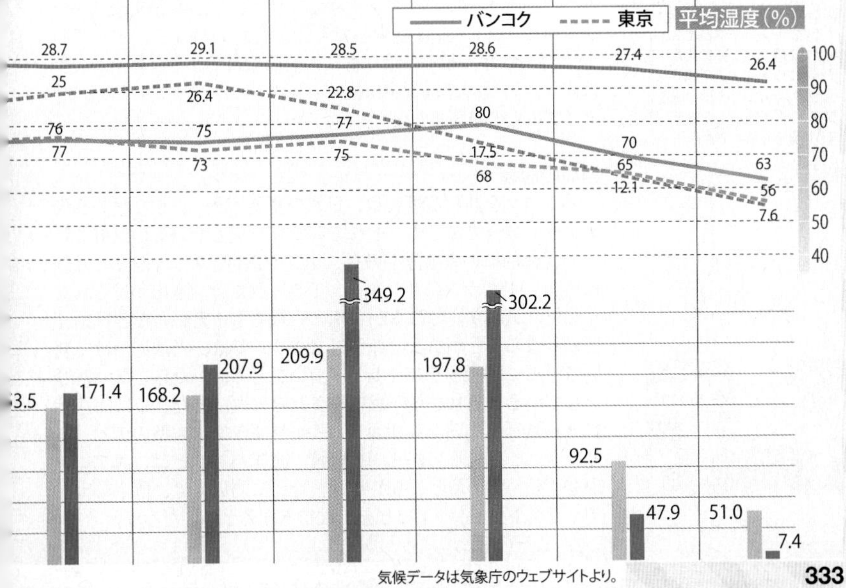

バンコク　東京　平均湿度(%)

100 90 80 70 60 50 40

	7月	8月	9月	10月	11月	12月
気温 バンコク	28.7	29.1	28.5	28.6	27.4	26.4
気温 東京	25	26.4	22.8	17.5	12.1	7.6
平均湿度 バンコク	76	75	77	80	70	63
平均湿度 東京	77	73	75	68	65	56
降水量	3.5	168.2	209.9	197.8	92.5	51.0
降水量	171.4	207.9	349.2	302.2	47.9	7.4

気候データは気象庁のウェブサイトより。

旅の道具と服装

バンコク旅行の持ち物

バンコク滞在型の旅なら移動の心配もなく、荷物のサイズや重さにそれほどこだわることもないだろう。何か必要になっても、たいていのものはバンコクで手に入る。スーパーマーケットやコンビニの充実度は日本並み。

■貴重品とその持ち方

パスポートやお金などの貴重品は、どのようにして持ち歩き、守ればいいのか。実例を挙げて、検証してみよう。

首からひもでつるす：袋に入れて首から下げ、シャツの内側に隠す方法。ひと昔前まで主流を占めていた方法で、安全なので今もバックパッカーなどに愛用者は多い。難点は「格好悪い」「必要なときにすぐに出しにくい」「薄着だと目立つ」など。応用編として腹巻きもあるが、必要なときに取り出せない。

持ち歩かない：最も安全なのがこの方法。貴重品はホテルのセーフティボックスなどに預け、大金は持ち歩かない。しかしタイでは外国人でも身分証明書の携帯義務があり、旅行者はパスポートを持ち歩かねばならない。クラブやバーなどIDチェックをする店では、パスポートを持っていないと門前払い。深夜に検問を行っていることがあり、そのときに所持していないと面倒が起こることがある。そのようなときのためには、パスポートのコピーを携帯していれば安心できる。とにかく、貴重品は目立たないように持つのが肝心。いろいろ考えて工夫しよう。

■旅行かばんはどれがいい？

中級以上のホテルに泊まり移動が少ないのであれば、荷物がたくさん入ってパッキングがしやすく、しかも頑丈なスーツケースが便利。旅費を少しでも節約したいのなら、すべて自分で持ち歩き、どんな乗り物にも飛び乗れるようなものがいちばん。そのためには背中に担ぐバックパック（リュックサック）タイプのものが望ましい。

■旅の服装

バンコクを訪れる場合は、日本の夏をイメージして服装を決めよう。身軽で涼しく、それでいて礼を失しないものが好ましい。具体的にいえば薄手の長ズボンや襟付きのシャツなどは忘れずに。半ズボンにサンダル、Tシャツだけでも出かけられなくもないが、身軽どころか寺院に入れてもらえないなど行動範囲が狭まることがある。身分社会のタイでは、人は見かけで判断される。高級ホテルやレストランなどでは、だらしない格好をしているとそれなりの対応をされるのだ。またタイには意外に寒い場所もある。高級ホテルやレストラン、大型のデパートやショッピングセンター、映画館、観光バスなどは、エアコンが強く効いているところが多い。冷房に弱い人は、薄手のカーディガンやジャケットなどを1枚持参するといいだろう。

医薬品について
バンコクは薬局が多く、医薬品の入手に困ることはない。ただし「効きが強過ぎる」ことがあるので、常用している薬があるのならば、日本から持っていったほうがいい。日本語が通じる薬局もある。

ブレズ薬局
BLEZ PHARMACY
MAP P.92-C3
住 Between Soi 21 & 23, Sukhumvit Rd.
TEL 09-2223-1251
URL www.blez-web.com
営 9:00～23:00（10:00～19:00は日本人在店）
休 なし
CC J M V（＋2%のチャージ）

タイで買えるもの
洗面用具などの日用雑貨はほとんどのものがスーパーやコンビニで手に入るし、日本で買うより価格も安い。忘れても不便はないので、特にお気に入り、こだわりの品があればそれだけ持参し、残りは現地調達で済ませることも可能。

必要な日用品
極端に安いゲストハウスを利用する場合、タオルは用意されていないことがある。安宿に滞在するつもりならタオルは持参したほうが無難だ。そのような宿ではシャンプーや石鹸もない場合があるので、持参するか到着後にコンビニなどで調達しよう。考えようによっては、極端な安宿よりも中級以上のホテルのほうが身軽な旅ができる。

ショッピングセンターなど、エアコンが効き過ぎて寒い場所もある

バンコクプチ情報　持ち物に関して、それほど神経質になる必要はない。バンコクのデパートやコンビニ、スーパーマーケットは、日本のそれに引けを取らない品揃え。必要なものはたいてい手に入る。

■旅の持ち物チェックリスト

品名	必要度	コメント	事前チェック	最終チェック	現地調達予定
貴重品					
パスポート（旅券）	◎	データ欄のコピーを取っておこう			
ビザ	○	観光で30日以内の滞在なら不要			
現金（日本円）	◎	自宅から空港への交通費も忘れずに			
クレジットカード	◎	PIN（暗証番号）を確認			
デビット、トラベルプリペイドカード	○	すでに持っているなら持参しよう			
eチケット控え、航空券	◎	日時を確かめて			
ホテル予約確認書	◎	場所を確認しておこう			
海外旅行保険証書	◎	もしものために加入しておこう			
衣類					
シャツ	◎	Tシャツ、ポロシャツ、襟付きシャツなど			
下着	◎	着用中のもの以外に最低上下2組			
短パン	○	部屋着に			
水着	○	中級ホテルでもプール付きが多い			
上着	○	デパートやレストランは涼しい			
長ズボン、スカート	◎	寺院見物に肌の露出は禁物			
帽子	○	タイの日差しは強烈			
靴下	○	靴を履く人			
洗面用具（高級ホテルならアメニティとして用意されている）					
シャンプー	○	コンディショナー入りが便利			
石鹸	○	お気に入りのものがあるなら			
歯ブラシ、歯ミガキ	○	いつも清潔に			
ヒゲソリ、安全カミソリ	○	身だしなみをチェック			
タオル	○	よほどの安宿以外備わっている			
医薬品等					
常備薬	○	胃腸薬、虫よけ、かゆみ止めなど			
生理用品	○	使い慣れたものを。現地でも入手可			
蚊取り線香	○	安宿に泊まる人は必要			
洗剤	○	ホテルのランドリーは高い			
日焼け止め	△	ビーチに足を延ばすなら			
電気製品					
スマートフォン、携帯電話	◎	充電器も忘れずに			
タブレット、ラップトップ	○	Wi-Fiスポットも多い			
モバイルバッテリー	○	あると安心、機内持ち込みに注意			
書籍類					
ガイドブック	◎	『地球の歩き方 タイ』も一緒に			
文庫本	○	プールサイドで優雅に読書			
そのほか					
マスク	○	タイ人は屋外でもマスク姿			
ウェットティッシュ	○	屋台などであると便利			
つめ切り、耳掻き	○	小型のもの。綿棒も便利			
鍵	◎	小～中型の南京錠。荷物にかける			
ボールペン、メモ帳	○	メモを取る機会は意外に多い			
ハンカチ、ティッシュ	○	トイレットペーパーで代用しても			
サングラス	○	ほこりよけにもなる			
めがね、コンタクトレンズ	○	クリアな視界で			
ビーチサンダル	○	ホテルの部屋履きに			
腕時計	◎	アラーム付きが便利			
デジタルカメラ	○	小型で軽量のもの。スマホで代用可			
ビニール袋、エコバッグ	○	あると便利			
雨具	○	折りたたみ傘があると安心			

◎：必需品 ○：あると便利なもの、特定の人に必要なもの △：持っていってもいかなくてもいいもの

出入国手続き

空港へは早めに到着しよう
国内線とは異なり、出国手続きなどがあるので、空港へは余裕をもって到着しよう。目安はフライトの2時間前。バンコクは交通渋滞が激しいので、帰国時は早めに行動を開始しよう。

荷物のトラブル
到着時に預けた荷物が破損していたり出てこなかったら、受け取りエリア内にあるBaggage Serviceのカウンターへ申し出て手続きを行う。

タイに無税で持ち込めるもの
- たばこ：紙巻たばこ200本、またはその他250g
- 酒類：1本(または1ℓ以内)

(注：たばこについてはかなり厳しく、超過分には高額のペナルティが科される)

電子たばこは持ち込み禁止
タイは電子たばこの所持、持ち込み禁止なので注意。

タイの持ち出し禁制品
- 仏像：骨董品や模造品でも仏陀をかたどっているものはすべて持ち出し禁止。持ち出すためには許可が必要。問い合わせはバンコクの芸術局考古学、博物館オフィス(℡0-2126-6252)へ。
- 多額のタイバーツ：国外持ち出しはひとり当たり5万Bが限度で、それ以上は許可制。
- 多額の外貨：タイ出国時にUS$1万5000相当額以上の外貨を所持している場合は、タイ国内で何らかの労働行為があったとみなされ、課税されるか没収される。入国時に多額の外貨を所持している場合は、念のため税関で申告を。入国時に申告した額より多い金額を持って出国する場合は、課税対象となる。

日本の出国手続き

■タイ入国にコロナウイルス感染症関連の書類は不要

タイではコロナウイルス感染症に対して発令されていた非常事態宣言が終了。それにともない、2022年10月1日からコロナウイルス感染症関連の入国制限措置が解除された。ワクチンの接種証明書や検査証明書などの提示は不要になった。バンコクで接種証明書の提示を求められることもほとんどないが、念のためデータをスマホなどに保存しておくと安心。

■日本出国手続きの流れ

❶チェックイン：塔乗手続き

利用する航空会社のカウンターで、eチケットの控えとパスポートを係員に提示し、搭乗券（ボーディングパス）を受け取る。同時に機内持ち込み荷物以外を預けて、クレームタグ（荷物引換証）を受け取る。

❷手荷物検査

液体物やモバイルバッテリーの航空機内への持ち込みには制限がある（→P.339）。

❸税関

日本から外国製の時計、カメラ、貴金属などの高価な品物を持ち出す人は、「外国製品の持ち出し届」に品名、銘柄、個数などを記入し、係官に届け出ること。これをしないと帰国時に海外で購入したものとみなされ、課税される可能性がある。

❹出国審査

パスポート、搭乗券を係官に提示し、出国のスタンプを押してもらう。機械での読み取りの妨げになるので、パスポートにカバーをかけている人は外しておくこと。

❺搭乗

搭乗時刻に遅れないよう、早めにゲートに集合すること。

タイの入国手続き

■タイ入国に必要な書類に記入

タイ行きの機内で入出国カード Arrival/Departure Card が配られるので、到着前に必要事項を正確に記入しておこう（2023年12月現在空路入国の場合は提出不要。記入例→P.337）。税関申告書は、US$1万5000相当額以上の現金や貴金属類、高価なおみやげ品などをタイ国内へ持ち込む場合に記入が必要。申告するものがなければ記入不要。

■空港での手続き

❶入国審査

到着したら Arrival（到着）のサインに従って進むと入国審査カウンター Immigration に着く。タイ人用と外国人用のカウンターに分かれているので正しい列に並ぶこと。パスポー

バンコクプチ情報　日本国内で日本円をタイバーツに両替するのは、レートが極端に悪い。バンコク到着後にスワンナプーム国際空港の荷物受け取りエリアにある銀行で両替できるので、急ぐ必要はない。

トと記入済みの入出国カードを提出すると、入国のスタンプを押してくれる。出国カードはパスポートに挟まれるので、出国時までなくさないこと。

❷荷物の受け取り

入国審査を抜けると荷物の受け取りエリア。利用した便名が表示されているターンテーブルに行き荷物をピックアップする。

❸税関検査

到着ロビーの出口は税関のカウンター。申告するものがない人は緑色で「Nothing to Declare」の表示がある出口を素通り。申告するものがある人は税関申告用紙に記入し赤い「Declare」のカウンターへ。

タイ国内の空港は全面禁煙

スワンナプーム国際空港、ドーン・ムアン国際空港をはじめタイ国内にある空港はすべて全面的に禁煙。

空港使用料について

空港使用料は航空券購入時にまとめて支払っているので、通常空港で別途支払う必要はない。

■タイの入出国カード記入例（2023年12月現在空路入国の場合は提出不要）

Please complete this application form in CAPITAL LETTERS and use only BLACK or BLUE ink.

T.M.6 ตม.6 出国カード　บัตรขาออก DEPARTURE CARD
THAI IMMIGRATION BUREAU

Family Name　CHIKYU（姓）
First & Middle Name　AYUMI（名）
Date of Birth　DD 10 生まれた日　MM 8 月　YYYY 1995 西暦年
Passport no.　TH1234567（パスポート番号）
Nationality　JAPANESE（国籍）
Flight no./ Vehicle no.　TG641（出発便名）
Signature　サイン（パスポートと同じに）
TD97671

T.M.6 ตม.6 入国カード　บัตรขาเข้า ARRIVAL CARD
THAI IMMIGRATION BUREAU

FAMILY NAME　CHIKYU（姓）
FIRST NAME　AYUMI（名）
MIDDLE NAME
性別 Gender　Male 男性はこちらにX　Female 女性はこちらにX
Nationality　JAPANESE（国籍）
Passport no.　TH1234567（パスポート番号）
Date of Birth　DD MM YYYY　10生まれた日 8月 1995 西暦年
Flight no. / Vehicle no.　TG640（到着便名）
Visa no.　ビザ番号（取得した人のみ）
Occupation　職業（例は下記参照）
Country Where You Boarded　JAPAN（出発国）
For Official Use
Purpose of Visit　SIGHTSEEING（滞在目的）
Length of Stay　5days（滞在日数）
City / State　TOKYO（居住都道府県）
Country of Residence　JAPAN（居住国）
Address in Thailand　259 SUKHUMVIT RD.（ホテルなど滞在先住所）
Telephone　02-1234-5678（滞在先電話番号）
Email　chikyu@arukikata.co.jp（eメールアドレス）
Signature　サイン（パスポートと同じに）
TD97671
For non-Thai resident, please complete on both sides of this card

入国カード（裏面）　เฉพาะชาวต่างชาติ / For non-Thai resident only

Type of flight　航空便の種類
☐ Charter チャーター　☒ Schedule 定期便
Is this your first trip to Thailand?　タイは初めてか
☒ Yes はい　☐ No いいえ
Are you traveling as part of a tour group?　団体旅行か
☐ Yes はい　☒ No いいえ
Accommodation　宿泊先
☒ Hotel ホテル　☐ Friend's Home 友人宅
☐ Youth Hostel ユースホステル　☐ Apartment アパートメント
☐ Guest House ゲストハウス　☐ Others その他
Next city/Port of disembarkation.... TOKYO（出国先）

Purpose of Visit　入国目的
☒ Holiday 観光　☐ Meeting 会合　☐ Sports 運動
☐ Business 商用　☐ Incentive 報奨旅行　☐ Medical & Wellness 医療
☐ Education 就学　☐ Convention 大会、会議　☐ Transit トランジット
☐ Employment 就業　☐ Exhibition 展示会　☐ Others その他
Yearly Income　年収（米ドル換算）
☐ Less than 20,000 US$
☐ 20,001 - 60,000 US$
☒ More than 60,000 US$
☐ No Income

For Official Use

IMPORTANT NOTICE
In accordance to Immigration Act, B.E. 2522
1. All passengers must complete the T.M.6 card.
2. The passenger must keep the departure card with his/her passport or travel document and present the card to the Immigration Officer at the Checkpoint at the time of departure.
3. If the alien stays in the Kingdom longer than 90 days, he/she must notify in writing at the nearest Immigration Office, concerning place of stay, as soon as possible upon expiration of 90 days. And required to do so every 90 days.
4. Aliens are not allowed to work unless they are granted Work Permit.

英語での職業記入例

会社員：OFFICE CLERK	公務員：GOVERNMENT OFFICIAL	医師：DOCTOR	看護士：NURSE
教師：TEACHER	農業：FARMER	漁業：FISHERMAN	学生：STUDENT
主婦：HOUSEWIFE	年金生活者：PENSIONER	無職：NONE	

■到着ロビーにて

❶両替

スワンナプーム国際空港、ドーン・ムアン国際空港ともに銀行の両替カウンターが多数あり、原則的に24時間オープン。両替のレートは市内よりも10%ほど悪いので、空港での両替は市内へ出るのに必要最低限の金額（1万円程度）にとどめよう。**スワンナプーム国際空港ターミナルビル地下1階、エアポートレイルリンク切符売り場の並びに公認両替商のカウンターが10軒ほど集まっており、こちらは市内とほぼ同じレートで両替できる。**時間に余裕があれば、ここで両替するのがおすすめ。

スワンナプーム国際空港地下1階のエアポートレイルリンク駅隣にある両替所

バンコクプチ情報 ドーン・ムアン国際空港とアマリ・エアポートホテルを結ぶ歩道橋の途中の階段を国鉄ドーン・ムアン駅のほうに降りると、降りた所にレートのいい両替所がある。

❷市内への移動

P.99 ～ 101 参照。

タイの出国手続き

日本入国時の水際対策について

2024 年 1 月現在、日本入国に際してコロナウイルス感染症に関する検査や待機、ワクチンの接種証明などは必要ない。詳細は厚生労働省のウェブサイトを参照のこと。

URL www.mhlw.go.jp/stf/seisakunitsuite/bunya/0000121431_00209.html

出国の手続き

利用する航空会社のチェックインカウンター（→ P.342）で搭乗手続き。チェックインが済んだらセキュリティチェック。セキュリティチェックが済んだら出国審査のエリアへ。出国審査カウンターにはタイ人用と外国人用があるので並ぶ列を間違えないように。カウンターには、記入済みの出国カードとパスポート、搭乗券（ボーディングパス）を提示する（2023 年 11 月現在空路で入国した場合は出国カードは不要）。

2023 年 12 月 15 日から出国時の自動化ゲートが運用開始された。旅券のスキャン→搭乗券のスキャン→顔写真撮影→指紋撮影の順に操作すると通過できる。スタンプが必要な人は、通過後のカウンターで係員に申し出ること。

スワンナプーム国際空港の出発エリア

いよいよ搭乗

搭乗券に印字されている搭乗時刻に遅れないように。

大きなサイズは別途チェックイン

スワンナプーム国際空港のチェックインカウンターでは、ゴルフバッグなどの大きな荷物は預けられない。チェックイン後に出発フロア奥にあるオーバーサイズラゲージ専用の窓口で別途手続きをする必要があるので、時間に余裕をもっておくこと。

出発ロビーでできること

スワンナプーム国際空港の出発待合エリアには、免税店と各種飲食店があり、タイ式マッサージ店もある。タイバーツは、銀行の両替所で円に両替できる。ただし原則として、外貨からバーツに両替した際のレシートの提示が必要なので、用意しておいたほうが安心。硬貨は再両替できないので、記念に持ち帰るか使い切ろう。

Visit Japan Web

日本入国時の「税関申告」をウェブで行うことができるサービス。必要な情報を登録することでスピーディに入国できる。

URL vjw-lp.digital.go.jp

タイ出国スタンプ

自動化ゲートが運用開始されたものの、通過後のスタンプカウンターに係員がいないケースも散見される。スタンプが必要な場合は、職員がいる一般のカウンターを利用するのが無難。

（A面）

日本国税関
税関様式C第5360号

携帯品・別送品申告書

下記及び裏面の事項について記入し、税関職員へ提出してください。
家族が同時に検査を受ける場合は、代表者が1枚提出してください。

搭乗機（船）名	❶TG***（利用便名） 出発地 ❷バンコク
入国日	❸2023 年 2 月 14 日
氏名	フリガナ ❹チキュウアユミ 地球　歩
現住所（日本での滞在先）	❺東京都品川区西五反田×－×－×
	電話 ❻03（1234）5678
職業	❼会社員
生年月日	❽1995 年 8 月 10 日
旅券番号	❾TT1234567
同伴家族	20歳以上 ❿ 名　6歳以上20歳未満 名　6歳未満 名

※ 以下の質問について、該当する□に"✓"でチェックしてください。

1. 下記に掲げるものを持っていますか？ はい いいえ ⓫
① 麻薬、銃砲、爆発物等の日本への持込みが禁止又は制限されているもの（B面1. 及び2. を参照） □ □
② 金地金又は金製品 □ □
③ 免税範囲（B面3. を参照）を超える購入品・お土産品・贈答品など □ □
④ 商業貨物・商品サンプル □ □
⑤ 他人から預かったもの □ □
＊上記のいずれかで「はい」を選択した方は、B面に入国時に携帯して持ち込むものを記入してください。

2. 100万円相当額を超える現金、有価証券又は1kgを超える貴金属などを持っていますか？ ⓬ はい □ いいえ □
＊「はい」を選択した方は、別途「支払手段等の携帯輸出・輸入申告書」を提出してください。

3. 別送品　入国の際に携帯せず、郵送などの方法により別に送った荷物（引越荷物を含む。）がありますか？
⓭ □ はい（　　個） □ いいえ
＊「はい」を選択した方は、入国時に携帯して持ち込むものをB面に記入したこの申告書を2部、税関に提出して、税関の確認を受けてください。（入国後6か月以内に輸入するものに限る。）
確認を受けた申告書は、別送品を通関する際に必要となります。

《注意事項》
海外又は日本出国時及び到着時に免税店で購入したもの、預かってきたものなど日本に持ち込む携帯品・別送品については、法令に基づき、税関に申告し、必要な検査を受ける必要があります。申告漏れ、偽りの申告などの不正な行為がある場合は、処罰されることがあります。

この申告書に記載したとおりである旨申告します。

署名 ⓮ 地球　歩

（B面）

※入国時に携帯して持ち込むものについて、下記の表に記入してください。（A面の1. 及び3. ですべて「いいえ」を選択した方は記入する必要はありません。）

（注）「その他の品名」欄は、個人的使用に供する購入品等に限り、1品目毎の海外市価の合計額が1万円以下のものは記入不要です。また、別送品も記入不要です。

酒類		⓯	本	＊税関記入欄
たばこ	紙巻		本	
	加熱式		箱	
	葉巻		本	
	その他		グラム	
香水			オンス	

その他の品名	数量	価格

＊税関記入欄　円

1. 日本への持込みが禁止されている主なもの
① 麻薬、向精神薬、大麻、あへん、覚醒剤、MDMA、指定薬物など
② 拳銃等の銃砲、これらの銃砲弾や拳銃部品
③ 爆発物、火薬類、化学兵器原材料、炭疽菌等の病原体など
④ 貨幣・紙幣・有価証券・クレジットカードなどの偽造品など
⑤ わいせつ雑誌、わいせつDVD、児童ポルノなど
⑥ 偽ブランド品、海賊版などの知的財産侵害物品

2. 日本への持込みが制限されている主なもの
① 猟銃、空気銃及び日本刀などの刀剣類
② ワシントン条約により輸入が制限されている動植物及びその製品（ワニ・ヘビ・リクガメ・象牙・じゃ香・サボテンなど）
③ 事前に検疫確認が必要な生きた動植物、肉製品（ソーセージ・ジャーキー類を含む。）、野菜、果物、米など
＊ 事前に動物・植物検疫カウンターでの確認が必要です。

3. 免税範囲（一人あたり。乗組員を除く。）
・酒類3本（760mlを1本と換算する。）
・紙巻たばこ400本（外国製、日本製の区分なし。）
＊ 20歳未満の方は酒類とたばこの免税範囲はありません。
・海外市価の合計額が20万円の範囲に納まる品物（入国者の個人的使用に供するものに限る。）
＊ 海外市価とは、外国における通常の小売価格（購入価格）です。
＊ 1個で20万円を超える品物の場合は、その全額に課税されます。
＊ 6歳未満のお子様は、おもちゃなど子供本人が使用するもの以外は免税になりません。

携帯品・別送品申告書の記載に御協力頂きありがとうございました。日本に入国（帰国）されるすべての方は、法令に基づき、この申告書を税関に提出していただく必要があります。引き続き税関検査への御協力をよろしくお願いします。

税関申告用紙記入例

❶搭乗機名（利用便名）
❷出発地
❸入国日
❹氏名　漢字とカタカナで
❺現住所　都道府県名から
❻電話番号　固定でも携帯でも可
❼職業　会社員など
❽生年月日　西暦年で
❾パスポート番号
❿同伴家族　記載の年齢ごとに人数を記入
⓫該当するものがなければ「いいえ」にチェック。該当するものがあれば裏面の⓯に数量を記入
⓬持っていなければ「いいえ」にチェック
⓭別送品がなければ「いいえ」にチェック。「はい」の場合は入国時の携帯品目を裏面１５に記入し、申告用紙を2部提出する
⓮サイン　パスポートと同じに
⓯申告する必要がある場合は品目や数量を記入

バンコク プチ情報　日本到着時に提示する書類のオンライン化が進んでいる。空港でWi-Fiがうまくつながらないことがあるので、念のためスクリーンショットを撮っておこう。

日本の入国手続き

■空港での手続き

❶まずは検疫

入国審査の前に検疫のカウンターを通る。下痢や発熱など体に不調がある人は必ずこのカウンターで相談すること。

❷入国審査

入国審査のカウンターは日本人用と外国人用に分かれているので注意。顔認証ゲートを利用した場合、パスポートにスタンプは押されない（希望者は通過後押してもらえる）。

❸荷物の受け取り～税関検査

荷物の受け取りエリアで、機内預けにした荷物を受け取る。その後税関のカウンターへ。課税されるものがなければ緑のカウンター、課税されるものがある人は赤のカウンターへ並ぶこと。機内で配られた税関申告用紙は全員提出する必要がある（家族の場合は１家族１枚で可）。到着までに記入しておき、ここで係官に提出する（→ P.338）。「Visit Japan Web」の税関の QR コード画面（→ P.347）を利用して税関検査場電子申告ゲートを利用すると、預け荷物が出てくるまでの時間を利用して「携帯品・別送品申告書」を電子的に提出することができ、書面の申告用紙を提出する必要がない。荷物を受け取った後も電子申告ゲートが利用できるので、検査待ちの行列に並ぶ必要がなく、スピーディに入国できる。

日本への持ち込み禁止物品

生の果物や生花、種など植物や肉類、肉製品は持ち込み不可のものが多いので、必ず植物・動物検疫でチェックを受けること。スワンナプーム国際空港出発ロビーで売られているランの生花も持ち込み不可。

日本国内に無税で持ち込めるもの

- 酒類：3本（1本760mℓ程度のもの）
- たばこ：紙巻たばこ200本、葉巻たばこ50本、加熱式たばこ個装等10個、その他のたばこ250g

（注1）免税数量は、それぞれの種類のたばこのみを購入した場合の数量であり、複数の種類のたばこを購入した場合の免税数量ではない。
（注2）「加熱式たばこ」の免税数量は、紙巻たばこ200本に相当する数量となる。

- 香水：2オンス（約56mℓ）
- そのほかの品目：1品目ごとの購入金額の合計が1万円以下のもの。そのほかのものの合計額20万円まで。詳しくはカウンターで確認を。

COLUMN

航空機内への持ち込み制限

液体物の持ち込み制限

日本およびタイ発の国際線航空機内およびタイ国内の航空機内へは、ジェルおよびエアゾールを含むあらゆる液体物の持ち込みが制限されているので注意が必要。

下記の要件を満たしていないと、機内へは持ち込めない。預ける荷物に入れるのは可なので、チェックインの前に確認しておこう。

機内へ持ち込める液体物の条件

- 液体物は100mℓ以内の容器に入っていること。100mℓを超える容器に100mℓ以下の液体物が入っている場合でも不可。
- 再封可能な容量1ℓ以下の透明プラスチック製袋（ジップロックなど）に、余裕をもって入れること。袋のサイズは、縦横の合計が40cm以内が目安。
- ひとり当たりの袋の数はひとつ。
- 医薬品、ベビーミルクやベビーフード、特別な制限食等については適用除外。ただし当該液体物の機内での必要性について照会されることがある。
- 手荷物検査を効率的に実施するため、機内へ持ち込む荷物の、取り出しやすい場所へ入れておくこと。提示する必要はないが、確認を求められることもある。その他ラップトップコンピューターなどの電子機器はかばんから取り出し、上着類は脱いで、別々に検査員に提示すること。
- セキュリティチェック後の免税店等で購入した酒類や化粧品類などの液体物は機内持ち込みが可能。しかし海外で乗り継ぐ場合は、その国のルールに従って没収される可能性もあるので注意。

液体物は袋に入れて

モバイルバッテリーについて

スマホやタブレットなどに使う高電圧のモバイルバッテリー（リチウムイオン電池）は、電池単体でスーツケースなどに入れた場合預け入れ不可になるので、手荷物にすること。バッテリー容量によっては持ち込めないこともあるので、利用する航空会社で確認を。リチウムイオン電池内蔵の携帯型電子機器を預け入れ荷物に入れる場合は、電源を完全にオフ（スリープモードも不可）にし、偶発的な作動を防止するために厳重に梱包すること。

バンコクプチ情報 航空会社にもよるが、あまり容量の大きなモバイルバッテリーは機内への持ち込みが拒否される。容量が明示されていないバッテリーも確認ができないので持ち込み拒否されるので注意。

スワンナプーム国際空港(バンコク国際空港)
Suvarnabhumi International Airport

URL airportthai.co.th

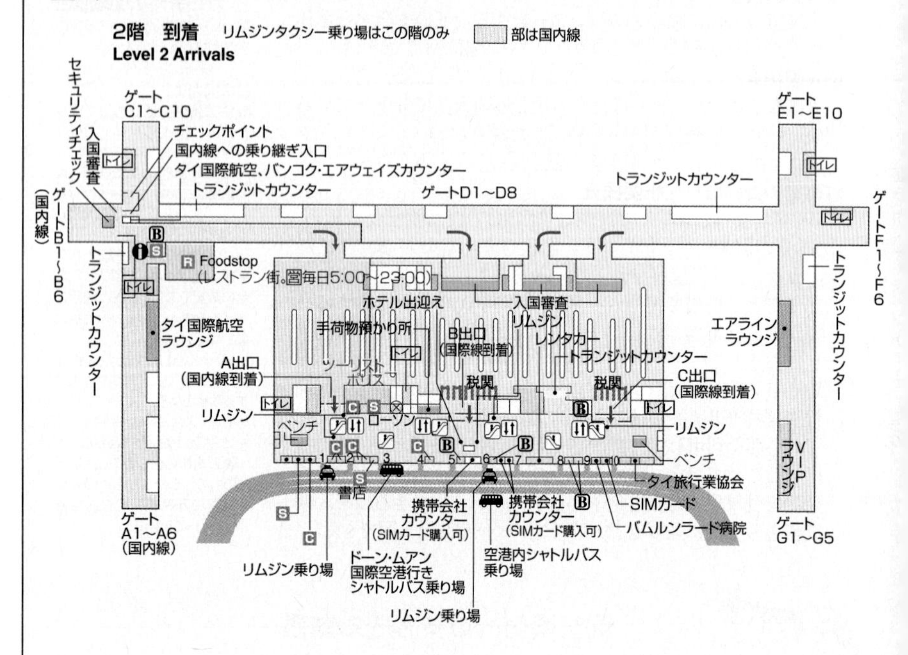

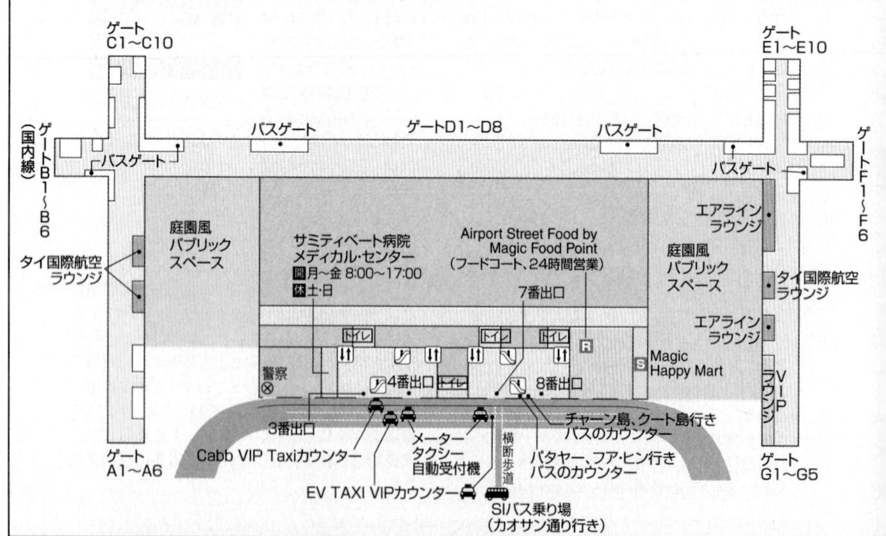

バンコクプチ情報　コロナ禍真っ最中の頃のスワンナプーム国際空港は、免税店はほとんど閉まっていた。2023年11月現在ではほぼコロナ前の状態に戻っており、買い物も楽しめる。

C カフェ
i インフォメーション
エレベーター
R レストラン
M マッサージ
エスカレーター
S ショップ
郵便局（4階）
ツーリストポリス（2階）
B 銀行の両替カウンター

4階　出発　6階は航空会社オフィス、7階は展望デッキ（眺めはよくない）
Level 4 Departures

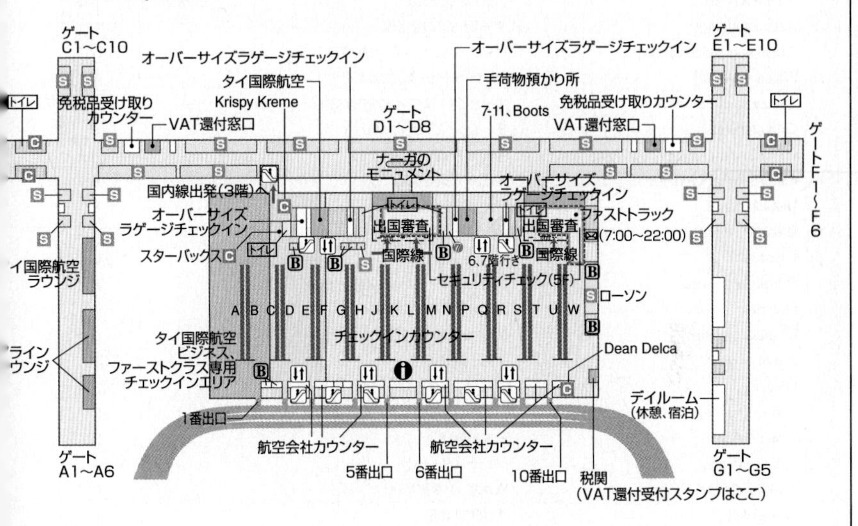

3階　ミーティング・グリーティング・ギャラリー
Level 3 Meeting and Greeting Gallery

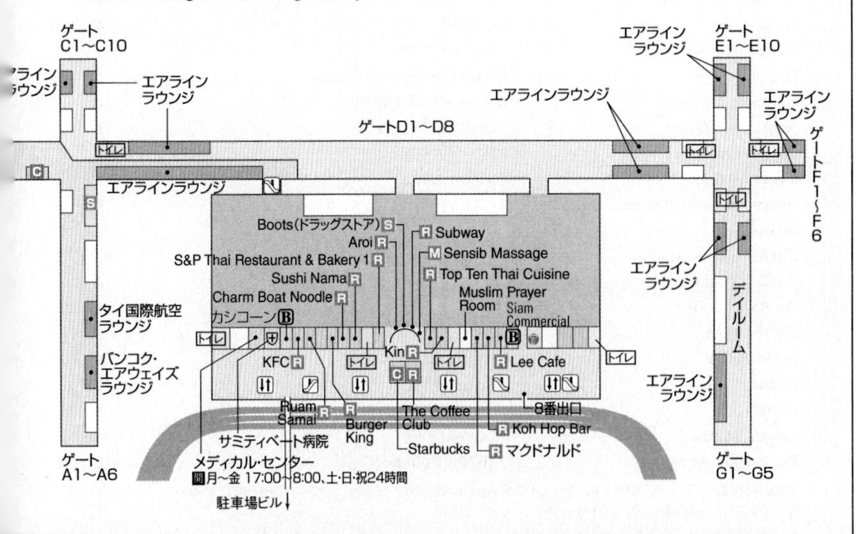

バンコクプチ情報　スワンナプーム国際空港の荷物受け取りエリアには銀行の両替所、プリペイド式SIMが買える携帯キャリアのショップ、免税店がある。

■スワンナプーム国際空港　おもな航空会社のチェックインカウンター（アルファベット順）

	航空会社(2レターコード)		カウンター
国際線	Air China	エア・チャイナ(CA)	U
	Air France	エールフランス(AF)	P
	Air India	エア・インディア(AI)	P
	All Nippon Airways	全日空(NH)	L
	Asiana Airlines	アシアナ航空(OZ)	L
	Austrian Airlines	オーストリア航空(OS)	G
	Biman Bangladesh Airlines	ビマン・バングラデシュ航空(BG)	W
	British Airways	ブリティッシュ・エアウェイズ(BA)	N
	Cathay Pacific Airways	キャセイ・パシフィック航空(CX)	M
	China Airlines	チャイナ・エアライン(CI)	S
	China Eastern Airlines	中国東方航空(MU)	U
	China Southern Airlines	中国南方航空(CZ)	U
	Delta Air Lines	デルタ航空(DL)	N
	Druk Air	ドゥルク・エア(KB)	W
	Egypt Air	エジプト航空(MS)	Q
	El Al Israel Airlines	エル・アル・イスラエル航空(LY)	W
	Emirates	エミレーツ(EK)	T
	Ethiopian Airlines	エチオピア航空(ET)	Q
	Eva Airways	エバー航空(BR)	Q/R
	Finnair	フィンランド航空(AY)	S
	Garuda Indonesia Airlines	ガルーダ・インドネシア航空(GA)	G
	Japan Airlines	日本航空(JL)	P
	Jetstar Airways	ジェットスター(JQ)	U
	KLM Royal Dutch Airlines	KLMオランダ航空(KL)	P
	Korean Air	大韓航空(KE)	M
	Kuwait Airways	クウェート航空(KU)	R
	Lao Airlines	ラオス航空(QV)	R
	Lufthansa German Airlines	ルフトハンザ・ドイツ航空(LH)	G
	Malaysia Airlines	マレーシア航空(MH)	M
	Myanmar Airways International	ミャンマー国際航空(8M)	N
	Nepal Airlines	ネパール航空(RA)	W
	Oman Air	オマーン航空(WY)	T
	Pakistan International Airlines	パキスタン航空(PK)	M
	Peach	ピーチ(MM)	M
	Philippine Airlines	フィリピン航空(PR)	T
	Quantas Airways	カンタス・オーストラリア航空(QF)	N
	Royal Brunei Airlines	ロイヤル・ブルネイ航空(BI)	U
	Scandinavian Airlines	スカンジナビア航空(SK)	K
	Singapore Airlines	シンガポール航空(SQ)	K
	Srilankan Airlines	スリランカ航空(UL)	S
	Swiss Internatiolnal Air Lines	スイスインターナショナルエアラインズ(LX)	G
	Thai AirAsia	タイ・エアアジア(FD)	E,D
	Thai Airways International	タイ国際航空(TG)	H,J*1
	Thai Royal First Class	タイ国際航空ファーストクラス(TG)	A
	Thai Royal Silk Class	タイ国際航空ビジネスクラス(TG)	B
	Thai Vietjet Air	タイ・ベトジェット・エア(VZ)	E
	Turkish Airlines	ターキッシュエアラインズ(TK)	U
	Vietnam Airlines	ベトナム航空(VN)	L
	ZIP AIR	ジップ・エア(ZG)	F
国内線	Bangkok Airways	バンコク航空(PG)	F*2
	Thai Airways International	タイ国際航空国内線(TG)	C

*1：タイ国際航空エコノミークラスの日本行きチェックインは、混雑を避けるためCカウンターを使用している。
*2：バンコク航空は、国際線も同じカウンターでチェックインできる。

バンコク プチ情報 コロナ禍により運休した航空会社などもあり、チェックインカウンターが変更されるケースもある。最新の状況は現場で確認を。

ドーン・ムアン国際空港 Don Mueang International Airport

インフォメーション　カフェ　郵便局
エレベーター　エスカレーター　銀行の両替カウンター

3階　出発
Level 3 Departure

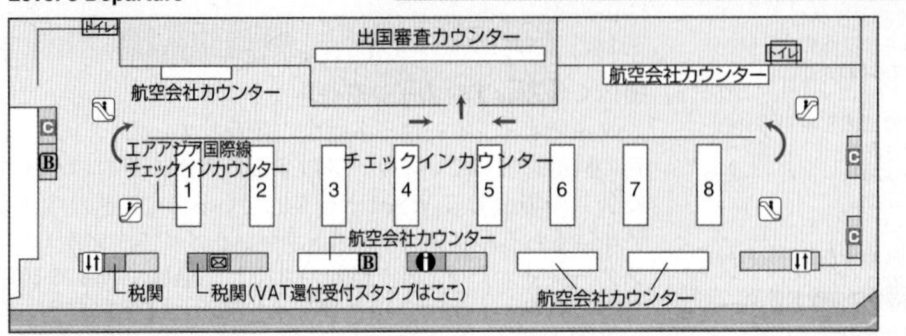

1階　到着
Level 1 Arrival

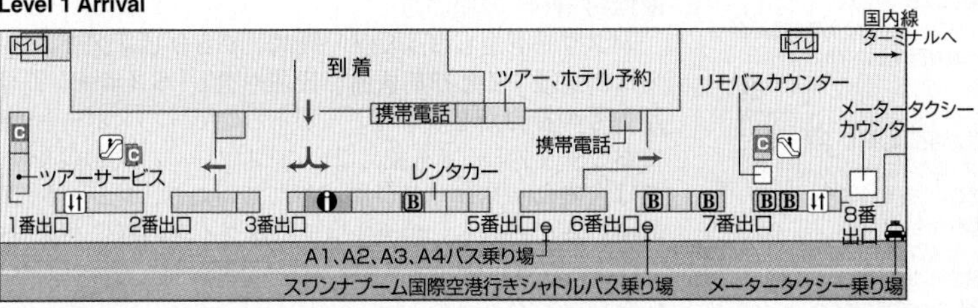

INFORMATION

タイでスマホ、ネットを使うには

スマホ利用やインターネットアクセスをするための方法はいろいろあるが、一番手軽なのはホテルなどのネットサービス（有料または無料）、Wi-Fiスポット（インターネットアクセスポイント。無料）を活用することだろう。主要ホテルや町なかにWi-Fiスポットがあるので、宿泊ホテルでの利用可否やどこにWi-Fiスポットがあるかなどの情報を事前にネットなどで調べておくとよい。ただしWi-Fiスポットでは、通信速度が不安定だったり、繋がらない場合があったり、利用できる場所が限定されたりするというデメリットもある。そのほか契約している携帯電話会社の「パケット定額」を利用したり、現地キャリアに対応したSIMカードを使用したりと選択肢は豊富だが、ストレスなく安心してスマホやネットを使うなら、以下の方法も検討したい。

☆海外用モバイルWi-Fiルーターをレンタル

タイで利用できる「Wi-Fiルーター」をレンタルする方法がある。定額料金で利用できるもので、「グローバルWiFi（【URL】https://townwifi.com/）」など各社が提供している。Wi-Fiルーターとは、現地でもスマホやタブレット、PCなどでネットを利用するための機器のことをいい、事前に予約しておいて、空港などで受け取る。利用料金が安く、ルーター1台で複数の機器と接続できる（同行者とシェアできる）ほか、いつでもどこでも、移動しながらでも快適にネットを利用できるとして、利用者が増えている。

▼グローバルWiFi

海外旅行先のスマホ接続、ネット利用の詳しい情報は「地球の歩き方」ホームページで確認してほしい。
【URL】http://www.arukikata.co.jp/net/

通信事情 インターネット、電話、郵便

携帯電話紛失時の
タイからの連絡先
（全社24時間対応）

au
（国際電話識別番号）+81+3+6670-6944
auの携帯から無料、一般電話からは有料。

NTTドコモ
（国際電話識別番号）+81+3+6832-6600
NTTドコモの携帯から無料、一般電話からは有料。

ソフトバンク
（国際電話識別番号）+81+92+687-0025
ソフトバンクの携帯から無料、一般電話からは有料。

日本での
国際電話の問い合わせ先

NTTコミュニケーションズ
FREE 0120-003300
URL www.ntt.com

ソフトバンク
FREE 0120-03-0061
URL www.softbank.jp

au
FREE 0057
auの携帯からは
TEL 157
URL www.au.com

NTTドコモ
FREE 0120-800-000
URL docomo.ne.jp

ソフトバンク（携帯）
TEL 157（ソフトバンクの携帯からは無料）
URL www.softbank.jp

現地でSIMカード購入
SIMフリーのスマホやタブレットを持参して、現地で購入した使い捨てのSIMを利用すると便利。空港には携帯キャリアのカウンターがあり、さまざまな有効期限やデータ量のSIMを販売している。5日有効5GBのSIMが160B。

SIM購入時は
パスポートの提示を
個人データの登録が必要なので、SIMカード購入時にはパスポートの提示を求められる。同じSIMを使い続ける場合、パスポート情報の更新を怠るとSIMが使えなくなるので、パスポートが新しくなった場合はキャリアのショップで情報更新手続きをすること。

タイのインターネット事情

■広く普及しているインターネット

タイでもインターネットは広く普及している。自宅にまで高速の回線を引いているケースは少ないのか、そのぶん日本以上に公共の場所での Wi-Fi が普及しているように感じられる。ホテルはもちろんカフェやレストラン、ショップ、ショッピングセンター、マッサージ店、路線バスなど、無料で Wi-Fi 接続できる場所は多い。スマホやタブレットがあれば気軽にネットサーフィンできる。

■無料 Wi-Fi の使い方

パスワードをもらうのが一般的。ショッピングセンターなどでは、接続すると初期画面で氏名や ID（パスポート番号）、電話番号の登録が必要なところがあるので、パスポートは用意しておこう（ダミーでも使えないことはない）。飲食店やショップでは店内にパスワードが掲示されていたり、レシートに印字されているケースも。ホテルはチェックインの際にパスワードをくれる、客室に掲示されている、部屋番号と名前がパスワードになるなど各種ある。

■現地キャリアの SIM カードを購入しよう

●タイの携帯キャリアは大手 2 社

タイの携帯キャリアは「AIS」「dtac」「truemove」の 3 社があったが、2022 年に「dtac」と「truemove」が合併し、2023 年には大手は「AIS」と「truemove」の 2 社になった。それ以外に格安 SIM 業者や大手のサブブランドもあるが、取り扱いショップの数など SIM の入手しやすさを考えると、旅行者にとって大手キャリア以外は、あまり現実的な選択ではない。

● SIM カードを入手しよう

世界のなかでは、日本のような電話機本体と通信契約をセットで購入するという縛りの多い不便なスタイルは一般的ではない。タイをはじめ多くの国では、市販されている SIM フリーのスマホや携帯のなかから気に入った機種を選び、好みのキャリアと契約できる。そのためプリペイド式の SIM カードも広く普及している。通話はもちろん SMS の送受信も可能。アプリのアクティベートなどで認証番号が SMS で送信されることもあるので、現地の電話番号をもっておくと何かと便利。プリペイド SIM の有効期限はチャージすることによって延長できる。それも 10B で 1 ヵ月延長（最長で 1 年まで）など格安。万一有効期限が切れてしまっても、一定の期間内なら再度チャージすればアクティベートできる。年に 1 ～ 2 回は訪れるリピーターなら、ずっと同じ番号を使い続けることも可能なので、番号をひとつ持っておいて損はない。

●プリペイドの SIM カードはどこで買える

プリペイド式の SIM は各キャリアのショップで購入できる。

バンコク プチ情報　タイ料理を食べる際に使うカトラリーはスプーンとフォーク。左手にフォーク、右手にスプーンを持ち、料理をフォークでスプーンに寄せ、すくって食べる。

購入時には個人情報の登録が必要なため、パスポートを持参しよう。スワンナプーム国際空港の荷物受け取りエリアに各キャリアのカウンターがあるので、荷物が出てくるのを待つ間にここで購入するのが手っ取り早い。外国人の対応にも慣れており、スマホの設定が必要な場合も手際よく助けてくれる。

■タイでスマホを使う

日本で使っているスマホを海外で使用する場合、契約によってはデータ通信に高額の使用料がかかるので注意しよう。データローミングはオフにして、インターネットはWi-Fiのみで使うこと。普段使っているスマホがSIMフリーなら、タイで購入したSIMカードを挿入すればすぐ使うことができる。SIMロックがかかっている場合は、出発前に早めに解除しておこう。ahamoのように追加料金なしで海外でもデータ通信が利用できるキャリアならば、現地でのSIMカード購入は不要。タイで購入したSIMカードでデータ通信を行う場合は、データパッケージを購入する。日数やデータ量、通信速度によってさまざまな料金があるので、都合に合わせて選びたい。データパッケージはSMSや各キャリアのアプリ上で購入できるが、プリペイドSIMの場合は事前に希望するパッケージ相当額以上のチャージが必要。

■インターネットを使うには

「地球の歩き方ホームページ」では、バンコクでのスマートフォンなどの利用に当たって、各携帯電話会社の「パケット定額」や海外用モバイルWi-Fiルーターのレンタルなどの情報をまとめた特集ページを公開中なので、こちらも参考に。
URL **www.arukikata.co.jp/net/**

空港や駅には携帯キャリアの広告が多い。AISはかつてBLACKPINKのメンバーでタイ人のリサを起用していた

屋根付きバス停は無料Wi-Fiスポット。USBで充電も可能

タイの国内電話事情

■タイの電話番号

タイには市外局番はなく、全国的に一般加入電話の番号は「0」から始まる9ケタ、携帯電話は「08」「09」「06」などから始まる10ケタの数字。タイ国内どこからどこへかけるにも、9ケタか10ケタ全部の数字をプッシュする。

■国内の通話、公衆電話の使い方

料金：加入電話は、市内なら1通話3B（付加価値税別）で時間無制限。公衆電話（赤いものが一般的だが電話会社によって各種ある）なら市内3分間1B。おつりは出ない。市外通話の料金は距離によって異なる。

公衆電話の使い方：日本とほぼ同じで、硬貨やカードを入れて発信音を確認してから相手の番号をプッシュする。注意が必要なのは、番号ボタンの横に別のボタンが付いている機種。この場合まず番号をプッシュして、相手が出たらこのボタンを押さないと、自分の声が相手に聞こえないという不思議な仕組み。呼び出し中は日本とは違い「プーーーッ・プーーーッ」という長い信号音。話し中の場合は「プッ・プーッ・プーッ」と短い信号音になる。

バンコクプチ情報 辛さが苦手な人は、料理を注文する際に調節を依頼しよう。「辛くしないで」「少しだけ辛く」ではなく、「トウガラシ1個」などと具体的に注文すること。

タイの国際電話事情

■タイから日本へかける

一般加入電話（家庭やホテルの電話）から：通信会社やインターネット国際電話の会社の識別番号どれかひとつをプッシュし、日本の国番号81、0を取った市外局番、番号、の順にプッシュする。

日本の(03)1234-5678へかける場合

国際電話識別番号		日本の国番号		市外局番と携帯電話の最初の0は取る		相手先の電話番号
001（　18B/分） 007（　9B/分） 008（　5B/分） 009（5～6B/分）	+	81	+	3	+	1234-5678

オペレーターを通してかける：現地のオペレーターを通す場合は、100をプッシュして申し込む。英語が通じる。番号のみ指定する番号通話、話す相手も指定できる指名通話、料金を相手が払うコレクトコールが利用できる。

ホテルからかける：客室からかける場合は、まず外線番号をプッシュすること（外線直通の場合）。通話料金にサービス料が加算され、かなり割高になることが多い。

注：日本の電話会社を利用する場合はP.344欄外参照。

■日本からタイへかける

タイの国番号は66、国際電話の場合タイの電話番号の最初の0が不要なので、以下のようになる。

タイの0-2123-4567へかける場合

国際電話会社の事業者番号		国際電話識別番号		タイの国番号		0を取った相手の電話番号
	+	010	+	66	+	2123-4567

国際電話会社の事業者番号

0033	NTTコミュニケーションズ
0061	ソフトバンク

注：携帯電話の場合は国際電話識別番号「010」の代わりに「0」を長押しして「+」を表示させると、国番号からかけられる。

注：NTTドコモ(携帯電話)は事前にWORLD　CALLの登録が必要。

■タイで日本の携帯電話を利用する

日本で使っている携帯電話をそのまま利用することもできる。定額料金で利用できるサービスもあるので、詳しい情報は利用中の携帯電話会社に問い合わせを。

タイの郵便事情

■日本までの国際郵便の出し方

表に英語で「JAPAN」と目立つように書いておけば、残りの住所や宛名はすべて日本語でOK。航空便ならだいたい4～7日で届く。

■日本までの小包の出し方

郵便局で各種サイズの組み立て式の箱を売っている。その箱に詰めて受付に行けば、あとの手順は普通郵便と同じ。EMS（国際スピード郵便）は重さによっては航空便よりも安く、1～4日で日本まで届く。

郵便物受け取りサービス

旅先で郵便物を受け取りたい場合、局留め郵便の受け取りサービスが利用できる。表に受取人の名前と「G.P.O. Post Restante, Bangkok, Thailand」と書いて送ってもらえば中央郵便局留めになり、バンコク中央郵便局で受け取れる。送ってもらう際は姓の下に線を引いたり、あるいは姓だけ大文字にするなど、本人確認がしやすいように書いてもらうこと。受け取りの際はパスポートなど氏名が確認できる身分証明書が必要。

タイから日本までの郵便料金（航空便）

- はがき：25～30B(サイズによる)
- 封書：20gまで34B。以降10g増えるごとに5Bずつ加算、最大2kgまで

郵便局の営業時間

基本は以下のとおりだが、異なる局もある。日曜に開いている局もある。

営月～金 8:30～16:30
土9:00～12:00
休日・祝
スワンナプーム国際空港4階(出発フロア)にある郵便局は24時間オープンで年中無休。

バンコク中央郵便局(G.P.O.)
Bangkok General Post Office

MAP P.85-F4
住Soi 32, Charoen Krung Rd.
TEL0-2233-1050
営月～金 8:00～18:00　土・日・祝 8:00～13:00
休なし
大きな建物の右端に入口がある。

バンコクプチ情報　プリペイド式SIMのトップアップ（料金の追加）は、セブン-イレブンなどの前にあるセルフ式の機械でできる。「トップアップ」→「電話番号入力」→金額指定→料金投入の順で簡単。

COLUMN

便利なアプリやウェブサイトを活用しよう

スマホは海外旅行でも、いや、慣れない海外でならなおさら強い味方。現地で役立つアプリを使いこなし、スマートに旅をしよう。紙の『地球の歩き方』とスマホを併用すれば、鬼に金棒だ。

編集部オススメの便利アプリ

Grab　Bolt

東南アジア一帯で利用されている配車アプリのGrab。希望の乗車地と降車地を指定すると登録している一般車やタクシーが呼べる。運転手評価システムもあるので、質の悪い運転手も少ない。一般のメータータクシーよりは割高だが、安心感は代えがたい。クレジットカードを登録すれば現金も不要。BoltはGrabよりも少し安い。

ViaBus

バス利用者向けアプリ。地図上で任意のバス停をタップすると、そのバス停を通るバスの路線番号が表示される。路線番号をタップすると地図にその路線の経路と、バス（GPS発信機搭載車両）の現在位置が表示される。これを活用すればバンコク内ほとんどどこでもバスで行ける。

MuvMi

電動トゥクトゥクの配車アプリ。バンコクをいくつかのゾーンに分け、ゾーン内の移動のみ可能。王宮周辺からサヤーム・スクエアなどの長距離には対応していない。エリア内で登録されている停留所に発着する。料金が決まっており、トゥクトゥクに安心して乗車できる。支払いに現金は利用できないので注意。

The Weather Channel

気象情報、天気予報のアプリ。スコールの多いバンコクで、雨雲レーダーが役に立つ。

eatigo

レストラン予約アプリ。電話での予約が不安な人も、このアプリがあれば大丈夫。プロモーションや、アプリ経由の予約で最大で50%の割引になるなど、かなりお得。

Hungry Hub

こちらもレストラン予約アプリ。メニューから希望のレストランを選択し、簡単に予約できる。割引も受けられてかなりのお得感あり。

Google翻訳

翻訳アプリ。文字の翻訳機能だけでなく、読み上げ機能がとても便利。カメラで読み取った文字を翻訳して画面に表示できる機能もある。単語の翻訳は比較的正確だが、まとまった文章になるとやや怪しくなる。その場合は一度英語に翻訳し、それから日本語に訳すと意味がわかることが多い。

AirVisual

空気汚染状況が確認できるアプリ。地図上に計測ポイントとそこで計測された大気の汚染度が数値で表示され、汚染度が高いとアイコンがオレンジや赤になる。外出時の参考に。

Google Map

Googleの地図アプリ。ルート検索で道路の混雑情報が表示されるので、タクシーやバス利用時は参考になる。現在位置もリアルタイムでわかり、タクシー利用時に安心感がある。ショップやレストラン情報も充実。

便利なウェブサイトとアプリ

Visit Japan Web　税関申告アプリ

日本帰国時に7つの空港（羽田、成田、関西、中部、福岡、新千歳、那覇）で税関の電子申告ゲートが利用できる。アプリ上で事前に情報を登録しておき、取得したQRコードを空港の申告端末で読み取ると申告完了。顔認証ゲートを通ってスムーズに入国できる。税関申告アプリもまだ使え、過去に利用履歴がある場合Visit Japan Webより必要な操作が少なく作業が楽なので、インストールしてあるなら削除せず残しておこう。

バンコク プチ情報　プリペイド式のSIMを購入したら、キャリアのアプリもダウンロードしよう。アプリ上でデータパッケージの購入手続きが可能になりとても便利。

トラブル対策

バンコクで多い旅のトラブル

バンコクで日本人相手に発生する犯罪は、凶悪なものは少ないが、とにかく数が多い。2021年の統計では日本大使館領事部での邦人援護件数は857件で、在外公館ではフィリピン、デンパサールに次いで第3位。しかしほとんどは単純な盗難や詐欺で、だいたいパターンも同じ。正しい知識をもち、少しの注意さえ怠らなければ未然に防ぐことができるものばかりだ。以下に紹介する頻発事例を参考にして、トラブルに巻き込まれることなく安全に旅をしよう。

■アプローチの方法

ほとんどの事例は、町で知らない人から声をかけられて始まる。市内の繁華街や観光地を歩いていると、見知らぬ相手が親しげに「そのシャツはどこで買ったんだい？」などと声をかけてくる。こうした人物は揃って英語をしゃべり、きちんとした身なりをし、スマートフォンなども持っていて、肩書も「大学教授」「警察官」「以前某日本企業で働いていた」などと言う。しかし、この国で英語ができる人というのは、ちゃんとした会社でしかるべき地位にあることが多い。平日の昼間に旅行者の相手をしているような時間はないはずなのだ。

アプローチの多い場所：ウイークエンド・マーケット、サヤーム・スクエア、MBKセンター、カオサン通り、ワット・プラケオ、ワット・ポー、サナーム・ルアン、国立博物館、アソークやプロムポン周辺などの外国人旅行者が多いエリアで声をかけてくる人物はほとんどが詐欺師かその仲間と思って注意しよう。

■その傾向と対策

詐欺師たちは**言葉巧みに相手を安心させ（あるいは喜ばせ）ると、本格的な罠にかけ始める。**あとから冷静に考えればいかにも不自然なのだが、なぜか皆一様に話を信じてしまう。彼らの口車に乗せられた被害者は全員口を揃えてこう言う。それは、まるで魔法にかかったようだった……と。しかし、それは魔法でもなんでもなく、ただ異国でうまくだまされただけのことである。

トラブル実例集

■宝石キャッチセールス、悪徳テーラー

親しくなると、彼らはこう切り出す。「これからどこへ行くつもりだ」。そこで目的地を告げると**「オ～（と、いかにも同情的に）、そいつは残念。今日はそこは休みだよ。行っても仕方がないから、いいところを教えてあげよう」。教えてくれるのが宝石店。**「ガバメントのショップ」「政府公認免税特売の最終日」などとウソを並べて被害者をその気にさせる。言葉を信じて宝石店に行くと今度は店員が、**「ここで宝石を買い、日本**

外務省海外安全ホームページ
外務省の海外安全ホームページには、旅先のトラブル事例と対策のほか、注意すべき海外安全情報（危険情報）を掲載。出発前に最新情報を確認しよう。
URL www.anzen.mofa.go.jp

渡航先で最新の安全情報を確認できる「たびレジ」に登録しよう
外務省提供の「たびレジ」は、旅程や滞在先、連絡先を登録するだけで、渡航先の最新安全情報を無料で受け取ることのできる海外旅行登録システム。メール配信先には本人以外も登録できるので、同じ情報を家族などとも共有できる。またこの登録内容は、万一大規模な事件や事故、災害が発生した場合に滞在先の在外公館が行う安否確認や必要な支援に生かされる。安全対策として、出発前にぜひ登録しよう。
URL www.ezairyu.mofa.go.jp/tabireg

パスポートに関する注意
国際民間航空機関（ICAO）の決定により、2015年11月25日以降は機械読取式でない旅券（パスポート）は原則使用不可となっている。日本ではすでにすべての旅券が機械読取式に置き換えられたが、機械読取式でも2014年3月19日以前に旅券の身分事項に変更のあった人は、ICチップに反映されていない。渡航先によっては国際標準外と判断される可能性もあるので注意が必要。
外務省による関連通達
URL www.mofa.go.jp/mofaj/ca/pss/page3_001066.html

パスポートには落書き禁止
パスポートの空白ページ（「追記」ページなど）に出入国以外のスタンプを自分で押したりメモ書きなどをしないこと。日本出国や渡航先での入国を拒否される可能性もある。

バンコク プチ情報 バンコクで詐欺被害に遭って、帰国後タイ大使館にコンプレインする人もいるようだが、大使館の仕事ではないので当然受け付けてはもらえない。被害に遭わないよう注意するのが大切。

で売れば買い値の数倍の利益が出ます。買い取ってくれる日本の宝石商の住所も教えます」と何の苦もなく稼げる話をスラスラと語る。被害者はこのウソの話をすっかり信じてしまい、20～30万円分も買い込んでしまうという。支払いはクレジットカードで、宝石は郵送なので現物を見ることもなく、被害者は手ぶらで店を出る。ところがこの宝石、1円にもならないような品ばかり。返品しようにも相手は海外、どうにもならずに泣くのは買った人。**同じ手口で言葉巧みにテーラーへ誘い込み、スーツやコートをオーダーメイドさせるケースもある。**帰国後に届いた品物は、生地は見本とは比べモノにならない粗悪品、仕立ても雑、もちろん返品には応じてもらえず、結局泣き寝入り……。

■トランプ詐欺

近づく手口は前記と同じで、被害者となごんだ悪人はおもむろに、**「トランプ賭博で儲けないか」**と誘ってくる。その方法は演技をして金持ちをだますというもの。念入りに演技の練習などもさせられる。ところがその金持ちも、誘った男も全員がグル。だまされるのは当然被害者のほうで、だましたつもりが最後は自分がスッカラカンになって一巻の終わり……。

■「日本のお金を見せてくれないか」 多発

路上などで突然親しげに声をかけられ、**口実はさまざまながら最終的に「日本のお金を見せてくれないか」**と言われる。紙幣を手渡すと、相手は「ほほうこれが日本のお金か、どれがいちばん高い札なんだい」などと言いながら札を何度も重ね直し、そうこうしているうちに小指や薬指を使っていちばん下になっている札を数枚巧妙に抜き取ってしまう。やたらに話しかけるのは相手の注意をそらし、抜き取りやすいいちばん下に最高額紙幣を持ってくるため。知らない相手に「金を見せてくれ」と言われても応じないこと。

■謎の女性の誘惑

女性が男性をホテルに誘い込み、スキを見て貴重品を盗む。近づいてくる方法は**外国人を装って道に迷ったふりをし、地図を広げ不安そうな表情を相手に見せるというもの。**そもそも道に迷った際、明らかに外国人とわかる相手に助けを求めるだろうか。そのまま女性についていくとタクシーでホテルに直行。そこでシャワーを浴びているスキに貴重品を盗まれる。あるいは裸になった瞬間に仲間が部屋に入ってきて、ドタバタしているうちに盗む。とにかく女性は最初から物盗りが目当て。そのほか**タクシーの中から道を尋ねるふりをして声をかけて車中に誘い込み、地図を広げながらウエストポーチや上着のポケットからお金だけを盗むという手口もある。**

■パスポートは必携か？

タイ滞在中の外国人には身分証明書の携帯義務がある。ホテルのセーフティボックスも100%安全とは言い切れない。腹巻きに入れて肌身離さず持ち歩くのがいちばん、とは日本大使館領事部のアドバイス。

支払いは最後に

タイでは会計および支払いはサービスのあと（食堂や屋台などでは食事のあと、乗り物は到着してから）に行うのが一般的。ぼられるのが心配だからといって先に払うと、席を立つときに「金払え」「払ったぞ」「もらってない」と押し問答になることがある。トゥクトゥクなどを利用する際も、料金は必ず最後に払うこと。

買い物での注意
コピー商品の購入は厳禁！

バンコクの繁華街では、路上で映画のDVDや音楽CD、ゲームソフトなどを大量に売っている。また、どこかで見たことのあるようなロゴやマークをプリントしたTシャツが1枚100B程度で売られていることもあり、思わず冗談気分で買ってしまいそうになる。しかし有名ブランドのロゴやデザイン、キャラクターなどを模倣した偽ブランド品や、ゲームや音楽ソフトを違法に複製した「コピー商品」は、絶対に購入しないように。帰国後、空港の税関で没収されるだけでなく、場合によっては損害賠償請求を受けることも。「知らなかった」では済まされないのだ。

三角枕の中身に注意

実用的でインテリアにもなるタイ名物の三角枕。この三角枕の詰め物に稲わらが使われている場合、植物検疫法で日本への持ち込みが禁じられている。中身が綿などを使っていれば問題ないので、購入時によく確認すること。三角枕を押さえてみて、硬いようだったら稲わらの可能性が高い。

「地球の歩き方」ホームページで海外旅行保険について知ろう

「地球の歩き方」ホームページでは海外旅行保険情報を紹介している。保険のタイプや加入方法の参考に。
URL www.arukikata.co.jp/web/article/item/3000681

トランプ遊びは違法？

タイの賭博法（1935年制定）で、政府公認以外の賭博は違法とされている。個人のトランプ遊びは賭博とみなされる可能性があり、最悪の場合逮捕されることもあるので気をつけよう。

バンコクプチ情報 以前デンマークのコペンハーゲンにあるタイ大使館入口脇には「宝石やスーツのトラブルに関するコンプレインは受け付けません」という張り紙が出ていた。皆さん気をつけましょう。

パスポート(旅券)をなくしたら

もしパスポート(以下「旅券」)をなくしたら、ツーリストポリスで紛失・盗難届出証明書を発行してもらう。次に日本大使館・領事館で旅券の失効手続きを行い、新規旅券の発給または、帰国のための渡航書の発給を申請する。手続きをスムーズに進めるために、旅券の顔写真があるページと、eチケットの控えか航空券や日程表のコピーを取り、原本とは別に保管しておこう。

準備しておく書類および費用

- ツーリストポリスの発行した紛失・盗難届出証明書
- 写真(縦45mm×横35mm):2枚
- 戸籍謄本:1通
- 旅行の日程などが確認できる書類(航空券や旅行会社が作成した日程表)
- 手数料:10年用旅券1万6000円、5年用旅券1万1000円、帰国のための渡航書2500円。いずれも相当額の現地通貨の現金で支払う。

クレジットカードをなくしたら

まずカード発行金融機関に連絡し、使用停止の手続きをしておく。所持しているカード裏面に記載されている発行金融機関名と緊急時の連絡先を控えておこう。ツーリストポリスに届け、「紛失・盗難届出証明書」を発行してもらうこと。

そのほか

航空券はほとんどの場合eチケットなので、紛失の心配はなくなった。現金や荷物、スマートフォンや携帯電話などを紛失した場合、戻ってくる可能性はまずないので諦めよう。

海外旅行保険に入ろう

タイで事件や事故が発生し、たとえ相手側に100%責任があったとしても、相手側からの賠償はほとんど期待できない。必ず出発前に海外旅行保険に加入しておこう(→P.327)。

■麻薬には絶対に手を出さない

タイでは麻薬に関して密告奨励制度がとられている。売人あるいは麻薬所持者を報告すれば警察から報奨金がもらえるのだ。この制度にはまって警察の世話になる旅行者は多い。売人の「マイ・ペン・ライ(心配ない)」の言葉を信用して部屋で使用していると警官が踏み込んできてその場で現行犯逮捕。吸っていなくても荷物検査をされて御用。売人と警官はグルになっているので隠してもムダだし、違法と知って買っているのだから言いわけも通じない。最近は警察の綱紀粛正が進み、特に薬事犯に関してはワイロも通じないので、軽く思っているととんでもない結果が待っている。逮捕されると、ヘロインの場合は10gを超せば最高刑は「死刑」。マリファナ所持でも1〜5年の懲役。無期懲役、禁固40年など、多数の日本人が薬事犯として服役している。

■大麻について

医療用大麻解禁がセンセーショナルに報道され、**まるで大麻の使用自体が解禁されたように思われているが、合法なのはあくまでも「医療用」で娯楽目的の使用は犯罪。**現状黙認状態ではあるが、政府の意向で状況が一変する可能性もある。大麻には手を出さないこと。

■タクシーのトラブル

バンコクのタクシーは、トラブルが多発している。乗車拒否、メーターの不使用、遠回りなどは日常茶飯事。とはいえ通りを流しているタクシーの数は多く、なかには善良な運転手もいる。すぐに次の車がひろえるので、心に余裕をもって寛大な心で利用しよう。

●こんなタクシーは使わない

ホテルやレストラン、見どころなどの前で客待ちしている:外国人相手の高額請求狙い。

助手席側の窓を開ける:呼び止めたタクシーの運転手が、助手席側の窓を開けて交渉しようとする場合、そのような運転手は避けたほうが無難。

メーターを使わない:相手の言い値は必ずメーターで行くよりも高い金額になるし、そもそも違法。

●乗車後の注意

メーターの上がり方に注意:違法に改造して、通常よりも早くメーターが上がる通称「ターボメーター」のタクシーがある。金額の上がり方が不自然だったら、すぐに車を停めて降りること。

ちょうどの金額を払う:チップは不要。大きなお札で支払うと「小銭がない」などとうそをついておつりをせしめようとするケースもある。

■ニセ警官

警察官を自称する男が路上で、身分証明書を見せて荷物のチェックをさせろと迫る。かばんを渡すと巧妙に金目のものだけ抜かれる。タイの警察官が持っている本物の身分証明書は、写真が左上部に貼られ、ガルーダのような紋章が印刷されている。しかしこのケースのニセ警官は、英語で大きく「POLICE」

バンコク プチ情報 旅行者狙いの手口にはやり廃りがあり、しばらく見なかった手口がまた復活して横行することも。とにかく、知らない人に声をかけられても相手にしないこと。

と印刷されたニセ身分証明書を使用しており、逆に外国人はだまされる。一般に路上で警察官が「金を見せろ」「荷物のチェックをさせろ」などと要求することはないので、もし不審な人物に声をかけられてそのような事態になったらその場では応じず、最寄りの警察署へ同行を求めよう。

■スリ

手口は**「引き抜き」のほか、鋭利な刃物でバッグやポケットを切り裂いてから取り出す手法も一般的。**荷物や貴重品は体の前に持つこと。満員のバス内ではバッグをたすきがけにするより手にぶら下げたほうが安全らしい。これだと犯人は体をかがめなければならないからだ。エクスプレスボートの船上、船着場、BTS駅のエスカレーターでの被害も多いので注意。

■ひったくり

背後からふたり乗りのバイクがやってきて追い越しざまに奪うという手口で、発生件数も多い。荷物を漫然と車道側の手にぶら下げて歩いたり、ひと気のない道のひとり歩きはなるべく避けたい。特に夜は気をつけること。

■盗難、置き引き

ゲストハウスでは、室内での盗難事件が発生している。手口は巧妙で宿全体がグルだと思えるような犯行もあり、対策は十分に検討しておきたい（安いホテルなども同様）。一般に、ドアの鍵はひとつでは不十分。錠前式の鍵が付いているホテルを選ぼう。**セーフティボックスもよほど警備の行き届いた高級ホテルでないと信頼できず、預けた大金をごっそり盗まれた例もある。**また、荷物預けに荷物を預けたところ、預けた本人になりすまして他人が取りに来て、確認もしないで渡してしまったというケースもある。公共の場や食堂などで席を確保するために荷物を置きっ放しにするのは、盗んでくださいと頼んでいるようなもの。空港や路上などで親しげに近づいてきてまずは友達になり、食事をともにし、スキを見て飲食物に睡眠薬を入れる、という古典的な手口の盗難事件も発生している。知らない人からもらった飲み物や食べ物は、絶対口にしないこと。

■強姦

バンコクでの強姦は、ほとんどがデートレイプ（顔見知りの犯行）だという。ちょっと親しくなっただけの相手を簡単にホテルの部屋に入れたり、相手の家へ行ったりしないこと。**夜中に女性がひとりでタクシーやトゥクトゥク、モーターサイに乗るのも避けたほうがいい。**

ハッキリ「No」と言う勇気をもとう

バンコクには、何とかして旅行者から金を巻き上げようとたくらんでいる人物が大勢いる。英語、日本語にかかわらず、「Yes」なのか「No」なのか、とにかく自分の意思は相手にはっきり伝えよう。相手を思いやるつもりの曖昧な表現、曖昧な笑顔はトラブルを招くこともあることをお忘れなく。

もしトラブルが起こったら

貴重品の盗難、紛失の場合はまず外国人旅行者対応専門の警察、ツーリストポリスのオフィスに行って、証明書を発行してもらうこと。よほどの大事件以外捜査などは行われない。

緊急の場合の連絡先

日本大使館領事部
Embassy of Japan
MAP P.87-E3
住 177 Witthayu Rd.
TEL 0-2207-8500または0-2696-3000（代表）、0-2207-8502または0-2696-3002（邦人援護班）
URL www.th.emb-japan.go.jp
行き方 MRTブルーラインのBL25ルムピニー駅3番出口から徒歩5分

日本大使館領事部
邦人保護担当

受付は平日8:30～12:00、13:30～16:00（これ以外の時間帯は留守番電話となり、対応は翌日か、週末の場合週明けになる）。トラブルが起こったら泣き寝入りせず、まずここに電話で相談を。専門担当者が親切かつ的確に対応手段を教えてくれる。ただし「航空券の予約が取れないんです」「バスの中に忘れ物をしたんですが」などといった相談はほかへお願いしたいとのこと。海外の日本大使館や領事館で冷たくあしらわれた、と憤る意見を聞くことがあるが、常識では考えられないような些細な事例（「レストランでぼられた、なんとかしてくれ」など）を持ち込む人がいるのも事実。自己責任を肝に銘じて、賢い旅行者になろう。

ツーリストポリス Tourist Police
MAP P.340
住 2nd Fl., Suvarnabhumi International Airport
TEL 1155、0-2132-1155

外国人旅行者の安全を図ることになっている警察組織がツーリストポリス。旅行中トラブルに遭遇したら、一般の警察ではなくここに連絡しよう。英語は通じるし、日本語が話せる係員がいることもある。盗難に遭った際は、ここで紛失・盗難届出証明書を発行してもらう。

スワンナプーム国際空港2階にあるツーリストポリスのオフィス

バンコクプチ情報 クレジットカード付帯の保険は、適用条件が厳しくなるなど、利用者にとっては改悪される傾向に。カード付帯の保険で済まそうと考えている人は、旅行前に念のため利用条件の確認を。

病気について

病気になったらどうするか
　体調を崩した場合、日本から持参した医薬品を使用することもあるだろう。しかし例えばタイを含む東南アジアではデング熱に罹患することがあるので、熱が出たときはバファリンなどアスピリン系の薬は飲まないこと。日本では医師の処方箋がないと購入できない医薬品が、タイの薬局では処方箋なしでも簡単に買えたり、効果の強過ぎるものもあるため、服用には注意が必要だ。体調を崩したら、とにかく病院へ行くことをおすすめする。大きな病院ならどこも英語が通じるし、日本語が通じる病院もある。日本や欧米の大学で学んだ医師も多く腕は確か。海外旅行保険に入っていれば、ちょっと調子がおかしいなと感じただけでも医者にかかることができる。保険には加入しておこう。

日本語の通じる病院
サミティベート病院スクンビット
Samitivej Sukhumvit Hospital
MAP P.93-F3
住 133 Soi 49, Sukhumvit Rd.
TEL 0-2022-2222
URL www.samitivejhospitals.com/jp
　日本人駐在員も多く住むエリアにあり、在住日本人の利用も多い大規模な総合病院。日本語相談窓口があり、日本語での相談が可能。歯科もある。海外旅行保険に加入していれば、キャッシュレスサービスが受けられる。
バムルンラード病院
Bamrungrad Hospital
MAP P.91-F3～F4
住 33 Soi 3, Sukhumvit Rd.
TEL 0-2066-8888
URL www.bumrungrad.com/jp
　日本語を話すスタッフが多く、日本語通訳もいるので全科日本語での診察が可能。最新の設備が整った院内はホテルのような豪華さで、病院内にはマクドナルドやスターバックスまである。海外旅行保険に加入していればキャッシュレスサービスが受けられる。

健康維持に努めよう

　バンコクは高温多湿な熱帯性気候に属し、その独特な自然環境から日本人にはなじみのない病気も多い。しかし「蔓延」しているわけではないので、無理や無茶をしないかぎり、普通の体力をもつ健康な人ならまず感染しない。楽しんだあとはしっかり食事し、夜はよく眠って、体力の維持と体調管理に努めよう。

タイでかかる病気の症状と対策

■風邪 Cold

　暑いからといってエアコンや扇風機をつけたままで眠っていると風邪をひきやすい。屋内はエアコンが効き過ぎて寒く、これが原因で体調を崩す旅行者は多い。薄手の上着を用意するなど、熱帯とはいえども風邪対策は講じておこう。

■下痢 Diarrhea

　単純な食あたりの場合は数日で治まるので大丈夫だが、タイ特有の細菌性の下痢もあるので、症状がひどい場合は病院に行こう。

■コレラ Cholera

　嘔吐をともなって最後は脱水症状を引き起こす。潜伏期間は1～5日。感染力は強く、局地的に流行することもある。

■細菌性赤痢 Bacillary Dysentery

　赤痢菌が口から入って感染する。潜伏期間は1～5日。症状は下痢、腹痛のほか、血便が出ることもある。

■腸チフス Typhoid Fever

　赤痢と同様に菌が口から入って感染する。症状は倦怠感、食欲不振、頭痛などから始まり、その後段階的に発熱、発疹、極度の便秘などにいたる。潜伏期間は1～2週間。感染していたら即入院が必要。

■デング熱 Dengue Fever

　熱帯シマカやヒトスジシマカが媒介する熱性疾患。4～5日の潜伏期間の後、発熱、頭痛、筋肉痛、関節痛などに襲われる。通常3～7日で回復するが死亡例もある。都市部でも大流行することがあるので、蚊には注意しよう。虫よけはコンビニなどでも安価に入手できる。

■ウイルス性肝炎（A型）Hepatitis A

　発熱、黄疸、茶褐色の尿、白色の便が出たら肝炎を疑おう。強烈な倦怠感で動けなくなり、食事もできなくなり衰弱して死

バンコクプチ情報　もちろん病気になったりけがをしたりしないのがいちばんだが、バンコクは日本語が通じる大病院が何軒もあるので比較的安心。技術も日本と遜色ない。

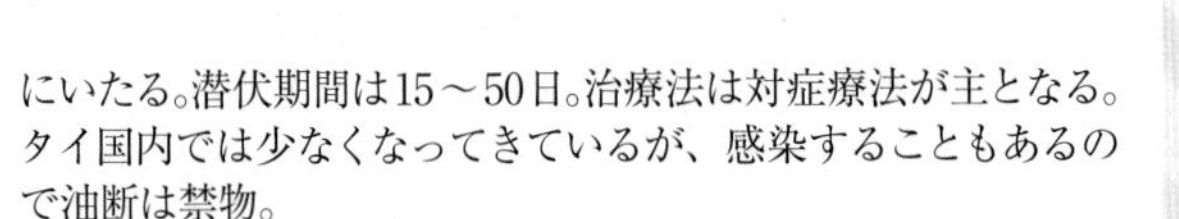

にいたる。潜伏期間は15～50日。治療法は対症療法が主となる。タイ国内では少なくなってきているが、感染することもあるので油断は禁物。

■狂犬病 Hydrophobia、Rabies

犬や猫、コウモリなど動物に咬まれることで感染し神経系を冒すウイルス性の病気で、最終的には全身麻痺で死にいたる。水を飲んだり、見たりするだけでショック症状を起こすので恐水病とも呼ばれる。子犬や子猫はかわいいし、寺院などで人懐っこく寄ってくることもある。動物と遊ぶ際は、かまれたりひっかかれたりしないよう注意。

■エイズ AIDS、そのほかの性感染症

ほとんどの性感染症は、正しく対策をし、また麻薬や売買春などに手を染めなければ心配はない。軽率な行動は慎しもう。

■マラリア Malaria

高熱、悪寒、強烈な頭痛が周期的に襲ってくる怖い病気。潜伏期間は12～30日。媒介するのはハマダラカで、それらが生息するミャンマーやカンボジアとの国境沿いのジャングルに長期滞在したり、ひと気のない島に行ったりしないかぎり恐れる必要はない。予防薬もあるが副作用が強いため、医師の指導を受けながら服用する必要がある。

バンコク病院 Bangkok Hospital
MAP P.83-E4～E5
住 2 Soi Soonvijai, 7 New Phetchburi Rd.
TEL 0-2310-3000
URL www.bangkokhospital.com
BTSプロムポン駅前と病院を結ぶ無料シャトルバスあり。

BNH病院 BNH Hospital
MAP P.86-C4
住 9/1 Convent Rd.
TEL 0-2022-0700
URL www.bnhhospital.com
シーロム通りとサートーン通りを結ぶコーンウェーント通り沿いにありアクセスが便利。

海外旅行保険に加入しよう
新型コロナウイルスは、ワクチンを接種していても感染を完全に防げるものではない。タイでもまだまだ感染者は発生しているので、万一感染して入院するような事態に備えて、海外旅行保険には加入しておきたい。新型コロナウイルス感染による現地での治療費用などが補償される保険を選びたい。

病院で見せるチェックシート

※該当する症状があれば、チェックをしてお医者さんに見せよう

□吐き気 nausea	□悪寒 chill	□食欲不振 poor appetite
□めまい dizziness	□動悸 palpitation	
□熱 fever	□脇の下で計った armpit □口中で計った oral	______°C／°F ______°C／°F
□下痢 diarrhea □水様便 watery stool □ときどき sometimes	□便秘 constipation □軟便 loose stool □頻繁に frequently	1日に　回　times a day 絶え間なく continually
□風邪 common cold □鼻詰まり stuffy nose □咳 cough	□鼻水 running nose □痰 sputum	□くしゃみ sneeze □血痰 bloody sputum
□耳鳴り tinnitus	□難聴 loss of hearing	□耳だれ ear discharge
□目やに eye discharge	□目の充血 eye injection	□見えにくい visual disturbance

※下記の単語を指さしてお医者さんに必要なことを伝えよう

●どんな状態のものを
生の　raw
野生の　wild
油っこい oily
よく火が通っていない　uncooked
調理後時間がたった　a long time after it was cooked

●けがをした
刺された・噛まれた bitten
切った cut
転んだ　fall down
打った　hit
ひねった　twist
落ちた　fall
やけどした　burn

●痛み
ヒリヒリする　buming
刺すように　sharp
鋭く　keen
ひどく　severe

●原因
蚊　mosquito
ハチ　wasp
アブ　gadfly
毒虫　poisonous insect
サソリ　scorpion
くらげ　jellyfish
毒蛇　viper
リス　squirrel
（野）犬　（stray）dog

●何をしているときに
ジャングルに行った　went to the jungle
ダイビングをした　diving
キャンプをした　went camping
登山をした　went hiking (climbling)
川で水浴びをした　swimming in the river

知っておきたいタイ事情

タイ王室、宗教

タイは王国であり、「王室を敬う」のは一般のタイ人にとって当然と考えられている。商店や食堂には国王、王妃の大きな肖像写真や絵が高く掲げられているし、いまだに多くの人がチュラーロンコーン王(ラーマ5世)や前国王(ラーマ9世)を敬っている。旅行者もタイに滞在中はこの点に留意し、タイ国民の感情を逆なでするような知ったかぶりな言動や行動は慎むこと。王室ファミリーを中傷すると、不敬罪に問われることもある。

例えば映画館では、予告編や広告のあと、本編の上映前に国王の肖像が映写され、国王賛歌が流される。その際観客は全員起立して、国王に敬意を表さねばならない。また8:00と18:00の1日2回、鉄道駅やバスターミナルなど公共の場所では国歌が大音量で流される。音楽が鳴っている間は起立し、動かないでいること。

国民から敬愛されていた前国王は2016年に逝去

仏教、宗教

寺院を見学に行くときはきちんとした服装(袖なし、短パンなど肌を露出し過ぎる服装は不適切)を心がけ、僧侶には敬意をもって接しなければならない。聖なる場所や物、聖なる人々には、敬う気持ちをもって接しよう。仏教に対して不敬な行為をしないように。

気をつけたいタイの不文律

足の裏は人体のなかでも特に不浄だと考えられている。あぐらをかいたり、椅子に座って足を組んだりしたときには(タイ人の前で足を組むという行為自体すでに好ましくない)、足の裏をタイ人に向けないようにしたい。さらに公衆の面前での開放的な愛情表現も禁物だ。タイにはこのほかにも精霊信仰に基づく迷信やタブーが多いが、外国人だから許されるなどとは思わず、謙虚に土地のルールを守るようにしたい。

飲料水について

一般に危険だといわれているタイの水道水も、実はそれほど心配はない。タイの浄水場から送られる水は飲用にも十分適しているという。ただ以前は各家庭に送水する上水道が不備であったため、水道管の継ぎ目などから汚水や細菌が入り込んでいたらしい。上水道が整備され始めた今なら安心な部分もあるというわけだ。ホテルによっては独自の浄水設備をもち、蛇口から出る水が飲めるところもある。そうはいっても短い旅行でおなかをこわしてもつまらない。生水はできるだけ避けよう。

どこでも買えるペットボトル入り飲料水

飲んでもまず間違いのない飲料水の銘柄は、タイ産飲料水の代名詞ともいえるビア・シン(シンハ・ビール)でおなじみブンロート社のSINGHA WATER、そのほかNAMTHIPやMinere、SPRING、コンビニのオリジナルブランドなどがある。エビアンやヴィッテルなど外国産の飲料水も、値段は高いが各種販売されている。これらは町の雑貨屋やコンビニエンスストアなど、どこでも買える。よく冷えたペットボトルが、小さいものなら10B程度から、1ℓ入りの大型ボトルでも15B程度で売られている。

ソフトドリンクやフルーツジュースも

タイでは炭酸入りのソフトドリンクや、豊富なフレッシュフルーツを使ったジュースもよく飲まれている。フルーツジュースはちょっとしたレストランならどこでも注文できるので、ぜひ試してみよう。日本でもおなじみのコカコーラやペプシコーラはもちろん、コンビニの飲み物コーナーへ行けば各種フレーバーの乳飲料や乳酸菌飲料、豆乳などが並んでいる。

ヨーロッパではレッド・ブルとしておなじみ(F1など各種スポーツイベントのスポンサーとしても有名)のクラティン・デーン(赤い野牛)は、タイがオリジナルだ。類似品にはカラバオ・デーンやM-150、リポビタンDもあり、エナジードリンクは日本よりもカジュアルに飲まれている。

タイのトイレ事情

タイ式トイレは日本と同じしゃがみ式

　最も一般的なタイ式のトイレは、日本の和式トイレと同じしゃがみ式。便器には俗にいう"キンカクシ"は付いておらず、地面にポッカリと穴が開いているだけ。足型のような足場が置かれていることもあるので、体の向きはそれを参考に。基本的にはドアのほうを向いてしゃがみ、排泄物が直接穴に落ちるようにする。

事後処理の方法〜水式にチャレンジ！

　便器にはすぐに慣れても、なじみにくいのがそのあとの処理。しゃがんで周囲を見回すと、手の届く範囲内に水槽や大きなバケツがあり、その中に水がためてあるはずだから、それを手桶ですくって洗い流す。

　一般にそれほど大量の水は使わないでサッとスマートに済ませ、残った水分はティッシュペーパーやトイレットペーパーで拭き取る。あとは手を石鹸で洗っておけば身体快調。タイ人によればこれが健康の秘訣で、紙を使うと逆に不潔に感じてしまうという。

　日本人ならどうしてもこの方式になじめない人だっているはず（そのほうが多いかも）。そんな人は、どこへ行くにもティッシュペーパーを忘れないようにしよう。ただしその場合、紙を水に流さないように。そのような設計になっていないのでパイプが細いらしく、水に溶けやすいトイレットペーパーを使っても詰まってしまうことがある。抵抗はあるだろうが使用後の紙は、トイレ内に用意されているごみ箱などに捨て、決して流さないこと。

あっと驚く洋式トイレの使用法

　外国人の利用が多い高級ホテルやレストランのトイレは基本的に洋式。もちろん紙も完備されているので安心。このようなトイレなら、紙を流

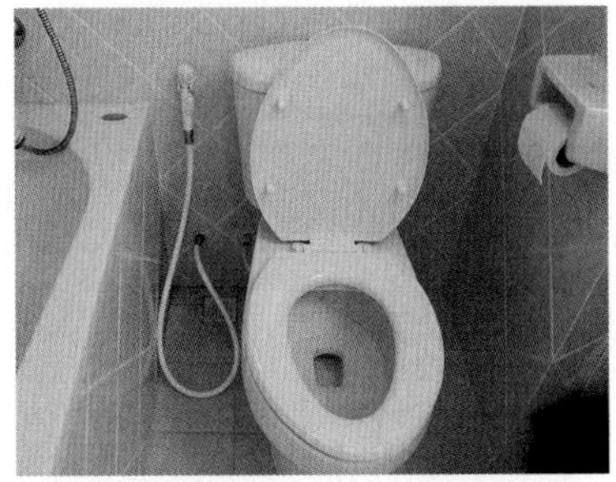
便器の左にあるのが洗い流し用のお尻シャワー

気持ちがよく伝わるトイレの看板

しても問題はない。そんな場所でも便器の横に水鉄砲状のビデがかかっていることもあり、これを使って洗い流してもかまわない。ただし水圧がけっこう強いことが多いので、最初に水の勢いを少し試してみるなど注意が必要だ。

　外国人よりも地元タイ人利用者のほうが多い1泊1000B以下の古いホテルや大衆レストランにある洋式トイレの場合、最近では少なくなったが、便座が取り払われていて座れないことがある。不思議に思うかもしれないが、これは洋式トイレに不慣れなタイ人のための工夫らしい。普段しゃがみ式のトイレを使っているタイ人は、洋式便器でもつい上に乗ってしゃがんでしまうとか。便座が残っていることがあっても、座る気になれないほど汚れていることもある。よく見ると靴の跡がくっきりと残っていたりする。慣れない人は転落する危険もあり、ウソかマコトか中腰でしているという。

　またこのクラスのトイレには紙を備えてないことが多く、自分で用意しておく必要がある。水はあるので洗うことはできる。トイレによっては（特にバスターミナルなどの有料トイレ）、入口で紙を売っている。

タイ人気質を表す言葉

「マイ・ペン・ライ」精神

　よく耳にする「マイ・ペン・ライ」とは「大丈夫」「気にするな」の意味。自分に非があってもなくても使える便利な言葉だ。しかし都合の悪いときにこれで責任もあいまいに済まされてしまうこともある。

「サヌック」と「サバーイ」精神

　「サヌック」とは「おもしろい」「楽しい」など心が快適な状態、「サバーイ」とは「調子がいい」「元気だ」など体が快適な状態を意味する。この「サヌック」をいかに「サバーイ」なままで得るかがタイ人が常に考えていることらしい。

タイ文化の基礎知識

タイの仏教寺院とその建築様式

寺院の格

タイの仏教寺院は国王や王族などが建立、認定した王室寺院(ワット・ルアン)と民間が建立した寺院(ワット・ラート)の2種類あり、王室寺院のほうが格式が高い。王室寺院はワット・プラケオを頂点にタイ全土に約270ヵ所あり、重要度によって格が定められる。重要王室寺院には歴代国王の遺骨などが納められている。私立寺院はタイ全土に3万寺以上ある。タイ国民にとって最高のタムブン(徳を積む行い)は寺院建立だから、増えることはあっても減ることはない。しかし人気がなくなり打ち捨てられる寺院も多く、住職のいない廃寺もある。

境内

寺院の境内は大まかにふたつに分けられる。いわゆる境内はタイ語でプッターワートと呼ばれ、おもに儀式を執り行う区域。本堂、礼拝堂、仏塔など寺院を構成するのに不可欠な建築物がある。読経や諸々の宗教儀式はこのプッターワートで行われる。これに対してサンカーワートと呼ばれる区域は、僧侶の起居する僧坊があり、洗濯物が干してあったりと生活臭のある一角。

寺院の境内にはさまざまな建物がある

外装と装飾

タイ寺院の過剰にも思える装飾にも必然性がある。まず破風の頂点にある黄金の突起物はチョーファーと呼ばれ、タイ国の守護神でもある聖鳥ガルーダ(タイ語ではクルット)をかたどっている。そのチョーファーから流れるように斜めに下っていくギザギザの装飾はバイラカーと呼ばれ、ガルーダの翼とナーガ神(蛇神。タイ語でナーク)の鱗を表現したもの。バイラカーから突き出している突起物はナーガの頭部を表すハーンホン(瓦の下端にも同様の反り返しが付けられている)。これらの装飾はすべてインドの神話にちなんでおり、信仰の要となっている上座部仏教とは本来関係がない。寺院の装飾ひとつ取っても調和と合理を重んじるタイ仏教とタイ文化の本質を見ることができる。

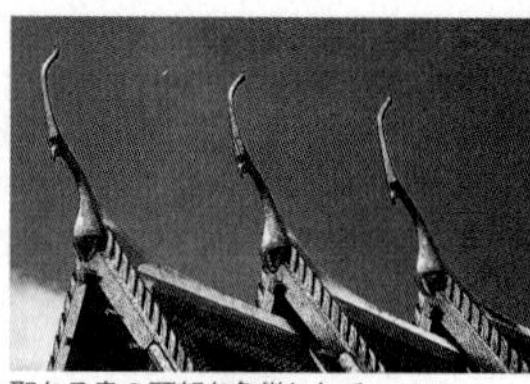
聖なる鳥の頭部を象徴したチョーファー

本堂(ウボーソット)

寺院で最も大切な本尊を安置しているのが本堂だ。寺院内で最も重要な建築物で、説法や出家式などの重要な宗教儀式はここで行われる。

本尊

本堂の中に安置されている仏像が本尊。像は制作時期や流行などによっていくつかの型があるが、ほとんどは伏せた右手をひざの上、左手を組んだ足の上に置いた降魔印と呼ばれる型を取っている。この型は修行を妨害しようとした悪魔の襲撃をゴータマ・シッダールタ(釈迦)がはねつけたときの模様を表したもので、表情が厳しいのはそのため。タイの仏像を見て「笑みを浮かべている」と思うのは仏像を正面から見ているからで、下から見上げてみれば、実は厳しい表情をしていることがわかる。

本堂内壁

本堂内部の壁は仏教画で装飾されていることが多く、絵柄は仏陀の生涯や説法についての説明が多い。王室寺院のなかには『ラーマキエン』を絵解きしたものもあるが、ラーマキエンは仏教とは無関係なため、最近の民間寺院には採用されていない。

回廊

ほとんどの寺院は俗界と聖域を区別するために周囲を塀で囲っているが、本堂など重要な建築物の周りはさらに屋根付きの回廊で取り巻かれている。格式のある寺院などではこの内側に大小様式各種揃った仏像がぎっしりと並べられて

『ラーマキエン』の物語が描かれているワット・プラケオの回廊

いる。

礼拝堂（ウィハーン、伽藍）

本尊以外の仏像を安置しているのが礼拝堂。建築様式や大小も寺院によってさまざまで、数もひとつとはかぎらないが、最近は本堂内で宗教儀式を行うため、その規模や重要性は小さくなっている。

仏塔（チェーディー、プラーン）

タイの寺院にはたいてい仏塔がある。仏塔は本来仏舎利(釈迦の遺骨、遺物)を納めるものだが、後に重要な仏法に関するものを祀る建築物へと性格を変えていった。

仏塔には円錐型をした「チェーディー」と、トウモロコシのような形に築いた「プラーン」の2種類が多い。タイ北部、東北部、南部の寺院では「タート」と呼ばれる平面を多用した仏塔も見かけるが、バンコクでは一般的ではない。

チェーディーは大まかに3つの建築様式に区別される。釣鐘型の円錐をしているのがスリランカ型チェーディーで、上座部仏教の基礎を築いたスリランカから伝来した正統派。もうひとつは釣鐘形という基本は変わらないものの、台座が多角形のもの。ワット・ポー境内などに見られる面と直線を基調とした細長い小型方形チェーディーは、タイで独自に発達したものらしい。

チェーディーはいくつもの段を重ねた複層構造になっているが、角の数や積み重ねにはそれぞれに意味がある。仏塔の頂点は仏教の最高到達点である涅槃を表し、最下段の台座は人間が住んでいる世界全体を示している。つまり仏教思想のすべてが具現化されているのだ。

プラーンはヒンドゥー教寺院には欠かせない様式のひとつ。タイ王室がバラモン信仰にあついため王室寺院に特に多い。塔の先端部に飾られている避雷針のようなものは、ヒンドゥー3大神のひとりであるシヴァ神の象徴をかたどったもの(ノッパスーン)だし、中腹にはインドラ神やその乗り物である三頭象が装飾を兼ねた意匠として彫り込まれていることもある。ワット・アルンの大仏塔が代表的なプラーンだ。

サーラーとクティ

人々が休憩や集会に使う小屋をサーラーと呼ぶ。東屋という意味で、礼拝堂のない寺院などではサーラーがその役割を担う。また僧侶が起居する小屋はクティと呼んで聖俗を区別している。

小学校／僧侶のための仏教大学

寺院の多くは小学校を併設している。これはもともと寺院の僧侶が近くの住人に学問を授けていた名残で、日本でいうところの寺子屋。王室寺院のなかには仏教学の大学を併設しているところがある。

タイ仏教とは

現在タイ国民の94%は仏教徒であるといわれている。憲法は宗教選択の自由を認めているが、事実上の国教は仏教といえる。

タイの仏教は上座部(テラワーダ)仏教

世界の仏教は大まかにふたつに分けられる。ひとつは発祥地北インドからチベット、中国を経て日本にも伝来した大乗仏教(北伝仏教)。すべての信者を平等に救済することを大目的とした、信ずるものは全員救われる仏教だ。一方タイではスリランカを経て伝来したもうひとつの主流派である南方上座部仏教(南伝仏教)が信仰されている。こちらは出家修行した僧侶だけに救済の道が開かれる。

サンガ

僧侶で構成されるのが、上座部仏教特有の組織サンガ。上座部仏教のすべての僧侶はサンガに属し、非サンガ(非出家者)の俗人と区別される。特にタイのサンガの場合は、国王が頂点に立つ国家規模の大組織となっている。

上座部仏教の特色／戒律順守

上座部仏教徒の最終目標は悟りを得ること。しかしすべてを悟って無我の世界にたどり着くためには、煩悩や欲望を捨て去らなければならない。その実践のため、タイ仏教にはパーティモッカと呼ばれる227条の戒律がある。戒律の数だけ煩悩があるということになり、なかでも「性交」「窃盗」「殺生」「悟りを得たと嘘をつくこと」の4戒は、絶対に犯してはならない基本とされている。この4戒を破った僧はサンガから追放され、修行の道を断たれる。

出家／男性の義務？

成人しているのに出家経験がないと「未熟者」と呼ばれて社会的地位がやや下がるため、短期間でも出家して僧侶になる者が多い。出家はいわば成人したことを示す行為であり、上座部仏教徒のタイ人男性なら避けて通れない儀式なのだ。また子供を仏門に入れて修行させることは親にとって最高の徳となるので、成人男性は否応なしに出家しなければならない雰囲気もある。特に女性は出家できず仏門にも入れないので、その夢を息子に託す。そのため出家式は一家総出の盛大なものになる。僧侶の大半が実はこうした「一時僧」だ。

僧侶の生活

出家するとまず頭を剃り上げる。このとき眉毛も剃ってしまうのがタイ上座部仏教僧侶の特徴。剃髪が済むと、黄色い僧衣（チーオン：3タイプある）に着替え、僧院での生活が始まる。

出家した僧侶は寺院の中で暮らす

朝、僧侶は日の出前に目を覚まし、裸足で手に鉢(バート)を持って托鉢(ピンターバート)に回る。僧侶は戒律によって生産活動に従事することを禁じられているため、食料は喜捨によってまかなわなければならない。鉢がいっぱいになると寺に戻って食事の支度。僧侶は午後の食事を禁じられているので食事は朝と正午前の1日2回のみ(1回の寺もある)。あとは自由時間が多いが、僧侶は寺の中で過ごすのが基本で、用のない外出は慎むことになっている。

僧侶の修行／戒律の順守と試験勉強

男性なら誰でも出家して僧侶になれるが、肝心なのはその期間。サンガにおける僧侶の序列はまず出家年数によって決まり、5年以下、9年以下、10年以上の3段階に区分される。サンガ内には9つの階級が存在し、僧侶の格はどの階級に属しているかで決まる。階級は毎年行われる国家試験の結果で決まる。この試験が難関で、最高位にランクされると博士号と同等の資格を得ることができるという。

還俗／脱サンガ

戒律を守る生活を続けることができなくなると、僧侶は僧衣を脱ぎサンガを離れる。これが還俗だ。修行を断念したことになるので、本来なら落伍者を意味するのだが、タイではそうは思われない。厳しい出家生活を送ったという事実が重視され、元僧侶は歓迎されるのが一般的だ。

徳を積む／非出家者の仏教

修行中の僧侶だけが救済の対象とされる上座部仏教。しかしタイでは一般大衆にも救済の道が開かれている。その道とは「タムブン」、すなわち徳(ブン)を積むこと。寺院や僧侶に喜捨寄進して善行を積む、他力本願に近いものだ。

早朝行われる托鉢が、最も身近なタムブンのチャンス。食事を用意し、家の前に回ってきた僧侶の持つ鉢にそれらを入れる。早朝の市場に行くと「喜捨セット(米、おかず、飲み物が小さなビニール袋に入っている)」も売られている。托鉢の際僧侶が感謝の意を表さないのは、それがあくまでも“残り物”で、彼らに向かって捨てられたものだから。感謝するのは施されたほうではなく、施すことができたほうなのである。タイにはひと月に4回の仏教日(ワンプラ：新月、満月とその中間日)があり、この日などは絶好のタムブン日。各寺院では法要が行われ、喜捨寄進の品々が山のように寄せられる。

こうして徳を積めば積むほど来世での生活が保障され安定していく。民衆は徳を積みたいし、僧侶も喜捨がなければ生活できない。僧侶と民衆の関係はもちつもたれつなので、遠ざかってしまうことは決してない。本来は出家者しか救済

一般の人々はさまざまな方法で徳を積む

されない上座部仏教だが、タイではこのようにして非出家者との協力関係が保たれている。

タイの寺院と人々との関係

寺の多くは学校を兼ねている。僧侶は学識があることから、身近な教師として人々に親しまれてきた。地方では寺院はまさに寺子屋であり、境内には子供があふれている。また、人々と距離をおかないよう努めているのがタイの寺院の特徴。バンコク市内の寺院にはいまひとつ生活感がなくなっているようだが、地方ではまだまだ「村と村人の生活基盤」的な身近さ、親しみやすさがある。単なる宗教の場ではなく、選挙や集会も行われる公民館的催事場の役割も果たしている。葬式もすれば結婚式だってする。人生のよい日も悪い日も、すべて寺と僧侶が面倒を見るのである。ともに喜び、感謝し、悲しみを癒やし、明日の幸福を願って徳を積む。タイの寺にはそういう儀式一辺倒ではない人々の生活の場がある。

バラモン教／ヒンドゥー教との関係

タイ寺院の装飾にはバラモン教の要素も散りばめられている。仏教とは本来バラモン教やヒンドゥー教の差別(カースト)主義に反対して生まれた平等を説く宗教であり、教義的に相反しているのに、上座部仏教国で仲よく共存しているのはなぜか？

これはつまり、どんな人間も平等であるとする仏教の考え方は、国家を統治するにあたって非常にまずいことだったのだ。国王は絶対で、すべての頂点に立っていなければならない。真の仏教徒なら他国と戦争もできないし、華美な生活もできない。バラモン教は王の権力を維持するためアユタヤー王朝が意図的に隣国クメール帝国から導入したのだが、その神性、差別的考え方が王の絶対的存在感を高めるのにぴったりだったのである。

注：インドに古くからあった古典、経典を集め生まれたバラモン教が、時を経るに従い土着の文化要素を加えながら細密化して形成されたのがヒンドゥー教。「バラモン」とはヒンドゥー教がもつ階級制度「カースト」の最上位に位置する司祭階層を指す。タイにはヒンドゥー教として確立されてから伝来しているが、思想的にはバラモン教時代の考え方を受け継いでいるとされる。

そのほかの宗教

タイにおける少数派宗教の代表は、全国民の約5%を占めるムスリム(イスラーム教徒)だ。バンコク市内にも立派なモスクはいくつかあるが、マレー半島南部のマレーシア国境地帯では多数派となる。

華人の人口も多いのでそこかしこに中国廟がある

これに続くのはキリスト教だが、この宗教伝来の意義は大きい。教育に力を入れ、学校を設立して啓蒙活動を進めたのがキリスト教宣教師たち。タイ近代化の父ラーマ4世も多くの外国人司祭、宣教師から語学と海外事情を学び、門戸開放政策を推進した。

タイに多い華人の信仰する仏教は、中国本土からもち込まれた北伝仏教、すなわち大乗仏教に儒教や道教的性格を加味した仏教。しかし最近では同化が進んで華人は宗教面でも変化し、上座部仏教信仰に近づいてきている。

ピー／精霊信仰

タイの宗教を語る際に忘れられないのが「ピー」。ピーとはタイ語で精霊、お化け、魂など、実体はないが存在感だけはある幽体のことを指す。民家の庭先やホテルの前など町のいたるところに立っている小さな祠(サーン・プラ・プーム)がピーのすみか。人々は花を飾り、線香をたき、食べ物を捧げてピーを祀る。幸運をもたらすよいピーもあれば人々を不幸にする悪いピーもある。タイ人には迷信深い人も多く、その根底にはこの「ピー」の存在がある。

エーラーワン・デパートの角にあるターオ・マハー・プラマ(エーラーワンの祠。→P.155)に集まる人々のにぎわいを見るにつけ、この国の信仰の奥深さを感じさせられる。

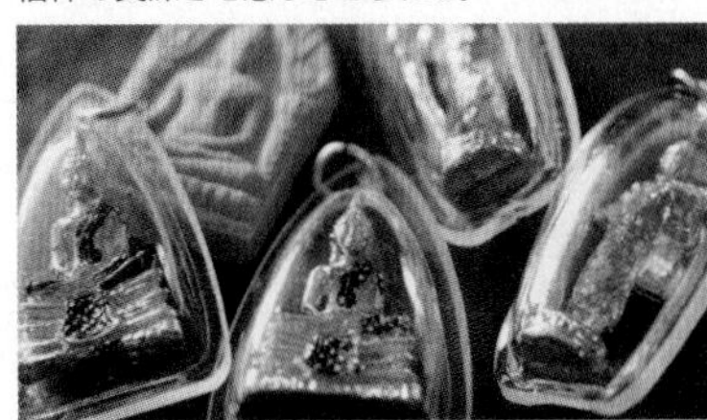
プラ・クルアン（お守り）には不思議な力が宿っているとか

タイの王朝史

タイ王朝史

スコータイ王朝（13～15世紀）

タイが国家として成立するのは13世紀に興ったスコータイ王朝から。それ以前のこの一帯はクメール帝国の勢力圏内であったが、同帝国の凋落とともにスコータイ地方で内乱が起こり、ついにこの地を平定して、初のタイ人王朝国家が生まれた。この王朝は第3代国王ラームカムヘーンのときに強力な軍事力と高度な政治体制を作り上げて最盛期を迎え、王都スコータイを中心に現在のタイの国土以上の広い地域を支配した。さらに同王は軍事力もさることながら、陶磁器製造技術を中国から持ち込んだり、タイ文字を生みだしたり、上座部仏教を普及させたりと文化面でも活躍し、現在でもタイ王朝史中の名君と謳われている。しかしこの王朝は次王のルータイ王の時代から凋落しはじめ、勢力はしだいに弱まっていく。

スコータイのワット・マハータート

アユタヤー王朝（1350～1767）

アユタヤーの町は13世紀に繁栄していたスコータイ王朝時代から、すでに貿易の中心地として栄えていた。この地の利に目をつけたのが、ここからさらに20kmほど北に位置するウートーン地方の支配者であったラーマティボディ。感染症が流行したことをきっかけにして同地を放棄した彼は1348年に貿易都市アユタヤーに移り、1350年この地を「クルンテープ・タワーラーワディー・シー・アユタヤー」と命名して王国の都とし、自ら初代国王となった。これが以後417年にわたって続くアユタヤー王朝の始まりである。前王を倒して王位に就いたのではなく、まったく別の地で旗揚げしたのだ。しかし当時のスコータイ王朝は衰えきっており、そのほかの諸公もこの新

アユタヤーのワット・プラ・マハータート

勢力を制圧する力がなく結局容認され、あとはこの新興国家の勢いに吸収されることになった。ラーマティボディ王の崩御後アユタヤーは、スパンナプーム王家、スコータイ王家、プラサートーン王家、バーンプルアン王家の4王家によって順に支配を受けるが、国家は順調に発展し、1767年にビルマ軍の侵攻を受けて王都のすべてが破壊されるまで繁栄を続けていく。

トンブリー（タークシン）王朝（1767～1782）

ウォンウィエン・ヤイにあるタークシン王の像

ビルマの軍勢に占拠された王都アユタヤーを奪還したのは、猛将として名高いタークシンであった。タークシンはアユタヤー陥落直前に兵団を率いてタイ南東部に退去し、兵力を再統合して都を急襲。この作戦によってビルマ軍は駆逐される。以後ビルマは何度も軍勢を送り込んでアユタヤーを狙うがタークシンはその軍事的才能を生かし、幾多の勝利を挙げ国土を守った。その後廃墟となったアユタヤーに見切りをつけ、約80km南方のトンブリーに都を移し、自らの王朝を開いて王位に就く。しかし晩年は極度の精神錯乱状態に陥り、寺院内に強制収容され処刑される。悲惨な最期を遂げた15年間1代かぎりの国王であったが、ビルマ軍による侵略から国家を救った英雄としての事実は失われず、今でもタイ国民の間でその勇猛果敢さが語りつがれている。

現王室チャクリー王朝史

開祖ラーマ1世

チャクリー王朝の歴史は1782年、トンブリー王朝時におけるタークシン王の配下であったチ

ラーマ1世像

ャオプラヤー・チャクリー将軍が、精神に異常をきたしたとされる主君のタークシン王を処刑した後、後継者として王位に就いたときから始まる。チャクリー将軍はプラ・プッタ・ヨートファー・チュラロック・マハーラート（ラーマ1世）と名乗り、同年4月6日に正式に即位。この日は現在「チャクリー王朝記念日」として祝日となっている。

ラーマ1世は王位に就くと、都をそれまでのトンブリーからチャオプラヤー川の東岸へと遷都し、「クルンテープ・マハーナコーン……（以下延々と続く）」と名づけた。これが現在のバンコクの始まりである。ラーマ1世は先代のタークシン王と同様に旧王都アユタヤーを国家の理想郷として仰ぎ、政治、経済、町並みにいたるまですべてにアユタヤー様式を模倣した。王は破壊されたアユタヤーの寺院かられんがを運び込んで新都に王宮を造り、守護寺ワット・プラケオを建立。周囲に堀と城壁を築いて外敵の侵入を防ぎ、全盛時のアユタヤー以上の都市を築いて確固たる王制を確立した。さらに仏教法典を整理して仏教国家としての基盤を固め、これまでの王朝になかったほど手厚く仏教を保護した。

ラーマ2世、3世

詩人としても名高いラーマ2世（プラ・プッタ・ラートラナパライ）は1809年に即位した。王は1824年に即位するラーマ3世（プラ・ナン・クラオ）とともに、2代にわたってバンコク市内に以前からあった古い寺院を修復し、さらに新しい寺院を数多く建立して、仏教国の王都にふさわしい陣容を造りあげていく。

ラーマ4世▶近代化の礎

ラーマ2世の王子であり、ラーマ3世の異母弟であるモンクット王ことラーマ4世が即位したのは1851年のことである。20歳から出家し、その後27年間僧生活を送っていた王は、その間に学識と語学力、西洋文化に対する造詣などを深め、乱れ始めていた仏教を正すリバイバル運動を自ら起こしタマユット派（タマユットニカーイ）を生み出すなど、活発な文教活動を行っていた。父ラーマ2世から血統的に最高位の王位継承権をもちながら、権利をラーマ3世に譲って出家していた学究肌の人である。

ラーマ4世はこれまでの受け身一方の貿易による収入では国家の自立は不可能と判断し、1855年イギリスと通商条約を締結して（ボウリング条約）、それまでの鎖国的状況から門戸を開いた。王室による独占貿易によって行きづまっていた経済に活を入れ、主力生産品である米を輸出し外貨を得る方策に移行するためである。これによって農家はこれまでの自給自足農業から出荷重視の農業へと転換し、チャオプラヤー・デルタ地帯の生産性が飛躍的に拡大した。チャオプラヤー川流域に運河網が発達し、平野部が一大水田地帯と化したのはこのときからである。王はこの後、列強諸国と次々に条約を結んで市場開放政策を推進し、経済を立て直していく。

さらに西洋文化と文明に深い関心を寄せていたラーマ4世は、シャム国（ボウリング条約締結時に正式国名となった）の発展のためには西洋式学問と文化によるいっそうの近代化が必要であると考え、王族や貴族の子女たちに盛んに外国語と西洋文化を学ばせた。このうちラーマ4世が自分の子供たちの家庭教師にと、1862年にシンガポールから雇い入れた女性がイギリス人アンナ・レオノウェルズ。彼女はマーガレット・ランドンの小説『アンナとシャム王』のモデルとして有名だが、この小説のもとネタとなった彼女の宮廷生活を書き綴った自伝は、本人の身の上話からすでに嘘で塗り固め欺瞞に満ちた自慢話であるらしい。

この小説を舞台化したのがブロードウェイでロングランを続けたミュージカル『王様と私』だ。舞台で男優ユル・ブリンナーが演じていた禿頭の王様がラーマ4世その人である。ブリンナーも写真で見るかぎりはモンクット王本人に似ていないこともない。アンナと手を取りながら踊るダンスシーンが特に有名で、実際に王はダンスが上手であったといわれている。しかしアンナを雇い入れた頃はすでに高齢で、あれほど元気よく踊れなかっただろうということだ。ちなみに、国王がイギリス人女性に指図されるシーンなどが問題となって『王様と私』はタイ国内で上映上演禁止（チョウ・ユンファとジョディー・フォスター主演でリメイクされた『アンナと王様』も同様）になっているが、チャクリー王朝の歴史を知るためにも見ておいて損はない。

ラーマ5世▶タイ国近代化の立役者

シャム国に西洋文化の導入を果たしたラーマ4世がマラリアで崩御すると、1868年にチュラーロンコーン大王ことラーマ5世が弱冠15歳で即位した。現在もタイ国民は義務教育期間中に何度もその偉大さを教え込まれるこの王は、タイ国民なら誰でもその功績を知っている歴史上の英雄である。

ラーマ5世の騎馬像

王はまずシャム国における司法・行政改革を断行する。ヨーロッパ諸国の制度を見習って1874年に国政協議会と枢密院を創設。1892年には各省庁を作り、1894年には地方を分割、再編成して現在にも続く中央集権制を確立した。さらに税制を見直して財政を整え、国家予算を立て行政を運営する。また国全体の近代化のためには教育の普及が不可欠と考え王族や一般用の学校を創立し、奨学金制度も導入して国民の啓蒙に努めた。さらに王は電信電話業務を創始して通信網の基礎を作りあげ、ラーチャダムヌーン大通りを王宮からドゥシット宮殿にいたるまで通し、周辺道路を整備して市内の交通網を整えた。バンコクから250km離れた東北部の町ナコーン・ラーチャシーマーまでの鉄道を敷設して国内で初めての機関車を走らせ、地方とバンコクを結ぶ交通網の基礎を確立した。

そんな王の功績で最も偉大なものは、長年にわたって続けられてきた不自由民(貨幣代わりに取引される労働者)制度の廃止である。人道的にも優れたこの功績は幾多の抵抗に阻まれながらも1905年4月、なんと30年もの歳月をかけてようやく達成された。

また王は5人の王妃のほかに多数の側室を囲っていたともいわれる文字どおりの精力的な国王であった(側室は160人以上いたと伝えられている)。立派な王宮があるにもかかわらず別にドゥシット宮殿を建設せねばならなかったのは、側室の数が多くなり過ぎて王宮内に収容しきれなくなったからだとか。タイ近代国家への道すじをつけたチュラーロンコーン王(ラーマ5世)はすべての面においてチャクリー王朝の頂点に立つ偉大な王であり、また奔放さの許される最後の王でもあった。

ラーマ6世▶文化功労者

偉大なラーマ5世に続くラーマ6世(ワチラウット)は文化、文芸の才に優れた王であった。歴代国王を「ラーマ＊世」と呼ぶことに決めたのはこの王である。父ラーマ5世の命によりシャム国王子として初の9年にわたるイギリスでの海外留学後、1910年11月に即位し、ボーイスカウトや赤十字協会を創立、1917年10月に国旗を従来のエラワン白象旗から現在の赤白青の3色旗に変更し、仏暦を導入して祝祭日を制定した。チャオプラヤー川に架かる最初の橋の建設に着工し(プラ・プッタ・ヨートファー橋)、ドーン・ムアン空港を整備し、シャム国で初の商業銀行(サヤーム・コマーシャル銀行：SCB)を創設した。

ラーマ6世像

1912年に名字令を制定し国民に名字をもつようにすすめ、1921年には小学校令を定めて教育の普及に力を注いだ。義務教育制度もこのとき導入されている。1917年7月22日に連合国側からの要請によって第1次世界大戦に参戦することに決めたが、これによってシャム国は国際連盟に加盟することになり、独立国家としての国際的な地位を確立することになった。

王は文学演劇への造詣が深く、シェイクスピア戯曲をタイ語に翻訳したり、日本を題材にした小説を書いたり、自分で演技もした。またその文才を生かして諸外国の言語から多くの新造語を作り出し、タイ語の語彙を豊かなものにしていった。しかし国家財政の管理は放漫だったらしく、1912年には腹心による王制転覆計画が発覚している。結果的にはこの時代の放漫財政が、後のチャクリー王朝の苦境を招くこととなった。

ラーマ7世▶絶対王政の終焉

150年近くにわたって綿々と続いてきたチャクリー王朝が最大の危機を迎えるのが、ラーマ6世の弟であるラーマ7世が王位に就いた時期である。この王の在位時は世界が大恐慌に襲われ、経済全般がまったくの不況に陥っていた最悪の時期であった。シャム国もその例外ではなく、王国は未曾有の不況状態にあり、前国王による緩んだ財政のしわ寄せもきて、国家の財政難は日に日に深刻化していた。王はこの危機を打開するためにいくつもの強硬な改革を断行し、王室予算を最盛期の3分の1に切り詰め、国家予算を節約するため官吏の大幅人員削減を行ったのだが、これが当時の権力者たちに不評だったのは言うまでもない。王としての威信を回復させるため断行した一連の行政改革は、人々の不満を買って失敗してしまう。

1932年6月24日、王が南部の町フア・ヒンの離宮にて保養中に、武官派のパホン大佐と文官派の首領プリディ率いる人民党による立憲革命

が起こる。以後シャム国は立憲君主制国家として生まれ変わり、王制は新国家の象徴として存続されることになったものの、国王は絶対権力者から国家元首へと格下げされ、その専制的な力を奪われた。実はこの革命以前から絶対王制の未来に悲観的であった王は、立憲君主制国家への移行を検討していたのだが、王族の強烈な反発を受け、実現せずに終わっている。立憲君主国家の樹立は時代の流れの必然であったのかもしれない。革命の意図を納得した王は都に戻り、6月27日に臨時憲法を、12月10日に新憲法をそれぞれ公布し、絶対王制を自分の手で葬り去ったのだった。

そして王は革命の翌年、眼病の治療と称してシャム国を離れてイギリスに赴き、1935年3月2日王座から降りてしまう。王が理想としていた人民のための民主主義と、一部革命実行者がもっていた権力志向には相いれないものがあったのだ。絶望した王はその後二度とタイ（革命後の1939年6月にシャムから国名変更された）の地を踏むことはなく、6年後の1941年に異国イギリスで崩御した。

ラーマ8世▶悲劇と謎

ラーマ8世像

ラーマ7世降座後、代わってチャクリー王朝の王座に就いたのは、ラーマ7世の異母兄弟であるソンクラーのマヒドン王子を父にもつアナンタ王子であった。ラーマ7世は子宝に恵まれず、直系の家族がいなかったので血統を追っていった結果このようになったのである。王子はラーマ8世として1935年3月に即位したが、当時まだ10歳だったので学業を続けるために王位継承以前からの居住地であったスイスにとどまることになり、王室はラーマ8世の摂政が管理することになる。学業を終えて王が帰国した翌年の1946年6月9日午前9時頃、王は王宮のボロマビマン宮殿内で銃弾による謎の死を遂げてしまう。公式には「銃器取り扱い中の事故」と発表されたが、「銃弾が上腕部を貫通して頭部に達した」という警察報告もあり、国内外で事故説、他殺説、謀略死説、暗殺説、自殺説など諸々の説が飛び交った。当時の内閣は事故の責任を取って総辞職し、数年後に当日王室警護にあたっていた数人が事故にかかわっていたとして処刑されたが、背後関係などはまったく明らかにされず、謎はいまもって謎のままだ。

ラーマ9世▶働く英知の王

兄王の不幸な事故のあとに即位したのは、ラーマ8世の弟プーミポン・アドゥンラヤデート王子。王子は兄ラーマ8世の崩御12時間後に19歳で即位する。しかし教育課程を完全に終えていなかったため、再びスイスに戻って学業を継続することになった。

学業終了にともなう帰国は即位から4年後の1950年。同年4月28日にラーマ5世からの遠い親戚にあたる17歳のシリキット嬢と結婚式を挙げ、さらに5月5日、正式に王位を継承したことを示す盛大な式典を執り行ってタイ王国国王・チャクリー王朝第9世の座に就いた。

王は1970年代に起こった学生による改憲運動や近隣諸国の共産化による危機を乗り越え、200年間続いてきたチャクリー王朝の威厳を保つ。さらにその優れた人格と知性で国民の支持も得て、タイ王国を維持し続けた。

王宮内で農作物の研究を続け、ヨットを作ってレースに出場し、楽器を操って作曲、どこへ行くにもキヤノンの一眼レフを持参し、油絵を描き、映画も作るといった多彩な趣味を発揮。さらに季節ごとに地方に建てられた別荘を巡回し、民衆の生活ぶりの視察も怠らない。加えてひんぱんな王室行事には欠かさず立ち会うという多忙ぶりで国民に慕われた。晩年は体調を崩して入退院を繰り返していたが、2016年10月13日、ついに崩御した。88歳、在位期間は70年と4ヵ月だった。

前国王追悼の記帳所

ラーマ10世▶タイの将来を担う

ラーマ9世の崩御を受け、ワチラーロンコーン皇太子がラーマ10世となった。当初弔意を表し王位継承への決意を固めたいとの理由で即位を先延ばしにしていたが、暫定議会議長の要請を受けて2016年12月1日に即位要請を受諾、前国王の崩御日に遡り、10月13日付けで新国王ラーマ10世として即位した。

町に増えはじめた新国王の肖像

COLUMN

タイの美術史

タイの美術史が概観できる国立博物館(→P.142)

仏教と深い関係があるタイ美術

タイの美術史は、そのままタイの仏教美術史と言い換えてもいい。特に、各時代における最高の技術と細心の注意が払われて制作された仏像の美しさと威厳のある迫力は圧倒的だ。時の権力者の熱い思いが込められたこれらの仏像は、タイ美術の結晶といえるだろう。

ドヴァーラヴァティ(タワーラーワティー)美術
Dvaravati ▶[6〜11世紀]

タイ中央部で栄えた、インド-ビルマ系のモン族主体の都市群(ナコーン・パトム、ウートーン、ロッブリーなど)の仏教美術。法輪などに特色があり、仏像は顔が四角く、眉は直線的で唇が厚い。

スリーヴィジャヤ(シーウィチャイ)美術
Srivijaya ▶[7〜13世紀]

半島部(南タイ)のチャイヤー、ナコーン・シー・タマラート、スラー・ターニーに残されたマレー系民族によるジャワ様式の美術で、代表作はチャイヤーの観音菩薩像。

ロッブリー美術
Lopburi ▶[10〜13世紀]

クメール美術そのものといってよい東北部のものと、中央部ロッブリーなどのクメール文化影響下のタイ族、モン族の作品に分けられる。寺院はヒンドゥー系も多い。

ウートーン美術
U-Thon ▶[12〜15世紀]

北タイのハリプーンチャイに残ったドヴァーラヴァティ美術の影響下にあった、アユタヤー前期までのタイ中央部における結界石などに見られる美術。

ラーンナー(チェンセーン)美術
Lanna ▶[11〜18世紀]

この時期からタイ独自の仏教美術が始まった。仏像の顔はやや丸型で唇が小さくなり、クメール人の特徴が消えている。決定的な変化は上から見下ろすようになった目付き。この造形は現在制作されている仏像の基本でもある。眉が半円形になったのもこの頃から。それまでの主流であった石像が姿を消し、青銅製の仏像が大半を占めるようになった。

スコータイ美術
Sukhothai ▶[13〜14世紀]

仏像の顔から角が取れて面長となり、鼻は筋が通って高く、薄く開いた目はつり上がっている。女性的で流れるような体の線が特徴。中性的な仏像が多いのも特色のひとつ。この時代に造られた仏像で最も有名なのは「遊行する仏」像。これはタイで考案された独創的造形だ。

この時期に中国から伝来した陶磁器が、スワンカローク焼きの始まりだ。16世紀には日本にも宋胡録(すんころく)焼きとして輸入された。

アユタヤー美術
Ayutthaya ▶[14〜18世紀]

この時代の初期は王朝開朝者の出身地であるウートーンの美術スタイルを踏襲している。後に王の座がスコータイ王家の者に取って代わられてからは、スコータイ美術の影響が反映されている。顔の造形は当初の四角から卵型の面長となり、後期は新たに導入されたバラモン教の影響を受けて装飾が華美で派手なものになっている。美術品全般に金による装飾が多用されだすのもこの頃から。

ラタナーコーシン(バンコク)美術
Rattanakosin ▶[18世紀〜]

はっきりした特徴は西欧風の芸術を取り込んだモダニズム。仏教芸術のなかにも王室調度品にもその傾向が見られる。リアリズムが重視され、かつ技術がこまやかになり、緻密な造形、彩色が施されている。これらの変遷は、国立博物館の展示に見ることができる。

バンコクプチ情報　外国人旅行者やタイの若者に人気の、薄手の生地に象の柄がプリントされたパンツ。タイ語では「カンケーン・チャーン(กางเกงช้าง：象パンツ)」と呼ばれている。

COLUMN

タイとバンコクに関する書籍ガイド

本の世界からタイを知ろう

旅行先としてだけでなく、文化面でも根強いファンがいるタイ。タイに関する本は、軽い読み物から専門的な内容の学術書まで、硬軟さまざまに出版されている。編集部が独断で選んだ、おすすめのタイとバンコク関連本をご紹介。

『タイの基礎知識』
柿崎一郎著　めこん　2000円

歴史や文化から現代情勢までを網羅した、文字どおりタイの「基礎知識」がこれでもかとぎっしり詰まっている。これを読めばタイのことがひととおりわかり便利。

『タイ 中進国の模索』
末廣昭著　岩波新書　820円

クーデターが発生し国王も代替わり、それなりに安定しつつあるようにも見えるが実は政治的な混乱が続くタイ。この現状を中立的な立場からわかりやすく解説している。現在のタイを理解し今後の動きを読み解くためには必読の参考書。

『タイの水辺都市　天使の都を中心に』
高村雅彦編著　法政大学出版局　2800円

道路ではなく川や運河沿いに発展したタイの市街について考察した一冊。道路中心の視点からはなかなか読み取ることの難しい、バンコクをはじめとするタイの町の造りがわかりやすく解説されている。水上マーケットや運河のボートツアーに出かける前に一読しておくと、旅がより深くなる。

『タイを知るための60章』
綾部恒雄、林行夫編著　明石書店　2000円

歴史、政治、周辺諸国との関係、経済、民族、言語、宗教、教育など、細かく立てた項目ごとにその道の専門家が執筆した文章を集めてある。これを読めばタイ社会についてより詳しくなれる。

『ガパオ　タイのおいしいハーブ炒め』
下関崇子著　ferment books　2200円

タイ人だけでなく日本人にも人気が広がったガパオ（パット・カプラオ）のバリエーションを集めも集めたり130種。日本でガパオはもはや「ホーリーバジルを使った炒めもの」ではなく、ハーブを使ったタイ風炒めものへと、誰も止められない独自の進化を始めているのかも。

『世界の食文化5 タイ』
山田均著　農文協　3048円

「タイ料理」とひと言でまとめられているなかに広がっている奥深い世界を、地域や家庭といったさまざまな切り口からのぞいた本。代表料理のレシピも詳細に記されている親切な作り。最近ではタイの食材も入手しやすいので、この本を参考に料理作りに挑戦してみては。

『暁の寺 豊饒の海(三)』
三島由紀夫著　新潮文庫　750円

タイとタイ人を舞台に繰り広げられる、絢爛豪華かつ重厚な三島ワールド。日本語の美しさを堪能できる。4部作の第3巻なので、できれば1巻から読み始めたい。

『王国への道―山田長政―』
遠藤周作著　新潮文庫　670円

アユタヤー日本人町の頭領となった山田長政の生涯を描いた小説。王位を狙う王族間の確執、それに絡め取られてどうにもならなくなっていく山田長政の生涯が不気味。

『熱い絹』
松本清張著　講談社文庫　上800円、下760円

シルク王ジム・トンプソン失踪に題材を取った小説。前半はスリリングな展開で長編もあっという間に読み通せる。本の中で事件はやや強引に解決しているが、実際にはジム・トンプソンは行方不明のまま。

『バンコク古寺巡礼』
伊東照司著　雄山閣　3800円

タイ仏教寺院がどのような要素で成り立っているかの概論から、バンコクにある代表的な8の寺院、「ワット・プラケオ」「ワット・ポー」「ワット・アルン」「ワット・スタット」「ワット・ベーンチャマボピット」「ワット・ラーチャボピット」「ワット・スラケート」「ワット・ボウォーンニウェート」について詳しく解説している。大判の書籍だが、携えながらこれらの寺院を見て回ると、理解が深まりおもしろい。

『THAI STREET FOOD』
DAVID THOMPSON著　PENGUIN BOOKS　1740B

なかなか予約の取れない人気レストラン「ナーム」の料理を監修していたシェフ、デイビッド・トンプソン氏の手による大判書籍。デザートも含めると約100種の屋台料理を、材料から作り方まで豊富な写真で解説。

以上のほか、絶版になっているが『バンコク歴史散歩』（友杉孝著　河出書房新社）や『東南アジア紀行』（梅棹忠夫著　中公文庫）などは、内容が興味深く町歩きに役に立つ情報もあるので、古書で見つけたら入手しておきたい。

＊価格はすべて税抜きの本体価格。

旅の準備と技術

簡単タイ語会話

基本フレーズ

■ 会話の基本

ていねい語尾を添えよう!

タイ語には日本語の「です、ます」に似たていねい語がある。よほど親しい間柄でなければ、必ずていねい語を使って話そう。右記の語を文末に添えるとていねい語になる。

男性 です ます	ครับ クラップ
女性 です ます	ค่ะ カ (疑問形は คะ カ:尻上がりに)

はい。	ใช่ または ครับ(男性)、ค่ะ(女性) チャイまたはクラップ(男性)、カ(女性)
いいえ。	ไม่ または ไม่ใช่　マイまたはマイチャイ
いいです。	ได้　ダーイ
だめです。	ไม่ได้　マイダーイ
こんにちは。	สวัสดี　サワッディー
ありがとう。	ขอบคุณ　コープクン
どういたしまして。	ไม่เป็นไร　マイペンライ
ごめんなさい。	ขอโทษ　コートート
おやすみなさい。	ราตรีสวัสดิ์　ラートリーサワット
どうぞ	เชิญ　チューン
すみませんが……。	ขอโทษ　コートート
さようなら。	ลาก่อน　ラーコーン
私は日本人です。	ฉันเป็นคนญี่ปุ่น　チャンペンコンイープン
あなたの名前は?	คุณชื่ออะไร　クンチューアライ?
私の名前は○○です。	ฉันชื่อ ○○　チャンチュー○○
あなたは何歳ですか?	คุณอายุเท่าไหร่　クンアーユタオライ?
私は22歳です。	ฉันอายุ22 チャンアーユイーシップソーン
お元気ですか?	สบายดีไหม　サバーイディーマイ?
元気です。	สบายดี　サバーイディー
また会いましょう。	พบกันใหม่　ポップカンマイ
お元気で。	โชคดีนะ　チョークディーナ

■ 基本フレーズの単語

私(女性)	チャン	ฉัน
僕(男性)	ポム	ผม
私たち	ラオ	เรา
あなた	クン	คุณ
彼	カオ	เขา
彼ら	プアックカオ	พวกเขา
誰	クライ	ใคร
日本	イープン	ญี่ปุ่น
日本人	コンイープン	คนญี่ปุ่น
タイ	タイ	ไทย
男性	プーチャーイ	ผู้ชาย
女性	プーイン	ผู้หญิง
ニューハーフ	カトゥーイ	กระเทย
大人	プーヤイ	ผู้ใหญ่
子供	デック	เด็ก

■ 数字

0	スーン	ศูนย์
1	ヌン	หนึ่ง
2	ソーン	สอง
3	サーム	สาม
4	シー	สี่
5	ハー	ห้า
6	ホック	หก
7	チェット	เจ็ด
8	ペート	แปด
9	カオ	เก้า
10	シップ	สิบ
11	シップエット	สิบเอ็ด
12	シップソーン	สิบสอง
19	シップカーオ	สิบเก้า
20	イーシップ	ยี่สิบ
100	ローイ	ร้อย
1000	パン	พัน
1万	ムーン	หมื่น
10万	セーン	แสน
100万	ラーン	ล้าน

タイ数字

0	๐
1	๑
2	๒
3	๓
4	๔
5	๕
6	๖
7	๗
8	๘
9	๙

バンコク プチ情報　マッサージの着替えなどで使われるダブダブのタイパンツは「カンケーン・レー (กางเกงเล)」。タイ南部の島などに住む海洋民レー族(モーケン族)が使っていたものから来た名称とされる。

町で使うフレーズ

○○はどこですか?	○○อยู่ที่ไหน? ○○ユーティーナイ?
例)ワット・ポーはどこですか? วัดโพธิ์อยู่ที่ไหน ワットポーユーティーナイ?	
近いですか?	ใกล้ไหม クライマイ?
何分ぐらいかかりますか?	ประมาณกี่นาที プラマーンキーナーティー?
○○まで行ってください。(タクシー乗車時)	ไป○○ パイ○○
急いでください。	กรุณารีบหน่อย カルナーリープノイ
道が違います。	ผิดทาง ピットターン
メーターで行ってください。	กดมิเตอร์ด้วย コットミトゥワドゥアイ
右!/左!	ทางขวา/ ทางซ้าย ターンクワー!/ターンサーイ!
このバスは○○へ行きますか?	รถเมล์คันนี้ไป○○ไหม? ロットメーカンニーパイ○○マイ?
例)このバスはアユタヤーへ行きますか? รถเมล์คันนี้ไปอยุธยาไหม ロットメーカンニーパイアユッタヤーマイ?	
何時に出発しますか?	ออกกี่โมง オークキーモーン?
ここで降ります!	ลงที่นี่ ロンティーニー
ここはどこですか?	ที่นี่ที่ไหน ティーニーティーナイ?
ここは何通りですか?	ที่นี่ถนนอะไร ティーニータノンアライ?
住所を書いてください。	ช่วยเขียนที่อยู่ให้หน่อย チュワイキアンティーユーハイノイ
写真を撮ってもいいですか?	ถ่ายรูปได้ไหม ターイループダイマイ?

■ 町で使うフレーズの単語

タイ寺院	ワット	วัด
空港	サナームビン	สนามบิน
駅	サターニーロットファイ	สถานีรถไฟ
バス停	パーイロットメー	ป้ายรถเมล์
船着場	タールア	ท่าเรือ
東	タワンオーク	ตะวันออก
西	タワントック	ตะวันตก
南	パークタイ	ภาคใต้
北	ティットヌア	ทิศเหนือ
右	クワー	ขวา
左	サーイ	ซ้าย
上	カンボン	ข้างบน
下	カンラーン	ข้างล่าง
上がる	クンパイ	ขึ้นไป
下がる	ロンパイ	ลงไป
前	ダーンナー	ด้านหน้า
後ろ	ダーンラン	ด้านหลัง
近い	クライ	ใกล้
遠い	クライ	ไกล
注:「近い」と「遠い」はイントネーションが異なる		
行く	パイ	ไป
帰る	クラップ	กลับ

ショッピングで使うフレーズ

これはいくらですか?	นี่เท่าไหร่ ニータオライ?
全部でいくらですか?	ทั้งหมดเท่าไหร่ タンモットタオライ?
高過ぎる!(女性っぽい言い方)	แพงจังเลย ペーンチャンルーイ
まけてください。	ลดได้ไหม ロットダイマイ?
100バーツでいいでしょう。	หนึ่งร้อยบาทได้ไหม ヌンローイバーツダーイマイ?
これをください。	ขออันนี้ コーアンニー
おつりをください。	ขอเงินทอนด้วย コーングントーンドゥワイ
試着してもいいですか?	ลองใส่ดูได้ไหม ローンサイドゥーダイマイ?
大きい/小さいです。	ใหญ่/เล็ก ヤイ/レック
もっと大きいのはありませんか?	มีใหญ่กว่าไหม ミーヤイクワーマイ?
これは何ですか?	นี่อะไร ニーアライ?
ほかの色はありませんか?	มีสีอื่นไหม ミーシーウーンマイ?
それを見せてください。	ขอดูนั่นหน่อย コードゥーナンノイ

■ ショッピングで使うフレーズの単語

チェック	ラーイサコット	ลายสก๊อต
無地	シートゥープ	สีทึบ
重い	ナック	หนัก
軽い	バオ	เบา
長い	ヤーオ	ยาว
短い	サン	สั้น
多い	ユ	เยอะ
少ない	ノーイ	น้อย
高い(値段が)	ペーン	แพง
安い	トゥーク	ถูก
赤	シーデーン	สีแดง
白	シーカーオ	สีขาว
黒	シーダム	สีดำ
青	シーファー	สีฟ้า
黄色	シールアン	สีเหลือง
ピンク	シーチョムプー	สีชมพู

食事で使うフレーズ

2人(4人)席を予約したい。	ขอจองสอง (สี่) คน コーチョーンソーン(シー)コン
メニューを見せてください。	ขอดูเมนูหน่อย　コードゥーメーヌーノイ
何がおいしいですか?	อะไรอร่อย　アライアロイ?
トムヤム・クンはありますか?	มีต้มยำกุ้งไหม　ミートムヤムクンマイ?
ビールをもう1缶(本)ください。	ขอเบียร์อีกหนึ่งกระป๋อง (ขวด) コービアイークヌンクラポン(クワット)
おいしい!	อร่อย　アロイ
これをください。	ขออันนี้　コーアンニー
これは何の料理ですか?	นี่อาหารอะไร　ニーアーハーンアライ?
パクチーを入れないでください。	กรุณาอย่าใส่ผักชี カルナーヤーサイパクチー
辛くしないでください。	กรุณาทำไม่เผ็ด　カルナータムマイペット
料理がまだ来ていません。	อาหารยังไม่มา　アーハーンヤンマイマー
お勘定をお願いします。	เช็คบิลด้วย　チェックビンドゥワイ
値段が間違っています。	ราคาผิด　ラーカーピット
おつりが間違っています。	เงินทองผิด　ングントーンピット

■ 食事で使うフレーズの単語

レストラン	ラーンアーハーン	ร้านอาหาร
タイ料理	アーハーンタイ	อาหารไทย
おいしい	アロイ	อร่อย
味	ロット	รส
辛い	ペット	เผ็ด
甘い	ワーン	หวาน
酸っぱい	プリアオ	เปรี้ยว
塩辛い	ケム	เค็ม
苦い	コム	ขม
空腹	ヒウ	หิว
満腹	イム	อิ่ม
のどが渇く	ヒウナーム	หิวน้ำ
スプーン	チョーン	ช้อน
フォーク	ソーム	ส้อม
箸	タキアップ	ตะเกียบ
皿	チャーン	จาน
お碗	トゥアイ	ถ้วย
コップ	ケーオ	แก้ว
ご飯	カーオ	ข้าว
飲み物	クルアンドゥーム	เครื่องดื่ม
瓶	クアット	ขวด
缶	クラポン	กระป๋อง

ホテルで使うフレーズ

空き部屋はありますか?	มีห้องว่างไหม　ミーホンワーンマイ?
1泊いくらですか?	คืนละเท่าไหร่　クーンラタオライ?
もっと安い部屋はありませんか?	มีห้องถูกกว่านี้ไหม ミーホントゥーククワーニーマイ?
部屋を替えてください。	ขอเปลี่ยนห้อง　コープリアンホン
3泊します。	จะพักสามคืน　チャパックサームクーン
予約していません。	ไม่ได้จอง　マイダイチョーン
チェックアウトは何時ですか?	เช็คเอาท์กี่โมง　チェックアオキーモーン?
Wi-Fiのパスワードをください。	ขอพาสเวิร์ด Wi-Fi หน่อย コーパースウゥードワイファイノイ
日本語を話す人はいますか?	มีคนพูดภาษาญี่ปุ่นไหม ミーコンプートパーサーイープンマイ?
クーラーが故障しています。	แอร์เสีย　エーシーア
荷物を預かってください。	ฝากกระเป๋าได้ไหม ファーククラパオダイマイ?
チェックアウトします。	เช็คเอาท์ด้วย　チェックアオドゥワイ

■ ホテルで使うフレーズの単語

ホテル	ローンレーム	โรงแรม
シングルルーム	ホンディアオ	ห้องเดี่ยว
ツインルーム	ホンクー	ห้องคู่
浴室、トイレ	ホンナーム	ห้องน้ำ
チェックイン	チェックイン	เช็คอิน
チェックアウト	チェックアオ	เช็คเอาท์
水	ナーム	น้ำ
お湯	ナムローン	น้ำร้อน
満室	ホンテム	ห้องเต็ม
空室	ホンワーン	ห้องว่าง
鍵	クンチェー	กุญแจ
枕	モーン	หมอน
毛布	パーホム	ผ้าห่ม
タオル	パーチェットトゥア	ผ้าเช็ดตัว
エアコン	エー	แอร์
扇風機	パットロム	พัดลม
窓	ナーターン	หน้าต่าง

バンコクプチ情報　「カンケーン・レー」の意味は「海の民のパンツ」。「カンケーン・チャーオ・プラモーン（กางเกงชาวประมง：漁師のパンツ）」「カンケーン・タイ（กางเกงไทย：タイのパンツ）」とも。

■ 時間の表現の単語

午前			午後	
ティアンクーン	เที่ยงคืน	深夜0時／正午	ティアン	เที่ยง
ティーヌン	ตีหนึ่ง	1時	バーイモーン	บ่ายโมง
ティーソーン	ตีสอง	2時	バーイソーンモーン	บ่ายสองโมง
ティーサーム	ตีสาม	3時	バーイサームモーン	บ่ายสามโมง
ティーシー	ตีสี่	4時	バーイシーモーン(シーモーンイエン)	บ่ายสี่โมง (สี่โมงเย็น)
ティーハー	ตีห้า	5時	ハーモーンイエン	ห้าโมงเย็น
ホックモーンチャーオ	หกโมงเช้า	6時	ホックモーンイエン	หกโมงเย็น
チェットモーンチャーオ	เจ็ดโมงเช้า	7時	ヌントゥム	นึ่งทุ่ม
ペートモーンチャーオ	แปดโมงเช้า	8時	ソーントゥム	สองทุ่ม
カーオモンチャーオ	เก้าโมงเช้า	9時	サームトゥム	สามทุ่ม
シップモーンチャーオ	สิบโมงเช้า	10時	シートゥム	สี่ทุ่ม
シップエットモーンチャーオ	สิบเอ็ดโมงเช้า	11時	ハートゥム	ห้าทุ่ม

午前	トーンチャーオ	ตอนเช้า
午後	トーンバーイ	ตอนบ่าย

朝	チャーオ	เช้า
昼	ティアン	เที่ยง
夜	クラーンクーン	กลางคืน

時刻	ウェーラー	เวลา
時間	チュアモーン	ชั่วโมง
1時間	ヌンチュアモーン	นึ่งชั่วโมง
分	ナーティー	นาที
秒	ウィナーティー	วินาที

年	ピー	ปี
月	ドゥアン	เดือน
週	アーティット / サップダー	อาทิตย์ / สัปดาห์
日	ワン	วัน
曜日	ワン	วัน

何日	ワンティータオライ	วันที่เท่าไหร่
何曜日	ワンアライ	วันอะไร

日曜日	ワンアーティット	วันอาทิตย์
月曜日	ワンチャン	วันจันทร์
火曜日	ワンアンカーン	วันอังคาร
水曜日	ワンプット	วันพุธ
木曜日	ワンパルハット	วันพฤหัสบ
金曜日	ワンスック	วันศุกร์
土曜日	ワンサオ	วันเสาร์
土日	サオアーティット	เสาร์อาทิตย์

1月	マッカラーコム	มกราคม
2月	クムパーパン	กุมภาพันธ์
3月	ミーナーコム	มีนาคม
4月	メーサーヨン	เมษายน
5月	プルッサパーコム	พฤษภาคม
6月	ミトゥナーヨン	มิถุนายน
7月	カラッカダーコム	กรกฎาคม
8月	シンハーコム	สิงหาคม
9月	カンヤーヨン	กันยายน
10月	トゥラーコム	ตุลาคม
11月	プルッサチカーヨン	พฤศจิกายน
12月	タンワーコム	ธันวาคม

今日	ワンニー	วันนี้
昨日	ムアワーン	เมื่อวาน
明日	プルンニー	พรุ่งนี้
明後日	ワンマルーン	วันมะรืน

今週	アーティットニー	อาทิตย์นี้
先週	アーティットティーレーオ	อาทิตย์ที่แล้ว
来週	アーティットナー	อาทิตย์หน้า

今月	ドゥアンニー	เดือนนี้
先月	ドゥアンティーレーオ	เดือนที่แล้ว
来月	ドゥアンナー	เดือนหน้า

バンコク プチ情報 タイパンツは、紐が2本縫い付けられている側が後ろになるように着用し、紐をそれぞれ左右から前に回して体の前で縛って留める。涼しく着心地も楽なので、日本の夏の部屋着にもおすすめ。(→P.241)

■ 指示代名詞

ここ	ティーニー	ที่นี่
そこ	ティーナン	ที่นั่น
あそこ	ティーノーン	ที่โน่น
どこ	ティーナイ	ที่ไหน
これ	アンニー	อันนี้
それ	アンナン	อันนั้น
あれ	アンノーン	อันโน่น
どれ	アンナイ	อันไหน

■ 形容詞

高い	スーン	สูง
低い	タム	ต่ำ
広い	クワーン	กว้าง
狭い	ケープ	แคบ
大きい	ヤイ	ใหญ่
小さい	レック	เล็ก
新しい	マイ	ใหม่
古い	カーオ	เก่า
厚い	ナー	หนา
薄い	バーン	บาง
暑い	ローン	ร้อน
寒い	ナーオ	หนาว
うるさい	ダン	ดัง
静か	ンギアップ	เงียบ
いい匂い	ホーム	หอม
におい	メン	เหม็น
涼しい	イエン	เย็น
美しい	スワイ	สวย
かわいい	ナーラック	น่ารัก
おもしろい	タロック	ตลก
足りる	ポー	พอ
足りない	マイポー	ไม่พอ
怖い	クルア	กลัว
危ない	アンタラーイ	อันตราย
汚い	ソッカプロック	สกปรก

タイ語が話せると旅が広がる

■ 旅の技術

銀行	タナーカーン	ธนาคาร
両替	レークングン	แลกเงิน
現金	ングンソット	เงินสด
紙幣	トンバット	ธนบัตร
小銭	ングンヨイ	เงินย่อย
クレジットカード	バットクレーディット	บัตรเครดิต
電話	トーラサップ	โทรศัพท์
携帯電話	トーラサップムートゥー	โทรศัพท์มือถือ
パスワード	パースウゥード	พาสเวิร์ด
ユーザーネーム	ユーサーネーム	ยูสเซอร์เนม
インターネット	イントゥーネッ	อินเทอร์เน็ต
郵便局	ティータムカーンプライサニー	ที่ทำการไปรษณีย์
切手	サテーム	แสตมป์
記念切手	サテームティーラスック	แสตมป์ที่ระลึก
博物館	ピピタパン	พิพิธภัณฑ์
美術館	ピピタパン	พิพิธภัณฑ์
学校	ローンリアン	โรงเรียน
映画館	ローンナン	โรงหนัง
市場	タラート	ตลาด
デパート	ハーン	ห้าง
屋台	ペーンローイ	แผงลอยอ
レストラン	ラーンアーハーン	ร้านอาหาร
食事屋台	ペーンローイアーハーン	แผงลอยอาหาร

■ 家族

父	ポー	พ่อ
母	メー	แม่
両親	ポーメー	พ่อแม่
兄	ピーチャーイ	พี่ชาย
弟	ノーンチャーイ	น้องชาย
姉	ピーサーオ	พี่สาว
妹	ノーンサーオ	น้องสาว
夫	サーミー	สามี
妻	パンラヤー	ภรรยา
友人	プアン	เพื่อน
恋人	フェーン	แฟน
子供	ルーク	ลูก
祖父(父方)	プー	ปู่
祖母(父方)	ヤー	ย่า
祖父(母方)	ター	ตา
祖母(母方)	ヤーイ	ยาย
孫	ラーンチャーイ	หลานชาย
家族	クロープクルア	ครอบครัว
親戚	ヤート	ญาติ

バンコク プチ情報　クイーン・シリキット・ナショナル・コンベンション・センター（MAP P.88-4～B4）のLM階、ローソンの近くにコインシャワーがある。帰国前に浴びてさっぱりしよう。（→P.371）

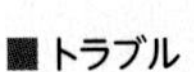

■トラブル

警察	タムルワット	ตำรวจ
ツーリストポリス	タムルワットトンティアオ	ตำรวจท่องเที่ยว
盗難	カモーイ	ขโมย
大使館	サターントゥート	สถานทูต
財布	クラパオサターン	กระเป๋าสตางค์
パスポート	ナンスードゥーンターン	หนังสือเดินทาง

■けが、病気

病院	ローンパヤーバーン	โรงพยาบาล
病気	ローク	โรค
けが	シアハーイ	เสียหาย
医者	モー	หมอ
看護師	パヤーバーン	พยาบาล
痛い(外傷などで)	チェップ	เจ็บ
吐き気	クルンサイ	คลื่นไส้
薬	ヤー	ยา
体	ラーンカーイ	ร่างกาย
頭	フア	หัว
髪	ポム	ผม
目	ター	ตา
耳	フー	หู
鼻	チャムーク	จมูก
口	パーク	ปาก
歯	ファン	ฟัน
のど	コー	คอ
胸	ナーオック	หน้าอก
腹	トーン	ท้อง
背中	ラン	หลัง
腰	エーオ	เอว
腕	ケーン	แขน
手	ムー	มือ
ひじ	ソーク	ศอก
手首	コームー	ข้อมือ
指	ニウ	นิ้ว
足	ターオ/カー	เท้า / ขา
腿	トンカー	ต้นขา
ひざ	カオ	เข่า
ふくらはぎ	ノーン	น่อง
足首	コーターオ	ข้อเท้า
尻	コン	ก้น
脳	サモーン	สมอง
胃	クラポアーハーン	กระเพาะอาหาร
腸	ラムサイ	ลำไส้
肺	ポート	ปอด
腎臓	タイ	ไต
肝臓	タップ	ตับ
皮膚	ピウ	ผิว

！緊急のとき使うフレーズ

警察を呼んでください。	ช่วยเรียกตำรวจให้หน่อย　チュワイリアックタムルアットハイノイ
カメラを盗られました。	กล้องถูกขโมย　クローントゥークカモーイ
お腹が痛い。	ปวดท้อง　プワットトーン
風邪をひきました。	เป็นหวัด　ペンワット
病院へ行きたい。	อยากไปโรงพยาบาล　ヤークパイローンパヤーバーン
あっちへ行け！	ไป　パイ！
泥棒！	ขโมย　カモーイ！
助けて！	ช่วยด้วย　チュワイドゥワイ！
パスポートをなくしました。	ทำพาสปอร์ตหาย　タムパーサポートハーイ
盗難証明書を書いてください。	ช่วยออกใบแจ้งความถูกลักทรัพย์ให้หน่อย チュワイオークバイチェンクワームトゥークラックサップハイノイ

バンコクプチ情報　シャワー・ステーション Shower Station　営7:00〜21:00、休なし、料1回200B（3時間まで。延長1時間100B）。ヘアドライヤー、タオル、液体石鹸、シャンプーあり。ロッカー完備。

さくいん

見どころ

グルメ

ショップ

リラクセーション

エンターテインメント

ホテル

旅行会社

近郊エリアガイド

旅の準備と技術

あなたの**旅の体験談**をお送りください

「地球の歩き方」は、たくさんの旅行者からご協力をいただいて、
改訂版や新刊を制作しています。
あなたの旅の体験や貴重な情報を、これから旅に出る人たちへ分けてあげてください。
なお、お送りいただいたご投稿がガイドブックに掲載された場合は、
初回掲載本を1冊プレゼントします！

ご投稿はインターネットから!

URL www.arukikata.co.jp/guidebook/toukou.html
画像も送れるカンタン「投稿フォーム」
※左記のQRコードをスマートフォンなどで読み取ってアクセス！

または「地球の歩き方　投稿」で検索してもすぐに見つかります

地球の歩き方　投稿

▶投稿にあたってのお願い

★ご投稿は、次のような《テーマ》に分けてお書きください。
《**新発見**》――――ガイドブック未掲載のレストラン、ホテル、ショップなどの情報
《**旅の提案**》―――未掲載の町や見どころ、新しいルートや楽しみ方などの情報
《**アドバイス**》――旅先で工夫したこと、注意したこと、トラブル体験など
《**訂正・反論**》―――掲載されている記事・データの追加修正や更新、異論、反論など

※記入例「○○編20XX年度版△△ページ掲載の□□ホテルが移転していました……」

★データはできるだけ正確に。
ホテルやレストランなどの情報は、名称、住所、電話番号、アクセスなどを正確にお書きください。
ウェブサイトのURLや地図などは画像でご投稿いただくのもおすすめです。

★ご自身の体験をお寄せください。
雑誌やインターネット上の情報などの丸写しはせず、実際の体験に基づいた具体的な情報をお待ちしています。

▶ご確認ください

※採用されたご投稿は、必ずしも該当タイトルに掲載されるわけではありません。関連他タイトルへの掲載もありえます。
※例えば「新しい市内交通パスが発売されている」など、すでに編集部で取材・調査を終えているものと同内容のご投稿をいただいた場合は、ご投稿を採用したとはみなされず掲載本をプレゼントできないケースがあります。
※当社は個人情報を第三者へ提供いたしません。また、ご記入いただきましたご自身の情報については、ご投稿内容の確認や掲載本の送付などの用途以外には使用いたしません。
※ご投稿の採用の可否についてのお問い合わせはご遠慮ください。
※原稿は原文を尊重しますが、スペースなどの関係で編集部でリライトする場合があります。

地球の歩き方 シリーズ一覧

2024年3月現在

＊地球の歩き方ガイドブックは、改訂時に価格が変わることがあります。＊表示価格は定価（税込）です。＊最新情報は、ホームページをご覧ください。www.arukikata.co.jp/guidebook/

地球の歩き方 ガイドブック

A ヨーロッパ

A01	ヨーロッパ	¥1870
A02	イギリス	¥2530
A03	ロンドン	¥1980
A04	湖水地方＆スコットランド	¥1870
A05	アイルランド	¥1980
A06	フランス	¥2420
A07	パリ＆近郊の町	¥1980
A08	南仏プロヴァンス コート・ダジュール＆モナコ	¥1760
A09	イタリア	¥1870
A10	ローマ	¥1760
A11	ミラノ ヴェネツィアと湖水地方	¥1870
A12	フィレンツェとトスカーナ	¥1870
A13	南イタリアとシチリア	¥1870
A14	ドイツ	¥1980
A15	南ドイツ フランクフルト ミュンヘン ロマンチック街道 古城街道	¥2090
A16	ベルリンと北ドイツ ハンブルク ドレスデン ライプツィヒ	¥1870
A17	ウィーンとオーストリア	¥2090
A18	スイス	¥2200
A19	オランダ ベルギー ルクセンブルク	¥2420
A20	スペイン	¥2420
A21	マドリードとアンダルシア	¥1760
A22	バルセロナ＆近郊の町 イビサ島／マヨルカ島	¥1760
A23	ポルトガル	¥2200
A24	ギリシアとエーゲ海の島々＆キプロス	¥1870
A25	中欧	¥1980
A26	チェコ ポーランド スロヴァキア	¥1870
A27	ハンガリー	¥1870
A28	ブルガリア ルーマニア	¥1980
A29	北欧 デンマーク ノルウェー スウェーデン フィンランド	¥1870
A30	バルトの国々 エストニア ラトヴィア リトアニア	¥1870
A31	ロシア ベラルーシ ウクライナ モルドヴァ コーカサスの国々	¥2090
A32	極東ロシア シベリア サハリン	¥1980
A34	クロアチア スロヴェニア	¥2200

B 南北アメリカ

B01	アメリカ	¥2090
B02	アメリカ西海岸	¥1870
B03	ロスアンゼルス	¥2090
B04	サンフランシスコとシリコンバレー	¥1870
B05	シアトル ポートランド	¥2420
B06	ニューヨーク マンハッタン＆ブルックリン	¥2200
B07	ボストン	¥1980
B08	ワシントンDC	¥2420
B09	ラスベガス セドナ＆グランドキャニオンと大西部	¥2090
B10	フロリダ	¥2310
B11	シカゴ	¥1870
B12	アメリカ南部	¥1980
B13	アメリカの国立公園	¥2640
B14	ダラス ヒューストン デンバー グランドサークル フェニックス サンタフェ	¥1980
B15	アラスカ	¥1980
B16	カナダ	¥2420
B17	カナダ西部 カナディアン・ロッキーとバンクーバー	¥2090
B18	カナダ東部 ナイアガラ・フォールズ メープル街道 プリンス・エドワード島 トロント オタワ モントリオール ケベック・シティ	¥2090
B19	メキシコ	¥1980
B20	中米	¥2090
B21	ブラジル ベネズエラ	¥2200
B22	アルゼンチン チリ パラグアイ ウルグアイ	¥2200
B23	ペルー ボリビア エクアドル コロンビア	¥2200
B24	キューバ バハマ ジャマイカ カリブの島々	¥2035
B25	アメリカ・ドライブ	¥1980

C 太平洋／インド洋島々

C01	ハワイ オアフ島＆ホノルル	¥2200
C02	ハワイ島	¥2200
C03	サイパン ロタ＆テニアン	¥1540
C04	グアム	¥1980
C05	タヒチ イースター島	¥1870
C06	フィジー	¥1650
C07	ニューカレドニア	¥1650
C08	モルディブ	¥1870
C10	ニュージーランド	¥2200
C11	オーストラリア	¥2200
C12	ゴールドコースト＆ケアンズ	¥2420
C13	シドニー＆メルボルン	¥1760

D アジア

D01	中国	¥2090
D02	上海 杭州 蘇州	¥1870
D03	北京	¥1760
D04	大連 瀋陽 ハルビン 中国東北部の自然と文化	¥1980
D05	広州 アモイ 桂林 珠江デルタと華南地方	¥1980
D06	成都 重慶 九寨溝 麗江 四川 雲南	¥1980
D07	西安 敦煌 ウルムチ シルクロードと中国北西部	¥1980
D08	チベット	¥2090
D09	香港 マカオ 深圳	¥2420
D10	台湾	¥2090
D11	台北	¥1980
D13	台南 高雄 屏東＆南台湾の町	¥1980
D14	モンゴル	¥2420
D15	中央アジア サマルカンドとシルクロードの国々	¥2090
D16	東南アジア	¥1870
D17	タイ	¥2200
D18	バンコク	¥1980
D19	マレーシア ブルネイ	¥2090
D20	シンガポール	¥1980
D21	ベトナム	¥2090
D22	アンコール・ワットとカンボジア	¥2200
D23	ラオス	¥242
D24	ミャンマー（ビルマ）	¥209
D25	インドネシア	¥187
D26	バリ島	¥220
D27	フィリピン マニラ セブ ボラカイ ボホール エルニド	¥220
D28	インド	¥264
D29	ネパールとヒマラヤトレッキング	¥220
D30	スリランカ	¥187
D31	ブータン	¥198
D33	マカオ	¥176
D34	釜山 慶州	¥154
D35	バングラデシュ	¥209
D37	韓国	¥209
D38	ソウル	¥187

E 中近東 アフリカ

E01	ドバイとアラビア半島の国々	¥209
E02	エジプト	¥198
E03	イスタンブールとトルコの大地	¥209
E04	ペトラ遺跡とヨルダン レバノン	¥209
E05	イスラエル	¥209
E06	イラン ペルシアの旅	¥220
E07	モロッコ	¥198
E08	チュニジア	¥209
E09	東アフリカ ウガンダ エチオピア ケニア タンザニア ルワンダ	¥209
E10	南アフリカ	¥220
E11	リビア	¥220
E12	マダガスカル	¥198

J 国内版

J00	日本	¥330
J01	東京 23区	¥220
J02	東京 多摩地域	¥202
J03	京都	¥220
J04	沖縄	¥220
J05	北海道	¥220
J06	神奈川	¥242
J07	埼玉	¥220
J08	千葉	¥220
J09	札幌・小樽	¥220
J10	愛知	¥220
J11	世田谷区	¥220
J12	四国	¥242
J13	北九州市	¥220
J14	東京の島々	¥26

地球の歩き方 aruco

●海外

1	パリ	¥1650
2	ソウル	¥1650
3	台北	¥1650
4	トルコ	¥1430
5	インド	¥1540
6	ロンドン	¥1650
7	香港	¥1320
9	ニューヨーク	¥1320
10	ホーチミン ダナン ホイアン	¥1650
11	ホノルル	¥1650
12	バリ島	¥1320
13	上海	¥1320
14	モロッコ	¥1540
15	チェコ	¥1320
16	ベルギー	¥1430
17	ウィーン ブダペスト	¥1320
18	イタリア	¥1760
19	スリランカ	¥1540
20	クロアチア スロヴェニア	¥1430
21	スペイン	¥1320
22	シンガポール	¥1650
23	バンコク	¥1650
24	グアム	¥1320
25	オーストラリア	¥1760
26	フィンランド エストニア	¥1430
27	アンコール・ワット	¥1430
28	ドイツ	¥1430
29	ハノイ	¥1650
30	台湾	¥1650
31	カナダ	¥1320
33	サイパン テニアン ロタ	¥1320
34	セブ ボホール エルニド	¥1320
35	ロスアンゼルス	¥1320
36	フランス	¥1430
37	ポルトガル	¥1650
38	ダナン ホイアン フエ	¥1430

●国内

	東京	¥1540
	東京で楽しむフランス	¥1430
	東京で楽しむ韓国	¥1430
	東京で楽しむ台湾	¥1430
	東京の手みやげ	¥1430
	東京おやつさんぽ	¥1430
	東京のパン屋さん	¥1430
	東京で楽しむ北欧	¥1430
	東京のカフェめぐり	¥1480
	東京で楽しむハワイ	¥1480
nyaruco	東京ねこさんぽ	¥1480
	東京で楽しむイタリア＆スペイン	¥1480
	東京で楽しむアジアの国々	¥1480
	東京ひとりさんぽ	¥1480
	東京パワースポットさんぽ	¥1599
	東京で楽しむ英国	¥1599

地球の歩き方 Plat

1	パリ	¥1320
2	ニューヨーク	¥1320
3	台北	¥1100
4	ロンドン	¥1320
6	ドイツ	¥1320
7	ホーチミン／ハノイ／ダナン／ホイアン	¥1320
8	スペイン	¥1320
10	シンガポール	¥1100
11	アイスランド	¥1540
14	マルタ	¥1540
15	フィンランド	¥1320
16	クアラルンプール マラッカ	¥1650
17	ウラジオストク／ハバロフスク	¥1430
18	サンクトペテルブルク／モスクワ	¥1540
19	エジプト	¥1320
20	香港	¥1100
22	ブルネイ	¥1430
23	ウズベキスタン サマルカンド ブハラ ヒヴァ タシケント	¥1650
24	ドバイ	¥1320
25	サンフランシスコ	¥132
26	パース／西オーストラリア	¥132
27	ジョージア	¥154
28	台南	¥143

地球の歩き方 リゾートスタイル

R02	ハワイ島	¥165
R03	マウイ島	¥165
R04	カウアイ島	¥187
R05	こどもと行くハワイ	¥154
R06	ハワイ ドライブ・マップ	¥198
R07	ハワイ バスの旅	¥132
R08	グアム	¥143
R09	こどもと行くグアム	¥165
R10	パラオ	¥165
R12	プーケット サムイ島 ピピ島	¥165
R13	ペナン ランカウイ クアラルンプール	¥165
R14	バリ島	¥143
R15	セブ＆ボラカイ ボホール シキホール	¥165
R16	テーマパークｉｎオーランド	¥18
R17	カンクン コスメル イスラ・ムヘーレス	¥165
R20	ダナン ホイアン ホーチミン ハノイ	¥16

地球の歩き方 御朱印

1	御朱印でめぐる鎌倉のお寺 三十三観音完全掲載 三訂版	¥1650
2	御朱印でめぐる京都のお寺 改訂版	¥1650
3	御朱印でめぐる奈良の古寺 改訂版	¥1650
4	御朱印でめぐる東京のお寺	¥1650
5	日本全国この御朱印が凄い！ 第壱集 増補改訂版	¥1650
6	日本全国この御朱印が凄い！ 第弐集 都道府県網羅版	¥1650
7	御朱印でめぐる全国の神社 開運さんぽ	¥1430
8	御朱印でめぐる高野山 改訂版	¥1650
9	御朱印でめぐる関東の神社 週末開運さんぽ	¥1430
10	御朱印でめぐる秩父の寺社 三十四観音完全掲載 改訂版	¥1650
11	御朱印でめぐる関東の百寺 坂東三十三観音と古寺	¥1650
12	御朱印でめぐる関西の神社 週末開運さんぽ	¥1430
13	御朱印でめぐる関西の百寺 西国三十三所と古寺	¥1650
14	御朱印でめぐる東京の神社 週末開運さんぽ 改訂版	¥1540
15	御朱印でめぐる神奈川の神社 週末開運さんぽ 改訂版	¥1540
16	御朱印でめぐる埼玉の神社 週末開運さんぽ 改訂版	¥1540
7	御朱印でめぐる北海道の神社 週末開運さんぽ	¥1430
8	御朱印でめぐる九州の神社 週末開運さんぽ 改訂版	¥1540
9	御朱印でめぐる千葉の神社 週末開運さんぽ 改訂版	¥1540
20	御朱印でめぐる東海の神社 週末開運さんぽ	¥1430
21	御朱印でめぐる京都の神社 週末開運さんぽ 改訂版	¥1540
22	御朱印でめぐる神奈川のお寺	¥1650
3	御朱印でめぐる大阪 兵庫の神社 週末開運さんぽ	¥1430
4	御朱印でめぐる愛知の神社 週末開運さんぽ 改訂版	¥1540
5	御朱印でめぐる栃木 日光の神社 週末開運さんぽ	¥1430
6	御朱印でめぐる福岡の神社 週末開運さんぽ 改訂版	¥1540
7	御朱印でめぐる広島 岡山の神社 週末開運さんぽ	¥1430
8	御朱印でめぐる山陰 山陽の神社 週末開運さんぽ	¥1430
9	御朱印でめぐる埼玉のお寺	¥1650
0	御朱印でめぐる千葉のお寺	¥1650
1	御朱印でめぐる東京の七福神	¥1540
2	御朱印でめぐる東北の神社 週末開運さんぽ 改訂版	¥1540
3	御朱印でめぐる全国の稲荷神社 週末開運さんぽ	¥1430
4	御朱印でめぐる新潟 佐渡の神社 週末開運さんぽ	¥1430
5	御朱印でめぐる静岡 富士 伊豆の神社 週末開運さんぽ 改訂版	¥1540
6	御朱印でめぐる四国の神社 週末開運さんぽ	¥1430
7	御朱印でめぐる中央線沿線の寺社 週末開運さんぽ	¥1540
8	御朱印でめぐる東急線沿線の寺社 週末開運さんぽ	¥1540
9	御朱印でめぐる茨城の神社 週末開運さんぽ	¥1430
0	御朱印でめぐる関東の聖地 週末開運さんぽ	¥1430
	御朱印でめぐる東海のお寺	¥1650
2	日本全国ねこの御朱印&お守りめぐり 週末開運にゃんさんぽ	¥1760
3	御朱印でめぐる信州 甲州の神社 週末開運さんぽ	¥1430
4	御朱印でめぐる全国の聖地 週末開運さんぽ	¥1430
5	御船印でめぐる全国の魅力的な船旅	¥1650
6	御朱印でめぐる茨城のお寺	¥1650
7	御朱印でめぐる全国のお寺 週末開運さんぽ	¥1540
	日本全国 日本酒でめぐる 酒蔵&ちょこっと御朱印〈東日本編〉	¥1760
	日本全国 日本酒でめぐる 酒蔵&ちょこっと御朱印〈西日本編〉	¥1760
	関東版ねこの御朱印&お守りめぐり 週末開運にゃんさんぽ	¥1760
52	一生に一度は参りたい！ 御朱印でめぐる全国の絶景寺社図鑑	¥2479
53	御朱印でめぐる東北のお寺 週末開運さんぽ	¥1650
54	御朱印でめぐる関西のお寺 週末開運さんぽ	¥1760
D51	鉄印帳でめぐる全国の魅力的な鉄道40	¥1650
	御朱印はじめました 関東の神社 週末開運さんぽ	¥1210

地球の歩き方 島旅

1	五島列島 3訂版	¥1650
2	奄美大島 喜界島 加計呂麻島（奄美群島①）4訂版	¥1650
3	与論島 沖永良部島 徳之島（奄美群島②）改訂版	¥1650
4	利尻 礼文 4訂版	¥1650
5	天草 改訂版	¥1760
6	壱岐 4訂版	¥1650
7	種子島 3訂版	¥1650
8	小笠原 父島 母島 3訂版	¥1650
9	隠岐 3訂版	¥1870
10	佐渡 3訂版	¥1650
11	宮古島 伊良部島 下地島 来間島 池間島 多良間島 大神島 改訂版	¥1650
12	久米島 渡名喜島 改訂版	¥1650
13	小豆島～瀬戸内の島々1～ 改訂版	¥1650
14	直島 豊島 女木島 男木島 犬島～瀬戸内の島々2～	¥1650
15	伊豆大島 利島～伊豆諸島1～ 改訂版	¥1650
16	新島 式根島 神津島～伊豆諸島2～改訂版	¥1650
17	沖縄本島周辺15離島	¥1650
18	たけとみの島々 竹富島 西表島 波照間島 小浜島 黒島 鳩間島 新城島 由布島 加屋	¥1650
19	淡路島～瀬戸内の島々3～ 改訂版	¥1760
20	石垣島 竹富島 西表島 小浜島 由布島 新城島 波照間島	¥1650
21	対馬	¥1650
22	島旅ねこ にゃんこの島の歩き方	¥1344
23	屋久島	¥1760

地球の歩き方 旅の図鑑

W01	世界244の国と地域	¥1760
W02	世界の指導者図鑑	¥1650
W03	世界の魅力的な奇岩と巨石139選	¥1760
W04	世界246の首都と主要都市	¥1760
W05	世界のすごい島300	¥1760
W06	地球の歩き方的！ 世界なんでもランキング	¥1760
W07	世界のグルメ図鑑 116の国と地域の名物料理を食の雑学とともに解説	¥1760
W08	世界のすごい巨像	¥1760
W09	世界のすごい城と宮殿333	¥1760
W10	世界197ヵ国のふしぎな聖地&パワースポット	¥1870
W11	世界の祝祭	¥1760
W12	世界のカレー図鑑	¥1980
W13	世界遺産 絶景でめぐる自然遺産 完全版	¥1980
W15	地球の果ての歩き方	¥1980
W16	世界の中華料理図鑑	¥1980
W17	世界の地元メシ図鑑	¥1980
W18	世界遺産の歩き方 学んで旅する！ すごい世界遺産190選	¥1980
W19	世界の魅力的なビーチと湖	¥1980
W20	世界のすごい駅	¥1980
W21	世界のおみやげ図鑑	¥1980
W22	いつか旅してみたい世界の美しい古都	¥1980
W23	世界のすごいホテル	¥1980
W24	日本の凄い神木	¥2200
W25	世界のお菓子図鑑	¥1980
W26	世界の麺図鑑	¥1980
W27	世界のお酒図鑑	¥1980
W28	世界の魅力的な道	¥1980
W29	世界の映画の舞台&ロケ地	¥2090
W30	すごい地球！	¥2200
W31	世界のすごい墓	¥1980
W32	日本のグルメ図鑑	¥1980

地球の歩き方 旅の名言&絶景

ALOHAを感じるハワイのことばと絶景100	¥1650
自分らしく生きるフランスのことばと絶景100	¥1650
人生観が変わるインドのことばと絶景100	¥1650
生きる知恵を授かるアラブのことばと絶景100	¥1650
心に寄り添う台湾のことばと絶景100	¥1650
道しるべとなるドイツのことばと絶景100	¥1650
共感と勇気がわく韓国のことばと絶景100	¥1650
人生を楽しみ尽くすイタリアのことばと絶景100	¥1650
今すぐ旅に出たくなる！ 地球の歩き方のことばと絶景100	¥1650
悠久の教えをひもとく 中国のことばと絶景100	¥1650

地球の歩き方 旅と健康

地球のなぞり方 旅地図 アメリカ大陸編	¥1430
地球のなぞり方 旅地図 ヨーロッパ編	¥1430
地球のなぞり方 旅地図 アジア編	¥1430
地球のなぞり方 旅地図 日本編	¥1430
脳がどんどん強くなる！ すごい地球の歩き方	¥1650

地球の歩き方 旅の読み物

今こそ学びたい日本のこと	¥1760
週末だけで70ヵ国159都市を旅したリーマントラベラーが教える自分の時間の作り方	¥1540
史跡と神話の舞台をホロホロ！ ハワイ・カルチャーさんぽ	¥1760

地球の歩き方 BOOKS

BRAND NEW HAWAII とびきりリアルな最新ハワイガイド	¥1650
FAMILY TAIWAN TRIP #子連れ台湾	¥1518
GIRL'S GETAWAY TO LOS ANGELES	¥1760
HAWAII RISA'S FAVORITES 大人女子はハワイで美味しく美しく	¥1650
LOVELY GREEN NEW ZEALAND 未来の国を旅するガイドブック	¥1760
MAKI'S DEAREST HAWAII	¥1540
MY TRAVEL, MY LIFE Maki's Family Travel Book	¥1760
WORLD FORTUNE TRIP イヴルルド遙華の世界開運★旅案内	¥1650
いろはに北欧	¥1760
ヴィクトリア朝が教えてくれる英国の魅力	¥1320
ダナン&ホイアン PHOTO TRAVEL GUIDE	¥1650
とっておきのフィンランド	¥1760
フィンランドでかなえる100の夢	¥1760
マレーシア 地元で愛される名物食堂	¥1430
やり直し英語革命	¥1100
気軽に始める！大人の男海外ひとり旅	¥1100
気軽に出かける！ 大人の男アジアひとり旅	¥1100
香港 地元で愛される名物食堂	¥1540
最高のハワイの過ごし方	¥1540
子連れで沖縄 旅のアドレス&テクニック117	¥1100
食事作りに手間暇かけないドイツ人、手料理神話にこだわり続ける日本人	¥1100
総予算33万円・9日間から行く！ 世界一周	¥1100
台北 メトロさんぽ MRTを使って、おいしいとかわいいを巡る旅	¥1518
北欧が好き！ フィンランド・スウェーデン・デンマーク・ノルウェーの素敵な町めぐり	¥1210
北欧が好き！2 建築&デザインでめぐるフィンランド・スウェーデン・デンマーク・ノルウェー	¥1210
地球の歩き方JAPAN ダムの歩き方 全国版 初めてのダム旅入門ガイド	¥1712
日本全国 開運神社 このお守りがすごい！	¥1522
地球の歩き方 ディズニーの世界 名作アニメーション映画の舞台	¥2420

地球の歩き方 スペシャルコラボ BOOK

地球の歩き方 ムー	¥2420
地球の歩き方 JOJO ジョジョの奇妙な冒険	¥2420
地球の歩き方 宇宙兄弟 We are Space Travelers!	¥2420
地球の歩き方 ムーJAPAN ～神秘の国の歩き方～	¥2420

地球の歩き方 旅の図鑑シリーズ

見て読んで海外のことを学ぶことができ、旅気分を楽しめる新シリーズ。
1979年の創刊以来、長年蓄積してきた世界各国の情報と取材経験を生かし、
従来の「地球の歩き方」には載せきれなかった、
旅にぐっと深みが増すような雑学や豆知識が盛り込まれています。

W01
世界244の国と地域
¥1760

W07
世界のグルメ図鑑
¥1760

W02
世界の指導者図鑑
¥1650

W03
世界の魅力的な
奇岩と巨石139選
¥1760

W04
世界246の首都と
主要都市
¥1760

W05
世界のすごい島300
¥1760

W06
世界なんでも
ランキング
¥1760

W08
世界のすごい巨像
¥1760

W09
世界のすごい城と
宮殿333
¥1760

W11
世界の祝祭
¥1760

W10 世界197ヵ国のふしぎな聖地&パワースポット ¥1870
W13 世界遺産　絶景でめぐる自然遺産　完全版 ¥1980
W16 世界の中華料理図鑑 ¥1980
W18 世界遺産の歩き方 ¥1980
W20 世界のすごい駅 ¥1980
W22 いつか旅してみたい世界の美しい古都 ¥1980
W24 日本の凄い神木 ¥2200
W26 世界の麺図鑑 ¥1980
W28 世界の魅力的な道 178 選 ¥1980
W30 すごい地球! ¥2200
W32 日本のグルメ図鑑 ¥1980

W12 世界のカレー図鑑 ¥1980
W15 地球の果ての歩き方 ¥1980
W17 世界の地元メシ図鑑 ¥1980
W19 世界の魅力的なビーチと湖 ¥1980
W21 世界のおみやげ図鑑 ¥1980
W23 世界のすごいホテル ¥1980
W25 世界のお菓子図鑑 ¥1980
W27 世界のお酒図鑑 ¥1980
W29 世界の映画の舞台&ロケ地 ¥2090
W31 世界のすごい墓 ¥1980

※表示価格は定価(税込)です。改訂時に価格が変更になる場合があります。

地球の歩き方 関連書籍のご案内

タイとその周辺諸国をめぐる東南アジアの旅を「地球の歩き方」が応援します!

地球の歩き方 ガイドブック

- D16 東南アジア ¥2,200
- D17 タイ ¥2,200
- D18 バンコク ¥1,980
- D19 マレーシア　ブルネイ ¥2,090
- D20 シンガポール ¥1,980
- D21 ベトナム ¥2,090
- D22 アンコール・ワットとカンボジア ¥2,200
- D23 ラオス ¥2,420
- D24 ミャンマー（ビルマ） ¥2,090
- D25 インドネシア ¥1,870
- D26 バリ島 ¥2,200

地球の歩き方 aruco

- 10 aruco ホーチミン　ダナン ¥1,650
- 12 aruco バリ島 ¥1,320
- 22 aruco シンガポール ¥1,650
- 23 aruco バンコク ¥1,650
- 27 aruco アンコール・ワット ¥1,430
- 29 aruco ハノイ ¥1,650
- 38 aruco ダナン　ホイアン ¥1,430

地球の歩き方 Plat

- 07 Plat ホーチミン　ハノイ ¥1,320
- 10 Plat シンガポール ¥1,100
- 16 Plat クアラルンプール ¥1,650

地球の歩き方 リゾートスタイル

- R12 プーケット ¥1,650
- R13 ペナン　ランカウイ ¥1,650
- R14 バリ島 ¥1,430
- R20 ダナン　ホイアン ¥1,650

地球の歩き方 BOOKS

ダナン&ホイアン　PHOTOTRAVEL ¥1,650
マレーシア　地元で愛される名物食堂 ¥1,430

地球の歩き方 aruco 国内版

aruco　東京で楽しむアジアの国々 ¥1,480

※表示価格は定価（税込）です。改訂時に価格が変更になる場合があります。

あとがき

コロナ禍の影響が濃かった2022年夏の取材から約1年。活気を取り戻しつつあるバンコクの最新情報をお届けできることをうれしく思います。物価高と円安で以前のような割安感はありませんが、安さだけではないバンコクのよさを、たくさん見つけてください。

STAFF

制　　作	今井 歩	Producer	IMAI Ayumu
編集、取材、執筆、撮影	水野 純（編集工房緑屋）	Editor & Reporter	MIZUNO Jun（MIDORIYA）
写　　真	井出友樹	Photographers	IDE Yuki
	石澤真実		ISHIZAWA Mami
	齋藤正行		SAITO Masayuki
	是枝右恭		KOREEDA Ukyo
	©iStock		©iStock
	PIXTA		PIXTA
デザイナー	エメ龍夢	Designer	EMERYUMU
イラストレーター	オダギリミホ	Illustrator	ODAGIRI Miho
地　　図	高棟 博（ムネプロ）	Maps	TAKAMUNE Hiroshi（Mune Pro）
	株式会社アトリエ・プラン		atelier PLAN Co., Ltd.
校　　正	東京出版サービスセンター	Proofreading	Tokyo Syuppan Service Center
表　　紙	日出嶋昭男	Cover Design	HIDEJIMA Akio

SPECIAL THANKS：新宮洋介、newsclip

本書の内容について、ご意見・ご感想はこちらまで
〒141-8425　東京都品川区西五反田2-11-8
株式会社地球の歩き方
『地球の歩き方』サービスデスク「バンコク編」投稿係
URL ▶ https://www.arukikata.co.jp/guidebook/toukou.html
地球の歩き方ホームページ（海外・国内旅行の総合情報）
URL ▶ https://www.arukikata.co.jp/
ガイドブック『地球の歩き方』公式サイト
URL ▶ https://www.arukikata.co.jp/guidebook/

地球の歩き方 D18
バンコク 2024～2025年版

2022年12月20日　初版第1刷発行
2024年 3 月26日　改訂第2版　第1刷発行

Published by Arukikata. Co., Ltd.
2-11-8 Nishigotanda, Shinagawa-ku, Tokyo, 141-8425, Japan
Advertising Representative：Two Ducks Agency Co.,Ltd.
Email：yano@twoducksagency.com

著作編集　地球の歩き方編集室
発 行 人　新井 邦弘
編 集 人　由良 暁世
発 行 所　株式会社地球の歩き方
〒141-8425　東京都品川区西五反田2-11-8
発 売 元　株式会社Gakken
〒141-8416　東京都品川区西五反田2-11-8
印刷製本　開成堂印刷株式会社

※本書は基本的に2023年10～11月の取材データに基づいて作られています。
発行後に料金、営業時間、定休日などが変更になる場合がありますのでご了承ください。
更新・訂正情報：https://www.arukikata.co.jp/travel-support/

●この本に関する各種お問い合わせ先
・本の内容については、下記サイトのお問い合わせフォームよりお願いします。
URL ▶ https://www.arukikata.co.jp/guidebook/contact.html
・広告については、下記サイトのお問い合わせフォームよりお願いします。
URL ▶ https://www.arukikata.co.jp/ad_contact/
・在庫については　Tel 03-6431-1250（販売部）
・不良品（乱丁、落丁）については　Tel 0570-000577
学研業務センター　〒354-0045　埼玉県入間郡三芳町上富279-1
・上記以外のお問い合わせは　Tel 0570-056-710（学研グループ総合案内）

※本書は株式会社ダイヤモンド・ビッグ社より1987年4月に初版発行したものの最新・改訂版です。
学研グループの書籍・雑誌についての新刊情報・詳細情報は、下記をご覧ください。
学研出版サイト　https://hon.gakken.jp/